JN441503

Emotional Schema Therapy
정서 도식 치료

Robert L. Leahy 지음

신성만 · 조성봉 · 라영안 옮김

정서도식치료

2019년 3월 25일 초판인쇄
2019년 3월 28일 초판발행

저 자 Robert L. Leahy
역 자 신성만 · 조성봉 · 라영안
발행인 이 구 만
발행처 유원북스 도서출판
04091 서울특별시 마포구 토정로 222, 한국출판콘텐츠센터 416호
대표전화 (02)593-1800 Fax (02)645-1809
등록 2011. 9. 6. 제25100-2012-3호
www.uwonbooks.com uwbooks@daum.net

정 가 28,000원 ISBN 979-11-6288-044-9 93180

이 도서의 국립중앙도서관 출판예정도서목록(CIP)은 서지정보유통지원시스템 홈페이지(http://seoji.nl.go.kr)와 국가자료공동목록시스템(http://www.nl.go.kr/kolisnet)에서 이용하실 수 있습니다. (CIP제어번호 : CIP2019008176)

역자 서문

요즘 분노한 사람들, 참 많다. 거리에, 가정과 직장, 학교, 인터넷 공간 속이나 뉴스, 영화 속에는 분노한 사람들로 넘쳐난다. 인간관계에서도 화가 치밀어 올라 차라리 사람들과의 접촉을 줄이고자 하는 사람들도 많다. 아니나 다를까, 상담과 심리치료 장면에서도 이전보다 훨씬 많은 이들이 분노하는 양상을 보이고 있다. 왜 이렇게 많은 사람들이 화가 나 있는 것일까? 예전보다 삶의 객관적 질은 월등히 나아졌는데, 왜 주관적 고통은 여전히 줄어들고 있지 않는 것일까?

매일 맑은 날만 계속되면 그 땅은 사막이 된다고 했던가… 언제부터인가 우리들은 행복한 삶을 인생의 목표로 삼고 긍정적 정서를 누리는 것이 곧 '행복'의 동의어라 여기며 이를 하나의 이상향으로 생각하게 된 것 같다. 심리학 분야도 긍정심리학과 웰빙 열풍이 강해지면서 부정적 정서에 대한 이해가 마치 가능한 한 피해야 할 어떤 것 또는 부적응과 불행의 표징마냥 받아들여지고 있는 것처럼 보인다. 그러다 보니 너무나도 자연스러운 인간경험 중 하나인 부적정서는 일상생활에서 억압해야 할 것이 되고 부적정서를 표현하거나 타인에게 드러내는 것은 나쁜 것이라는 인식이 급기야 유아기 때부터 사회화 과정에 점차 스며들어 가는 듯하다. 빠르게 변화하는 바쁜 사회는 우는 아이를 충분히 울 수 있도록 기다려 주는, 그래서 아이 자신의 경험이 무엇이고 어떠한지 이름 붙여 보도록 도울 수 있는, 차후 비슷한 경험을 겪을 때 이를 조절할 수 있기까지 지켜봐 줄 수 있는 그러한 양육자의 여유와 인내를 쉽사리 허용하지 않는다. 아이의 부적정서는 정상적 삶의 자연스러운 일부분으로 경험되기보다는 비정상적인 것으로 학습되고 나아가 우리 모두에게 내재된, 부적응에 대한 불안감을 촉발, 증폭시키는 요인으로 경험된다. 이렇다 보니, 아이의 울음은 즉각 멈추어야 하는 것, 부적정서는 표현하면 안 되는 것으로 각인되고 이를 지키는 데 온 사회가 강박적으로 몰두하게 된 것은 아닐까 싶다. 자연스러운 정서 경험의 억압과 부재는 자신의 정서를 있는 그대로 경험하지 못하게 하고 점차 정서 자체의 생명력마저 질식시켜 버린다. 결국 정서의 기능이 약화되면서 보다 단순반응인 공격반응으로서의 대표 주자, 분노가 서로를 향해 그리고 자신을 향해 쉽게 발생하게 된 것이 아닐까, 그래서 요즘 아이들이 자신의 몸을 저토록 자해하게 되는 것은 아닐까 하는 생각이 든다.

이 책의 저자인 Leahy의 오랜 심리치료 경험에서 나온 주장을 아주 간략히 말하자면 다음과 같다. 건강한 인지도식이 기능적이고 적응적이며 결과적으로 다양한 선택의 여지를 마련해 준다면 건강한 정서도식 또한 극단적이거나 경직되지 않게, 보다 유연하게 긍정적/부정적 정서를 경험하게 해 주고 이를 잘 조절하게 해 준다는 것이다. 앞에서도 언급했듯이 요즘의 상담과 심리치료 장면에는 자신의 정서를 억압하거나 접촉하지 못하는가 하면, 가끔 경험되는 부적정서에 크게 당혹해 하거나 말로 표현할 수 없는 이물질마냥 불편해 하고 급격한 분노로 순식간에 탈바꿈하여 자신도 설명할 수 없는 극단적 행동을 보이는 내담자들로 붐빈다. 따라서 이 분야에 종사하는 전문가들 모두가 반드시 숙지하고 필요 시 적절한 정서 치료적 개입을 제공할 수 있어야 하는 역량을 구비해야 한다. 이에 부합하는 최신의 접근이 정서도식치료가 아닌가 생각한다. 아무쪼록 이 책이 많은 분들에게 읽혀져 사람들의 정서도식에 건강한 변화를 가져다 줄 수 있는 역할을 해주기를 기대하는 마음이다.

번역작업은 신성만 교수가 1~5장을, 조성봉 교수가 6~9장을, 라영안 교수가 10~14장을 진행했다. 부족한 부분이 있더라도 학문의 산고를 거쳐 내놓은 결과물에 대해 독자께서 널리 양해하시고 품어 주시길 기대해 본다.

번역과정에 인내로 지원을 아끼지 않으신 유원북스의 이구만 사장님과 편집부에 특별히 감사한다. 또한 편집과정에 힘을 보탠 한동대학교 상담센터 송용수, 이의빈 연구원과 한동대학교 일반대학원 심리학과 대학원생들에게도 고마움을 전한다.

덧붙이는 말: '정서(emotion)'라는 단어의 한국어 번역이 문맥상 부자연스러운 경우가 더러 있었다. 스스로의 경험에 대해 '정서'라고 말하는 경우는 '감정'이라고 말할 때보다 어색하게 읽힐 수 있는데, 이는 아마도 우리가 대개 타인의 경험을 두고 객관적 또는 학문적으로 말할 때는 '정서'라는 용어를 쓰고 자신의 경험에 대해 말할 때는 주로 '감정'이라고 표현하기 때문인 것 같다. 이러한 점을 고려하여 최대한 문맥에 맞게 번역하되 1인칭 시점의 경우 '감정'이라 하였고, 보다 객관적으로 서술하는 맥락에서는 '정서'라고 번역하였다.

2019년 3월 15일
역자 대표 신성만

저자 서문

모든 상담심리 접근법들은 환자들이 치료장면에 가져오는 정서적인 경험에 어느 정도 관련이 있다. 인지재구조화를 사용하는 사람들은 사물을 보는 새로운 방식이 사람들의 기분을 바꿀 수 있게 돕고, 변증법적 행동치료법을 사용하는 사람들은 환자들이 혼란스럽고 위협적으로 보이는 정서를 조절하는 방법을 배우도록 장려하며, 수용전념치료를 사용하는 사람들은 가치 있는 삶을 추구하는 동시에 정서의 유연성을 가질 수 있도록 돕고, 메타인지치료를 사용하는 사람들은 어려움에 대처하기 위해 걱정과 소문에 대한 문제적 의존의 역할에 초점을 맞추고 있으며, 행동 활성화 기법을 사용하는 사람들은 수동성, 격리 및 회피보다 능동적이고 보람 있는 행동의 중요성을 강조한다. 정신분석학 영역에서는, 정신화 요법이 자신과 다른 사람들의 정신적 또는 내적 상태에 대한 인식과 반성의 가치를 강조하는 반면, 더 전통적인 정신역학 모델들은 오래 지속되는 어려움과 관련된 감정과 기억들에 접근하려고 노력한다. 감정은 이론적인 성향과 상관없이 사람들이 도움을 구하도록 이끄는 것이지만, 환자가 어떻게 생각하고 그러한 감정을 규제하는 방법에 대해서는 거의 언급되지 않았다.

아론 벡(Aaron Beck)을 만나고 인지치료에 관한 연구를 하기 전에, 나는 사회적 인식에 적극적으로 참여했었다. 그것은 행동의 원인, 다른 사람을 기술할 때 특성 개념의 사용, 다른 사람과 자기 자신의 가변성의 인식, 의도와 책임의 판단을 어떻게 설명하느냐에 관한 것이다. 사회적 인식은 정서와 그것을 조절하기 위해 사용하는 전략이 정서에 관한 "이론"과 관련이 있을 수 있다는 점에서 인지행동치료와 관련이 있다. 정서도식모델은 일단 정서가 활성화되면 우리는 종종 그러한 정서에 대한 해석을 가지고 있고, 이러한 해석은 우리가 정서를 다루기 위해 사용하는 전략과 관련이 있다고 제안한다.

이 책은 자신의 정서와 타인의 정서를 어떻게 생각하는지를 보여주는 모델을 개발한다. 이 책에서 나는 많은 정서, 소망, 경험들을 묘사하고 그들을 슬픔, 불안, 분노, 혼란, 시기, 질투, 원망과 같은 용어로 부른다. 나는 "정서도식"이라는 용어를 원인, 합법성, 정상성, 지속성, 정서의 복잡성에 대한 관용을 묘사하기 위해 사용한다. 일단 분노와 같은 정서가 터지면, 그 사람은 이 정서의 본질을 평가한다. “이 감정은 무한정 지속될까?”, “다른 사람들이 내가 느끼는 것과 같은 감정을 느낄까?”, “내가 내 감정에 대해 부끄러움을 느낄까?”, “내 감정에 대해 엇갈린 감정을 표현해도 될까?”, “다른 사람들이 나를 검증할 수 있을까?”, “내 감정을 느낄까?”, “무언가 말이 되는가?” 그리고는 자신의 정서 경험에 대한 다양한 해석과 평가를 한다. 분노와 같은 정서들은 “합법적”이라고 믿는 반면, 불안과 같은 다른 정서들은 그렇지 않다고 생각하는가? 일단 정서가 생기면 이러한 정서들을 처리하기 위해 어떤 전략을 활성화하는가? 개인이 안심하고, 다른 사람에게서 철수하며, 다른 사람에게 비난하고, 회피하며, 수동적으로 후퇴하고, 물질을 남용하며, 사물을 다르게 해석하고, 문제 해결에 참여하며, 유용한 행동을 하고, 주의를 산만하게 하며, 자신을 혼란스럽게 하고, 소외하며, 정서를 받아들이고, 다른 반응을 보이는가?

게다가, 이러한 정서도식은 또한 다른 사람의 정서에 대해 어떻게 생각하고 반응하는지에도 관련이 있다. 예를 들어, 친한 파트너가 화가 났을 때, 상대방이 느끼는 정서가 이치에 맞지 않는다고 생각하거나, 이러한 정서를 “비정상적인” 것으로 표현하고, 그러한 정서가 무한정 계속될 것이라고 믿거나, 표현력을 방해하거나, 정서가 이성을 방해하여 문제를 해결한다고 믿는가? 그리고 이러한 해석을 바탕으로, 사람들은 그 사람을 비판하고 비웃는가, 그 혹은 그녀가 너무 많이 불평을 하고 있다고 말하거나, 또는 그 혹은 그녀가 그런 정서를 갖지 말아야 한다고 자신의 파트너를 설득하려고 노력하는가?

이 책에서 나는 사람들이 어떻게 정서에 대해 이론을 세울 수 있는지 그리고 어떻게 정서의 “이론”이 넓은 범위의 정신병리학에 기여하는지에 대한 모델을 제시하려고 한다. 현실에 대한 부정적 해석이 어떻게 슬픔이나 불안으로 이어질 수 있는지 또는 회피와 수동성이 어떻게 우울증에 기여할 수 있는지에 대한 이론의 중요성을 인식하였다. 이를 바탕으로 정서도식모델은 어떤 정서가 생겼을 때 우리의 이해를 확장시키려 하고, 개인의 암묵적인 정서이론이 활성화되어 이것이 그 정서에 대처하는 데 도움이 되거나 도움이 되지 않는 전략으로 이어진다는 것을 제안한다. 아주 간단하게, “슬픔을 느낀다면, 이 슬픔에 대해 어떻게 생각하고 이 다음에 무엇을 할 것인가?” 예를 들어, 만약 내 슬픔이 무한정 계속되거나 더 악화될 것이라고 생각한다면, 나는 물질을 남용하거나 단순히 철수함으로써 “빠른 해결”을 찾는 것을 간절히 바랄 것이다. 혹은 만약 내가 나의 슬픔이 일시적인 경험이고 내 정서가 내가 무엇을 하고 누구와 상호 작용하는지에 달려있다고 생각한다면, 나는 적응적 행동을 활성화시킬 것이다. 해석은 전략으로 이어지며, 전략은 상황을 악화시키거나 더 좋게 만들 수 있다.

우리가 사용할 수 있는 가치 있는 인지행동치료법이 굉장히 많다는 것은 축복이며, 이는 우리의 이해와 기술의 증가를 가져와 환자에게 힘을 줄 수 있게 해주고, 종종 극복할 수 없는 확률에 직면했을 때 희망의 느낌을 준다. 정서도식접근법은 치료사의 처분에 따라 광범위한 개념화 및 도구 추가를 시도한다. 그러므로 인지행동치료와 심지어 전통적인 정신역동적 치료와 같은 다양한 이론적 방향에서 나온 사람들도 이 책이 제공하는 관찰과 제안에서 어느 정도 가치를 발견할 수 있을 것이다.

차 례

제 1 부
정서도식이론

제 1 장 사회적 구성물로서의 정서 3
제 2 장 정서도식치료: 일반적인 고려사항 22
제 3 장 정서도식모델 44

제 2 부
치료의 시작

제 4 장 초기 사정과 면접 75
제 5 장 정서도식모델로서 사회화 109

제 3 부
정서도식을 다루기 위한 구체적인 기법들

제 6 장 타당화의 핵심 135
제 7 장 이해력, 지속성, 통제력, 죄책감/수치심, 수용 174
제 8 장 양가감정 다루기 216
제 9 장 정서와 가치(그리고 미덕)의 연결 245

제 4 부
사회정서와 관계

제10장 질 투 275
제11장 시 기 301
제12장 연인관계에서 정서도식 333

제13장 정서도식과 치료적 관계 379
제14장 결 론 417

■ 참고문헌 423
■ 찾아보기 452

제 1 부

정서도식이론

제 1 장 • 사회적 구성물로서의 정서

제 2 장 • 정서도식치료

제 3 장 • 정서도식모델

제 1 장
사회적 구성물로서의 정서

네가 미소 짓는 것은 남에게 보여도 괜찮지만 절대로 소리 내 웃어서는 안 된다. —Lord Chesterfield, Letters to His Son, 1774

다음과 같은 상황을 상상해 보라. 네드는 브렌다와 지난 3개월간 만나면서 마치 롤러코스터를 타고 있는 느낌이었다. 둘은 심하게 다투기도 했고, 강렬한 친밀함을 경험하기도 했으며, 그러다 갑자기 브렌다가 네드에게 무관심을 보이며 그들 관계를 어떻게 할지에 대해 양가감정을 호소하는 식의 패턴을 반복해 왔다. 어느 날 네드는 브렌다로부터 그들의 관계는 이제 끝났고 더 이상 아무 대화도 원치 않는다는 일방적인 문자 메시지를 받는다. 이런 식으로 냉정하게 관계가 끝난다는 사실에 당혹감을 느낀 네드의 첫 반응은 다름 아닌 분노이다. 그는 이 헤어짐에 대해 하루종일 생각하면서 더욱 불안해졌고 자신이 앞으로 영영 혼자로 남게 되는 것은 아닐까 걱정하기 시작한다. 그러자 공허함과 혼란스러움을 동반한 슬픔이 곧장 찾아든다. 동시에 그는 이 불안한 관계가 끝나게 되어 다행이라는 일말의 안도감을 느끼기도 하지만, 또한 그러한 생각이 스스로를 속이는 것에 불과한 것은 아닌지 다시 생각하게 되고, 그러다 보면 그는 어느새 비참함에 빠져든다. 네드는 자신이 이런 여러 복합적인 정서들이 아닌 단 하나의 정서만을 느껴야 한다고 생각한다. 그는 브렌다를 "단지" 3개월밖에 만나지 않았음에도 불구하고 자신이 느끼는 정서들이 왜 이토록 강렬한지 이해할 수가 없었다. 아파트에 혼자 지내는 동안 술을 마시고 패스트푸드로 폭식하면서 자신의 부정적인 정서들을 계속해서 곱씹는다. 그리고 이러한 정서들을 없애버리지 못하면 자신이 미쳐버릴 것이라는 생각이 든다. 마치 어릴 때 그의 고모가 정신병원에 입원해야 했던 때처럼 말이다. 네드는 친구인 빌에게 그가 느끼는 정서들에 대해 진지하게 이야기하는 것이 부끄러웠으므로, 스스로에게 몰두하여 다른 누군가에게 짐이 되지 않기로 선택한다. "도대체 뭐가 잘못된 걸까?" 네드는 또 한잔의 술을 따르며 스스로에게 중얼거린다. "내가 다시 괜찮아지긴 할까?"

같은 도시의 몇 블럭 떨어지지 않은 곳에 살면서 네드와 비슷하게 롤러코스터 타는 듯한 관계를 유지해 오던 마이클 역시 그의 연인인 캐런으로부터 그들의 관계가 끝이라는 문자 메시지를 받는다. 마이클은 캐런의 배려 없음에 화가 나고, 그 후 이틀 동안 분노, 슬픔, 불안, 외로움, 공허함, 그리고 혼돈이라는 다양한 정서들을 경험하면서 동시에 관계가 끝났음에 대한 안도감도 느낀다. 하지만 마이클은 네드와는 달리 곧 이러한 인생의 경험들에 대해 찬찬히 생각하며 그것들을 수용하게 되고, 스스로가 느끼는 감정들에 대해서도 다시 돌아본다. "그래, 그동안 이 관계가 결코 쉽지 않았던 것을 생각하면 내가 지금 이런 다양한 감정들을 한꺼번에 느끼는 것이 어쩌면 당연한 것 같아. 사실 우리 관계는 온통 강렬한 감정들로만 점철되어 있었지—정말 롤러코스터와 같았어. 아마 다른 사람들도 이런 감정들을 경험하겠지." 그는 늘 공감을 잘해 주는 그의 친구 후안을 찾아가 그가 경험하고 있는 혼란스러움에 대해 이야기한다. 이런 이야기를 하는 것이 쉽지는 않지만, 후안과 마이클은 이미 여러 차례 함께 이야기해 본 경험이 있다. 마이클이 이야기하는 동안 후안은 고개를 끄덕이며 이해를 표시한다. 맥주 몇 잔을 끝으로 마이클은 집으로 돌아와 쉬기로 한다. "나는 여러 어려운 시간들을 경험해 왔어. 당장은 내가 느끼는 이러한 감정들로 힘들긴 하겠지만, 나는 감당해 낼 수 있어."라고 마이클은 스스로에게 되뇌인다. 또한 자신이 이렇게 힘든 시간을 겪고 있는 이유가 캐런과의 관계가 자신에게 중요한 의미가 있었기 때문임을 깨닫는다. 그는 헌신된 관계를 진심으로 기대했었기 때문에 상대방이 일방적으로 끝낸다고 해서 그 관계를 쉽게 포기하는 것을 원치 않았던 것이다. 그가 경험한 정서들은 상대를 향한 마음에 대한 대가인 것이다.

"건강한 마이클"과 "신경증적인 네드"의 차이를 논하자면, 네드는 자신의 정서들에 대해 부정적인 인식과 부정적 접근방식를 가지고 있었던 반면, 마이클은 그의 정서들을 그대로 받아들이고 보다 건설적으로 사용했다는 것이다. 이와 같이 같은 사건에 대해 가지는 두 가지 다른 접근법의 차이는 그들의 정서도식 — 각 개인이 갖는 정서라는 것에 대한 인식/이해와 그 정서들을 통제하는 방법 — 을 반영한다. 어떤 사람은 자신이 느끼는 정서들이 이해할 수 없고, 너무 거대하고, 도저히 끝날 것 같지 않고, 심지어 부끄럽다고까지 생각하는 반면, 또 다른 사람은 자신의 정서들을 일시적이고, 복잡 다양하고, 인생의 일부이고, 우리에게 스스로의 가치와 필요를 알려준다고 받아들인다. 내(필자)가 이 책에서 말하고 있는 치료모델인 정서도식치료(emotional schema therapy)는 각 개인이 가지고 있는 자신과 타인의 정서들에 대한 인식과 접근방식을 찾아 확인하고, 그러한 정서를 구성하는 방식이 자신에게 어떤 영향을 가져오는지를 검증하며, 자신에게 도움이 되거나 도움이 되지 않는 정서를 조절하는 전략들을 구별하고, 정서의 경험을 개인이 의미있는 삶으로 잘 통합시킬 수 있도록 돕는 것에 초점을 맞춘다.

대부분의 사람들이 슬픔, 불안, 분노 등의 정서들을 경험하지만 그들 모두가 우울증이나 불안장애, 공황장애를 겪는 것은 아니다. 과연 무엇이 그러한 정서들을 지속시키고 결국 정신병적인 상태로까지 이르도록 만드는가? 나는 이 책 전반을 통하여 단지 정서들을 경험하는 그 자체가 문제가 아니라, 그러한 정서들을 어떻게 해석하는지, 이겨내고 통제하기 위해 어떤 방법을 선택하는지가 문제라고 강조한다. 고통스러운 정서들이 정신병으로 발전하는 경로들이 있는가 하면 고통스러운 정서들로부터 순조로운 삶의 방식으로 나아가는 경로들도 있다. 이 책에서 말하고 있는 새로운 관점은, 고통스러운 정서들에 대한 개인의 해석과 반응이 그가 정신병을 겪게 될지 않을지를 결정한다는 것이다. 즉 어떤 사람이 극도의 슬픔을 경험한다고 해서 반드시 우울증에 빠지는 것은 아니다.

정서에 관한 수많은 이론들이 존재하고 그 이론들은 각각 다르다. 정서란 진화적으로 주어진 환경에 대응하는 우리의 타고난 방식의 반응들(Darwin, 1872/1965; Nesse & Ellsworth, 2009; Tooby & Cosmides, 1992), 뇌의 여러 부분에서 일어나는 전기화학적 과정들(Davidson & McEwen, 2012), 비이성적인 사고의 결과물(Clark & Beck, 2010; Ellis & Harper, 1975), 위협이나 스트레스에 대한 판단의 결과(Lazarus & Folkman, 1984), 정보를 처리하는 능력을 결정하는 과정(정동주도모델; Forgas, 1995), 욕구와 관련된 필요와 사고에 관한 정보의 반영(정서중심모델; Greenberg, 2002), 또는 인지에 선행하는 첫번째 반응(Zajonc, 1980)으로 볼 수 있다. 이러한 각각의 모델들은 우리가 매일의 삶 속에서 경험하는 정서의 중요성을 이해하고 정신병리학이 발달하는 데 커다란 기여를 해 왔다. 이 책에서 대안으로 제시하는 모델, 즉 "정서도식모델" 또는 "정서도식이론"에서는 우리가 정서를 경험하는 과정의 필수적인 요소들은 개인의 정서에 대한 해석과 평가, 그리고 정서를 통제하는 방법을 포함하고 있다고 설명하며 정서에 대한 우리의 이해를 넓히고자 한다. 이 관점에 의하면 정서란 단순한 경험이 아니라 경험의 대상이기도 하다. 정서란 진화적 적응과정을 통해 발달되어 왔고 보편적인 경험이지만, 개인의 해석, 평가, 그리고 반응들은 사회적으로 구성되는 것이기도 하다.

Heider(1958)에 의하면 개인은 자신과 타인의 행동의 근거, 의도성, 자아 구성에 대한 믿음을 가지고 있다. Heider가 관찰한 바에 의하면 대부분의 사람들은 일상에서 귀인과 평가를 지속적으로 하고 있으며 개인적 특성들을 추론하는 자기 나름의 "심리학자"이다. 이러한 "상식심리학(naive psychology)"(또는 상식)은 "사회적 인지"(훗날 "마음이론"으로 구체화된)라는 분야의 기초가 되었다. 필자는 이러한 "상식심리학"이 개인이 자신과 타인의 정서들을 개념화하는 모델에까지 어떻게 확장될 수 있으며, 또 이러한 정서에 대한 특정 모델들이 어떻게 잘못된 방법의 정서 통제를 사용하게 되는지에 대해 살피고자 한다.

정서도식이론은 정서와 정서 조절에 관한 사회적-인지적 모델이다. 이 모델은 개인이 느끼는 정서에 대한 타당함과 수치스러움에 대한 스스로의 평가, 정서의 근본적 이유에 대한 해석, 정서를 통제해야 할 필요성, 정서의 지속시간과 위험에 관한 기대치, 그리고 정서표현의 적절성에 대한 기준 등에 있어서 각각 다른 차이를 보임을 말하고 있다(Leahy, 2002, 2003b; Leahy, Tirch, & Napolitano, 2011). 생물학적인 요인이 정서에 큰 영향을 미치고 특정 유발된 자극과도 관련이 있음을 고려한다 해도, 정서를 경험하는 것은 대개 그러한 정서의 해석이 어떠한가에 의해 달라진다. 다시 말해, "내가 이러한 불안을 경험하는 것이 말이 돼? 다른 사람들도 이런 식으로 느낄까? 이것이 끝나지 않으면 어쩌지? 어떻게 통제해야 하지? 내가 미쳐버리는 건 아닐까?"와 같은 정서에 대한 해석들, 즉 내가 "정서에 대한 이론들"이라 부르는 "정서도식"의 핵심 내용들은 스스로와 타인들의 정서에 대한 믿음이자 어떻게 이런 정서들이 조절될 수 있을지에 대한 믿음을 말한다. 내가 정서도식이론을 사회적-인지적 모델이라 부르는 것은, 정서라는 것이 우리 자신과 다른 사람들에 의해 해석되는 개인적이자 사회적 현상이기 때문인데, 정서에 대한 우리 자신과 다른 사람들의 해석이 변하면 정서의 강렬함과 통제불가성에 대한 경험도 변할 것이기 때문이다.

이 장에서는 정서와 이성이 서구의 철학적 전통에서 어떻게 이해되어 왔는지와 정서와 정서의 표현에 대한 서구적 생각들이 지난 수백년간 어떻게 바뀌어 왔는지를 간략히 살펴봄으로써 "정서의 구성"이 오랜 세월을 거치는 동안 지속되어 온 흐름이었음을 제시하고자 한다. 또한 정서에 관한 일상의 심리학들이 의사결정과 정서에 영향을 미치는 것에 대해 현재의 정서예측모델들이 어떻게 제시하고 있는지를 이야기하고자 한다. 따라서 이 장에서의 주요 논지는 단지 정서에 대한 우리의 경험뿐만이 아니라 그 경험에 대한 우리의 해석, 그리고 그 경험이 어떤 영향을 미칠 것이라고 믿는지에 관한 것이다.

서구사회 철학과 문화 속에서 나타난 정서

이성의 우선시

플라톤은 그의 저서인 "국가"(*The Republic*)에서 두 마리의 말 — 한 마리는 방향 지시를 따르고 다른 한 마리는 통제를 거부하는 — 을 끄는 마부의 예를 사용한다. 플라톤은 정서를 이성적이고 생산적인 사고와 행동의 방해물로 보았으며, 따라서 미덕의 추구를 방해한다고 보았다. 플라톤(1991)은 어떤 일을 경험할 때 우리가 느끼는 최초의 정서적 반응을 "영혼의 떨림"이라고 묘사한다. 우리가 어떤 일에 대한 이성적인 반응의 진행과정에서 나타내는 첫 번째 반응은 깜짝 놀라는 것, 또는 이 "영혼의 떨림"일 것이다. 그 다음에는 한 걸음 뒤로 물러서서 무슨 일이 일어나는지 살펴보게 되고, 그리고는 그 상황에서 필요한 미덕(예를 들자면, 용기)을 고려한 다음, 그 미덕을 반영하는 행동과 생각을 하게 될 것이다. 나중에도 이야기하겠지만, 정서도식모델은 어떤 정서에 대한 우선적인 반응이 혼란 또는 놀람으로 보여질 수 있음을 인정하고 있다. 이러한 과정은 자동적 혹은 무의식적인 과정(Bargh & Morsella, 2008; LeDoux, 2007), 즉 플라톤이 말하는 "영혼의 떨림"이기도 하다. 하지만 개인들은 또한 한 걸음 물러서서 무슨 일이 일어나고 있는지, 자신들이 선택할 수 있는 것들이 무엇이 있는지, 그 일이 자신의 이상과 어떻게 관련되어 있는지, 그리고 어떻게 그들의 해석과 반응에 따라 자신들의 정서가 강해지거나 약해지는지에 대해 판단할 수 있다. 아리스토텔레스는 미덕이라는 것을 그러한 양 극단 사이에서 이상적인 중간 지점을 찾음으로써 드러나는 바람직한 성격적 특징과 실천으로 여겼다. 정서도식모델은 — 수용전념치료모델(Hayes, Strosahl & Wilson, 2012)과 마찬가지로— 가치(또는 미덕)는 개인이 어떻게 정서를 받아들이는지, 그리고 개인이 가치 있다고 여기는 행동을 실천함에 있어서 불편함을 감내할 수 있는 능력의 정도 그대로 본다. 그러므로 이 모델이 중요하게 다루고자 하는 목표는 단순히 특정 정서가 아니라 개인이 이루기 원하는 의미, 가치, 또는 미덕인 것이다.

아리스토텔레스(1984, 1995)는 "좋은 삶(the good life)" — 인생의 미덕과 자신이 가치를 두는 의미에 따라 추구하는 행복감 또는 안녕감 — 을 풍성하게 추구하는 것을 강조했다. 그는 미덕을 개인이 다른 사람들의 모습에서 찾는 흠모할 만한 특성이라 정의하였는데, 이는 당신이 존경하는 그 사람처럼 되고자 목표하는 것을 뜻한다. 행복함의 정서적 경험은 절제, 용기, 인내, 겸손 등과 같은 미덕들을 매일 실천하는 것으로부터 온다고 보았다. 그러므로 "좋다(good)"라고 느끼는 것은 옳음을 추구함과 그 행위, 즉 미덕을 실천함의 결과인 것이다. 정서도식모델은 가치 있는 습관들과 미덕들을 실천하는 것이 더 나은 적응과 성취로 이끈다는 아리스토텔레스의 주장을 바탕으로 하고 있다.

에픽테토스, 세네카, 그리고 키케로와 같은 스토아 학파는 합리성을 정서보다 우월하다고 여겼는데, 정서들은 개인으로 하여금 과민반응하게 하고 중요한 가치들을 망각하게 만들기 때문에 점차 미덕으로부터 멀어지게 하고 궁극적으로는 개인을 얽매이게 만드는 것이라고 보았다(Inwood, 2003). 스토아 학파는 합리적 행동, 외부세상을 향한 과도한 애착의 제거, 개인 욕구들의 통제, 그리고 물질적 필요와 수용욕구로부터 자유로워지는 것 등을 강조한다. 그들은 개인이 물질적 풍요함 없이도 살아갈 수 있다는 것을 배우기 위해 단식, 고행, 가난 등을 실천하고, 자신들의 삶에서 중요한 대상이나 사람들 없이 살아가는 것에 대해 생각하면서 그것들의 가치를 재고한다. 또한 매일의 삶에서 그들이 무엇을 잘 했고 어떻게 더 나아질 것인지를 돌아보고, 정서에서 한 발 물러서서 이성적인 행동의 과정을 생각하며, 삶에 좋지 않은 영향을 미치는 생각들을 찾아내고, 미덕을 추구함에 있어서 현실의 한계와 수용의 중요성을 인정하면서 매일 아침을 시작한다. 마치 마르쿠스 아우렐리우스 황제가 다음과 같이 말했듯이 말이다. "매일을 너 자신에게 다음과 같이 말하며 시작하라: 오늘 나는 내 대적들의 옳고 그름에 대한 무지에서 비롯된 참견, 감사하지 않음, 오만함, 배신, 악의, 그리고 이기심을 필연적으로 경험하게 될 것이다"(Aurelius, 2002).

인지의 우월함은 이성적 담론, 사유, 개인의 자유, 과학, 미지의 탐구를 더욱 강조한 유럽의 계몽주의를 거치며 더 많은 지지를 얻게 되었다. 로크, 흄, 볼테르,

벤담, 밀(Gay, 2013) 등은 자신들이 미신, 권위, 그리고 정서적 호소의 한계로 간주한 것들로부터 벗어나 사고하고자 하였다. 과학을 통한 새로운 발견들은 기독교 교리의 권위에 의문을 제기하였다. 칸트의 지상명령을 바탕으로 한 이성적이고 미덕을 추구하는 삶의 강조는 교회 규칙들로부터 요구되는 도덕적 사고에서 사람들을 벗어나게 하였다. 로크의 계약이론은 행위의 정당성을 폭력적 권위가 아닌 상호 합의의 장으로 옮겨 오게 하였다. 새로운 세계의 탐구는 문화적 규범들이 절대적인 진리라기보다는 임의적 합의들에 불과할지도 모른다는 인식을 확산시켰다. 하지만 당시 우선시되던 합리성과 과학의 위상에 걸맞지 않게 흄은 사고가 정서의 지배를 받는다고 주장하였는데, 그 이유는 사고는 우리가 무엇을 원하는지 알려주지 못하고 단지 어떻게 그 원하는 것을 가질 수 있는지에 대해서만 알려줄 수 있기 때문이라고 보았다. 흄은 정서가 더욱 핵심적인 역할을 한다고 본 것이다. 흄에 따르면 정서는 무엇이 중요한지에 대해 이야기하는 반면 이성은 정서에 의해 형성된 목표를 성취하도록 돕는다는 것이다.

20세기에 와서는 합리성, 실현가능성, 그리고 믿음이 아닌 사실의 발견을 강조하는 것이 실용주의, 논리실증주의, 일상언어 철학, 그리고 분석철학 등의 내용의 핵심이 되었다. Ryle(1949)은 그의 저서 *The Concept of Mind*에서 "기계 속 유령"이 존재한다는 개념을 거부하면서 영혼, 사고, 성격, 그 외의 유추를 통한 총체들(inferred entities)이 모든 것을 구성한다는 개념을 비판했다. 비트겐슈타인(1922/2001), 에어(1946), 카르냅(1967) 등의 논리실증주의자들은 진리에 대한 단 하나의 기준은 경험을 통해 얻은 지식을 통해 그 명제가 증명 가능한가의 여부이며, 정서적인 호소는 진리로부터 멀어지게 만들기 때문에 정서는 논리적 담론과 명확한 정의를 통한 검증 아래 두어야 한다고 주장했다. 나아가 Austin(1975)과 Ryle(1949)은 철학은 그 주장하는 강령들의 명확한 이해를 위해 일상의 언어를 사용하도록 노력해야 한다고 주장했다. 그들의 주된 관심은 명료화, 논리, 실증주의, 가능하다면 논리를 수학적 방법을 사용하여 보다 환원적으로 진술하는 데 있었다. 이들에게 정서는 단지 잡음에 불과할 뿐이었다.

정서의 우선시

합리성과 논리는 항상 철학의 영역에서 (그리고 일반적으로 서양 문화권에서) 주요한 영향력을 행사해 왔지만, 정서 또한 그에 반하는 입장에서 변증적 기능을 하며 지속적으로 존재해 왔다. 플라톤의 논리와 이성에 대한 강조는 당대의 훌륭한 그리스 비극의 전통에 반하는 것이었다. 에우리피데스는 그의 작품 "바커스의 시녀들"(1920)에서 만약 누군가 신, 즉 노래하고 춤추며 완전한 방종을 추구하는 자들을 모으는 디오니시우스와 바커스를 거절하면, 아이러니하게도, 그 사람은 미치는 상태에까지 이르는 완벽한 파멸을 경험하게 될 것이라고 말한다. 이는 즉 정서를 무시하는 것은 심각한 위험을 감수하는 일이라는 것이다. 정서도식모델이 추구하는 것은 즐거운 정서를 느끼도록 하는 것이 아니라 다양한 정서들을 자유롭게 느끼도록 하는 능력을 가지는 것이다. 이 모델에서는 "자기"의 더 낫거나 부족하다는 개념이 없고, 대신 모든 정서들은 그 "자기"에 포함된다고 본다. 이 모델은 모든 정서들, 심지어는 "부정적"으로 인식되는 화, 분노, 질투, 시기까지도 모두 받아들여서 인간 본성의 복잡함(난해함)의 일부로 수용해야 한다고 주장한다.

위와 같은 비관적 시각에서는 고통은 피할 수 없는 것이고, 강한 자도 넘어지며, 통제와 상상을 넘어서는 힘도 파괴될 수 있고, 불의함 또한 필연적이며, 타인의 고통이 자신에게 중요한 의미를 가지는 이유가 누구에게라도 그런 일이 일어날 수 있음을 보여주기 때문이라 본다. 우리 모두는 깨어지기 쉽고 넘어지며, 유한한 존재들인 사람들로 구성된 공동체의 일원이다. 이러한 비관적 시각과는 반대로 플라톤은 통제를 가능케 하는 수단으로서 합리성을 우선시하며, 비극은 정서로부터의 호소를 통해 중요한 균형적 역할을 한다고 보았다.

Nietzsche(1956)에 의하면 19세기에 아폴로니안과 디오니시안 사이에는 큰 문화적, 철학적 차이가 존재했는데 그것은 구성, 논리, 합리성, 통제를 중요시하는가, 아니면 정서적이고 강렬함, 개인의 전적인 자유에 관한 있는 그대로의 표현을 중요시하는가에 대한 것이었다. 후자는 낭만주의 운동에 반영되었는데 낭만주의는 정서의 강렬함, 개인의 경험, 영웅들, 마술적 사고, 은유, 신화, 사적인 것, 혁신적 사고, 민족주의, 강렬한 개인적 사랑을 강조하며 정서를 온전히 포용하였다. 자연(nature)이 계몽주의 시대를 거쳐 구성된 세상보다 우선시되었고, 자연적 본능, "고결한 원시인"(noble savage: 문명에 오염되지 않은 인간으로서의 삶에 대한 이상; 역자주), 자연경관, 그리고 속박으로부터의 자유가 강조되었다. 논리는 실제의 경험과는 동떨어져 있다고 여겨졌다. 낭만주의의 대표적 사상가들은 헤겔, 쇼펜하우어, 루소가 있고, 대표적 시인들로는 쉘리, 바이런, 괴테, 워즈워스, 콜리지, 키츠가 있다. 낭만주의는 음악에도 지대한 영향을 미쳤는데 그 예로는 바그너, 베토벤, 슈베르트, 베를리오즈가 있다(Pirie, 1994).

낭만주의 운동의 주요한 요소로 18세기의 감성주의 운동을 꼽을 수 있는데 이는 합리성이나 수용된 규범이 아닌 개인 경험의 강렬함을 강조했으며 특히 진실성, 진정성, 개인 정서의 강도를 드러내는 강렬한 표현이 중요시되었다. 실제로 당시 영국의 상원의사당에서 의원들이 눈물을 흘리며 자신들의 지위를 위해 다투는 모습을 보는 것이 그리 어렵지 않았다. 자살은 이러한 낭만적 감성의 강렬함을 표현하는 궁극적인 방법이었다.

19세기 후반과 20세기 동안 철학에 있어서 실존주의가 영국과 미국의 이성주의 모델들의 주요 반대세력으로 등장했다. 실존주의는 개인적 목적, 선택, 유한함의 인식, 존재의 임의적 특성, 정서들의 역할을 강조했다. 키에르케고르(1941)는 두려움에 대한 실존적 딜레마, "죽음에 이르는 병"("the sickness unto death"), 개인의 선택에 있어서의 위험에 대해 이야기했다. 하이데거(1962)는 철학은 개인의 인생과 역사로 "내던져짐"에 대한 함의와 그 개인이 의미를 구성함에 있어서 경험하는 딜레마에 대해 다루어야 한다고 주장했다. 사르트르(1956)는 각 개인은 그들의 삶에서 경험하게 되는 딜레마를 개인이 가지는 (선택의) 자유를 실행함을 통해 해결해야 한다고 주장하였다. 정서도식모델에 따르면 각 개인은 그들의 매일의 삶에 임의로 "주어진" 선택의 자유 때문에 힘겨운 삶을 살아가고 있다고 보는데 이는 그들이 경험하는 선택은 종종 정서적으로 감당하기 힘든 딜레마나 대가를 필요로 하는 거래를 포함하기 때문이다. 선택, 자유, 후회, 심지어는 두려움까지도 삶에 있어서 필수적인 요소들로 여겨지고 이러한 "현실들"은 단순히 비용-수익 분석, 합리화 또는 실용적 접근을 통해 제거되지 않는다. 물론 합리적 평가가 중요하긴 하지만 모든 거래에는 비용이 따른다. 그러한 비용은 종종 불쾌하고 어려운 것이 사실이다.

위에서 묘사된 짧은 설명만으로는 서구 문화에서 정서와 합리성에 대해 이분화된 시각을 충분히 그리고 정당하게 평가할 수는 없다(또한 이들이 다른 문화들에서 차지하고 있는 중요성에 대해서도 다루지 못한다). Nussbaum(2001)이 제시했듯이 각 영역, 즉 합리적인 것과 정서적인 것은 각각의 가치를 지니며 서로의 필요를 채우는 역할을 한다. 정서도식모델에서는 합리성과 정서는 어떠한 선택을 내림에 있어 상호모순적 영향을 미치기 때문에 서로를 힘들게 한다고 본다. 하지만 분명한 것은 둘 다 중요하다는 것이다.

정서에 관한 문화적, 역사적 요소들

최근에 그 저변을 넓혀가고 있는 정서학(emotionology)이라 불리는 분야는 정서가 다양한 사회와 시대들 속에서 어떻게 인식되어 왔고 또 어떻게 사회화되어 왔는지에 대한 변화의 흐름을 다루고 있다. 사실 정서에 관한 역사를 이해하는 것은 정서가 사회적 구성물이라는 것에 대한 상당한 증거를 제공하는데, 특히 어떤 정서들이 가치있게 여겨졌는지 아니면 억압되었는지, 정서를 표현하는 것에 대한 제재가 어떻게 변화해 왔는지 등을 살펴볼 필요가 있다. 1939년이 되던 해에 오스트리아 사회역사학자인 Elias는 서구유럽사회에서 내면화와 자기통제의 출현에 관한 기념비적인 연구를 발표하였다(훗날 *The Civilizing Process: Sociogenetic and Psychogenetic Investigations*, 1939/2000라는 제목으로 재발행됨). Elias는 담화, 식사, 복장, 인사, 성적 행동, 공격적 행동, 행동과 관련된 다른 사회적 형식들과 같은 행위의 법칙들이 13세기부터 20세기에 거쳐 어떻게 변해 왔는가를 추적하였다. 왕이 소유한 기존의 힘에, 왕에 대한 기사들의 영향력이 커지면서 이들의 품위있는 처신이 필요해졌고, 자기 통제의 법칙들은 더욱 중요시되었다. Elias는 정서와 행동을 내면화해야 할 필요가 더욱 증가하였다고 주장하였다. 실제로 "courtesy(공손, 정중)"라는 단어는 "court(궁궐)"에서 비롯되었다. 풍부한 정서의 표현, 직면, 성적인 행동들은 점점 더 내면화되면서, 더 이상 용납되지 않게 되었다. 개인적이고 사적인 정서가 점점 더 중시되기 시작했고, 일기쓰기를 통한 사적이고 정서적인 자기의 개념이 더 주목받기 시작했으며, 수치와 죄책감에 대한 인식도 더 높아졌다. Max Weber (1930)는 "프로테스탄트 윤리와 자본주의정신"이라는 저서에서 정서의 내면화는 자본주의의 정서적 기반들을 제공하기도 했지만 동시에 자본주의의 부산물이기도 했다고 주장하였다. 그러므로 만족표현의 자제, 일과 효율성의 강조, 개인적 우월성을 반영하는 성공의 가치, 자유시장방식과의 협력, 전형적인 판매자-고객이라는 관계 등이 더 철저한 정서의 통제로 이어졌다. 이러한 변화들 모두는 정서가 사회적 구성물임을 반영하고 있다.

또한, 16, 17세기의 북아메리카의 청교도 문화에서도 계속된 정서의 통제, 즉 분노와 열정을 통제하고, 세속적인 쾌락을 부정하며, 겸손을 강조하고, 수치와 죄책감을 강조한 모습들을 찾아볼 수 있다. 18세기와 19세기의 미국과 영국에서는 독자들로 하여금 바르게 행동하도록 가르치려 한 "행동지침서"(conduct books)들이 인기를 끌었다. 특히 미국에서는 이 시기 동안 자수성가형 남성상에 대한 선망과 상업의 증가, 귀족사회의 쇠락, 무역상인, 기업가, 사업가, 전문가 등의 새로운 계층의 출현이 뒤를 이었다. 아마도 남성의 경우 사회 관계적으로 올바른 삶을 살아낼 수만 있다면 출신 계층에 얽매이지 않고 사회적 신분상승이 가능했을 것으로 보인다. 하지만 여성의 경우 결혼을 잘해야만 그러한 신분 상승이 가능했다. Benjamin Franklin은 *Poor Richard's Almanac*(가난한 리차드의 달력; 1759/1914)을 통해 독자들에게 만족감의 지연, 저축의 중요성, 근면의 유익, 평판의 중요성 등과 같은 일상의 충고들을 제시하였다. Franklin은 모든 사람들은 하루에 45분씩 운동을 해야 한다고 주장하며, "고통 없이는 얻는 것도 없다"(No pain, no gain)는 문구를 처음으로 제시하기도 했다.

나중에 미국의 대통령이 된, 18세기 식민지 사회의 사회계급화를 주도했던 Adams는 거울 앞에 서서 자신의 얼굴 표정과 자세를 확인하며 자신의 표현을 통제하려고 노력하였는데, 그것은 어떠한 불필요한 정서도 드러내지 않기 위함이었다. 개인의 표정, 신체, 손의 움직임, 억양 등의 요소들이 자기 통제와 관련하여 새롭게 강조되었다. 아마도 자기 통제의 필요에 대해 주장했던 가장 영향력 있었던 책은 영국 귀족인 Chesterfield가 쓴 *Letters to My Son*(1774/2008)인데 이 책은 독자들에게 다음과 같이 조언한다: "절제를 유지하라", "진심을 드러내지 마라", "자주, 그리고 크게 웃는 것은 천박하고 문제 있는 성격을 드러낸다", "할 수 있거든 다른 사람들보다 지혜롭되 그들에게 그러함을 말하지는 마라". 다른 책들 또한 여성들에게 성적 경향성이나 외적으로 드러나는 교양 있는 무관심 외의 진짜 정서를 감추라고 충고하는 동시에 겸손을 강조하였다. 기준은 친근하되 경박하지 말고, 남자에게 관심을 너무 많이 보이지 않는 것이었다. 여자는 남자의 욕망을 제어할 수 있어야 했다. 여성이 부끄러움을 타는 것은 허용되었는데 그것이 성적이거나 경박한 내용들에 대한 당황스러움을 표현하기 때문이다. 다시 말하지만, 중요한 것은 신체, 표정, 언어적 표현을 통제하는 것이었다. 18, 19세기를 지나오면서 정서의 강도를 드러내지 않으면서 동시에 정서에 의존하지 않는 것이 점차 더욱 중시되었다.

Lasch는 그의 저서인 *Haven in a Heartless World*(1977)에서 빅토리아 여왕 시대 이후 나타난 정서적 친밀함이 중시되는 가정적, 가족 중심의 생활을 묘사하고 있다. 점차 정서가 표현되기 시작하였고 가족의 화목이 중시되었다. 또한 정서의 성별화, 즉 성별에 따라 적절한 정서를 구분하는 현상이 나타나기 시작했다. 남성은 상업의 "공공" 영역을 차지하였고, 여성은 이제 가정 내 "사적" 영역에 제한되었다. 남성은 공개적 영역에서 경쟁적이 되고 갈등과 야망을 가지는 것이 받아들여졌지만 가정에서는 남성과 여성 모두 애정, 신뢰, 친밀함을 추구하였다. 배우자 간의 사랑, 모성, 가족 간의 화목함이 전보다 더 많이 강조되었고(분노는 용납되지 않았다), 가족 간의 화목함을 깨뜨리는 질투는 비난받아 마땅하다고 여겨졌다. 가정 내에서의 분노는 받아들여지지 않았던 반면 남성들이 자신들의 동기 부여를 위해 그런 분노를 밖으로 표출하는 것은 받아들여지는 이중적 모습도 보였다. 19세기의 아이들의 사회화와 관련해서는 두려움을 느끼는 것은 자연스러운 것으로 받아들여졌지만 남자아이들의 경우 그러한 두려움을 극복하기 위한 용기를 가질 것이 요구되었고, 여자아이들에게는 그러한 용기를 가지는 것이 적절한 것으로 간주되지 않았다. 또한 수치심보다는 죄책감을 더욱 강조하는 경향도 보였다.

19세기 후반과 20세기 초반 동안 정서에 관한 규범들은 더 많이 바뀌었다. 신생아의 사망률이 감소하면서 부모들은 점점 아이들이 어른으로 성장할 수 있을 것이라 기대하게 되었고, 출산율이 낮아지는 현상을 가져왔다. 이제 새로 태어난 아이는 전보다 더 많이 부모의 관심을 받을 수 있게 되었고 부모와의 더 끈끈한 유대감을 형성할 수 있게 되었다. 또한 인생의 단계에서 아동기를 따로 구분하고 강조하는 경향이 나타났는데 이는 아이들만을 위한 의복들이 따로 제작되고, 아이들의 복지가 강조되며, 아이들은 단지 작은 어른이 아님이 명확해지는 것으로 이어졌다(Ariès, 1962; Kessen, 1965). 더욱이 서비스와 교환이 강조되는 상업적 경제가 발달하면서 정서적 표현에 있어 판매자와 구매자의 관계가 바뀌기 시작했다(Sennett, 1996). 20세기가 되었을 때에는 성평등이 강조되면서 여성을 히스테리컬하고, 연약하며, 정서는 과잉이지만 합리성이 떨어진다고 보는 시각이 현저하게 줄어들었다. 물론 초기 정신분석이론에서는 이런 시각이 여전히 유효하긴 하였지만 말이다(Deutsch, 1944-1945).

1920년대와 50년대 사이에 정서의 사회화에 관한 새로운 이론들이 출현하였는데 이러한 이론들은 두려움은 학습을 통해 형성된다고 주장한 Watson(1919)의 연구와 정신병은 아동기 경험에서 기인한다고 본 정신분석적 주장으로부터 영향을 받았다. 왓슨의 행동주의이론은 공포에 대처하는 가장 좋은 방법은 회피하는 것이라는 주장이 널리 받아들여졌다. 더 이상 어려운 문제나 공포를 극복하기 위해 용기를 강조하지 않았고, 어려운 정서들을 참아내라고 하지도 않았으며, 대신 표현하고 안심시키는 것을 중요시하는 경향이 점차 많아졌다. 정신분석적 이론의 영향은 안전하고 안심할 수 있는 환경을 강조하였는데 이런 경향은 소아과의사였던 Spock가 그의 잘 알려진 글들을 통해 아동의 공포감을 다루기 위한 방법으로서 안도감의 제공, 표현하도록 하기, 받아주기, 충분한 보호를 제공할 것을 강하게 권고하였던 것에 잘 드러난다(Spock, 1957). 정서가 거부하고 싶은 경험이 되었기 때문에 아이들로 하여금 힘든 상황을 경험하지 않도록 하기 위해서 냉정함(coolness)을 유지하는 것이 대중화되었는데 이는 혼자 다 감당해 내고, 정서를 통제하며, 초연하거나 예민하지 않고 다가가기 어려운 상태를 의미했다(Stearns, 1994). 인기 만화의 주인공들은 두려움을 보이지 않았고(그들은 "냉정"했다), 그들은 굳이 두려움을 극복하거나 직면하지 않아도 괜찮았다. 슈퍼맨과 같은 캐릭터들은 아예 상처를 받지 않는 존재로 묘사되었고 그래서 용기를 낼 필요도 없었다.

물론 위에서 묘사된 것들과 같은 내면화, 자기통제, 절제된 정서 표현에 상응하는 자기 표현, 즉흥성, 개인적 경험의 강렬함, 성적 해방과 같은 반문화적인 모습도 존재하였다. 더 반항적인 대중문화의 요소들이 등장했는데 1920년부터 시작된 재즈의 대중적 인기, 여러 반체제적 범법자들과 금주법시대, 1950년대의 비트족들, 로큰롤의 부상, 1960년대의 히피족, 베트남 시대의 저항음악, Timothy Leary 등이 주장한 마약 문화의 도피적 메시지(the "turn on and tune out" message), 그리고 마침내 출현한 갱스터 랩과 완전한 정서의 표현, 자기 통제의 거부를 즐기는 듯한 다른 여러 강렬한 개인적 표현들이 그 예라 할 수 있다.

이와 같이 지난 3,000년 동안 서구 문화에서 정서는 반복적으로 구성되고 해체되었다. 정서의 역사는 어떻게 정서가 이해되고, 어떻게 사회화와 규범들이 정서의 표현에 영향을 미치며, 또한 어떻게 몇몇 정서들은 환대받지 못하게 되는지를 반영하고 있다. 이러한 변화들은 대부분 정서들이 사회적 구성의 산물이라는 것을 시사한다. 이러한 정서의 역사와 정서 또는 합리성을 선호하였던 철학적인 학파들 모두가 공통적으로 주장하는 것은 정서들이 단순히 타고 나거나 즉흥적이거나 보편적인 현상이 아니라(물론 보편적인 경향이 있기는 하지만), 정서에 대한 평가와 정서표현에 대한 규칙은 우리 문화는 물론 다양한 문화들에 걸쳐 상당히 다양하다는 것이다.

이상의 간략한 개요는 정서에 대한 해석이나 인지적 평가 — 사고에 대한 정서의 영향 — 는 중요한 심리적인 현상임을 보여준다. 이제 다음에서는 정서의 "상식

심리학"에서 종종 나타나는 편견들을 설명하는, 사회심리학적 접근법들에 대한 간략한 설명을 살펴보려고 한다. 이러한 접근법들은 사회인지와 정서의 해석과 예측이 서로 연결되어 있음을 반영하고 있다.

정서들에 대한 인지적 평가들

이 장의 초반에 나온 예를 생각해 보라: 최근 사랑하는 연인과 이별을 경험한 두 명의 남자. 둘 중 더 슬픔에 빠져 있는 사람은 현재에도 슬프고 외롭다고 느낄 뿐 아니라 미래에도 그럴 것이라고 예측하고 있을 것이다. 그에게 실제로 몇 달 뒤에는 어떻게 느낄 것 같은지에 대해 묻는다면 그는 아마 계속해서 슬플 것이고, 심지어는 지금보다 더 슬플 것 같다고 예측할지도 모른다. 이것이 어떤 정서가 더 극단적으로 나빠지거나 좋아질 것이라고 예측하는 정서예측(affective forecasting)의 예이다(Wilson & Gilbert, 2003).

정서예측에 대한 연구는 정서적 반응을 과도하게 예측하는 다양한 편견이나 어림법적(heuristics) 접근을 제시하고 있다. 그러한 요인 중 하나로 "집중주의(focalism)", 즉 특정 사건에 대한 개인의 정서적 반응에 영향을 미칠 수 있는 다양한 요인들을 고려하기보다는 그 사건에서 단 하나의 요인에만 집중하는 상태를 들 수 있다(Kahneman, Krueger, Schkade, Schwarz, & Stone, 2006; Wilson, Wheatley, Meyers, Gilbert, & Axsom, 2000). 예를 들면, 어떤 사람들은 미네소타와 같은 추운 환경에서 캘리포니아 같은 따뜻하고 화창한 지역으로 옮겨 가게 되면 그 즉시 몇 년간 굉장히 행복해질 것이라고 믿는다. 하지만 그들은 이사 후 잠깐 동안은 더 나은 기분을 느끼지만 그 행복은 얼마 가지 않고 미네소타에서 경험했던 정도로 곧 돌아오는 것을 경험하게 된다. 이것은 그들이 단지 하나의 요인에만(따뜻하고 화창함) 집중하고 대인관계나 직무환경과 같은 다른 중요한 요인들은 무시했기 때문이다.

정서예측에 있어 또 다른 중요한 특징은 어떤 사건의 정서적 영향을 과대 평가하는 경향을 의미하는 충격 편향(impact bias)이다(Gilbert, Driver-Linn, & Wilson, 2002). 이는 긍정적인 사건의 경험은 오랜 기간 긍정적인 정서를 가져다 주고, 부정적 사건은 오랜 기간 부정적 정서를 경험하게 할 것이라고 예측하는 것을 말한다. 예를 들어, 어떤 사람이 관계의 깨어짐을 경험하게 되면 헤어나올 수 없는 부정적 정서가 계속 이어질 것이라 걱정하는 반면 관계를 시작할 때의 좋은 정서는 무한히 계속될 것이라고 기대하는 것과 같다. 정서를 예측하는 한 측면은 그 정서가 얼마나 오래 지속될 것인가, 즉 "지속효과"이다. Wilson과 Gilbert(2003)는 이 지속효과를 충격 편향에 포함시켰다. 지속효과는 어떤 정서가 오랜 시간 동안 지속될 것이라는 믿음을 반영하고 있다.

정서예측에 영향을 미치는 또 다른 요인은 대응력 과소평가(immune neglect), 즉 스스로가 지닌 부정적 사건들을 이겨낼 능력을 무시하는 것이다. 예를 들면 Gilbert 등은(2002) 사람들로 하여금 부정적 정서가 오래 지속될 것이라 예측하도록 만드는 경험들을 다음과 같은 6가지로 구분할 수 있다고 보았다: 연인과 헤어짐, 종신직 획득의 실패, 선거에서의 패배, 성격에 대한 부정적 피드백, 아이의 죽음에 대한 책임, 희망 직장으로부터의 거절. Wilson과 Gilbert(2005)에 따르면 그런 상황에 처한 사람들은 흔히 자신들이 가지고 있는 회복 능력을 인지하지 못하거나 과소평가한다. 다시 말해 불일치 감소(dissonance reduction), 동기화된 추론(motivated reasoning), 자기 귀인(self-serving attribution), 자기 확인(self-affirmation), 긍정적 착각(positive illusions) 등과 같이 부정적인 삶의 경험들의 영향을 완화시켜주는 대처 기법들을 인지하지 못하고 있다는 것이다. 예를 들면, 여자친구와 헤어진 남성의 경우 여자친구가 없는 편이 더 낫다고 생각하거나(불일치 감소), 헤어진 여자친구의 안 좋은 점들을 생각해 낸다거나(동기화된 추론), 본인이 다시 싱글이 되었으니 자기 가치가 상승했다고 여기거나(자기 귀인), 앞으로는 더 좋은 일들이 생길 거라고 자신과 다른 사람들을 납득시켜 희망을 북돋우거나(자기 확인), 앞으로 그의 일과 연인 관계에서 더 좋아질 일들만 남았다고(긍정적 착각) 주장함으로써 헤어짐으로 인해 경험할 부정적인 영향을 줄일 수 있을 것이다. 물론 이런 각각의 조정들이 인지적 왜곡이나 합리화를 포함하고 있다고 지적할 수 있겠지만, 그것들은 여전히 헤어짐으로 인한 부정적 영향들을 감소시키는 데 도움을 준다. 거기다 혹 예상치 못한 긍정적인 일들이 일어난다면, 그런 경험들은 더욱 긍정적인 결과를 가져다 줄 것이다.

그와 더불어, 사람들은 손실 회피, 즉 어떤 것을 갖는 것보다 잃어버리는 것에 대해 더 많은 가치를 부여하는 경향이 있다(Kahneman & Tversky, 1984). 우리가 흔히 접하는, "우리는 우리가 얻은 것들을 기뻐하기보다는 잃어버린 것들에 대해 더욱 아파한다"라는 어구는 문헌들에서도 증명된다. 도박에서 이기고 지는 것에 대한 반응을 연구했는데 사람들은 자신들이 잃은 것에 대해 합리화하였고 그들이 걱정하는 만큼 잃은 것 때문에 고민하지 않을 것을 생각지 못한 채 잃고 나서 경험할 부정적인 정서를 과도하게 예상하는 경향을 보였다. 다시 말해 이들은 손실을 경험했을 때 자신들이 예상한 것보다 훨씬 잘 극복해 내는 모습을 보였다(Kermer, Driver-Linn, Wilson, & Gilbert, 2006). 이러한 손실 회피로 인해 개인들은 자신들이 만약 포기한 것에 대해 후회한다면 얼마나 안 좋은 기분을 느끼게 될지에 대해 과장 예측함으로써 불만족스러운 상황에 빠져있게 되는 것이다.

정서예측의 또 다른 요인은 정서에 대한 어림법적 접근법인데 이는 현재의 정서를 사용하여 미래의 정서를 예측하거나 지금 당장 느끼는 정서를 바탕으로 미래의 감성적 반응들을 추측하는 것을 말한다(Finucane, Alhakami, Slovic, & Johnson, 2000). 이러한 정서적 어림법(affective heuristic)은 사람들이 기분 좋음을 느끼기 위해 위험을 감수하는 행동을 하는 이유를 설명해준다. 예를 들면, 위험에 노출된 성행위가 만족감을 가져다 준다면 그것이 별로 위험하지 않다고 인식하는 것이다(Slovic, 2000; Slovic, Finucane, Peters, & MacGregor, 2004). 또한 이것은 자신이 어떻게 느끼는지에 따라 어떤 대상의 가치나 안전성을 판단함을 설명하기도 한다(예를 들면, "내가 불안을 느끼는 것으로 봐서 이건 위험한 것 같다").

또한, 사람들은 불확실함에 대한 현재의 평가를 바탕으로 자신들이 미래에 느낄 정서적 반응들을 예측한다. 즉, 더 큰 불확실성을 느낄 때 더 부정적인 예측을 한다는 것이다(Bar-Anan, Wilson, & Gilbert, 2009). 불확실성을 수용하지 못하는 것이 근심, 반추(장애), 강박장애(obsessive-compulsive disorder: OCD)의 기저에 있는 핵심요소로서, 부정적 결과에 대한 불확실성이야말로 어림법적 근거가 되는 정서도식인 것이다. 예를 들어, 현재 부정적 정서를 느끼는 상황에서 앞으로 어떻게 느끼게 될지 "확실하게" 모르는 것은 나중에 부정적 정서를 느끼게 될 가능성을 증가시키는 것이다.

마지막으로, 많은 사람들은 당장의 작은 유익을 나중의 더 큰 유익보다 선호하는 것으로 미래의 대안에 대한 가치를 무시한다. "지연 할인"(delay discounting)이란 연기된 만족에 대한 가치는 축소시키는 반면 현재의 사건들이나 보상제공의 가능성은 더 크게 느끼는 것을 의미한다(Frederick, Loewenstein, & O'Donoghue, 2002; McClure, Ericson, Laibson, Loewenstein, & Cohen, 2007; Read & Read, 2004). 현재에 대한 이러한 태도는 즉각적인 만족의 추구, 불편감에 대한 혐오, 어려운 일을 지속하는 고통, 목표추구에서의 비도덕화를 증가시킬 것이다(O'Donoghue &

Rabin, 1999; Thaler & Shefrin, 1981; Zauberman, 2003). 극단적인 경우, 정서 통제에 관한 결정들은 근시안적이 될 것이다. 다시 말하면, 마치 약물남용이나 폭식의 경우와 같이, 개인이 불편한 정서를 즉각적으로 제거하는 것에만 집중하게 되면 대안으로 선택하는 것들이 결국은 스스로를 파괴시키는 것이 될 것이다. 나중에 받을 수 있는 보상은 가치가 줄어들고 결국 가장 가치 있는 대안은 즉각적으로 받을 수 있는 것이 되는 것이다. 근시안적인 지연 할인의 예로서 유관의 덫(contingency trap), 즉 즉각적 보상에만 매달리게 되면서 결국은 자기파멸적인 습관을 가지게 되는 것을 들 수 있다. 이러한 모델은 중독행동에 적용되었는데, 지연 또는 철회는 즉각적 고통을 가져오는 반면 중독물질의 사용은 즉각적 만족감을 가져옴으로써 중독물질의 사용을 가속화하고 더 높은 큰 만족을 주는 물질을 위해 더 많은 비용을 기꺼이 지불하게 되는 것이다(Becker, 1976, 1991; Grossman, Chaloupka, & Sirtalan, 1998).

이와 같은 인지적 평가 및 경험적 접근법은 정서도식에 있어 매우 중요한 구성요소들이다. 이들은 정서들은 지속되고, 통제가 불가능하고, 즉각 제거되거나 억압되어야 한다는 믿음에 영향을 미친다. 아이러니하게도, 정서들은 무상한 것처럼 보인다: 오래 지속되기보다는 쉽게 사라지는데, 다음 정서가 생겨날 때까지 잠깐 지속될 뿐이다(Wilson, Gilbert, & Centerbar, 2003). 누군가가 이별, 실직, 부상, 다툼 등으로부터 얼마나 오래 비참함을 경험할 것인지에 대한 예측에 있어 사람들은 얼마나 극단적인 정서적 어려움을 겪을지에 대해 과대하게 예측하는 경향이 있다. 비슷한 자료들은 행복이나 불행함은 인생의 주요한 사건들 앞에서는 (겪고 나면) 지속되지 않음을 보여준다. 실제로 회복탄력성에 관한 연구는 대다수의 사람들은 주요한 부정적 사건 1년 후에는 그들이 사건을 경험하기 전 상태로 돌아온다는 것을 제시하면서 정서적 "상처들"은 다양한 과정의 회복을 통해 해결된다고 말하고 있다(Bonanno & Gupta, 2009). 더 나아가 사람들은 트라우마나 상실로부터 회복하는 능력이 각각 다른데 그 이유는 제어의 유연성, 즉 생겨나는 어려움들을 적절한 과정들을 통해 대처할 수 있는 능력에 있다(Bonanno & Burton, 2013). 이는 대처하는 과정이, 힘든 정서를 느낀 당시의 경험 자체보다 더 중요하다는 것을 보여준다.

정서도식치료는 이러한 제어적 유연성의 범위를 확장하고자 하는데, 이를 통해 정서의 경험이 반드시 극단적인 정서의 예측이나 자기패배적인 정서 통제의 방법들로 이어지지 않도록 하는 대신 다양한 종류의 적응적 해석이나 대처방법들을 가져와 사용할 수 있는 기회가 될 수 있도록 하는 것이다. 정서도식치료는 현재의 정서에 부정적 영향을 미치는 개인의 인지 및 해석방식들을 찾아내고 어떻게 그러한 방식들이 자신에게 도움이 되지 않는, 역기능을 지속시키는 대처방식으로 연결되는지 보여준다. 앞으로 이어질 장들에서는 정서에 대해 가지고 있는 이러한 신념들을 드러낼 수 있는 다양한 기술들을 검토하고 문제로 인식되는 정서들을 어떻게 다룰지에 관한 대처방법들을 제시한다.

이 책의 구성

이 장에서는 사회구성주의, 역사적·사회적 맥락들이 다양한 정서에 관한 신념들, 대처방식들, 수용성에 어떻게 영향을 미칠 수 있는지에 대해 살펴보았다. 이어지는 2, 3장에서는 정서도식치료를 제공함에 있어서 주요한 고려사항들과(제2장) 정서도식의 일반적 모델(제3장)에 대해 이야기할 것이다. 제2부(제4장과 5장)에서는 초기 사정과 모델에 대한 사회화(socialization)를 다룬다. 제3부에서는 특정 정서도식들과 어떻게 그것들에 대해 이야기할지에 대해 알아본다. 제6장에서는 타당화(validation)에 대한 잘못된 신념들과 그러한 신념들의 출처, 그리고 이러한 신념들에 대해 이야기하는 방법들을 다루고자 한다. 제7장에서는 다양한 종류의 특정 정서도식들을 어떻게 수정할지에 대해 이야기하는데, 이에는 이해력, 기간, 통제, 죄책감과 수치심, 그리고 수용이라는 범주들이 포함된다. 제8장에서는 정서적인 완벽주의와 불확실성에 대한 수용의 어려움이 어떻게 특정 사람들로 하여금 서로 다른 정서들을 가지고 살아가는 것을 어렵게 만드는지에 대해 검토하고 이를 통해 양가감정(정서)를 경험하는 것의 불가피함에 대해 이야기한다. 제3부의 마지막 장인 제9장에서는 정서도식모델이 불편한 정서들을 가치와 미덕들, 즉 우리가 의미 있는 삶을 살아가면서 피할 수 없는 도전들을 견뎌내도록 돕는 가치와 미덕들에 어떻게 연결시켜 생각할 수 있을지를 살펴본다. 이 책의 제4부 “사회정서와 관계”에서는 질투(제10장)와 시기(제11장)에 대해서 살펴보는데 이러한 정서들은 사람들로 하여금 스스로를 죽이거나 다른 사람들까지도 그리하게 만든다. 다른 다양한 정서들(예를 들면 굴욕감, 죄책감, 분노, 화 등)에 대해서도 다룰 수 있겠지만 이 질투와 시기는 종종 이와 같은 정서들도 포함한다. 또한 시기와 질투는 그 자체가 사회적이라는 특성과 함께 추정적인 진화적, 문화적 연관성을 고려할 때 본 모델에 가장 알맞다고 볼 수 있다. 마지막 장인 제12장과 13장에서는 어떻게 정서도식들이 연인 관계와 치료적 관계에 적절하게 적용될 수 있는지에 대해 각각 살펴본다.

요 약

정서와 정서의 통제는 심리학에 있어서 지난 수세기 동안 정서의 신경학, 인지 모델들, 변증법적 행동치료, 수용전념치료, 정서중심치료, 정신화치료, 인지행동모델에서 정신분석에 이르는 다양한 모델들의 발전과 함께 점점 더 강조되어 왔다. 이 장에서는, 어떠한 정서를 경험하는 과정의 한 요소는 그 정서에 대한 해석과 평가라는 개념과 함께 정서를 통제하기 위해 사용하는, 도움이 되거나 도움이 되지 않는 대처방식들에 대해 소개하였다. 이러한 개념과 과정들은 이 책에서 정서도식이라고 명명되었다. 서구사회의 철학적이고 문화적 전통에서는 정서와 합리성의 이분법적 구분이 지속되어 오면서 정서는 심사숙고, 합리성, 미덕의 행위들을 방해하고, 혹은 의미와 대인적 관계의 근원이라고 인식되기도 하였다. 지난 수백년 동안 서구사회에서 정서의 극복에 관한 개념들과 대처방식들은 상당히 많이 바뀌어 왔는데, 예를 들면 질투와 용기와 같은 정서들은 그 "지위"를 잃어버렸다. 마지막으로, 이 장에서 정서의 해석과 앞으로의 정서를 예측함에 있어서 선택이 여러 가지 편견의 근원들을 다루어 낼 수 있음에 대해서도 이야기하였다. 앞으로의 내용들은 정서도식의 개인적 차이들이 어떻게 정신병리, 회피, 부적응, 그리고 다른 문제행동들을 설명할 수 있는지, 그리고 개인들이 이러한 정서도식들을 이해하고 수정하는 것을 돕는 것이 어떻게 치료의 경험을 깊게 만들고 성장을 위해 어려운 정서들을 직면하도록 도울 수 있는지에 대해 검토한다. 제2장에서는 정서도식치료의 주요한 원리들을 제시한다.

제 2 장

정서도식치료

일반적인 고려사항

> 그는 모든 것을 보았고, 환희부터 절망까지 모든 정서를 경험했으며, 위대한 신비, 감춰진 곳, 홍수 이전 아주 오랜 시대에 대한 비전을 가지고 있다.
> — Gilgamesh, ca. 2500 B.C.E.

전통적인 인지모델에서는 정서가 인지에 선행하거나, 동반되거나, 혹은 그 결과로 나타나는 것으로 묘사된다(Beck, Emery, & Greenberg, 1985; Beck, Rush, Shaw, & Emery, 1979; Clark & Beck, 2010). 예를 들어, 우울증에 대한 인지모델은 자기부정적 내용(예: "나는 패배자이다")을 동반하는 인지 도식이 슬픔, 무력감, 또는 절망을 초래한다고 주장한다. 공황장애에 대한 인지모델은 내부수용감각(예: 심장 두근거림, 근육의 긴장, 현기증)에 대한 해석이 불안의 증가를 초래한다고 제시한다(Clark, 1996; Clark, Salkovskis, & Chalkley, 1985; Clark et al., 1999; Salkovskis, Clark, & Gelder, 1996). 강박장애에 대한 인지모델의 경우, 어떤 생각이 들거나 어떤 일이 일어날 가능성을 통제하는 것에 대한 개인적인 책임과 관련된 신념들과, 특정한 신념(예: "나는 오염되었다")의 위협에 대한 과도한 평가가 사고의 평가, 위협의 평가, 불확실성에 대한 배척, 통제시도의 실패라는 악순환을 초래한다고 한다(Salkovskis & Kirk, 1997). 마지막으로, 성격장애에 대한 인지모델은 자기 자신에 대한 평가(예: "나는 무력하다", 또는 "나는 결함이 있다") 및 타인에 대한 평가(예: "그들은 신뢰할 만하지 않다" 또는 "그들은 거절감을 느끼게 한다")와 관련된 신념과 그에 따라 오는 역기능적 대처전략(회피, 보상)에 대해 중점을 둔다(Beck, Freeman, & Davis, 2004).

정서도식모델은 이러한 인지모델들을 정서를 평가하고 대처 전략을 세우는 데에까지 확장시킨다. 이 새로운 모델에서는 정서 자체가 인지의 대상이 될 수 있다고 주장한다. 즉, 정서들이 개인에 의해 평가되고, 통제되며, 혹은 활용되는 대상으로 간주되는 것이다(Leahy, 2002, 2003b, 2009b). 이러한 접근법은 사회인지 분야에서 파생되었는데, 이는 의도성, 정상성(normality), 사회비교, 귀인 과정에 관한 일상심리학(naive psychology) 모형들을 강조한다(Alloy, Abramson, Metalsky, & Hartledge, 1988; Eisenberg & Spinrad, 2004; Leahy, 2002, 2003b; Weiner, 1974, 1986). Heider(1958)와 사회인지 분야에서 그를 따랐던 사람들은 비전문가들이 성격, 의도, 행동의 원인, 책임감의 개념을 어떻게 개념화하는지에 특히 관심이 있었다. 정서도식모델은 이러한 경향을 따른다. 만약 메타인지모델(아래 참조)이 마음이론과 관련된 장애들을 강조한다고 하면, 정서도식모델은 정서 및 마음 이론과 관련된 장애들을 강조한다고 할 수 있겠다.

Young, Klosk와 Weishaar(2003)에 의해 발전된 도식중심치료와 달리, 정서도식치료는 정서에 대한 신념과 정서조절전략에 초점을 둔다. 도식중심치료는 정서에 관한 신념을 다루는 이론이라기보다 자신과 타인의 개인적인 속성에 관한 이론이다. 이런 점에서 도식중심치료는 Beck과 Freeman의 개인도식모델 및 성격장애모델과 닮았다(Beck et al., 2004). Young 등의 모델은 개인이 자기에 대한 개념(예: "불쾌한", "특수한(special)", "결함이 있는")을 초기 경험(초기 부적응도식의 형성)의 결과로 발달시킬 뿐만 아니라, 이러한 개념 혹은 도식이 회피, 보상, 유지를 통해 지속되고 유지된다고 말한다. 반면 정서도식모델은 성격 그 자체에 대한 모델이라기보다 정서에 대한 신념들과 정서 대처 전략들에 관한 모델이다.

Wells(2009)에 의해 발전된 메타인지모델과 유사하게 정서도식모델은 개인이 자기 정서에 대한 메타경험적(meta-experiential) 이론들을 가진다고 본다. 메타인지적 접근에서는 침투적 사고와 관련된 도식 내용에 초점을 맞추는 것이 아니라(예를 들면, "나는 패배자다"라는 생각에 도전하기), 그러한 사고들의 평가와 통제가 강박장애나 다른 심리적 장애를 초래한다고 본다(Salkovskis, 1989; Salkovskis & Campbell, 1994; Wells, 2009). 즉, 사고의 본질을 사고의 내용이 아닌 유일한 사고로서 평가하는 것이 강박장애로 이끌게 되는 것이다. 불안회피행동, 사고억제전략, 자기관찰, 인지적 자기의식, 사고가 통제를 벗어났다는 신념은 역기능적 평가의 결과이다. 심리적 장애들은 사고, 감각, 정서에 대한 반응의 결과들로 여겨지는데, 이러한 장애들은 사고의 적절성에 대한 역기능적인 평가, 사고를 억누르거나 중립적으로 받아들이거나 그에 따라 적절하게 행동하는 것에 대한 책임감, 사고와 행동의 혼합, 불확실함에 대한 저항, 완벽주의적 기준들로부터 기인한다(Purdon, Rowa, & Antony 2005; Rachman, 1997; Wells, 2000; Wilson & Chambless, 1999). 정서도식모델은 정서의 평가와 정서 통제의 전략이 정신병리학의 발달과 지속에 기여한다는 관점에 있어서 메타인지모델과 유사하다고 볼 수 있다.

정서도식치료는 Greenberg의 정서중심치료(Greenberg & Paivio, 1997; Greenberg & Watson, 2005)로부터 정서적 경험, 표현, 일차적 및 이차적 정서의 평가, 욕구 및 가치에 관련된 정서에 대한 시각, 정서가 의미를 "포함"하고 있을 수 있다는 주장(Lazarus의[1999] "핵심 관계적 주제들(core relational themes)"과 유사)을 받아들인다. 그러나 정서도식치료는 정서에 대한 신념과 정서가 어떻게 기능하는지에 대해 직접적으로 평가한다는 점에서 메타정서적(혹은 메타인지적)이다. 따라서 이는 Rogers식의 표현 과정, 타당화, 무조건적인 긍정적 존중뿐만 아니라 내담자의 암묵적 정서이론도 강조한다. 이는 Gottman, Katz와 Hooven(1997)이 취한 접근법과 유사하다. 예를 들어, 정서도식치료자는 (내담자가) 고통스러운 정서들을 경험하는 것이 더 깊고 의미 있는 정서들을 경험할 수 있는 기회라고 여기는지, 아니면 이와 반대로 그러한 고통스러운 정서들이 나약함과 열등함의 증거라고 믿는지에 대해 살펴볼 수 있다. 정서중심치료자는 정서도식치료자의 경우와 같이, (내담자가) 정서를 표현하는 것과 타당화[인식 및 수용]하는 것을 핵심적인 치료기법으로 사용한다. 하지만 정서도식치료자는 타당화하는 것을 정서에 대한 다른 형태의 인지적 평가들에 영향을 미치는 과정이라고 본다. 따라서 타당화는 내담자로 하여금 자신의 정서들이 유별나지 않고, 정서를 표현하는 것이 항상 어렵지만은 않으며, 타당화를 통해 죄책감과 수치심을 줄일 수 있고, 정서들을 받아들이고 이해할 수 있도록 돕는다는 것을 인식하도록 한다. 그러므로 타당화는 정서에 대한 신념을 변화시킬 뿐 아니라 정서 그 자체의 변화까지 이루어낼 수 있는 것이다(Leahy, 2005c).

정서도식치료와 수용전념치료(acceptance and commitment therapy: ACT) 사이에도 많은 유사점이 있다(Hayes, Luoma, Bond, Masuda, & Lillis, 2006; Hayes, Strosahl, & Wilson, 2012). 수용전념치료와 마찬가지로 정서도식치료에서는 회피하는 것과 (사고나 정서를) 억압하려다 실패한 것에 집중한다. 그러나 메타인지적 정서도식치료의 경우, 마음과 관련된 암묵적인 이론들에 대한 자세한 설명과 함께, 마음과 감각에 대한 명제들부터 직접적으로 파생된 가설들을 검증할 수 있는 구체적인 행동적 실험들을 제안한다. 메타인지적 접근법과 수용전념치료 접근법은 마음챙김(mindfulness)을 사용한다는 것과 치료적 개입으로서 사고 및 감각에 대해 관찰적 입장을 취하고, 이를 활용한다는 점에서 유사하다. 마찬가지로, 정서도식치료는 어떤 정서를 회피하거나 억압하려고 시도하는 대신 그 정서를 알아차리고 단지 하나의 사건으로 받아들이도록 돕기 위해 관찰적이고 분리된 접근법을 사용한다. 또한 정서도식치료는 정서와 가치들 간의 관계에 대해서도 강조하는데, 내담자들이 중요하게 여기는 가치 및 미덕들을 명확하게 인식하도록 도와 그들이 어려운 정서들을 견디어 낼 수 있도록 돕는다.

수용전념치료는 행동과 신념의 기능, 경험적 회피, 유연성, 개인적 기능의 맥락적 본질을 강조하는 정신병리에 관한 행동적 모델이다. 정서도식모델은 이러한 개념들의 중요한 가치를 인식하는 동시에 개인 특유의 신념이나 정서에 대한 이론을 설명하고자 한다. 이러한 의미에서 이 모델은 "내용", 즉 정서이론들의 내용을 강조한다. 예를 들어, 내담자가 자신의 정서가 오랜 시간 지속될 것이라는 신념을 가진 채 이해도 되지 않고 수치심을 느낀다면, 치료자는 이러한 신념들의 효용과 타당성을 점검하기 위해 내담자와 협력할 것이다. 더 나아가, 정서도식치료에서는 체험회피를 수용전념치료와 행동활성화 모델의 중요한 구성요소로서 정서에 대한 지속되는 역기능적 신념(예: 정서는 위험한 것이며 통제불능이고, 억압해야 하는 것)으로 이해한다. 정서도식모델의 경험은 내구성, 통제에 대한 욕구, 위험과 같은 정서적 신념에 영향을 미친다. 이와는 반대로 수용전념치료 모델은 정서에 대한 생각의 내용과 특별한 관련이 없으며, 내담자의 정서이론을 설명하지도 않는다.

정서도식치료적 접근법은 Beck 치료법, 수용전념치료, 변증법적 행동 치료법(dialectical behavior therapy: DBT), 행동 활성화 모델 등과 더불어 내담자의 특정 정서신념과 대처전략에 대해 강조하는 다양한 인지행동모델과 통합될 수 있다. 예를 들어, 정서도식치료자는 행동 활성화 기법을 사용할 수 있으며, 어떤 정서가 활성화될 것인지, 그 기간, 의미 및 통제해야 할 필요성에 대한 내담자의 신념을 살펴볼 수 있다.

정서도식치료의 핵심 주제

정서도식치료는 개인이 정서와 정서 조절에 대하여 내재적인 이론을 가지고 있다고 본다. 정서도식치료에서는 정서들이 정상적이고 일시적인 것이라고 받아들이게 돕고 다른 가치들과 연결시킨다. 또한, 보다 적응적인 표현을 할 수 있도록 돕기 위해서 인지적 또는 소크라테스식 평가, 체험적 시도, 행동적 실험 및 다른 기법들을 사용하여 내담자의 정서에 대한 특정한 이론을 구체화하고 수정하는 것에 중점을 둔다. 내담자가 치료모델에 적응하도록 돕는 과정에서, 치료자는 정서 자체가 문제가 아니라 정서에 대한 평가, 두려움, 역기능적 정서통제 전략을 사용하여 정서를 회피하고자 하는 것이 문제라고 강조한다. 사람들은 누구나 슬픈 정서를 느끼지만 그중에서 일부만 우울증을 앓는다. 누구나 불안감을 느끼지만 일부 사람들만이 범불안장애를 앓는다. 누구나 더럽혀지는 것이나 실수하는 것에 대해 비합리적인 두려움을 가지지만, 일부 사람들만이 강박장애(OCD)를 앓는다.

정서도식모델은 다음 7가지 주제를 강조한다:

1. 고통스럽고 괴로운 정서들은 보편적인 것이다.
2. 이러한 정서들은 위험에 대해 경고하고 우리가 가진 욕구에 대해 알려주고자 발전된 것이다.
3. 정서에 대한 근본적인 신념과 전략(도식)은 특정 정서의 고조 및 유지뿐 아니라 그 정서가 다른 정서들에 미치는 영향도 결정한다.
4. 역기능적인 도식의 경우 특정 정서를 극단적으로 경험하는 것, 개인의 정서를 부적절하다고 느끼는 것, 어떤 정서가 영원히 지속되고 통제가 불가능하며 수치스럽고 자신에게만 유일하다는 것, 다른 사람들에게 드러나면 안 된다는 것 등을 포함한다.
5. 물질남용이나 폭식을 통해 정서를 억압하려고 하거나, 무시하거나, 극단적인 정서를 상쇄하거나 제거하는 것과 같은 역기능적인 통제전략들은 정서들이 견디어 낼 수 없는 경험이라고 믿는 부정적인 신념들을 강화한다.
6. 정서를 표현하고 타당화하는 것은 정서를 일반화하고, 보편화하며, 이해를 증진시키고, 다양한 정서를 구별할 수 있도록 하며, 죄책감과 수치심을 줄

이고, 정서적 경험을 견딜 만한 것으로 받아들이도록 돕는 역할을 한다 (Leahy, 2009b).

7. 정서도식치료에서 고통스러운 정서를 알아차리는 것과 좌절을 견딜 수 있는 능력을 키우는 것은 일종의 개인적 역량강화 모델로서, 자기효능감을 증진시키고 삶에서의 보다 온전한 의미를 획득하는 것으로 이해될 수 있다.

이러한 일반적인 주제들에 대해 각각 살펴보도록 하자.

고통스럽고 괴로운 정서들은 보편적이다

정서도식치료는 슬픔, 불안, 분노, 질투, 분개, 시기와 같은 "어려운" 정서들을 보편적인 경험으로 본다. 개인이 이러한 정서들을 경험하지 않고 산다는 것을 상상하기는 어렵다. 정서가 보편적이라는 것은 내담자가 혼자가 아니라는 것과(누구나 다루기 힘든 정서를 갖고 있다는 것), 고통스러운 정서들은 인간 존재의 일부이며, 온전한 삶의 일부라는 것을 의미한다. 치료의 목표는 보다 온전한 삶, 즉 개인의 삶에서 고통스러운 정서들이 존재하기는 하지만 그것들을 삶의 일부로 받아들이고, 나아가 개인에게 중요한 가치들을 반영하는 것으로 여기는 상태이다. 배고픔을 느끼거나 흥분되는 상태에 대해 "좋거나" "나쁜" 것이 없는 것처럼 정서에 있어서도 "좋은" 또는 "나쁜" 정서는 없다. 정서가 보편적이라고 인지하는 것은 정서들을 평가하거나 억제하거나 피하거나 외면하는 것이 아니라, 다양한 종류의 정서들을 정상적이고 타당하며 수용할 수 있는 것으로 받아들이도록 돕는다.

정서도식치료의 목표는 내담자를 행복하게 하거나 슬픔과 두려움을 제거하는 것이 아니다. 그것은 범불안장애나 강박장애를 가진 사람에게 치료의 목표가 침투적 사고를 제거하는 것이라고 말하는 것과 비슷하다. 정서도식치료는 오히려 내담자가 고통스럽고 괴로운 정서들을 인정하는 것, 그 정서들을 온전한 삶의 경험 중 일부로 받아들이는 것, 경멸적이기보다는 수용적인 태도로 평가하고 정서가 극단적으로 치닫는 것을 피하는 것, 정서들은 일시적이라는 것을 인식하는 것과 각자가 중요하게 여기는 가치와 미덕을 추구하는 데 정서를 이용할 수 있도록 하는 것을 목표로 한다. 이는 인지도식모델에서 내담자를 "기분 좋게" 하려는 시도보다 오히려 내담자가 모든 것을 느낄 수 있는 역량을 가질 수 있도록 돕는 것과 유사하다.

고통스러운 정서들이 삶의 일부라는 인식은 삶이 때로는 어려울 수 있다는 것을 반영한다. 이것은 진부하거나 너무 명백해서 굳이 언급할 필요가 없어 보일 수 있다. 그러나 인생은 어려운 것이라고, 불가능하다고 느껴지는 것들이 있을 수 있다고, 대부분의 사람들은 절망감이 어떤 것인지 안다고 타당화시켜 주는 것은 거의 모든 사람들이 그런 정서를 경험하기 때문에 그것을 생산적으로 다룰 수 있는 방법 또한 존재한다는 것을 의미한다. 만일 대부분의 사람들이 고통스러운 정서를 느끼고 그 과정을 통과한다면, 분명 그러한 정서를 잘 통과할 수 있는 방법 또한 존재하는 것이다. 인생이 때로는 끔찍하게 느껴지더라도 이는 인생에 의미와 희망이 없다는 것을 의미하지는 않는다.

감당하기 어려운 정서를 일반화하고, 인간이기 때문에 충분히 그럴 수 있다고 인정하는 것의 장점은 내담자로 하여금 고통스러운 정서들을 경험하는 것이 정신병리나 정신장애의 증거라고 여길 필요가 없다는 것이다. 정서는 고정된 특성이 아니며, 그저 왔다가 사라지는 일시적인 경험이다. 즉, 어떠한 상황에 대한 반응이거나 평가인 것이다. 배고픔이 영구적인 특성이 아닌 것처럼, 환경이 바뀌거나 관점이 변하거나 관심이 다른 곳으로 가게 된다면 정서는 사라질 수도 있다. 게다가 정서의 보편적인 특성에 의하면 고통스러운 정서를 느끼는 것은 많은 문제들과 함께 살아가는 가운데 우리가 경험하는 특정 문제에 대한 인식을 나타낸다. 예를 들어, 친한 친구와 갈등을 겪고 있는 사람은 화가 나거나 슬픔을 느낄 것이다. 이는 친밀한 관계가 깨지는 것에 대한 인간의 반응일 수 있다. 즉, 당사자에게 매우 중요한 일인 것이다. 그러나 당사자는 이에 대해 끔찍하다고 느끼고, 영원히 지속될 것이라고 생각하며, 자신은 실패했다고 보는 등 상황을 과장해서 받아들이고 이에 대처할 수 있다. 좌절감, 분노 및 슬픔에 대한 이러한 "과장하기"식의 반응은 더욱 지속적인 문제로 이어진다. 정서도식치료자는 그러한 내담자에게 보통 "이런 일이 생기면 많은 사람들이 슬퍼할 거예요(화가 나거나 상처를 입는 등). 인간이잖아요. 그리고 정서라는 게 있는 걸요."라고 말할 것이다. 또한 치료자는 "충분히 슬퍼할 만해요. 그 슬픔이 얼마나 깊은지, 그리고 이 상황이 당신에게 어떤 의미가 있길래 그렇게 마음 깊이 슬퍼하시는지에 대해 알고 싶어요."라고 물을 수 있다. 이 슬픔을 일반적이라고 재구성하면서도 슬픔의 강도를 확인하는 것은 슬픔이 인간이기 때문에 충분히 그럴 수 있다는 메시지를 전달하기도 하고, 슬픔의 강도에 대해서는 검토와 수정이 가능할 수도 있다는 여지를 전달한다. "왜 슬프신가요"와 "어찌 그리 깊이도 슬퍼하시나요"에는 분명한 차이가 존재한다.

예를 들어, 시기(envy)는 사람들이 보통 당황스러워 하거나 죄책감을 느끼는 보편적인 정서이다. 사람들은 자신이 시기하고 있다는 것을 쉽게 알아차리지 못한다. 오히려 시기를 느끼는 대상과 그 사람의 단점에 더욱 집중할 것이다. 시기는 폄하받는 정서이고 이는 흔히 반추, 죄책감, 슬픔, 분노로 이어진다. 정서도식모델은 시기를 보편적인 정서이고 생산적으로도, 비생산적으로도 사용될 수 있다고 본다. 시기가 비생산적으로 사용되는 경우 선망의 대상을 피하거나 그 사람을 비난 또는 폄하하려는 시도로 나타난다. 반추, 불평하기, 죄책감을 느끼는 것 역시 시기를 비생산적으로 사용하는 것이다. 반대로 시기를 인간됨의 일부로 받아들이고, (상대방에 대한) 흠모와 모방으로 전향시키는 것은 곧 동기부여와 자기개선이 될 수 있다. 역기능적인 사회적 정서들로서의 질투와 시기는 제10장과 11장에서 더욱 자세하게 논의되겠지만, 현재로서 시기란 좋은 것도, 나쁜 것도 아니다. 즉, 단지 인간의 한 부분일 뿐이다.

내담자는 노래 가사나 시, 연극, 소설 또는 친구들 및 가족들에게서 정서의 예시를 찾아 정서를 보편화하는 것을 도움받을 수 있다. 예를 들어 또 하나의 폄하받는 정서인 질투심은 많은 노래와 시, 연극과 이야기의 소재가 되며, 독자와 관객은 이러한 주제가 자신의 경험을 반영하기 때문에 끌리는 것이다. 사실 스토리 속의 캐릭터와 동일시하는 능력이 스토리를 더욱 매력적으로 만든다. 그것은 "우리의 이야기"를 말하기 때문이다.

정서는 우리에게 위험을 경고하고 욕구를 알아차리도록 돕고 있다

정서도식치료는 적응적 관점에 그 기반을 두고 있는데, 정서를 갖는 것과 그러한 정서를 표현하는 것은 적응을 위해 정교화해 왔고, 그렇게 하는 것을 통해 그 종의 구성원들을 보호해 왔다고 본다(Cosmides & Tooby, 2002; Ermer, Guerin, Cosmides, Tooby, & Miller, 2006; Tooby & Cosmides, 1992). 정서는 "정신병리"나 "비정상" 또는 "질병"의 징후가 아니다(Nesse, 1994). 정서는 유전적으로 정해진 것이고, 이는 오랜 시간 주어진 환경에 보편적으로 적응했음을 뜻한다(Nesse & Ellsworth, 2009). 예를 들자면, 광장공포증을 가진 사람들의 흔한 특징인 개방된 장소에 대한 두려움은 포식자로부터의 위험에 노출된 개방된 공간에 대한 적응적 반응이다. 포식동물들의 위협에 대해 고려하지 않고 열린 공간을 횡단했을 조상들은 눈에 띄거나 공격받을 가능성이 높았고, 따라서 그들은 후대에 유전자를 전달할 수 없었다. 공적인 자리에서 말하는 것에 대한 불안은, 낯선 사람들을 대상으로 지배적인 역할을 하는 것이 무례하고 위협적이며, 나아가 보복으로까지 이어질 수 있었던 원시 환경에 대한 적응의 결과인 것이다. 슬픔은 반복되는 실패를 경험하면서도 계속 같은 행동을 반복하는 것은 아무런 의미가 없다는 것을 조상들에게 알려주었기에 적응적인 것이었다. 분노와 공격은 자신의 영토를 침범하거나, 식량자원을 빼앗아가거나, 친척이나 자신을 죽일 수 있는 동족으로부터 보호하는 데 중요 역할을 했기 때문에 적응적인 것이었다. 질투는 사람들로 하여금 종족번식에 투자한 것을 지키고 성적인 접근이나 생식을 하고자 하는 경쟁자들을 물리치는 데 있어서 적응적이었다.

정서도식치료는 정서가 적응적인 관점에서 어떻게 타당한 것으로 이해될 수 있는지에 대한 평가를 포함한다. 예를 들어, 부모가 자녀들의 안전에 대해 불안해하면서 아이들을 보호할수록 아이들의 생존 가능성이 높았기 때문에 걱정하고 불안해 하는 정서는 타당한 것이다. 이를 설명하는 데 도움이 되는 질문은 "만약 우리 선조들이 이런 정서를 가지지 않았다면 어땠을까? 어떠한 부정적인 결과가 초래되었을까?"이다. 예를 들어, 자녀를 걱정하지 않거나 아기들의 울음에 반응하지 않으면 아이들은 위험한 산 속을 돌아다니게 되거나, 포식자에 의해 공격 및 죽음을 당하거나, 다음 세대를 생산하기까지 생존할 수 없었을 것이다. 질투하지 못하는 조상은 자신의 생식파트너를 "빼앗겨" 번식하지 못하게 되거나, 자신의 유전과는 상관없는 자녀를 키우게 됨으로써 자신의 유전자의 전달을 감소시켰을 것이다. 혐오라는 정서 또한 초기 인류가 오염을 피할 수 있도록 도움을 주었기 때문에 적응적이었다. 먼지에 대한 혐오는 질병을 피할 수 있도록 하였다는 점에서 적응적이었고 일종의 대비로 간주될 수 있다(Tybur, Lieberman, Kurzban, & DeScioli, 2013).

나아가 적응적 관점은 정서의 자동적이고 반사적인 특성을 강조한다. 치료자는 의식적으로 깊이 생각해 보지 않아도 높이에 대한 두려움이 자동적이고 즉각적이라는 것을 알 수 있다. 절벽의 가장자리에서부터 황급히 물러나는 것은 절벽에 대해 생각하며 기다리는 것보다 생존에 더 도움이 될 것이다. 마찬가지로, 뱀을 보고 질겁하여 펄쩍 뛰며 도망가게 하는 것은 그 뱀이 독사인지 아닌지 천천히, 그리고 한참을 생각하고 있는 것보다 생존에 더 도움이 될 것이다. 따라서 최초의 반응은 개인의 지능과 지식에 관계없이 "자연스러운" 반응일 수 있다. 빠른 반응을 지지하는 것은 정서의 장점을 살리는 것이다. 즉각적인 반응을 장려하는 것은 왜 정서가 의미있는지를 보여준다. 정서는 경고를 하고 동기를 부여하며 행동으로 옮기도록 한다. 즉, 정서는 자동적이며, 의도적인 관심 없이 생겨난다(Hassin, Uleman, & Bargh, 2005). 정서가 천천히 반응하는 것이었다면 조상들은 위험을 피하거나 포식자들로부터 도망갈 수 없었을 것이다. 정서란 "최초의 반응자"로서 구조와 제거를 신속하게 실행한다. 정서는 그동안 목숨을 구하는 데 기여했기 때문에 존재하는 것이다. 선사시대가 아닌 현재의 시점에서 정서가 "과잉 반응"처럼 느껴질지 모르지만, 그 즉각적이고 압도적인 특성이 종을 보호하는 데 유용했기 때문에 유지되었다.

우리는 내담자에게 그들의 정서들은 지난 수 백 만년 동안 주어진 환경에 적응하며 진화를 통해 살아남은 것이라고 전달할 수 있다. 낯선 사람에 대한 두려움, 트인 공간(open space)에 대한 두려움, 상실에 대한 슬픔, 실패에 대한 절망감, 성적 욕구의 상실, 무시당함에 대한 분노 등은 오랜 기간 환경문제에 적응된 정서적 반응이었다. 예를 들어, 단지 몇 시간만 먹지 않아도 "배고픔"을 느낀다고 주장하는 폭식증이 있는 한 여성을 생각해보자. 그녀는 불안해지고 공황상태에 빠지며 곧 폭식을 한다. 이러한 정서와 행동은 어떻게 이해될 수 있을까? 이 질문은, 바로 지난 세기까지 대다수의 사람이 생존만을 유지하는 수준에 가까운 삶을 살았다는 설명으로 그 대답이 가능하다. 음식이 부족했기 때문에 굶주림과 영양실조는 흔히 발생하는 문제였고 과식이 문제되는 일은 드물었다. 이런 환경에서 궁핍한 시기가 지난 후 폭식하는 (그리고 동시에 신진 대사가 느렸을) 사람들은 기아를 피할 가능성이 더 크다. 따라서, "굶주린 것"에 대한 공포로 기아에 "과잉 반응"하는 것은 칼로리를 저장할 수 있고 기아를 면할 수 있기 때문에 이는 환경에 대한 적응의 결과인 것이다. 그렇다면, 직전에 했던 질문은 다음과 같이 되돌아올 수 있다: "이 정서는 우리 조상들에게 어떤 방식으로 적응적이었을까?" 다시 말하자면, "이 정서는 어떤 점에서 유익한가?"라고 말이다.

굴욕, 시기심, 질투와 같은 사회적 정서들 또한 진화론적 적응 관점에서 볼 수 있다. 지배계층 구성원을 모욕하는 것은 해당 집단 구성원들에게 이 개인이 더 이상 그 집단의 지위 또는 심지어 구성원 자격을 누릴 수 없다는 메시지를 전달한다. 따라서 굴욕을 당하는 것에 대한 두려움은 이후에 집단으로부터 배제나 지위를 잃음으로써 자원과 보호에 대한 상실을 초래하기 때문에 자연스러운 것이다(Gilbert,

1992, 2000b, 2003). 시기 또한 적응적 관점에서 바라볼 수 있다(Hill & Buss, 2008). 지배계층에 속했던 조상들에게 있어서 지위를 획득한 다른 구성원과 비교를 당함으로써 지위를 상실하는 것은 자신이 얻을 수 있었던 이점을 박탈당하는 것이다. 더 높은 지위를 가진 구성원일수록 잠재적 배우자와 더욱 많이 접촉할 수 있고, 식량에 더욱 쉽게 접근할 수 있으며, 다른 구성원으로부터 훈련을 받을 수 있는 특권을 누리고, 자손을 위한 더욱 좋은 자원들을 가질 수 있다. 지위는 실질적인 이점을 부여했다. 더욱이 지위를 놓고 경쟁하는 것(시기하는 사람들의 특징)은 위의 설명과 같이 상향 이동함으로써 취할 수 있는 이득이 많으므로 자연스러운 반응이기도 하다. 나아가 부당한 높은 지위 또는 특권은 곧 공정성 또는 분배 정의에 대한 자연적 선호도를 활성화시켜 부당한 이익을 얻는 것으로 간주되는 자를 비방하거나 거부하여 공정성을 회복하려는 시도로 이어질 수 있다(Boehm, 2001). 따라서 정서도식치료에서는 내담자가 죄책감이나 혼란스러움을 느끼기보다 이런 정서가 갖는 진화적 가치, 경쟁적 지배 행동에 참여하는 것이 자연스러운 경향성이라는 것, 그리고 시기가 그들을 (반추, 회피, 불평하는 대신) 더욱 효과적이고 전략적으로 될 수 있도록 동기를 부여한다는 것을 이해하도록 돕는다.

이러한 적응적 정서모델은 정서에 대한 수많은 역기능적 신념들(다시 말해, 정서도식들)을 다룬다. 정서의 기원이 환경에 대한 적응의 결과라면, 이 모델은 이러한 정서들을 일반화하고, 죄책감을 줄이며, 사람들이 왜 이렇게 느끼는지 이해할 수 있도록 돕고, 자신의 정서가 납득할 만하며, 자연스러운 반응이라는 것을 수용할 수 있도록 격려해야 할 것이다. 그러나 이러한 관점이 일단 사람들이 정서적으로 반응하기 시작하고 나면 그런 반응을 상황에 따라 변화시키거나 수정할 수 없다고 말하는 것은 결코 아니다(Pinker, 2002). 오히려 이러한 관점은 내담자들로 하여금 그들의 반응이 자연스러운 것이라는 것과, 동시에 정서도식치료의 여러 기법들을 활용하여 그들의 정서적 반응을 변화시킬 수 있음을 알려준다.

예를 들어, 한 수줍은 내담자가 낯선 사람을 처음으로 만나는 상황에서의 정서적 반응에 대해 생각해 보자. 그 내담자는 불안과 불안전함을 느낄 것이다. 이를 환경에 대한 적응적 관점에서 해석하자면, 이러한 불안과 불안전함은 낯선 사람들이 살의에 차 있고 위협적이었을지도 모르는 상황에서 우리의 조상들이 느꼈을 만한 적절한 정서이다. 그들의 첫 번째 반응은 불안함, 주저함, 피하고 싶은 마음이었을 것이다. 더욱이, 사회적 불안(social anxiety)의 경우 작아진 목소리, 아래로 향하는 시선, 자세의 변화, 사과, "특정 입장을 가지는 것"에 대한 주저함 등의 회유적 행동으로 나타날 것이다(Eibl-Eibesfeldt, 1972). 이 모든 행동들은 낯선 상대방에게 자신이 위협적이지 않다는 것을 전달한다. 이것은 자동적으로 나타나는 반응일 것이다. 이와 관련하여 정서도식치료에서 갖는 질문은 다음과 같다. 이 자동적인 반응이 어떻게 현재 상황에 대한 과잉반응인가? 내담자가 마주하게 될 집단의 사람들은 위협적인가? 그들은 살의에 차 있는가? 그들에게 상대방을 모욕하고자 하는 의도가 있는가? 정서는 실제적이긴 하지만, 현재에서는 존재하지 않는, 당시의 조상들에게는 위험으로 감지되었던 것에 반응하는 거짓된 경고를 기반으로 하고 있다. 이러한 반응들은 과거에는 유효했지만 지금은 효과적이지 않다. 적절한 반응이긴 하지만 시기가 적절치 않을 수 있다. 위험을 탐지하는 정서는 "나중에 후회하는 것보다 미리 조심하는 것이 낫다" 전략에 기반할 수도 있지만, 지나치게 반응하는 것은 생산적이고 의미 있는 경험을 방해할 수 있다. 정서를 갖는 것에 대해, 그러한 정서가 왜 생겨나게 되는지에 대해 이해하는 것은 내담자로 하여금 그 정서에 메이지 않도록 해준다.

이 책 전반의 정서도식모델에 대한 주요한 관심은 슬픔과 불안에 관한 것이다. 그러나 앞서 언급했듯이 수치심, 죄책감, 굴욕감, 질투, 시기와 같은 사회적 정서들 또한 일반적으로 많은 사람들이 경험하는 힘든 경험들이다. 하지만 이 모든 이슈들을 다루기에는 한계가 있기에 이 책에서는 10장과 11장에서 질투와 시기에만 초점을 맞추어 다루었는데 이는 이 두 정서들이 인지행동 문헌에서 충분히 다루어지지 않았지만, 학대, 살인, 자살과 같이 사람들을 죽음으로 이끌 수 있는 강력한 정서들이기 때문이다.

정서에 대한 신념과 전략이 정서의 영향력을 결정한다

정서도식모델에서는 정서의 다양한 범주들, 즉 지속기간, 통제가능성, 참을성, 복잡성, 이해가능성, 정상성 등에 대해 가지는 개인의 신념이 그가 어떠한 정서를 갖는 것에 대해 불안해 할지 않을지, 또는 그가 그 정서를 견디고 단지 일시적인 내적 현상으로 받아들일 수 있을지에 영향을 미친다고 본다. 이 모델은 내담자로 하여금 정서에 대한 특정 해석과 판단이 어떻게 일련의 부적응적인 대처 전략들을 촉진시킬 수 있는지를 이해하도록 돕는다. 아이러니하게도 이러한 대처 전략들은 정서에 대한 부정적인 신념들을 지속시킨다. 정서도식의 각각의 범주들은 정서의 경험을 견디어 내는 것을 더욱 어렵게 만들 것이다. 불안에 사로잡혀 있는 사람이 외부 환경으로부터의 위협을 감지하는 것에서 편향되어 있는 것과 마찬가지로(예: 이 비행기는 추락할 거야, 나는 비웃음을 사게 될 거야, 내 연인은 나를 버릴 거야), 개인이 정서를 경험함에 있어서도 그와 유사한 위협 감지의 과정이 존재한다. 불안장애나 우울증을 가진 사람들이 불안을 경험하는 것은 위협적이다. 공황장애를 가진 사람은 그가 경험하는 불안의 상승이 심장마비가 오거나 미쳐버리게 되는 상황의 전조라고 믿는다. 그렇기에 이는 즉각 통제되어야 하는 것이다. 혼자일 때 슬픔을 느끼는 한 우울한 여성은 슬픔은 견디어낼 수 없는 것이자 삶이 가치 없음을 나타내는 상징이라고 믿는다. 그녀는 이 슬픔을 즉각 떨쳐내야 한다고 믿기 때문에 상황을 이해하려고 더 깊이 생각에 몰두한다. 강박장애를 가진 여성은 “오염된” 것을 만지고 있을 때 일어나는 불안한 각성과 생각이 곧 자신이 얼마나 그 행동을 견딜 수 없게 느끼는지를 나타낸다고 믿는다. 각각의 경우 불안의 경험은 위협적이고 끔찍하며 위험이 증가한다는 신호로 간주된다. 그러나 이러한 경우들에서의 경험은 잘못된 화재 경보와 비슷하다. 정서에 대한 부정적 도식을 가진 내담자는 “화재 경보”를 마치 “화재” 그 자체인 것처럼 여긴다. “경고신호는 위험하다.” 이것은 사고와 행동이 융합된 한 형태이지만, 특별한 종류의 융합이다. 즉, 느낌과 현실의 융합이다. “내가 불안하다고 느낀다면 곧 위험한 것이다.”

불안의 기능은 위험할 수 있는 상황으로부터 도망치거나 피할 수 있도록 동기를 부여한다는 것이다. 단순히 무언가 위험하다고 생각하기만 하는 것은 다른 조치를 취하도록 동기를 부여하지 못할 수 있다. 그것은 마치 미사일이 오고 있다는 것을 알려주는 컴퓨터와도 같다. 소프트웨어에 탈출하라는 지시가 없다면 컴퓨터는 단순히 카메라일 뿐이다. 불안이 상승하는 것은 통제가 불가능하고, 불안은 받아들일 수 없는 것이라는 역기능적인 정서도식을 의미하는데 이는 자동적으로 (고민하거나 지체함 없이) 방어적 또는 공격적 반응들을 이끌어 내었다는 점에서 적응적이었다. 그러한 반응들이 없었더라면 살아남을 수 없었을 것이다.

또한, 정서는 맥락적 반응이다. 슬픔은 상실을 경험할 때 발생하고, 공포는 치명적인 위협을 경험할 때 나오는 반응이다. 불안은 가능성 있는 실패에 대한 반응이고, 분노는 굴욕과 모욕에 대한 반응이다. 정서는 그들을 촉발시키는 사건과 연결되어 있다. 정서에는 “어떤 상황에 대한 것(aboutness)”이라는 개념이 있다. 사람들은 혼자 있는 것에 대해 슬퍼하고, 모욕을 당하는 것에 대해 화를 낸다. 좌절되거나 위협당하게 된 목적이 무엇인지를 명확히 하는 것은 내담자로 하여금 어떤 정서와 관련해서 가지고 있는 문제가 무엇인지 알 수 있도록 돕는다. 예를 들어, 차가 막히는 것에 대해 화를 내는 것은 그렇게 강렬하고 불쾌한 정서를 감내하게 할 정도로 "제시간에 도착하는 것"을 과도하게 중시하고 있다는 것을 깨닫게 해준다. 분노가 무엇인지에 대해 자세히 살펴보면 다른 역기능적인 생각(예: "이 사람들은 멍청하기 짝이 없어" 혹은 "왜 나를 방해하지?" 또는 "난 원하는 걸 절대 얻을 수 없는 인간이야")을 찾을 수 있다. 즉, 정서는 무언가를 겨냥하고 있기 때문에 그 기저에 있는 목적이나 의미를 파악하면 정서를 조절할 수 있다.

때론 내담자는 자신이 느끼고 있는 정서에 대해 상황을 고려해서 해석하기보다(예: "누군가 나를 모욕했다는 생각이 들면 나는 화가 나") 정서만을 과장해서 인지할 수도 있다(예: "나는 화난 사람이야" 또는 "나는 슬퍼"). 어떤 사람들은 이러한 정서를 영원한 시간 속에 종속된 것으로 여긴다. 이는 일부 사람들이 능력이나 성과와 같은 것들을 고정된 실체인 것처럼 보거나 또는 점진적으로 변화할 수 있는 것으로 보는 것과 매우 유사하다(Chiu, Hong, & Dweck, 1997; Dweck, 2000).

정서를 상황과 함께 고려하는 것이 중요한 이유는 그 정서를 평가하고 반응하는 데 있어 유연성을 더욱 촉진시키기 때문이다(Hayes, Jacobson, & Follette, 1994; Hayes et al., 2006, 2012). 우리 각자는 다양한 정서를 가지고 있기 때문에 하나의 정서만으로 각각의 "자기"를 식별하는 것은 거의 무의미하다. 정서가 "자기"를 나타내지 않는다면, 이 상황에 어떤 정서적 반응을 불러일으키는 무언가가 있거나, 이 상황을 평가하는 방식에 그 반응을 일으키는 무언가가 있어야 하는 것이다. 상황이 바뀔 수 있고, 평가도 바뀔 수 있으면, 정서도 바뀔 수 있는 것이다. 이것은 정서를 평가하는 데 있어서 시간에 따른 정서의 일관성, 특정한 상황에 따른 정서의 독특성, 상황에 대한 해석, 정서가 변화할 수 있는 정도에 이의를 제기할 수 있기 때문에 직접적인 연관성을 가지고 있다. 정서도식치료는 정서의 맥락, 그 가변성, 맥락의 해석, 정서의 해석, 유발된 정서조절전략을 강조한다.

정서도식과 정서조절전략은 종종 해결책이 아니라 문제로 작용한다

내담자는 자신이 경험하고 있는 상황("현실")이나 정서가 문제라고 믿을 수 있다.

예를 들어, 혼자 집에 앉아 있는 사람은 혼자 있는 것이 곧 문제이고, 혼자 있다는 것은 외로움, 슬픔, 공허함, 절망감을 느껴야만 한다는 것을 의미한다고 생각한다. 그에 따른 결과로, 내담자는 자신이 이러한 정서를 가지게 될 것을 두려워하고, 자기 파괴적인 관계에 집착함을 통해 혼자가 되는 것을 결사적으로 피하고자 한다. 혼자 있게 되면 마음속에서 자동적으로 부정적인 생각이 떠오른다. 예를 들어, "내가 혼자 있는 것은 내가 사랑스럽지 않기 때문이야." "아무도 나에 대해 신경 쓰지 않아." "나는 영원히 혼자일 거야." 상황이 슬픔과 외로움으로 이어져야만 한다는 생각보다, 자기 자신에게 혼자라는 것에 대해 말하는 그 관점 자체가 더욱 문제이다. 그런 상황에 있으면 슬픔과 외로움을 느끼게 될 것이라는 관점이 아니라, 혼자 있는 것에 대해 스스로가 어떻게 말하는지가 더욱 큰 문제이다. 따라서 보다 전통적인 인지치료기법을 통해 내담자가 과잉 일반화하고, 파국화하며, 명명하고, 자기 예측에 빠지는 경향을 평가하도록 유도함으로써 도움을 줄 수 있다. 즉, 그는 상황을 바꾸거나 피하려고 시도하기보다는 상황에 대해 보다 적응적인 관점을 가지는 것이 필요한 것이다.

그러나 일단 슬픔, 외로움, 공허함, 절망과 같은 정서들이 활성화되면, 그는 이러한 정서들에 대해 역기능적인 해결책들을 동원하게 된다. 이러한 전략에는 약물 남용이나 폭식을 통해 그 정서들을 억누르거나, 무시하거나, 무효화하거나, 제거하려는 시도들이 포함된다. 아니면 그는 "깨달음을 통해 자신이 스스로 문제를 해결하기 위해" 깊은 생각에 빠져들 수도 있다. 그는 어려운 정서들은 반드시 즉각 제거되어야 한다고 믿기 때문에 이러한 해결책들이 극복을 위한 유일한 방법이라고 생각할 것이다. 하지만 그러한 역기능적 도식을 통한 해결책들은 오히려 문제를 키우는 데 일조한다.

이 남성의 정서조절 전략은 단지 일시적으로만 정서의 강도를 감소시키기 때문에 정서는 다시 올라오게 되고, 따라서 이러한 경험은 문제가 자신이 생각한 것보다 더 심각하다는 것을 "확인"시켜 주는 역할을 하게 된다. 그는 반추하기나 음주와 같은 전략을 더 많이 사용하지만, 정서는 여전히 다시 돌아온다. 정서가 다시 돌아온다는 생각은 그를 더욱 불안하게 만들고 자신의 정서를 더욱 두려워하게 하며, 그의 슬픔, 불안 및 절망은 점점 고조된다.

아파트에서 홀로 외롭게 지내는 사람이 사용하는 역기능적 정서조절 전략과는 달리, 정서도식치료자는 그로 하여금 그 정서를 누르려는 시도 대신 다른 해결책들을 찾아보고, 그가 보다 적응적으로 생각하고 행동할 수 있도록 도울 것이다. 예를 들어, 치료자는 이 사람에게 그가 느끼는 어떠한 정서를 그가 자신의 일을 하는 동안 주변에서 들리는 소리나 노래와 같은 "소음"처럼 받아들일 수 있음을 제안할 수 있다. 그가 그 정서를 마치 소음처럼 받아들인다면 다른 경험들을 추구하는 동시에 정서를 그저 경험으로 받아들일 수 있게 된다. 그는 마치 연주되는 음악을 듣는 동안 자신의 내부에 귀를 기울여 내면을 인지함과 같이, 자신을 정서로부터 분리해 낼 수 있다. 이러한 분리는 정서를 생기기도 하고 사라지기도 하는 대상으로 인식할 수 있도록 한다. 나아가 이를 통해 내담자는 그러한 정서가 "배경에서 울려 퍼지는" 동안에도 여전히 음악 감상, 운동, 독서, 친구 만나기, 계획 세우기 등 자신에게 바람직하게 작용하는 활동들을 할 수 있게 된다. 심지어 내담자는 긍정적인 정서와 부정적인 정서들이 같은 "삶의 공간" 속에 존재할 수 있다는 것을 인식할 수 있을 것이다. 즉, 그가 아파트에 있는 동안 고통스러운 정서들을 감지하면서도 여전히 감사거리 찾기와 같은 긍정적인 정서들을 가져오는 활동을 시도할 수 있다. 감사에 집중하는 동안에는 그는 외로움의 정서를 의도적으로 억누를 필요가 없으며 오히려 자신의 삶이 이 모든 정서들을 담아낼 수 있을 정도로 충분히 크다는 것을 깨달을 수 있을 것이다.

타당화는 다른 정서도식들에 영향을 준다

정서도식치료는 치료자에 의한 타당화의 중요성과 내담자에 의한 자기 타당화의 중요성을 강조한다. 여기서 타당화란 한 사람의 생각과 정서 속에 있는 진실된 요소를 인정해 주는 것으로 정의된다. 즉, 이는 "당신이 왜 그렇게 생각하고 느끼는지 충분히 이해가 가요."라고 할 수 있다. 예를 들어, 홀로 아파트에 있을 때 외롭고 슬프고 절망적이라고 호소하는 내담자는 그 상황에 대한 자신의 생각과 정서를 표현하고 있는 것이다. 그를 타당화해 주고자 하는 치료자는 이렇게 말할 수 있다. "당신은 당신이 느끼는 그 외로움이 끝없이 지속될 거라 생각하고, 그런 생각이 당신을 더 속상하게 하는군요." 타당화는 "동의"하는 것과는 다르다. 치료자는 "당신이 느끼는 그 외로움은 영원할 거예요."라고 말하는 것이 아니다. 대신 "당신의 생각도 이해가 됩니다. 그러한 생각 때문에 낙심되는 것도 이해가 됩니다."라고 말하는 것이다. 타당화는 내담자가 생각하고 느끼는 것을 정확히 반영하는 거울이 되기 위한 시도이다. 하지만 타당화는 내담자의 마음속에서 일어나고 있는 일들에 대해 거울이 되어주는 것과 동시에, 다른 경험들, 다른 의미, 다른 정서들에 대한 가능성의 창을 제시하기도 한다.

우리의 연구(제3장에서 보다 자세하게 논의됨)는 타당화가 정서도식의 대부분의 다른 범주들과도 서로 연관되어 있음을 보여준다. 타당화를 경험하는 내담자들은 자신들의 정서들을 표현해도 괜찮고, 자신의 정서가 영원히 지속되지 않을 것이며, 다른 사람들도 그러한 가정들을 경험하고, 그들의 정서가 통제 불가능한 대상이 아니며, 그들이 느끼는 정서는 이해될 수 있고, 그들은 복합적인 정서를 용인할 수 있으며, 그들이 경험하는 정서들을 받아들일 수 있다고 믿는다. 나아가 타당화는 더 적은 반추와 비난, 더 낮은 수준의 우울 및 불안과도 연관되어 있다. 개인의 정서들과 관련하여 타당화가 왜 이렇게도 중요할까? 정서를 표현하는 것 자체는 우울증, 불안, 반추 및 대부분의 다른 정서도식들과 그리 높은 상관 관계를 갖지 않지만, 정서를 표현하는 것과 타당화는 직접적으로 연관되어 있다. 카타르시스를 강조하는 정서에 대한 이론들과는 반대로, 단순히 정서를 표현하는 것만이 중요한 것이 아니라 타당화에 있어서의 인지적인 요소도 중요하다. 예를 들어 타당화를 경험하는 사람은 자신의 정서를 표현하는 것이 괜찮고, 그런 정서가 통제불능의 상태가 되거나 영원히 지속되지 않을 것이라는 것을 받아들인다. 반면 타당화 없이 정서를 표현하는 것은 오히려 더욱 부당한 (그리고 좌절스러운) 정서라고 느끼게 되고 그로 인해 표현되는 정서의 강도만 더 강해질 것이다. 만약 누군가가 정서를 표현하지만 다른 사람들이 이 표현을 무시하거나 묵살하고 조롱하는 경우, 이는 더욱 심한 우울, 불안 및 분노로 이어질 수 있다. 타당화가 동반된 정서의 표현은 개인으로 하여금 자신의 정서들이 합리적이고 다른 사람들도 같은 정서를 느낄 것이라고 믿도록 해준다. 반추는 보통 정서를 이해하고자 하는 전략이기 때문에, 타당화는 생각이나 느낌에 대한 이러한 반복적인 고착을 일단락시킬 수 있다. 즉 "네가 보았을 때 내 정서가 이해가 된다면, 다른 사람들도 이해할 수 있을 거야."라는 식으로 말이다. 타당화는 중요한 목표를 성취한다. 아이러니하게도, 사람들은 불평하는 사람을 타당화하길 꺼린다. 타당화가 그들로 하여금 끊임없이 불평만 하게 만들 것이라고 생각하기 때문이다. 직관적으로는 일리가 있어 보이지만, 이는 정서 표현과 타당화를 혼동했기 때문에 나타나는 생각이다. 자신의 불편한 정서가 타당화되길 기대하면서 이를 표현하고, 실제로 표현된 정서의 타당화가 잘 이루어진다면, 더 이상의 정서 표현은 필요하지 않을 것이다. 이는 애착 이론의 원리와 별반 다르지 않다. 계속 울어도 양육자로부터 아무런 반응을 경험하지 못하는 신생아는 계속 더 울 수밖에 없다. Bowlby(1969, 1973, 1980)에 의하면 아기가 울 때에 그 아기를 위로하는 것은 하나의 체계를 완성시키는 것이 된다. 마찬가지로, 타당화는 공유된 의미를 추구하는 하나의 체계를 완성시키는 것이다.

나중에 6장에서 타당화에 대한 역기능적 신념을 다루겠지만, 정서도식치료에서는 타당화가 치료적 관계의 중요한 요소일 뿐만 아니라 정서도식을 수정하고 정서조절의 역기능적 전략을 없애는 강력한 도구라고도 강조한다. 정서도식치료자는 내담자의 정서는 타당하고, 내담자의 신념이 (참이면) 문제이며, 다른 사람들도 같은 방식으로 느낄 것이고, 말하고 이해 받는 경험이 중요하다는 점을 수시로 언급한다.

어떤 경우에는, 내담자들이 스스로를 부정하기도 한다. 그들은 자신들이 느끼는 정서를 그대로 느낄 자격이 없으며, 그러한 정서를 느끼는 것으로 인해 자신들 스스로가 약하고 역겹다고 말한다(Leahy, 2001, 2009b). 이와 같은 자기 무효화(self-invalidation, 또는 자기 정서의 부정)는 또 다른 정서조절전략인데, 이는 "내가 나의 정서를 우습게/가볍게 여기면 곧 사라질 것"이라는 믿음에 근거하고 있다. 이와 같은 자기 무효화는 그들의 부모들이 보였던 무시하고("그건 별로 중요하지 않아."), 비판하고("어린 아이처럼 왜 그러니?"), 혹은 스스로를 통제하지 못하던 모습들("나는 지금 내 문제들만으로도 감당이 안돼.")과 연관되어 있을 수 있다. 자기 무효화는 정서를 이해하고 일반화하는 것을 할 수 없도록 만들고, 자기 비판과 더불어 그 결과로 생겨나는 우울과 불안을 기존에 가지고 있던 정서 문제의 덩어리에 추가한다. 또한, 자기 무효화하는 사람들은 자신의 정서와 생각을 드러내는 것을 부끄러워하는 경향이 있다. 그들은 무시당할 것을 두려워한 나머지 자신들의 정서를 아예 숨김으로써 "없애버리려고" 한다. 정서도식 치료자는 이와 같은 문제를 인식하고 있으며, 내담자가 자신의 생각과 정서를 표현하는 데에 있어 주저하는 것에 대해 다룰 수 있다:

> "저는 당신이 때로 감정을 혼자만 간직하고 생각을 드러내지 않는 것이 자연스럽다고 느낄 수 있다는 걸 이해합니다. 사람들이 무언가를 자기 마음속에만 담아두는 데는 많은 이유가 있겠죠. 당신이 아직 무언가를 말할 준비가 되지

않았다고 느낄 수 있어요. 어쩌면 당신이 무엇을 느끼고 생각하는지를 알아차리는 것만에도 꽤 오랜 시간이 걸릴 수 있고, 제가 어떻게 반응할지에 대해 걱정하고 있을 수도 있겠죠. 혹시 감정을 혼자 비밀로 간직하는 것에 대해 생각해 본 적이 있으신지 궁금합니다."

이러한 두려움에 대한 타당화는 내담자로 하여금 치료자가 저항을 이해하고 수용한다는 것과 그것이 어떠한지 이야기하는 것에 대해 열려있다는 사실을 알게 해 준다.

개인의 역량강화가 정서도식치료의 목표이다

인지행동모델의 핵심 요소는 내담자로 하여금 그들이 불편하게 느끼거나 두려워하거나 불안해 하는 행동과 경험들이 있는 곳을 향해 나아가도록 하는 것이다. 여기에는 강박장애 치료에서의 반응방지, 외상 후 스트레스 장애(PTSD)에서의 장기간의 노출 치료법, 우울증 치료에서의 행동 활성화, 공황장애 치료에서의 내부수용적 자극에의 노출, 특정공포증 치료에서 두려운 자극에 대한 위계구조 직면이 포함된다. 불편함, 좌절감, 심지어 (경우에 따라) 혐오감까지도 결국 끝[치유]을 향해 나아가게 하는 수단이 된다. 즉, 불쾌한 정서경험은 내담자를 앞으로 나아가게 하는 경험적 도구인 것이다. 그러나 많은 내담자들이 불편함과 좌절감을 없애려는 목적으로 치료를 받으러 온다. 결과적으로 그들 중 일부는 일관된 노출 훈련을 따르지 않거나 조기에 중단한다. 정서도식모델은 치료가 자기효능감, 더욱 완전한 삶의 의미 및 원하는 목적의 성취라는 목표에 보다 생산적으로 초점을 맞추게 할 수 있다고 본다. 이러한 목표를 총체적으로 "개인역량 강화"라고 부르며, 내담자가 어려운 과제에 참여할 수 있는 능력을 얻도록 도움으로써 그들이 삶에서 더 많은 의미를 누릴 수 있도록 한다. 이 모델은 어려운 정서를 견뎌내는 힘을 키우는 것이 불쾌한 정서를 줄이는 데 초점을 맞추는 것보다 더 유용할 것이라고 제안한다. 다시 말하면, 정서도식치료는 수용전념치료와 변증법적 행동치료와 마찬가지로, 가치 있는 목표를 추구하는 데 있어 어려운 일을 하고자 하는 의지를 활용하는 것이 내담자를 위한 더 유용한 접근법임을 시사한다.

여기서 강조하는 역량강화모델은 내담자가 세 가지 질문을 할 수 있다고 본다

(Leahy, 2005d, 2013): (1) "나는 무엇을 원하는가?" (2) "그것을 얻으려면 무엇을 해야 하는가?" (3) "나는 그 일을 기꺼이 할 것인가?" 따라서, 약 10kg을 빼고 싶어하는(목표) 내담자는 적게 먹고 더 많이 운동해야 한다(해야 할 일). 문제는 내담자가 해야 할 일을 기꺼이 하고자 하는지의 여부이다. 정서적인 불편함, 자기훈련, 개인적 희생 및 좌절의 수용은 모두 협상(타협대상)의 일부이다. 정서도식치료자는 바로 자발성의 문제를 직면시킨다: "당신이 얻고자 하는 것을 얻기 위해 하고 싶지 않은 일을 기꺼이 하려 합니까?" 사실상 치료자는 내담자에게 이렇게 말할 수 있다: "지금은 당신이 하고 싶지 않은 것을 매일 함으로써 중요한 것을 달성하는 데 필요한 자제력을 개발하는 것이 목표입니다." 여기서 말하는 모델은 편안함을 목표로 하기보다는 탄력성을 구축할 것을 주장한다. 치료자는 마치 "마음의 근육(mental muscle)"을 키우는 것처럼 불편감을 견디고 참아내는 힘을 키우는 것을 중심 목표로 삼아 내담자가 매일 "나는 하기 어려운 일을 해내고 있는 사람이다."라는 생각에 가치를 두도록 한다. 치료자는 진정한 자존감이 무언가를 성취하거나 소유하는 데서 오지 않으며, 장애물을 극복하는 데서 온다고 말할 수 있다: "당신이 인생에서 이루어 온 일들을 생각해 보세요(예: 아이를 갖는 것, 대학을 졸업하는 것, 친구를 돕거나 아픈 가족을 보살피는 것, 기술을 배우는 것). 이들 중 어떤 것이 불편함과 좌절감을 느끼게 합니까?" 아마도 이 모든 것들은 불편감을 수반할 것이다. 치료자는 계속해서 다음과 같이 말할 수 있다: "자부심은 가치 있는 목적을 달성하기 위하여 어려운 일을 할 때 이에 수반되는 불편함을 견뎌내는 것에서부터 비롯됩니다." 이를 설명하기 위해서 "건설적 불편함(constructive discomfort)"과 "성공적 불완전함(successful imperfection)"이라는 두 가지 개념이 유용하게 사용될 수 있다(Leahy, 2003, 2005d). 건설적 불편함이란 가치 있는 목표를 달성하기 위한 수단으로서 불편한 경험을 유용하게 활용하는 것을 의미한다. 보다 나은 모습으로 나아가기 위해 기꺼이 집중적인 훈련의 불편을 감내하고자 하는 의지가 바로 이에 해당하는 예시라고 할 수 있다. 성공적인 불완전함은 가치 있는 목표를 향해 나아가는 수단으로서 완벽하지 않음에도 지속적으로 참여하려는 의지를 말한다. 다시 말하면, 체중감량을 원하는 사람이 비록 운동을 완벽하게 하지는 않아도, 정기적으로 꾸준히 운동하고자 하는 그 의지는 더 나은 신체를 만들게 한다. 내담자는 매일 불편한 경험을 통해 자신을 점검하고, 이러한 경험들을 가치 있는 목표의 일부로 바라본다. 즉, 강조점을 '기분이 좋고, 편안함을 느끼며, 행복감을 느끼는 것'이 아닌, '불편함을 효

과적으로 활용할 줄 아는 능력'으로 바꾸는 것이다. 치료자는 "어차피 불편함을 느낄 거라면, 무언가를 이루면서 불편함을 느끼는 건 어때요?"라고 물어볼 수 있다.

강화적 접근(empowered approach)은 효과적인 도구적 행동(instrumental behavior)과 자기효능감을 개발하는 것을 포함한다. 이는 다음과 같은 측면들을 포함한다: 미래 지향, 목표 지향, 문제 해결, 개인의 책임, 개인의 의무, 불편에 대한 투자(investment), 만족의 지연, 지속성, 계획 세우기, 위험 감수, 생산성, 학습과 도전, 성과에 대한 자부심. 이러한 측면들에 대한 정의는 다음과 같다:

미래 지향: 미래의 보상을 위해서 일함.

목표 지향: 명확한 목표들을 세우고, 이에 대해 집중하는 것.

문제 해결: 좌절을 문제 해결을 위한 기회로 바라보는 것.

개인의 책임: 자신의 행동에 대한 기준(옳고 도덕적인 것에 대한 기준)을 갖고, 스스로의 행동에 책임을 지는 것.

개인의 의무: 그와 같은 기준들에 의해 자신을 평가하고, 필요시 결과에 책임을 지는 것.

불편에 대한 투자: 불편함을 개인의 성장에 필수적인 투자로 여기는 것.

만족의 지연: 더 나중에 있을 보상을 위해 개인적인 만족을 지연시키는 것. 즉, 미래를 위해 "아껴두는" 것.

이 개인역량강화 모델은 [그림 2.1]과 같다.

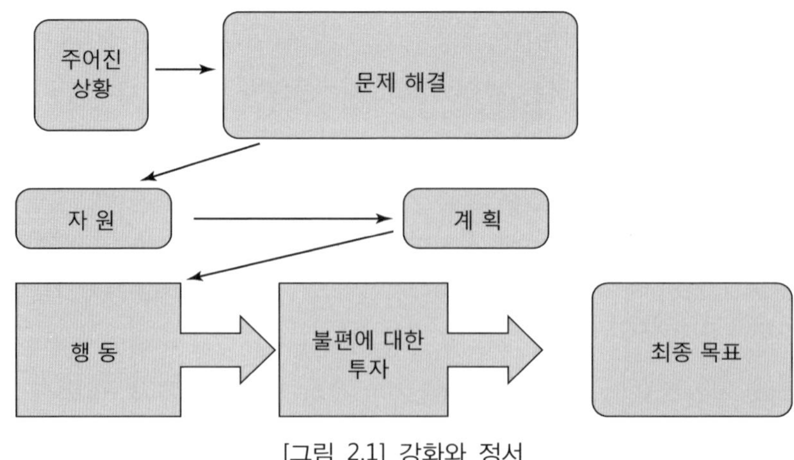

[그림 2.1] 강화와 정서

요 약

정서도식치료는 기분이 좋아지게 하고, 행복해지거나 이상적인 삶을 살도록 하기 위한 치료법이 아니다. 삶의 어떤 순간에서 행복할 수도, 슬플 수도, 끔찍할 수도 있는 것처럼 온전한 삶이란 다양한 정서를 느낄 가능성이 있음을 인식하는 것이다. 상실 없는 애착은 없고, 환멸감의 가능성 없이는 의미가 없으며, 좌절감 없는 분투는 없다. 정서도식치료는 "어떤 것을 극복하기 위해서는 그것을 경험해야만 한다." 라는 속담의 지혜를 강조한다. 이는 내담자가 자신을 "쉬운 해결책을 찾는 사람"이 아닌 "어려운 일을 하는 사람"으로 바라보길 장려한다. 정서도식모델은 "건설적 불편함", "성공적 불완전", "정신적 강인함", "자신의 가치 지키기", "비극 목격하기"와 같은 개념을 탄력성과 완전한 삶을 사는 것의 구성 요소로 포함하고 있다.

만약 인간이 스트레스 없는 환경에서만 적응할 수 있었다면, 오늘날까지 살아있는 사람은 아무도 없을 것이다. 우리 조상들은 죽음을 매일 같이 목격했고, 음식을 얻기 위해 고군분투하였으며, 포식동물의 공격을 받았고, 이웃에 의해 강간과 살인을 당했다. 탄력성은 일반적인 특성이었음이 틀림없다. 만일 그렇지 않다면 초기 인간들은 모두 쓰러져 죽었을 것이다. 하지만 그들은 그렇지 않았다. 그들은 힘든 일들을 해냈고 살아남았다. 이것이 바로 정서도식치료가 주는 메시지이다. 삶의 어려움들은 견디기 힘들고, 상처를 주며, 환멸감을 느끼게 하고, 정서를 폭넓게 느끼게 한다. 이것이 의미 있는 삶의 한 부분임을 인식하는 것은 사람으로 하여금 정상화하고(normalize), 타당화하며, 삶의 대가를 수용하도록 돕는다.

제 3 장

정서도식모델

> 세상에서 가장 훌륭하고 아름다운 것들은 보이지 않고 만져지지도 않는다. 오직 마음으로 느껴야 한다. — Helen keller

이 장에서는 정서이론들이 어떻게 사회인지정서모델에 의해 확장될 수 있는지 살펴볼 것이다. 먼저 다른 정서이론들을 간략히 살펴보고, 정서 개념화에 대한 구체적인 범주들과 정서조절전략들을 살펴본 후, 이들이 정신병리와 갖는 관계에 대해서도 살펴보고자 한다.

정서도식모델 대(對) 다른 정서이론들

Gross(1998, 2002)는 정서조절이 일련의 사건들 가운데 여러 지점에서 발생할 수 있다고 했다. 그는 "선행사건 중심"의 정서조절전략과 "반응 중심"의 정서조절전략을 구분하였다. 즉, 이전에 발생한 문제에 대처하는 것에 초점을 맞추는 전략과, 정서적 반응이 일어난 이후에 초점을 맞추는 전략을 구분한 것이다. 사람들은 처음에 역기능적 정서가 야기되는 것을 회피하기 위해 비교적 덜 괴로운 상황을 선택하려고 한다. 역기능적 정서의 유발을 피하기 위함이다. 예를 들어, 이별을 하고 있는 사람은 그의 전 애인과 함께 갔었던 장소들을 피하고자 한다. 물론 회피는 불안과 스트레스를 감소시켜 주지만, 회피에 의존하는 것은 보상의 기회와 역경에 효과적으로 대처할 수 있는 기회도 감소시킨다. 또한 사람들은 문제의 해결이나 행동 활성화를 통해 상황을 전환시키는 방법을 택할 수도 있다. 예를 들어, 다른 보상 행동을 추구하거나, 이별인 경우 새로운 사람과 만나는 방법 말이다. 실제로, 문제해결은 자주 사용되는 대처 전략이다(Aldao & Nolen-Hoeksema, 2010, 2012a, 2012b). 하지만 모든 스트레스 상황이 전환 가능하거나 해결 가능한 것은 아니다. 따라서 원치 않는 정서는 여전히 일어날 수 있다.

일단 이러한 정서들이 일어나면, 사람들은 자신을 힘들게 한 그 자극을 외면하려 할 것이다. 그러나 일반적으로 외면하는 것은 삶의 어려움들을 대처하는 효과적인 전략은 아니다. 사람들은 인지의 재구성을 통해 상황을 재평가할 수도 있다. 이별을 한 경우, 그는 이별이 주는 이점들을 재평가할 수 있고, 전 애인을 더욱 부정적으로 평가한다거나, 혹은 다른 대안들을 긍정적으로 고려 또는 검토해볼 수 있다. 인지적 재구성은 인지치료의 상징적인 특징이다. 비록 합리적 재구성을 통해서도 힘든 정서들이 다시 떠오를 수 있으나, 이것이 효과적이라는 근거는 적지 않다. 마지막으로, 사람들은 억제와 같은 방법을 통해 정서적 반응을 조절하거나 통제를 시도하기도 한다. 예를 들어, 이별을 겪고 있는 사람은 약물을 오용하거나 "괴로움을 멈추기" 위해 노력함으로써 자신의 정서를 억제할 수 있다. Gross와 John(2003)은 정서를 억제하는 것보다 재평가하는 것이 더욱 효과적이라는 것을 알게 되었으며 실제로 억제가 교감신경계 활성화로 이어진다는 것도 발견하였다.

Lazarus에 의해 발전된 스트레스-평가 모델에서는 사람들이 스트레스를 곧 자신이 직면한 외부 압력(또는 스트레스 요인)에 대한 평가의 결과로서 경험한다고 한다(Lazarus, 1999; Lazarus & Folkman, 1984). 대처 능력에 대한 이러한 평가들은 스트레스에도 인지적 요소가 있음을 시사하지만, Lazarus의 모델에서는 어려움이 가진 외적 자원을 강조한다. 이에 반해 정서도식모델은 사람마다 각자의 스트레스 경험을 다르게 평가한다고 말한다. 예를 들어, 사람들은 지속성, 이해력, 통제력과 같은 다양한 범주에 따라 자신의 스트레스(불안감, 좌절감)를 평가할 수 있다. 이러한 평가들은 정서도식이나 정서에 대한 개념들로서 스트레스에 대한 경험을 확대시키거나 감소시키며 스트레스 반응에 응답한다. 예를 들어, 어려운 상황에 처해서 느끼는 나의 좌절감이 잠깐일 것이라 믿고, 이해 가능하며, 내 통제하에 있다고 믿으면, 나는 더 이상 염려하지 않을 것이다. 반대로, 만약 이 좌절감이 몇 주간 계속될 것이고, 이해가 불가능하며, 통제가 불가능해질 것이라 생각하면, 나는 더욱 많은 스트레스를 경험할 것이다. 더 나아가 스트레스 경험과 평가들을 폭포와 같이 쏟아 붓기 시작하면서 그 부수적인 스트레스에 의해 더욱 스트레스를 받을 것이

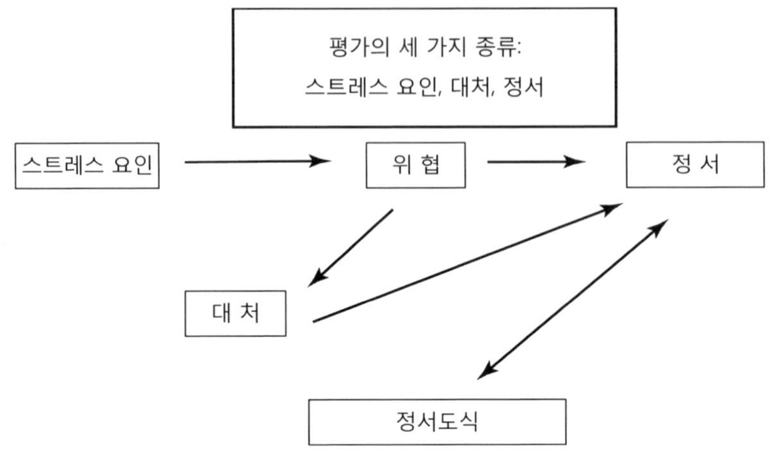

[그림 3.1] 스트레스 요인, 대처, 정서에 대한 평가

다([그림 3.1] 참조).

이 모델에서 말하는 정서도식은 Greenberg와 그의 동료들이 설명한 정서중심치료 모델의 정서도식과는 다르다(예: Greenberg & Safran, 1987, 1989, 1990). Greenberg의 모델에서는 정서가 가치 있는 인지적 내용을 포함한다. 즉, 정서가 활성화되면서 경험에 따른 의미에 대해 무엇인가를 알려주는 것이다. 예를 들어, 슬픔의 정서는 "나는 늘 혼자일 거야."라는 생각을 포함한다. 정서도식모델은 Greenberg 모델의 가치 있는 발상들을 바탕으로 함과 동시에, "도식"들에 대해서는 사람들이 자신의 정서에 대해 사용하는 개념, 평가, 전략이라고 정의한다. 정서를 유발하는 것이 종종 그 정서와 연관된 생각들을 활성화시킨다는 것을 깨닫는 동안(이는 Beck의 모델과도 일치한다), 정서도식모델은 더 나아가 정서 자체에 대해 개인이 가지고 있는 신념이 무엇인가를 질문한다. 정서도식모델은 사회인지모델로서 정서들이 생각과 이미지의 근원일 뿐 아니라 생각의 대상이라고도 한다. 따라서 우리는 한 개인이 믿는 것이 곧 그 정서에 대한 지속성, 통제력, 이해력인가에 대해 질문해볼 수 있다. 이렇듯 정서에 대해 개념화하는 이런 부분들이야말로 바로 정서도식치료에서 특별히 관심을 가지는 부분인 것이다.

Gottman과 동료들의 정서중심 접근법은 부모들이 자기 자녀들의 정서에 대해 가지는 메타정서 "철학"들로 드러낸바 있다(Gottman, Katz, & Hooven, 1996). 그 중 가장 긍정적인 철학은 "정서 코칭(coaching)"인데, 이는 다음의 다섯 가지 요소로 이뤄져 있다: 자신과 타인 안에 있는 미미한 강도의(low-intensity) 정서에 대해 알아차리기; 자녀의 부정적인 정서를 자녀와 더욱 가까워질 수 있는 기회나 관계 맺는 기회로 삼기; 자녀의 정서들을 타당화하기; 정서 명명하기를 돕기; 자녀와 함께 문제를 해결하고 목표 설정하기(Gottman et al., 1996). Gottman은 자녀의 정서에 대해 "무시하는", "경멸하는/비판적인", "압도되는"과 같은 역기능적 반응들을 발견하기도 했다. 무시하는 부모는 자녀의 정서를 축소시킨다("걱정하지 마. 별일 아니야."). 경멸하고 비판적인 부모는 아이에게 어리석고 성숙하지 못하다는 꼬리표를 달아버린다("그만 좀 아기처럼 굴어."). 압도된 부모는 자신의 정서적 어려움을 가리켜 보임으로써 반응한다("난 이것을 감당할 수 없구나. 나 자신의 문제도 너무 많은 걸."). 정서 코칭에 대한 연구들은 아동의 생리적 과정과 정서 조절을 촉진한다는 것을 나타내고 있다. 다수의 연구에서도 정서에 대한 부모의 신념이 자녀양육 방식과 아동의 여러 결과에 유의한 영향을 미친다는 것을 보여준다(Dunsmore & Halberstadt, 1997; Eisenberg, Cumberland, & Spinrad, 1998; Halberstadt et al., 2013; McGillicuddy-De Lisi & Sigel 1995). Halberstadt와 동료들(2013)은 다음의 7가지 하위척도, 즉 낙관성의 댓가(costs of positivity), 분노의 필요성(value of anger), 조종(manipulation), 통제, 부모의 양육지식, 자율성 및 안정성으로 구성된 척도(자녀의 정서에 대한 부모의 신념)를 개발하였다. 이러한 신념들은 부모의 사회화 방법과 직접적인 연관이 있는 것으로 밝혀졌다. 정서도식모델은 Gottman의 메타정서철학을 활용하여 이 모델을 정서와 정서 통제에 관한 설명, 평가 및 해석, 정서에 대한 신념으로서의 전략과 같은 구체적인 범주들에 이르기까지 확장시키고 있다.

정서도식모델은 "귀인이론"을 활용하기도 하는데 이는 사건들의 원인과 정서의 안정성에 관한 이론이다(Alloy et al., 1988; Jones & Davis, 1965; Kelley, 1973; Weiner, 1986). 즉, 몇 가지 측면, 개인 자신의 정서들이 다른 사람들과 다르다고 믿는지(예: 다른 사람들과의 일치도가 낮음), 외부로부터 야기되었다고 믿는지, 변함이 없다고 믿는지(여러 상황들에서도 일관적인가, 예: 일정함), 혹은 의도적인 통제하에 있다고 믿는지에 관심을 가진다. 다른 측면에 대한 평가로는 정서가 "이해 가능한지"(예: 이해할 수 있는지), 위험하거나 해를 끼치는지, 오랫동안 지속되는지 혹은 수치스러운지를 포함한다. 그 밖에도 사람들은 정서를 표현하는 것의 가치에 대해 신념을 가지고 있으며 다른 사람들이 자신을 인정하고 수용하는지(아니면 무시하거나 창피를 주는지)에 대한 신념도 가지고 있다. 어떤 사람들은 정서가 시간 낭비이고 항상 합리적인 태도, 즉 정서가 "방해가 된다"는 태도를 취해야 한다고 믿는다. 또 어떤 이들은 혼합된 정서들을 용인할 수 없으며 그들이 어떻게 "진짜로 느끼는가"를 알아내야 한다고 생각한다.

정서도식모델에서는 정서가 사람들에게 위협을 감지하도록 하고, 신속하고 직관적으로 반응하도록 하며, 문제를 해결하기 위한 "모듈(module)"을 제공하므로 적응적인 형태로 발전해 왔다고 본다. 예를 들어, 극도의 불안과 함께 의식을 잃을 것 같거나 회피, 도망하고자 하는 경향을 동반하는 광장불안(agoraphobia)은 취약한 공간(열린 공간 혹은 출구가 막힌 밀폐된 공간)에서 포식자로부터 사람을 보호하는 적응적 모듈이다. 마찬가지로 물, 개, 번개, 높이, 거미와 같은 가장 평범한 두려움들 역시 치명적 위협으로부터 보호하기 때문에 적응적이다. 정서도식모델은 다양한 범주의 정서들(불안, 슬픔, 분노, 질투, 시기, 부끄러움을 포함)을 오랜 기간 지속되어온 정서들로써, 또는 관련 자극이나 상황이 개인에게 발생하였을 때 자동적으로 활성화되는 정서들로 정상화하려 한다. 제2장에서 설명했듯이, 정서에 관한 이 적응적 모델은 정서를 정상화(나아가 보편화)하고 내담자가 이해, 수용할 수 있도록 돕는 것을 통해 그들의 정서적 경험을 타당화하며, 정서들을 이해할 수 있게 하고, 정서에 대한 죄책감과 수치심을 줄여준다.

생물학적 정서모델들은 때론 사회구성주의 정서모델들과 대조를 이룬다. 즉, 정서가 생물학적으로 결정되었다고 보거나, 인지적 또는 문화적으로 구성되어 있다고 보는 것이다. 정서도식모델은 이 두 접근방식들의 주요 가치들을 모두 받아들인다. 이는 생물학적 성향과 정서의 보편성을 이해력과 관련된 정보와 정서의 정상화로 간주한다. 즉, 개인의 정서를 이해하는 것에 대한 인지적 접근, 그 정서에 정당성을 부여하는 것에 대해 다루는 것이다. 예를 들어, 정서도식모델에 의하면 (대개 폄하되는 정서인) 시기는 지배계층 구조의 생물학적 보편성, 지위와 자원을 위한 경쟁, 공정한 분배의 개념과 연결되어 있다. 또한 이 모델은 시기라는 정서를 "수치스러운" 정서라고 임의로 비하하는 사회적 구성(social constructions)에까지 연결 짓는다. 결국, 사람이 경험하는 정서들은 생물학적으로 타고난 것일 뿐만 아니라, 그에 대한 사회적 구성을 갖기도 하는 것이다.

뿐만 아니라, 많은 사람들은 "정서적 완벽주의" 모델을 지향한다. 즉, 자신의 정서가 명확하고, 완전한 통제하에 있으며, 편안하고, "좋으며", 완전히 이해될 수 있어야 한다고 믿는다. 이 정서적 완벽주의는 내가 "순전한 생각(pure mind)"이라고 부르는 특정한 마음이론 모델과 관련이 있다. 순전한 생각에 대한 신념을 지향하는 사람들은 원치 않는 침투적 생각을 가지지 말아야 한다고 믿고, "반사회적" 정서, "불순한" 혹은 "비도덕적"인 것처럼 보이는 환상들, 상충되고 혼란스러운 감각들, 생각 또는 정서들을 가지지 말아야 한다고 믿는다. 정서도식모델은 정서를 보통 혼란스러운 소음과 예기치 않은 경험이 복잡하게 쏟아지는 것과 같다고 보며, 사고와 느낌이 한데 뭉쳐 변화무쌍한 모양으로 소용돌이치는 것과 매우 흡사하게 보기 때문에, 오히려 명확하고 분명한 마음을 가지려고 할수록 더 억제하지 못하고 불확실성을 통제하지 못하게 된다. 순전한 생각은 대개 복합적인 정서들을 갖는 것을 수용하지 못함의 기저에 존재하는 가정이고("맞아요. 하지만 난 내가 정말로 느끼는 것이 어떤 것인지 모르겠어요."), 생각과 이미지에 대한 죄책감과 수치심이며("내가 이런 정서를 느끼다니 뭐가 잘못된 것일까요?"), 사람의 정서는 이해가 불가능하다는 신념이다("내가 뭐가 문제인지 모르겠어요.").

순전한 마음에 대한 환상은 "실존적 완벽주의"와 관련이 있다. 이것은 즉 자신의 인생이 어떤 이상적인 코스를 따라가야 하고, 자신이 "마땅히 해야 할 것"을 발견해야 한다는 신념이다. 이에 대한 근본적인 가정들은 곧 자신이 따라야 할 "길"이 있고, 사랑과 일 모두 이상적이어야 하며, 관계 속에서의 갈등은 항상 나쁜 것이고, 자신의 선택들은 명료한 방향을 제시해야만 한다는 것이다. 실존적 완벽주의는 삶의 경험이 어떠해야 한다는 하나의 지속적인 철학이다. 예를 들어, 일련의 바람직해 보이는 선택지들을 마주한 한 남자는 굉장한 어려움을 느꼈다. 왜냐하면 그는 자신의 "진정한 열정"을 찾아야 한다고 믿었고, 그가 "해야 할" 것을 찾아야 한다고 믿었으며, 균형을 이뤄야 할(make tradeoffs) 필요가 없어야 한다고 믿었기 때문이다. 그는 애인과의 갈등이 관계의 일부라고 생각하기보다는, 관계가 끝장난 것이라고 생각했다. 그는 양가감정이 대체로 불가피한 것이라고 생각하기보다는 항상 나쁜 징조라고 생각했다. 이 책의 뒷부분에서는 실존적 완벽주의와 정서적 완벽주의, 완벽한 마음상태가 특정 정서들에 관한 역기능적 신념을 어떻게 일으키고 나아가 유익하지 않은 정서조절전략까지 이어지게 하는지를 살펴보고자 한다.

행동에서 모델을 보여주는 예시

다음과 같은 가상의 상황을 생각해보라. 존은 일한 지 1년이 채 안 되어 회사로부터 해고 통보를 받았다. 회사 규모는 축소되고 있었지만 최근 그에 대한 평가는 엇갈리기도 했고, 그도 꽤 오랜 기간 동안 자신의 직업에 만족하지 못하고 있었다. 존은 여러 가지의 신체적 감각(가쁜 호흡, 높은 맥박수, 위 천공)을 감지한다. 그는 해고당한 것이 정서적인 반응을 불러일으켰다고 생각하지만, 정확히 어떤 정서를 느끼고 있는지는 확실하지 않다. 그는 마치 무엇인가를 던지거나 때리고 싶은 것과 같은 격한 감정을 느낀다. 그는 전 상사에게 연락하고 싶다가도 그것은 창피를 당하기만 할 것이라고 생각하고, 정작 무슨 말을 해야 할지도 잘 모른다는 것을 깨닫는다. 그는 친구 에드에게 전화하고 싶지만 부끄럽고 혼란스럽다고 느끼며, 자신의 고민들이 에드에게 부담이 될 것이라고 생각한다. 그는 자신이 하고 있는 여러 생각들을 알아차린다: "내가 해고되었다는 게 믿기지가 않아", "어떤 설명도 없이 이렇게 하다니", "내 상사는 분명 자기 도취증이 있는 사람이야. 그녀가 만족스러워한 적은 한 번도 없었어", "차라리 여기서 일하지 않는 게 내게 더 나아". 그러나 그는 또 다른 생각들을 알아차린다. "나는 일자리도 잃고 비참해질 거야", "나는 되는 게 없어". 그리고는 "나는 화가 나고, 불안하며, 슬퍼. 혼란스럽기도 하고. 그런데 어떤 면에서는 후련하기도 해."라고 생각하기 시작한다. 존은 이러한 다양한 감정들이 서로 충돌하는 것으로 보인다. 왜냐하면 그는 하나의 정서만을 가져야 한다는 믿음을 가지고 있기 때문에 "난 내가 정말 어떻게 느끼고 있는지 알 수가 없어"라고 느낀다. 그래서 그는 자신의 정서를 곱씹고 되짚어 보면서 자신이 "정말로 느끼는" 것을 알아 내려고 노력한다. 그는 불안하고 슬퍼하는 것이 곧 자신이 나약함을 의미한다고 생각하기에 점점 더 자신의 불안을 수치스럽게 여기기 시작한다. 그래서 그는 에드나 다른 친구들에게 말하지 않는 것이 낫다고 생각한다.

존은 불안에 대한 자신의 정서를 돌아보면서 "나는 앞으로 어떤 일이 일어날지 모르기 때문에 불안하다고 느끼는 것"이라고 생각한다. 그러다 그는 곧 그가 커피를 너무 많이 마신 거 때문에 불안하다고 느끼는 게 아닐까 생각한다. "아마 카페인 때문이야". 그는 이러한 불안한 정서가 "외부 사건들"에 의해 야기된 것인지 아니면 "나로부터" 야기된 것인지 궁금해 한다. 그는 자신이 왜 불안하고, 슬프며, 화가 나고, 혼란스러우며, 그러면서도 조금은 후련하다고 느끼는지 이해할 수 없다. "이건 이해가 안돼. 어떻게 내가 이렇게 많은 감정들을 느낄 수 있지? 나는 한 방식으로만 느껴야 하는데. 참 혼란스러워". 그는 반추하기 시작해서 그의 정서들을 곱씹어보고, 계속해서 그가 "정말로" 어떻게 느끼는지를 깨닫기 위해 노력한다.

"일에서 벗어난 것이 후련하다고 느끼는 게 내가 게을러서 그런 건가? 내가 해고당하길 원했었나?"

그는 자신의 불안이 끊임없이 지속되지 않을까 생각한다. "나는 매일 이렇게 불안한 상태로 지낼 수 없어. 제대로 된 생활을 하지 못할 거야". 그는 자신의 불안이 수면을 방해하고, 음식을 소화시키지 못하게 하며, 일을 다 해내지 못하게 하고, 그가 해야 할 일에 집중하지 못하게 방해할 것이라고 생각한다. 그가 미쳐버릴 것 같고 마치 내담자가 되어 끌려갈 것 같다고 생각할 때, 위험한 생각은 그의 상상을 뒤덮기 시작했다.

그는 지금 이러한 정서들을 통제해야 한다고 생각하지만 곧 흐느끼기 시작한다. 눈물을 참으려고 할수록 그는 더욱 긴장하고 두려움을 느끼며 통제가 불가능해진다. "이것이 나를 지배하도록 둘 순 없어." 그는 마리화나 담배에 불을 붙이며 말한다. "이것이 나를 진정시켜 줄 거야." 그는 생각했다. "나는 지금 진정해야 해. 지금 당장 주도권을 되찾아야 해. 그렇지 않으면 나는 망가지게 될 거야. 그리고 그 후에 어떻게 될지 누가 알겠어?"

그는 자신의 불안함과 슬픔에 대해 걱정하기 시작하면서, 이러한 느낌이 영원히 지속될 거라는 생각을 하게 된다. 그는 다른 사건들도 일어날 수 있다는 것을 깨닫지 못한다. 어쩌면 그는 내일 일어날 때쯤 일하러 가지 않아도 된다는 사실에 기뻐할 수 있고, 막막함 속에서 고된 일들과 씨름하지 않아도 된다거나, 아주 비판적인 상사와 함께 지루하기 짝이 없는 일들을 처리하지 않아도 된다는 사실에 기쁠 수도 있다. 그는 에드나 다른 친구들과 함께 식사자리를 갖는다면 좀 더 편안해질 거라 생각하지는 않는다. 다른 경험들이 그의 정서에 영향을 미칠 것이라는 것을 깨닫지 못한다. 이전의 다른 불쾌한 정서들도 시간과 경험에 따라 없어졌다는 사실을 잊었다. 정서는 한 순간일 뿐이고, 변화하고, 발산되어 사라지기도 하며 끊임없이 오고 간다는 것 말이다. 그는 단 한가지 순간과 한가지 느낌, 그리고 단 한가지 디테일에만 집중한다: 바로 해고당하는 것이다. 한 걸음 물러서서, 다른 수 많은 정서들과 다른 순간들, 그리고 다른 사람들과의 교제가 결국 이 전체 경험을 뛰어넘을 것이라는 사실을 알아차리지 못한다. 지금 이 순간 자신의 정서에만 빠져서 이 또한 지나갈 것임을 예상하지 못한다. 그는 공황상태에 빠지기 시작하면서, 빨리 나아져 즉시 이 끔찍한 불안으로부터 벗어나야 한다는 긴박감을 느낀다. 그는 불안한 정서에 따른 부정적 도식, 즉 그를 현재 순간에 머물도록 정박시키고 미래에 대한 어떤 가능성도 보지 못하도록 막는 도식을 통해 세상을 바라보는 것이다.

이 가상의 이야기에서 알 수 있듯이 불쌍한 존은 정서에 대해 다양한 부정적 신념 또는 도식을 가지고 있다. 자신의 감정이 그에겐 이해가 되지 않는다. 그는 그것들을 터놓고 표현하거나 타당화할 수 있다고 생각하지 않는다. 그는 자신의 정서들을 반추하고, 수치스럽다고 느끼며 복합적인 정서들을 용인하지 못한다. 그리고 정서들을 통제할 수 없을 것이며 끝없이 지속될 것이라고 믿는다. 이처럼 존의 경우가 바로 정서에 대한 부정적 평가가 어떻게 역기능적 대처전략으로 이어질 수 있는지를 보여주는 좋은 예시이다. [그림 3.2]는 정서도식모델의 구조를 제시하고 있다. (제5장에서는 [그림 3.2]가 한 내담자를 이 모델로 사회화하는 데(socializing) 어떻게 쓰일 수 있는지 다루고 있다.)

존을 예시로 [그림 3.2]를 살펴보자. 첫째, 그는 분노, 불안, 슬픔, 그리고 안도

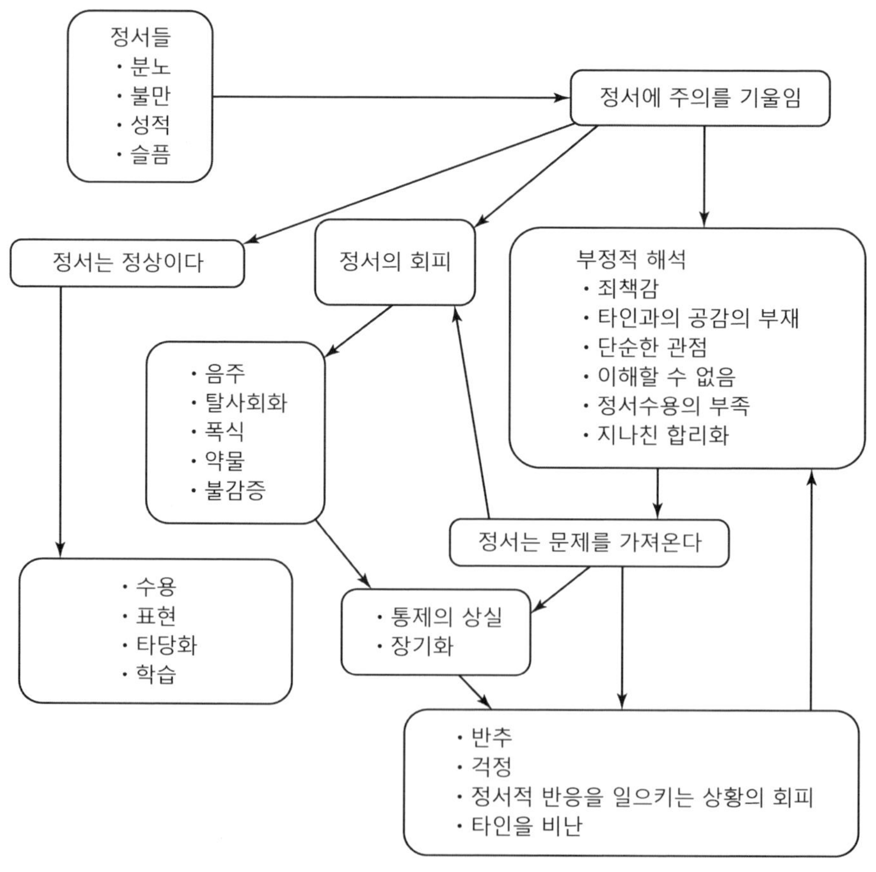

[그림 3.2] 정서도식모델

감과 같은 다양한 정서들로 시작한다. 정서들을 알아차리면서 어느 정도까지는 이름을 붙인다(label). 그리고 그는 정서들이 역기능적이라고 본다. 즉, 어떤 정서들을 느끼는 것이 이해가 되지 않는다고 생각하고(안도감과 같은), 자신이 느끼는 불안감과 슬픔을 수치스러워 하며, 부끄러워 하면서 그의 정서가 겉잡을 수 없이 통제에서 벗어나게 되고 끝없이 지속될 것이라 생각한다. 그는 다양한 정서들을 정상화하지 못하고 많은 사람들도 비슷한 정서를 느낀다는 것을 인식하지 못한다. 그는 자신의 복합적인 정서를 수용하지 않고, 왜 자신이 이렇게 느끼는지 반추해 보며, 그가 "진짜 느끼는 것"이 무엇인지를 알고자 한다. 자신의 정서에 대해 부정적으로 해석하면서 그는 마리화나로 자신의 정서들을 억제해보려고 한다. 자신이 수치스럽기도 하고 짐이 된다고 느껴 사람 만나기를 꺼린다. 자신의 전 상사를 비난했고 자신도 비난했다. 그는 "깨닫기" 위해 무슨 일들이 있었는지 반추해보고, 미래에 대해 걱정한다. 존의 경우는 삶의 주요 사건에 대해 정서적으로 반응하는 역기능적 양식의 전형적인 예라고 할 수 있다.

마찬가지로 메리를 상상해보자. 그녀는 자신이 "불편하다"고 느끼고 있음을 알아차린다. 그녀는 자신의 정서가 무엇인지 알아차리는 데 어려움을 겪고 있다. 처음에는 신체적 느낌만을 알아차린다. 이를테면 손가락이 저리거나, 심장이 빠르게 뛴다거나, 머리가 어지럽게 느껴지는 것들이다. 그녀는 이런 느낌들과 방금 일어난 일을 비춰보면서, 자신이 슬픔을 경험하는 중이라는 것을 깨닫는다. 정서도식의 역기능적인 연속행동(problematic sequence)에서 첫 번째 단계는 메리의 슬픔이 그녀를 혼란스럽게 하는 것인데 이는 그녀가 무엇이 자신을 그렇게 슬프게 할 수 있는지 이해할 수 없다는 것이다. 그녀는 자신의 슬픔에 대해 부정적으로 평가한다. "나는 슬프면 안돼", "나는 슬퍼할 권리가 없어", "아무도 이런 상황에서 슬퍼하지 않을 거야", "아무도 나를 이해할 수 없을 거야". 그녀는 자신이 슬퍼하는 이유를 명확히 집어 낼 수 없음에 무력감을 느끼기 시작한다. 그리고 자신의 슬픔이 끝없이 지속될 것이고, 자신을 압도할 것이며, 스스로 제대로 기능할 수도 없고, 통제력을 잃을 것이라고 생각한다. 그녀는 스스로에게 슬퍼하면 안 된다고 말하려 한다. 슬퍼하는 것 때문에 스스로에게 더욱 화가 나고, 이는 그녀로 하여금 그 슬픔이 더욱 절망적이고 불안하다고 느끼게 만든다. 그녀는 더 이상 아무 에너지도 남아있지 않기 때문에, 자신에게 긍정적으로 작용했던 다른 행동들도 더 이상 하지 않는 것이 최선이라 생각한다. 그녀는 자신이 다른 사람들에게 짐이 될까 염려한

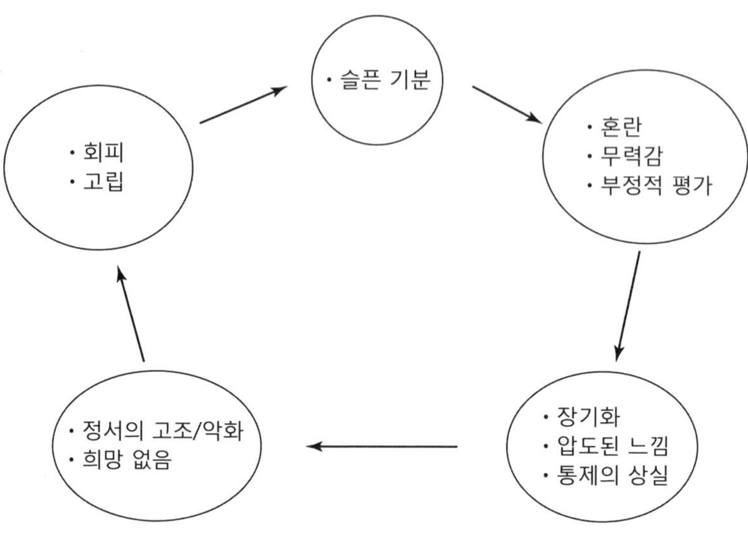

[그림 3.3] 슬픔에 대한 정서와 부정적인 정서도식의 순환모형

다. 자신이 슬프다고 느끼기 때문에 그 어떤 것도 자신의 마음을 낫게 해줄 수 없다고 생각한다. "내가 지금 슬프다면, 친구들이랑 함께 있어도 슬프다고 느끼는건 마찬가지일 거야". 그녀는 스스로를 고립시키고 자신의 슬픔에 대해 반추하기 시작하는데, 이는 더욱 큰 슬픔으로 이어지게 한다. 이러한 "정서-평가-역기능적 대처-정서"라는 악순환([그림 3.3] 참조)은 자신의 정서에 대한 역기능적 이론으로부터 기인하는 실패한 정서조절전략의 결과이다.

메리에 대한 위의 시나리오를 보다 적응적이고 슬픔에 대처하는 데에 훨씬 유용한 다른 정서도식의 모델과 대조해보자. 이 모델은 [그림 3.4]에 나와 있다. 이 모델에서 메리는 슬픔을 느끼고 있으며 그 정서에 대해 "슬픔"이라는 이름을 붙일 수 있다. 게다가 그녀는 자신의 슬픔을 이해할 수 있기 때문에 이를 정상적이라고 받아들일 수 있다. 그녀는 친구로부터 타당화를 끌어낼 수 있으며, 자신의 슬픔이 유별난 반응이 아니라는 것(다른 사람들도 이렇게 느낄 거야)도 인식하고 있다. 그녀는 자신의 슬픔이 일시적이고, 제한되어 있으며, 악화되지 않을 것이고, 한동안 슬픔이라는 정서를 받아들일 수 있을 거라고 생각한다. 슬픔을 억제하거나 이로부터 벗어나야 한다는 긴박함을 느끼지는 않는다. 그녀는 자신의 슬픔으로 인해 공황상태에 빠지지 않는다. 그리고 여러 가지 도움이 될 만한 정서조절전략들을 이끌어낸다. 그녀는 해결해야 할 문제가 있는지 파악하고, 상황을 다시 해석해야 할지를 고려한다(예: "이건 재앙이 아니야"). 그녀는 다른 활동들로 자신의 주의를 딴 데로 돌

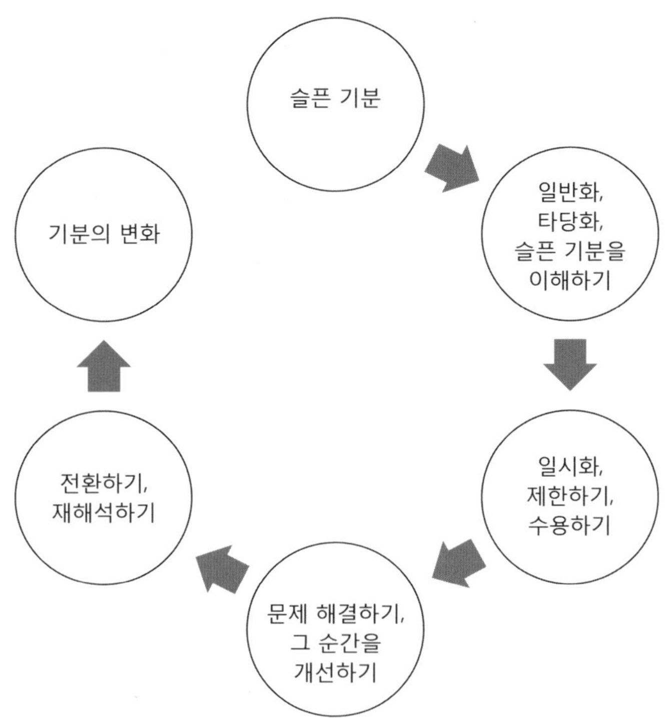

[그림 3.4] 정서도식의 적응 모델을 사용하여 슬픔에 대처하는 순환 주기

릴 수 있으며 그 상황을 더 낫게 만들 수도 있다. 이렇게 보다 적응적인 정서도식과 정서조절전략의 결과로 그녀의 기분은 나아진다.

정서도식모델은 정서가 일련의 행동들을 뒤따른다는 관점을 바탕으로 하고 있다. 한 사건의 발현을 시작으로 정서적 경험(동요, 흥분, 또는 플라톤이 관찰한 것과 같은 "영혼의 떨림")이 뒤를 잇는다(Sorabji, 2000). 그 뒤를 이어 "무슨 일이 일어나는지"에 대해 평가하거나, 자신의 관련 목표나 가치들을 고려하거나, 대안적 행동이나 해석에 대한 점검을 하고, 조치를 취하기 위한 결정을 내리게 된다. 나아가, 정서에 대한 알아차림에도 뒤따르는 일련의 행동들이 있다: 개인은 정서를 인식하고, 해석하며, 가치와 목표를 고려하고, 정서를 가라앉히거나 혹은 증가시킬 대안들을 고려하기도 한다. 예를 들어, 존의 실직 경험에 대한 대안을 생각해 보라. 그는 자신이 화나고, 슬프며, 불안하되, 약간은 후련하다는 것을 발견한다. 그는 현재 벌어지고 있는 일, 즉 실직이라는 일이 발생했다는 것을 생각해본다. 그는 자신의 목표를 확인해본다. 좋은 일자리를 얻되 일하지 않고 있을 때는 인생을 즐기자는 것이다. 그는 해석도 시도해본다("누구의 잘못이었을까?", "나는 영원히 일자리를 찾지 못할까?", "다른 더 좋은 일자리가 있을까?", "내 시간을 어떻게 보내야 할까?"). 그는 친한 친구들과 시간을 보내고, 스스로 회복의 시간도 가지며, 바쁘게 지내기도 하면서, 그동안 앞으로 선택 가능한 사항들을 고려해보기로 한다. 마찬가지로, 정서에 대한 반응으로서의 행동들은 다음을 포함하고 있다: 정서가 고조되는 것과 그 정서들을 인식하는 것; 복합적인 정서의 지속, 이해가능성 및 본질을 정상화하고, 타당화하며, 인정하는 것; 의미 있는 일에 대한 그의 목표와 가치를 확인하는 것; 스스로의 인생에 대한 책임감을 갖는 것; 새로운 기술을 습득하고 삶의 즐거움을 얻는 것; 즐겁고 의미 있는 경험들을 가져다 줄 만한 계획과 행동들을 실천하는 것. 행동모델(the model of movement)은 우리가 다음과 같은 질문을 던질 것을 제안한다: "어떤 정서가 생길 시 당신은 어떤 생각이나 행동을 합니까?" 정서도식모델에서는 다음과 같은 두 가지 상반된 행동 패턴이 있다고 본다. 한 가지는 가치와 목표에 관련된 생각과 행동에 중점을 두는 행동 패턴이고, 다른 한 가지는 정서의 해석, 처리 및 사용에 초점을 맞추는 행동 패턴인데, 이 역시 가치와 목표에 관련되어 있다. 누구나 한 정서에서 행동으로 옮겨가고, 또 가치로 옮겨갈 수 있다. 따라서 예를 들자면, 한 임상가가 내담자에게 분노라는 정서에 대해 다음과 같이 질문할 수 있다: "그래요, 당신이 지금 분한 느낌을 가지고 있는 것이 이해가 되어요. 하지만 이 분노를 얼마나 오랫동안 지속하고 싶습니까? 당신은 어디로 향하고 싶고, 또 어떤 가치를 추구하기 원합니까?" 정서는 바로 이러한 연속적 움직임 가운데에서의 걸음, 즉 한 부분인 것이다.

정서도식의 구체적 범주들

정서도식모델에는 어떤 한 정서와 그에 대한 반응의 개념화 및 평가를 14가지 범주로 나눈다. 이 장에서는 각각의 범주들을 간략하게 살펴보고, 이어지는 장들에서는 이러한 범주들을 어떻게 평가하고 이러한 범주들을 다루는 데 필요한 기술들에 대해 다루고자 한다.

지 속

정서는 얼마나 오래 지속되는가? 어떤 사람들은 그들이 경험하는 정서가 오랜 시간 동안 — 어쩌면 영원히 지속될 것이라고 믿는다. 필자와 동료들은 임상장면에서 이런 신념을 가진 내담자가 “이따금씩 제가 스스로에게 너무 강한 감정을 느끼도록 허용하면 그것이 사라지지 않게 되어버릴까봐 두려워요.”라는 식으로 말하는 것을 흔히 듣는다. 정서가 오랫동안 지속될 것이라고 믿는 사람들은 정서가 일시적이나 상황에 달려있다고 보지 않는다. 어떤 경우 정서경험은 “기질”로 간주될 수 있다(예: “나는 슬픈 사람이야.”). 이 범주는 정서적 경험을 잠시 지나가는 현상으로 보는 것이 아니라 개인으로 하여금 고통스러운 정서들이 오랫동안 지속되어 계속되는 고통으로 이어질 것이라 믿게 만든다.

통 제

어떤 내담자들은 자신의 정서가 제멋대로이기 때문에 통제될 필요가 있다고 믿는다. “제 자신이 이러한 감정들을 갖도록 허용하면 아예 통제를 잃게 되지 않을까 두려워요”, “제가 감정을 통제할 수 없을까봐 걱정이 돼요”, “내가 어떤 특정한 감정을 느끼게 되면 미쳐버릴까봐 걱정이 돼요.” 통제의 상실에 대한 신념이 어떤 이들에겐 무서울 수 있고, 이는 정서를 통제해 내기 위해서는 무엇이라도 해야 한다고 믿게 만드는 것이다.

이해가능성

사람들은 흔히 자신의 정서들이 이해되지 않는다고 한다. 자신의 정서에 대해 혼란스러워 한다. 예를 들면, 이러한 사람들은 “제 자신에 대해 그냥 이해되지 않는 것들이 있어요”, “저는 제 감정들이 이해가 되질 않아요”, “제 생각에 제 감정들은 좀 유별나고 이상한 것 같아요”, 또는 “제 감정들은 아무데서나 갑자기 막 생겨나는 것 같아요.”라고 말하곤 한다. 정서를 이해하는 데 있어서의 어려움은 사람들이 자신이 한 경험에 대해 혼란스러움을 느끼게 하고 해야 할 바에 대해 무력감을 느끼게 한다.

합 의

몇몇 사람들은 자신이 느끼는 정서가 자신만 유일하게 느끼는 것이라 믿고 그로 인해 자신이 비정상이거나 결함까지 있다는 신념에 빠진다. 이러한 사람들은 "나는 다른 사람들이라면 느끼지 않을 감정을 느끼는 것 같아", "나는 다른 사람들보다 훨씬 예민해", 또는 "다른 사람들은 내가 느끼는 감정을 느끼지 않아"라고 믿거나 혹은 "다른 사람들도 나처럼 느낄까? 아니면 나만 유별나게 다르게 느끼는 걸까?"라고 묻곤 한다. 개인의 정서와 경험을 타당화하는 것은 불안 장애, 외상 후 스트레스장애(PTSD)와 강박 장애(OCD) 인지치료의 중요한 요소이다. 예를 들어, 강박 장애 내담자가 많은 사람들이 비슷한 환상이나 정서를 가질 것이라는 사실을 인식하면 강박 관념에 대한 부정적인 명명이 줄어든다(Salkovskis & Kirk, 1997). 정서도식모델에서 다른 사람들도 비슷한 정서를 느낀다는 것을 인식하는 것은 일종의 타당화, 즉 우울과 불안을 낮추는 과정인 것이다.

죄책감과 수치심

사람들은 자신의 정서에 대해 수치심, 죄책감, 당혹감을 어느 정도까지 느끼는가? 이 범주는 어떤 정서는 가져서는 안 되는 것이라는 신념을 암시한다. 이는 "느껴서는 안 되는 감정들이 있기 마련이야", 또는 "내가 이런 감정을 느끼다니, 너무 부끄러워"와 같은 생각에 의해 반영된다. 이렇게 죄책감 또는 수치스러움을 느끼는 사람은 자신의 정서에 대해 비판적이고, 다른 사람들로부터 정서를 숨기며, 자신에게 없는 정서에 대해 불안해 하거나 슬프게 느끼는 경향이 있다.

합리성

정서적인 경험보다 이성을 강조하는 사람들은 논리적이고 합리적으로 대처하는 것이 삶을 잘 사는 가장 최선의 방법이라고 믿는다. 이들은 정서가 효과적으로 문제를 해결하고, 삶을 유지하는 데 방해되지 않도록 하기 위해 자신의 정서를 제거하거나 통제해야만 한다고 믿는다. 합리성에 중점을 둔 사고방식의 예를 보면, "나는 모든 것에 있어 합리적이고 논리적이어야 해.", "무엇이 최선인지에 대해 이야기할 때는 감정에 의존해선 안돼."라고 하는 것이 이에 해당한다.

정서에 대한 단편적 시각

어떤 사람들은 한 상황에 대해 오직 한 가지 방식으로만 느껴야 한다고 믿는다. 그들은 복잡한 정서에 대해 거북하게 느낀다. 어떤 경우에는 자기 자신("나는 완전히 나쁜 사람이야.") 또는 다른 사람("그는 완전히 나쁜 사람이야.")에 대해 이분법적 사고 형태를 취한다. 자신과 다른 사람들을 바라보는 데 있어서 분화가 잘 이루어지고, 균형이 잘 잡혀 있으며, 복잡한 도식을 형성하고 있는 사람은 한 사람 안에도 상황이나 때에 따라 상이하고 모순된 특성이 있을 수 있다는 인식을 가지고 있다. 자신이든, 다른 사람들이든 모두가 가변적인 것이다. 분화가 잘 이루어진 사고방식은 맞닥뜨릴 수밖에 없는 상반된 정서들을 조화롭게 만들어 준다. 자신과 사람들에 대한 단편적 시각의 예시는 다음과 같다. "저는 한 사람에게서 좋아하고 싫어하는 모순된 감정이 동시에 있는 것에 대해 견딜 수 없어요", "누군가에 대해 상반되는 감정이 있을 때, 저는 화가 나거나 상당히 혼란스러워요", "제가 제 자신에 대해 느끼는 감정에 대해서도 명확해야만 직성이 풀려요." 정서에 대한 단편적 시각은 경험에 대한 이분법적이고 양 극단 중 하나(all or nothing)만 선택해야만 한다는 사고를 의미한다.

가 치

가치들을 중요하게 여기는 사람들의 경우 그들의 정서는 자신의 삶을 이끌어가는 가치들로 인해 자연스럽게 경험되는 결과라고 믿는다. 따라서 그들의 목표는 단순히 "좋은 기분을 느끼는 것"이 아니라 "의미 있는 삶을 사는 것"이다. 가치에 대한 강조는 정서처리 과정에 관련된 실존적 인지모델에서 기인한다. 불안, 우울, 분노와 같은 정서들을 갖는 것은 그들에게 "정말 중요한 것"들이 무엇인지 명확히 깨닫게 해주는 것이다. 정서도식치료는 삶을 살아가는 데 있어서 맞닥뜨릴 수밖에 없는 어려움 가운데에서도 삶에 깊이와 중요성을 부여하기 위해, 자신에게 "정말 중요한 것"이 무엇인지 명확히 하는 행동과 경험의 의미를 구성해 나간다고 본다. 가치를 반영하는 생각들은 이와 같다. "추구해야 할 더 높은 가치가 있어." 또는 "내가 침울하거나 슬플 때, 내가 추구하는 가치를 다시 한번 점검할 수 있어."

표 현

정서에 대해 이야기하고 표현할 수 있다고 생각하는 사람들은 자신의 정서를 기꺼이 다른 사람들에게 드러내며, 자신이 가지고 있는 다양한 정서들에 대해 이야기하고자 한다. 정서를 흔쾌히 표현하고자 하는 것은, 정서란 중요한 것이며 변화와 이해를 증가시킬 수 있는 것임을 인정하는 것이다. 물론, 단순히 정서를 표현한다는 것 자체가 정서를 표현하는 방식이 무조건적으로 좋다는 것을 의미하는 것은 아니며, 이는 단순히 기꺼이 정서를 표현하고자 하는 마음이 있고 정서를 표현할 능력이 있다는 것만을 의미하는 것일 뿐이다. "내 감정을 해소하기 위해서는 우는 것이 중요하다고 생각해." 혹은 "나는 내 감정을 개방적으로 표현할 수 있어."와 같은 생각들이 정서표현의 범주에 속한다.

타당화

어떤 사람들은 자신의 정서를 수용해주는 타인들이 있다고 믿는다. 즉, 다른 사람들이 자신을 수용해주고, 이해해주며, 가치 있게 여기고, 공감을 해준다고 생각하는 것이다. 6장에서 논의하겠지만, 타당화는 다른 정서도식 범주에 영향을 준다. 타당화는 정서를 일반화하고, 죄책감과 수치심을 줄여주며, 정서를 구분짓게 해주고, 자신의 정서경험이 수용되고 인정받을 수 있다는 것을 인식하도록 도우며, 그 정서들이 이해할 만하다는 것을 나타낸다. 타당화에 대한 다양한 수준의 신념(또는 기대)에 대한 예시는 다음과 같다: "사람들은 내 감정에 대해 이해하고 수용해줄 거야.", "그 어떤 사람도 내 감정에 대해 몰랐으면 좋겠어.", "내 감정이 어떤지 신경 쓰는 사람은 한 사람도 없어."

수 용

어떤 사람들은 자신이 정서를 있는 그대로 느낄 수 있도록 허용한다. 정서가 느껴지지 않도록 억압하는 데 힘을 쏟지 않는다. 수용이란 단순히 무엇이 있는지 알아차리는 것이다. 수용은 사람들로 하여금 세상, 즉 현실 속에서 주어진 일부를 경험하도록 해주는데, 정서들도 이에 포함된다. 정서를 포함한 이 모든 것이 현실의 일부로서 세상을 경험하게 해준다. "이상적인 수용"은 판단하는 마음, 통제하고자 하는 마음, 두려움 없이 어떤 행동을 취해야 할지 말아야 할지에 대해 분별할 수 있는 근본적인 출발점이 어디인지 알려준다. 수용은 "정서를 내면에 들여놓기", "내면 속에 그대로 두기"인 것이다. 다양한 수준의 수용을 나타내는 예시는 다음과 같다. "나는 내가 느끼는 감정들을 인정하고 받아들여.", "내가 지금 이런 감정들을 느끼고 있음을 인정하기 싫어 — 하지만 난 내가 그것들을 가지고 있음을 알고 있어."

비 난

자신의 부정적인 정서에 대해 갖는 공통적인 반응 중 하나는 자신의 부정적인 정서가 다른 사람들 때문이라고 여기며 비난하는 것이다. 자신이 그렇게 느끼는 이유는 누군가가 자신을 짜증나게 했거나, 부당하게 대우했거나, 착취했거나, 무시했거나, 학대했거나, 단순하게 오해했거나 하는 식으로 타인이 자신으로 하여금 그렇게 느끼도록 원인제공을 한 것이라고 느낀다. "다른 사람들이 바뀌면 기분이 훨씬 나아질 텐데.", 혹은 "사람들이 나를 왜 이렇게 못살게 구는지 모르겠어."와 같은 생각들도 마찬가지로 비난을 반영하고 있다.

무감각

어떤 사람들은 정서를 경험하는 것에서부터 어려움을 겪는다. 자신은 주로 무감각하고, 아무것도 느껴지지 않으며, 현실에서 분리된 것 같은 느낌을 받는다고 한다. 정서도식모델은 무감각을 특정한 정서를 외면하고자 하는 시도의 결과로 보며, 이러한 회피를 통해 정서 처리과정을 억압하게 되는 것으로 본다. 정서를 직접적으로 경험하지 않으면, 정서를 견뎌낼 수 있다는 것과 정서에 압도되지 않을 거라는 것, 일상생활을 불가능하게 만들지 않을 거라는 것, 영원히 지속되지 않을 거라는 것을 배울 수 없다. 무감각을 경험하는 내담자들은 종종 "저는 정서적으로 아무것도 느껴지지 않아요. 전 감정이라는 게 없나 봐요."라는 식으로 말하곤 한다.

반 추

사람들은 가끔 어떤 한 정서에 사로잡힌다. 즉, 자신이 불쾌한 정서를 느낀다는 사실 속에 머무르면서, 답을 찾을 수 없는 질문들(예: "대체 내가 뭐가 잘못됐을까?")을 스스로에게 던지며, 자신들의 부정적인 경험에 끊임없이 집중한다. 반추는 원치 않는 생각이나 정서에 대해 역기능적으로 대응하는 방식이다. 반추하는 사람들은 흔히 그들이 정서나 생각을 떨쳐버릴 수 없다고 생각하고, 늘 무슨 일인지 알아내야만 하며, 생각은 그저 생각일 뿐이라는 사실과 정서는 일시적인 것이라는 사실을 받아들이지 못한다(Wells, 1995). 정서도식모델 범주 중 반추는 개인으로 하여금 특정한 정서적 경험이나 기억 속에 머물도록 하고, 부정적인 정서가 더 강해지도록 하며, 삶을 생산적으로 살아가지 못하게 하기 때문에 불쾌하거나 원치 않는 정서를 다루는 데 있어서 역기능적 전략이라고 볼 수 있다. 반추하는 내담자가 하는 말은 다음과 같다. "저는 무기력할 때 혼자 앉아서 제가 얼마나 기분이 안 좋은지에 대해 수도 없이 생각하곤 해요.", "'나는 대체 뭐가 문제일까?'라는 생각을 자주 해요." 그리고 "저는 제 감정이나 신체적으로 느껴지는 감각에 집중하곤 해요."

기존의 인지-행동 모델들과 관계된 범주들

위에서 언급된 범주들 중 여럿은 다른 치료모델과도 관련되어 있다. 예를 들어, 합리성과 논리 — 또는 "반정서성" — 에 대한 지나친 강조는 카타르시스 모델이나 정서중심모델의 관점에서는 역기능적이라 보이지만, 인지적 모델의 관점에서는 별다른 함의가 없다. 정서중심모델의 관점에서는 지나친 합리성이 정서적인 경험들을 허용함으로써 자연스럽게 뒤에 따라오는 정서의 표현, 타당화, 수용과 자기 이해를 억제한다고 본다. 수용전념치료모델(Hayes et al., 2012)은 합리성을 지나치게 강조하는 것이 경험적 회피의 한 형태라고 보고, 언어와 논리를 직접적인 경험으로부터 오는 풍성함과 의미를 막는 장벽들로 간주한다. 자아발달모델(Loevinger, 1976)에서는 모순되고 복합적인 정서를 가질 수 있다는 것을 이해하는 능력이 자아가 높은 수준의 기능을 하고 있다는 사인이자 인지적 분화, 인지적 복잡성에 대한 사인인데, 이는 변증법적 행동치료(Linehan, 1993, 2015)의 핵심 구성요소인 사고변증법(dialectics of thinking)의 일부이기도 하다. 마찬가지로, 수용전념치료는 자신들이 가지는 가치들을 명확히 하는 것이 치료에 필수적인 요소라고 주장했는데 무엇보다 이는 특히 가치 있는 행동들이 힘든 정서경험에 대한 동기와 정당성을 부여하기 때문이다. 여기서의 강조점은 목적이 있는 삶이나 혹은 살 만한 가치가 있는 인생에 있다. 이는 변증법적 행동치료에서 발전한 견해이기도 하다.

정서 표현에 대한 강조는 오랜 기간 동안 지속되어 왔는데 이는 프로이드에 의해 발전된 카타르시스모델까지 거슬러 올라간다. 그러나 사람들마다 이 부분에서 상당히 다른 견해들을 가진다. 인지모델은 정서 표현 그 자체를 우울감이나 불안을 감소시키는 요인이라고 강조하지 않는다. 반면에 카타르시스와 정서중심모델들은 부정적인 정서를 감소시키고, 정서중심이론의 경우 이해력과 수용력을 높이는 데 있어서 정서 표현의 중요성을 강조하고 있다. Pennebaker와 그의 동료들(2011)은 표현적인 글쓰기가 정서와 안녕에 중대한 긍정적 영향을 미친다고 주장한다. Joiner의 대인관계이론에서는 역기능적 방식의 정서 표현들은 다른 사람과의 관계를 소원하게 만든다고 말하는데, 특히 부정적인 정서의 표현과 더불어 충고를 거부하는 경우가 좋은 예이다(Joiner, Brown, & Kistner, 2006).

수용전념치료는 광범위한 정신병리학에서 수용과 심리적 유연성의 역할을 강조하고(Blackledge & Hayes, 2001; Hayes, 2002, 2004; Hayes et al., 2006, 2012), 변증법적 행동치료는 많은 경우 급진적 수용이 효과적인 변화를 위한 출발점이라고 말한다(Linehan, 1993, 2015). 울음에 관한 연구에서는 우는 것을 억제하는 사람들이 스트레스를 자주 경험한다는 것을 밝혔다(Labott & Teleha, 1996). 이와 유사하게, 사고 억제의 역설적 효과에 대한 연구 결과, 즉 원치 않는 생각이나 정서들을 억제하려는 시도가 (오히려) 나중에 이러한 것들을 더 심각하게 경험하게 한다는 것은 결국 정서에 대한 수용이 우울감과 불안을 감소시킬 수 있음을 제시하고 있다(Purdon & Clark, 1994; Wegner & Zanakos, 1994). 정서중심이론과 카타르시스 이론 또한 정서를 수용하는 것이 우울감과 불안을 더욱 빠르게 해결하는 데 도움이 될 것이라고 예측한다.

정서도식모델에서는 비난이 부정적 정서에 대처하는 역기능적 방식이라고 본다. 이는 정서에 대한 책임을 이에 대한 통제권이 없는 다른 사람에게 떠넘기기 때문이다. 따라서 어떤 정서에 대해 다른 사람을 비난하는 것은 자신이 그 정서를 다룰 수 없다고 보는 것이다. 게다가 정서에 대해 타인을 비난하는 것은 반추하거나, 자신의 정서가 오랫동안 지속된다고 보거나, 타인으로부터 이해 받지 못하거나 타당화되지 않는 것과 같은 다른 부정적 도식으로 쉽게 이어질 수 있다. 정서중심모델은 타인을 비난하는 것이 우울증이나 불안에 대한 좋은 해결책이라고 보지 않는다. 카타르시스모델의 경우 비난하는 것이 자신에 대한 부정적 정서들의 전치 또는 투사라고 보며, 따라서 이는 우울증 또는 불안과 비난 간의 관계의 역전을 예측하게 한다고 보는 것이다. 인지모델들은 카타르시스모델을 지지하지 않는다. 오히려 인지모델의 관점에서는 타인을 비난하는 것이 "판단"에 초점을 맞춘 한 형태라고 할 수 있다(자신과 타인 모두에게 적용될 수 있는 부정적 판단).

불감증의 경우, 수용 받음의 경험이 극단적으로 부족하거나 정서의 "경험적 회피"(주: 반복된 정서 회피의 경험)로 인한 것일 수 있다(Hayes et al., 2012). 억압적인 대처방식은 간혹 정서 표현 불능증(alexithymia)으로 나타나기도 하는데, 불쾌감/불만족감(dysphoria), 섭식장애, 신체화와도 연관이 있다(Taylor, Bagby, & Parker, 1991; Weinberger, 1995). 정서중심치료의 접근법은 정서를 불러일으키는 것이 중요하다고 강조하는데, 이는 개인이 가지는 의미, 욕구, 그리고 역기능적 대처전략들을 탐색하기 위함이다(Greenberg & Watson, 2005). 변증법적 행동치료 역시 정서를 느끼지 못하는 것은 과도하게 수용하는 것의 정반대의 형태이며, 또 하나의 역기능적인 회피 방식이라고 한다. 공포나 불안에 대한 행동모델에서는 "공포에 대한 도식"을 활성화시키는 것이 불안을 수정하는 데 있어서 필수적인 요소라고 주장하고 있다(Foa & Kozak, 1986).

Nolen-Hoeksema(2000) 및 Papageorgiou와 Wells(2001a)는 반추가 더욱 심각한 우울과 불안을 가져온다는 것을 밝힌 바 있는데, 반추하는 사람들은 그렇게 깊은 생각에 빠지는 것이 자신을 최악의 경우로부터 대비하도록 하고, 자신의 문제에 해답을 찾는 데 도움이 될 것이라 생각한다고 한다. 수용전념치료는 반추를 유연성의 부재로 보고, 경험적인 회피(experienced avoidance)로서 사람들이 "자신만의 틀"에 갇히도록 하는 방식으로도 보았다(Hayes et al., 2004, 2012; Hayes, Wilson, Gifford, Follette, & Strosahl, 1996).

앞서 언급한 것과 앞으로도 면밀히 살펴볼 내용을 살펴보면, 정서도식모델은 다른 여러 이론들의 핵심 구성요소가 되는 내용들에 대해 다루고 있다. 예를 들어, 경험과 정서에 대한 회피는 수용전념치료에서 다루는 내용이고, 가치 역시 수용전념치료의 주요한 요소라고 할 수 있다. 타당화는 변증법적 행동치료에서 핵심적으로 다루는 부분이며, 걱정스러운 정서에 대하여 메타인지적으로 인식하는 것은 정서의 속성에 대한 신념을 가지는 것과 유사하다. 그러나 정서도식모델은 사회인지모델로서 정서와 정서조절에 대한 개개인의 신념을 다룬다는 점에서 앞서 다룬 모델들과 차이가 있다. 즉, 이 모델이 드러내고자 하는 것은 생각의 내용, 신념과 가정들, 정서에 대한 개인의 해석과 정서 조절에 대한 신념에 영향을 미치는 도식과 방식들이다. 정서도식모델은 분명 Beck과 그의 동료들이 개발한 일반 도식모델과 유사한 부분이 있다. 하지만 여기서 제시하는 모델이 말하는 도식은 정서의 본질에 대한 것이다. 더욱이, 정서도식모델은 그러한 정서의 본질의 기원부터 사회-인지 과정에 대한 모델에 이르기까지 밝혀내는데, Heider(1958)는 그 모델에서 사람들이 어떻게 마음과 대인관계적 현상을 설명하는가에 대하여 제시하고 있다. 이와 같이, 정서도식모델은 정서 경험에 관한 하나의 사회-인지 모델이라고 볼 수 있다.

정서도식에 대한 연구

불안과 우울, 다른 종류들의 정신병리와 관련하여 정서도식모델을 지지하는 실증적 연구들이 존재한다. 14개의 정서도식 범주 중에서 12개는 Beck Depression Inventory-II(BDI-II), Beck Anxiety Inventory(BAI)와 유의미한 상관관계를 가진다(Leahy, 2012). 다른 연구에서는 단계적 다중회귀분석을 통해 죄책감/수치심, 반추, 통제, 무효화가 BDI-II상의 우울증을 가장 잘 예측하는 요소라고 나타났다(Leahy, Tirch, & Melwani, 2012). 불안, 심리적 유연성, 정서도식의 관계에 대한 또 다른 연구에서는 다중회귀분석을 통해 불안은 통제에 대한 신념과, 심리적 유연성, 지속기간에 의해 가장 잘 예측된다는 것을 밝혔다(Tirch, Leahy, Silberstein, & Melwani, 2012).

메타인지이론은 걱정이 "인지적 주의 신드롬(cognitive attentional syndrome)" 즉, 위협에 대한 감시(탐지)나, 역기능적인 마음조절 전략을 특징으로 하는 과정에 의해 생겨나고 유지된다고 말한다(Wells, 2005a, 2005b, 2005c, 2009). 늘 염려하는 사람들은 염려하는 것이 자신으로 하여금 부정적인 결과를 경험하지 않도록 지켜준다고, 계속해서 사고의 내용(인지적 자각)에 초점을 맞춰야 한다고, 걱정은 통제가 불가능한 것이며 억압되어야 한다고 믿는다. 따라서 그런 사람들은 이와 같은 염려에 대한 긍정적이면서도 부정적인 신념들의 딜레마 속에 갇혀버리게 되는 것이다. 염려에 대한 대안적 모델로는 Borkovec과 그의 동료들에 의해 발전된 정서회피이론(emotion avoidance theory)이 있는데, 이는 염려가 하나의 인지 전략으로서 불안의 상승을 일시적으로 억압하거나 회피하는 기능을 한다고 보았다(Borkovec, 1994; Borkovec, Alcaine, & Behar, 2004; Borkovec, Lyonfields, Wiser, & Deihl,

1993). 정서도식모델은 메타인지모델과 정서회피모델 사이의 연결고리 역할을 하는데, 정서에 대한 부정적인 신념이 걱정에 대한 특정 메타인지전략을 일으킬 수 있음을 제시한다. 한 연구에서 정서에 대한 부정적인 신념들의 측정도구에 대해 밝힌 바로는(Leahy Emotional Schema Scale[LESS]의 범주들을 총 합하여), Wells Metacognitions Questionnaire-30(MCQ-30)에 있는 각각의 메타인지 요인들과 정서에 대한 부정적인 신념 간에 유의미한 상관관계가 나타났는데, 이는 LESS의 구성타당도가 입증되었음을 의미한다(Leahy, 2011b). LESS와 MCQ-30, 우울증의 관계에 대한 이러한 연구의 결과들은 걱정과 관련된 메타인지적 요소들이 정서에 대한 부정적인 신념에 의해 부분적으로 야기될 수 있다는 것을 보여준다. 불안(BAI로 측정된 바와 같이)에 대한 단계적 다중회귀 모델의 예측요인들의 패턴을 살펴보면, 이 역시 메타정서-메타인지 통합모델을 반영하고 있다. 즉, 불안을 가장 잘 예측하는 요인들에는 정서의 통제에 대한 신념(LESS), 걱정의 통제불능성과 위험(MCQ-30), 긍정적 걱정(MCQ-30)(부정적으로), 인지적 자의식(MCQ-30), 정서는 이해불가능하다는 신념, 저조한 정서 표현(LESS), 정서는 타당하지 않다는 신념(LESS)들이 포함되었다.

친밀한 관계 내의 만족도에 관한 연구에서 한 설문을 개발하였는데, 총 14개 문항으로 이뤄진 이 설문은 참여자가 자신의 정서에 대한 그 배우자/연인의 반응을 어떻게 바라보는지를 측정한다(the Relationship Emotional Schema Scale or RESS; Leahy, 2010b). 다시 말해 이 측정도구는 배우자/연인이 갖고 있는 정서 신념에 대한 개인의 인식을 측정하는 것이다. RESS 항목에 해당하는 14개의 점수들은 모두 결혼만족도(Dyadic Adjustment Scale(DAS)로 측정된 결과)와 유의미한 상관관계를 보였다(Leahy, 2012a). 다중회귀분석의 결과도 흥미로운 결과를 보여주고 있는데 특히 타당화의 중요성과 관련하여 그러하다. DAS의 결혼만족도에 대한 LESS 예측요인들의 단계적 순서는 다음과 같다: 높은 수준의 타당화, 낮은 수준의 비난, 높은 가치들, 낮은 수준의 정서에 대한 단편적 시각, 높은 이해력, 높은 정서의 수용력(Leahy, 2011a). 이러한 데이터가 제시하는 것은 아마 타당화가 다른 정서도식들을 수정하기 때문에 이것이 정서의 조절에 도움이 된다는 것이다. 이것이 아마도 정서적으로 압도당한 듯 느끼는 내담자들이 타당화를 추구하는 이유일 것이다.

타당화의 중요성을 지지하는 추가적인 근거는 Millon Clinical Multiaxial Inventory-III(MCMI-III) 중 알코올 의존 척도상에 나타난 LESS의 단계적 예측요인들에 대한 데이터를 통해 드러난다. MCMI-III 내의 알코올 의존도를 가장 잘 예측하는 LESS상의 요인들은 모두 타당화, 가치, 정서에 대한 단편적인 시각, 비난, 동의, 무감각을 포함한다(Leahy, 2010a). 연구 결과가 제시하는 바는, 알코올 의존증 내력이 있는 사람들은 자신의 정서가 타당하지 못하다고 믿고, 자신의 정서는 자신이 가진 가치와 연관이 없다고 믿거나, 복합적인 정서들을 용인하기 어려워하고, 타인들을 비난하며, 다른 사람들은 자기처럼 느끼지 않는다고 생각하거나, 종종 정서적으로 무감각해지는 것이다. 어쩌면 이러한 사람들은 익명의 알코올중독자들(Alcoholics Anonymous)과 같은 집단 모임으로부터 타당화, 자신의 가치와 연결, 복잡한 정서들의 구별, 적은 비난, 동조 등을 경험할 수 있을 것이다.

MCMI-III 내 경계선 성격 범주에서 높은 점수를 보인 예측변인들에 대한 연구는 다음과 같은 예측변인들을 발견하였다: 이해력, 반추, 타당화, 무감각, 비난, 정서에 대한 단편적 사고, 통제, 가치, (낮은) 합리성이다. 따라서 경계선 성격에서 높은 점수를 보인 사람들은, 자신의 정서가 납득되지 않는다고 생각했고, 반추했으며, 적은 타당화를 경험했고, 정서를 느끼지 못했으며, 자신의 정서에 대해 타인들을 비난했고, 복잡한 정서들을 용인하기 어려워 했으며, 자신의 정서들은 통제되지 않는다고 생각했고, 자신의 정서가 자신의 가치들과 관련이 없다고 느꼈으며, 합리성/이성을 그리 중요하게 여기지 않았다. 이러한 데이터는 경계선 성격장애에 관한 변증법적 행동치료 모델과도 상당히 일치한다. 이 모델에 따르면 "정서에 대한 근거 없는 믿음들"이 경계선 성격장애의 중심적인 특징을 구축하고, 무효화는 핵심적인 취약성이며, 정서 조절의 장애가 무엇보다 중요한 문제임을 말한다. 뿐만 아니라, 이 정서도식 데이터는 이러한 "근거 없는 믿음들"에 대한 더욱 구체적인 설명을 제공한다.

정서도식들은 다양한 종류의 성격장애들과 각각의 관련을 보인다. LESS와 MCMI-III의 성격장애 범주 척도에 응답한 성인 내담자들 중 회피적이고, 의존적이며, 경계선 성격의 항목에서 높은 점수를 보인 사람들은 자신의 정서에 부정적인 견해를 가졌음에 반해, 자기애적이고 연기성 인격 항목에서 높은 점수를 보인 사람들은 자신의 정서에 대해 과도하게 긍정적인 견해를 보였다. 뜻밖에도, 강박적 성격 항목에서 높은 점수를 보인 사람들 역시 자신의 정서에 대해 긍정적인 견해를 보였다. 마지막 연구 결과가 제시하는 것은 어쩌면 강박적인 사람들은 자신이 생각하고 느끼는 것이 적절하다고 믿으면서 이 검사에서 생각과 정서를 구분하지 못하는 것일 수 있다. 이러한 결과들을 자기애적 성격에 높은 점수를 보인 사람들에 대한 다중회귀분석의 연구결과들과 대조하면 낮은 죄책감/수치심, 표현, 반추, 높은 가치들을 확인할 수 있다. 이러한 데이터가 제시하는 것은 자기애적 성격의 사람들은 자신의 정서에 대해 죄책감을 덜 느끼고, 자신의 정서를 표현해도 된다고 믿었으며, 자신이 느끼는 바에 대해 별로 반추하지 않고, 자신의 정서가 그들이 가진 가치들과 관련이 있다고 믿었다는 것이다. 자기애적 성격의 사람들이 자기 자신을 이상화하는 것처럼, 이들은 자신의 정서도 이상화하는 것으로 볼 수 있다.

정신병리학에서 정서도식의 역할

위에서 설명한 연구들은 정서도식이 우울, 불안, 만성적 걱정, 약물 의존, 역기능적 관계 양상, 성격 장애와 같은 다양한 장애들과 관계를 갖는다는 것을 보여준다. 정서도식모델은 일단 정서가 자극되거나 유발되었을 때 해석, 반응, 혹은 정서조절 전략이 그 정서의 유지, 고조, 혹은 감소의 여부를 결정할 것이라고 제시한다. 물론 상관분석은 원인-결과의 방향에 대한 질문에 명확한 답변을 줄 수 없지만, 상당수의 유의미한 결과들이 정서도식이 정서를 처리하는 경험에 있어 중요한 부분임을 시사한다.

특정 정서도식은 특정 장애에 대한 다른 도식들보다 더욱 예측성이 뛰어나 보인다. 예를 들어, 죄책감/수치심, 반추, 통제, 타당화는 BDI-II에서 우울증을 가장 잘 예측하는 변인들이었다(Leahy, Tirch, & Melwani, 2012). BDI-II는 자기 비판적이고 후회하는 생각을 반영하는 여러 항목을 포함하고 있기 때문에, BDI-II에서 죄책감이 우울증을 예측한다는 것은 놀랄 일이 아니다. 다른 연구자들로부터의 결과와 유사하게, 반추는 흔히 우울에 대한 대처 전략이기에 우울과 높은 상관관계를 보였다(Nolen-Hoeksema, 1991, 2000; Papageorgiou & Wells, 2004, 2009; Wells & Papageorgiou, 2004). 통제는 우울의 주요 예측변수였는데, 자신의 부정적 정서를 바꾸는 것에 무력함을 느끼는 사람들은 대부분 우울하다는 것을 제시하였다. 이것은 우울증에 대한 무기력 및 무망감 이론과 일치하며, 이는 바람직한 결과를 만들어 내고 부정적인 결과를 회피하는 것에 관한 효율성에 대한 신념이 우울의 발병 및 지속에 중대한 결정요인임을 시사한다(Abramson, Metalsky, & Alloy, 1989; Alloy et al., 1988; Panzarella, Alloy, & Whitehouse, 2006). Leahy, Tirch와 Melwani(2012)

는 그들의 연구에서 정서 통제에 대한 부정적 신념은 위험회피, 심리적 유연성 모두와 높은 상관관계가 있음을 보였는데 즉, 사람들은 자신의 정서가 조절될 수 없다고 느끼면 변화를 덜 시도하고, 스스로의 정서를 통제할 수 없다고 생각하면 다양한 맥락에서 보다 유연한 반응을 보이지 못함을 제시한다.

타당화가 우울증의 주요 예측변인이라는 연구결과는 우울증이 지지와 유대감 결핍이라는 대인관계적 요소들도 포함한다는 견해를 뒷받침한다. 이는 우울증에 관한 다른 많은 이론들에서 말하는 것과 다르지 않은데(Klerman, Weissman, Rounsaville, & Chevron, 1984), 이러한 이론들은 대인관계 심리치료에 기초한 이론, 우울증에 대한 대인관계이론(Joiner et al., 2006; Joiner, Van Orden, Witte, & Rudd, 2009), 애착이론(Bowlby, 1969, 1973, 1980), 정신화이론(Bateman & Fonagy, 2006; Fonagy & Target, 2006), 대상관계이론(Kohut, 1971, 1977, 2009), 내담자중심치료를 바탕으로 하는 이론들(Rogers, 1951; Rogers & American Psychological Association, 1985)과 변증법적 행동치료(Linehan, 1993, 2015)이다. 하지만 타당화는 어떻게 이루어지는가? LESS에서 타당화 점수는 합리성을 제외한 다른 13가지 정서도식의 점수와 각각 유의한 상관관계를 가진다(Leahy, unpublished study, 2013). 단계적 다중회귀분석은 무효화의 가장 강력한 예측요인으로 비난, 높은 지속기간, 낮은 이해력을 제시했다. 따라서 자신의 정서가 타당하다고 느끼는 내담자는 타인에 대한 비난이 적었고, 자신의 정서가 무기한적으로 지속되지는 않을 것이라 생각하였으며, 자신의 정서가 납득 가능하다고 생각했다. 타당화가 이렇게 주요한 정서도식이고, 거의 모든 다른 도식들과 연관되어 있으며, 우울증, 비난, 지속과 이해력의 높은 예측요인이라는 것은 매우 중요하다. 다음 장에서는 정서도식치료의 실제에 있어서 타당화와 자기무효화의 중요성을 강조하겠다.

유사하게, (BAI를 통해 나타나는) 불안에 대한 정서도식의 다중회귀분석은 통제, 심리적 유연성, 지속에 대한 신념이 불안을 가장 잘 예측한다는 것을 드러낸다(Tirch et al., 2012). 불안은 흔히 어떤 상황에서의 위험에 대한 통제를 상실하거나 자신이 경험하는 정서의 위험에 대한 통제를 상실하는 것으로 경험된다(Barlow, 2002; D. M. Clark, 1999; Hayes, 2002; Heimberg, Turk, & Mennin, 2004; Hofmann, Alpers, & Pauli, 2009; Mennin, Heimberg, Turk, & Fresco, 2002; Rapee & Heimberg, 1997; Wells, 2009; Wells & Papageorgiou, 2001). 예를 들어, 공황장애는 개인의 불안에 대한 통제가 힘든 상태가 되어, 정신이상 혹은 의학적 위험으로 이어질 것이라는 신념을 반영한다. 또한 사회불안장애(기존의 사회공포증)는 불안한 정서에 대한 통제를 상실하고 창피를 당하게 될 것이라는 신념을 반영한다. PTSD(외상 후 스트레스 장애)는 통제가 불가능한 위험이 현재 발생하고 있다는 신념을 반영한다. 게다가 통제 상실은 곧 더욱 큰 참사를 초래하기 때문에 통제가 필수적이라는 신념은 대부분의 불안장애들이 가진 역설의 기저를 이루며, 이는 즉 감각과 정서는 통제되어야만 한다는 것과, 사람은 그것들을 통제할 수 없다는 것, 따라서 지속적인 통제가 필요하다는 것이다. 사람들은 통제력을 상실하는 것이 당연히 위험한 것이라고 믿기 때문에 점점 더 불안해진다. 실제로, 마음 챙김과 수용 접근법들은 불안한 생각, 감각, 정서를 통제하고자 하는 시도를 포기하도록 하고 대신 이러한 현상학적인 경험에 대해 무비판적이고 관찰적인 입장을 취하게 함으로써 이러한 문제들을 다룬다(Hayes et al., 2006, 2012; Roemer & Orsillo, 2009).

정서에 관한 부정적인 신념들의 다면적 영향들과 다양한 범주의 심리적 문제들과 관련된 구체적 정서도식들을 고려할 때, 정서도식치료의 목표는 자신 및 다른 사람들의 정서에 대한 내담자 자신만의 고유한 이론들을 평가하고, 또한 이러한 “순진한 이론들”의 수정이 얼마나 개인의 기능에 영향을 줄 수 있을지를 검토하는 것이다. 정서도식치료는 다양한 기술들과 개념들을 사용하여 내담자가 가지는 정서에 대한 부정적인 평가나 역기능적인 통제 전략들을 짚어낸다(예: 회피, 억압, 약물 남용, 무감각, 격앙됨, 분노의 보복).

요 약

정서도식모델은 자신과 타인의 정서에 대한 평가를 다루는 인지적 모델이다. 이 모델에서 “도식”은 해석, 평가, 귀인, 정서에 대한 다른 인지적 사정을 의미할 뿐 아니라 정서조절전략들을 나타내기도 하는데, 이러한 전략들은 때론 효과적이기도, 때론 아니기도 하다. 이 모델은 다수의 영향력 있는 이론들을 반영하고 있는데, 그 중 Beck의 인지 이론, Wells의 메타인지 이론, Greenberg의 정서중심 이론, 마음 챙김 이론, Gottman의 모델, 수용전념치료, 변증법적 행동치료가 있다. 그러나 정서도식모델은 타 모델들과 다르게 생각이나 행동보다는 정서 평가에 초점을 맞춘 사회인지적 모델이다. 이는 하나의 정서에 관한 이론을 다루는 모델로서 개인(혹은 다른 사람들)이 정서를 경험하거나 표현할 때에 어떤 반응을 보이는가를 특징으로 한다. 정서도식치료자들은 LESS 및 그 후에 개발된 LESS II와 같은 척도들을 사용하여 내담자의 정서도식을 사정한다(제4장 참조). 각각의 척도는 14개의 범주로 구성되어 있고, 지속기간, 통제, 이해력, 합의, 죄책감/수치심, 다른 평가와 해석들에 대한 신념, 수용, 반추, 비난과 같은 다른 전략들을 나타낸다. 정서도식에 대한 연구는 이러한 신념들이 광범위한 정신병리들과 연관이 있다는 견해를 지지하는데, 그런 병리에는 우울증, 불안장애, 약물남용, 관계 내 불화, 성격장애들이 있다.

제 2 부

치료의 시작

제 4 장 • 초기 사정과 면접

제 5 장 • 정서도식모델로서 사회화

제 4 장

초기 사정과 면접

> 내가 가진 모든 지식은 다른 모든 사람들이 가질 수 있지만, 나의 마음만큼은 모두 나의 것이다. — Johann Wolfgang von Goethe

첫 번째 회기는 치료자에게 중요한 정보들을 제공한다. 중요한 정보라 함은 내담자를 힘들게 하는 구체적인 정서들, 이러한 정서들에 대한 내담자의 신념들, 그동안 원가족에서 그러한 정서들을 다뤄왔던 방식, 현재 다른 사람들과의 관계 속에서 정서적으로 기능하는 방식, 정서를 다루고 처리하는 데 사용하는 역기능적 전략들, 괴롭게 하는 정서에 대처하기 위해 과거에 했던 시도들 등이 이에 해당한다. 이러한 정보들과 더불어 치료자는 정서적인 이슈들이 어떤 방식으로 다루어지는지, 내담자가 그런 정서를 표현할 때 보이는 억양과 비언어적인 특성은 어떤지, 어떻게 정서적인 주제에서 이와 관련 없는 주제로 넘어가는지, 내담자가 정서가 올라올 때 정서를 억누르려고 시도하는지(만약 시도한다면 어떻게 억누르는지), 혹은 반대로 (어떻게) 고조시키는지 주의를 기울여 보아야 한다. 때로는 내담자가 갖고 있는 정서에 대한 암묵적 신념들은 내담자가 치료 회기에서 기대하는 바를 통해 반영되기도 한다. 예를 들면, "더 이상 슬퍼하고 싶지 않아요." "아내가 저를 대하는 방식을 더 이상 참을 수 없어요." 또는 "저는 이 치료가 단기적이라는 것을 알아요."라는 것들이 이에 해당한다. 내담자가 갖고 있는 정서에 대한 신념을 반영하는 정서에 관한 목표들과 "좋은 기분을 느끼는 것"은 바람직해 보일 수 있지만, 그런 목표와 상태를 추구하는 것은 내담자가 정서적 경험을 견뎌낼 수 없음을 반영하는 것이다. 치료자는 모든 형태의 심리적 혹은 정신과적 초기면접에서 내담자의 과거 및 현재의 정신의학적 상태를 진단함과 더불어 인지유형과 편견들, 행동적 과잉이나 결핍,

대인관계적 갈등이나 상실, 개인적 강점과 기술, 변화를 위한 동기 등을 평가할 것이다(Morrison, 2014).

정서도식치료는 첫 번째 회기부터, 혹은 내담자가 첫 치료 회기 시작 전 자기보고식 질문지들을 미리 작성하는 경우, 최초의 사정에서부터 치료가 시작된다. 필자가 속한 미국인지치료연구소(American Institute for Cognitive Therapy)에서는 내담자로 하여금 일반적인 정보(병력, 약물사용 내역, 현재와 과거에 섭취한 약물, 불만 사항) 및 광범위한 자기보고양식들을 포함하는 다양한 자기보고식 질문지들을 작성하도록 요구한다. 내담자는 다음과 같은 질문지들에 답한다.

1. 벡 우울 설문지 II Beck Depression Inventory-II (BDI-II; Beck, Steer, & Brown, 1996)
2. 벡 불안 검사 Beck Anxiety Inventory(BAI; Beck & Steer, 1993)
3. 리히 정서도식 척도 Leahy Emotional Schema Scale(LESS II; Leahy, 2012b)
4. 긍정적 및 부정적 정서 척도 Positive and Negative Affect Schedule (PANAS; Watson, Clark, & Tellegen, 1988)
5. 메타인지 척도 30 Metacognitions Questionnaire 30(MCQ-30; Wells & Cartwright-Hatton, 2004)
6. 정서조절전략 질문지 Emotion Regulation Strategies Questionnaire-II (ERSQ; Aldao & Nolen-Hoeksema, 2012a)
7. 수용행동 질문지 Acceptance and Action Questionnaire-II (AAQ-II; Bond et al., 2011)
8. 부부적응 척도 Dyadic Adjustment Scale(DAS; Spanier, 1976)
9. 관계 정서도식 척도 Relationship Emotional Schema Scale(RESS; Leahy, 2010b)
10. 양육방식 척도 Measure of Parental Styles(MOPS; Parker et al., 1997)
11. 친밀관계 경험 척도 Experiences in Close Relationship - Revised(ECR-R; Fraley, Waller, & Brennan, 2000)
12. 단축형 자기자비 척도 Self-Compassion Scale - Short Form(SCS-SF; Raes, Pommier, Neff, & Van Gucht, 2011)
13. 다축임상성격 질문지 Millon Clinical Multiaxial Inventory-III (MCMI-III;

Millon, Millon, Davis, & Grossman, 1994)

이러한 자기보고양식들은 첫 번째 회기 전에 내담자에게 이메일로 전해지는데, 이는 치료자에게 내담자의 정신과적 장애(성격 장애를 포함), 증상의 정도, 관계 만족도, 정서통제전략, 불안에 관한 메타인지적 요인(meta-cognitive factors), 애착 문제, 사회화 경험, 심리적인 유연성 등과 관련된 광범위한 정보를 제공한다. 정서도식치료는 특히 역기능적 정서통제전략, 정서에 대한 내담자의 해석, 그러한 정서적 사회화 배경, 그리고 이러한 과정들이 심리적 건강에 미친 영향들에 관심을 갖는다. 이 장에서는 먼저 이러한 자기보고양식들의 구체적 내용을 살펴본 후, 초기 사정을 통한 정서도식 면접의 목표에 대해서 설명할 것이다. 결국 면접을 통해 얻은 정보는 치료 목표를 설정하는 것과 연결되어 있으며, 치료를 위한 사례개념화를 구축하는 것과도 직결된다.

자기보고 평가

먼저 내담자는 정서도식의 14개의 범주를 측정하는 28개 문항으로 구성된 질문지 LESS Ⅱ에 답하도록 요구받는다. 이 질문지는 내담자가 기분이 울적할 때 어떻게 생각하고 반응하는지를 평가한다. 평가의 관심의 대상이 되는 주요 정서에 따라 LESS Ⅱ에 기반한 추가적인 질문지가 주어질 수 있다. 예를 들어, LESS-불안 질문지와 LESS-분노 질문지는 LESS Ⅱ와 마찬가지로 14개의 범주를 다루지만, 내담자가 특정한 정서들(불안 및 분노)에 대해 어떻게 생각하고 반응하는지에 각각 초점을 맞춘다. 어떤 내담자들은 슬픔이나 불안에 대해 역기능적인 도식을 가지고 있을 수 있으나, 그들은 자신의 분노가 정당하고, 납득할 만하며, 스스로 조절할 수 있다고 믿을 수도 있다. 비록 내담자는 자신이 분노에 대한 역기능적 신념을 가지고 있지 않다고 판단할지라도, 치료자는 그러한 내담자의 긍정적인 태도와 시각이 대인관계에 있어서 어떻게 작동하고 있는지 평가할 것이다. 분노가 관계와 업무를 방해하는 것은 어렵지 않게 볼 수 있는 일이다. 어쩌면 그들의 정서도식은 지나치게 긍정적일 수도 있다. 제3장에 명시되었듯이 우리 연구는 자기애적이거나 연극성적 특성에서 비교적 높은 점수를 받은 사람들이 그들의 정서에 대해 특히 긍정적인 태도를 가지고 있다는 것을 보여준다. LESS Ⅱ의 14개의 범주들은 [그림 4.1]에 나타나 있다. (이들 중 일부는 제3장에서 설명된 범주의 반대로 설명된 것이다.)

LESS Ⅱ에 명시된 각각의 범주를 좀 더 자세히 살펴보자. 첫 번째 범주는 무효화로, 이는 다른 사람들이 자신의 정서를 이해 못하며 관심 갖지 않는다는 신념이다. 이것은 변증법적 행동치료의 중심 요소이고, 자신의 정서가 중요하며 이해할 만하고 다른 사람들에 의해 가치 있게 여겨진다는 것을 배우는 것에 있어서 매우 중요한 요소이다. 두 번째 범주는 불가해성(이해할 수 없음)이다. 이는 사람의 정서들은 이해할 만하고 그러한 정서들은 무의미하거나 무질서하지 않으며 아무 이유 없이 나타나는 것이 아니라는 생각과 관련이 있다. 실제로 정서도식모델의 주된 특징은 내담자의 심리교육(psychoeducation)인데, 이는 그들이 경험하는 공황, 우울, 사회 불안 등의 문제들에 대해 이해할 수 있도록 도움을 제공한다. 세 번째 범주는 죄책감과 수치심인데 이는 자신이 가지고 있는 정서가 자신의 성격적 결함, 약점, 또는 바람직하지 못한 개인적 특성을 나타내기 때문에 가지고 있으면 안 된다는 신념을 나타낸다. 예를 들면, 개인은 자신이 불안하고 우울하다는 것 때문에 자기 자신에 대해 비판적이 될 수 있는데 이는 문제를 더 악화시킬 뿐이다. 네 번째 범주는 정서에 대한 단편적 시각으로 이는 복합적인 정서나 양가감정을 갖는 것을 견딜 수 없는 것을 의미한다. 다섯 번째 범주는 가치와의 분리이다. 자신이 느끼는 정서가 자신의 가치관과 상관이 없다고 믿는 것이다. 예를 들면, 여자친구를 그리워하며 슬퍼하는 남성의 경우 자신이 친밀함과 헌신에 가치를 두기 때문에 느낄 수밖에 없는 슬픔을 아예 인정하려 하지 않을 수도 있다. 그러나 힘들게 하는 정서들도 자신이 가치 있다고 여기는 삶의 일부라는 것을 알게 된다면 그런 정서들을 받아들이고 견디는 것이 가능해진다.

LESS Ⅱ의 여섯 번째 범주인 통제력 상실은 자신의 정서를 늘 통제해야 하고 필요하다면 억압해야 한다는 신념을 가리킨다. 스스로가 불안이나 슬픔을 느끼도록 허락한다면 이는 정서를 통제할 수 없는 지경에 이르게 될 것이라고 믿는 것이다. 일곱 번째 범주는 무감각이다. 자신은 강렬한 정서들(또는 그 어떠한 감정도)을 느끼지 않는다고 믿으며, 정서를 느낀다는 것은 무력하게 되는 것이고, 정서를 느껴봤자 아무 소용이 없다는 신념을 말한다. 여덟 번째 범주인 과이성화란 사람은 감정적이 아니라 이성적이어야 하며, 정서는 피해야 하거나 이성이나 논리로 대체되어야 한다는 신념을 반영한다. 아홉 번째 범주는 지속기간이다. 정서는 무한정으로 지속될 것이며, 견딜 수 없을 정도로 오랫동안 유지될 것이라는 신념을 말한다.

참고: R = Reversed score(역채점 문항)(1점 = 6점, 2점 = 5점, 3점 = 4점, 4점 = 3점, 5점 = 2점, 6점 = 1점)

무효화 = (6번 문항 **R** + 12번 문항) / 2

6번 문항. 사람들은 내 정서를 이해하고 수용한다. (역채점 문항)

12번 문항. 아무도 내 정서에 대해 신경 쓰지 않는다.

불가해성(이해할 수 없음) = (3번 문항 + 7번 문항) / 2

3번 문항. 내 자신에 대해 이해할 수 없는 것들이 있다.

7번 문항. 나도 내 정서를 이해할 수 없다.

죄책감 = (2번 문항 + 10번 문항) / 2

2번 문항. 느껴서는 안 되는 정서가 있다.

10번 문항. 내 정서에 대해 부끄러움을 느낀다.

정서에 대한 단편적인 시각 = (23번 문항 + 28번 문항) / 2

23번 문항. 나는 내가 누군가에 대해 명확한 정서를 갖는 것을 좋아한다.

28번 문항. 나는 내가 내 자신에 대한 명확한 정서를 갖는 것을 좋아한다.

가치와의 분리 = (14번 문항 **R** + 26번 문항 **R**) / 2

14번 문항. 마음이 울적할 때, 나는 삶에서 내가 가치 있게 여기는 것들, 더 중요한 것들을 생각하려고 노력한다. (역채점 문항)

26번 문항. 내가 추구해야 할 더 높고 숭고한 가치들이 있다. (역채점 문항)

통제력 상실 = (5번 문항 + 17번 문항) / 2

5번 문항. 만일 내가 이런 정서들의 조금이라도 느끼도록 내버려 둔다면 통제를 하지 못하게 될까봐 두렵다.

17번 문항. 내 정서를 통제하지 못할까봐 걱정이 된다.

무감각 = (11번 문항 + 20번 문항) / 2

11번 문항. 다른 사람이 괴로워하고 신경쓰는 일에 나는 괴로워하거나 신경쓰지 않는다.

20번 문항. 나는 마치 정서가 없는 것처럼 정서적으로 둔감하다고 종종 느낀다.

과이성화 = (13번 문항 + 27번 문항) / 2

13번 문항. 합리적이고 실용적인 것이 섬세하고 정서적으로 개방적인 것보다 더 중요하다.

27번 문항. 거의 모든 일에 있어서 이성적이고 논리적인 것이 중요하다고 생각한다.

지속기간=(9번 문항+19번 문항 R)/2

9번 문항. 내 자신에게 강렬한 정서를 느끼도록 허락한다면 그것이 사라지지 않을까 봐 두렵다.

19번 문항. 강렬한 정서들은 짧은 시간 내에 사라진다. (역채점 문항)

합의 부족=(1번 문항+25번 문항 R)/2

1번 문항. 나는 다른 사람들이 느끼지 않는 정서에 반응한다고 자주 생각한다.

25번 문항. 나는 다른 사람들이 느끼는 동일한 정서를 느낀다. (역채점 문항)

정서 거부=(24번 문항 R+18번 문항)/2

24번 문항. 나는 내 정서들을 수용한다. (역채점 문항)

18번 문항. 나는 어떤 정서를 느끼는 것으로부터 스스로를 보호해야 한다.

반추(22번 문항+16번 문항)/2

22번 문항. 울적할 때, 나는 혼자 앉아서 내가 얼마나 속상한지에 대해 오랫동안 곱씹으며 생각한다.

16번 문항. 나는 자주 "대체 나한테 무슨 문제가 있길래 이러는 거야?"라고 생각한다.

제한적 표현(4번 문항 R+15번 문항 R)/2

4번 문항. 내 정서들을 "해소"하기 위해 우는 것이 중요하다고 생각한다. (역채점 문항)

15번 문항. 내 정서에 대해서는 개방적으로 표현하는 편이다. (역채점 문항)

비난=(8번 문항+21번 문항)/2

8번 문항. 만일 다른 사람들이 변한다면 내 기분은 훨씬 좋아질 것이다.

21번 문항. 내가 기분이 불쾌한 것은 다른 사람들이 원인을 제공했기 때문이다.

[그림 4.1] Leahy 정서도식척도 II(LESS II)의 14가지 종류(Leahy, 2012a)

예를 들면, 슬픔을 경험하는 한 여성이 자신의 슬픔은 오랫동안, 혹은 아마도 영원히 계속될 것이며, 그런 슬픔이 자신에게 절망만을 더해줄 것이라고 믿는 것이다.

LESS Ⅱ의 열 번째 범주는 합의 부족이다. 다른 사람들은 자신의 정서를 이해할 수 없으며, 자신의 정서적인 경험은 뭔가 특별하고 독특하다는 신념을 말한다. 때문에 세상에 홀로 남겨진 듯하고 정서적 경험을 하는 데 있어서 결함이 있다고 느낀다. 열한 번째 범주는 반추이다. 이는 부정적인 정서에 대해 오래 머물러 곱씹어야 한다는 신념이다. 이들은 주로 부정적인 정서의 의미에 대해 혹은 그 무의미함에 대해 반복적이고 지속적으로 집중한다. 예를 들면, 슬픔을 느끼고 있는 어떤 사람은 그 슬픔의 경험에 집중하면서 “대체 난 왜 이런 거지?” 혹은 “왜 이런 일이 생기는 거야?”라는 식의 결코 충족될 수 없는 질문만 되뇐다. 정서 거부는 열두 번째 범주로, 어떤 특정한 정서는 느껴서는 안 되며 그런 정서들은 피하거나 제거해야 한다는 신념을 말한다. 열세 번째 범주는 제한적 표현이다. 자신의 정서에 대해서 이야기한다거나, 공유한다거나, 비언어적으로 보여주거나(예: 울음) 하는 방식으로 정서를 겉으로 드러나게 표현할 수 없다는 신념을 나타낸다. 이는 정서를 이해하려고 하지 않으며 신경조차 쓰지 않는다고 믿는 무효화의 범주와는 다르다. 무효화는 정서를 표현할 수는 있으나, 그것을 불필요하고 무의미하다고 느끼는 것이기 때문이다. 열네 번째의 범주는 비난이다. 자신이 가지고 있는 정서가 다른 사람들이 어떤 행동을 했거나 혹은 하지 않았기 때문에 생겼다고 여기는 신념이다. 예를 들면, 어떤 남성의 경우 자신이 화가 나는 이유가 자신의 관점이나 태도 때문이라기보다는 아내의 행동 때문이라고 말하는 것이 이에 해당한다.

또한 내담자의 정서에 대한 파트너의 반응을 내담자가 어떻게 받아들이는지를 평가한 RESS(Relationship Emotional Schema Scale) 자기보고양식을 활용할 수 있다. 내담자용 RESS의 부제는 “내 파트너가 나의 정서를 다루는 방식”이다. RESS는 [그림 4.2]에서 볼 수 있다.

치료자는 내담자가 주요한 관심을 갖는 정서에 부합하는 다른 정서도식 척도를 추가적으로 사용할 수 있다. 예를 들어, 외로움, 부러움, 질투, 절망감, 또는 이외의 다른 정서들에 대한 도식을 평가하기 위해 LESS Ⅱ를 수정하여 사용할 수 있다. 치료자는 폭식과 구토, 반복적으로 확인하는 행위 또는 다른 강박적인 행동과 같은 충동들에 대한 정서적인 도식들을 살펴볼 수 있다. 아직 일반화해서 적용할 수는 없지만, LESS에서의 높은 점수는 우울, 불안, 약물의존, 성격장애와 상관성이 있는 것으로 나타난다. 위에 나열되어 있는 11개의 자기보고양식과 척도들에 대한 설명은 〈부록 4.1〉에서 볼 수 있다.

물론 치료자들은 위에 나열된 양식들 중 몇 개만 선택적으로 사용할 수 있지만(또는 아예 사용하지 않을 수도 있지만), 우리의 경험상 이러한 광범위한 초기 사정은 사례개념화와 치료계획을 수립하는 것과 관련하여 내담자와 치료자 모두에게 중요한 정보를 제공한다. 예를 들면, LESS Ⅱ는 정서에 대한 구체적인 역기능적 신념을 알려준다. 정서조절전략 질문지(ERSQ)는 정서를 조절하기 위해 자주 사용하

배우자/연인이 나의 정서들을 다루는 방법

이 질문지는 당신이 고통스럽고 힘든 정서를 느낄 때 배우자/연인이 당신에게 반응하는 방식에 대해 당신이 어떻게 생각하는지 알아보고자 합니다. 다음의 척도를 사용하여 당신의 정서에 배우자/연인이 반응하는 방식에 대하여 당신이 어떻게 생각하는지 가장 잘 설명한 점수를 진술문 옆에 써 넣으세요.		
1. 매우 그렇지 않다 2. 어느 정도 그렇지 않다 3. 약간 그렇지 않다 4. 약간 그렇다 5. 어느 정도 그렇다 6. 매우 그렇다		
1. 이해가능성	배우자/연인은 내 정서를 이해할 수 있도록 도와준다.	____
2. 타당화	배우자/연인은 내 정서에 대해 이야기할 때 내가 이해받고 있다고 느끼도록 해준다.	____
3. 죄책감/수치심	배우자/연인은 나를 비판하고 내가 느끼는 정서에 대해 수치스럽고 죄책감을 느끼게 한다.	____
4. 정서의 구별	배우자/연인은 내가 복잡한 정서를 느껴도 괜찮다는 것을 이해할 수 있도록 도와준다.	____
5. 가치	배우자/연인은 나의 고통스러운 정서를 중요한 가치와 연결시켜준다.	____
6. 통제	배우자/연인은 내가 정서를 통제할 수 없다고 생각한다.	____
7. 무감각	정서에 대해 이야기할 때 배우자/연인은 둔감하거나 무관심한 것처럼 보인다.	____
8. 합리성	배우자/연인은 내가 주로 비합리적이라고 생각한다.	____
9. 지속기간	배우자/연인은 나의 고통스러운 정서가 계속해서 지속된다고 생각한다.	____
10. 동의	배우자/연인은 대다수의 사람들도 내가 느끼는 것처럼 느낀다는 것을 깨달을 수 있도록 해준다.	____
11. 수용	배우자/연인은 내 고통스러운 정서를 견뎌주고 수용해주며, 나를 변화시키려고 노력하지 않는다.	____
12. 반추	배우자/연인은 내가 정서를 느끼는 방식에 대해 왜 그렇게 느끼는지 계속해서 생각하고 그 생각에 계속 머무는 것처럼 보인다.	____
13. 표현	배우자/연인은 내 정서를 표현할 수 있도록, 내가 느끼는 것에 대해 이야기할 수 있도록 격려한다.	____
14. 비난	배우자/연인은 화가 나면 나를 비난한다.	____
이제 14개의 진술문을 다시 보고 다음에 답하세요.		
배우자/연인이 당신의 정서에 반응하는 방법 중 어떤 방식을 가장 싫어합니까? (3가지) ________ ________ ________		
배우자/연인이 당신의 정서에 반응하는 방법 중 어떤 방식을 가장 좋아합니까? (3가지) ________ ________ ________		

[그림 4.2] 관계 정서도식척도(Relationship Emotional Schema Scale, RESS).

는 전략이 어떤 것인지에 대한 정보를 제공한다. 긍정적 정서 및 부정적 정서 척도(PANAS)는 긍정적이고 부정적인 정서의 균형의 정도와 그 비율을 보여준다. 수용행동 질문지 Ⅱ(AAQ-Ⅱ)는 고질적인 정서에 반응하는 것과 관련된 심리적인 유연성에 관한 정보를 준다. 메타인지 척도(MCQ-30)는 정서에 대한 역기능적인 신념과 직접적으로 연관된 침투적 사고에 대한 신념에 대한 정보를 제공한다. 부부적응척도(DAS)는 친밀한 관계 속에서의 어떤 부분이 내담자를 괴롭게 하는지를 나타낸다. RESS는 내담자의 정서에 배우자/연인이 반응하는 방식에 대하여 내담자가 어떻게 받아들이는지를 보여준다. 양육방식 척도(MOPS)는 아동기 동안 부모와의 역기능적인 경험에 대한 정보를 알 수 있게 해준다. 친밀관계 경험 척도(ECR-R)는 친밀한 관계 속에서의 불안과 회피에 대한 정보를 제공한다. 다축임상성격 질문지(MCMI-Ⅲ)는 성격장애나 다른 종류의 정신질환에 대한 광범위한 영역에 관한 수치를 제공한다. 이러한 광범위한 초기사정을 통해 치료자는 내담자의 구체적인 문제의 범위, 정서에 대한 신념, 사회화 경험, 정서조절에 대한 이해를 가지고 치료를 시작할 수 있다.

초기 면접

초기 면접은 두 회기나 세 회기 정도 걸리는데 그동안 치료자는 초기 면접 서류들을 완성할 수 있을 것이다. 정서도식치료자라면 기분장애, 불안장애, 물질사용장애, 성격장애, 다른 진단분야들과 더불어 특히 내담자가 어떤 정서를 가장 염려하는지, 치료자와 내담자가 대화할 때 이러한 정서가 어떤 식으로 표현되는지, 정서에 대해 내담자가 어떤 신념을 갖고 있는지, 정서 조절을 위해 과거부터 현재까지 어떤 시도들을 해왔는지, 내담자의 어린 시절 동안 정서의 사회화가 어떻게 이루어졌는지, 내담자가 나타내는 정서도식의 구체적인 범주들은 어떠한지를 파악하는 것에 구체적인 관심을 기울여야 한다.

일차적으로 관심이 되는 정서

내담자는 주로 하나 또는 제한된 정서들에만 집중한 상태로 상담에 나온다. 예를 들면, 결혼한 한 여성은 자신의 주된 걱정이 공황 발작에 대한 불안감과 발작이 일어났을 때 통제력을 상실하고 굴욕감을 느끼는 것에 대한 두려움이라고 말했다. 초기면접을 진행하면서, 그녀는 남편을 "완벽하게 이해해주는", "아주 멋진"이라는 이상적인 용어로 설명했다. 초기 진단은 광장공포증을 수반한 공황장애였다. 그러나 계속 이어지는 회기에서 그녀에게 남편을 향한 엄청난 분노가 있다는 것이 드러났다. 그녀는 남편이 자신을 무시한다고 느꼈고, 자신과 함께 시간을 보내는 데 있어서 야박하게 군다고 느꼈다. 그녀는 자신의 공황장애의 "약점"을 탓하고 비난하면서라도 남편과 사이 좋은 관계로 비춰 보이고 싶었던 것이다. 또 다른 내담자는 기혼 남성이었고, 처음에는 터널을 지날 때마다 오는 공황발작으로 인한 두려움에 대해 호소했다. 아내, 두 딸들과 갈등이 있다는 것에 대해서는 짧게 이야기하기만 했다. 추가적으로 더 알게 된 것은, 그에게 가장 많은 영향을 미친 정서가 아내와 큰딸을 향한 큰 분노와 경멸하는 감정이었는데, 이는 그들이 자기에게 충분한 존중을 표하지 않는다는 것이 이유였다. 따라서 내담자와 치료자가 함께 다뤄야 할 주요한 정서가 단순히 내담자가 직접 이야기하는 것만은 아닌 것이다. 위의 두 가지 사례에서와 같이, 표면적으로 보이는 문제와 이에 영향을 미치는 근본적인 정서통제 어려움의 문제가 불일치할 때, 치료자는 왜 특정한 정서를 다른 것들보다 더 염려하는 것으로 보이는지에 관심을 가질 것이다. 예를 들면, 분노를 조절하는 데 어려움을 겪는 남성에게 있어서 "무시당하거나" "지배당하는 것"으로 인해 느끼는 불안에 집중하는 것보다 자신의 분노에 대해 "말도 안 되는" 걱정을 하는 아내에게 집중하는 것이 자신을 덜 미워하게 만들지 모른다.

정서의 표현

회기를 거듭할수록 내담자들의 정서 표현은 점차 달라진다. 어떤 내담자는 솔직하게 표현하기도 하지만(울거나, 슬픈 표정을 보이거나, 시선이 아래로 향한다든가), 어떤 내담자는 건조하고 무관심하고 냉담해 보이기도 한다. 어떤 경우에는, 이야기하고 있는 내용과는 일치하지 않은 정서를 비언어적으로 표현하기도 한다. 치료자는 목소리의 억양, 표정, 눈맞춤, 몸의 자세, 말하기를 머뭇거리는 것, 울음을 참는 것, 어려운 주제에 대해 이야기할 때 주제를 바꾸는 것, 손짓을 통한 표현, 몸의 움직임, 정서를 반영하는 비언어적인 신호들을 잘 관찰해야 한다. 이야기되고 있는 내용과 관찰되는 비언어적인 표현이 일치하는가?

한 젊은 여성이 치료자에게 자신이 인지행동치료를 찾는 이유는 잠드는 데 어려움이 있어서라고 이야기했다. "시도할 만한 몇 가지 방법만 가르쳐 준다면 제게 도움이 될 것 같아요." 그러나 그녀는 상당한 정신병리적인 내력을 갖고 있는데, 주요우울삽화, 섭식장애, 자해, 자살시도, 각종 약물남용(과거와 현재 모두), 남성과의 자기 파괴적인 관계, 범불안장애를 겪었었다. 자신의 과거에 대해 이야기하는 동안 부적절한 웃음을 띠면서, 농담도 자주 하고(예를 들면, "정말 웃긴 건 말이죠.") 자신의 이야기를 축소시키기도 했다. 그리고는 다음과 같은 대화를 나눴다.

치료자: 지금 우리는 인생의 어려움과 비극적인 이야기를 하고 있어요. 근데 당신은 마치 이 모든 것이 농담인 것처럼 말씀하네요. 마치 우리가 진지하게 받아들이면 안 되는 것처럼 말이죠. 당신의 감정과 경험을 왜 그렇게 단순히 피상적인 농담같이 이야기하시는지 알고 싶군요.

내담자: 저는 징징거리며 우는 소리 같은 거 내고 싶지 않아요. 저한테서 일어난 일들을 큰일로 만들어 버리고 싶지 않아요.

치료자: 감정을 진지하게 받아들이면 안 된다는 것처럼 들리는군요. 다른 사람들과 관계를 맺을 때도 별로 진지하게 생각하지 않으시나 봐요.

내담자: 저는 파티걸이예요. 저는 바 위에 올라가서 춤추는 사람이죠. 사람들이 비웃는 그런 사람이에요.

치료자: 만일 그 사람들이 당신을 진지하게 받아들이고 당신에 대해 알아가게 된다면요?

내담자: 그 누구도 저를 알도록 허락하지 않을 거예요.

이로 인해, 그녀가 어렸을 때 부모님이 그녀의 정서에 어떻게 반응했었는지에 대해 이야기하게 되었다.

내담자: 제가 16살 때가 기억나요. 저는 유럽에 여행을 하고 있었죠. 그때 남자친구는 제게 헤어지자고 말했어요. 제가 집에 돌아왔을 때, 저는 약을 과다복용했죠. 어머니는 저를 병원에 데리고 갔고 "이건 시차적응 때문일거야."라고 했어요. 어머니는 치료가 필요하다고 생각하지 않았어요. 우리 가족은 꽤 좋아보이는 가족이에요, 컨트리 클럽 회원이기도 하구요. 문제

에 대해서는 굳이 이야기하지 않아요.

이 내담자는 얄팍하고 천박한 "파티걸"과 같은 이미지로 보여지는 방식으로 대처하며 살아왔다. 그녀에게 있어서 고통은 도저히 이해할 수 없으며 제어가 불가능한 것이었다. 부모에 의해 지속적으로 무시당하고 정서의 무효화를 경험하면서 그녀는 스스로도 자신을 무시하고 자신의 문제들을 축소시켜 왔다. 게다가 "힘든 정서들을 느끼는 것"은 "가족을 실망시키는 것"이라고 여기면서 불신해 왔고, 나아가 치료자를 불신하였다. 그럼으로써 "나는 당신 앞에서 절대 울지 않을 거야."라며 치료자를 불신하였다.

정서의 비언어적인 표현은 내담자의 일반적인 모습과 움직임을 포함한다. 예를 들어, 내담자가 고리타분한 혹은 도발적인 옷을 입는가? 내담자의 움직임이 느리고 조심스러운가? 내담자가 신체적으로 불안함을 보이고 있는가(정서적일 때 어떤 몸짓을 하는가)? 내담자가 계속 눈을 마주하며 대화하는가? 목소리의 억양이 낮은가, 단조로운가, 또는 냉정한가? 내담자가 자연스럽게 웃지는 않는가? 그 외 또 다른 비언어적인 요소가 있는가? 특히 비언어적인 표현과 이야기되고 있는 내용이 일치하는지가 중요하다. 내담자가 충격적인 일이나 심지어 정신적인 외상을 초래하는 일에 대해 이야기할 때 무미건조하고 단조롭게 혹은 부적절한 웃음을 지으며 말하는가? 그동안의 삶과 경험의 기저에 깔려 있는 정서를 내담자는 어떤 방식으로 표현하고 있는가?

정서에 대한 신념

정서도식치료자는 특히나 내담자의 정서에 대한 신념에 주의를 기울인다. 이것은 "좋은 정서" 혹은 "나쁜 정서"에 대한 신념을 포함한다. 내담자 자신의 정서를 사람들이 알아채는 것에 대한 수치심, 지속에 대한 신념과 통제의 필요, 혼란스러운 정서에 대한 수용, 다른 사람들도 이러한 정서를 가지고 있다는 신념, 정서표현의 필요성에 대한 신념들도 포함한다. 필자는 이 책의 전반을 통해 각각의 범주들에 대해 상세하게 설명하고 있는데, 치료자는 이 내용을 바탕으로 첫 번째 면접부터 정서도식에 대한 정보를 모으기 시작할 수 있을 것이다. LESS Ⅱ는 이런 신념들을 확인할 수 있도록 도와주며, 치료자는 추가적인 조사를 위한 기반으로 LESS Ⅱ 결과를 사용할 수 있다.

치료자: [LESS Ⅱ] 설문지의 문항에 다른 사람들이 당신의 감정을 이해하지 못한다고 생각한다고 작성하신 것을 보았어요. 구체적으로 어떤 감정을 다른 사람들이 이해하지 못할 거라고 생각하시나요?

내담자: 음, 저는 사실 우울해요. 근데 저는 이해가 안가요. 저는 좋은 집을 가지고 있고, 남편도 저를 지지해줘요. 근데 대체 뭐가 그렇게 우울한 거죠? 저는 행복해야만 하는 사람이잖아요.

치료자: 우울감에 대한 이야기를 하면, 남편은 뭐라고 하나요?

내담자: 남편은 제게 기분 나빠할 것이 하나도 없다고 이야기해요. 정말로 어려움을 겪는 사람들이 훨씬 많은데 그 사람들은 우울해 하지 않는다고요. 저보고 감사해야 한다고 하죠.

치료자: 마치 우울할 권리도 없다고 하는 것처럼 들리는군요. 남편이 그런 말을 할 때 기분이 어떠신가요?

내담자: 더 우울해져요. 나는 그런 감정조차 느끼면 안 되는 사람처럼 느끼게 하니까요. 저는 정말 이기적인 사람인가 봐요. 저의 우울 때문에 남편을 실망시키게 될까봐 걱정이 되기도 해요.

치료자: 남편이 그런 말을 했을 때 그것 말고도 느껴지는 감정이 있나요?

내담자: 화가 나는 것 같기도 해요. 그러면 안 된다는 걸 알아요. 남편은 항상 저를 도우려고 하는 사람이거든요.

치료자: 우울과 분노의 감정을 느껴서는 안 되는, 말도 안 되는 감정들이라고 생각하시는 것처럼 들리네요. 또한, 그 감정을 느낄 권리조차 없다는 것처럼 들려요. 그리고 당신 자신을 포함해서 그 어떤 누구도 이 상황을 이해해 주지 않는군요. 게다가 죄책감도 느끼고 계시고요.

내담자: 네, 악순환의 반복이죠.

또 다른 내담자는 아내가 자신에게 "분노문제"가 있다고 생각한다는 이유로 찾아왔다. 그는 자신이 가끔씩 화가 나서 이성을 잃는다는 것은 인정하고 있었지만 근래에 와서 점점 괜찮아지고 있다고 했다. 그는 아내가 자신의 말에 귀를 기울이지 않으며, 그가 요구하는 것을 잊어버리곤 한다고 했다. 그는 아내가 문제를 해결하는 데 있어서 더 현실적이어야 할 필요가 있다고 했다. "저는 사람들이 '난 못해요'라고 말하는 것을 견딜 수가 없어요. 제 사전에 그런 말은 없어요. 그런 말은 핑계일 뿐이에요." 그는 자신의 분노는 이치에 맞는 것이라고 생각하고 있었다. 그를 화나게 하는 것은 아내이며, 가족을 부양하기 위해서 열심히 일하지만 가족들은 그것을 고마워하지 않는다고 했다. 그는 이렇게 말했다. "만일 제 아내가 제 이야기만 잘 들었어도 우리는 그 어떤 문제도 없을 겁니다." 이런 경우, 내담자는 아내의 정서와 욕구들에 대한 역기능적인 신념을 가지고 있다. 아내가 자신의 말대로 모든 것을 바꿔야 하고, 모든 것을 자신이 말한 대로 해야 하며, 자신에게 반대의사를 표하면 안 되고, 자신이 하는 모든 좋은 일들에 관해서 고마워해야 한다고 믿고 있다. 그러나 그는 아내가 자신의 말을 "듣지" 않을 때 왜 그렇게까지 격분하는지 이해할 수 없다고 했다. 이로 인해 그는 성장할 때 자신의 정서에 대해 부모님이 어떻게 반응했는지에 대해 돌아보게 되었다. 그의 어머니는 늘 화가 나 있는 통제적인 아버지에게 겁을 먹고 있었고, 그녀는 가능한 "평화롭게" 해결하고, 최소한 아버지를 자극하지 않으려고 늘 노력했다. 또한 그는 그의 아버지가 얼마나 "지지적"이었는지에 대해 서로 이야기했다.

치료자: 그럼 어렸을 때 아버지께서는 당신의 감정들에 대해 어떻게 반응을 하셨었죠?

내담자: 몇 해 전에 있었던 일을 예로 들어 볼게요. 저는 아버지에게 전화를 걸었었고, 아버지는 "어떻게 지내니?"라고 물으셨죠. 저는 "좋아요."라고 했죠. 그러자 아버지께서는 "그래, '좋다'는 거, 바로 그게 내가 듣고 싶은 말이야. 그게 바로 내가 듣고 싶은 말이라고." 아시겠지만, 딱 그걸로 끝이죠. 아버지는 그 외의 것들에 대해서는 들으려고 하시지 않으세요. 뭐 그런 건 좋아요. 제가 어렸을 때는요. 친구들이 저를 왕따시키며 못살게 군 적이 있었죠. 그때도 아버지는 "다 괜찮아질거야, 걱정하지마. 그냥 잘 지내봐."라고 하셨어요. 그렇게만 말씀하시고 저를 위해 조금의 시간도 내준 적이 없어요.

치료자: 아버지께서는 당신의 감정을 무시해오셨던 것으로 들리네요. 항상 괜찮다고 말해야 할 것만 같은 의무감도 드셨겠어요.

내담자: 아, 근데 아버지는 좋은 분이셨어요. (망설이며) 아버지에 대해 부정적인 이야기는 하고 싶지 않아요.

치료자: 혹시 이런 이야기를 하는 것이 아버지와의 의리를 저버리는 거라고 생각하시나요?

내담자: 네, 아마도요. 그래도 아버지가 노력은 하신 것 같아요.

이런 경우 내담자는 아버지가 자신의 정서를 묵살하고 무시했었던 이전의 경험으로 인해 아내로부터 무시당하는 것에 대해 상당히 민감해져 있다. 내담자는 자신의 어머니가 아버지에게 순순히 따랐던 것처럼 아내도 그렇게 해야만 한다고 믿고 있었다. 계속된 탐색을 통해 내담자는 자신이 왜 우울한지도, 왜 일을 쉬어야 했는지도 모른 채 주요 우울장애를 겪었던 반복적 경험들에 대해 이야기하였다. 그는 자신을 포함하여 그 어떤 누구도 자신을 이해할 수 없을 것이라고 생각했다. "저는 제가 왜 그렇게 우울했었는지 이해할 수가 없었어요." 역기능적 정서도식 중 특히 무효화와 자기 무효화에 관련되어 있는 사람들은 통찰력이 부족해 보인다. 특별히 이런 경우에 내담자는 계속해서 그의 아버지는 "좋은 사람"이라고 방어하는데 급급하였고, 자신이 왜 그런 식으로 느끼는지 이해가 안 된다고 했다. 실제로 내담자는 아버지에게 망신을 주고 불명예의 훈장을 달아드리는 것만 같이 느꼈었다. 모순적이게도, 그는 그의 아내의 정서들도 비슷한 방식으로 바라보았다. 당치 않은 불평들이며, 감사하지 못하는 것이라고 말이다.

이 내담자는 정서표현과 타당성에 관한 특별한 신념을 가지고 있었다. 그는 자신의 화를 직접적이고 강압적으로 표현해야 할 필요가 있으며, 그렇게 적대적인 방식으로 할 자격이 있다고 믿었다. 또한 자신의 아내가 즉각적으로 자신에게 순응해줌으로써 그의 정서와 욕구를 타당하다고 해줘야 한다고 믿고 있었고, 만일 아내가 잊어버린다면 그것은 자신을 존중하지 않는 표시라고 믿었다. 무시하는 환경에서 자라왔던 어린 시절의 경험과 더불어 아버지에게 여전히 무시당하고 있는 현재의 상황은 내담자로 하여금 누구도 자신의 정서에 관심을 갖지 않을 거라는 신념은 물론이고, 아버지에 대한 자신의 정서는 담아두되 아내와 딸에게는 그것을 극단적으로 쏟아내도 된다는 신념의 형성에 영향을 끼쳤다.

치료에 오기 몇 해 전에 남편을 잃은 한 여성이 자신은 사무실을 떠나 집으로 걸어 돌아오는 길에 늘 가방에서 위스키 병을 꺼내 마시면서 취한 상태로 집에 도착한다고 했다. LESS Ⅱ에서 그녀는 자신의 정서들은 이해될 수 없으며, 자신은 그런 정서들을 느껴서는 안 된다고 생각하는 것으로 나타났다. 또한 그 누구도 자신의 정서를 이해할 수 없을 것이며, 만일 자신이 정서의 표현을 허용한다면 통제가 불가능하게 될 것이며, 그렇게 된다면 그녀는 죄책감과 수치심을 느끼게 될 것이라고 했다.

치료자: 마실 술 없이, 아니면 술에 취하지 않은 채 아파트 집에 도착한다면 어떤 일이 일어날 것 같으세요? 당신은 무엇을 느끼고 어떤 생각을 할까요?

내담자: 많이 외롭고 슬플 거예요. 집에는 저를 위해 주는 사람은 아무도 없죠. 이젠 집에 오는 사람이 아무도 없죠. 아마 공허하겠죠. 모르겠어요. 많이 힘들 거예요. (운다.)

치료자: 당신은 슬픔, 외로움, 공허감을 느끼겠군요. 자신의 감정이 이해가 되질 않는다고 질문지에 작성하셨는데요, 이 감정들 중 어떤 감정이 이해가 안 되시나요?

내담자: 그 모든 감정들 전부요. 그러니까, 저는 좋은 직업을 가지고 있어요. 근데 왜 이렇게 슬픈 걸까요? 대체 뭐가 문제인 건지 모르겠어요.

치료자: 돌아가신 남편을 그리워하기 때문에 슬프고 외롭다고 느낄 수 있지 않을까요?

내담자: 맞아요. 그렇죠. 근데 왜 그건 극복이 안 되는 것일까요?

치료자: 당신은 여전히 남편 분을 그리워하고 계시죠. 근데 그런 감정들을 느끼는 자신을 이해할 수가 없구요. 집에 도착하면 그런 감정들을 견딜 수 없다고 생각하기 때문에, 집에 도착하기 전에 그것들을 제거해버리려고 하시고요.

내담자: 네 맞아요. 너무도 고통스러워요.

치료자: 당신이 느끼는 것을 그 누구도 이해할 수 없을 거라고 말씀하셨는데요. 혹시 이런 것을 다른 사람들과 이야기하시나요?

내담자: 지금까지는 선생님께만 말했어요.

정서의 사회화

자신의 정서에 대한 신념과 다른 사람들의 정서에 대한 신념들은 주로 어린 시절 정서 표현에 대한 부모님의 반응을 통해 형성된다. 치료자는 이렇게 물어볼 수 있다. "어린 시절에 화가 나면 누구에게 다가 갔으며, 그 사람은 어떻게 반응해줬었나요?" 가트만의 가족 내 정서사회화 모델을 참고하였을 때, 치료자는 부모가 (혹은 다른 사람이) 무시하고 일관적이지 못하고 스스로의 정서에 압도되거나 경멸하는 등의 태도를 보였는지, 아니면 문제해결에 있어서 더 물어보고 타당화해 주며 더 명확히 느낄 수 있도록 도와주는 소위 "정서코칭" 같은 방식을 사용했었는지를 확인한다(Gottman et al., 1996, 1997; Katz, Gottman, & Hooven, 1996). 정서를 무시하는 부모와의 경험(예: "별 것도 아닌 일인데 뭐. 괜찮아질거야."라는 말을 듣는 경우)을 한 사람들은 부모의 반응에 대해 자신의 정서를 축소시켰다거나 무시했었다고 묘사하기보다는 "우리 어머니(혹은 아버지)는 저를 지지해 줬었어요."라고 말할 것이다. 그러나 치료자가 추가적인 질문을 통해 부모의 반응들에 대해 더 정확하게 밝혀보기 위해 내담자에게 이렇게 물어볼 수 있다. "만일 지금 정말 힘든 일을 겪고 있는데 그런 말을 듣는다면 그것이 지지해주는 것으로 들리겠어요? 아니면 퉁명스럽고 무시하는 것같이 들리겠어요?" 그러면서 다른 영역들도 분석해 볼 수 있을 것이다. 부모는 정서를 다루기 위한 시간을 충분히 가졌는가? 집에서 정서적인 것에 대해 이야기하는가? 어떤 특정 감정이나 정서에 대해 문제가 많고 미성숙하며 나쁜 것이라고 규정하였나? 부모들이 정서조절을 잘 못한다거나 정서에 압도당하였는가? 부모가 자신의 정서를 다루기 위한 시간을 갖지 못할 정도로 가족을 심란하게 하는 다른 자녀가 있었는가? 다음에 나오는 역기능적 정서사회화의 예시들을 보며 생각해 보자.

> 한 여성이 자신이 울면 자신의 어머니가 자신을 어떤 식으로 비웃는지에 대해 설명했다. 그러면서 자신에게 "넌 딱 응석받이야."라고 말하였다고 했다. 그녀는 어머니에게 인정을 받기 위해 "예쁜", 그리고 "옷을 단정하게 입는" 딸이 되려고 했지만, 그 어떤 것도 어머니에게 충분한 것처럼 보이지 않았다. 성인이 된 지금, 자신의 감정을 이해할 수 없다고 믿으며, 누군가에게 자신이 주목받고 부정적인 사건들에 대해 엄청난 비극이나 위기를 당한 것처럼 반응하거

나 과장된 울음으로 대처해야 한다고 믿게 되었다.

감정표현불능증(alexithymic)의 한 남성은 자신의 학력이 높고 성취지향적인 가족들은 모이면 늘 정치와 사업운영에 대한 소위 "합리적"이고 "유익한" 토론을 갖는다고 말한다. 정서는 생산적이고 성숙한 삶에 방해가 되는 것이라고 간주되었다. 성인이 된 지금, 그는 결정을 하는 것에 상당한 어려움을 느낄 뿐만 아니라, 자신의 정서를 알아차리고 과거에는 어떻게 느꼈었는지 기억하는 것에 상당한 어려움을 겪고 있다. 그는 자신의 "약점"이 다른 사람들에게 이용당하지 않도록 자신의 정서를 친구들이나 가족들, 현재 여자친구에게 보여주는 것은 현명하지 못한 것이라고 믿었다.

근육질에 민소매 셔츠를 입은 "남성적인" 한 젊은 청년은 첫 회기에 자신의 남성 치료자에게 적대적이고 도전적인 태도를 취한다. 내담자는 중상위층 출신임에도 불구하고 마치 거친 폭력배가 말하듯 이야기한다. 성장과정에서 경험한 성취와 지위를 위해 경쟁해야 했던 집안 환경은 그를 불안하고 슬프게 했지만, 이러한 "여성적인" 정서는 결코 인정받지 못했다. 내담자가 계속해서 적대적이고 화를 돋우는 방식으로 자신을 위장하는 동안 그의 아버지는 그를 비난하는 것과 그를 도우려는 헛된 시도를 계속 반복하였다.

한 여성은 어렸을 때 너무나도 어머니로부터 지지받고 싶었지만 어머니를 믿을 수 없었던 자신의 경험에 대해 이야기한다. 그녀는 어머니의 관심을 얻기 위해 토라지거나 울었고 나아가 소리를 지르기도 하였지만 어머니의 반응은 무관심과 경멸, 때론 가식적인 친밀감의 표현일 뿐이었다. 그녀는 어머니가 양팔을 벌리며 용서해 달라고 해서 어머니의 품에 안기러 갔는데 그 즉시 뺨을 철썩 맞았던 때를 회상했다. 성인이 된 지금 그녀는 신경성 식욕항진증, 즉 폭식증을 앓고 있으며 자신의 감정에 대해 두려워하고 있으며 세상에 믿을 수 있는 사람은 없다고 생각한다.

물론 정서의 사회화는 정서뿐만 아니라 행동도 포함한다. 만지는 것, 안는 것, 애정표시하는 것, 다독여 주는 것 등이 이에 해당한다. 부모님이나 다른 가족 구성원들이 자녀들을 만지고 귀여워하거나 또는 아이들과 함께 신체적인 놀이를 하는가? 아이들은 이에 어떻게 반응하는가? 성인 내담자는 신체접촉에 어떻게 반응하는가? 내담자가 사람들과 (신체적으로) 접촉하는 것에 대해 편안함을 느끼는가? 사회불안을 가지고 있는 한 젊은 청년은 데이트하는 여성과 신체적으로 접촉하는 것이 너무 어색하다고 했다. "여자친구를 다독여 준다거나 키스하려고 하는 건 지나치게 강요하는 건 아닐까요? 여자친구가 불쾌하게 생각하지 않을까요?" 그는 치료현장에서 지나치게 격식을 차렸고, 이타적인 태도로 보기 드문 공손함과 경의를 표했다. 치료자는 친구가 만일 자신을 만진다면 어떻게 느끼는지 물었다. 그는 "사람들은 저를 건드릴 수 없는 사람으로 봅니다. 제가 대학교에 다닐 때, 여자친구랑 헤어졌던 적이 있었죠. 제가 충분히 다정하고 따뜻하게 대하지 못했던 것 같아요. 그것을 방 친구에게 이야기했고, 저는 누군가가 안아줬으면 좋겠다고 이야기했어요. 그때 친구는 제게 "넌 건드릴 수도 없는 사람인 줄 알았어."라고 말하더군요."

또 다른 젊은 청년은 자신의 아버지는 차갑고 냉담하며 늘 자신을 무시하고 비판적인 사람이라고 설명했다. 상당히 지적인 사람인 그의 아버지는 내담자를 향해 어렸을 때부터 지금까지 힘을 행사해 왔다고 했다. 어머니는 아버지에게 공손했고, 아버지는 그의 자기애적 성향을 가지고 가족들을 통제하려 했다. 내담자는 자신이 어렸을 때, 가장 애정을 느끼게 해줬던 사람은 자신과 놀아주고 자신을 다독여주며 어루만져줬던 유모였다고 했다. 성인이 된 지금, 자신은 지적이고 성공한 여성과의 친밀함과 사랑을 누릴 자격이 없다고 느끼고 있으며, 그가 생각하기에 자신을 거절할 수 없을 것 같은 성매매여성들을 찾아 다녔다고 했다. 그는 자신의 몸이 혐오스럽다고 느꼈으며 결국 이는 신체이형장애로 진전되었다. 어린 시절에 그의 부모님은 정서적인 편안함을 제공하는 공급처가 되어주지 못했고, 그는 성질내고 짜증부리는 것만이 관심을 받을 수 있는 유일한 방법이라고 믿게 되었다.

역기능적 정서조절전략

첫 면접에서부터 치료 전체에 걸쳐 내담자가 어린 시절부터 정서에 어떻게 반응했는지, 정서를 조절하기 위해 어떤 전략을 썼는지 평가해야 한다. 어떤 정서가 견디기 힘들었는가? 그런 정서가 느껴지면 어떤 생각이 들었는가? 내담자가 아이였을 때, 또는 청소년기 때 그런 정서에 어떻게 대처했는가? 치료자는 정서를 불러일으키는 상황의 회피(예를 들면, "특정 정서를 느끼게 하기 때문에 피하려 하는 행동들이 있습니까?"), 성적 일탈, 불평 강도의 증가, 소리 지르기, 성질 부리기, 물질 남용,

금식, 폭식, 위안추구 등과 같은 구체적인 전략들에 대해 직접 물어야 한다.

치료자: 어렸을 때, 화가 나면 어떤 식으로 그런 감정에 대처하셨나요?

내담자: 부모님께 가는 건 시간낭비였어요. 아버지는 늘 대마초나 술에 취해 있었고, 어머니는 종종 술을 마시고는 집에 계시지 않았어요. 뭐 아시다시피 우리는 감정에 대해 이야기하지 않았어요. 그런 감정을 느낄 땐 저 혼자뿐이었죠.

치료자: 그래서 감정을 누그러뜨리기 위해 무엇을 하셨죠?

내담자: 대마초를 엄청 많이 피웠죠. 그냥 얼빠진 채 있었지요. 감정은 누그러지고, 잊어버릴 수 있었어요.

치료자: 또 다른 방법이 있었나요?

내담자: 남자들이 제게 다가오는 걸 보면서 제가 매력적이라는 것을 알게 되었죠. 그들은 저와 성관계를 하고 싶어했고, 딱 맞아떨어졌죠. 저도 원했거든요. 그걸 보니, 제가 매력적이라고 느끼게 되더라고요. 제 외모는 변했어요. 그들이 원하는 건 나였고, 그래서 저를 그들에게 준 거지요.

치료자: 지금은 어떠신가요? 지금은 감정들을 어떻게 다루시나요?

내담자: 저는 그냥 대마초를 피면서 즐거운 시간을 보내요. 매일 밤 취해 있죠. 한때는 코카인도 했었죠. 이제는 하지 않지만요. 만일 남자가 저를 원하면, 저는 생각하죠, 안 될 거 뭐 있어? 그 정도는 할 수 있잖아요.

치료자: 당신이 느끼는 것에 대해 누군가와 이야기해 본 적 있나요?

내담자: 아니요. 그건 제가 아니에요. 저는 약하지 않아요. 그런 건 당신 같은 심리학자들이나 제게 원하는 거죠. 그게 대체 무슨 소용이 있는 거죠? 어차피 아무도 신경 안 써요. 그 어떤 누구도 제가 진짜 어떤 사람인지 몰라요.

치료자: 제가 만일 당신을 알아가게 된다면 어떻게 될 것 같으세요?

내담자: 아마 저를 싫어할 걸요.

또 다른 젊은 여성은 자신의 청소년기에 대해 이야기하면서 그 시기는 어머니가 자신이 무엇을 느끼는지에 대해 관심을 가져주지 않았던 시기라고 말했다. 자신은 우울했으며 불안했고 사랑을 못 받고 있다고 느꼈었다. 자신의 외모에 대해서도

창피하다고 생각했고, 어머니로부터의 지지를 추구했다. 그러나 소아과 의사였던 어머니는 그녀에게 “너는 지금 너한테 문제가 있다고 생각하니? 나는 질병에 시달리고 죽어가는 아이들을 상대하고 있어. 넌 너밖에 모르지.” 내담자는 말을 이어갔다. “제가 13살 때 신경성 식욕 부진증(거식증)에 빠지게 되었어요. 굶었고, 먹기를 거부했으며 점점 말라갔어요. 저는 어머니의 관심을 받을 수 있을 줄 알았어요. 근데 효과가 없더라고요.” 내담자는 별거 중인 남편이 한번도 자신과 정서적으로 소통하길 전혀 원하지 않았으며, 자신의 애인이었던 사람만(유부남)이 그녀가 무언가를 이야기할 수 있는 유일한 사람이었다며 문제를 호소했다. 치료 초기 몇 회기 동안, 그녀는 자신의 정서를 묵살했던 비판적인 어머니가 자신에게 말했던 것처럼, 자신이 너무 요구하는 것이 많은지 혹은 너무 감정적인 것인지에 대해 대놓고 물어보았다.

한 남자는 자신이 청소년이었을 때 다른 친구들에 의해 자주 따돌림을 당했다고 했다. 아이들은 욕하거나 상대적으로 키가 작았던 그를 놀렸다. 그때 그는 그 어떤 정서도 내비치지 않으리라고 다짐했고, 이것은 “내 문제”가 아니라 “그들의 문제”라고 생각하면서 지극히 “논리적인” 방식으로만 친구들을 대했었다. 청소년인 것에 비해 비범할 정도로 이성적이고 절제력이 대단했다. 과학과 수학의 엄격함과 정확성에 매료되어, 자신이 얼마나 과학자가 되고 싶어했었는지 이야기했다. 그의 어머니는 정서 표현을 제대로 하지 못하며, 아마추어 과학자였던 아버지는 자신의 발명품에 온 정신이 팔려 있었다고 했다. 그가 치료하러 온 이유는 아내가 자신이 둔감하고, 거들먹거리며, 정서적으로 소통이 불가능하다고 말하기 때문이라고 했다.

치료자: 아내가 당신에게 둔감하다고 하는 말이 어떤 의미인 것 같으세요?

내담자: 아마도 제가 하는 말이 아내 마음을 상하게 하는 것 같아요. 근데 전 정말 그땐 의식을 못하고 있었거든요. [그 후 내담자는 자신이 아내에게 거들먹거리고 잘난 체하는 말의 예시를 설명했다.]

치료자: 그럼 당신이 아내에게 그런 말을 했을 때, 아내의 느낌이 어떨 것 같으세요?

내담자: 아마 화가 나겠죠. 아내가 화났었다고 이야기했었어요.

치료자: 그럼 그런 말을 한 의도는 무엇이었나요?

내담자: 저는 그냥 아내에게 올바른 정보를 주고 싶었을 뿐이에요. 근데 아시다시피 제가 말하는 방식이 좀 그렇잖아요, 사람들이 하는 말을 고치고 무엇이 사실인지를 이야기하는 거요.

치료자: 제가 듣기로는 주로 사실이 감정보다 더 중요하다고 생각하시는 것 같네요.

내담자: 저는 아내의 기분에 신경을 써요. 제가 그걸 생각할 때는 말이죠. 죄책감이 좀 드네요. 근데 제가 그런 말들을 할 때는 아내의 기분을 신경 쓰지 않는 것 같아요.

특히 이 내담자는 청소년기에 따돌림을 당하면서 지성화를 통해 자신의 불편하고 힘든 정서를 "이겨낼" 수 있다고 생각하며 정서에 대처해 왔다. 결과적으로 그는 자신의 정서를 덜 자각하게 되었고, 다른 사람들의 정서와 의도에 대해 더 무심해지게 되었다. 과학자로서 자신의 분야에서 성공적인 삶을 살았지만, 자신의 정서와 다른 사람들의 정서를 읽는 것에 어려움을 느꼈다. 자신은 악한 의도가 아니었지만 아내에게는 의도치 않게 무신경하였고, 청소년기 시절과 같이 위협을 받는 환경으로부터의 "통제"를 하기 위한 방편으로 사실과 논리를 사용해 왔다. 그는 상당히 지적이었으며 이로 인해 전문가로서의 삶에서 상당한 강화를 받았으나, 아내와의 관계의 질은 점점 더 악화되었다.

어떤 내담자는 스스로의 힘으로 정서를 가라앉히고 누그러뜨리기보다 자신의 정서를 조절하기 위해 다른 누군가를 찾는다. 예를 들면, 경계선 성격장애가 있는 한 내담자는 정서적으로 불편할 때 밤이든 낮이든 상관없이 어머니에게 전화를 건다고 했다. 전화기에다가 대고 울거나 자신의 삶이 얼마나 끔찍한지 이야기한다고 했다. 어머니가 변증법적 행동치료에서 배운 것을 사용해 보라고 권유하면 그녀는 "치료자가 되려고 하지 말라고!"라며 소리를 지르곤 했다고 한다. 그녀와 그녀의 어머니는 그녀의 정서에 대한 비슷한 신념을 가지고 있다. 내담자는 자신의 힘으로는 정서조절이 불가능하며, 어머니는 딸의 기분을 회복하는 데 책임을 져야 한다는 신념이다. 이러한 안정의 추구를 위한 이중적 의존과 도움에 대한 거절은 오히려 모녀간 갈등을 지속시켰고, 이는 두 사람이 함께 가지고 있는 딸이 자신의 정서를 스스로 조절하지 못한다는 신념이 사실임을 더욱 공고히 했다. 치료자는 사회적으로 지지해 주고 타당화시켜 주는 것의 가치는 인정하면서도, 정서를 조절하는 데 다른 사람이 필요하다는 신념에 대해서는 의문을 가질 수 있어야 한다.

치료자: 당신이 감정을 누그러뜨리기 위해 어머니에게 다가갔을 때 어떻게 되던가요?

내담자: 어머니가 저를 사랑한다는 건 알지만, 우리는 결국 싸우게 되더라고요.

치료자: 아마도 당신의 어머니가 해줄 수 없는 것을 당신이 요구하는 것일 수도 있겠다는 생각이 들어요. 당신이 느끼는 방식을 조절해 달라고 하는 일 말이죠.

내담자: 만일 어머니가 나를 아끼신다면 도와주실 수 있죠.

치료자: 그 말은 마치 자기 자신에게는 스스로의 감정을 다룰 수 있는 방법이 없다는 걸 내포하고 있는 것 같군요. 두어 달 동안 변증법적 행동치료집단에 나가고 계신다고 하셨던 것 같은데요. 거기서 어떤 방법을 좀 발견하셨었나요?

내담자: 네, 근데 제가 화가 났을 때에는 그런 것을 사용할 수 있을 거라는 생각이 안 들어요.

치료자: 만일 화가 날 때 그걸 사용하지 않고 어머니께 나를 진정시켜 달라고 도움을 청한다면, 어머니께서는 사실상 하실 수 없으실거구요, 그렇게 되면 그게 더 두렵고 화가 나게 될 것 같은데요.

내담자: 그렇죠.

치료자: 근데 당신이 그런 감정을 가지고 있다면 (그 감정은 당신 것이지요) 그것을 해결할 해결책도 당신이 가지고 있을 거예요. 당신이 가지고 있는 방법들 말이예요.

내담자: 저도 당신의 말이 맞다고 생각해요. 근데 너무 힘든걸요.

치료자: 네, 정말 어렵지요. 그러나 지금까지 여러 가지 힘든 일들을 잘 해내오셨잖아요. 만일 그런 해결책들을 직접 사용하시다 보면 효과가 있다는 걸 알게 될 거예요. 그럼 우리가 이번 주에 당신이 경험할 만한 기분 나쁜 일들을 예상해 보고, 그때 사용할 수 있는 방법들에 대해 함께 계획해 보는 건 어때요?

정서도식의 구체적 범주들

정서도식치료자는 앞서 3장에서 소개된 LESS Ⅱ를 통해 사정한 지속기간, 통제, 수용 및 여러 정서도식 범주들과 관련된 내담자의 구체적인 신념들에 주의를 기울인다. 이어지는 각 장에서 치료자가 어떻게 다양한 기술들을 사용하여 이러한 신념들을 다룰 것인지에 대한 세부사항들을 논의할 것이나 초기면접에서 치료자는 이런 (정서도식)범주에 대해 직접적으로 질문할 수 있다.

• 타당화(Validation). "다른 사람들이 본인의 감정을 이해하고 신경 쓴다고 생각하시나요?" 예를 들면 경계선 성격장애가 있는 젊은 여성은 자신의 부모가 자신을 이해하지 못하며 자신의 방식대로 하도록 내버려두지 않는다고 했다. 그녀는 부모가 자신에게 충고를 하거나 그들의 관점을 적용하려 할 때, 그녀의 정서는 고려하지 않은 채 그저 그들의 방식대로 하기만을 원한다고 믿었다.

• 지속기간(Duration). "화가 나셨을 때 그 화가 얼마나 오랫동안 지속될 거라고 느끼세요? 순식간에 사라지는 것 같은 느낌인가요, 아니면 오랫동안 유지될 것 같은 느낌인가요?" 예를 들어, 한 여성은 자신의 슬픔이 영원히 지속될 것이며 자신이 항상 우울할 것이라는 두려움을 가지고 있었다. 지속기간에 대한 정서도식을 가진 많은 내담자들과 비슷하게, 그 여성은 정서를 일시적인 느낌이라고 보기보다는 지속되는 어떤 특성이라고 보았다.

• 통제(Control). "감정을 주체하지 못 할까봐 두려우신가요? 만일 본인이 감정을 주체하지 못할 경우, 구체적으로 어떤 일이 발생할 것 같으세요? 발생할 수 있는 가장 최악의 상황에 대해 말씀해주시겠어요? 혹시 감정을 통제하지 못했을 때 어떻게 될 것 같은지에 대해 시각적으로 나타낼 수 있는 이미지가 있나요?" 예를 들어, 한 내담자는 자신이 비행기를 타고 이동한다면 자신의 불안은 점점 고조되고 통제 불능의 상태가 될 것이고, 자신은 일어나서 소리지르고 문 쪽으로 달려가서 문을 거세게 두드리게 될 것을 두려워한다고 했다.

• 죄책감/수치심(Guilt/Shame). "죄책감을 느끼게 하는 정서가 있나요? 느끼면 안 된다고 생각하는 이유가 무엇인가요?" 예를 들면, 한 유부남은 다른 여자를 보고 성적으로 매력적이라고 느끼는 자신을 발견했을 때 죄책감을 느끼고 자신의 그런 여성에 대한 그런 환상이 통제불가의 상태가 되어 결국 결혼 생활을 망쳐버릴

수도 있을 것 같다는 두려움을 느꼈다. "혹시 당신이 당황스럽다고 느끼는 감정이 있나요? 다른 사람들이 속마음을 알아차릴까봐 두려우신가요? 당신의 이런 상태를 다른 사람들이 알게 된다는 것이 당신에게 어떤 의미로 다가오나요?" 예를 들어, 한 종교적인 남성이 히브리어 수업 중에 젊은 남자에게 성적으로 흥분을 느낀다고 말했다. 만일 다른 사람들이 자신이 느끼는 것에 대해 알게 된다면 굉장히 수치심을 느낄 것이라고 했다. 그가 만일 이에 대해 치료자에게 털어놓는다면 그가 살고 있는 동네의 사람들이 자신이 상담을 받았다는 것을 알아차릴 위험이 생기고, 결국 그로 인해 배척당하고 소외될 것에 대해 두려워했다.

• 정서에 대한 단편적 시각(Simplistic view of emotion). "만일 자기 자신을 포함해서 누군가에게 복합적인 감정을 느낀다면, 마음이 어려우신가요? 그런 복잡하게 섞여 있는 감정을 어떻게 다루시나요[예: 위안추구, 정보수집, 우유부단, 반추, 미루기, 비판하기]? 복잡한 감정을 느끼는 것에 대해 왜 불편하게 느낍니까?" 예를 들어, 한 남자는 자신의 여자친구에 대해 복잡한 정서를 느끼고 있는데 자신이 그녀를 사랑하며 관계에 기꺼이 헌신할 의향이 있다고 이야기하기를 꺼려했다. 그는 친구들로부터 그런 자신에 대한 지지를 구하고, 대상과 상관없이 결혼은 좋은 선택이 아니라고 스스로를 납득시키며, 자신의 우유부단함에 계속 머무르며 생각한다. 그는 자신의 정서는 반드시 순전하고 하나여야 한다고 믿었다.

• 표현(Expression). "표현하기 힘든 감정이 있나요? 그것들이 무엇인가요? 그런 감정을 표현한다면 어떤 일이 벌어질까봐 두려워하시나요? 감정을 표현하는 것에 대해 걱정하고 있다면, 그 걱정을 어떻게 다루시나요?" 예를 들면, 임신하기 위해 애쓰는 한 독신여성은 "부적절한 곳"에서 자신의 감정이 "쏟아져 버릴까봐" 두려워했다(교회에서라든지, 결혼예식 중이라든지, 비행기 안에서 감성적인 이야기를 읽을 때라든지의 경우). 그녀는 자신의 정서를 표현하기 시작하면 자신이 울게 될 것이고, 이는 치료 장면에서 창피스러운 일이 될까봐 두려움을 느낀다고 말했다.

• 이해가능성(Comprehensibility). "혹시 이해가 가지 않는 감정이 있나요? 어떤 감정이 그렇나요? 당신의 감정이 납득이 되지 않을 때, 어떤 생각이나 행동을 하나요?" 이 장에서 일찍이 소개되었던 한 과부는 긴 하루 동안의 일을 마치고 텅빈 집에 돌아오면 왜 자신이 그렇게 화가 나는지 납득할 수 없었다고 했다. 그래서 집에 가면 화가 날 것을 예상하며 귀갓길에 술을 마셨던 것이다.

• 가치(Values). "당신의 슬픔, 불안, 분노, 외로움과 같은 감정들이 당신이 중

요하게 여기는 가치와 관계가 있다고 생각하시나요?" 예를 들면, 남자친구와 관계를 정리한 한 여성이 남자친구와 헤어진 후 얼마나 외로운지에 대해 이야기하며 울었다. 그녀는 스스로가 왜 "그렇게 극심하게 느껴야만" 하는지에 대해 묻는 것을 통해 자신이 친밀함과 사랑, 헌신을 가치 있게 여기고, 그래서 자신이 이러한 가치들을 갖고 있음으로 인해 자신이 슬픔과 외로움을 느낀다는 것을 알게 되었다.

• 무감각(Numbness). "정신이 멍하게 느껴질 때가 있나요? 다른 사람들은 괴롭게 여기는 것에 괴로워하지 않는 자신을 발견한 적이 있나요? 당신은 이런 무감각함에 대해 어떻게 생각하고 어떻게 느끼시나요?" 예를 들어, 한 정서표현 불능증인 남성은 다른 사람들이라면 충분히 화를 낼 만한 것들을 보거나 들었을 때, 아무것도 느끼지 못하는 자신을 발견했다고 한다. 그의 여자친구가 울 때 그는 아무런 느낌이 없거나 약간의 불만스러운 느낌이 드는 것을 오가는 식이라고 했다. 또한 고려할 가치도 없다는 듯이, "저는 감정적이지 않아요. 제 생각에 감정이라는 건 정말 시간낭비인 것 같아요. 어쨌든 사람들은 감정을 이용해 당신을 비난하기만 할 거라고요."

• 합의(Consensus). "당신의 감정은 다른 사람들이 느끼는 감정과 다르다고 느끼시나요? 당신의 어떤 감정이 평범함과는 거리가 있다고 보이시나요? 본인이 생각하기에 다른 사람들이 느끼지 않는 감정을 자신이 느낀다는 것이 어떤 의미로 다가오나요?" 예를 들면, 앞서 이야기했던 귀갓길에 술을 마시던 여성은 자신이 느끼는 슬픔, 공허함, 외로움들은 다른 사람들이 느끼는 정서와 다르다고 이야기했다. 그녀는 혼란스러웠고, 어색해 했으며, 이러한 종류의 정서들이 그녀만 겪는 특이한 것처럼 보여 걱정하였다. 그녀는 자신만 "이 특이한 괴로움을 겪고 있다"고 믿음으로써, 다른 사람들과 자신의 정서에 대해 이야기하는 것을 꺼리게 되었다.

• 합리화(Rationality). "당신은 거의 모든 일에서 당신이 합리적이고 논리적이어야 한다고 생각하시나요? 감정이 방해가 된다고 생각하시나요?" 예를 들면, 한 정서표현 불능증인 한 남성은 무엇보다도, 특히 합리성에 초점을 둔다고 이야기했다. 그는 정서를 시간낭비라고 생각하며 합리적이고 효율적인 생각을 방해하는 것이라고 여겼다. 그는 자신이 감정적이 되는 것에 대해 스스로를 비판하고, 만일 자신의 우울함을 가족들에게 이야기한다면 가족들은 그가 정서통제에 실패한 것이라 볼 것이라고 믿었다.

• 수용(Acceptance). "당신이 어떤 감정을 느낄 때 사실을 단순히 수용하는 것

조차도 어렵다고 느끼시나요? 어떤 감정이 받아들이기 더 어려우신가요? 왜 그런가요? 만일 당신이 지금 느끼는 감정을 받아들인다면 어떤 일이 생길 것을 두려워하시나요?" 예를 들면, 공황장애를 겪고 있는 한 남성은 불안의 감지 또는 불안에 대한 자신의 염려를 받아들일 수 없다고 믿었고, 만일 그가 이 불안을 받아들인다면 마음의 경계가 풀리게 될 것이고 통제불능의 상태가 되어버릴 것이라고 믿었다.

• 반추(Rumination). "부정적인 감정이 느껴지면 그 감정에 대해 곰곰이 생각하시나요? 그 생각이나 감정으로부터 헤어나오기 어려우신가요?" 예를 들면, 그는 공허함과 목적을 상실한 듯하다고 느끼며, 그는 자신이 누가 봐도 성공했음에도 불구하고 왜 이렇게 불행한지 이해할 수 없었다. 그는 이러한 정서들을 곱씹으면서 자신에게는 그 어떤 누구도 도와줄 수 없는 고질적인 문제가 있다고 생각했다.

• 비난(Blame). "당신이 느끼는 것에 대해 다른 사람들을 비난하고, 만일 다른 사람들이 변한다면 당신의 기분이 훨씬 더 나아질 거라고 생각하십니까?" 예를 들면, 앞서 소개되었던, 분노 문제로 인해 아내가 치료자를 만나보라고 권해서 왔던 한 남자는 자신이 분노를 느끼는 이유는 아내가 자신의 말을 듣지 않으며 그가 원하는 것을 해주지 않기 때문이라고 말했다.

이 14가지의 범주들과 더불어, 치료자는 내담자가 어떤 정서가 느껴질 때 함께 올라오는, 시간적으로 긴급하다는 느낌에 대해 더 알아볼 수 있다: "당신이 어떤 감정을 느끼게 되면 그것을 '조절하기 위해' 당장 무언가를 해야만 한다고 생각이 드십니까?" 어떤 사람들은 강렬한 정서는 당장 조치를 취하지 않으면 계속 고조될 것이라고 믿는다. 이 신념은 아마도 정서의 일시적인 감소를 위해 즉각적인 쾌감을 주는 충동적인 행동을 하도록 만들 것이다. 예를 들면, 배우자와의 갈등으로 인해 슬픔과 공허함을 느끼는 한 여성은 이러한 정서들을 즉각적으로 제거해야 할 필요가 있다고 믿었기에 폭식을 하게 되었다. 이는 즉각적으로 만족스러운 느낌을 주었으나, 이후에는 자기 비판적인 생각과 자신은 통제불능이라는 신념을 갖는 결과를 가져왔다. 정서와 관련되어 평가해 볼 수 있는 또 다른 신념은 정서의 변화 가능성에 대한 신념이다. 예를 들면 "감정을 좀 다르게, 더 바람직한 감정을 느낄 수 있도록 하는 요인이 있다면 어떤 것이 있을까요?" 제3장에서 언급되었듯이, 현재 정서를 기반으로 미래의 정서를 예측하여 단정지어버리는 것은 정서를 변화시킬 수 있는 사건들이나 대처전략들을 간과하게 만든다. 내담자는 정서가 쉽게 사라지며 일시적이라고 믿는가 아니면 그것이 사건이나 다른 행동과는 별개로 고정된 특성으로 인한 정서라고 믿는가? 마지막으로, 평온함, 만족감, 사랑, 감사, 연민의 바람/추구와 같은 정서적인 목표 또한 탐색해 볼 수 있다. 치료자는 내담자에게 정서가 단순히 현재에만 느껴지는 것일 뿐만 아니라 목표가 될 수도 있음을 알려주어야 하며, 내담자와 일상생활을 위한 계획과, 더불어 새롭고 더 바람직한 정서들을 경험하게 할 만한 행동, 사고, 위험의 감수 및 관계 맺는 것을 연습할 수 있도록 도울 수 있다. 그저 단순히 정서를 "나에게 그냥 느껴지는"것으로 생각하기보다는 어떤 정서를 성장시키고 싶은가에 대해 검토해 볼 수 있다. 정서적인 목표와 관련된 개념들은 제9장에서 논의될 것이다.

사례개념화

초기 사정과 면접 후, 치료자는 정서도식치료의 관점으로 사례개념화를 하기 위해 내담자와 작업을 시작한다. 비록 표준진단검사(standard diagnostic workup)의 중요성은 인식하고 있지만, 치료자는 여러 신념들과 역기능적인 정서조절전략들이 어떻게 이러한 표준진단범주들에 영향을 미치는지 평가하고자 할 것이다. 예를 들면, 지속기간과 정서 통제에 관한 신념들이 물질 사용장애에 어떻게 기여하는가? 자신의 정서에 타당성을 획득하지 못하고, 통제하지 못하고, 복잡하게 혼합된 정서를 견디지 못하는 것이 경계선 성격장애에 어떻게 기여하는가? 사례개념화가 어떤 방식으로 이루어지는지 설명하기 위해, 이 장에서 소개되었던 "파티걸"을 보기로 하자. 그녀는 대마초 남용, 알코올 남용, 코카인 남용의 과거력, 현재의 신경성 식욕부진증, 주요 우울장애, 범불안 장애, 불면증, 과거의 자해시도와 자살시도, 경계선 성격장애, 남자들과의 자기파괴적인 관계와 같은 증상을 보였다. 다음에 제시된 일반적인 개요는 이 내담자의 사례를 사례개념화하는 데 사용될 수 있으며, [그림 4.3]은 일반적인 지침으로 사용할 수 있다.

1. 내담자의 관점에 있어 역기능적인 정서들은 무엇인가? 분노, 불안, 외로움, 슬픔 등.

2. 지배적인 정서도식. 정서들은 이해할 수 없으며, 끝없이 지속되며, 일반적으로 사람들이 느끼는 정서들과는 다르며, 억압되거나 즉각 제거되어야 하며, 다른

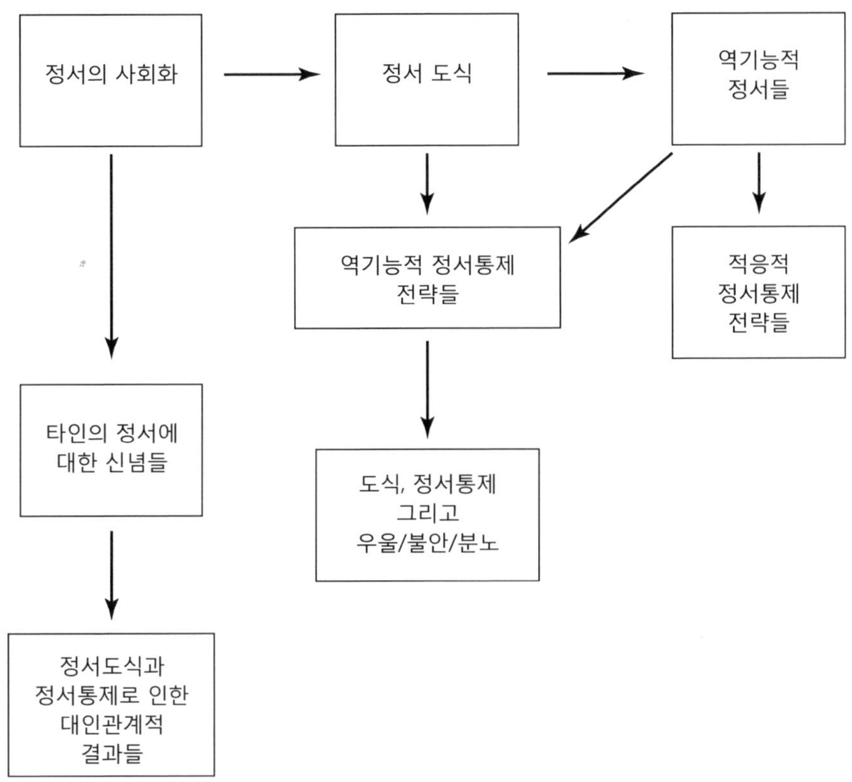

[그림 4.3] 사례개념화 모델

사람들에 비해 유별나고, 나약하다는 표시이며, 수치스럽고, 표현될 수 없고, 타당화될 수도 없다.

3. **정서의 사회화.** 어린 시절 및 현재 경험하는 부모의 무효화, 슬픔과 외로움을 느끼는 것에 대해 멸시받고 무시당함, 자기 정서를 느끼는 것이 "이기적"이기 때문에 가족 내에서 배신자라고 느끼게 됨, 자신의 정서를 "조절하기" 위해 약물과 술을 남용하는 부모의 모습을 학습함, 솔직하기보다는 좋은 모습만을 강조하고, 인격이나 품성보다는 외모만 강조하게 됨.

4. **역기능적 정서조절 전략.** 회피; 쾌활해 보이려는 노력; 다른 사람들의 욕구에 맞추기; 대마초, 술, 코카인 중독; 성적 일탈; 자해; 반추; 걱정; (본인이) 도움이 필요함을 회피.

5. **정서 조절을 위한 적응적 전략.** 문제해결적 접근을 활용할 수 있고 정신건강 전문가와 협조관계를 형성할 수 있다. 치료와 약물치료를 찾아볼 수 있다.

6. **다른 사람들의 정서에 대한 신념.** 다른 사람들의 능력에 대해 이상화(다른 사람들이 "모든 것을 다 가진 것"처럼 보여서 그들은 도움을 필요로 하지 않을 것이며 자신들의 삶에 만족감을 느끼며 살 것이라고 본다.)를 하며, 자신이 부모님의 감정을 누그러뜨리고, 안정감을 느끼게 해드려야 한다는 신념을 가지고 있다. 자신이 거절당하지 않기 위해서는 남자를 기쁘게 해줘야 할 책임이 있다는 신념이 있으며, 다른 사람들이 가지고 있을 법한 취약성에는 관심을 가지지 않고, 그들이 강하고 완벽하기를 기대하거나, 그렇지 않으면 약하고 열등한 존재로 치부해 버린다. 그녀는 자신을 "다른 사람들을 기쁘게 하는 사람"으로 보았고, "남자들을 소유할 수 있다는 것"을 증명해 보이기 위해 낯선 남성에게 성적으로 도발적으로 보이는 것에 특히 관심을 쏟았다. 그녀는 자신의 부모님이나 교제하고 있는 남자친구의 정서에 대한 통찰력이 거의 없었다.

7. **정서도식들, 정서조절과 우울, 불안, 분노 간의 관계.** 그녀는 자신의 정서가 무한정 지속되고 더 심해질 것이라고 생각하기 때문에 불편한 정서와 생각을 잊기 위해 대마초, 술, 코카인을 남용하고 토하는 것을 반복했다. 자신의 정서는 납득할 수 없고, 수치스러우며, 자신이 약하다는 뜻이며, 다른 사람들은 그녀의 정서에 대해 공감하지 않는다고 믿기 때문에, 자신은 비언어적으로 정서를 표현하거나 정서의 타당성을 찾고자 하면서도, 정서표현하기를 꺼린다. 그녀는 (정서가) 타당화되는 것이 한심하기 짝이 없는 약점이 될 뿐이라고 여겼다. 그녀는 자신에게 분노할 권리가 없다고 느꼈고 분노를 표현하면 완전히 거절당하게 될 것 같아 분노를 표현하기 두려워했다. 다른 사람들로부터 고립된 채 정서적 어려움을 경험하면서, 그녀는 자신이 뭐가 문제인지 생각하는 것에 빠져들거나, 마약과 술로 그 어려움을 회피하였다.

8. **정서도식과 정서조절로 인한 대인관계적 결과들.** 그녀는 자신을 근본적으로 결함이 있고 사랑스럽지 않은 존재라고 믿기 때문에, 자신의 정서를 다른 사람들과 공유하지 않는다. 그녀는 자신이 "좋은 남자"를 만나, 그와 애착을 형성하고 그를 신뢰하게 되는 것이 두려워서 "좋은 남자"를 "패배자"로 본다. 그녀의 그런 두려움은 스스로에게 영향을 미치는데, 그녀는 "나쁜 남자"는 관계를 위해 노력하지 않는다는 것을 잘 알고 있으며, 그렇기에 상대로부터 거절당하고 버림받게 될 것이라는 것을 이미 인지하고 있다. "좋은 남자"와 정서적으로 가까워지는 것은 그로부터 거절당하게 되면 더욱 고통스러운 일이기 때문에 더욱 두려운 일인 것이다. 그래서 그녀는 좋은 남자들을 피하고, 자신을 거절하도록 만든다. 자기 자신을 "그 어떤

것도 진지하게 여기지 않는" "파티걸"로 보기 때문에 피상적인 수준의 관계를 유지하려고만 한다. 그녀는 다른 사람들이나 자신의 정서를 "불필요하게 복잡하게 만들게" 될까봐 두렵다고 한다. "자신이 진짜로 어떤 사람인지에 대해 알아가게 될 것"이기 때문에 가까운 관계를 "위험"하게 여긴다.

요 약

초기 면접의 목표는 내담자가 가지고 있는 정서와 정서조절에 관한 이론을 명확하게 하고, 이를 내담자의 정서사회화와 연결시키고, 이러한 신념들이 현재의 대인관계들 속에서 어떻게 유지되고 있는지를 알아보며, 역기능적인 정서조절과 회피전략에 대해 평가하고, 마지막으로 내담자가 가지고 있는 정서와 관련된 신념과 전략들이 우울과 불안, 물질 남용, 관계의 어려움들을 어떻게 유지 혹은 심화시키는지에 대한 이해를 증진시킨다. [그림 4.3]의 도표와 같이 사례의 개념화가 이루어진 도식을 내담자와 공유하는 것은 내담자에게 자신의 정서에 관련된 신념들이 어떻게 발달되었고, 이런 신념들이 어떻게 내담자가 회피에 의존하며, 좌절을 견디고, 도움이 안 되는 전략들을 사용하는 것에 주요한 영향을 미쳐왔는지에 대해 이해할 수 있도록 해준다.

내담자를 위한 치료계획은 이미 사정단계에서 시작되었다(그리고 계속해서 진행될 것이다). 이러한 치료계획은 내담자가 치료 모델에 대해 적응하도록 돕고, 구체적인 역기능적인 정서도식의 범주에 대해 알려 주며, 정서를 유발시키는 요인들에 대해 탐색하고, 내담자가 사용하고 있는 정서조절전략들 중 도움이 되는 전략과 도움이 되지 않는 전략을 주문한다. 또한 내담자가 추구하는 가치와 목표를 명확히 하고, 수동적 태도와 고립이 미치는 영향을 검토하며, 실제 행동으로 경험하고 상황들에 노출되도록 돕고, 내담자가 실행에 옮길 수 있도록 다양한 정서통제 기술들(인지 재구조화, 불편을 견디는 힘을 키우기, 경험적 회피의 극복, 두려움을 마주하기, 그리고 의식적인 분리)을 알려줌으로써 내담자가 정서를 조절하는 데 도움이 되는 다양한 기술들을 습득할 수 있도록 돕는다. 다음 장에서는 자신과 다른 사람의 정서에 대해 갖고 있는 다양한 역기능적 신념과 관련된 다양한 문제들을 다루는 구체적 개입방법을 제시하고, 내담자가 가치를 두는 목표들을 추구함에 있어서 치료자가 어떻게 도울 수 있는지에 대해 설명할 것이다.

[부록 4.1] 인테이크 척도 세부사항

긍정적 및 부정적 정서 척도(Positive and Negative Affect Schedule, PANAS)는 긍정적이고 부정적인 두 정서를 측정한다. 개인은 각각의 영역에서 높거나 낮은 점수를 보일 수 있다. PANAS의 점수는 두 달 이상의 시기 동안 안정적이며 정서와 성격에 관한 다른 척도들과도 연관되어 있다. 치료자는 긍정적이고 부정적인 정서의 비율뿐만 아니라 어떤 긍정적이고 부정적인 정서가 가장 일반적으로 경험되는지에 대해 서로 주의해 보아야 한다. 특히 긍정적인 정서가 부재하고, 높은 수준의 부정적 정서만 있는지에 특별한 관심을 가져야 한다. 치료는 긍정적인 정서의 발생 빈도수를 증가시키는 데에 초점을 두도록 한다. 쾌감 상실증이나 정서표현 불능증이 있는 내담자들은 두 정서 모두 잘 느끼지 않는다고 할 수도 있다. 부정적인 정서에서 높은 점수를 받은 내담자에게서는 그러한 정서들에 대한 신념 및 정서 조절전략이 구체적인 부정적 정서들과 더불어 나타날 수 있다.

정서조절전략 질문지(Emotion Regulation Strategies Questionnaire, ERSQ)는 10개의 다양한 정서에 대한 반응들에 대해 평가한다. 그 중 몇 가지는 역기능적인 것(정서를 억누르기, 정서 숨기기, 걱정하기, 자신을 비판하기)이고, 몇 가지는 도움이 되는 것들(다른 방식으로 생각하기, 수용하기, 문제 해결하기)이다. 주어진 질문들은 정서에 대처하는 데 있어서 내담자의 부정적인 정서도식이 특정한 역기능적인 전략과 어떻게 관련되어 있는지를 평가하는 데 도움이 될 것이다. 제5장에서 볼 수 있듯이, 그 결과들은 내담자에게 이런 관계에 대해 설명하는 데 도움이 될 것이다. 척도는 제5장의 [그림 5.1]에 나와 있다.

메타인지 척도 30(Metacognitions Questionnaire-30: MCQ-30)은 웰스(Wells)의 메타인지 모델을 기반으로 걱정의 기저에 있는 5가지 요소들을 평가한다. 걱정에 대한 긍정적인 신념과 걱정에 대한 부정적인 신념, 인지적 확신, 통제를 향한 욕구, 인지적 자의식과 같은 요소들이 있다. 이러한 요소들은 단순히 내담자들이 자신의 침투적인 생각(걱정)들에 대해 어떻게 생각하고 반응하는지와 관계가 있을 뿐만 아니라 자신의 정서에 대해 어떻게 생각하는지도 보여준다. 예를 들어, 정서에 대한 부정적인 신념과 정서를 통제해야만 한다는 생각은 메타인지척도 30 중 2개의 요소와 유사하다. 게다가, 지속적으로 자신의 정서에 몰입하는 내담자들은 인지적 자의식에 높은 점수를 보일 가능성이 높다. 이러한 내담자들은 "머릿속 바깥으로 빠져 나오는 것"에 어려움을 느낀다고 생각한다. 이 메타인지 요소는 역기능적 정서 척도와 관련되어 있기도 하다. 정서에 대해 부정적인 신념을 가진 사람들은 걱정을 통제해야 한다고 믿으면서도, 걱정의 기능에 대한 긍정적인 신념을 지지하고 있을 가능성이 높다.

수용행동 질문지 II (Acceptance and Action Questionnaire- II : AAQ- II)는 헤이즈(Hayes)와 그의 동료들에 의해 발전된 심리적 유연성 모델, 알아차림, 수용을 기반으로 하고 있다. 부정적 정서도식을 가진 내담자들은 심리적 유연성이 낮을 가능성이 있고, 자신의 생각들과 정서들을 받아들이는 데 어려움을 느끼며, 그것들로부터 객관성을 유지하는 데에도 어려움을 느낀다. 수용전념치료 개념들과 기술들은 수용 정도를 높이고, 가치 있게 여기는 목표에 집중하게 하면서도, 일시적인 정서에 덜 얽매이도록 하는 데 상당히 유용할 것이다.

부부적응 척도(Dyadic Adjustment Scale: DAS)는 관계 만족도를 측정하기 위해 광범위하게 사용되는 척도이며 파트너와의 갈등의 영역을 평가한다. 점수가 높을수록 관계만족도가 높은 것과 관련이 있다. 우리의 연구는 부부적응척도의 점수와 내담자의 정서에 대해 배우자/연인이 어떻게 보는지에 대한 내담자의 인식 사이에 높은 상관성이 있음을 나타낸다.

양육방식 척도(Measure of Parental Styles: MOPS)는 부모가 내담자에게 어떻게 반응했었는지에 대한 기억의 3가지 범주인 무관심, 학대, 과잉통제로 구성된다. 부나 모로부터 무관심, 학대, 과잉통제를 경험한 내담자들은 자신의 정서에 대해 부정적인 신념을 가지고 있고, 사람들을 신뢰하는 데 어려움을 느끼며, 타당성을 경험하는 데 어려움을 느낄 것이라고 예상해 볼 수 있다.

친밀관계 경험 척도(Experiences in Close Relationship - Revised: ECR-R)에 나타나는 반응들은 정서도식치료의 관심 대상이다. 어떤 내담자들은 불안애착으로 인해 친밀한 관계에서 통제력을 상실하기도 하고, 혹은 관계에 빠져들어 통제당하는 것에 대한 두려움, 거절을 경험하는 것에 대한 두려움으로 인해 거리를 두기도 한다. 이 척도는 성인을 대상으로 친밀한 관계에 있어서의 불안 및 회피애착을 모두 측정한다. 각각의 검사 항목은 친밀한 관계에서 불안, 질투, 분노, 슬픔이 어떻게 나타나는지에 대한 정보를 치료자에게 제공한다.

단축형 자기자비 척도(Self-Compassion Scale - Short Form: SCS-SF)는 내담자가 부정적인 정서에 어떻게 반응하는지에 대한 12 항목의 질문으로 구성되어 있다.

척도는 6개의 범주(자신에 대한 친절, 자신에 대한 판단, 공통된 인간성, 고립, 마음챙김, 과잉확인)가 있다. 자기연민은 정신병리 척도와 광범위하게 관련되어 있다(Neff, 2012). 단축형 자기자비척도는 자신을 향해 친절함을 보이는 것, 공통된 인간성을 찾음으로써 정서를 일반화하는 것, 또는 (대안으로) 자신을 비판하거나, 정서를 지나치게 확인하려 드는 것과 같이 내담자가 자신의 정서를 어떻게 조절하고 스스로를 진정시키는지에 대한 정보를 치료자에게 제공한다.

마지막으로 다축임상성격 질문지(Millon Clinical Multiaxial Inventory-Ⅲ: MCMI-Ⅲ)는 광범위하게 사용되며, 10개의 임상적 증후군과 14개의 성격장애적 요소 점수들을 제공하는 보편화된 자기보고형식의 질문지이다. 다축임상성격 질문지는 밀런(Millon)의 모델을 기반으로 하여, 우울, 불안, PTSD, 물질남용, 광범위한 성격장애 범주를 평가한다는 데 있어서 의의가 있다.

제 5 장

정서도식모델로서 사회화

마음을 붙들어야 한다; 왜냐하면 만일 마음을 내버려 둔다면 곧 머리도 통제할 수 없게 될 것이기 때문이다. – Friedrich Nietzsche

초기 사정과 면접을 마치면 치료의 첫 단계로 내담자가 정서도식이 무엇인지 이해할 수 있도록 돕는다. 정서도식이 불안, 우울, 또는 다른 정신적인 장애들을 지속시키는 데 어떻게 영향을 미치는지, 정서에 대한 신념이 어떻게 역기능적인 대처전략을 만들어 내는지, 정서에 대한 이러한 신념들을 어떻게 배우게 되었는지, 이러한 신념들과 전략들을 변화시키는 것이 어떻게 내담자의 기능에 긍정적인 영향을 줄 것인지를 이해할 수 있도록 한다. 정서에 대한 자신의 생각을 이해하는 것은 정서도식치료에 있어서 매우 중요한 요소이다. 내담자들은 정서도식을 "관점(theories)"이나 "개인적 구성들(individual constructions)"로 인식함으로써, 어떤 관점들은 현실과 맞아떨어지지 않는다는 것과 새로운 관점들이 훨씬 적응적일 수도 있다는 것을 이해하게 될 것이다.

내담자에게 정서와 정서도식에 대해 알려주기

정서도식모델을 내담자에게 교육시키는 첫 번째 단계는 정서(감정)가 무엇인지, 그리고 그것들이 생각, 행동, 현실과 어떻게 다른지 구분하도록 돕는 것이다.

치료자: 이제 당신의 생각과 감정과 행동에 대해 많은 이야기를 하게 될 거예요. 이것들은 서로 연결되어 있지만 각각 다른 것들이죠. 예를 들면, 당신

은 할 일이 너무 많다고 생각하고 있어요. 상사가 당신에게 화낼 것이라 생각하고 있다고 가정해 보죠. 이런 것들은 앞으로 무슨 일이 벌어질지에 대한 당신의 생각입니다. 이때, 가슴이 빠르게 뛴다는 것을 알아챌 거예요. 당신은 불안감을 느끼고 있고, 상사에 대해 약간 화가 날 거예요. 또한 상사가 불공평하다고 생각해요. 가슴이 빠르게 뛰고 불안함을 느끼는 이 감각이 곧 당신의 감정이에요. 감정이 상사에 대한 생각을 동반한다는 것도 알 수 있죠. 그리고 당신은 아마도 다르게 행동하겠지요. 동시에 그 감정은 당신이 상사에 대해 갖는 생각과 관련이 있다는 것을 알 수 있죠. 평소보다 일을 더 많이 하거나 직장동료에게 불평을 늘어놓을 수 있죠. 따라서 감정은 감각들, 즉 당신이 어떻게 느끼고 있는지에 대한 지각을 포함한다는 것을 알 수 있습니다. 당신은 어떤 일/상황에 대한 생각을 갖고, 그에 따라 사람들을 다르게 대하게 되겠죠. 여기서 당신의 감정은 불안이고, 이는 당신의 감각들, 당신의 상사가 화났을 것이라는 생각, 당신이 불안할 때 사람들과 관계 맺는 방식 이 모든 것들을 포함하죠. 이해가 되시나요?

내담자: 감정이 생각과 어떻게 다르죠?

치료자: 음, 생각이란 "상사를 대하는 건 항상 어려워" 또는 "난 이것을 절대 해내지 못할 거야"라고 말하는 것과 같은 경우지요. 흥미로운 사실은 이 생각들을 증거를 기반으로 점검해 볼 수 있다는 것이죠. 상사를 대하는 것이 항상 어려운지, 일을 잘 끝낼 수 있을지에 대해서 증거를 모아볼 수 있어요. 생각은 어느 정도 사실이거나 거짓이거나 아니면 둘 사이의 어떤 지점에 있다는 것이죠. 그러나 당신이 불안하고 가슴이 쿵쾅거린다고 하면 그것이 사실인지 확인하지 않죠. 그저 당신이 어떤 감정을 경험할 때 자신이 자기 감정을 안다고 생각하기 때문에, 그것이 맞다고 당연하게 받아들이죠. 그러나 당신이 어떤 것에 대해 불안을 느끼는지 스스로에게 물어볼 수 있겠죠.

내담자: 근데 이런 것들이 어떻게 저에게 도움이 된다는 것이죠?

치료자: 좋은 질문이에요. 우리가 여기서 함께 당신의 생각을 더 탐색하거나 행동을 변화시키는 것에 집중할 수도 있어요. 그것도 아마 도움이 될 거예요. 하지만 우리는 당신이 감정들로 인해 종종 어려움을 겪고 있음을 알고 있고, 그래서 당신이 불안함이나 슬픔을 느낄 때 무엇을 하고 어떤 생각을

하는지를 이해하는 것이 도움이 될 것이라 생각하는 것이지요.

내담자: 제가 어떤 생각을 하는 걸까요?

치료자: 아마 불안에 대한 생각들을 갖고 있을 거라 생각해요. 예를 들어, 스스로 납득이 가지 않는다고 생각하거나, 또는 오랫동안 지속될 것이라고 생각할 수도 있고, 위험하다고 생각할 수도 있죠. 불안에 대한 이런 생각들이 당신을 더 불안하게 할 수 있겠죠.

내담자: 그럼 불안하다는 것에 대해 불안해할 수도 있다는 뜻인가요?

치료자: 네, 충분히 그럴 수 있어요. 앞으로 더 봐야겠지만요.

정서(감정)가 무엇인지에 대한 소개에 이어, 치료자는 내담자에게 정서도식치료의 원리들에 대한 개요를 제공한다. 제4장에서 언급한 사정 단계에서 LESS Ⅱ의 결과는 치료자에게 앞으로 다루어야 할 이슈들을 제시하는데, 이러한 이슈들은 내담자가 가지고 있는 정서도식의 지속성, 통제, 이해 가능성 등과 같은 범주들에 대한 구체적인 신념들을 포함한다.

치료자: 당신의 LESS Ⅱ 검사지를 보니, 감정이 상당히 오랫동안 지속될 것이라고 말씀하셨네요. 어떤 감정이 오랫동안 지속될 것이라고 생각하시나요?

내담자: 슬픔인 것 같아요. 제가 울적할 때에는 그런 감정이 영원히 지속될 거라는 생각이 들거든요. 거기서 헤어나오지 못할 것만 같아요.

치료자: 그래요, 당신은 슬픔이 오랫동안 지속될 것이라는 신념을 가지고 계시군요. 이것이 당신을 더 절망적으로 느끼게 하지는 않나요?

내담자: 네, 그런 것 같아요. 그런 기분에서 빠져 나오지 못할 것 같다는 생각이 들어요.

치료자: 그렇게 절망적이라 느껴지고 슬픔이 지속될 거라는 생각이 들면 그 다음에는 무엇을 하시나요?

내담자: 앉아서 스스로에게 물어요. 그냥 계속 생각하지요. "나는 왜 이렇게 느끼는 걸까? 대체 나한테 무슨 문제가 있는걸까?"하면서요.

치료자: 자, 이 시점에서 정리해보면, 당신은 슬픔을 느끼면 그것이 오래 갈 것이라고 생각하고, 그건 당신을 더욱 절망적이게 하죠. 그러면 계속 그걸

곱씹으면서 그 감정 가운데 머물러 계시는군요. 그렇게 곱씹고 있으며 느끼는 감정은 어떤 것인가요?

내담자: 슬프죠.

이 예화에서, 치료자는 정서의 지속성에 대한 신념을 절망감이라는 또 다른 정서에 연결하였음을 볼 수 있다. 이를 슬픔을 지속시키게 하는 반추와도 연결지을 수 있다. 이러한 자기 충족적, 자기 확증적 정서도식 과정은 정서에 대한 신념을 역기능적 대처와 우울감으로 연결하는 첫 번째 단계이다. 탐색은 정서에 초점을 두고 시작하는데, 내담자가 정서에 대해 어떻게 생각하는지, 어떤 역기능적인 대처전략이 사용되고 있는지를 질문한다. 정서에 대한 신념이 정서에 대처하는 방식과 연결되어 있기 때문이다.

치료자: 당신의 감정에 대해 이야기하신 내용을 좀 더 살펴보도록 하죠. 질문지 응답 중에서, 자신의 감정이 납득되지 않는다고 말씀하셨는데, 다른 말로 하면 이해할 수 없는 것이네요. 어떤 감정을 이해할 수 없다고 생각하시나요?

내담자: 음, 저는 제가 왜 슬픈지 이해할 수가 없어요. 저는 좋은 직업을 가지고 있고, 결혼도 잘 했죠. 또한 건강하고요. 대체 슬플 이유가 뭐가 있는거죠?

치료자: 그렇군요. 그럼 그런 식으로 자신의 슬픔이 이해가 가지 않을 때, 어떻게 하시나요?

내담자: 그러면 저는 제가 괜찮아질 수 있는건지 계속 아내에게 물어요. 아내는 때때로 저를 지지해주기도 하지만, 결국 그게 아내와의 관계를 소원해지게 하는 것 같아요. 그 사실은 저를 화나게 하죠.

치료자: 자신의 감정이 이해가 되지 않아 아내에게 계속해서 안심시켜달라고 하는데, 그럴수록 아내와 소원해지는 것 같아 걱정되는군요?

내담자: 네, 그게 또 저를 슬프게 하죠.

치료자: 우리가 지금까지 살펴본 바에 의하면, 당신은 당신의 감정이 영원히 지속될 것이고, 이해될 수 없다는 신념을 가지고 계시며, 이러한 신념이

당신을 더욱 슬프고 절망적이게 합니다. 그러면 당신은 이에 대해 곰곰이 생각하기도 하고 위안이 될 만한 것을 찾지만 결국은 이것 또한 당신을 혼란스럽고 슬프게 하고요. 이것은 하나의 악순환이 되어 당신의 신념이 역기능적인 대처방식으로 이어지게 하는 것이죠. 이해가 가시나요?

내담자: 네, 그게 바로 제가 지금 하고 있는 것 같네요.

위와 같이 연관성들에 대한 설명을 해주고 나면, 치료자는 정서도식모델을 소개할 준비가 된 것이다. 이 모델은 사례개념화와 치료계획 수립을 위한 기반이 될 것이다.

치료자: 우리는 모두 감정에 대한 나름대로의 신념들을 가지고 있죠. 때론 우리가 슬플 때, 그건 납득이 된다고 생각하죠. 예를 들면, 우리가 좋아하던 사람이 죽으면 슬픕니다. 우리의 슬픔은 납득이 됩니다. 우리는 시간이 지나면서 마음속에서 그 대상을 떠나 보내는 과정을 겪으면서 슬픔이 줄어들 것이라고 믿지요. 우리는 슬픔이 정상적이라고 생각해요. 우리가 슬퍼하는 것에 대해 다른 사람들이 타당하게 여길 것이라고 생각할 것입니다. 이 모든 것들은 그 상황에서 느끼는 슬픔에 대한 신념들이죠. 즉 '이 감정은 납득이 된다', '영원하지 않다', '다른 사람들도 그렇게 느낄 것이다', '우리의 슬픔은 타당하다'. 하지만 당신이 당신의 감정에 대해 다른 신념들을 가지고 있다고도 생각해 봅시다. 예를 들어 당신의 슬픔은 이해할 수 없고, 영원히 지속될 것이며, 다른 사람들은 그렇게 느끼지 않을 것이고, 그 어떤 누구도 당신을 이해할 수 없다고요. 그러면 당신은 슬픈 감정이 고조되고 당신을 압도해버리지 않을까, 통제력을 상실하지 않을까 두려워하겠지요. 당신의 슬픔에 대해 혼란스럽고 두렵게 느낄 겁니다. 이 두 예시는 감정에 대한 신념이 당신에게 어떻게 다르게 영향을 주는지에 대해 보여줍니다.

내담자: 제가 보기에 저는 감정에 대한 부정적인 신념들이 많은 것 같아요. 특히 영원히 지속되거나 통제할 수 없을 것이라는 생각이요.

치료자: 그렇군요. 이런 신념들을 "정서도식"이라고 해요. 즉, 당신은 당신만의 감정에 대한, 예를 들면 슬픔에 대한, 신념을 가지고 있는거죠. 이는 여러

가지 질문을 가져옵니다. 첫째로 당신의 신념이 당신을 더욱 슬프게 만드나요? 예를 들면, 만일 슬픔이 영원히 지속될 것이라고 생각한다면, 이는 당신을 더 슬프고 절망적이게 만들 겁니다. 둘째로 당신의 신념은 계속해서 당신이 반추하고, 자신을 고립시키며, 수동적이게 하고, 위안을 줄 만한 것을 찾아 다니게 합니까? 셋째, 만일 슬픔에 대해 이와는 다른 신념, 즉 감정은 이해할 만하며, 일시적이고, 통제불능의 상태로 이어지지 않을 것이며, 긍정적인 감정을 목표로 삼을 수 있다는 것을 믿는다면, 이 새로운 신념은 당신에게 이전과는 다른 차이점을 제공할 수 있다고 생각하나요?

내담자: 질문해야 할 것들이 상당히 많아 보이는군요.

치료자: 이 도표를 먼저 보시죠. (제3장의 [그림 3.2] 정서도식모델의 도표를 보여준다.) 당신에게 슬픔, 불안, 성적인 느낌과 같은 다양한 감정이 있다는 것을 알게 되셨을 겁니다. 이런 것들에 관심을 갖든, 갖지 않든지 말이죠. 당신의 감정을 정상화해서 (또는 정상으로 여긴다고) 생각해 봅시다. 당신의 감정은 납득이 되고, 다른 사람들도 그렇게 느낄 것이며, 그런 감정들을 수용할 수 있다고 생각할 겁니다. 그것을 당신의 감정에 대해 타당하다고 이야기할 만한 친한 친구들에게 이야기를 하게 되고, 다시 일상으로 돌아갈 수 있게 되죠. 감정에 대한 훌륭한 사고방식이라고 생각하지 않으세요?

내담자: 네, 저도 그랬으면 좋겠네요. 근데 저는 지금 그런 방식으로 생각하고 있지 않네요.

치료자: 음, 아마 바뀔 수 있을 겁니다. 도표를 지금 다시 한 번 더 보시고, 이 중 어떤 것이 당신을 잘 나타내주고 있는지 한 번 보시겠어요? 어떤 경우에는 감정이 이해가 안 된다고 생각할 수도 있고요, 영원히 지속될 거라고 믿을 수도 있고요, 통제해야 할 필요가 있다고 생각할 수도 있어요. 혹은 죄책감이나 수치심을 느끼실 수도 있어요. 감정에 문제가 많다고 생각할 수도 있어요. 이 중 혹시 당신이 때때로 하는 생각과 비슷하게 느껴지는 것이 있으신가요?

내담자: 때때로가 아니라 대부분의 시간이 그래요. 특히 제가 더 우울해진 이후로는요.

치료자: 그리고는 "이런 감정을 어떻게 떨쳐버리지?"라고 생각할 거예요. 사람

들은 술을 마시거나, 폭식하거나, 마약을 해요. 어떤 사람들은 자신을 고립시키고, 할 수 있는 경험들로부터 회피하죠. 당신과 좀 비슷한 부분이 있나요?

내담자: 저는 술은 많이 마시지 않아요. 근데 패스트푸드는 늘었죠.

치료자: 이런 역기능적 대처방식은 슬픔을 더 가중시킬 거예요. 이 순환은 계속되겠죠. "나는 지금 슬퍼", "슬픔이 이해가 안돼", 곱씹고, 또 고립시키고, 더 슬프고, 더 절망적이고. 그리고 계속되겠죠.

내담자: 그게 바로 저 같은데요. 우울하게 들리기도 하고요.

치료자: 네, 정말 우울하게 들리지요. 그렇다면 만일 감정에 대한 다른 신념을 가진다면요? 그리고 다른 식으로 대처한다면요? 그러면 어떻게 될 것 같으세요?

내담자: 아마 기분이 좀 더 나아지겠죠. 근데 그걸 어떻게 하면 되는 거죠?

치료자: 그게 바로 이 치료가 도움을 줄 수 있는 부분이죠.

치료자와 내담자는 내담자가 자신의 정서를 알아차리고, 이름을 붙이며, 다양한 정서를 구분짓는 것이 얼마나 어려운지에 대해 함께 탐색하게 될 것이다. 예를 들어, 내담자는 단순히 "내가 화가 났군"이라고 알아차릴 수도 있지만, 추가적인 탐색을 통해 좌절감을 느끼고, 화가 났으며, 불안하고, 혼란스럽고, 질투가 나는 것을 느낄 수 있다. (정서표현 불능증이 있는 사람은 특정한 기억에 정서를 연결시키는 것뿐만 아니라 정서를 알아차리고, 이름을 붙이는 데 어려움을 겪는다.) 내담자는 정서를 정상화하고, 표현하며, 배우고, 타당화하려고 하기보다는 경험적 회피(experiential avoidance)를 하려고 할 것이다. 더 나아가, 이는 정서에 대한 부정적인 평가와 연관되어 있는데, 이는 이런 느낌이 영원할 것이고, 자신에게만 독특하게 느껴지며, 통제 불가능하고, 납득할 수 없다는 신념들을 포함한다. 이러한 해석은 나아가 회피, 외현화, 억압, 반추의 순환을 지속되게 한다.

정서도식치료의 첫 번째 단계에서 내담자는 정서를 알아차리고, 이름을 붙이며, 구분짓고, 평가하며, 정서를 건설적으로 혹은 역기능적으로 사용하는 과정들이 자신의 문제들에 어떻게 기여하는지를 배운다. 뿐만 아니라 치료자와 내담자는 어린 시절에 부모로부터 경험한 정서에 대한 특정한 신념을 무시하고 혼란스러운 양육방식을 통해 어떻게 사회화되었는지 탐색한다.

정서조절과 신념을 연결시킨 도식의 예시들은 내담자로 하여금 정신병리로 이끄는 정서도식과 대처방식들을 이해하는 것에 있어서 사정이 어떻게 사용될 수 있는지를 이해할 수 있도록 돕는다. 게다가 치료자는 예시를 사용하여 내담자가 자신의 정서와 정서의 수준(일차정서와 이차정서)을 구분하고, 정서의 내용과 기능에 대한 암묵적인 모델들을 찾아내며, 정서의 본래 이유들을 확인하고, 자기 자신과 다른 사람들의 정서조절의 과정을 살펴볼 수 있도록 도울 수 있다. 위에서 살펴보았듯이, 제3장에서 제공하는 정서도식의 도표([그림 3.2])는 치료 초기에 유용하게 사용될 수 있다.

정서도식을 역기능적 대처전략과 연결시키기

앞서 언급된 바와 같이, 정서의 지속기간과 이해가능성에 대한 신념은 회피, 반추, 과도한 위안 추구와 같은 역기능적인 대처전략을 사용하게 한다. 치료자는 내담자가 가지고 있는 정서도식 신념이 LESS Ⅱ에 어떻게 부합하는지 확인하고, 이어서 이러한 신념들이 가져오는 결과들에 대해 분석한다. 예를 들어, "내 정서는 통제불능이 되어버릴 거야"라고 믿는 내담자(아래 대화의 여성 내담자의 경우처럼)는 정서를 억압하거나 강도를 줄이는 대처전략을 사용할 것이다. 만약 이런 전략이 실패할 경우, 더 단호하게 정서를 억누르게 될 것이다.

치료자: LESS Ⅱ 검사지에서 감정이 통제불능이 되어버릴 거라고 생각한다고 체크하신 걸 봤어요. 감정에 대해 이런 생각이 들 때, 그 다음에는 무엇을 하시죠?

내담자: 불안하고 두려워져요.

치료자: 그럴 만도 해요. 그런데 혹시 그런 것들을 조절하기 위해 사용하는 방법들이 있는지, 스스로 불안한 것을 가라앉히기 위한 말이나 행동 같은 걸 하시는 게 있는지 궁금해요.

내담자: 어떤 때는 패스트푸드를 먹어요. 그런 걸 먹으면 초반에는 좀 마음이 가라앉죠. 저는 음식으로 제 자신을 채워버리는 거죠.

치료자: 그렇군요. 감정이 통제불능이 될 것 같을 때, 때로 폭식을 하신다는 거

죠. 알겠어요. 그것 말고도 혹시 하시는 게 있나요?

내담자: 저한테 무슨 일이 벌어질지에 대해 걱정해요. "내가 미쳐버리는 건 아닐까? 이게 영원히 지속되면 어떡하지?"라고 하면서요. 제가 그런 감정들을 더 이상 견디지 못할 것 같다고 생각이 들 때에는 차라리 죽는 게 낫다고 생각하기도 해요. 그렇다고 그렇게 하지는 않지만요. 그냥 가끔씩 그렇게 생각하곤 해요.

치료자: 굉장히 힘드실 거라는 생각이 드는군요. 그래서 걱정하시고, 또 절망적이라고 생각하시면, 그런 느낌으로부터 빨리 도망가고 싶으시겠어요.

내담자: 네, 그리고 아마 질리언에게 전화하지 않을까 싶어요. 그 친구는 저를 진정하도록 도와주거든요. 괜찮을 거라고 느낄 수 있도록 도와줘요.

치료자: 질리언이라는 친구는 상당히 중요한 사람이군요. 마치 "감정을 참기 위해서는 누군가가 나를 도와줘야만 해"라고 생각하시는 것 같기도 하구요. "질리언은 나를 진정시켜줄 거야"라는 생각은 "누군가가 내 감정을 통제할 수 있고, 나를 도와줄 거야"라는 생각인 것 같네요.

이 경우의 내담자는 자신의 정서에 대한 신념이 대처전략을 역기능적으로 만든다는 것과 어떤 때는 타인에게 자신의 정서의 통제권을 넘겨주고 있다는 것을 알아차리게 될 것이다. 그런 경우에, 내담자에게서 낮은 자기효능감을 발견할 수 있다. 그녀는 자신의 일부에 압도당하고 있다고 느끼고 있으며, 그런 자신으로부터 도망가야 할 필요가 있다고 느낀다. 이렇게 지속되는 자신과의 싸움은 자신을 더 불안하고 우울하게 만들며, 그 순환은 다시 시작된다.

제4장에서 소개되었던 50대 후반의 과부인 내담자는 일과를 끝내고 직장에서 나와 가방 속의 위스키를 꺼내 마시면서 집으로 돌아왔다. 아파트에 돌아왔을 때쯤 그녀는 취해 있었다. 제4장에서 언급되었듯이, 치료자는 그 내담자에게 물었다. "술을 마시지 않은 채 아파트에 들어가면 어떨 것 같나요? 아무 것도 마실 게 없다면요? 만일 취해 있지 않았다면 어떨 것 같으세요?" 그녀는 아파트가 텅 비어 있는 것으로 인해 밀려오는 외로움과 슬픔을 견뎌야만 하는 것이 두렵다고 했다. 그녀의 남편은 2년 전에 세상을 떠났고, 그가 그리웠던 것이다. 치료자는 계속 물었다. "만일 그렇게 외롭고 슬플 때, 그 다음에는 어떤 일이 벌어질 것 같으세요?" 그녀는 이에 대해 생각해 본 적은 없지만 아마도 그 슬픔과 외로움은 점점 더 심해질 것이

라고 믿었다. "정말 견딜 수 없을 거예요. 아마 끝이 없을 거예요." 치료자는 그녀가 슬픔과 외로움의 정서를 느끼는 것을 막아야 한다고 생각하고, 술을 마시는 것만이 그런 정서를 압도적으로 경험하는 것으로부터 막아주는 것이라고 생각하는 것처럼 보인다고 내담자에게 반영해주었다. 만일 그녀가 슬픔과 외로움의 정서가 점점 더 강해져서 그녀를 압도해버릴 것이라고 생각하지 않았다면, 굳이 술을 먹을 필요가 없었을 것이다. 이후의 장에서 이 내담자의 이야기로 다시 돌아올 것이지만, 그녀의 경험은 정서에 대한 신념이 어떻게 역기능적인 대처방식을 야기하는지를 보여준다.

정서도식이 가족 내에서 어떻게 학습되는지 확인하기

정서도식은 주로 스스로 깊이 생각해 보지 않는 자동적인 반응으로서 경험되는 것이다. 예를 들면, 정서가 영원히 지속될 것이라는 신념에 대한 질문을 받기 전까지, 정확하지 않을지도 모른다고 생각해 보지도 않은 신념을 가지고 수년간을 살아왔을 것이다. 이전에 언급이 되었듯이, 자신의 신념에 거리를 두기 시작하는 것이 그것을 변화시키는 첫 번째 단계이다. 거리를 두는 첫 번째 방식은, 그 신념이 어떻게 가정 내에서 학습되었는지에 대해 이해하는 것이다. 그것들을 학습할 수 있었다면, 그것들을 잊어버리는 것(unlearn)도 가능하다. 아이들은 가정 내에서 "정서 대화"를 함으로써 정서들이 이해할 수 있는 것들임을 배운다. 즉, 정서를 나타내는 표현들이 사용될 때, 부모는 그것을 반영하고, 이름을 붙이며, 아이가 묘사하는 정서에 대해 더 다룬다. 이는 아이가 어떻게 대처할지를 탐색하는 과정에 영향을 미친다. 제3장에서 묘사되었던 것처럼, "정서코칭"은 아이들의 자기조절능력 발달에 있어서 중요한 요소로 여겨지고 있다(Eisenberg & Spinrad, 2004; Gottman et al., 1996; Hanish et al., 2004; Michalik et al., 2007; Rotenberg & Eisenberg, 1997; Sallquist et al., 2009). 가트만(Gottman)과 그의 동료들(1996)은 정서의 사회화에 있어 비일관적이고, 무시하며, 수용해 주지 않는 역기능적인 전략들을 제시하였다. 무시하는 전략은 아이의 정서의 중요성을 인정하지 않는다. ("그런 정서는 중요하지 않아. 괜히 너 자신을 괴롭게 하지마. 왜 그렇게 일을 크게 만드니?) 비난하는 방식은 아이의 정서에 대해 비판하고 과잉통제하는 것이다. ("애처럼 굴지 좀 마! 철 좀 들어!") 비일관적인 방식은 부모님이 자신의 정서에 매몰되어 아이의 정서를 거부하는 것이다. ("지금 엄마 힘든거 안 보여? 네 아빠는 술 먹고, 너는 제정신도 아니고, 못 참겠단 말이야. 날 좀 내버려둬!")

화가 날 때 그 정서가 인정받지 못하고, 비난받으며, 창피당하고, 무시당하며, 축소당하는 이러한 경험은 자신의 정서에 대한 신념, 다른 사람들이 어떻게 반응할지에 대한 신념에 강력한 영향을 준다. 예를 들면, 어린 시절에 화가 났을 때, 당시 부모가 이들을 위로해줬는가? 아이들이 자신의 정서를 표현할 수 있도록 격려했는가? 아이의 정서에 대해 그럴 수 있다고 이해할 수 있도록 도와줬는가? 문제를 해결하는 방법을 배울 수 있도록 도움을 제공하였는가? 도움이 되는 대안책을 제시하였는가? 갈등에 대해 협상을 하였는가? 아니면 부모가 아이들에게 화낼 이유가 전혀 없다고 이야기하거나, 버릇없다고 하거나, 애처럼 행동한다고 말했는가? 제4장에서 아내가 "분노 문제"가 있다고 이야기한 내담자의 경우와 같이, 그는 "우리 아버지는 늘 모든 것이 다 잘 될 거라고 말씀하셨어요. 아버지는 저를 지지해주려고 하셨었죠." 그러나 이런 식으로 안심시키려고 하는 말은 엄밀히 말하면 정서를 무시하는 것이다. 아이와 이런 식으로 말하는 것과 같다. "네 감정은 지금 벌어지고 있는 상황과 아무 상관이 없단다. 그러니 네 감정에 대해 더 이상 이야기할 필요가 없단다. 그냥 스스로 극복하려무나." 문제는 부모가 아이의 정서에 대해 들을 수 있는 시간적, 정서적 여유를 가지고 있는가이다. 다음의 예시에 나오는 여성은 정서를 무시하는 아버지와 자신의 정서에 압도당하는 어머니를 두었다.

치료자: 어린 시절에 화가 나면, 아버지와 어머니 중 누구에게 다가가기가 어려웠나요?

내담자: 음, 제 아버지는 항상 일로 바쁘셨고, 집에 오시면 너무 힘드셔서 말하기를 별로 안 좋아하셨죠. 그래서 아버지랑 이야기하는 건 소용없다고 생각해버리게 된 것 같아요.

치료자: 본인의 감정에 대해 아버지께서 어떻게 반응하셨는지 혹시 기억해 볼 수 있나요?

내담자: 아, 아마도 "걱정 마. 넌 이겨낼 수 있을 거니까"라는 식으로 말씀하셨을 거예요.

치료자: 아버지께서 그런 말씀을 하셨을 때, 기분이 어떠셨나요?

내담자: 아버지에게 나를 위한 시간은 없는 것 같이 느꼈어요. 제 감정은 아버

지를 성가시게 하는 것 같았어요.

치료자: 어머니는 어떠셨나요?

내담자: 어머니는 우울하셨고, 많이 불안해 하셨어요. 아버지와 어머니의 사이가 별로 좋지 않았어요. 그래서 어머니는 주로 본인의 어려움에 대해서 말씀을 많이 했어요. 어머니는 슬프셨고, 외로우셨으며, 아버지가 일로 너무 바쁘다고 생각하셨어요.

치료자: 그래서 어머니께서는 어머니 자신의 감정에 더 집중을 하셨던 것 같네요. 반면에 당신을 위한 시간은 많이 없었겠네요?

내담자: 네, 그런 것 같아요. 어머니께서는 "난 지금 내 인생만으로도 너무 버겁고 힘든 시간을 보내고 있어. 너희 아버지는 가정적이지 않으셔. 너와 네 여동생을 돌봐야 하는 건 나고. 넌 지금 또 뭐가 그렇게 괴롭다는 거니?"라는 식으로 말씀하셨어요.

치료자: 어머니께서는 본인의 감정에만 매몰되어 계셨군요. 그러니 당신의 감정은 어머니께 오히려 짐이었을 거고요. 당신은 그에 대해 어떻게 느꼈나요?

내담자: 슬픔과 죄책감이요. 네, 제가 어머니를 힘들게 하는 것에 대한 죄책감이 있었어요.

내담자는 여기서 어떤 정서도식을 학습하게 되었을까? 이 내담자는 자신의 정서를 느낄 권리조차 없다고 학습되었을 것이다. 정서를 표현하면 비난받을 것이고, 그리고 그녀의 정서는 다른 사람들에게 짐이 될 것이며, 사람들은 그녀의 정서를 타당화시켜 주거나 정서를 표현하도록 지지하지 않을 것이며, 자신의 정서는 나쁜 것이라고 배우게 되었을 것이다. 그녀는 자신의 정서에 어떻게 이름을 붙이고, 정서를 구분하며, 이해하고, 조절해야 하는지에 대해 배우지 못했다. 그녀가 배운 교훈은 "감정은 스스로 극복해라. 다른 사람들에게 짐이 되지 말아라."이었다.

치료자는 내담자가 가족 내에서 정서에 대하여 배운 내용들에 대해 더 알아볼 수 있다. 바람직하지 않다고 여겨지는 특정한 정서가 있는가? 예를 들어, 분노, 불안, 슬픔은 바람직하지 않은 정서였는가? 아이들의 정서는 앞뒤가 맞지 않고, 아이들은 과민반응을 하는 것이며, 다른 사람들은 그런 식으로 느끼지 않을 거라고 반응했는가? 아니면, 부모님이 정서를 타당화시켜 주고, 표현하도록 격려하며, 정서를 정상화해 주고, 아이를 위로해 주는가? 아이에게 "통제불능의", "이기적인", "제정신이 아닌", "바보 같은"이라는 이름표를 붙이는가? 부모가 "지나치게 확대해석"하는가? 예를 들어, "너 지금 우는 걸로 나를 조종하려 드는구나. 그런 식으로 넘어가 줄 순 없지."

어떤 아이들은 부모의 정서를 돌봐야 하는 입장(reverse parenting)에 놓여지기도 한다. 한 내담자는 어머니를 어머니 자신의 불안으로 인해 끊임없이 걱정하는 사람이라고 설명했다. 아버지는 늘 화를 내고, 무심하며, 예측할 수 없는 사람이었다. 어머니는 아이였던 내담자에게 의지하기 시작했는데, 당시 그녀는 8살이었다. "어머니께서 가슴의 통증이 걱정된다고 말씀하셨던 것이 기억이 나요. 그래서 저는 아스피린을 사드려야 되나 싶었어요. 그러자 어머니는 '친구 집에 놀러 가지 말고 집에 있으렴'이라고 하셨어요. 마치 제가 어머니를 돌봐드려야 하는 것처럼 느껴졌죠." 성인이 된 지금, 이 내담자는 끊임없이 자신의 정서가 납득이 되는지, 치료자가 이해를 해줄지, 정서가 영원히 지속되는 건 아닌지 궁금해 했다. 어머니의 정서를 돌봐드려야만 했던, 역으로 부모 역할을 해야 했던 경험은 그 어떤 누구도 자신을 보호해주고 돌봐주지 않는다고 느끼게 했다. 정서적 양육의 결핍의 결과로서, 그녀는 그녀를 맹목적으로 사랑하는 지나치게 통제적인 남자와 결혼을 하였고, 그 남자는 그녀가 스스로를 돌볼 능력이 없다고 믿도록 만들었다. 그녀가 직업적으로 더 성공하게 되었을 때, 그는 그녀를 이기적이라고 하며 폄하하였다. 그녀는 죄책감과 두려움으로 통제하던 어머니가 있던 집에서, 약하고 무능하다는 말로 통제하는 남편이 있는 집으로 옮겨간 것이다.

이 경우에는 어떤 정서도식이 학습되었는가? 역으로 부모 역할을 했어야 했던 아이는 자신의 정서를 표현할 수 없으며, 자신은 타당화될 수 없고, 자신의 정서는 다른 사람들에게 짐이 될 것이며, 자신은 다른 사람들을 돌봐야 하고, 다른 사람들이 원하는 것에 따라줘야 하며, 그 사람들의 욕구를 채워줘야 하고, 자신의 정서는 납득될 만하지 않고, 누구에게도 자신의 정서를 이야기할 수 없다고 학습되었다. 그녀가 자신의 정서를 진정시키는 과정에서 어머니는 거의 상관없는 존재였기 때문에 정서를 스스로 조절하는 방법과 자신을 더 낫게 만드는 방법을 배우지 못했다. 어린 시절에 공급받지 못했던 것을 채워 줄 부모 같은 배우자를 찾아 다녔다. 남편이 그녀의 정서를 돌봐주길 기대했던 것이다.

정서도식이 어떤 식으로 학습되었는지에 대해 인식하는 것은 내담자가 이로부터 거리를 둘 수 있도록 하는 데 도움을 주는데, 이는 자신이 갖고 있는 정서에 대한 신념들이 대부분 역기능적인 양육에 의한 것임을 이해할 수 있기 때문이다. 그러나, 목표는 단순히 성인기의 정서에 대한 어려움이 부모로부터 온 것이라고 비난하는 것에 머물러 있는 것이 아니라, 학습환경에 따라 정서에 대한 신념은 달라질 수 있다는 것을 이해할 수 있도록 돕는 것이다. 뿐만 아니라, 정서사회화 경험을 이해하는 것은 자신의 정서가 정당하다는 것을 받아들이고, 더 적응적인 신념과 정서조절능력을 배우지 못한 것에 대한 죄책감을 덜 느끼도록 돕는다. 치료자는 "부모님이 전혀 가르쳐 주지 않은 것들 때문에 스스로를 원망하지 마세요."라고 말해 줄 수 있다.

치료자: 어렸을 때, 정서에 대한 특정한 신념을 어떻게 배우게 되었는지에 대해 알게 되셨을 거예요. 부모님이 도움을 주지 못한 것은 당신 탓이 아니에요. 당신은 아마도 감정에 대한 그런 부정적인 신념을 어떻게 갖게 되었는지 궁금해 할 수도 있을 거예요. 아마도 부모님의 부모님도 감정에 대해 비판적이었거나, 무시하는 식으로 반응했었을 수도 있어요. 혹시 그럴까요?

내담자: 네, 저희 외할머니는 굉장히 비판적인 사람이었죠. 선생님께서 "자기애적"이라고 부르시는 그런 사람이죠. 외할머니는 모든 것이 자신에 대한 것이었어요. 외할머니는 아버지가 어머니에게 턱없이 부족한 사람이라고 생각하셨었죠. 심지어 요즘도 어머니는 외할머니를 무서워하는 것 같아요. 네, 정말 그렇죠.

치료자: 부모님께서는 당신을 이해하고 감정을 다룰 수 있도록 돕는 데 있어 어려움이 있으셨던 것으로 보이네요. 부모님의 그런 한계는 또 그분들의 어린 시절 경험과 관련되어 있죠. 근데 좋은 소식은요, 당신은 이제 감정들에 대해 생각하는 것과 감정을 다루는 것에 대한 새로운 방식을 배울 수 있다는 거예요.

내담자: 그랬으면 좋겠어요. (잠시 침묵) 그건 이제 시간문제인 것 같아요. 제 생각에는요.

치료자: 네, 시간문제죠. 만일 당신의 감정이 정당하여 다른 사람들도 동일하게

느끼고, 영원히 지속되지 않을 것이며, 당신을 압도해버리지 않는다는 것에 대해 배울 수 있다면 정말 좋지 않겠어요? 긍정적인 감정을 자신의 마음속에서 만들어 낼 수 있다는 것과 긍정적이든 부정적이든 모든 감정들을 경험할 수 있는 여유를 가지고 삶을 살아갈 수 있다는 것을 경험하면서, 당신이 순간순간에 느끼는 감정들을 수용할 수 있다면, 정말 멋지지 않겠어요?

내담자: 그럴 수 있다면 정말 좋겠네요. 근데 전 그게 어떻게 가능한지조차도 모르는 걸요.

치료자: 음, 할 수 있어요. 만일 당신이 원한다면 그게 바로 우리가 함께 다루어야 할 것들이죠. 우리가 노력해야 할 문제인 것이지요.

치료자는 가족 내에서 어떤 정서가 수용될 수 없는지에 대해 더 탐색해 볼 수 있다. 이에 대한 극단적인 예로, 24살 된 미식축구 세미 프로선수였던 전환 장애를 앓고 있는 한 남자의 사례를 볼 수 있다. 그는 일을 할 수 없었고, 집에서 어머니와 함께 살았는데, 그를 지속적으로 비난하는 어머니로 인해 상당한 좌절감을 느껴야 했다. 그는 똑바로 앉는 것에 어려움을 호소해서 상담실에서도 바닥에 눕곤 했다. 그는 자신에게 "더러운 분노"가 있다고 말했고, 모든 분노에 관한 생각과 느낌을 제거하길 원한다고 했다. 그는 비록 구체적으로 어떠한 가르침이 분노의 표현을 금하는지 명쾌하게 제시하지는 못했지만 자신의 종교적인 믿음(그는 자신이 회심했다고 말했다)이 분노의 정서를 금한다고 주장했다. 의학적인 소견은 그가 바닥에 누워 있어야만 하는 이유가 될 만한 그 어떤 신체적인 결함도 찾을 수 없다고 했다. "저는 여기에 이렇게 누워 있는 게 더 편해요."라고 그는 말했다. 치료자는 그의 가족에게 있는 분노에 대해 물어보았다:

치료자: 어렸을 때, 화가 나면 어떻게 했었나요?

내담자: 분노는 죄라고 들으며 자랐어요. 그래서 가족 내에서는 화를 내면 안 된다고 했어요. 그러면 나쁜 아이라고 했어요.

치료자: 그래서 당신은 화를 내는 것에 대해 죄책감을 느끼게 되셨군요? 나쁜 아이라는 말을 들었었다구요?

치료자는 몇 회기의 상담을 하는 동안, 그가 어머니에 대한 질문을 받을 때면, 그를 비난하며 대했던 어머니에 대해 분노를 느끼기 시작하는 것을 알 수 있었다. 그의 분노가 격앙됨에 따라, 그는 바닥에 똑바로 앉았고 신체적으로 더 강해 보였다. 치료자가 내담자의 그런 반응에 대해 이야기를 해주면 그는 다시 바닥에 눕는 모습으로 돌아갔고, 자신의 분노는 나쁜 것이라고 이야기했다. 이것은 아이에게 분노에 대해 죄책감을 심어주는 가르침이 어떤 식으로 심각한 정신병리적 증상을 야기할 수 있는지 보여주는 극단적인 예다.

정서표현 불능증을 앓고 있는 또 다른 내담자는 자신의 정서를 알아차리는 데 어려움을 겪는다. 그는 실직했고, 직장을 일곱 달 넘는 기간 동안 찾고 있는 중이다. 정서에 대해 이야기할 때는 얼굴 표정이 거의 없다. 또한 자신이 여자친구에 대해 어떻게 느끼는지 잘 모르겠다고 말했다. 사랑에 빠져본 적이 있었는지에 대해 물어보면, “돌이켜 생각해 보면, 아마도요. 잘 모르겠어요.” 치료자는 내담자의 어린 시절 동안 그가 느꼈던 정서들에 대해 부모님에게 이야기해 본 적이 있었는지 물었다.

내담자: 부모님은 감정에 대해서는 듣고 싶어 하지 않았어요. 오직 성취와 관련있는 일들, 즉 좋은 학교에 진학하는 거나 성공하는 것에 대해서만 관심 있는 사람들이었어요. 아니, 감정에 대한 이야기를 하는 것 자체가 시간 낭비였죠.

치료자: 지금은 어떤가요?

내담자: 제가 어떻게 느끼는지에 대해 이야기한다면, 이것이 정말 나를 힘들게 하는 것이었다고 이야기하면, 그들은 그걸 저를 비난하는 데 사용할 거예요. 제가 약하다는 증거인 거죠.

이와 같이 이 내담자의 가족에게 있어서 정서는 금지 대상이었다. 정서는 성취와 지위의 가치와는 어울리지 않는 것이었고, 인간관계에 있어서 취약함이라고 여겼다.

정서도식의 변화가 정신병리에 어떻게 영향을 미치는지 명확히 하기

치료자는 내담자의 변화를 위한 동기를 부여하는 차원에서, 정서에 대한 신념을 변화시키는 것이 내담자의 주호소문제들을 다루는 데 도움이 된다는 것을 알려주기 위해 그가 가지고 있는 정서에 대한 신념 및 부적응적인 대처방식과 관련된 정보를 활용한다. 수동성과 회피, 물질 남용, 반추, 폭식 및 그 외 도움이 되지 않는 대처 전략들에 의존했던 내담자들이 정서에 대한 신념을 바꿈으로써 어떻게 그동안 사용했던 대처전략들이 더 이상 필요하지 않게 될지 탐색하기를 시작할 수 있다. 예를 들어, 남편과 사별한 후, 집에 술 취한 채 귀가하던 여인의 경우를 보면, 만일 그녀가 자신의 슬픔이 그녀가 가진 사랑과 헌신에 대한 높은 가치들(자랑스러워 할 만한)을 반영한다는 것을, 그녀가 느끼는 슬픔과 외로움은 그녀가 사랑했던 사람에 대한 기억들을 한시적으로 떠올리게 하는 것임을, 그러한 정서들은 그녀를 압도하지 않은 채 찾아왔다가 사라질 수 있다는 것을 깨달을 수 있다면, 아마 그녀는 자신의 정서를 회피하고 억누르기 위해 술을 찾을 필요가 줄어들 것이다.

치료자는 초기 면접을 통해 구체적인 정서조절전략에 대해서 더 알아보고, 질문지들을 사용해서 정보를 더한다. Aldao와 Nolen-Hoeksema(2012a)는 다양한 종류의 일반적인 정서조절전략들을 측정하는 척도를 개발했다. [그림 5.1]은 정서조절전략 질문지(Emotion Regulation Strategies Questionnaire: ERSQ)이다. 이 간단한 질문지는 내담자가 문제 해결, 인지 재구조화, 수용, 억압, 주의 분산, 또는 자기비

당신은 _________을 시도하였다.	매우 아니다	약간 아니다	약간 그렇다	매우 그렇다
상황을 변화시키거나 문제를 고칠 수 있는 아이디어를 떠올리는 것	○	○	○	○
내가 느끼는 정서를 바꾸기 위해 상황을 다른 식으로 생각하는 것	○	○	○	○
내가 느끼는 정서를 허용하고 받아들이는 것	○	○	○	○
정서를 "억압"하거나 마음속에서 지워내는 것	○	○	○	○
신경쓰지 않기 위해 다른 일을 하는 것	○	○	○	○
자신이 느끼는 정서를 비판하는 것	○	○	○	○
사람들에게 자신의 정서를 숨기는 것	○	○	○	○
상황에 대해 걱정하거나 반추하는 것	○	○	○	○
다른 사람들에게 이야기하는 것	○	○	○	○
이 외의 다른 것을 하는 것(깊게 심호흡하기, 술 마시기, 기분전환을 위해 음식 먹기)	○	○	○	○

[그림 5.1] 정서조절전략 질문지(Aldao & Nolen-Hoeksema, 2012a) ⓒ 2012 by Elsevier.

난을 사용하는지, 사람들이 알아차리지 못하도록 정서를 숨기는지, 걱정하거나 반추하는지, 위안을 추구하는지, 아니면 "다른 일"을 하는지(심호흡을 하거나, 술을 마시거나, 음식을 먹거나 등)에 대한 간결한 평가를 제공한다. 인테이크 과정에서 사용되는(제4장) 정서조절전략 질문지와 더불어, 치료자는 "다른 일"의 범주를 좀 더 확장해서, 내담자가 사용하는 다른 행동들이 있는지 더 물어볼 수 있다. 예를 들어, 내담자는 스스로를 고립시키는가? 인터넷에 빠지는가? 포르노를 보는가? 자해하는가? 강박적인 행동(예: 강박적 청소)을 하는가? 부적절한 방식으로 사람들과 만나는가? 울며 소리지르는가? 성질을 부리는가? 아니면 이 외의 다른 문제가 되는 행동을 하는가? 우울증에 있어서 특별히 중요한 것은 대처전략으로 수동성과 회피를 사용하는 것이다. 예를 들면, 내담자가 기분이 "울적"할 때, 오랫동안 침대에 누워있는가? 사람들과 소통하기를 회피하는가? 다른 사람들이 소통하고자 할 때 반응하지 않는가? 오랫동안 자는가? 반추하는가? 또는 자신만의 동굴 속에 들어가 있는가? 내담자들은 아마 이런 것들을 "대처전략"이나 "그들이 주로 하는 것"이라고 생각하지 않을 수도 있다. 그러나 역설적이게도, "아무것도 하지 않는 것"이야말로 아마 가장 일반적인 대처전략일 것이다.

치료자는 전형적인 전략들을 찾아낼 수 있고, 그것을 정서와 관련된 신념과 연결시킬 수 있다. 예를 들어, 토요일의 대부분의 시간을 누워있는 여자에 대해 생각해 보자. 그녀는 힘이 없고 동기도 없다며 하소연하고, 슬프다고 이야기한다. 우울한 내담자들은 주로 "힘이 없고", "동기도 없다"고 호소한다. 그리고는 "아무것도 할 수 없다"며 "논리적으로" 결론 짓는다. 힘과 동기에 대한 그녀의 신념은 유한하고 고갈되는 성질이라고 믿는 것이다. 또한 무엇이든 하는 것은 그녀를 더 고갈시키는 일이라고 믿는 것이다. 그녀는 자신이 가지고 있는 어떤 힘이라도 보존하고 싶어한다. 더 나아가 사람들과 교류하는 것은 자신을 더 슬프고 절망적으로 만들 것이라고 믿는다.

내담자는 대처전략으로서 수동성과 회피를 사용하고 있다. 치료자는 내담자에게 슬픔과 힘에 대해 질문해 볼 수 있고, 침대에서 나와 아파트를 벗어나서, 운동을 하고, 친구들을 만나면, 무슨 일이 벌어지는지에 대해 더 알아볼 수 있다.

내담자: 아마 지칠 거예요. 전 못해요.

치료자: 만일 당신의 동기에 대해 다른 신념을 가지고 있다면 어떠실 것 같으

세요? 예를 들어, 만일 일단 무언가를 하기 시작하면, 그것을 하고자 하는 동기가 강해질 것이라 믿으신다면요? 예를 들면, 당신이 일단 운동을 하기 시작하면 운동에 대한 동기가 증가할 거라고 믿으신다면요?

내담자: 아마 침대에서 나와 운동을 하겠지요.

치료자: 그러면 만일 일어나서 뭔가를 하는, 운동하는 자신을 상상해 볼 때, 어떻게 느끼실 것 같으세요?

내담자: 아마 기분이 좀 더 나아지겠죠. 근데 전 그럴 힘이 없는 걸요.

치료자: 힘이 거의 없는 상태에서 운동한다고 했을 때 상상되는 최악의 사태는 뭐예요?

내담자: 아마 더 피곤해지겠죠.

치료자: 그럼 힘이 거의 없는 상태에서 운동을 시작했을 때 상상되는 최고의 상황은 뭐예요?

내담자: 아마 더 힘이 나겠죠.

치료자: 아마도 그것이 우울증에서 벗어나서 도약하는 출발점이 될 수 있을 거라 생각합니다. 감정이 수동적이고 회피하는 상태로 있으라고 말할 때, 오히려 활동적인 뭔가를 하는 실험을 해 볼 수 있다고 생각해요.

치료자는 동기 없이도 무언가를 할 수 있다는 것을 알려줄 수 있다.

많은 내담자들은 변화 그 자체나, 변화를 위한 동기를 얻기 위해서는 "준비되어 있어야 한다."고 믿는다. 그들은 마치 행동 이전에 그것에 대한 욕구가 있어야 하듯이, "그걸 하길 원해야 한다."고 생각한다. 치료자는 이에 대해 이렇게 말할 수 있다. "만일 제가 건물 앞에서 버스가 오길 기다리는 듯이 도로가를 쳐다보면서 왔다 갔다 하고 있는 걸 보시면 어떠실 것 같으세요? 그러면 아마 제게 '뭘 하고 있나요?'라고 물으시겠죠. 그때 저는 이렇게 대답해요. '저는 동기가 나타나길 기다리고 있어요. 그래야 일을 하러 갈 수 있거든요.' 이 대답을 들으시면 어떻게 생각할 것 같으세요?" 이 예는 동기가 없고 준비가 되지 않았다는 이유로 불편한 일을 하기를 꺼리는 내담자에게 꽤나 도움이 된다. 이들은 힘과 욕구와 동기가 있어야만 한다고 생각한다. 이러한 신념에 대해 보여줄 수 있는 대응 중 하나는 "우리는 정말 하고자 하는 동기가 없어도 매일 무언가를 하지 않나요? 직장에 가는 것처럼 단순히 해야 하는 것이기 때문에 하는 것 있잖아요."라고 말하는 것이다.

반추는 보편적으로 사용되는 부적응적인 정서조절전략이기 때문에, 치료자는 이를 정서 그 자체나 혹은 "상충되는" 정서를 수용하기 어려워하는 것과 같은 역기능적인 정서도식과 연결시킬 수 있다. 예를 들면, 한 젊은 남성이 여자친구와 헤어진 후 깊은 고민에 빠졌다. "난 이 상황을 이해할 수 없어. 뭐가 잘못된 건지 이해할 수 없다고." 그는 불확실한 상황을 견디기 상당히 힘들어 했을 뿐만 아니라, 자신이 여자친구와 헤어진 상황을 수용하지 못하며, 그녀에 대한 복합적인 정서들을 "정리"하지 못하고 있음을 자각하고 있었다. 그는 여전히 그녀를 사랑했으나, 그녀에게 화가 나고 환멸감 또한 느끼고 있었던 것이다. 그래서 그는 마음의 문을 닫고, 이해하고자 했으며, 미래에 비슷한 문제가 발생하지 않도록 하는 전략으로서 반추를 하게 되었다. 치료자는 자신이 느끼는 슬픔을 받아들일 수 없고, 복합적인 정서들도 수용할 수 없으며, 그가 그 관계 속에서 어떤 신호를 놓쳤을 수도 있다는 사실을 수용할 수 없다는 신념이 반추하도록 만든 것이라고 제시하였다. 반추하는 것이 수용하기를 회피하기 위한 전략이 될 것이다. 이러한 설명과 이해는 그로 하여금 그동안 도움이 되지 않았던 전략으로서의 반추 역할에 대해 자세히 살펴보도록 동기부여하는 데 도움을 주었다.

사례개념화 활용하여 치료계획 수립하기

제4장에서 다루었던 사례개념화는 치료계획을 세우는 것과 연결되어 있다. 치료의 초기단계에서 치료자와 내담자는 내담자의 정서에 대한 신념과 관련된 정보를 모은다. 일반적으로 사용하는 부적응적 대처전략, 정서에 대한 신념들의 근원, 이러한 신념과 대처전략이 우울, 불안, 분노, 대인관계, 동기, 업무수행에 미치는 영향이 이에 해당한다. 이것은 치료회기 전체를 아울러 지속되는 과정이다. 정서도식이 미치는 영향과 정서도식이 지금까지 어떻게 지속될 수 있었는지에 대한 새로운 통찰을 얻게 되기 때문이다. 제4장에서 사례개념화에 대한 일반적인 개요가 설명되어 있다. 그리고 사례개념화를 위한 모델이 [그림 4.3]에 제시되었다.

다음의 예를 통해, 내담자의 정서도식이 대인관계적 기능과 자기 돌봄에 어떤 영향을 미치는지 고려해 보자. 베로니카는 결혼관계 속에서 긴 갈등의 시간을 보내온 유부녀이다. 그녀는 몇 번이나 그녀의 믿음을 저버리고 결혼 초기부터 자신은 결혼을 원하지 않았다고 말하는 남편과 성적인 친밀함을 누리는 것에 두려움을 느낀다. 슬픔, 분노, 혼란, 불안과 같은 정서에 대한 그녀의 신념은 자신의 정서는 이해가 되지 않으며, 이러한 정서들은 즉시 제거해야 하며, 만일 제거하지 못하면 통제 불능이 되어버린다는 것이었다. 자신은 "좋은 아내"가 아니기 때문에 그런 정서를 느낄 권한조차 없다고 느낀다. 또한 그 어떤 누구도 자신을 이해할 수 없다고 믿으며, 만일 정서를 표현해 버리면 울음을 멈출 수 없을 것이기 때문에 정서를 표현해서는 안 되고, 다른 사람들은 자신과 같이 느끼지 않을 것이라고 믿는다. 소아과 의사였던 그녀의 어머니는 베로니카의 정서에 대해 이야기할 시간이 없었고, "네가 불평할 게 뭐가 있다고 그러니? 내가 보는 아이들이 어떤 문제들을 가지고 살아가는지 넌 아니?"라고 말하곤 했다. 그녀는 자신의 정서가 어머니에게 짐이 되는 것이라고 받아들이게 되었다. 정서를 표현하는 것은 이기적이고 유치한 것이고, 어머니가 그녀의 "요구만 하는 태도"에 대해 혐오스럽게 느낀다고 생각하게 되었다. 어린 시절 동안 그녀는 외로움을 자주 느꼈고, 청소년기 초기에는 신경성 식욕부진증과 신경성 폭식증이 발병되었다. 어머니는 자신의 섭식장애에 대해 거의 관심을 주지 않았었고, "넌 내 관심을 받으려고 이러는 것뿐이야."라고 말했다. 대학시절에는 약물을 남용하고 정서적 친밀감 없는 성관계 파트너를 많이 두고 있었다. 그녀는 성적인 친밀감이 정서적인 친밀감을 느끼게 해줄 것이라고 생각했으나, 실제로는 정서적인 만족을 주진 못했다. 이는 그녀로 하여금 자신은 다른 사람들의 정서적인 욕구를 만족시키기 위해 존재하지만, 그 어떤 누구도 그녀를 제대로 알지는 못한다는 신념을 더 확실히 갖도록 했다. 현재 그녀는 결혼을 계속 유지하고 있고 남편과 함께 살고 있다. 그러나 동시에 미래가 보이지 않는 다른 유부남과 불륜관계에 있다. 그녀는 자신의 상황에 대해 곰곰이 생각해 보았으나, "이게 내가 누릴 수 있는 최선이야."라고 생각하였기 때문에 변화를 추구하는 것에 대해 두려움을 느꼈다. 업무에 있어서 그녀는 평판이 좋았지만, 더 좋은 것을 누릴 자격은 없다고 생각했기 때문에 발전을 추구하는 일은 꺼려 했다. 그녀는 정서를 느낄 권한이 없다고 받아들였고, 그래서 그녀는 자신의 삶에서 다른 것들을 추구할 자격도 없다고 느꼈다.

몇 회기의 치료와 평가 이후에, 치료자는 베로니카의 사례개념화를 진행했다. 이에 대한 도표는 [그림 5.2]에 나와 있다. 이 도표는 그녀가 성장기에 어떻게 자신의 정서에 대해 학습하게 되었는지, 어떤 부적응적인 대처전략을 사용했었는지(고

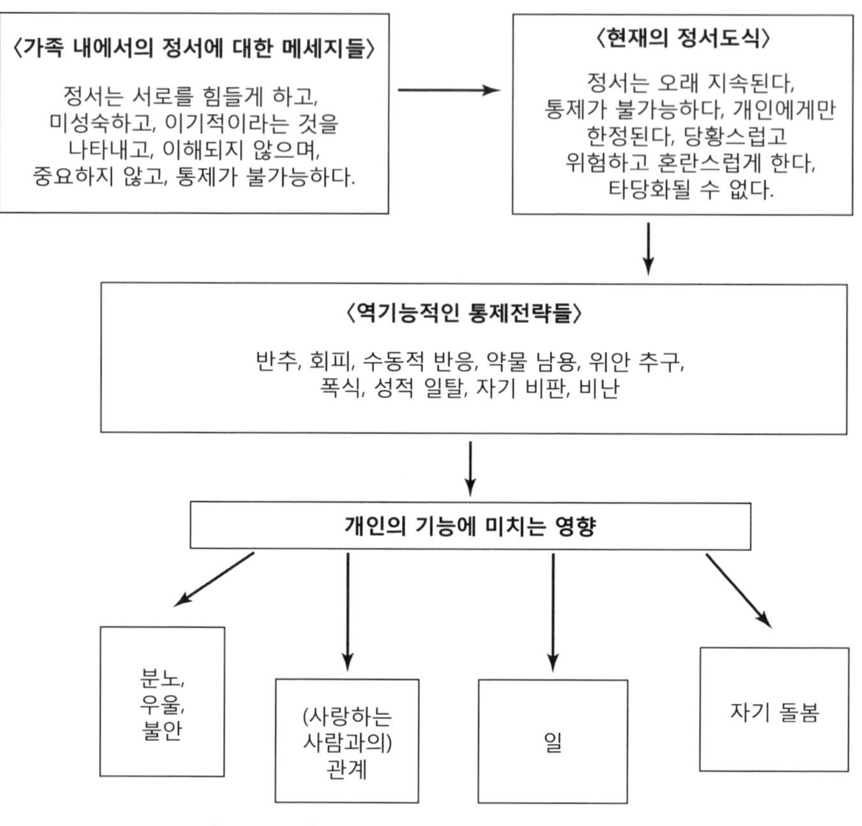

[그림 5.2] 베로니카 사례의 개념화 도표

립, 정서 억압, 폭식, 금식, 몸무게와 외모에 대한 완벽주의), 정서에 대한 신념과 자신은 사랑을 받을 자격이 없다는 신념이 어떻게 대학생활에서 처음의 성적 일탈과 약물남용을 하게 만들었는지, 사랑 없는 결혼과 가능성 없는 불륜의 덫에 빠졌다고 느끼게 했는지를 보여준다. 그러므로 치료의 목표는 그녀가 자신의 정서에 대한 신념을 평가해보도록 하고, 사랑과 관심을 받을 자격에 대한 신념을 수정하는 것이다. 또한 그녀의 결혼 내 문제들을 다루는 데 있어서 더 적응적인 전략을 찾아보고, "권리장전"을 만들어보고, 욕구 목록을 작성해 본다. 더하여 그녀가 앞으로 나아갈 수 있도록 문제를 해결하고, 조금 부족하지만 완벽할 필요는 없는 한 인간으로서 자신을 수용하는 방법을 배우고, 강렬한 정서가 느껴질 때 그것을 다루는 전략을 세우는 것이다.

치료계획은 사례개념화를 통해 수립된다. 내담자를 사정하고 이 모델에 적응하도록 돕는 것으로 치료를 시작하여, 정서도식을 확인하고 수정하며, 정서에 대처하는 역기능적인 전략을 제거하고, 행동과 선택을 좌우하는 가치와 미덕을 알아보며, 정서적으로 풍부한 삶을 누리기 위해 긍정심리학을 사용하는 작업들을 통해 치료계획이 진행된다. 이 책 전반에서 강조하듯이, 치료의 궁극적인 목적은 기분이 좋아지게 만드는 것이 아니라 더욱 완전한 삶을 살아갈 수 있도록 하는 것이다.

요 약

내담자가 가지고 있는 정서도식모델의 사회화는 계속되는 과정이다. 때로는 치료회기 전체에 걸쳐서 지속되기도 한다. 사례개념화를 통해 내담자는 처음으로 정서에 대한 신념이 역기능적인 사회화 경험으로 인해 형성되었다는 것을 이해하게 된다. 이러한 역기능적인 사회화는 내담자로 하여금 욕구를 충족시키거나 정서를 다루는 데 있어서 도움이 되지 않는 전략들을 만들도록 해 왔다. 또한, 이 패턴들은 관계, 업무, 자기 돌봄 및 그 외의 삶의 다른 영역에서도 지속되며, 더 나은 삶을 누리는 데 있어서 아무 희망도 못 느끼게 한다. 실제로, 사례개념화는 내담자의 삶에 있어서 가장 타당화 받는 경험 중 하나가 될 것이다. 이러한 경험은 누군가는 자신을 이해하며, 자신의 정서도 납득할 만하며, 손해 보지 않으면서 정서에 대해 이야기할 수 있으며, 변화를 위한 계획이 있다는 것을 보여주기 때문이다.

제3부(제6장부터 9장)에서는 정서도식 분류 중 타당화, 지속기간, 통제, 죄책감, 수용, 정서에 대한 단편적 시각(양가정서를 견디기 어려워하는 것), 가치를 집중하여 다룰 것이다. 이해력, 무감각, 이성, 합의, 반추, 표현, 비난과 같은 그 외의 분류들을 이 책의 전반에 걸쳐 내담자가 보이는 다양한 문제들을 다루면서 언급할 것이다.

제 3 부

정서도식을 다루기 위한 구체적인 기법들

제 6 장 • 타당화의 핵심

제 7 장 • 이해력, 지속성, 통제력, 죄책감/수치심, 수용

제 8 장 • 양가감정 다루기

제 9 장 • 정서와 가치(그리고 미덕)의 연결

제 6 장
타당화의 핵심

우리는 고통을 마주 대할 때, 그냥 그것을 치료하는 것을 넘어서 울며 슬퍼하는 법을 배워야 한다. — Miguel de Unamuno

감정과 고통을 공유한다는 개념은 스페인의 철학자이자 소설가인 Miguel de Unamuno (1921/1954)가 저술한 *Tragic Sense of Life*(삶의 비극적 의미)라는 책에서 다뤄지고 있다. de Unamuno는 고통을 공유하는 경험, 삶에서 고통을 경험하는 것이 불가피함을 합리적이고 실용적인 관점에 대조하고자, 한 젊은 청년(합리성과 실용주의를 대변하는)이 어떤 노인(비극적 관점을 대변하는)을 직면하는 이야기를 들려준다. 노인은 도로변에 눈물을 흘리며 앉아있다. 청년이 "할아버지, 왜 울고 계십니까?"라고 묻자 노인은 "내 아들이 죽었답니다. 그 아이의 죽음을 슬퍼하고 있지요."라고 대답하였다. 청년은 자신의 합리성을 바탕으로 "하지만 눈물은 아무런 도움이 되지 않습니다. 당신의 아들은 죽었어요."라고 응답하였다. 그러자 노인은 "내가 우는 이유가 바로 눈물이 아무런 도움이 되지 않기 때문입니다. 우리는 고통을 마주할 때, 그 고통을 치유하려 할 것이 아니라 그에 대해 울며 슬퍼하는 법을 배워야 합니다."라고 말하였다. de Unamuno는 삶이 단순히 문제를 해결하고, 효용성을 고려하며, 인간이 불가피하게 경험하는 고통들을 합리화하는 것은 아니라고 믿었다. de Unamuno에게 "삶의 비극적 의미"는 단 하나의 세계관으로서 끔찍한 일들이 일어나고 그런 일들이 공유되고 함께 목격될 수 있음을 반영한다. 또한 우리는 개개인이 경험할 어려움들의 목격자가 됨으로써 일종의 카타르시스를 느끼기도 하고, 낯선 사람들의 정서에도 고귀함을 느낀다. de Unamuno에 의하면 비극은 비관적인 것이 아니다. 침울해 하는 것도 아니다. 그것은 그 일들이 중요하기 때문에 우리가 눈물을 흘린다는 것과, 우리가 혼자가 아님을 확인하고 싶어한다는 것에 대한 인식이다.

타당화는 감당하기 힘든 고통을 마주할 때 이를 홀로 감당하는 것이 더 좋지 않다라고 인식하는 것이다. 정서도식치료에서 치료자는 타당화의 본질적 특성을 인식하고 있다. 치료적 관계에서 (그리고 다른 모든 의미 있는 관계들에서) 문제를 해결하는 과정은 문제를 공유하고, 고통을 겪는 사람이 경청과 이해, 궁극적으로는 보살핌을 받고 있다고 인식하는 것에서 시작될 것이다. 타당화는 치료자가 내담자로 하여금 그가 정서적 안전에 대한 감각을 발달시킬 수 있도록 도와 주는 수단이다. 즉, 내담자가 "나의 상처는 여기서 안전해요. 나는 이 사람을 신뢰할 수 있어요. 이 사람은 나에 대해 알고 싶어하고, 나를 돌보며, 보호해 주기도 해요."라고 말할 수 있도록 하는 것이다. 타당화는 모든 애착의 근본적인 요소이다. 상처받은 사람들은 그들의 문제를 해결하기를 바라지만, 안전함과 이해받는 것도 추구한다.

이것이 바로 de Unamuno가 고통을 대할 때 그냥 그것을 치료하는 것이 아니라 눈물을 흘려야 한다고 했던 의미이다. 그 누구도 치료자가 말 그대로 내담자를 위해 눈물을 흘리거나 내담자와 똑같은 정서로 고통받을 것이라고 생각하지는 않을 것이다. 하지만 내담자가 그의 정서에 대해 이야기하고, 눈물을 흘리며, 정서를 밖으로 드러낼 때, 치료자는 그것들이 진정으로 경청되고 있다는 느낌을 전달해 주어야 한다. 내담자는 치료자가 본인의 감정이 어떤지를 알고, 그런 감정들이 존중받을 것이라고 믿고 싶어한다. 내담자가 고백한 내용에 대한 너무 빠르고 안이한 논쟁은 "가능한 빨리 당신의 감정에서 벗어나야 할 것 같군요."와 같은 메시지를 전달하게 된다. 그러나 내담자에게 정서를 표현할 만한 시간과 장소를 제공하고, 어떤 감정이 드는지 분류해보는 것은—즉, 내담자에게 "감정이 일어나도록 내버려두는" 기회를 제공하는 것은—"당신의 감정은 중요합니다. 당신의 경험 또한 중요하지요. 저는 당신을 위한 시간이 있습니다. 당신을 위해서 여기 있어요."라는 메시지를 전달한다. 아무도 자신의 고통을 무엇에 쫓기듯 서둘러 내보이고 싶어하지 않는다. 사람들은 자신의 이야기가 경청되길 원하고 돌봄을 받기를 원한다. 자신의 고통을 공유한다는 것은 곧 그 사람을 신뢰함을 의미하는 것이다.

이 장에서는 어떤 것이 타당화에 속하고, 어떤 것이 아닌지에 대해서 다룬다. 또한 내담자와 치료자가 타당화에 대해서 흔히 오해하는 것들과 타당화가 내담자의 변화를 방해하는 결과를 가져오는 경우들에 대해서도 이야기할 것이다. 대개 치료에서 현재의 모습을 받아들이는 것과 변화의 가능성 두 가지 모두를 다루는 것과 마찬가지로, 타당화는 현재의 정서와 의미를 존중하고 인식하면서, 그와 동시에 극복하고, 해석하며, 느낄 새로운 방법들을 탐색한다. 이러한 변증법적 방식은—일부에게는 명백히 모순되어 보이는—변화의 과정을 교착상태에 빠뜨리곤 한다.

"타당화"는 무엇을 의미하는가?

"타당화"(우리가 느끼고 생각하는 것의 진실을 찾는 것)는 "공감"(다른 사람이 느끼는 정서를 알아차리는 것)과 "연민"(다른 사람과 함께, 그 사람을 위해 느끼고 그 사람의 고통을 돌보며 친절을 베푸는 것) 사이의 균형점이라고 말할 수 있다(Leahy, 2001, 2005c, 2011b). 오래전 Carl Rogers(1951)는 "무조건적인 긍정적 존중"의 특성, 즉 내담자가 변화를 시도하기에 심리적으로 안전한 환경을 조성하기 위해, 그의 정서에 대한 이해와 수용을 잘 반영할 수 있는 치료자의 능력에 대해 설명한 바 있다. 정서도식모델에서의 타당화는 무조건적인 긍정적 존중을 포함하지만 그보다 더 나아간다: 이는 정서가 무효화되는 것이 개인에게 어떤 의미인지, 그가 타당화로 받아들이는 기준은 무엇인지, 정서의 무효화로 나타나는 결과는 무엇인지까지 포함한다.

치료자가 내담자에게 공감할 때, 치료자는 내담자가 느끼고 있는 정서를 구별해낼 수 있다. 예를 들면, "당신은 슬프고 외로운 것처럼 들리는군요."라고 말할 수 있는 것이다. 치료자가 내담자를 타당화할 때 치료자는 내담자의 정서를 확인할 뿐만 아니라 내담자가 왜 그렇게 느끼는지에 대해 치료자가 이해한 바에 대해서도 이야기한다: "당신이 슬프고 외롭다는 것을 느낄 수 있습니다. 그렇게 그 관계가 단절된 것과 소중히 여기는 사람들과 관계맺는 것이 당신에게 얼마나 중요한지를 고려한다면 저도 당신의 정서가 이해가 됩니다."

다른 사람의 정서에 내재한 "진실"을 찾는 것—그 진실이 "왜곡된" 생각이나 "편향된" 규칙을 포함하거나 그들의 자부심이나 질투에서 기인한 것일지라도—은 우리로 하여금 다른 사람의 고통이 우리에게 의미하는 바가 있음을 발견하도록 한다. 타당화는 의미에 대한 것으로, 누구도 자기 자신이 그 의미를 이해하는 단 한 사람이라고 느끼고 싶어하지 않는다. 의미는 다른 사람들에 의해 공유되고 이해되어야 한다; 의미는 대화의 기본이 된다. 이것이 바로 사람들이 그들이 의미하고자 하는 바를 명확히 하기 위해 고군분투하는 이유이며, "내가 말하는 게 무슨 의미인지 알겠나요?"라고 질문하는 이유이다. 타당화에서 우리 청자들은 화자의 "진실"을 보는 증인들이며, 우리는 그들의 고통에 의해 영향을 받는다. 자신의 고통을 이야기하는 사람들에게 있어 이야기의 내용이 이해되는 것도 중요하지만 그것으론 충분하지 않다; 말한 내용을 다른 말로 바꾸어 표현하거나 말 그대로 반복하는 것 또한 충분하지 않다. 화자는 그보다 더 원할 것이다: 그들은 자신들이 현재 겪고 있는 것이 정말 어떠한지를 우리가 이해하는지 알고 싶어할 것이다. 타당화는 단순히 "사실"을 기록하는 것이 아니다(즉, "이게 그렇게 된 일이군요."와 같은 것이 아니다). 타당화는 그 경험이 어떠하였고, 어떤 정서를 느꼈으며, 어떤 것을 의미하는지를 청자가 이해했다는 느낌을 포함한다. 청자가 화자의 입장에 서서 그 혹은 그녀에게는 이런 경험이 어떻게 다가올지 상상하는 것이다. 이는 일시적인 의식의 결합이며, 자신과 타인의 경계를 허물어버리는 것이다.

화자는 정서를 직접적으로 표현할 수 있다(정서에 대해 이야기하고, 울고, 불평하고, 기술하고, 기뻐하면서) — 하지만 아무도 그 정서에 귀기울이지 않는다면, 그 표현이 귀기울여지거나, 반영, 이해되지 않으면 — 그 정서 표현은 타당화에 의해 연결될 수 없다. 타당화는 단순히 그 표현을 기록("기분이 좋지 않아 보이네요.")하는 것이 아니다. 타당화는 들은 것에 대해 관심을 보이는 것이다: 정서와 의미를 주의 깊게 듣는 것이다; 타당화는 그 사람이 존재하는 그 순간을 존중한다. 또한 타당화는 애착체계의 일부분이다. 즉, 타당화는 유아가 울 때 양육자가 유아에게 반응하는 과정과 같은 요소를 포함한다. 연결됨을 나타내고, 보살핌을 증명한다. 타당화는 화자에게 "당신이 계속 내 말에 귀기울여 주었군요. 당신은 내가 어떻게 느끼는지 이해하고 있어요."와 같은 느낌을 갖도록 한다. 타당화는 안전한 정서적 환경 — 화자의 고통(혹은 기쁨)이 존중되고, 의미가 파악되고, 화자가 더 이상 혼자라고 느끼지 않는 — 을 조성한다.

애착이론과 타당화

Bowlby(1969, 1973)와 Ainsworth, Blehar, Waters, 그리고 Wall(1978)은 유아는 선천적으로 애착을 형성하고 유지하는 성향을 가지고 있고, 애착관계가 방해될 때 행동체계를 활성화시켜서 애착을 안정화시킨다고 제안하였다. Bowlby의 행동학적 애착모델은 유아를 보호하고 먹이고 적절한 행동을 할 수 있도록 사회화를 돕는, 즉 유아의 생존을 가능케 하는 성인과의 근접성을 유지함에 있어서 갖는 애착의 진화론적 의의에 대해 강조하였다. 애착 이론가들은 유아나 아동이 단순히 근접성을 추구하는 것이 아니라 애착관계에서 안정감을 형성하는 것이 중요하다는 것을 강조하기 위해 이 모델을 더 정교화하였다(Sroufe & Waters, 1977). 이 안정감은 양육자의 아이에 대한 반응성의 예측 가능함을 수반한다.

Bowlby는 애착관계에서 안정감(혹은 불안정감)이 "내적 작동모델"의 발달 혹은 인지적 표상, 신뢰할 만한 (혹은 신뢰하지 못할 만한) 애착 대상과의 관계를 통해 형성된다고 제안하였다. 구체적으로는, 안정적으로 애착이 형성된 유아의 내적 작동모델은 양육자가 울음에 반응할 것이고 상호작용을 통해 유아를 달랠 것이며 (처벌적이기보다는) 긍정적인 상호작용을 할 것이라고 예측할 수 있다는 확신을 포함한다. 양육자가 유아의 표현된 욕구에 반응하는 민감성이 보다 클수록 유아에게 세계는 보다 안정하게 기능한다는 표상을 형성하게 된다(Feeney & Thrush, 2010; Mikulincer et al., 2001). 부모와 같은 사람이 자신의 괴로움을 돌봐주고 반응해준다는 것을 알게 되면 세상이 예측 가능하고 안전하다고 믿게 된다. 애착이론은 이 내적 작동모델 — 초기 아동기에 형성되는 — 이 나중에 다른 사람과의 애착 경험에 영향을 줄 것이라고 가정한다. 이것이 Bowlby 등이 말한 민감성으로, 타당화 도식의 초기 토대를 나타낸다.

Ainsworth와 그녀의 동료들, 후계자들은 애착의 유형을 네 가지로 구분하였다: "안정 애착," "불안 애착," "회피 애착," "혼란 애착"(Ainsworth et al., 1978; De Wolff & van IJzendoorn, 1997). 세 가지 유형으로 구분한 분류법도 있다: "안정 애착," "회피 애착," "양가적 애착"(Troy & Sroufe, 1987; Urban, Carlson, Egeland, & Sroufe, 1991). 애착 유형에 관한 연구들은 유아기 애착이 아동기와 성인 초기의 사회적 기능 — 특히, 또래관계, 우울, 분노, 의존, 사교능력 — 을 예측한다고 제안한다(Ainsworth et al., 1978; Arend, Gove, & Sroufe, 1979; Cassidy, 1995; De Wolff & van IJzendoorn, 1997; Elicker, Englund, & Sroufe, 1992; Englund, Kuo, Puig, & Collins, 2012; Kerns, 1994; Urban et al., 1991). 스스로를 "안정 애착"이라고 분류하는 성인들은 양육자와의 초기경험에서 양육자가 자신의 정서에 대해 민감하게 반응해 주었다고 묘사하였다(Hazan & Shaver, 1987). 애착 경험이 장기간에 걸쳐 영향을 미칠 수 있지만, 유전적인 성격 특성과 관련된 애착방식에서 유전적 차이가

있을 수 있다(Donnellan, Burt, Levendosky, & Klump, 2008). 애착 경험과 민감성의 중요성은 Fonagy, Bateman, 그리고 그 외의 사람들에 의해 제기된 정신화 이론의 핵심요소로서 드러난다(e.g., Bateman & Fonagy, 2004; Fonagy, 1989).

정신화 이론에 따르면 자기 자신과 다른 사람의 정신상태를 표현하는 능력은 반영과 학습의 상호 과정이며 자기 통제의 중요한 구성요소이다. 정신화 이론가들에게 이러한 초기 애착 역동은 경계선 성격장애와 다른 형태의 정신병리를 발생시키는 주요원인으로 간주된다.

여기서 의미 있는 관계에서의 타당화는 애착의 문제를 반영한다고 볼 수 있다. 첫째, 유아기 동안 애착을 형성하고 유지하는 과정에서 양육자가 보이는 아동의 고통에 대한 민감성이 타당화의 기반이 되는데, 이는 "다른 사람들이 나의 감정을 이해한다"와 "다른 사람들은 나에게 귀를 기울인다"와 같은 심적 표상을 강화시킨다. 아동이 "나의 애착 대상은 신뢰할 수 없거나, 거부하거나, 무관심해."라는 작동모델을 가지고 있다면, 타당화와 무효화에 대한 역기능적 도식이 형성될 것이다. 예를 들어, "내 감정은 다른 사람들에게 중요하지 않아"라는 작동모델은 "사람들은 내가 틀렸다고 할 거야," "사람들은 나를 무시할 거야," "내 정서들은 다른 사람들의 지지 없이 혼자만 느끼는 거야."와 같은 의식을 이끌어낼 것이다.

둘째, 양육자가 즉각적으로 아동의 감정을 달래는 것은 아동이 "나의 고통스러운 감정은 위로받을 수 있어."라고 믿도록 한다. 초기에 이러한 위로는 양육자의 주의와 안심시키는 말을 통해 이루어지지만, 후에는 아동이 스스로를 진정시키고, 낙관적인 자기진술을 통해 내면화시킨다. 그러한 진술은 초기 작동모델이 되고, Bowlby의 의미에 따르면 "내 감정은 타당하고 차분해질 수 있어."라는 내면의 표상이 된다. 그러나 내면의 작동모델이 "내 감정은 위로받지 못할 거야"라면 "내 감정은 나아지지 않을 거야," "내 감정은 통제 불능이야," "내 감정은 위험해"와 같은 부정적인 정서도식이 만들어지고 활성화될 것이다.

셋째, 아동이 양육자와 감정을 소통하는 것은 정서를 표현하는 기회가 될 뿐만 아니라 양육자에게 정서적 상태와 그 정서를 "야기한" 외부 사건을 연결할 수 있는 기회(예를 들면, "오빠가 너를 때려서 기분이 상했구나.")를 제공한다. 양육자가 아동의 감정의 원인을 이해하고자 하고 그것을 아동과 공유하고자 하는 시도는 아동이 이러한 정서들을 구별할 수 있고("네가 화나고 상처받은 것처럼 들리는구나.") 자신과 다른 사람에게 적용될 수 있는 마음이론을 구성할 수 있도록 돕는다. 사실,

적절한 마음이론이 없다면 아동은 다른 사람들을 향한 공감, 타당화, 연민을 갖는데 어려움을 겪고, 다른 사람들의 정서를 위로하기 어렵다. 더욱이, 자기 자신의 마음과 정서에 대한 적절한 이론이 없다면 이러한 정서들을 인지하고, 구별하고, 통제하기 어려울 것이다.

치료에 임하는 내담자들은 Ainsworth와 그녀의 동료들에 의해 제시된 — 안정 애착, 불안 애착, 회피 애착, 혼란 애착 — 성인 애착 유형과는 다른 치료적 관계를 경험한다. 의존하는 행동과 안심시키는 말을 필요로 하는 불안 애착 유형은 타당화가 이루어지지 않을 것이라는 두려움을 야기하거나, 그 두려움에서 기인한다. 불안 애착 유형의 개인은 타당화에 대한 색다른 믿음(예를 들어, "당신은 나를 이해하기 위해서 내가 느끼고 있는 바를 느껴야 해")을 가지고, 치료자가 비판적이거나 자신을 멀리할 것에 대해 두려워할 수 있다. 그럼에도 불구하고, 불안한 개인은 여전히 타당화와 궁극적으로는 치료자와의 애착을 갈구할 것이다. 대조적으로, 회피 애착 유형은 경계심과 거리감을 특징으로 한다; 이런 유형의 내담자는 다른 관계에서와 마찬가지로 치료적 관계에서도 가까운 접촉이나 마음을 열기를 피한다. 이러한 개인은 적게 기대하여 실망감을 덜고자 하고, 적게 공유하여 거부감을 피하고자 한다. 혼란 애착 유형의 환자는 욕구를 발견하는 데 어려움을 겪을 수 있다 — 혹은 귀담아 들어지지 않을 것을 두려워하여 욕구가 절대로 충족되지 않을 것이라는 생각에 욕구에 대한 표현을 과장할 수도 있다. 초기 애착 경험에서의 갈등은 (종종 요구의 증가나 불평, 정서적 표현을 통하여서) 타당화를 원하는 것과 (애착 대상이 예측 불가능한 것처럼 느껴지기 때문에) 타당화를 경계하는 것 사이에서 동요하게 만든다.

메타정서와 타당화

앞의 장에서 언급되었듯이, John Gottman과 그의 동료들은 "메타정서철학(meta-emotion philosophies)"을 설명하면서 부모들이 가지는 정서의 경험과 표현에 대한 믿음과 가치가 다르다고 제시하였다(Gottman et al., 1996). 예를 들어, 어떤 부모들은 그들의 아이들이 경험하고 표현하는 "불쾌한" 정서들 — 분노, 슬픔, 불안과 같은 — 을 꼭 피해야만 하는 부정적인 사건들로 볼 수 있다. 그런 정서들은 억압되거나 회피되어야만 하고, 오직 긍정적인 정서들이나 중립적인 정서들만 허용된다. 이러한 부정적인 정서에 대한 관점은 부모가 아동의 정서를 무시하거나, 비판하거나,

압도 당하는 등의 상호작용을 통해 전달된다. 예를 들어, 무시하는 부모는 "별일 아니야, 괜찮아질 거야"라고 말할 것이다; 비판적인 부모는 "다 큰 아기처럼 굴고 있구나. 철 좀 들어라"라고 말할 것이다; 압도된 부모는 "나도 내 문제들이 많단다. 그러니 너의 문제들을 내가 해결해 줄 수는 없어"라고 말할 것이다. 이 세 가지 사례 중 어느 것이든지, 아동의 정서는 무효화되고, 무시되며, 하찮게 취급된다.

정서의 사회화에 있어서 이러한 역기능적인 유형과는 달리, Gottman과 그의 동료들(1996)은 강도가 낮은 수준의 정서도 인지해내고, 유쾌하지 않은 정서도 친밀감을 형성하고 지지를 구하는 기회로 사용하며, 아동이 정서에 이름을 붙이고 분류할 수 있도록 돕고, 문제해결 과정에 아동이 참여할 수 있도록 하는 능력을 수반하는 "정서코칭(emotion-coaching)"이라는 유형을 제시하였다. 정서코칭을 하는 부모는 마치 Rogers의 내담자 중심적 접근에서 무조건적 긍정적 존중, 수용, 탐색을 하는 것처럼 보인다; 이러한 반영적이고 공감적인 경청에 더하여 다양한 정서들에 기꺼이 이름 붙이고 분류하고자 하는 것은 아동이 어려움에 대처하는 문제해결능력을 발휘하도록 한다. 정서코칭을 하는 부모를 둔 아동들은 자신의 정서를 스스로 달랠 수 있게 된다. 즉, 정서코칭은 정서적인 자기조절을 돕는다.

더욱이, 정서코칭을 하는 부모의 아이들은 심지어 정서표현을 억제해야 하는 순간에서도 더욱 효과적으로 그들의 또래친구와 상호작용한다. 그러므로 정서코칭을 하는 부모의 아이들은 "정서지능" — 언제 정서를 표현하고 억제해야 하는지 알고, 그들의 정서를 조절하고 처리하는 방법을 아는 — 이 더 잘 발달된다(Eisenberg et al., 1998; Eisenberg & Fabes, 1994; Mayer & Salovey, 1997; Michalik et al., 2007). 정서코칭은 아동에게 단순히 카타르시스를 느끼도록 강화하는 것이 아니라, 그들이 확인하고, 분별하며, 타당화하고, 스스로를 누그러뜨리며, 문제를 해결할 수 있도록 돕는다. 이것은 정서와 관련하여 마음이론에서도 지지된다. 정서도식 치료자는 내담자의 무효화된 과거나 현재의 경험을 확인하도록 돕고 치료적 관계에서 타당화의 경험을 할 수 있도록 한다. 하지만, 많은 내담자들이 다른 사람들로부터 타당화를 바랄 때, 무시되고, 업신여김 당하기 때문에 치료자는 내담자가 무효화의 경험이 과거에 어떤 것을 의미했는지에 대해서 초점을 맞추도록 도울 것이며(예를 들어, "내 감정들은 짐이었어요."), 왜 현재 치료적 관계에서 타당화의 시도들이 실패처럼 느껴지는가에 대해서 초점을 맞출 것이다(예를 들어, "당신은 그들의 편을 들고 있어요.").

타당화가 중요한 이유

제3장에서 언급되었듯이, 우리의 연구는 무효화가 우울의 주요 예측요인이라는 것을 제시하였으며(Leahy, Tirch, & Melwani, 2012), 앞서의 14개 정서도식 범주들 중 낮은 타당화는 부부간의 불화를 가장 잘 예측하는 요인이라고 하였다. 이는 알코올과 다른 물질 오용의 주요 예측요인이기도 하였으며 경계선적 성격에 대한 세 번째로 주요한 예측요인이다. 타당화는 정서도식의 다른 13가지 범주들 중 12가지와 관계를 갖는 것으로 나타났다. 이에 대한 다중회귀분석은 다른 범주들 중에서 타당화를 가장 잘 예측하는 요인은 비난, 지속기간, 이해할 수 없음임을 제시하였다. 즉, 타당화되었다고 믿는 사람들은 다른 사람들을 덜 비난하였으며, 그들의 정서가 누그러지지 않을 것이라고 믿는 경향이 덜하였고, 그들의 정서가 이해 불가능하다고 믿는 경향이 적었다. 그러므로 타당화는 정서도식, 정신병리학, 대인관계에서 주요한 요소라고 볼 수 있다.

치료자로서 나의 개인적인 경험은 이러한 타당화 및 그 실패의 중요성을 잘 드러낸다. 몇 해 전, 인지치료기법들을 상담에 적용하고 있었을 시기에, 나는 직업이나 친밀한 관계에서 어떻게 해야 하는지를 알고자 하지만 어색해 하는 남성과의 상담이 교착상태에 빠졌다는 것을 발견하였다. 그의 자동적 사고를 알아내고, 분류하고, 이득과 손실을 따지며, 그 증거들을 고려하는 기술들을 사용할 때마다, 그가 치료적 관계에서 철수하고 있는 것을 느꼈다. 나의 초기 반응은, 당연하게도, 그가 "저항"하고 있다고 생각하였고, 당연하게도 이는 그를 더욱 치료적 관계에서 멀어지게 하였다. 나는 아무런 도움이 되지 않고 있었고—더 중요한 것은, 그 역시 아무 성과를 보지 못했다. 그래서 나는 그에게 "당신이 우리 대화에서 뒤로 빠지고 싶어하는 것처럼 보이는군요. 무슨 일이신가요?" 하고 물었다. 그는 다소 당황한 듯이(이러한 말은 나와 어울리지 않았기 때문에) 나를 바라보며 말하였다. "당신은 내가 말하는 것을 귀담아 듣지 않는 것처럼 보였어요. 당신은 그저 당신의 기술들을 사용하고 있어요."

그가 옳았다. 나는 기술에 집착하고 있었다.

그에게 이러한 경험들이 어떠하였는지에 대해서 대화를 하고 있었기 때문에 그는 이 방에서 혼자라고 느껴졌으며, 누구도 그의 말에 귀기울이지 않는다고 느꼈다고 이야기하였다. 우리는 이러한 경험이 그가 겪었던 다른 경험들과 어떤 비슷한 점이 있는지 탐색하였다. 그는 그의 어머니가 매우 지배적이고 비판적이며, 오직 그녀의 관점만이 옳다고 여겼다는 것을 깨달았다. 그는 또한 그의 정서와 생각들을 분류하는 데 힘든 시기를 거쳤고, 불안과 숨통이 막힌 듯 느껴졌으며 인지치료의 기술들은 그로 하여금 어머니의 비판을 생각나게 하였다. 또한 그는 그의 여자친구가 어느 정도 지배하려는 경향이 있다고 생각하였으며, 이 점은 그녀와 관계하는 것을 힘들게 하였다.

나는 그에게 나를 바로잡아 주어서 고맙다고 말하고 싶다. 그는 나를 치료자로 변화시켜주었다. 나는 — 그가 분명하게 해주었듯이 — 내가 경청되기 위해서는 먼저 그가 경청되어야 한다는 것을 깨달았다. 그의 정서, 생각, 혼란, 억제가 우리 대화에서 중요하게 다루어졌다. 나는 나 스스로를 뒤에 두고 그에게 그가 느끼는 것들을 찾을 수 있도록 시간과 장소를 주어야 했다. 나는 기법들을 한쪽으로 치워두고, 그의 세계로 들어가서 그의 혼란을 받아 주어야 했다; 나는 여기서 저기로 가는 길이 항상 직선 방향이 아님을 인지하고, 내가 그 선을 그리는 사람이 아니라는 것을 인지할 필요가 있었다. 나는 그의 리드를 따라갔다. 그는 내가 더 기꺼이 들으려 하였기 때문에 비로소 말할 수 있었다.

나는 위의 경우가 내가 내담자를 무효화하고 있을 수도 있음을 깨달은 유일한 경우는 아님을 고백한다. 사실 심지어 내가 타당화하고자 노력하고 있을 때에도 이는 다른 사람에게는 무효화로 작용할 수도 있다. 하지만 이 내담자 및 다른 사람들과의 상호과정을 통해 배운 것은 무효화를 점검하고, 그것을 인지하고 인정하며, 공유하고, 나의 맹점을 알아차리는 것이 타당화라는 것이다. 이런 내담자들이 내가 그들을 타당화해줄 것이라고 믿게 되면, 그들은 나를 신뢰할 수 있을 것이다.

내담자의 과거와 현재의 무효화 환경

어린 시절의 무효화

정서도식모델은 정서적 사회화의 초기 경험의 중요성을 인지하고 있다. 정서도식모델은 변증법적 행동치료(Linehan, Bohus, & Lynch, 2007)의 기저이론, 정신화 이론(Fonagy, 2002), 자비초점치료(Gilbert, 2009)의 근본 모델과 함께 자기와 타인에 대한 역기능적 신념의 형성에 있어서 정서적 무효화, 반응성의 결여, 연민의 결여가 중요한 역할을 한다는 인식을 공유한다. 그러나 이러한 접근들이 분명 무효화를 경험하게 하는 환경의 중요성을 강조하지만, 정서도식모델의 경우, 특별히 정서에 대한 신념들과 그러한 경험의 결과로 활성화되는 다른 것들, 즉 무효화의 사회 인지적 내용에 대해 초점을 맞춘다. 예를 들어, 치료자가 내담자의 정서에 대한 부정적 시각을 밝혀냈다면(예, "나는 타당화 받지 못해", "내 감정은 부끄러워", "내 감정은 다른 사람들과 달라"), 치료자와 내담자는 이 정서에 대한 신념들이 어린 시절 어떻게 학습되었는지 탐색해 볼 수 있다. 치료자는 이렇게 질문할 수 있다. "당신의 어린 시절에, 당신이 화가 나면 당신의 어머니(아버지)가 어떻게 반응했나요?", "화가 난 경우, 당신은 어머니나 아버지에게 갔을까요?" 부정적 정서도식을 가진 내담자들은 종종 무효화하는 정서 환경에 대해 이야기한다. 아래가 전형적인 반응들의 예이다.

"제 아버지는 거리감이 느껴졌었어요. 마치 곁에 없는 것 같았어요. 곁에 있을 때에도 그는 차갑고 우리에게 아무 관심도 없는 것 같았어요."

"저의 어머니는 항상 전화통화를 하거나 친구들을 만나러 갔어요. 어머니는 내가 마치 자신에게 방해가 되는 존재라고 느끼도록 만들었어요."

"늘 화가 나 있는 어머니에 대해 항상 걱정했어요. 나는 그녀를 진정시켜야 했기 때문에 제 감정을 살필 여유가 없었죠."

"제 어머니는 소아과 의사였는데, 제가 저의 문제에 대해 이야기할 때마다 죄책감을 느끼도록 만드셨어요. 그녀는 이렇게 말했어요. '너는 너의 문제가 내가 병원에서 만나고 있는 아이들에 비하면 아무것도 아니라는 것을 모르겠니?'"

이러한 무효화하고 무시하는 반응들은 내담자들이 회상하기에 고통스러운 것처럼 보인다.

치료자는 이후 이렇게 질문할 수 있다. "당신이 설명한 이런 무효화와 무시하는 표현들을 부모님께 들었을 때, 그것은 당신에게 무엇을 생각하고 느끼게 했나요?" 차갑고 거리감이 느껴지는 아버지를 가진 내담자는 이렇게 생각했다. "누구도 내 감정이나 나에게 관심이 없구나." 항상 전화통화만 하는 어머니를 가진 내담자는 이렇게 생각했다. "사람들은 정말 심각한 상황에서도 내가 알려주지 않는다면 나에 대해 신경 쓰지 않아. 나는 내 말을 사람들이 듣도록 노력해야 해." 어머니가 소아과 의사인 베로니카(5장 참조)는 생각했다. "내가 가진 욕구들로 보아 나는 틀림없이 이기적이고 못된 사람이야." 감정의 범위 또한 중요하다 — 분노, 불안, 수치심, 죄책감, 슬픔, 무력감, 무관심, 체념, 혼란. 이러한 내담자들은 절대 그들의 기분이 나아진 것 같다고 말하지 않는다.

무시, 무효화, 비판적 상호작용에 대한 경험에 더하여, 치료자는 내담자가 경청이나 자신의 정서에 대한 타당화를 받기 위해 무엇을 했는지 물어볼 수 있다. 무시하는 부모(자신들의 정서로 인해 너무 바쁜)를 가진 어떤 내담자들은 그들이 주의를 끌기 위해 어떻게 신체적 증상에 대해 불평하고, 위급상황을 만들며, 곤경에 처하고, 떼를 쓰며 노력했는지 설명한다. 점차적으로 정서표현을 강하게 했던 한 내담자는 자신이 "착한 소녀"가 되기 위해 어떻게 노력했는지 설명했다. 그녀는 단정하게 옷을 입고, 예의 있게 행동하며, 어머니를 기쁘게 하기 위해 노력했다. 그것이 통하지 않을 때, 그녀는 응급상황을 만들었다. 그녀는 매우 화가 난 것처럼 행동하고, 울거나 매우 크게 불평을 했다. 다른 내담자는 인형, 공상, 독서 등의 "안전한 것들"로 도피한다고 설명했다. 또 다른 내담자는 그의 노력을 좋은 학생이 되는 것과 선생님에게 좋은 인상을 주는 것으로 전환했다. 마지막으로, 아버지로부터 무시당하고 동료들에게 놀림 받던 한 내담자는 그가 어떻게 마치 무관심을 연습하는 스토아학파처럼 비정서적인 냉소적 태도를 취하게 되었는지 설명했다. 그는 그의 아내가 그를 감정에 관심이 없다고 불평한다고 묘사한 것과 달리, 치료장면에서는 이성적이고 다정한 모습을 보여주었다.

무효화 환경에 대한 보상작용

무효화 환경(위에서 설명한 어린 시절 환경, 또는 뒤에서 설명하는 최근 환경)에 대한 보상작용은 다음의 몇 개의 범주로 나뉜다.

(1) 다른 부모, 친지, 또는 친구 등의 타당화의 대체적 자원을 찾음
(2) 수용되기 위해서 무효화하는 부모를 기쁘게 하거나 감동시키려고 시도
(3) 정서의 표현 증가
(4) 안심하기 위한 신체화
(5) 공상으로 도피

(6) 돌봄을 받는 느낌이나 누군가가 자신을 원한다는 느낌을 받기 위해 과도한 성적 활동에 몰두
(7) 정서적 욕구에 대해 주지화와 부인
(8) 자기 위로를 위해 알코올이나 약물을 사용
(9) 다른 사람을 돌봄, 특히 무효화하는 부모를 돌보는 것을 통한 애착 역할의 전환

이 각각의 "적응"은 의존, 정서조절장애, 정서의 과도한 극적 표현, 건강 염려, 억압적 정서방식, 정서표현 불능증, 물질사용장애, 자기패배적 관계 등의 정신병리에 영향을 미친다.

무효화에 대한 이 다양한 보상작용들에 대해 다루어 보도록 하자. 첫째로, 개인은 부모를 대체할 다른 타당화 자원을 찾게 될 수 있다. 어떤 아동들은 일찍이 자신들의 부모가 타당화를 잘 하지 못하지만 조부모나 친구들이 도움이 될 수 있다는 것을 깨달을 수 있다. 그들은 자신들의 애착적 관심을 이와 같은 사람들에게로 돌린다. 어린 시절(혹은 최근)에 정서적 지지를 누구에게서 구해왔는지(혹은 구하고 있는지)를 밝히는 것은 내담자들에게 도움이 될 수 있다. 타당화의 대체적 자원을 확인하는 것은 내담자로 하여금 무효화가 자신의 부모에게 한정된 것이고 모든 다른 사람들에게 일반화시킬 수 없다는 것을 깨닫게 하는 데 도움이 될 수 있다. 게다가, 부모의 삶에서 타당화와 연민을 가지는 대상에 대해 알아보는 것은 연민의 표상을 환기시키는 데 도움이 된다. — 이 과정은 이후에 논의할 것이다. 그러나, 부모의 삶에서의 "타당화" 대상 또한 문제가 있는 대상일 수 있다. 예를 들면, 아버지가 분노를 터뜨리고 어머니는 자신의 건강 염려로 스스로에게만 관심이 있다고 묘사한 한 여성이 있다. 젊은 시절, 그녀는 매우 지지가 되고 "보호적"이고 애정을 주는 남성에게 의지하게 되고 결국 결혼하였다. 그녀는 자신의 애착 욕구가 그를 통해 채워질 것이라고 믿었다. 그러나, 그 남자 또한 알코올중독, 통제적, 독점적, 요구적인 사람이 되고, 그녀가 "나를 이해해 줄 유일한 사람"이라는 절박한 애착의 함정에 빠진 것처럼 느끼게 만든다. 모든 "타당화" 대상이 도움이 되는 선택은 아니다.

두 번째로, 아동은 타당화를 받기 위해 부모님을 기쁘게 하려고 열심히 노력할지 모른다. 예를 들어, 다소 자기애적이고 자신의 일만 생각하는 어머니가 어떻

게 자신의 정서적 욕구를 무시하고 업신여겼는지에 대해 이야기한 한 여성이 있다. 자신의 어머니가 자신에게 타당화를 제공하지 않는다는 것을 깨닫고, 그녀는 "예쁜 소녀"의 모습으로 옷을 입어 자신의 어머니를 감동시키려고 시도했으며, 학교에서 좋은 성적을 받기 위해 노력했고, 어머니가 가치를 두고 있는 사회적 틀에 자신을 맞추기 위해 노력했다. 그녀는 자신의 정서나 개인적인 정체성에 대해 타당화되기보다는 오로지 어머니의 자기애적 이상향을 반영할 때 타당화를 받을 수 있다는 것을 깨달았다. 성인이 되어, 그녀는 그녀의 첫 번째 남편과 다른 가족 구성원들을 포함한 착취적이고 자기애적 성향의 사람을 기쁘게 하고자 하는 경향이 생겼다. 치료자는 무효화에 대한 이러한 보상작용을 확인하는 다음과 같은 질문을 통해 내담자를 도울 수 있다. "만약 당신이 느끼는 방식대로 타당화를 얻을 수 없다면, 다른 가치나 행동으로 타당화를 얻기 위해 시도해 보았습니까? 그것이 효과가 있던가요?" 또한, 치료자는 현재 내담자가 타당화를 찾는 비슷한 방식들이 있는지 물어볼 수 있다.

셋째로, 많은 아동(그리고 성인)들에게 무효화에 대한 공통된 반응은 표현의 강도를 증가시키는 것이다. 떼쓰기, 소리지르기, 위협하기, 훔치기, 불복종 등등의 문제적 행동들은 종종 "나는 경청되고 있지 않아"라는 믿음에 의한 반응들이다. 예를 들어, 어린 시절 자신의 사업에만 몰두한 아버지로부터 타당화를 — 아니면 최소한의 관심이라도 — 얻기 위한 결실 없는 시도에 대해 이야기한 한 젊은 남성이 있다. 이러한 실패에 대한 인식의 결과로, 어린 소년이었던 그는 떼를 썼다. "가끔은 아버지에게 벌을 주기 위해서였고, 가끔은 어떤 관심이라도 받고 싶었어요." 치료자가 그에게 물었다. "자라면서 아버지에 대해 가지고 있는 긍정적인 기억은 무엇입니까?" 그가 대답했다. "제가 다섯 살쯤 되었을 때, 아버지는 저를 무릎 위에 앉히고 놀아주곤 하셨어요." 성인이 되어, 그는 타당화에 대한 시도를 학업적 측면에서 그의 아버지의 역량이 미치지 못하는 부분을 배워 아들에 대한 고마움을 느낄 수 있도록 아버지의 일에 대한 꿈을 성취하는 것으로 바꾸었다. 부모로부터 타당화를 받지 못한 많은 다른 사람들과 비슷하게, 그는 결핍이 다른 사람에게 있다기보다 자신 안에 있다고 보았다(매력적이지 않고, 흥미롭지 않고, 가치 있지 않은). 그는 그가 충분히 좋지 못해서, 타당화를 받기에 타당성이 떨어진다고 믿게 되었다.

타당화를 더 추구하게 되는 것은 "정서조절장애"라고 묘사되는 내담자들에게서 공통적으로 나타나는 문제이다. 비명 또는 소리를 지르는 것은 종종 "너는 내가 말하는 것을 듣지 않아"라는 믿음에 대한 반응으로 나타난다. 불행하게도, 소리지르는 사람들은 일반적으로 "비이성적"이거나 "경청될 가치"가 없는 사람으로 여겨져 무시되고 이는 자신들이 타당화되지 못한다는 믿음을 더욱 강화시킨다. 치료자는 타당화에 대한 욕구의 표현이 점점 더 커져가는 내담자에게 다음과 같이 질문할 수 있다.

> "나는 사람들이 당신의 말을 듣거나 당신이 어떻게 느끼는지에 대해 신경 쓰지 않는다고 생각해요. 과거에도 여러 번 이런 식으로 느낀 적이 있나요? 예를 들어, 아동일 때? 아니면, 다른 관계에서 이런 식으로 느껴본 적이 있나요? 저와 함께 있을 때도 때로는 이런 식으로 느끼시나요?"

혹은;

> "아마도 당신은 소리를 질러야만 사람들이 당신의 이야기에 귀기울이고, 심각하게 받아들인다고 믿었기 때문에 소리를 질렀을 것입니다. 당신이 소리지를 때, 사람들이 당신을 타당화해주었나요, 아니면 외면하였나요? 함께 소리지른 사람들도 있나요? 이것으로 인해 친구를 잃은 적이 있나요? 사람들이 당신의 이야기에 귀기울이게 만드는 다른 효과적인 방법이 있다면 시도해보고 싶으십니까?"

타당화를 강화하는 또 다른 문제 유형은 무관심해 보이는 사람과 계속해서 관계하려고 시도하는 것이다. 예를 들어, 한 젊은 여성이 소외감을 느끼게 한 친구들에게 계속해서 문자 메시지를 보낸다면, 그녀가 그들을 스토킹하고 있다는 느낌을 줄 수도 있다. 다른 사람들은 메일이나 문자로 분노나 모독적인 말을 전할 수도 있다. 이러한 문제적 유형은 더 나아가서 거절감, 우울, 고립감을 불러일으킨다 — 그리고, 아이러니하게도 타당화되기 위해 같은 행동을 더 많이 하게 된다.

네 번째로, 몇몇 사람들은 진짜든 상상이든 간에 신체적인 통증에 집중한다. 아동의 잦은 학교 결석, 모호한 신체적인 통증, 혹은 "진단되지 않은" 질병은 애착과 정서적 돌봄을 찾는 간접적인 시도라고 볼 수 있다. 예를 들어, 오랜 기간 건강염려증을 앓아온 한 고령의 남성은 그의 아내가 얼마나 정서 표현을 무시하였는지에 대하여 기술하였다: "그녀는 항상 차갑고, 어느 정도 격식을 차린 상태였고, 심지어 아이들에게도 차가웠어요. 그녀는 손자들에게 전혀 관심이 없지요." 처음에 그는 아내로부터 그의 모호한 신체적 통증과 건강에 대한 걱정에 정서적 지지를 얻고자 하였지만 그녀는 자주 그것을 업신여기고 무시하였다. 그는 검진을 위해 의사를 방문하는 것이 그가 사람들과 교제하는 유일한 방법이라고 자주 느껴졌다고 이야기하였다: "마치 그들이 나를 점심식사 자리에 초대한 것만 같았어요. 그들은 나를 걱정해주었지요. 저에게는 집에서는 얻을 수 없는 상냥하고 다정한 돌봄을 받는 방법이었습니다." 신체적 고통에 주의를 요하는 것은 어느 정도의 지지와 타당화를 이끌어낼 수 있지만 파트너와 친구들에게는 "또 하나의 거짓 경보"라고 인식되어 무시로 이어질 수도 있다. 게다가, 신체의 문제에 집착하고 되새기는 것은 내담자가 경험하는 불안과 우울을 더할 뿐이다. 신체에 대한 걱정에 사로잡히는 것은 오히려 더 많은 문제를 더할 뿐이지만, 관심과 "상냥하고 다정한 돌봄"에 대한 욕구를 타당화하는 것은 도움이 된다. 후에 논의되겠지만 관심받고자 하는 욕구는 스스로를 타당화하고 연민하도록 격려함으로써 줄일 수 있다.

다섯째, 몇몇 내담자들은 다른 사람들의 타당화를 이상적이고 흥미진진한 세계에 대한 공상으로 대체한다. 이는 공상 속 세계에서는 거부당할 일이 없기 때문에 덜 위협적이기 때문이다. 한 내담자는 그녀가 어린 소녀일 때 그녀의 비판적이고 폭력적인 어머니로부터 타당화를 받고자 하는 욕구를 대체하기 위해서 어떻게 가상의 다른 자아를 만들었는지에 대하여 이야기하였다. 이 다른 자아 — 그녀를 위한 상상 속 청중 — 는 위로의 원천이 되었다. 그녀는 그녀의 인형들과 특별하게 연결되어 있다고 느꼈기 때문에 인형들에게도 말할 수가 있었다. 십대에는 그녀의 고양이가 그녀의 청중이 되어 주었다. 치료자는 물었다. "당신이 십대일 때, 당신이 말할 수 있고, 당신의 정서를 공유할 수 있는 사람이 있다고 생각하셨나요?" 내담자는 대답하였다. "내 고양이요. 집에 와서 고양이에게 말을 하면 고양이가 나를 이해해주고 있다고 느꼈죠. 제 생각에는 고양이를 가지면 제가 더 나아질 것 같아요." 회피형 성격장애가 있는 한 남성은 소설 속 이야기들, 특히 모험 책에 너무 몰입한 나머지 실제로 모험을 하는 듯한 느낌을 받았다고 이야기를 하였다: "이 책에서 저는 모험에 참여하고 있다고 생각하면서 마치 제가 다른 성격을 가질 수 있을 것처럼 느껴져요. 저는 이런 상상들 속에서 제가 존중받고 있고, 가치 있다고 느껴집니다." 그는 회피하면서 어떻게 몇 시간 동안 공상을 하고 있는지를 이야기하였다. 그는 아내와는 성관계를 갖지 않았으며 중요한 것들에 대해서도 거의 이야기하지 않고 그저 그들이 마치 행복한 커플인 것처럼 행동하는 식의 관계를 맺고 있었으며, 다른 여성과는 불륜관계에 있었다.

성적인 문제는 타당화를 대체하고자 하는 사람들이 찾는 여섯 번째 도구이다. 아내가 자신을 무시하고 조정한다고 말하는 남성은 마사지나 성관계를 갖기 위해서 매춘부를 찾기도 한다. 그는 그들이 그의 욕구를 이해하고, 그를 곤란하게 만들지 않는다고 주장한다. 그가 매춘을 하러 가는 것이 아니라면, 집세를 지불하는 데 그가 "경제적으로 도움을 준" "여자친구"를 보러 갈 것이다. 겉으로 보기에 종교적인 어떤 남성은 성관계를 위해서라기보다는 대화를 위해 매춘부를 고용할 것이다; 그는 호텔 방에서 저녁식사를 할 수 있도록 하여 그녀가 그의 지적 능력에 감명을 받을 수 있도록 노력하고 이야기할 것이다. 술을 많이 마시고 정서를 무시하는 부모를 둔 한 여성은 남성들과 익명의 성적인 만남을 찾음으로써 그들이 자신을 필요로 하고 매력적으로 느낀다는 느낌을 갖고자 할 것이다. 그녀는 이러한 관계가 막다른 관계라는 것을 알지만, "이게 더 쉬운 방법이야; 난 상처받기 싫어."라고 이야기한다.

무효화의 일곱 번째 보상작용은 정서적인 욕구를 주지화하고 부인하는 것이다. 이러한 사람들은 자신의 정서가 절대로 받아들여지지 않고, 이해되지 않으며 다른 사람들로부터 돌봄 받지 못한다고 믿는다; 그 결과, 그들은 자기를 부정하고 정서와 관련하여 과도하게 이성적인 입장을 취한다. 예를 들어, 알코올 중독 남편을 둔 여성은 남편이 발기부전을 이유로 성관계를 맺으려 하지 않는다고 이야기하고 그녀가 애정에 굶주린 것 같다고 말하며 인지치료를 시작하였다: "어쨌든 우리는 25년간 결혼생활을 하였고, 우리 나이대의 다른 사람들은 보통 성관계를 가지지 않아요. 아마도 내가 너무 애정에 굶주렸나 봐요." 이러한 자기 부인적인 주지화는 그녀가 그녀의 좌절감을 정당화할 수 없도록 하고 문제를 오히려 키우는 관계에 갇히도록 하였다. 그녀가 후에 성관계와 애정에 대한 욕구를 타당화하였기 때문에 그녀는 스스로 주장할 수 있게 되었으며 이것은 결과적으로 남편의 음주문제를 바꾸고 친밀한 관계를 형성하는 데 중요한 도움이 되었다. 직업을 찾는 데 어려움을 느끼고 부모로부터 충분한 지지를 받지 못하고 있다고 불평하였던 남성은 과도하게 이성적인 전략으로 빠져들었다: "이해 받아야 하고 지지 받아야 한다고 생각할 때 내가 비이성적으로 생각한다는 것은 알아요. 그런 것 없이 그럭저럭 살아갈 수 있어야 할 텐데 말이예요." 그가 정서를 느끼고, 공유하는 것에 대하여 어떻게 생각하는지를 물었을 때 그는 "감정은 시간낭비입니다. 아무 소용 없는 것이예요." 하고 대답하였다. "사람들이 당신의 감정적인 면모를 본다면 그들은 당신을 이용하려고 할 거예요."라고 덧붙였다. 이렇게 정서에 반하는 껍질 속으로 숨는 것, 과도하게 이성적인 입장을 취하는 것은 흔하지 않은 일은 아니며, 몇몇 사람들이 인지행동치료를 찾는 이유 중의 하나이다. 한 내담자는 내가 정서와 타당화에 대해 이야기하자 놀라워하였다: "저는 이성적으로 접근할 줄 알았어요. 저는 정서로 우리의 시간을 낭비할 것이라고는 생각하지 않았습니다."

무효화의 경험에 대해 정서에 반하는, 과도하게 이성적인 반응은 내담자가 정서적 경험에 반하여 인지치료를 하고 싶어하기 때문에 치료에 어려운 장애물이 될 수 있다. 예를 들어, 내담자는 "저는 그런 것 필요 없어요; 저는 그냥 어떤 것을 선호할 뿐이예요."라고 말하며 마치 인간에게 일반적인 욕망과 욕구가 없는 것처럼 행동한다. "남편이 성관계에 흥미가 없다고 내가 신경이 쓰이면 안 된다는 것을 알아요. 나는 너무 감정적이고 너무 애정에 굶주려 있어요." 정서도식 치료자는 치료의 목표를 "필요를 알고 그 필요를 충족시키기"로 다시 구성할 수 있으며, "감정은 우리에게 우리가 필요한 것이 무엇인지 말해주고, 어떤 것을 놓쳤는지, 어떤 것을 요청해야 하는지 말해주기도 합니다."하고 알려줄 수 있다. 치료는 명제논리에 대한 "진리표"에서 참 진술과 거짓 진술을 다시 배열하는 활동이 아니다. 치료는 내담자가 그가 누구인지, 어떤 것들을 필요로 하는지, 그것을 어떻게 충족시킬 수 있는지를 발견해가는 과정이다. 합리성을 지나치게 강조하는 내담자는 정서에 목소리를 부여하지 않는 위험성을 안고 갈 수 있다. 치료자는 "당신이 필요로 하는 것들을 느끼도록 스스로를 허락하지 않으면 당신은 당신의 욕구를 충족시킬 수 없습니다."하고 말할 수 있다.

무효화에 대한 여덟 번째 보상작용은 약물, 알코올, 음식에 의존하여 스스로를 달래는 것이다. 정서도식에 대한 우리의 연구에서 알코올 의존을 가장 잘 예측하는 요인은 타당화, 통제, 비난인 것으로 나타났다(Leahy, 2010b). 그러므로 자신의 정서가 타당화되지 않거나 통제되지 않는다고 믿거나, 다른 사람들을 비난하는 사람들은 알코올 의존 경력이 더 많이 있는 것으로 밝혀졌다. 무효화에 대한 보상작용으로 몇 사람들은 다른 사람들로부터 수용받을 수 없다고 믿기 때문에 물질 남용이나 폭식에 의존함으로써 스스로를 달랜다. 청소년 약물 남용의 위험요인에 대한 연구에서는 가족, 사회, 학교의 유대감이 (역으로 점수화하여) 남용의 예측요인으로 나타났다(Sale, Sambrano, Springer, & Turner, 2003). 타당화와 유대감이 알코올과 약물남용 치료에서 가지는 중요성은 실제로 많은 내담자들에게 경험을 공유하고, 소외감을 줄이며, 어려움을 타당화하도록 강조하는 집단 치료나 12단계 프로그램이 효과가 있다는 사실을 통해 알 수 있다. 친밀한 행동은 옥시토신의 수준을 증가시키고 증가된 옥시토신의 수준은 알코올과 약물 남용에 대한 취약성을 감소시킨다(McGregor & Bowen, 2012). 반면, 알코올, 약물, 폭식으로 스스로를 달래는 사람들은 인위적으로 옥시토신의 수준을 증가시킴으로써 자신의 정서적 욕구를 채우려 할 것이다.

마지막으로, 무효화의 아홉 번째 반응은 다른 사람들을 향한 강박적인 돌봄, 특히 역방향 육아를 하는 것이다. Bowlby(1969, 1973)는 수년 전에 초기 애착의 혼란이 다른 사람들을 강박적으로 돌보도록 이끌 것이라고 제안하였다. 불안정 애착을 가진 사람은 역방향 양육(아동이 부모를 돌보는 것)과 같은 것을 포함하여 다른 사람들을 돌보거나 강박적으로 다른 사람들(배우자/파트너, 아이, 낯선 사람, 심지어 동물들)을 돌봄으로써 적응할 수 있다. 이렇게 방향이 전환된 친밀한 행동은 타당성의 결여로 인해 누락된 유대감을 채워줄 수 있지만, 자신을 의존하게 하여 타인이 떠나지 않을 것이라는 것을 "확신"할 수도 있게 한다. 더욱이, 다른 사람들의 욕구에 초점을 맞추면 자신의 욕구에 초점을 맞추는 능력이 흐려질 수 있다. 아버지로부터 수년간 무효화된 경험이 있고 나중에는 남편으로부터 무효화를 경험한 한 여성은 경계선 성격 장애를 가진 딸이 표현한 모든 부정적인 기분을 달래는 데에만 매달렸다. 그녀에게 좋은 엄마가 된다는 것은 딸이 경험하는 모든 욕구를 돌봐주어야 한다는 것을 의미하였으며, 딸이 불만을 가지는 것은 대재앙이라고 믿었다. 정서도식 접근법은 딸의 욕구와 그녀의 욕구에 대한 이분법적인 견해에서 그녀를 옮기고 실행 가능한 경계를 수립하는 동안 딸에게 합당한 주의를 기울여 자기 관리의 균형을 유지하도록 돕는 것이었다. 그녀는 그녀가 경계를 확립하거나 자신의 욕구에 따라 행동할 때 자신이 이기적이라고 느꼈다는 것과 그것이 자신의 어머니에게 도움을 청할 때 어머니가 자신에게 전달한 메시지라는 것을 인정했다.

현재 무효화되는 환경

현재의 무효화 환경 또한 정서에 대한 부정적인 관점을 강화할 수 있기 때문에 관련이 있다. 3장에서 설명한 연구에서 나타난 바와 같이, 결혼 또는 동거 관계에 있는 파트너들은 자신의 정서에 대한 파트너의 부정적인 반응을 이야기하였다. 이러한 파트너의 부정적인 반응은 관계 만족의 설명력에 거의 50%를 차지했으며 우울증에 대한 예측도 높게 나타났다. 치료자는 내담자가 겪고 있는 현재의 정서적인 상호 작용에 대해 관계정서도식척도를 사용할 수 있다(4장의 [그림 4.2] 참조): "당신이 화가 나면 당신의 파트너는 당신에게 어떻게 반응합니까? 당신의 파트너가 당신의 감정에 대해 당신이 죄책감을 느끼도록 합니까? 파트너가 다른 사람들도 똑같이 느꼈으리란 것을 당신이 이해하도록 도와줍니까?" 예를 들어, 이전에 언급된 건강염려증을 가진 노인은 그의 아내가 그는 절대로 바뀌지 않을 것이고, 그는 어리석은 사람이며, 그가 그런 식으로 느끼는 것을 "기괴한" 일이라고 말할 것 같다고 이야기하였다. 또 다른 내담자는 남편이 폭력적인 언어를 사용하였으며 자신의 정서를 무시하였다고 이야기하였다: 그녀는 남편이 "다 큰 어른이 돼가지고 불평 좀 하지 마."라고 말할 것이라 예측했다. 또 다른 내담자는 처음에는 남편이 지지와 격려를 했지만, 더 면밀한 질문에 대해서는 그녀에게 "걱정하지 마라. 그것은 큰 일이 아니며, 당신은 그것을 극복할 것이다."라고 말할 것이라 하였다. 이때까지, 그녀는 남편이 의도적으로는 긍정적으로 대했을지라도 사실은 무시하고 있고 어느 정도 거들먹거린다는 사실을 깨닫지 못하였다.

치료자는 사회적 지지의 성격에 대해 질문할 수 있다: "당신이 기분이 좋지 않을 때, 누구에게 지원을 요청합니까? 어떻게 반응합니까? 그들의 반응에 대해 어떻게 느끼십니까? 무엇이 빠졌습니까? 그들이 뭐라고 말하길 원합니까?" 또한 치료자는 내담자의 삶에서 중요한 사람에 대해 물어볼 수 있다. "당신의 삶의 일부를 차지하는 사람들 중에 당신이 타당화나 지원받기를 꺼리는 사람이 있습니까? 그들은 어떻게 반응합니까? 그것이 당신에게 어떤 느낌을 갖게 합니까?" 때로는 내담자가 지속적으로 비판적이고 무시하고 처벌하는 사람에게 도움을 구할 수 있으며, 불행히도 이들에게는 종종 자신의 배우자나 파트너가 포함될 수 있다. 초기에는 치료자는 내담자에게 비판적인 사람들의 타당화를 거부하고, 내담자를 지지하거나 스스로 타당화하는 사람들로부터 타당화를 받을 수 있다고 제안할 수 있다. 그러나

치료자는 정서도식과 파트너의 반응에 초점을 맞춘 부부 치료가 타당화하는 환경을 더욱 개발하는 데 도움이 될 수 있다고 제안할 수도 있다. 예를 들어, 한 내담자는 남편이 경솔하고 지나치게 지적이며 거부적이라고 불평했다. 부부 치료에서 그는 자신의 아내를 지지하고 싶다고 말했지만 그녀의 불만을 듣는 것이 그녀의 불평을 강화시킬 뿐이라고 생각하였다. 그의 정서도식은 정서에 대해 말하는 것이 시간 낭비였다. 치료자는 남편과 아내가 적극적인 청취와 타당화를 역할극으로 할 수 있게 하였다. 놀랍게도, 남편은 그가 그의 정서를 타당화하는 것이 대단히 중요하다는 것을 발견했다. 이로 인해 적극적인 청취와 타당화를 아내와 함께 사용하려는 동기와 의지가 높아졌다.

과거의 무효화된 환경과 관련된 용어

과거와 현재의 무효화가 논의되고 명확해지면 치료자는 내담자가 화가 났을 때 부모가 말했거나 행하려 했던 것을 내담자에게 물어볼 수 있다. 어머니가 소아과 의사인 베로니카는 "어머니가 나와 함께 앉아서 내가 어떻게 느끼는지 이야기해 주셨으면 좋겠어요. 저는 단지 혼자라고 느꼈습니다. 저는 십대 때 섭식장애를 앓았지만, 우리 어머니는 아직 제게 시간이 없는 것 같아요." 치료자는 물었다. "당신은 어머니가 어떻게 말하거나 행동했으면 좋았을 것 같나요?" 베로니카는 "저는 그저 어머니가 '너의 감정은 나에게 소중하단다. 내가 일하느라 너무 바빴어. 이제 네가 어떻게 느끼고 무슨 일이 일어나고 있는지에 대해 이야기해보자꾸나. 지금까지 너에게 많은 관심을 쏟지 못해 미안하다. 너는 나에게 중요한 아이야.'라고 말했다면 정말 좋았을 것 같아요."하고 말하였다. 또 다른 내담자는 "저는 아버지가 그냥 저를 안아주고 제가 얼마나 특별한지 말해주면 좋겠어요."하고 말하였고, 몇몇 내담자들은 "저는 저의 어머니(아버지)가 '내가 미안하다'라고 말했으면 좋겠어요."하고 이야기한다.

무효화된 경험을 가진 일부 내담자들은 그 경험의 결과, 정서를 이해하고 표현하고 받아들이는 데 어려움을 겪고 있다고 말한다. 타당화가 이루어지지 않았기 때문에 자신의 정서는 다른 사람들에게 부담이 되거나 시간 낭비였고 자신의 정서는 다른 사람들의 정서와 같지 않다고 생각하였으며 정서를 가진 것에 대하여 이기적이라 느꼈고, 오직 그들이 그들의 정서를 소리 높여 표현했을 때에만 귀기울여진다고 여겼다. 또한 정서를 억누르는 것이 좋을 수도 있다는 것을 학습하였고(아마도 외면적인 모습이나 학교 일에 집중함으로써), "그냥 극복해야지."라고 생각하였다. 한 여성은 "내 감정을 돌봐줄 사람을 구하는 것보다 예쁘게 치장하는 것이 더 쉬웠어요."라고 말했다.

일부 내담자들은 부모가 종종 자신의 정서를 "해석했다"고 불평한다. "그들은 나에게 내가 실제로 어떻게 느꼈는지 말해 줄 뿐입니다." 어쩌면 정신분석적 사고의 영향으로 어떤 부모들은 자녀의 정서에 대한 보고가 부모에 의해 병리적으로 변한 정서와 의도의 표면일 뿐이라고 믿었다. 베로니카(소아과 의사의 딸)는 "어머니가 내게 충분한 시간을 쏟아주지 않으셔서 내가 기분이 상했을 때, 어머니는 '너는 모든 것의 중심에 서기를 원해. 스스로 방법을 찾아내지 못하면서 나를 벌주고 있어.'라고 말하실 거예요." 베로니카는 화가 났고 죄책감을 느꼈으며 혼란스러워 했고 스스로의 정서를 알지도 못한다고 믿게 되었다. 또 다른 내담자는 친구 집에 방문하고 싶어할 때 어머니가 자신에게 죄책감을 심어주려 했다는 것을 알았다. "너는 정말 나를 걱정하지 않는구나. 내가 아프든 죽든 상관하지 않겠지. 친구나 만나러 가버려. 넌 정말 나한테 관심이 없구나." 어떤 내담자들은 부모가 자신의 눈물을 어떻게 속임수로 해석하였는지에 대해 설명한다: "너는 울면서 우리에게 죄책감을 느끼게 하려고 하지 마라. 나를 조정하려 들지 마. 네가 더 울수록 나는 널 더 무시할거야." 이와 같은 부모의 반응이나 "당신이 정말로 어떻게 느끼는지"에 대한 해석은 종종 내담자가 자신의 정서에 대한 자신의 인식을 신뢰할 수 없고 이러한 정서를 해석하기 위해 다른 사람들에게 의존해야 한다고 생각하게 만든다. 사실 그러한 내담자 중 일부는 의사 결정, 정서 및 인식에 관해서 다른 사람들로부터의 상당한 의존성을 갖게 된다. 예를 들어, 어머니가 자신의 정서를 해석하고 실제로 느낀 점을 알려준다면 내담자는 강박적으로 우유부단해진다: "제가 어떻게 해야 한다고 생각하세요?"

무효화하는 환경은 정서도식의 모든 차원과 관련되어 있다. 예를 들어, 부모들(그리고 파트너들)은 지속기간("너는 계속 울고만 있겠지"), 공감의 결여("다른 아이들은 이런 식으로 행동하지 않아"), 죄책감이나 수치심("이런 응석받이 같으니"), 수용의 결여("네가 느끼는 정서를 좀 바꿀 필요가 있어" "나는 참을 수가 없다"), 통제("넌 너의 정서를 조절하지 못하는구나"), 이해불가능("이해가 되지 않는구나. 네가 무슨 말을 하고 있는지 모르겠다")과 같은 메시지들을 준다. 정서에 대한 이러한 메시지는 내면화되고 자녀는 부모가 지시한 방식으로 자신의 정서를 보게 된다. 한 남자는 그가 어머니의 관심을 받고자 할 때 어머니가 그를 무시하고 통화하느라 바쁘다고 하였고 이것은 그로 하여금 그의 정서가 중요하지 않다고 생각하게 하였다. 치료에서 그는 치료자의 의도를 오해하여 기분이 상했던 경험을 재경험하였다. "당신은 다른 사람들과 똑같아요. 내 말을 듣고 있지 않군요." 그는 직장에서 그가 그 스스로를 어떻게 무너뜨리고 있는지를 알지 못한 채 불공정한 보상에 대하여 어떻게 계속해서 불평을 하였는지를 이야기하였다. 그의 정서가 진지하게 받아들여지기 위한 그의 시도는 반복적인 불만, 욕하기, 성난 분노, 수동 공격이었다.

내담자가 각 부모(또는 배우자/파트너)가 작성할 것 같다고 생각하는 방식으로 Leahy 정서도식척도 2판(LESS II)을 작성하도록 하는 것은 유용하다. 예를 들어, "어머니가 너의 감정에 대해 어떻게 생각을 하는지에 대해서 이 빈칸을 채운다면, 그녀가 뭐라고 할거라고 생각하니?" 이것은 종종 부모가 (또는 파트너가) 내담자에게 다른 사람이 내담자의 감정을 이해하지 못할 것이라고 믿고, 내담자는 자신의 감정에 대한 권리가 없으며, 내담자의 감정이 영원할 것이라고 말하는 부정적인 정서도식에 대한 즉각적인 통찰을 가져온다. 내담자는 본인의 정서에 대하여 다른 사람들이 어떻게 생각했기를 바라는지에 대해 쓸 수 있다. 예를 들어, 한 내담자는 "어머니가 내 감정에 대해 이야기하도록 격려하고, 내가 왜 그렇게 느꼈는지 알았으면 좋겠어요. 다른 친구들도 그렇게 느낄 거라고 말해주길 바랐습니다." 내담자가 다른 사람의 문제적인 정서이론을 내재화했다는 사실을 깨달을 때, 더 큰 통찰력을 얻을 수 있고 이 신념 체계로부터 멀어질 수 있다. "그건 제가 아니에요 — 그녀는 단지 어떻게 어머니가 되어야 하는지를 몰랐을 뿐이에요."

타당화의 다섯 가지 단계

이상적인 타당화는 무엇일까? 네 가지 단계를 제안해 보고자 한다: 바꾸어 말하기, 공감하기, 진실을 발견하기, 탐색하기. 다른 사람의 말을 바꾸어 말하는 것은 청자가 듣고 있는 내용을 추론하거나 해석하지 않고 반복하는 것을 가리킨다. 예를 들어, "당신이 말하는 것은 당신의 상사가 당신을 공정하게 대우하지 않는다는 것입니다. 당신은 좋은 직장을 다니고 있으며 지금보다는 더 많은 돈을 받아야 된다고 생각하는군요." 바꾸어 말하기는 청자가 실제로 똑바로 이해하였는지 점검하기 위해 피드백을 요청한다 — "제가 잘 들었나요?"

공감은 화자가 의사 소통하는 정서를 파악하는 것이다. 정서를 밝히는 것이 아니라 정서를 분명하게 반영하는 것이다. "당신이 좌절감을 느끼고 분노를 느끼는 것처럼 들립니다." 이상적인 타당화는 다른 정서를 추론하지 않는다(예를 들어, "당신도 분명 슬플 것 같네요"). 이는 듣고 있는 것을 반영하지 않기 때문이다. 치료자는 부모나 파트너로부터 무효화되는 경험을 한 사람이 종종 다른 사람들로부터 자신이 "정말로" 느끼는 것을 듣는다는 것을 알아야 한다. 말하는 사람이 주는 정보에 머무르는 것은 중요하다. 다시 한 번, 듣는 사람은 피드백을 요구해야 한다: "제가 당신의 감정을 정확하게 이해했나요? 혹시 놓친 것은 없습니까?"

다음으로, 타당화는 상황과 상황에 대해 말하는 사람의 해석을 고려하여 진실을 잘 찾는 것을 의미한다. "당신이 너무 많은 시간과 노력을 쏟아부었지만 그만큼의 임금을 받지 못한다고 생각하기 때문에 좌절하고, 화가 날 수 있을 것이라고 생각합니다. 공정하지 않다고 생각하기 때문에 화를 내고 있군요." 다시 말하면, 듣는 사람은 말하는 사람이 말하고자 하는 바를 넘어서서는 안 된다. "예, 당신의 어머니가 당신에게 하는 말 같아서 화가 나셨군요."와 같은 해석이나 추론은 피해야 한다. 이렇게 쓸데없는 해석은 치료자가 "당신의 어머니와의 나쁜 경험으로 인해 과민 반응을 나타내기 때문에 타당한 감정을 느끼고 있지 않군요."라고 말하면서, 무시하거나 잘난 체하는 것처럼 들릴 수 있다. 이러한 해석은 타당화한 후에 다루어질 수 있지만 너무 일찍 주어지면 화자를 무효화하고 소외시킨다.

마지막으로, 청취자는 화자에 대한 경험을 넓히기 위해 화자가 가질 수 있는 다른 생각, 정서 및 기억을 탐색할 수 있다. "이것에 관해 다른 생각과 느낌이 있습니까?" 또는 "그 경험에 대해 더 많이 말해 줄 수 있나요?" 이러한 "열린 질문"과 "초대 질문"을 통한 탐색은 비판단적이고 비지시적으로 경청되고 수용적인 분위기를 형성한다.

타당화 과정에서 말하는 사람은 듣는 사람을 바꾸거나 대처하는 더 좋은 방안을 알려주려고 지시하지 않는다. 일부 치료자는 내담자가 조심스럽게 느끼고, 받아들여지고 이해되도록 하기보다 너무 일찍 개입할 수도 있다. 예를 들어, 위의 상황에서 치료자가 분노를 해석하기 시작하면 "당신은 상사에게 화가 난 것이 아니라 어머니에게 화가 난 것이예요."라고 말한다면 내담자는 이 상황을 또 다른 비판적이고 무시받는 반응으로 받아들일 것이다. 사실 청취자는 내담자의 어머니처럼 들릴 것이다. 또는 치료자가 "이성적인 논쟁"으로 너무 빨리 뛰어들면 — "당신이 불공평하게 대우받고 있다는 생각에 부합하거나 반대되는 증거는 무엇입니까?" 또는 "개인화하거나 독심술을 하는 것은 아닙니까?" — 내담자는 치료자가 지배적이고 비난하고 통제적이라고 믿을 수 있다. 이 신념은 내담자를 더욱 멀어지게 만든다.

치료 과정에서 타당화의 목표는 안전한 정서적 환경을 조성하여 내담자가 치료자를 신뢰하고 자신의 취약성을 드러낼 수 있도록 하는 것이다. 이전에 무효화 경험이 있거나 파트너가 비판적이거나 무효화하거나 LESS II의 반응이 부정적인 정서를 나타내는 내담자 — 특히 자신이 정서를 표현할 수 없다는 신념을 가지거나 무효화되었다고 생각하는 — 는 타당화를 더욱 강조해야 할 대상이다. 또한 타당화는 첫 번째 회기나 내담자를 알아가는 과정에만 국한되지 않는다. 그것은 신뢰를 쌓고 유지하는 과정의 일부이다.

세부 기술

"세부 기술"은 타당화의 필수 요소이지만 충분하지는 않다. 이러한 일반적인 치료 행동에는 참석, 질문, 집중, 직면, 반영 및 치료 동맹을 촉진하는 기타 기술이 포함된다(Ridley, Mollen, & Kelly, 2011a, 2011b). 적절한 속도, 반영적 경청, 비언어적 행동, 개방형 질문 및 공감적 반영, 요약은 모두 효과적인 타당화를 위해 도움이 된다. 타당화하는 청취자는 언어와 비언어적인 방법으로 따뜻하고 수용적이면서 비판단적으로 의사 소통한다. 위에서 언급한 바와 같이, 세부 기술은 종종 타당화하는 반응의 일부가 된다. 치료자는 토론을 통해 내담자에게 몰아치는 것을 피하기 위해 상호 작용을 조절하여 신뢰할 수 있고 따뜻한 반응을 전달할 수 있다. 내담자가 자신의 생각과 느낌을 탐색할 수 있도록 침묵과 일시 정지를 허용한다. 부드럽고 따뜻하게 내담자에게 중요한 단어에 중점을 두어 적절한 억양으로 임한다("정말로 존중받지 못했던 것처럼 들리네요"). 적절한 신체 자세(개방적이고 편안한), 시선 맞춤(직접적이지만 고정되지 않은), 표정(내담자가 가질 수 있는 정서를 반영)으로 대한다(예를 들어, 내담자가 두려움을 표하는 경우, 치료자의 얼굴은 우려와 이해를 표현한다).

위에서 설명한 세부 기술 외에도 숙련된 치료자는 내담자를 관찰하는 데 있어 "치료자적인 셜록 홈즈(Sherlock Holmes)" 접근법을 시행할 수 있다. 종종 내담자의 정서적 경험과 다른 사람들과 관련된 태도는 내담자가 치료에서 어떻게 "보이려" 하는지를 통해 관찰할 수 있다. 관찰하는 치료자는 내담자가 옷을 입고 치장하는 방식(지나치게 세심하고, 경솔하고, 불쾌하고, 도발적인); 내담자의 목소리 억양; 내담자의 표정; 내담자가 눈을 내리깔거나 눈길을 돌리는 것; 몸 상태, 부적절한 웃음, 깊은 탄식, 망설임들을 느낄 수 있다. 예를 들어, 꼼꼼히 옷을 입은 남자는 자신이 다른 사람에게 어떻게 보이는지에 지나치게 염려할 수 있다. 성적으로 도발적인 내담자는 성적인 방식으로 다른 취약성을 감추고 자신이 성적인 대상으로 받아들여지거나 자기가 다른 사람을 유혹, 통제 또는 괴롭힘으로써 통제권을 쥘 수 있다고 믿을 수 있다. 눈을 아래쪽으로 내리깔면 특정 주제에 관해 이야기하는 데 내담자가 당황스럽거나 불편함을 느낄 수 있다. 또한 내담자의 목소리 억양을 통해 얼버무리며 넘어가려 하거나 강조하고 있음을 알 수 있다. 어쨌든, 치료자는 질문하지 않는 한 정서적으로 내담자에게 무슨 일이 일어나는지 알 수 없다.

치료자: 저는 당신이 당신의 어머니에 대해 말하기 시작했을 때 목소리가 더 조용해졌다는 걸 느끼고 그녀가 당신에게 어떻게 무관심했는지 알아차릴 수 있었어요. 왜 목소리가 더 조용해졌나요?

내담자: 죄책감을 느꼈던 것 같아요. 어머니를 비난해서는 안 될 것 같은 기분이 들었어요.

치료자: 그래서 어머니가 어떻게 당신에게서 멀어졌는지 알기 시작할 때 거의 "벙어리" 상태에 있는 것 같았군요. 당신이 그녀의 관심을 끌려고 했을 때 당신이 "벙어리"와 같다고 느껴졌습니까?

내담자: 저는 그런 식으로 생각해본 적은 없습니다. 그렇지만, 네, 그렇습니다.

치료자: 그리고 제가 당신의 어머니와 같이 당신의 말을 듣지도 않을 거라 생각하셨나요?

내담자: 말할 때 저는 정말 생각하고 있지 않았어요. 멍해 있었던 것 같아요. 어쩌면 저는 여기에서 이런 것들에 대해 이야기하는 것이 어렵다고 느꼈던 것 같습니다.

치료자: 어려운 기억과 어려운 감정에 대해 이야기할 때 멍해 있으면 잠시 벗어날 수 있죠. 특히 아무도 당신이 느끼는 고통을 들을 수 없다고 생각한다면 말이에요.

치료자 자신의 정서를 사용하여 타당화하기

정서도식 치료자는 자신의 정서가 내담자의 경험에 대한 정보의 원천임을 인식한다. 여기에는 두 가지 형식이 있다. "이 말을 듣고 나는 무엇을 느끼고 있는가?" 또는 "내가 이 사람이라면, 나는 무엇을 느낄 것인가?" 내담자의 말을 듣고 다양한 정서를 느낀다는 사실은 그들이 경험한 어려움을 묘사한다. 이러한 정서에는 슬픔, 걱정, 분노 및 내담자를 보호하고 방어하고 싶은 욕구가 포함된다. 물론, 이것들은 나의 특이한 반응을 반영할지도 모른다. 그러나 그것들은 다른 사람들로부터 알아차려지지 않은 내담자에 대해서 말해준다. 예를 들어, 한 여성이 치료에서 그녀가 고교 무도회에서 강간당했다고 밝혔다. 그녀가 부모에게 말했을 때, 그들은 그녀가 술에 취해서 "잘못된 친구들"과 어울렸기 때문이라고 비난하였다. 그녀는 부끄러워하고, 버려졌으며, 배신당했고, 아무도 그녀를 지키지 않거나 보호하지 않을 것이라고 믿었다. 결국 그녀는 아이러니하게도 자신을 강간한 바로 그 남자를 의지하게 되었는데 이는 그가 강인하고 자신감이 높아보였기 때문이다. 그녀는 잠시 동안 그의 여자친구가 되었다. 그 후 그녀는 그녀가 의지할 수 없겠다고 여기는 사람들을 사귀었다. 이로 인해 그녀는 파트너를 신뢰하거나 의존하고자 하는 욕구를 줄일 수 있었고, 그녀는 그녀의 파트너에게 계속해서 충실하게 행동하지 못했다. 그녀는 부모의 옹호와 보호를 느껴 보지 못했기 때문에, 항상 깊은 관계로 발전하지 않을 만한 남성만을 선택하면서 상대방에게 자신의 전부를 내보여주지 않았다. 그녀의 치료자로서, 나는 강간범과 부모로부터 그녀를 지키고 싶었고 분노하였으며 이것이 부모와 내담자의 경험에서 놓친 것이었음을 알아차렸다. 그녀 자신이 희생양으로 비난 받자 그녀는 스스로가 나쁘게 대우 받아야 마땅한지, 그녀의 유일한 가치가 성행위였는지 의문을 가졌다. 나는 그녀에게 부모님이 어떤 말을 전하기를 바랐는지 물었고 그녀는 "내 잘못이 아니라는 것을 그들이 알았으면 좋겠어요. 나는 나를 비난하기보다는 나를 변호할 수 있었으면 좋겠어요." 하고 대답했다. 나는 그 경험이 그녀가 관계에 대해 느끼는 방식에 어떤 영향을 미쳤는지, 아무도 믿을 수 없었기 때문에 관계에 헌신하지 못한 것은 아닌지 물어보았다. 그녀는 남자들이 자신을 떠나거나 배신하거나 자신의 결점을 발견할 수 있기 때문에 남자를 믿을 수 없다는 것을 알게 되었다. 관계를 시작하게 되면, 그녀는 문제를 찾을 것이며, 작은 흠, 실망, 또는 불완전함 등의 문제는 그녀가 비밀스럽게 다른 남자를 찾을 구실을 줄 것이다. 그녀는 자신을 매력적이라고 생각해주는 다른 남자가 항상 있기 때문에 자신이 관계에서 빠져나올 수 있었다는 것을 깨달았다. 그녀는 계속해서 자신의 도박에 대한 실패의 위험을 줄였다. 그녀는 자신의 목표가 혼인관계의 지속이라고 주장하였지만, 더 중요한 목표는 자신이 한 사람에게 지나치게 애착을 가지는 것을 방지하는 것이었다.

실제로, 그녀의 과거 피해경험에 대한 수치심은 그녀가 나에게 강간에 대한 이야기를 하는 데 여러 달이 걸렸다는 사실에 반영되어 있다. 그녀는 내가 그녀의 편이며, 판단하지 않고 신뢰할 만한지에 대해 확실히 해야만 했다. 그녀는 자신에게 자신의 피해에 대한 책임이 있다고 느껴왔던 것을 이야기하였다. 그것은 어느 정도는 그녀의 어머니가 그녀가 자극적으로 옷을 입었고, 그녀가 취해서 그런 일이 벌어진 것이라고 말했던 것 때문이었다. 그녀의 입장에서 생각해 보았을 때, 그 수치심과 그녀의 부모(특별히 그녀의 어머니)가 그녀를 겨냥했던 죄책감 유도가 타인을 쉽게 믿지 못하게 하고 하찮은 존재가 된 것 같은 기분이 들도록 만든다는 것을 깨달았다. 그래서 상처받기 쉽고 신뢰하지 못하는 것은 그녀에게 자연스러운 결과였다. 나도 그녀가 이전에 신뢰했던 다른 사람들과 같을 수 있기 때문에 그녀가 나를 믿지 못하는 것이 이해가 되었다.

어떤 치료자들은 치료가 단순히 이성적인 반응, 즉 "옳은" 행동들 또는 문제해결에 대한 것이라고 믿는다. 이는 경험이 적은 치료자들에게 가끔 나타나는 현상이다. 그러나 내담자들이 우리에게 해주는 삶의 이야기들은 쉽게 고쳐지지 않고 이해하기도 어렵다. 이론, 진단적 분류, 기술들은 다른 사람을 이해하는 것과 같은 것이 아니다. 사실, 나는 우리는 결코 다른 사람을 완전히 이해할 수 없다고 주장할 것이다. 우리는 실제로 그 사람을 위한 것이 무엇인지 절대 알 수 없다. 우리의 타당성과 이해는 언제나 불완전하며, 언제나 다른 사람들에 대해서 실망을 안겨 줄 가능성이 있다. 청자로서 우리의 완벽하지 못함을 아는 것은 우리의 내담자들이 이해받는다는 느낌을 받는 데 있어 겪는 어려움을 확인하는 첫 번째 절차가 될 수 있다. 우리가 할 수 있는 것을 시도해보는 것이다. 내담자를 위한 안전한 정서적 환경을 조성하는 것은 문제를 해결하는 것과 같은 것이 아니다. 확실히 문제를 해결하는 것은 중요하며, 심지어 핵심적인 것일 수 있다. 그러나 치료적 관계는 내담자가 돌봄을 받고, 가치 있게 여겨지고, 수용되고, 양육되는 것에 더 가깝다. 이것은 특별히 학대 받거나 틀렸다고 여겨져 온 사람들의 애착 욕구에 대한 것이다. 우리의 내담자들이 비명을 지를 때, 경청하는 것이 중요하다.

고통에 대한 존중과 현재 순간

사람들은 어느 정도는 고통받고 있거나 고통받아 왔기 때문에 치료받으려고 한다. 그들이 겪어온 경험과 그것을 해결하는 데 있어서의 어려움은 슬픔, 불안, 분노, 절망, 무력감을 유발해 왔다. 고통이 반영된 정서를 존중하는 것은 때때로 고통을 이해할 수 있고, 때때로 그것은 피할 수 없으며, 때로는 현재 순간이 그저 엉망으로 느껴지기도 한다는 것을 전달한다. 이것은 치료자가 내담자로 하여금 더 효과적으로 대처할 수 있도록 도울 수 없고 좀 더 노력하여 고통을 끝내도록 도울 수 없다는 것을 의미하는 것은 아니다. 다만 현재 시점에서 "당신은 상처받고 있고, 저는 그것이 얼마나 어려운 일인지 이해해요."라고 이야기할 수 있다. 고통을 다룰 수 있기 전에, 치료자는 반드시 고통의 소리를 들어야 한다. 치료자는 다음과 같이 말할 수 있다:

> "나는 당신이 이 이별로 인해 고통받고 있다는 것을 알 수 있어요. 당신은 그녀가 얼마나 의미 있는지, 어떻게 당신의 모든 삶을 그녀와 함께하려고 계획하고 있는지, 이 이별이 얼마나 충격적인지 나에게 이야기하고 있어요. 당신의 고통은 저에게 그것이 당신에게 중요하고, 깊은 감정을 느끼며, 이 사실을 겪어내기가 어렵다는 것을 말해줍니다. 당신이 사랑하는 누군가와의 관계를 잃는 것은 어렵고 힘든 일입니다. 당신이 지금 당장 고통스럽다는 것을 인식하는 것이 솔직한 일입니다. 이것은 이 순간에 당신이 어디에 있는지 말해줍니다."

위의 내용에서, 치료자는 현재 순간 — 고통의 순간 — 을 중요시하는 의사소통을 하고 있다. 성경의 전도서 3장 1~4절을 쓴 지혜로운 저자처럼, 치료자와 내담자는 삶에서 다양한 경험을 하게 되고, 그 각각의 경험은 겪을 때가 있는 법이라는 것을 인식하는 데 있어 함께 증인이 될 수 있다. "범사에 기한이 있고 천하 만사가 다 때가 있나니 날 때가 있고 죽을 때가 있으며 심을 때가 있고 심은 것을 뽑을 때가 있으며 죽일 때가 있고 치료할 때가 있으며 헐 때가 있고 세울 때가 있으며 울 때가 있고 웃을 때가 있으며 슬퍼할 때가 있고 춤출 때가 있으며" 순간을 존중하는 것은 모든 정서와 모든 경험을 위한 순간이 있지만, 그 순간은 오고 가며 그 경험과 정서들도 그와 같이 변화한다는 생각을 가져다 준다. 이 순간을 위한, 순간의 유동성에 대한 존중의 개념은 개인이 그 정서에 고착되지 않는 한 정서는 영원히 지속되지 않는다. 이것이 정서도식치료의 핵심 특징이다.

치료자: 그리고, 당신이 고통 받고 있다는 것을 알면, 스스로에게 이렇게 말할 수 있습니다. "지금 이 순간에 나는 매우 불행해. 나는 고통 받고 있어. 지금 당장, 나는 그렇게 느껴. 그것이 내가 현재 바로 이 순간에 가지고 있는 감정이야." 네, 당신이 이 순간 그런 방식으로 느낀다는 것을 인식하면서, 그것을 존중하세요. 감정을 들어보세요. 당신이 감정을 가진 사람이라는 것을 이해하세요. 그리고 그 순간은 바뀔 것입니다. 모든 순간은 유효기간이 있지만, 그 각각의 순간은 당신의 삶의 부분입니다.

내담자: 그건 너무 어려워요, 어려워요.

치료자: 네, 저는 이것이 지금 당장 당신에게 얼마나 어려운지 들었어요. 우리는 당신의 감정들과 그것이 당신에게 어떤 의미를 가지는지에 대해 이야기할 수 있고, 약간의 기술들을 시도해보고 어떤 것들을 해볼 수 있어요. 하지만 지금 이 순간 그것이 아프고, 제가 말씀드린 것 중 어떤 것들은 당장 당신에게 도움이 되지 않을 수 있어요. 아마 나중은 모르겠지만, 지금은 머물러보죠.

현재 순간에 대한 이러한 타당화—"당신은 당신이 있는 곳에 존재합니다."—는 그 정서들을 변화시킬 수 있는 방법이 있을 것이라는 것을 암시하면서 현재 순간 내담자의 정서에 대한 수용을 전달해준다. 역설적으로, 치료자가 이러한 고통스러운 정서에 대한 존중과 수용을 공유할 때, 내담자는 치료자의 변화에 대한 제안을 더욱 신뢰할 수 있다. "이것이 지금 당장 당신에게 많은 도움이 되지 않을 수 있습니다."라고 말하는 것은 내담자에게 두 가지 가능성을 제시해 준다: 지금 도움이 되거나(내담자가 변화할 수 있도록 움직이는), 당장 도움이 되지 않거나(치료자가 실제로 제안한). 그러나 만약 이것이 당장 도움이 되지 않는다면, 내담자는 치료자가 변화에 있어 일시적인 어려움을 알아차리고 그것들이 바뀔 수 있다고 열어놓고 있다고 결론내릴 수 있다. 반면에, 만약 치료자가 이렇게 말하면 어떤 일이 일어났을지 상상해보라. "만약 당신이 이런 식으로 생각했다면, 모든 것이 바뀔 겁니다." 이런 종류의 변화에 대한 확언은 현재 순간을 무시하는 것처럼 들리고, 내담자가 현재 경험하는 고통을 축소시키고, 그렇기 때문에 변화를 가져올 가능성이 낮을 것이다. 게다가 내담자가 절망감을 느낄 수 있다. 변화는 그것이 현재 순간에 대한 존중 및 수용과 조화를 이룰 필요가 있기 때문에 정서도식접근이 가지고 있는 하나의 "선택사항"이다. 타당화 받고 싶어하는 내담자를 위해, 수용을 보여주고 현재 순간에 대해 존중하는 것은 그 순간에서부터 변화를 추구하는 첫 번째 단계가 될 것이다.

타당화 실패에 대해 작업하기

불가피한 공감의 실패

Kohut(1971/2009, 1977)은 치료적 관계의 불가피한 부분이 내담자가 치료자가 자신이 느끼고 있는 것을 완전히 공감하거나 타당화하지 못한다는 것을 깨달을 것이라는 점임을 인식하였다. Kohut은 이것을 "공감의 실패"라고 언급하였고, 이 불가피한 실패를 다루는 것이 치료의 핵심적 부분이라고 주장했다. 유사하게, 나는 얼마나 많은 내담자들이 치료자가 내담자들의 어려움에 대해 이해하지 못하거나 혹은 신경 쓰지 않는다고 믿을 것인지 설명해왔다. 이것은 부분적으로는 어떤 내담자들은 무엇이 타당화를 구성하는지에 대한 색다른 믿음을 가지고 있을 수 있기 때문일 수도 있고, 서로를 완벽하게 이해할 수 있는 두 사람이 없기 때문일 수도 있고, 대다수의 경험들이 개인적이고 그중 많은 수가 충분하게 설명될 수 없기 때문일 수도 있다(Leahy, 2001, in press; Leahy, Tirch, & Napolitano, 2011). 무효화를 오랫동안 경험해 온 내담자에게 치료자와의 새로운 무효화 경험은 절망감을 주고 결국에는 치료의 조기 종결에 영향을 미칠 수 있다.

치료자는 내담자가 불가피하게 경험하는 이해 받지 못하는 느낌에 대비하여, 다음과 같이 말할 수 있다.

> "아마도 때때로 저는 당신의 감정과 경험을 완전히 당신이 이해 받는다고 느끼는 방법으로 이해할 수 없을 겁니다. 이것은 어느 두 사람도 완전하게 연결

되는 데는 제한이 있기 때문일 수 있고, 또는 제가 당신을 정말로 이해하는 데 있어 부족하기 때문일 것입니다. 이것은 좌절스러울 수 있어요. 하지만 저는 만약 우리가 이 오해들이 발생할 때 그에 대해 논의하기로 동의하는 것은 어떨까 생각합니다. 만약 당신이 제가 당신의 이야기를 정말로 이해하지 못한다고 느낀다면, 당신이 기꺼이 알려주는 것은 어떨까요?"

이 예측은 미래 내담자와 치료자 사이의 관계에서 좌절의 심화적 타당화를 위한 단계를 설정한다. 치료자는 내담자와 어쩔 수 없는 한계와 그것이 좌절스러울 것이라는 것을 아는 것에 대해 이야기를 나눈다. 우리는 이것을 "예측적 타당화"라고 부른다. 미래에 공감의 실패가 발생할 것이 이미 인식되었고, 다음 단계는 그에 대한 논의와 통찰에 대해 이야기하는 것이다.

치료자: 저는 당신의 감정을 존중하고 이해하는 것이 제가 당신을 위해 할 수 있는 일 중 가장 중요한 일이라고 생각합니다. 그러나 저는 또한 제가 그것을 효과적으로 하지 못했을 때 어떻게 될지 의문입니다. 그 말은, 제가 당신이 무엇을 느끼는지 실제로 타당화하지 못하고 실패하는 시간이 있을 수도 있다는 것입니다. 괜찮을까요?

내담자: 오, 아니에요, 당신은 잘 하고 있어요. 그것 때문에 걱정할 필요 없습니다.

치료자: 저에 대한 당신의 믿음에 감사드립니다. 하지만 저는 또한 우리 모두는 결국엔 사람들을 실망시킨다는 것을 알고 있고, 그것은 제가 감당할 수 없는 어떤 감정이 있다는 것일 겁니다. 그래서 만약 그런 일이 발생하면, 당신이 어떻게 반응할지 궁금합니다.

내담자: 오, 저는 누구도 완벽할 수 없다는 것을 이해해요.

치료자: 네, 당신은 정말 이해심 깊네요. 감사합니다. 하지만 당신이 겪어왔던 지난 경험들을 살펴봅시다. 당신의 아버지는 일에 몰두한 것 같고, 당신의 어머니는 자신의 문제를 해결하는 데 바빴습니다. 또한, 당신은 당신의 필요를 위한 충분한 공간이 없다고 느꼈죠. 당신은 당신의 친구 라라가 당신을 타당화해주지 않는 것 같아서 당신이 어떻게 느꼈는지, 그녀가 비판적이거나 그녀 자신에게 더 관심을 가지는 것처럼 보였다고 지난주에 저에

게 말해주었습니다. 따라서 여기서 우리가 함께 할 것은, 타당화가 실제로 핵심입니다. 그래서 저는 당신이 저를 이해해주는 것에 대해 감사하지만, 제가 당신에게 타당화를 제공할 때와 아닐 때 당신이 어떻게 이야기할지 궁금합니다.

내담자: 제가 지금 추측하기로는 제가 겪었던 경험에 대해 당신이 타당화하고 있다고 느껴져요.

치료자: 제가 당신에게 무효화를 할 때 당신이 저에게 그 말을 하는 데 주저함을 느낄까요? 당신은 당신의 어머니가 이런 염려들에 대해 들어주지 않았던 것에 대해 당신이 저에게 말한 것을 회상합니다. 그래서 저는 당신이 저 역시 무시한다고 생각하게 될까봐 걱정하게 됩니다.

내담자: 그 말이 맞는 것 같아요. 저는 제 안의 감정을 붙잡고 동시에 아무 말도 하지 않아요. 그렇지 않으면 저는 뜬금없어 보이는 분노를 터트리거나, 그저 그 사람을 바라보는 것을 멈춥니다.

치료자: 네, 이것들 역시 제가 걱정한 것입니다. 만약 당신이 제가 당신을 정말로 이해하지 못했다거나 당신을 타당화하지 않았다고 저에게 말한다면 제가 어떻게 반응할 것이라고 생각하세요?

내담자: 제가 생각하기엔, 지금 당신에게 말해주는 거지만, 당신은 이해하고 있어요.

치료자: 우리가 시도해보지 않는다면 당연히 우리는 알 수 없습니다. 좋아요. 지난 몇 주간 어떤 것에 있어서 제가 당신과 연결되지 않았다고 느꼈던 적이 있었나요?

내담자: (잠시 멈추었다가) 음, 저는 당신이 연결되려고 노력하고 있다는 것을 알아요. 하지만 제가 상사와의 관계에 대해 당신에게 이야기했을 때, 그녀가 얼마나 저에게 정말로 대가를 주지 않는 것 같은지 이야기했을 때, 저는 실제로 타당화된다는 느낌을 받지 못했어요. 당신이 주제를 바꾸려고 하는 것처럼 보였어요.

치료자: 오, 네, 기억합니다. 맞아요, 당신은 정말로 열심히 일했고, 그녀가 당신이 열심히 일한 것을 알아준 적이 없다고 느꼈습니다. 그러한 종류의 일이 화가 날 것이라고 짐작할 수 있습니다. 그것에 대해서 정말로 더 탐색해 볼 수 있고, 우리는 당신이 어떻게 느꼈고 어떤 생각을 했는지 이야기

해볼 수 있었을 것입니다. 대부분의 사람들에게도 힘들게 일한 것을 알아 주지 않는다고 느낄 때 화가 날 일이라고 생각되네요.

내담자: 감사해요. 바로 그거예요.

정서이입적 실패 — 불가피한 오해 — 는 거의 모든 가까운 관계에서 발생한다. 어떤 사람들은 그들의 배우자나 파트너가 그들을 타당화해주지 않을 때 특별히 제정신이 아니게 될 수 있다. 친밀한 관계에서는 어느 정도 타당화가 있다는 것이 한 가지 희망이 될 수 있다. 그러나 뒷부분에서 치료적 관계와 친밀한 관계에 대한 논의를 분명하게 다룰 때 언급하겠지만 타당화의 실망을 다루는 것은 정서적 및 관계에서의 완벽에 대한 비현실적인 기대와 인간의 나약함이라는 현실 사이의 관계에서 균형을 잡기 위한 필수적인 부분이다.

무효화의 의미 밝히기

앞에서 언급한 것처럼, 우리의 연구는 개인이 타당화된다는 지각은 대부분의 다른 정서도식 차원들과 상관이 있다. 타당화와 무효화는 내담자에게 어떠한 의미를 준다. 치료자는 내담자가 치료적 관계 또는 어느 관계에서든 무효화를 느낄 때 그것이 어떤 의미를 가지는지 내담자에게 질문함으로써 이 의미들에 대해 탐구해볼 수 있다. 사람들은 무효화에 대해 다양한 해석을 가지고 있다.

"당신은 신경 쓰지 않네요."
"당신이 신경 쓰지 않으면, 당신은 나를 도울 수 없어요."
"나는 당신에게 그저 또 다른 내담자일 뿐이죠. 나는 한 개인이 아니에요."
"누구도 나를 신경 쓰지 않아요."
"내 감정은 중요하지 않죠."
"내 감정은 말이 되지 않아요."
"당신은 저쪽 편을 드네요. 당신은 제 탓이라고 생각하죠."
"당신은 제가 생각하고 느끼는 모든 것을 이해할 필요가 있어요."
"만약 당신이 내 모든 감정들을 이해하지 않는다면, 나를 절대 도울 수 없어요."
"당신은 딱 우리 어머니[아버지, 아내, 남편, 친구] 같네요."

"저는 매우 외로워요."

"저는 신경 쓰지 않아요."

치료자는 이러한 해석을 받고 타당화, 이해 분석, 찬반의 증거, 이중잣대기법, 친구에게 조언하기, 다른 인지적 치료기법을 통해 분석한다. 아래는 그 예이다.

치료자: 당신이 제가 만약 당신의 모든 감정들을 이해하지 않으면 당신을 도울 수 없다고 생각하고 있는 것을 알겠어요. 우리는 여기 함께 당신을 돕도록 노력하기 위해 이 자리에 와 있기 때문에 제가 당신을 도울 수 없다는 생각을 하는 것은 틀림없이 매우 화가 날 거예요. 또 당신이 어떻게 느끼는가에 대해 이해하는 것은 매우 중요하죠. 저는 그것이 좌절, 짜증, 심지어 약간 두려운 것으로 생각할 수 있겠네요.

내담자: 네, 누구도 저를 이해할 수 없는 것처럼 보여요.

치료자: 누구도 당신을 이해할 수 없다는 느낌은 정말 견디기 어려운 것이죠. 세상에 혼자 있고 아무도 신경 쓰지 않는 기분일 거예요.

내담자: 봐요, 저는 당신이 저를 신경 쓴다는 건 알아요. 하지만 가끔 당신은 제가 그것을 마치게 안 해주네요.

치료자: 네, 당신에게 많은 감정들과 생각들이 있고, 제가 당신이 그것을 가로막도록 할 수 있다는 걸 알아요. 제가 그렇게 했을 때, 그게 제가 당신을 신경 쓰지 않는 것처럼 느껴진다는 걸 알았네요.

내담자: 당신이 저를 신경 쓰는 거 알아요. 하지만 그게 제가 느끼는 거고, 제가 이해하는 거예요.

치료자: 우리 모두가 우리의 관계를 마주하고 있다는 딜레마가 있네요. 그것은 우리가 정말로 신경 쓸 수도 있지만, 다른 사람이 가지고 있는 모든 감정을 다 이해할 수 없을 수도 있습니다. 우리는 어느 순간에 누군가가 가진 더 중요한 감정들로 보이는 것에 연결될 수 있도록 매우 열심히 분투할 수 있지만, 또 다른 사람에게 정말로 중요한 것을 놓치게 될 수 있습니다. 이것이 당신과 나와의 사이에서 일어난 일일 수 있을까요?

내담자: 네, 그런 것 같아요. 하지만 여전히 고통스럽네요.

치료자: 그럼 이것에 대해 함께 생각해 봐요, 알겠죠? 타인이 당신이 느끼고 있

는 모든 것을 이해해야 한다고 기대하며 당신의 관계를 진행해 나간다고 상상해봅시다. 그 예상의 결과는 무엇일까요?

내담자: 화가 나고 실망스러움을 느낄 것 같아요.

치료자: 사람들의 모든 것을 이해하게 되는 것이 이점을 가지고 있을까요?

내담자: 네, 아마 저는 마침내 이해 받는다는 느낌을 받을 거예요.

치료자: 그 역시 좋을 것 같지만, 그게 당신에게 일어나는 일인지 궁금하네요. 많은 경우, 이해 받는다고 느끼나요?

내담자: 전반적으로 사람들이 나를 이해하지 못한다고 느껴요.

치료자: 만약 당신이 모든 감정과 생각을 이해해주기를 정말로 기대하는 친구가 있다면 어떨까요? 그 친구에게 어떤 조언을 해줄 수 있을까요?

내담자: 저는 걔한테 말할 거예요, "네가 원하는 것을 절대 얻을 수 없을거야."

치료자: 만약 그 친구가 자신이 원하는 모든 것을 얻을 수 없다면 그 친구에게 무엇에 초점을 맞추라고 말할 수 있을까요?

내담자: 모르겠어요. 감정에 있어서, 이해 받는 것은 중요하다고 생각해요. 하지만 그 친구는 어떤 감정이 가장 중요한 것이고 어느 것이 아닌 것인지 정해야 하고 그것을 받아들여야 한다고 생각해요.

자기 타당화

치료자는 (또는 다른 사람들은) 타당화를 위해 항상 내담자 주변을 맴돌 수 없다. 무효화하는 환경을 종종 경험한 많은 내담자들은 그들의 정서를 억누르려고 노력하거나, 그들이 어떠한 정서를 느끼는 것이 어떤 문제가 있는 것인지 숙고한다. 그러한 내담자들에게, 나쁜 일이 벌어졌을 때 한발짝 뒤로 물러나서 안 좋은 기분을 느끼는 것이 당연한 것임을 받아들이도록 돕는 것은 극도로 도움이 된다. 정서의 주체가 되는 것, 정서를 존중하는 것, 자기 자신이 정서를 가질 권리가 있다고 허용하는 것은 그들이 제멋대로인, 제정신이 아닌, 통제불가라는 것을 의미하는 것이 아니고, 그 정서가 영원히 지속될 것이라는 의미도 아니다. 자기 진정, 스스로에 대한 자비의 메시지는 내담자가 겪어왔었던 무효화의 경험들을 해독하는 데 도움이 된다(Gilbert, 2009; Neff, 2009). 자비초점치료 기술은 괴로운 정서를 경험하는 개인에게 매우 도움이 될 수 있다(Gilbert, 2009). 외로움과 슬픔을 느끼는 내담자는 얼굴, 자비의 목소리, 사랑하는 사람을 상상할 수 있고, 그 사람이 사랑스러운 친절을 표현하는 것을 상상할 수 있고, 그 친절함이 얼마나 스스로를 진정시키고 침착하게 만드는지 상상할 수 있다. 자기 타당화는 또한 내담자의 정서가 얼마나 "말이 되는지", 다른 사람들이 얼마나 동일하게 느끼는지, 내담자가 얼마나 "나는 내 자신을 이해하는 것"을 이해하는지에 대한 자기진술을 포함한다. 내담자가 단언할 수 있는 진술은, 예를 들면, "나는 그저 인간 존재이다. 나는 현재 시점에 외로움을 느끼고 있지만, 그것은 인간으로서의 한 부분이다."가 있으며, 그들의 자비로운 자기 반영이 항상 함께할 것이고 그들이 항상 자신을 지지할 수 있다는 느낌을 주어 내담자가 침착하도록 도울 수 있다. 그 메시지는 내담자가 이해 받는다고 느끼고, 돌봄을 받는다고 느끼며, 자신에 의해 지지 받는다고 느끼는 한 현재의 정서를 없앨 필요가 없다는 것이다.

하지만 어떤 사람들은 자신들을 타당화하거나 자신을 향한 동정을 표현하는 것이 이롭지 않고 심지어 자만하게 되고 타인을 무시하게 되며 그 결과로 타인들에게 거절당하게 될 위험을 높인다고 계속해서 믿기도 한다. 예를 들면, 오랫동안 폭식을 한 이력과 체중 문제, 만성적 우울의 문제가 있는 한 여성은 자기 타당화를 "뉴에이지 넌센스"라고 보았다. 그녀는 만약 자신이 자기 타당화를 하게 되면 자신이 물러지고, 자기 연민적이 되며, 또 하나의 "패배자"가 될 것이라고 두려워하였다. 그녀는 자신이 이룰 수 있는 어느 진전도 계속해서 무시했다("만약 그것이 내가 해야 할 일이라고 해도 내가 왜 치어리더가 되어야 하죠?" 그녀는 빈정대는 목소리로 말할 것이다). 치료자는 그녀가 이중 기준을 사용하는 것에 대해 다음과 같이 조사했다. "당신은 왜 자신에게보다 타인에게 더 친절한가요?" 그녀는 자신이 인내심 있고 사랑하는 사람이라고 스스로 생각하기를 바랐으나, 자신은 스스로에게 사랑받을 자격이 없다고 믿었다.

치료자: 그래서, 당신은 그 친절에 어울리는 사람이 아니기 때문에 자신에게 보상해주거나 칭찬하는 것이 옳지 않다고 생각하는 건가요? 왜 다른 사람들은 친절을 받을 만하죠?

내담자: 음, 모두가 그렇죠. 저 빼고요.

치료자: 왜 당신은 아니죠?

내담자: 몰라요. 그게 그냥 나인걸요. 나는 더 잘 했었어야 했어요. 제가 우울한 데는 정말로 아무 이유도 없어요.

치료자: 음, 당신의 이 추론에 대해서 생각해 봅시다: "나는 우울해. 나는 내 친절을 받을 자격이 없어. 그건 나를 더 우울하게 만들어. 그래서 나는 어떤 친절도 받을 자격이 없어." 이것은 마치 당신이 자신이 우울해지도록 벌주는 것 같고, 그것이 당신을 계속 우울하게 해요.

내담자: 알아요. 이건 논리적이지 않은 것처럼 들리죠. 하지만 저는 만약 제가 제 자랑을 하기 시작하는 것을 두려워하는 것 같아요. 교만한 것처럼 들릴 거예요.

치료자: 아마도 당신만 들을 수 있기 때문에 당신은 자기자랑을 할 수 있을 거예요.

자기 타당화는 연민 어리고, 친절한, 지지적인 자기주도적 메시지의 형태를 취할 수 있다.

"나는 노력하고 있으니까, 정말로 내 자신에게 인정해줄 필요가 있다. 삶은 힘들지만, 나는 더 좋아지기 위해 노력하고 있다. 나는 나 자신을 사랑하고, 지지하고 나에게 친절하길 원해. 고통스러운 감정들은 나를 포함한 우리 모두에게 삶의 일부이다. 내가 경험할 수 있는 많은 좋은 것들이 있다. 나는 나 자신에게 친구가 될 필요가 있다."

앞의 치료자와 내담자는 자신에게 이 타당화와 인정하는 표현을 해 주는 것이 스스로를 오만하게 하고 타인과의 관계를 어렵게 만드는지 아닌지를 알아보는 "실험"을 기획할 수 있다. 추가적으로, 치료자는 "두려워하는 판타지" 역할극을 할 수 있다. 여기서 치료자는 자신에게 친절하게 하는 것이 끔찍한 결과를 가져온다고 말하는 역할을 맡는다.

치료자: (부정적인 목소리) 당신이 자신에게 친절한 말을 할 때, 당신이 정말로 자신을 오해한다는 것을 알고 있죠. 제 말은, 당신이 한 작은 일들은 정말 아무것도 아니라는 거예요.

내담자: (합리적 반응자) 내가 밟은 모든 긍정적인 단계는 중요해요. 나 자신에

게 지지적인 것을 포함해서요. 만약 내가 자신에게 계속해서 보상해준다면, 내 기분은 좋아질 겁니다.

치료자: 하지만 당신은 기분이 좋아질 자격이 없어요. 우울한 사람은 기분이 안 좋은 것이 어울리죠.

내담자: 그건 말도 안 되죠. 우울은 많은 사람들에게 있어 하나의 질병이고, 모든 사람은 기회를 가질 권리가 있어요.

치료자: 네, 모든 사람 중 당신만 빼고요. 만약 당신이 자신에 대해 긍정적인 것들을 말하기 시작하면, 당신은 교만하고 오만해질 것이고, 모두와 멀어질 겁니다.

내담자: 말도 안 되요. 나는 조용하고 은은하게 지지적인 것들을 나에게 말할 수 있고, 그건 틀림없이 저를 덜 우울하게 만들 겁니다. 그리고 만약 제가 덜 우울하다면, 저는 아마도 주변 사람들에게 더 재미있는 사람이 될 거예요.

요 약

이 장에서는 이해받고 연결되고자 하는 기본 욕구인 타당화에 대한 욕구에 대해 살펴 보았다. 이 욕구는 최초의 아이-양육자 애착 체계에서 시작되며, 전 생애에 걸쳐 완성되거나 충족되기를 추구한다. 타당화는 개인이 정서를 이해하도록 돕는 것, 표현을 허용하는 것, 반추를 줄이는 것, 정서에 대한 경험이 영원히 지속될 필요가 없고, 통제력을 잃지 않을 것이라는 것을 깨닫게 도와주는 것 등의 넓은 범위의 다른 정서도식들과 관련 있고, 그 정서도식들 내에서 발전을 이룰 수 있다. 어떤 사람들은 타당화에 대해 모든 면에서 완전한 동의나 반영을 기대하는 문제가 있다는 믿음을 가지고 있다. 이러한 믿음은 불가피하게 정서이입의 실패를 초래한다. 정서도식 치료자는 쟁점을 키우고, 무효화가 일어날 경우 그 의미에 대해 탐색하며, 실망의 가능성에 대한 공동의 수용을 발전시킴을 통해 이러한 실패를 잠재적 장애물로서 예측할 수 있다. 결국, 자기 무효화와 자신에 대해 연민을 보내는 것에 대한 저항은 이중기준 기술과 다른 인지적 기술들, “두려운 판타지” 역할극, 자기 타당화의 실제 결과들이 어떠한지 결정하는 행동적 실험시작하기를 사용하는 것을 통해 다뤄질 수 있다.

제 7 장

이해력, 지속성, 통제력, 죄책감/수치심, 수용

누가 오든 간에 감사하라. 그들은 당신을 저 너머로 안내할 가이드로서 당신을 찾아왔기 때문이다. — Jalal Al-Din Rumi

내담자에 대한 사정이 이루어지고 정서도식모델에 대해 설명한 뒤, 각 회기에서는 내담자를 힘들게 하는 구체적인 정서들을 이해하고, 정서에 대한 구체적인 신념 및 부적응적인 대처방식을 유지 또는 악화시키는 정서조절전략들을 이해하는 데 초점을 맞춘다. "인지적 오류들"을 탐색하는 인지치료모델과 유사하게, 정서도식모델에서는 내담자로 하여금 자신이 가지고 있는 정서에 대한 구체적인 신념의 의의에 대해서 생각해보도록 하고, 그와 다른 신념과 전략들을 갖는 것이 얼마나 더 적응적일 수 있을지를 선택하도록 격려한다. 이 장에서는 정서도식의 다섯 가지 세부적인 차원을 발견하고 수정하기 위한 가이드라인을 소개하고자 한다. 그것은 정서의 이해력, 지속성, 통제력에 대한 믿음, 정서가 죄책감과 수치심을 일으키는 정도, 정서가 받아들여지는 정도에 대한 것이다.

회기 중이나 회기들 사이에서 행동적 실험이나 경험적 연습들은 물론이고, 다양한 인지치료 기술(예, 신념의 장/단점, 신념을 뒷받침 혹은 반박하는 증거들, 정보수집, 이중기준 기법)들이 이 다섯 범주들을 다루기 위해 사용된다. 정서도식치료자들은 심상유도와 심상재각본(Hackmann, 2005; Smucker & Dancu, 1999), 초연한 마음챙김(Roemer & Orsillo, 2009; Segal, Williams, & Teasdale, 2002), 심리적 유연성을 강화하기 위한 기술들(Hayes et al., 2012), 가치 명료화(고통스러운 정서를 높은 가치와 연결하는 것, Wilson & Murrell, 2004), 긍정심리학 기술들(Seligman, 2002), 변증법적 행동치료 기술들(Linehan, 1993, 2015), 자비초점치료(Gilbert, 2009)를 사용한다. 이 다섯 가지 종류의 정서에 대한 역기능적 신념을 수정하는 것을 돕기 위해 이러한 기법들을 사용하는 것은 내담자로 하여금 견디는 능력과 정서적 경험을 사용하는 능력을 향상시킬 것이다. 또한, 내담자들이 정서도식과 대처전략 사이의 연결을 단절하도록 도울 것이다(Leahy, Tirch, & Napolitano, 2011). 이와 같이 포괄적, 통합적 정서도식모델에서는 다양한 종류의 기법들이 정서에 대한 이해력, 지속성, 통제력, 죄책감/수치심, 수용에 대한 신념들을 다루는 데 사용될 수 있다.

이 해 력

어떤 사람들에게서 정서는 "불쑥 튀어나오는" 것처럼 느껴질 수도 있다. 그러한 사람들은 "나는 내가 왜 이런 식으로 느끼는지 모르겠어요."라고 말할지 모른다. "나의 감정들이 이해되지 않는다"라는 믿음의 결과로 이러한 사람들은 혼란스러움, 무력감, 절망감을 느낀다. 만약 정서가 이해하기 어려운 것처럼 느껴질 때, 사람들은 그들의 정서를 두려워하거나, 그들이 통제력을 잃거나 미쳐간다고 생각할 수 있고, 혹은 스스로 이해할 수 없는 것에 대해서는 통제할 수 없다고 결론지을 수 있다. 또한, 자신의 정서가 이해되지 않는다고 믿는 사람들은 "나는 내가 왜 이런 식으로 느끼는지 이해할 수 없어" 또는 "내게 무슨 문제가 있나?"라고 곰곰이 생각하게 된다. 정서에 대해 이해하는 것이 정서도식치료의 핵심 요소이다.

어떤 내담자들은 정서 표현 불능증을 가지고 있다. 즉, 그들은 정서를 구분하고 이름 붙이며 다양한 정서와 연관된 사건들을 회상하는 것에서 어려움을 겪는다는 것이다(Lundh, Johnsson, Sundqvist, & Olsson, 2002; Paivio & McCulloch, 2004). 이 사람들은 종종 그들이 왜 부정적인 정서를 가지는지 이해하는 데 어려움을 겪는다. 이 내담자들은 모호하거나 장황한 불만을 보고한다("저는 기분이 다운돼요", "무언가 잘못되었어요"). 그들은 정서를 표현할 단어를 찾고, 각각의 정서들과 관련된 사건들을 회상하며, 정서를 사고와 연결하는 데 있어서 어려움을 갖는다. 내담자들로 하여금 다양한 정서와 감정이 떠오르는 경험을 알아차릴 수 있게 하고, 그러한 정서들을 특정 사건과 사고로 연결시키며, 그런 정서들이 생겨난 것을 맥락을 고려하여 이해할 수 있도록 돕는다.

첫 번째로, 전통적인 인지치료에서는 정서를 세부적인 자동적 사고, 가정 또는 핵심 신념과 연결하는 강력한 근거를 제공한다. 예를 들어, 어떤 내담자가 갖고 있는 수치와 슬픔은 만약 이러한 정서들이 "사람들은 내가 실패자라고 생각한다" 또는 "내가 나 자신에 대해 좋은 감정을 느끼기 위해서는 모든 사람의 인정이 필요하다" 등과 같은 자동적 사고와 연결되어 있다면 충분히 납득이 간다. 더 나아가, 인지치료에서는 "나는 부적절해요", "나는 사랑 받을 수 없어요"와 같은 핵심 신념들을 슬픔 및 수치심과 같은 정서에 연결한다. 두 번째로, 치료자는 우울이나 불안이 생물학적 요인을 갖고 있음을 설명할 수 있는데, 이는 특별히 발병이 일찍 되었다거나 가족력이 있는 경우에 더욱 적용될 수 있다. 그래서 생물학에 기반한 정신병리학은 특정 정서(예, 슬픔)와 그 정서와 관련된 인지적 편향들을 함께 설명할 수 있다. 세 번째로, 행동적 모델은 정서를 이해하는 데 있어서 유용하게 사용될 수 있다. 만약 슬픔이 소극성, 고립, 경험적 회피와 관련되었다면, 그 내담자는 슬픔이 그 과정과 연결되어 증가하는지 감소하는지에 대해 분석할 수 있다. 더 나아가, 행동 활성화를 실험해 봄으로써 내담자는 슬픔이 단순히 행동을 취하고 두렵거나 불편한 상황에 마주하는 것을 통해 수정될 수 있는지 없는지를 알아낼 수 있다. 실제로, 행동 활성화는 다른 정서도식의 범주들, 예를 들면, 지속성, 통제력, 특정 정서에 대해 개인이 갖는 무력감을 다루는 데 사용될 수 있다. 네 번째로, 어떤 내담자들은 그들이 "나는 기분이 나쁠 이유가 없어요"라는 "근거"의 수준에서 이해하기 때문에 자신들이 왜 특정한 방식으로 생각하거나 느끼는지 이해하지 못한다고 주장한다. 즉, 이들은 그들의 자동적 사고(예, "나는 실패자야")가 합리적인 근거를 가지고 있지 않으며, 그래서 기분이 나쁠 "이유"가 없다고 믿는다. 치료자는 이런 내담자들에게 우울이나 불안이 다양한 이유로 생겨날 수 있다는 것과, 그 정서는 부정적 사고를 야기하거나 그 사고들의 결과로 나타난다고 설명해 줄 수 있다. 또한 사고에 대한 믿음이나 신뢰도는 시간이 지남에 따라 바뀔 수 있다고 알려줄 수 있다. 부정적 정서와 연관된 사고는 그 정서를 유지하기 위해 사실일 필요가 없다. 그 사고는 그저 믿을 만하면 된다. 내담자들은 이렇게 주장할 수도 있다. "하지만 나는 그 사고들을 진짜라고 믿지 않아요. 그것들이 비합리적인 것이라는 것을 알아요." 치료자는 믿음의 정도가 내담자가 마주하는 상황에 따라 바뀔 수 있다고 알려줄 수 있다. 예를 들면, 이별을 경험한 남자는 이렇게 주장할지도 모른다. "나는 내가 다른 사람을 찾을 수 있을 것이라는 것을 알고 있어요." 하지만 그가 헤어진 사람에 대해 회상할 때, 그는 우울에 빠져들게 만드는 다음과 같은 사고의 홍수를 경험한다. "나는 그녀 없이는 행복할 수 없어.", "내가 관계를 망쳐버렸어." 이 사고들은 특정 상황에 한정될 수 있지만, 합리성이 특정 상황에서는 정서적 환기보다 부차적인 것이 될 수 있다는 점을 시사해준다. 뿐만 아니라, 정서는 상황이나 자동적 사고와 명백한 관계가 없는 생물학적 불균형에서 비롯될 수 있다. 이것은 정서가 생물학적 특이성의 결과로 "자연스럽게" 생겨날 수 있다는 것이다. 이러한 예로, 한 30대 여성은 왜 자신이 극심한 기분의 변화를 경험하는지 이해할 수가 없다. 치료자는 그녀가 양극성 장애를 가지고 있을 수 있고, 이는 유전력이 높은 생물학적 소인임을 설명해주었다. 이 진단에 대해 처음에는 회의적인 태도를 보였지만, 그녀는 정신과 의사와 남편이 묘사한 그녀의 모습을 바탕으로 진단을 받아들이게 되었다. 이와 같이 적절한 진단을 통한 다양한 기분의 변화에 대한 "이해"는 더 많은 이해력을 부여할 뿐 아니라 치료의 과정을 제안할 수 있게 해 준다. 위의 여성의 경우, 인지행동치료와 약물치료가 함께 제공될 것이다.

이해력에 대한 문제를 다루기 위해서, 치료자는 다음의 질문들을 할 수 있다: "당신은 그 정서를 이해하십니까? 어느 정서가 가장 이해하기 어려운가요? 어떤 것이 이해하기에 덜 어려운가요?" 예를 들어, 어떤 내담자는 그들의 분노 감정을 발견하는 데 어려움을 겪을 수 있지만 슬픈 감정을 발견하는 것이 더 어려울 수 있다. 그들은 "나는 내가 항상 슬플 것이라고 생각하기 때문에 슬프다."라는 것보다 "누군가가 나를 공격했기 때문에 나는 화가 난다."는 것을 훨씬 쉽게 이해할 것이다. 한 기혼 여성은 "나는 결혼을 잘 했고, 좋은 집도 있어. 우리 가정은 경제적으로 안정적이야."라고 생각했기 때문에 왜 그녀가 슬픈지에 대해서 이해할 수 없었다. 그녀의 우울은 아마도 생물학적 요소를 가지고 있었을 수 있겠지만, 그녀는 전업주부가 되기 위해 그녀의 변호사로서의 직업적 정체성을 포기하기도 했었다. 그녀는 이것이 정체성과 유능감을 어느 정도 잃는 것이라는 사실을 깨닫지 못했다. 그녀는 생각했다. "나는 행복해져야 해." 인생의 중요한 사건이 미친 영향에 대해 과소평가하는 것은 종종 내담자들이 경험하는 정서를 이해할 수 없도록 만든다. 치료자는 다음과 같은 가능한 이유들을 탐색해볼 수 있다. 생물학적 취약성, 어린 시절의 경험, 최근의 스트레스원, 상실, 갈등, 정서를 설명할 수 있는 기억들을 탐색하는 데 있어서 다음의 질문들을 활용할 수 있다.

"당신이 왜 슬픈지[불안한지, 화나는지 등]에 대한 적당한 이유로는 무엇이 있을까요?

"당신은 슬플 때[불안, 분노 등] 어떤 생각을 하나요(어떤 이미지가 떠오르나요)?

"어떤 상황이 이 감정들을 유발시켰나요?"

"이 감정이 당신에게 어떤 것을 떠올리게 하나요?"

"이 방법으로 당신의 감정을 설명하는 데 어떤 어려움이 있나요?"

"이 정서와 관련되어 떠올릴 수 있는 이전의 기억들이 있나요?"

뒤에서 정서의 지속성에 대해 논의하겠지만, 어떤 방식으로 정서를 느끼는지에 대한 이해는 그 정서와 동반되는 사고를 유발하는 상황에 대해 밝히는 것을 통해 가능해질 수 있다. 예를 들면, 앞에서 언급한 변호사로서의 커리어를 제쳐둔 어머니는 그녀의 남편이 아침에 집을 나섰을 때와 그녀의 사무실에 있던 이전 동료들의 소식을 들을 때마다 슬픔을 느낀다는 것을 알게 되었다. 아침에 남편이 출근하는 것은 그녀의 어머니로서의 역할에 대한 가치를 깎아내리도록 생각하게 되는 계기가 되었다. "나는 내가 받았던 교육 전부를 낭비해버렸어. 나는 이바지한 것이 하나도 없어." 그녀가 전에 함께 일하던 동료들에 대해서 듣게 되었을 때, 그녀의 생각은 이러했다. "나는 좋은 직업을 포기했어. 동료들은 내가 패배자라고 생각하게 될 거야."

가끔 내담자들은 다른 사람들이 어떻게 반응하거나 느낄 것인지 생각할 때 그들의 정서에 대해 더 나은 이해를 하기도 한다. 치료자는 이렇게 물을 수 있다. "만약 어떤 사람이 이것을 경험한다면, 그 사람은 어떤 종류의 다른 감정들을 느낄 수 있을까요?" 타인의 관점에서 그 정서를 이해하는 것이 가능해지는 것은 이 정서들을 이해하고 정상화하는 데 있어서 중요한 요소이다. 사람들은 다른 사람들이 그들과 동일한 방식으로 느낀다고 생각할 때 반추하거나 죄책감을 느끼거나 자신들을 고립시킬 가능성이 낮다. 정서를 정상화하는 것과 더불어, 다른 사람들이 어떻게 반응할지에 대해서 묻는 것은 보다 더 적응할 수 있는 방식으로 대처하는 아이디어를 끌어낼 수 있다. 앞에서 언급한 변호사는 다음과 같이 표현했다. "나는 샐리가 몇 년 전 그녀의 로펌을 떠났고, 처음에는 집에 있는 것에 대해 좋다고 느낀 것을 기억해요. 하지만 그녀는 많은 의문을 가지고 있었죠. 그녀가 가졌던 생각 중 하나는 아이가 2살이 되고 나면, 작은 지방 로펌에서 시간제로 일하려고 시도하려는 것이었어요. 나는 그녀가 그 계획으로 인해 기분이 나아졌던 것을 기억해요."

사람들은 그들의 정서에 대해 이해하지 못한다는 것이 무엇을 의미하는지에 대한 신념을 가지고 있다. 이것은 "메타정서 신념"이며, 이는 문제가 있는 대처방식으로 이끌 수 있다. (메타정서 신념과 Wells[2009]에 의해 개선된 메타인지치료 모델의 유사성에 주의하라.) 정서도식모델은 메타인지모델에서 사고의 역할에 대한 이론이 있는 것처럼 정서에 대한 구체적인 이론들이 있다고 제안한다. 정서의 불가해성에 대한 신념을 다루기 위한 구체적인 질문들에는 다음과 같은 것들이 있다. "만약 지금 당신의 감정들이 이해되지 않는다고 생각한다면, 이것은 당신이 어떤 생각을 하도록 만들까요? 당신은 미치거나 통제력을 잃게 될까봐 두려운가요?" 자신들의 정서가 이해되지 않는다고 믿는 어떤 내담자들은 그들에게 어떤 심각하게 잘못된 것이 있다고 믿기 시작한다. 예를 들어, 공황장애를 가진 내담자는 그들이 모든 통제력을 잃거나 완전히 미치지 않도록 관찰되고 통제되어야 하는 심각한 취약성이 있다고 믿는다. 정서적으로 조절이 되지 않는 다른 내담자들은 밝혀질 수 없는 깊고 어두운 어떤 비밀이 있다고 믿거나, 그들의 현재 정서적 조절곤란이 절대 사라질 수 없는 영구적인 장애라고 믿는다. 다른 내담자들은 "만약 내가 모든 것을 함께 연결하는 매우 적절한 설명을 할 수 있지 않는 한, 내 정서를 이해할 수 없을 거야."라고 믿는다. Ingram, Atchley와 Segal(2011)이 주장한 것처럼, 다른 수준의 "설명"은 행동적, 인지적인 것에서부터 신경학적이고 발달적인 것에 이르는 범위의 취약성을 설명할 수 있다. 한 정서를 "이해하는 것"은 그것을 이해하는 데 오직 하나의 방법이 있다는 것을 의미하는 것이 아니다. 대부분의 경우에, 밝혀져야 할 깊고 어두운 비밀은 없다. 어떤 비밀이 있다고 믿는 사람들은 "진실"에 대한 탐색에서 숙고할 것이며, "진짜 문제"를 다루지 않는 다른 해석들을 거부할 것이다.

그러나 최근 정서이론이 초기 경험과 관련된다는 사례들이 있음에도 불구하고, 이들이 밝혀져야 할 깊은 비밀이나 억제된 경험들이어야 하는 것은 아니다. 내담자들이 어떠한 방식으로 느끼는지에 대한 이해는 초기 아동기나 성인기 경험을 통해 촉진될 수 있다: "어렸을 때 일어난 일들 중에서 당신이 왜 이런 식으로 느끼는지에 대해 설명할 수 있는 것들이 있을까요?" 현재 정서에 대한 발달의 기원은 항상 유용한 것은 아니다. 사실, 그것들은 가끔 현재의 정서적 경험을 과도하게 병리화시키기도 한다. 그렇기 때문에 내담자는 "이미 모든 피해를 입었다."라고 믿게 된다. 취약성이나 정서의 원인에 대한 이론은 개인적 특성이 고정된 것, 불변하는 것, 영속적인 것이라는 믿음을 반영할 수 있다(예, "나의 어머니는 내가 나 자신의 감정은 중요하지 않다고 느끼도록 만들었다. 그래서 나는 항상 내 감정은 상관없다고 생각할 것이다."). 이 "정서적 결정론"에 대한 믿음은 종종 정신역동의 대중화 또는 "내면에 상처 입은 아이" 모델을 통해 강화되었고, 몇몇 사람들이 영구적인 정서적 장애 모델로 잘못 해석하였다.

그러나, 자신의 현재 정서가 이해되지 않는다고 믿는 내담자들에게 이러한 의문은 도움이 될 수 있다. 예를 들어, 앞에서 언급한 변호사는 그녀의 어머니의 전문적 커리어가 부모가 되면서 축소되었고, 그녀가 후회하는 원인이 되었다고 이전의 기억을 회상하였다. 사실, 그녀의 어머니는 자기 딸의 학업적 성취에 대해 엄청난 자부심을 가지고 있었다. 그러나 한편으로는 할머니가 되는 것에 대한 큰 기쁨도 가지고 있었다. 이 "복합적 메시지"는 자신이 전문적 변호사와 사랑의 어머니의 두 역할 사이에서 흔들리는 것처럼(이해할 수 있을 정도로) 보이는 느낌을 주었다.

이와 연관해서, 회상 이미지 또는 어린 시절의 장면들은 더 많은 정서와 사고를 끌어내고 현재 정서와 과거 경험 사이의 연결을 더 설명한다. 현재의 정서 — 예를 들면 외로움 — 는 내담자에게 정말로 외롭다고 느껴질 때 어떨 것 같은지 물어보는 것을 통해 "유도"될 수 있다. 내담자는 이미지, 기억, 외로움의 정서에 수반되는 다른 정서들을 관찰하면서 눈을 감고 부드럽게 "나는 매우 외롭다"고 반복적으로 말하도록 권유 받을 수 있다. "당신의 몸 안의 느낌, 가슴 안의 느낌, 공허와 상실의 감각을 알아채 보세요. 당신이 외로워서 가지는 슬픔을 알아채 보세요. 그리고 떠오르는 다른 정서들을 알아채 보세요. 이제 부드럽게 당신의 마음에 떠오르는 이미지를 관찰해 보세요. 그것을 보고 펼쳐보세요." 한 내담자는 그녀의 부모가 외출한 동안 오로지 혼자 있다는 것을 느끼며 외로이 침대에 누워 있었던 것을 회상하며 흐느끼기 시작했다. 치료자는 물었다. "이 이미지에서 어떤 생각이 떠올랐나요?" 내담자는 대답했다. "그들은 나를 정말 신경 쓰지 않아요. 나는 중요하지 않아요." 그녀의 현재 불안과 슬픔은 남편이 사업차 출장을 가면서 이끌어졌다. 그녀는 어린 시절에 무엇보다 아버지를 가장 많이 그리워했다고 회상했다: 그녀의 아버지는 그녀가 12살이었을 때 갑자기 사망하였고, 그녀는 자신을 후회하게 만든 어머니와 함께 남겨졌다.

결국, 정서와 생물학적 소인, 초기 아동기 경험, 가족 내에서 정서적 사회화,

자동적 사고, 개인의 도식을 연결하려는 가장 철저한 시도들이 있음에도 불구하고 어떤 내담자들은 여전히 그들의 정서가 이해되지 않는다는 것을 발견할 수 있다. 이러한 내담자들은 "통찰 완벽주의"를 믿는 것처럼 보인다. 즉, 그들은 자신의 정서(혹은 자기 자신)에 대한 모든 것을 이해해야 한다고 믿는다. 그들의 "나는 무엇이 나를 이렇게 느끼게 만드는지 모르겠어"라는 느낌은 종종 "진짜 의미"나 "완전한 이해"에 대한 다음과 같은 반추적 탐색을 이끈다. "내가 이것의 진정한 밑바닥까지 도달하지 못한다면, 나는 내 삶을 어떻게 살아야 하는지에 대한 결정을 어떻게 내려야 하는지 알 수 없을 거야." 명백한 규칙은 어떤 내담자들이 그 완전한 동기가 필수적 조건이라고 느끼는 것만큼, 완전한 통찰은 변화를 위한 조건에서 필수적이라는 것이다. 치료자는 개인이 왜 그렇게 느끼는지에 대한 이유를 이해하는 것이 항상 필요한 것인지 아닌지에 대해서 물어볼 수 있다. 또한, 어느 목표, 가치, 또는 행동이 생산적인지를 결정하는 데 있어 더 중요한지 아닌지에 대해 물어볼 수 있다.

정서의 병인론 또는 정서도식은 현재 정서가 어떻게 해석되고 "조절"되는지보다 덜 중요할 수 있다. 예를 들면, 현재 슬픔이 이해되지 않는 것처럼 보이는 내담자는 "만약 내가 나의 정서를 이해하지 못한다면 나는 이것을 바꿀 수 없을 거야"라고 결론지을 수 있다. 이해가 필수적이라는 믿음은 세부적 활동이나 상황이 더 많은 기쁜 정서와 연관되어 있다는 것, "통찰"이 변화에 있어 항상 필수적인 것이 아니라는 것을 설명하는 행동적 실험을 구성하는 것을 통해 설명될 수 있다. 통찰은 어떤 경우에는 이점이 될 수 있지만, 필수적인 것은 아닐 수 있다. 어떤 상황에서 이해는 효율성보다 덜 중요할 수 있다.

지 속 성

우리의 연구에 따르면(3장 참고) 우울과 불안의 주요한 예측요인은 정서가 무한정 지속될 것이라는 믿음이었다(Leahy, Tirch, & Melwani, 2012; Tirch, Leahy, Silberstein, & Melwani, 2012). 또한 앞의 장에서 나타난 것처럼, 정서의 지속성에 대한 인식은 "정동 예측"에 대한 연구(Wilson & Gilbert, 2003)들에서 계속해서 발견된 것이다. "지연 할인"에 대한 연구(즉, 긴 기간이 주는 할인의 누적에 비해 짧은 기간에 얻는 것을 중시하는 것)에 따르면, 지연된 기간이 길수록 만족감이 낮은 것으로 나타났다

(Frederick et al., 2002; McClure et al., 2007; Read & Read, 2004). 정서의 지속성에 대한 믿음은 현재 정서에 대한 고정된 예측("나는 지금 슬프다, 나는 항상 슬플 것이다."), 한 요소에 초점을 맞추어 다른 완화요인이 배제되는 것("나는 현재 동반자가 없다." — 다른 어느 것도 고려되지 않음), 완화적 개입이나 상쇄요인들에 대한 과소평가(예, 다른 관계나 가치 있는 대체물이 나타날 수도 있다는 것에 대해 이해하지 못함)의 결과이다. 또한, 정서에 대해 고정된 것(개체이론) 또는 변화 가능한 것(가변이론)이라 생각하는 신념들은 정서조절 능력과 관련되어 있다(Castella et al., 2013).

정서의 지속성에 대한 신념을 수정하는 것은 정서와 관련된 내성을 증진시키는 데 중요한 요인이다. 예를 들어, 오염에 대한 두려움을 느낀 강박장애를 가진 남자는 만약 자신이 재발방지 노출치료를 받게 된다면 그의 불안이 무한정 지속될 것이고 시간이 지남에 따라 더 커질 것이라고 믿었다. 유사하게, 공황장애를 가진 내담자들 또한 그들의 불안이 끝없이 지속될 것이라고 믿을 수 있다. 사고와 정서의 지속성에 대한 믿음은 절망과 우울의 근본을 이루는 중요한 요소로 다음과 같이 유사하게 밝혀질 수 있다: "나는 항상 절망적이라고 느낄 거야." 또는 "나는 항상 삶이 살 가치가 없다고 믿을 거야." 사실, 마음챙김 훈련의 중심원리 중 하나가 사고, 감정, 감각, 끊임없는 변화의 오고감을 이해하는 것이다. 유동성과 유연성은 지속성과는 상반된다(Hayes et al., 2012; Linehan, 1993, 2015; Roemer & Orsillo, 2009; Segal et al., 2002).

우리는 지속성에 관한 신념이 다른 신념(예, 통제와 수용에 대한 신념)들보다 더 핵심적이기 때문에 이것을 우선적으로 다루었다. 어려운 정서가 일시적이라는 것을 안다면 견디기는 훨씬 쉽다. 일시적인 정서를 통제하는 것은 덜 시급해 보인다. 위험과 손상에 대한 인식이 감소되어야 한다. 그리고 정서에 대한 절망의 기저에 있는 신념도 약화시켜야 한다. 치료자는 다음 질문을 통해 지속성에 대한 문제를 제기할 수 있다.

> "당신이 지금 가지고 있는 정서가 영원히 계속될 것 같다고 믿고 있다는 것을 알겠습니다. 그것은 틀림없이 당신에게 매우 어려운 경험일 겁니다. 그것이 지금 매우 어렵기 때문이죠. 우리는 종종 우리가 감정을 느끼는 방식에 몰두하고, 그것은 매우 오랫동안 지속될 것 같아 보입니다. 사실, 어떤 감정은 '마음을 에워싸는' 것 같을 수 있습니다. 그것은 종종 우리를 사로잡고 먼 곳으로

보내버리죠. 이것을 한번 살펴보고 우리가 무엇을 찾을 수 있는지 알아보죠. 당신은 구체적으로 어떤 감정이 영원히 지속될 것이라고 생각하죠?

내담자들이 종종 다양한 정서 — 불안, 분노, 슬픔, 혼란, 심지어 안도 — 를 가지게 되기 때문에, 그것들 중 어느 것이 다른 것들에 비해 덜 지속되는지를 구분하기 시작하는 것은 가치 있는 일이다. 치료자는 내담자가 왜 어느 정서들은 지속되고 어느 정서들은 아닌지에 대해 어떻게 설명할 수 있는지에 대해 묻는다. 특별히, 치료자는 행복의 정서들이 지속적인지 아닌지 물을 수 있다. 그리고 만약 그렇지 않다면 그 이유를 묻는다. 과거의 부정적 정서(예, 슬픔, 절망, 분노)가 지속가능한 유일한 정서인가? 같은 조건이 영속적이 될 것인가 혹은 어느 것이라도 바뀔 것인가? 내담자는 항상 같은 방식으로 생각하는가? 어떤 내담자는 정서의 지속성에 대해서 "정서 추론"을 사용한다. "이건 너무 끔찍해요. 이게 사라질 거라고는 상상이 되지 않아요." 정서의 강도가 그 지속성과 동등하다는 믿음은 비논리적으로 보이지만, 강한 고통으로 고통 받는 많은 사람들은 그런 결론에 도달한다. 치료자는 이렇게 물어볼 수 있다. "지금까지 가지고 있던 매우 강한 정서가 있나요?" 내담자가 슬픔, 분노, 불안, 질투와 같은 강한 정서 경험에 대해 열거할 때, 치료자는 그 정서가 가장 강한 정도로 얼마나 지속되었는지 물어볼 수 있다. 이 모든 정서들 각각은 어떤 시점에서 약해질 수 있기 때문에 내담자는 최근의 강한 정서 또한 바뀔 수 있다는 것을 고려해 보기 시작할 수 있다.

또한, 내담자의 변화에 대한 동기가 다루어져야 할 필요가 있다. 치료자는 이해분석을 통해 이것을 할 수 있다: "당신의 정서가 영원히 지속될 것이라고 믿는 것의 장점과 단점은 무엇인가요?" 어떤 내담자들은 변화에 대한 그들의 희망을 증가시키게 되는 것을 두려워하며, 그렇기 때문에 부정적 정서의 영속성을 유지할 것이다. 만약 그렇게 된다면, 치료자는 이렇게 질문할 수 있다. "만약 이 정서가 바뀌거나, 덜 강해지거나 덜 귀찮아질 것이라고 믿게 된다면 무엇이 달라질까요?" 이러한 지속성에 대한 믿음이 무력감 및 절망감의 느낌을 더하고 현재 정서상태에 대한 미래 예측의 기반이 되는 결과를 가져온다는 결과들이 있다. 또한, 지속성에 대한 믿음은 회피, 고립, 비활동, 숙고, 걱정, 폭식, 물질 남용과 같은 역기능적 대처방식을 초래한다. 이러한 대처방식을 평가하기 위해서, 치료자는 그 정서가 영원히 지속될 것이라는 사고가 나타날 때, 내담자에게 "다음"에 무엇을 할 것인지 물을 수 있다.

> "당신의 부정적 정서가 영원히 지속될 것이라고 생각할 때, 이것이 당신에게 어떤 것들을 하거나 피하도록 만듭니까? 예를 들면, 당신은 단지 포기하나요, 자신을 고립시키나요, 수동적이 되나요, 혹은 내향적으로 바뀌나요? 당신은 나쁜 감정에 머무나요? 당신은 미래에 대해 얼마나 나쁠지 예상해보고 그것에 머무나요? 잠시 동안 자신을 진정시키기 위해 과식, 음주, 약물 사용, 또는 다른 어떤 활동에 빠져보는 시도를 하나요?"
>
> "만약 나의 부정적 감정이 영원하다고 생각한다면 그것이 무엇인지 또는 무엇을 해야 할지 생각할 것이다."

비록 어떤 내담자들이 그러한 질문들을 잘못된 희망을 키우는 것으로 볼지라도 지속성을 믿는 것의 손실을 이해하는 것은 내담자의 변화 동기를 증진시킬 수 있다. 치료자는 현재 정서와 믿음이 매우 강력하고 고통스럽다는 것을 언급하면서 입증하는 것의 문제를 다룰 수 있다. 그렇다고 이러한 입증이 현재 순간에서 내담자의 "경험의 현실성"을 부정하는 것을 의미하지는 않는다.

> "당신이 발에 찔린 가시 때문에 끔찍한 신체적 고통을 겪고 있다고 상상해봅시다. 의사는 당신이 얼마나 큰 아픔을 겪고 있는지 관찰할 것이고 그 가시가 진짜 이유라고 말할 것입니다. 만약 의사가 그 가시를 제거해도 괜찮은지 물어본다면 당신은 의사가 틀렸다고 생각할까요? 만약 당신이 그 가시를 발 안에 남겨둔다면, 그 고통은 몇 시간 동안 지속될 것입니다. 어느 것이 가장 좋은 행동 방법일까요?"

지속성이 정서로부터 회피하거나 도망치고 싶은 욕구를 불러일으켰을지라도, 치료자는 내담자에게 "당신에게 그것이 지나가도록 겪어나갈" 시간이라고 제안할 수 있다.

지속성에 대한 믿음에서 비롯된 동기의 결여도 조사될 수 있다. "당신이 만약 정서의 지속성에 대한 의심을 가지고 있다면 어떤 것을 더 낫게 만드는 것들을 하는 데 있어서 동기강화가 되나요?" 어떤 내담자들은 만약 그들의 정서가 영원히 지속될 것이라면, 변화를 일으키는 위험을 감수하는 것이 이해되지 않는 것이라고 믿을 수 있다. “희망이 없다면 왜 귀찮게 구는거죠?”라고 한 사람이 말했다. 정서의 지속성에 대한 믿음이 자기 충족의 예언이 될 수 있다. 치료자는 다음과 같이 지적할 수 있다. “만약 당신의 정서가 변하지 않을 것이라고 믿는다면, 아무것도 하지 않는 것이 이해가 됩니다.” 또한, 정서의 지속성에 대한 믿음은 재발방지 노출치료에서 내담자가 그들의 두려움을 극복하는 데 전념하지 못하게 막는다. 앞에서 언급한 강박장애를 가진 남자가 만약 오염에 대한 자신의 두려움을 극복하기 위한 재발방지 노출치료를 시행했다면, 그의 불안은 영원히 지속될 것이라고 믿어왔다고 보고할 것이다. 정서의 긴 지속(증가한 강도)은 “노출에 대한 이론을 테스트”하는 데 높은 비용을 지불하는 것처럼 보였다.

지속성과 정서의 위험성에 대한 신념은 특정 공포증, 사회불안장애, 강박장애, 외상후스트레스장애의 치료에 있어 두려움을 활성화시켜 노출 연습에 전념할 수 있도록 돕는다. 예를 들어, 오염에 대한 두려움을 가진 내담자는 그의 아파트에 있는 “오염된” 물체에 대해 노출되기에 앞서 그의 불안이 얼마나 강해지는지, 얼마나 오래 지속될지에 대해 질문을 받았다. 그는 자신의 불안이 100%로 높아질 것이라고 하였고, 완전히 악화될 것이며, 기능을 하지 못할 것이고, 그의 불안이 한 주를 완전히 망쳐버릴 것이라고 하였다. 과거 노출 연습 경험에서 비롯되었을 이 예측에 대한 근거를 물었을 때, 그는 전에 노출을 해본 적이 없다는 것을 깨달았지만, “그 느낌이 사실”이라고 말했다. 노출 연습은 다양한 방법으로 기능할 수 있다. 가끔 노출 연습이 불안을 습관화시키기도 하지만, 내담자가 노출 치료에 전념하는 의지에 대한 믿음과 지속성, 내성, 불안해 하는 각성의 위험에 대한 신념을 테스트할 수 있도록 한다. 이 경우에, 내담자의 정서적 각성에 대한 믿음의 부정은 그가 이후의 다른 “오염”에 노출되는 것을 겪는 데 도움이 된다.

지속성에 대한 정보를 모으기 위해서, 치료자는 다음과 같이 질문할 수 있다:

> “당신의 가장 고통스러운 정서가 하루나 한 주의 흐름 동안 증가하거나 감소하였나요? 이것이 정서가 변화하는지에 대해서 당신에게 어떤 것을 말해주었나요? 당신이 어떤 다른 것을 하고 있기 때문에, 다르게 생각하고 있기 때문에, 다른 사람들 주변에 있기 때문에 정서가 바뀌었나요?”

이 신념은 내담자가 한 주 동안 시간 단위로 그들에게 관련된 행동이나 정서를 관찰할 수 있는 활동 스케줄(Leahy, Holland, McGinn, 2012 또는 아래 내용 참고)을 이용하게 하는 것을 통해서 점검할 수 있다. 모든 정서가 강도에 있어서 높아지고 낮아지는 것을 관찰함으로써 — 그리고 그 강도는 상황, 하루 중 시간, 정서를 동반하는 사고에 따라 달라진다 — 내담자는 지속성이 아닌, 규칙적인 변화를 관찰할 수 있다. 지속성을 반박하는 다른 증거들은 과거의 정서에 대해 질문하는 것을 통해 얻을 수 있다: "당신은 절대 사라지지 않는 부정적 혹은 긍정적 정서를 경험한 적이 있습니까?" 내담자의 유동성과 정서의 일시적인 속성에 대한 개인력은 심지어 과거부터 변화되어 온 매우 고통스러운 정서조차도 설명하는 것을 도울 수 있다.

잠재적인 정서를 예측하는 또 다른 요인은 사람들이 현재 정서를 완화시킬 수 있는 중간 사건들을 무시하는 경향이다. 현재 정서에 독자적으로 뿌리박고 있는 미래 정서에 대한 예측은 새로운 관계, 가치 있는 경험, 기회 또는 과거 사건에 대한 단순한 쇠퇴를 고려하지 않는다. 치료자는 이렇게 질문할 수 있다. "과거에 사라진 그 고통스러운 정서에 대해 회고해보세요. 그 정서의 강도가 줄어들도록 한 일은 무엇입니까?" 정서의 쇠퇴 과정을 추적하는 것은 그것이 "당신은 과거에 매우 고통스러운 경험에 대하여 지속성에 관한 믿음을 가지게 되었다. 하지만 그 정서들은 변화되었다."라는 것을 설명할 수 있기 때문에 유용하다. 어려운 정서들을 변화시킨 사건과 경험들에 다시 초점을 맞추는 것을 통해, 내담자는 새로운 보상, 의미, 경험의 자원이 생겨나기 때문에 모든 고통스러운 정서들이 결국에는 감소한다는 것을 깨달을 수 있게 된다. 자신이 현재 느끼는 절박함, 외로움, 절망의 감정이 영원히 지속될 것이라고 믿는 한 여성은 이전의 이별 이후 자신이 같은 정서를 경험했었음을 떠올렸다. 이에 대한 반영으로, 그녀는 자신의 이전 파트너를 이상화해왔었으며, 이전의 이별이 (어려움에도 불구하고) 새로운 관계의 기회를 만들어 주었었다는 것을 깨달았다.

정서가 왜 지속되지 않는가의 가능한 이유에 대한 후속적인 조사를 위해서, 치료자는 다음 주, 다음 달, 다음 해, 다음 5년의 기간 동안 발생할 수 있는 모든 사건에 대해서 질문할 수 있다. 지속성의 신념을 가진 많은 내담자들은 정서 예측에 있어서 근시안적이고, 그들의 현재 정서가 며칠 동안 그들을 괴롭혀 왔으며, 영원히 지속될 것이라고 예측한다. 종종 이러한 내담자들은 현재 정서를 유지하는 이유로서 한 가지 보상의 자원에만 초점을 맞출 것이다. "나는 실직했어. 그래서 무엇을 해야 할지 정말로 전혀 모르겠어." 또는 "내 파트너가 없다면, 나는 살 수 없어." 이에 대해서는 대체적인 보상과 의미 자원 — 현재의 상실과 관련이 있기도 하지만 없기도 한 — 이 조사될 수 있다. 치료자는 이렇게 질문할 수 있다. "다음 주[달, 해, 5년]에 닥칠 수 있는 기쁨, 의미, 도전, 성장, 보상의 자원은 어떤 것일까요?" 예를 들어, 실직한 한 남성은 그의 현재 직업 상태와 독립된 다른 보상 자원들이 있었다는 것을 깨달았다. 그것들은 그의 아이, 아내, 친구들, 친지들, 운동, 취미, 독서, 다른 활동들이었다. 게다가, 매일 상당한 거리의 통근을 해야 했던 이전 직장보다 집에서 더 가깝다는 장점이 있는 새로운 직업의 가능성에 대해 고려하게 되었다.

[그림 7.1]에서 [그림 7.3]은 정서의 지속성에 관한 내담자의 신념에 대한 분석에서 치료자와 내담자를 위한 지침을 제공한다. (이 그림들은 지침을 위한 목적만으로 제공되는 것이며, 그대로 재현하는 것을 목적으로 해서는 안 됨.) [그림 7.1]은 내담자의 지속성 신념을 테스트하기 위한 일련의 질문이다. [그림 7.2]는 내담자의 활동과 관련하여 매일의 정서 변화를 기록하는 데 사용할 수 있는 일정표이다. [그림 7.3]은 내담자와 치료자가 정서와 활동에 대한 활동 일정표로부터 결론을 도출할 수 있도록 해준다.

통 제 력

우리의 연구는 정서를 통제력 상실로 인식하는 것이 불안의 핵심 요인이며 넓은 범위의 정신병리와 관련되어 있다는 것을 보여준다(Leahy, Tirch, & Melwani, 2012). 실제로, "정서 조절"의 개념은 통제되지 않는 정서가 적응적 기능에 있어서 현저하게 부정적인 영향을 미칠 수 있다는 것을 내포하고 있다. 어떤 내담자들은 부정적인 정서를 즉시, 그리고 완전히 제거할 필요가 있다고 믿는다. 이 위급함과 완전한 제거에 대한 필요는 정서조절에 대한 거의 불가능한 기준을 세우게 한다. 이 기준들은 그 후 공허감을 느끼게 만들고(예, "나는 여전히 불안해!"), 더 나아가 불안과 무력감을 악화시킨다. 또는 내담자들은 뭐가 잘못된 것인지 즉시 알아내야 한다.

시간적으로 긴급한 감각은 통제, 확대, 이해가능성, 심지어 불확실성에 대한 인내에 대한 신념(정서에 대해 단순하게 보는 관점)과 연관되어 있다. 이러한 내담자들은 만약 자신이 즉각적으로 통제력을 가지지 못한다면, 그들의 정서가 흐트러지

지시: 질문에 대한 답변을 아래 공란에 기입하십시오. 정서에 대한 당신의 신념 중 일부를 바꾸는 것이 당신의 인생에 어떤 영향을 미칠 것 같나요? 더 큰 희망을 느끼고, 덜 무력하고 덜 불안감을 느낄 것 같습니까? 당신의 정서를 더 적응적으로 바라보는 방식에는 어떤 것들이 있을까요?

어떤 특정한 정서가 무한정 지속될 것이라고 생각하십니까?

___

___

___

정서가 무한정 지속될 것이라고 믿는 것의 비용과 이점은 무엇입니까? 이러한 정서가 변할 것이라고 믿게 되면 무엇이 바뀌겠습니까? 덜 강렬해지고 덜 귀찮아질 것 같습니까?

___

___

___

절대 사그라지지 않는 부정적인 또는 긍정적인 정서를 느꼈던 적이 있습니까?
과거에 사그라진 고통스러운 정서에 대해 생각해보십시오. 어떠한 일이 그러한 정서가 사그라지도록 하게 만들었습니까?

___

___

___

당신에게 가장 고통스러운 정서는 하루나 한 주 동안 증가하거나 감소합니까?

___

___

___

이를 통해 당신이 정서의 변화에 대해 알 수 있는 것은 무엇입니까? 당신의 정서가 변화하는 이유는 당신이 다른 행동을 하기 때문입니까, 아니면 생각을 다르게 하기 때문입니까, 아니면 당신이 다른 사람들 주위에 있기 때문입니까?

___

___

___

[그림 7.1] 정서가 얼마나 오래 지속되는지에 대한 신념을 묻기 위한 질문지

지시: 매일 일어나는 시간에 무엇을 하고 어떻게 느끼는지를 아래 표의 칸에 간략하게 적어주십시오. 예를 들어, 오전 7시부터 오전 8시 사이에 아침 식사를 먹었고 슬프고 외로운 정서를 느꼈다면 "아침, 슬픔, 외로움"이라고 적어 주십시오. 만약 당신이 오전 10시부터 오전 11시 사이에 근무를 하면서 도전 받는 느낌과 흥미를 느꼈다면 "근무, 도전감, 흥미"라고 적어주십시오. 그리고는 자신이 하고 있는 일과 시간, 함께 있는 사람들과 관련된 정서의 패턴이 있는지 확인해 보십시오.

	월요일	화요일	수요일	목요일	금요일	토요일	일요일
6:00 A.M.							
7:00							
8:00							
9:00							
10:00							
11:00							
정오							
1:00 P.M.							
2:00							
3:00							
4:00							
5:00							
6:00							
7:00							
8:00							
9:00							
10:00							
11:00							
자정							
1:00 A.M.							
2:00 A.M.							

[그림 7.2] 활동과 정서 기록하기

당신의 부정적인 정서가 가장 강렬할 때는 언제입니까?

언제 기분이 좋아짐을 느낍니까?

기분이 좋아지게 만드는 것과 연관된 활동을 더 많이 한다면 어떤 일이 일어날 것 같습니까?

이러한 활동을 스스로 수행하도록 할 수 있습니까?

어떻게 그것을 가능케 합니까?

당신은 속으로 당신의 부정적 정서가 전혀 좋아지지 않았다고 생각하였습니다. 당신의 활동 스케줄은 무엇을 말해주고 있습니까?

당신은 이러한 작업에서 어떤 결론을 이끌어 낼 수 있습니까?

[그림 7.3] 정서와 활동에 대한 결론

고, 참을 수 없는 수준으로 확대되며, 자신들이 완전히 손상될 것이라고 믿을 수 있다. 또는 만약 그들이 즉시 어떤 것들을 알아내고 무슨 일이 일어나는지 정확하게 이해하지 못한다면, 그들은 절대로 자신의 정서에 대처하지 못할 것이다. 긴급함은 Riskind와 동료들이 여러 연구를 통해 기술해 온 "희미하게 나타나는 취약성"의 개념과 유사하며, 이 연구에서는 불안도, 위협이 빠르게 접근하고 있으며 대처하거나 피할 수 있는 능력이 사라지고 있다는 믿음의 결과라고 밝혔다(Riskind, 1997; Riskind & Kleiman, 2012; Riskind, Tzur, Williams, Mann, & Shahar, 2007).

내담자에게 첫째로 물어보는 질문은 어떤 정서가 통제불가한지에 대한 것이다. 반복하여 말하자면, 우리는 어떤 내담자들이 한 정서(예, 분노)가 통제를 벗어난 것에 대해 "문제가 없다"고 여기지만, 그들은 다른 정서들(예, 불안, 슬픔)이 통제불능 상태에 빠질 수 있다고 두려워하는 것을 발견했다. 그런 경우에, 치료자는 왜 특정 정서는 통제에서 벗어나는 것이 괜찮은 반면에 다른 정서는 용납될 수 없는지에 대하여 물어볼 수 있다. 통제불능인 정서에 초점을 맞추는 것은 내담자로 하여금 여러 정서 중 특정 일부 정서의 통제를 상실하는 것이 왜 그렇게 나쁜지 검토하게끔 해준다. 두 번째로, 치료자는 내담자가 정서를 통제할 수 없음을 실제로 경험하는 것인지 아니면 그러한 가능성에 대한 두려움만 느끼는 것인지 물어볼 수 있다. 예를 들어, 공황장애가 있는 대부분의 내담자는 실제 그들의 불안이 통제불능 수준이라고 보고하지는 않지만, 언젠가는 이러한 불안감이 끝도 없이 치솟을 것 같은 두려움을 느낀다. 이러한 "연쇄 반응"이나 "핵 반응"에 대한 인식으로 인해 일부 내담자는 아주 미세한 신호의 정서적 흥분에도 민감해지고, 더 큰 불안으로 넘겨짚게 된다. 따라서 원치 않는 감각이나 사고는 재앙을 방지하기 위한 회피 또는 안전 행동의 활성 신호가 된다.

세 번째, 치료자는 정서가 통제불능 상태로 빠지는 것의 징후가 무엇인지에 대해 물어볼 수 있다. 일부 내담자의 경우, 아무리 강도가 낮은 정서라도 그것을 경험하는 것 자체가 정서가 강렬해져서 통제력을 상실하게 될 것임을 의미한다. 예를 들어 심박수 증가, 신체 긴장, 호흡의 가빠짐 및 불안감과 짜증은 통제력의 상실이 임박해 있다는 징조가 된다. 이와 관련된 현상이 흥분에 대한 과잉 집중인데, 이는 곧 흥분을 더욱 증가시키고 통제불능 상태에 대한 과도한 인식을 초래한다. 치료자는 내담자로 하여금 의도적으로 정서나 감각을 강화하게 함으로써 — 예를 들어 제자리에서 달리기, 제자리에서 돌기, 전구를 응시하기, 불행한 사건을 상기하기, 두려운 생각을 반복하는 것 등 — 정서가 통제불능 상태에 빠질 수 있다는 생각을 내담자 스스로 시험해보도록 요청할 수 있다. 충분한 시간 동안 내담자가 이러한 행동을 지속할 수 있도록 격려해준다면 내담자는 습관화에 의해 정서와 감각을 즉시 제거해야 한다는 신념을 불식시킬 수 있다.

네 번째, 치료자는 "그 정서를 완전히 없앨 수 없다면 어떻게 될 것 같나요?"라고 물어볼 수 있다. 만약 공황장애가 있는 내담자라면, 자신이 통제력을 상실하고 비명을 지르며 추태를 보일 것이라고 답할 것이다. 경계선 성격장애를 가진 슬프고 불안한 내담자들은 우울하고 불안해져서 긴장을 줄이기 위해 자해를 할 것 같다고 답할 것이다. 강박장애 내담자는 자기 두려움에 고스란히 노출된다면 불안이 치명적인 수준으로 확대될 것이며 자신이 미쳐버릴 것이라고 답할 것이다. 각각의 경우에 대한 추가적인 질문은 다음과 같다: "통제력을 상실하면 어떤 문제가 생기나요?" 치료자는 다음과 같이 물어볼 수도 있다: "당신은 강렬한 정서를 느끼는 것이, 미쳐버린다거나 완전히 통제력을 상실하는 것과 같은 더 나쁜 일에 대한 징조라고 생각하나요?"

다섯 번째, 치료자는 만약 내담자가 완벽한 통제에 초점을 맞추기보다 정서를 일정한 연속선 상에 존재하는 것으로 본다면 어떤 이점이 있을지에 대해 물어볼 수 있다. 예를 들어, 불안한 정서의 고조를 10점 척도로 측정한다면 이는 9점으로 상승하였다가 6점으로 감소하고, 다시 7점으로 상승하였다가 3점으로 떨어지고, 1점까지 감소할 수도 있다. 정서의 강도가 변동을 거듭하다가 서서히 감소하는 것을 관찰하는 것은 정서가 온도계처럼 스스로 조절될 수 있다는 것을 알게 해준다. 이를 통해 내담자는 정서의 발생을 파국의 전조로 여기기보다 시작과 끝이 있는 과정으로 바라볼 수 있게 된다. 정서를 관찰하고 묘사하는 활동을 체험해보는 것은 많은 도움이 될 수 있다.

> "당신이 해변에서 파도가 밀려들어왔다가 나가는 것을 보고 있다고 상상해봅시다. 당신은 물가에서 떨어진 보도 위에 서 있지만 파도가 오르내리는 것은 볼 수 있습니다. 이제 파도가 잠시간 높이 상승했다가 이내 모래에 닿아 부서지는 것을 상상해봅시다. 물이 다시 빠지고 다른 파도가 들어와 이내 부서집니다. 시간이 지나면 당신은 점차 파도가 평온해진다는 것을 알아차립니다 — 물이 더 천천히 해변가에 닿았다가 천천히 빠져나갑니다. 이제 물이 잠잠해지

는 것을 봅니다 — 아주 잔잔한 물결이 들어왔다가, 해변가를 적시고 다시 잠잠히 나갑니다. 이제 당신의 정서가 이러한 파도와 같다고 생각해봅시다. 처음에는 급격히 오르내리다가, 점차 약해지고, 지금은 잠잠합니다. 당신은 보도 위에 서 있고 바다를 바라보면서 따뜻한 여름 날씨 가운데 바다에서 미풍이 불어오는 것을 느낍니다."

정서를 액체와 같은 것으로 상상하는 것은 내담자가 스스로를 벽 없이도 액체가 넘치지 않을 정도로 크고 끝없는 그릇으로 상상할 수 있을 때 도움이 된다. 정서의 밀물과 썰물은 고정된 지속성보다는 일시적이고 역동적인 감각을 전달한다.

여섯 번째, 치료자는 카페인으로 인한 흥분이나 배고픔 같이 여러 원인에 의해 치솟았다가 가라앉는 감각적 흥분에 대한 비유를 사용할 수도 있다:

"당신은 당신의 정서가 통제불능에 재앙적인 수준까지도 치솟을 수 있다고 생각하는 것 같아 보이는군요. 여기서 잠시 당신에게 감각적 흥분을 불러일으킬 수 있는 몇몇 자극들에 대해서 한번 생각해봅시다. 당신이 아주 진한 커피 두 잔을 지금 막 들이켰다고 상상해보세요. 당신은 이제 카페인으로 인한 각성상태(caffeine buzz)에 빠지게 됩니다. 당신은 신경이 날카로워집니다. 당신은 심장이 크게 두근거림을 느낍니다. 당신은 신경이 날카로워져서 이제는 짜증마저 느낍니다. 만약 당신이 이대로 한두 시간 정도 각성상태가 지나가기를 기다린다면 어떤 일이 일어날 것이라고 생각하나요? 당신은 아마 이렇게 말할 수도 있을 겁니다. '내가 커피를 너무 많이 마셨나 봐. 이대로 흥분상태가 좀 계속될 것 같은 걸. 오 이런.' 그래도 아마 흥분상태를 받아들이고 기다리는 것은 흥분상태를 당장에 멈추려는 것보다는 덜 불안한 일일 것입니다. 정서에 대한 절박감은 긴장감을 더하고, 결국 다시금 절박감과 불안감을 심화시키기 때문이죠."

일곱 번째, 몇몇 내담자는 그들이 "나쁜" 정서에 대해서 통제력을 가져야 한다는 신념을 갖고 있다. "나쁜" 정서의 예로는 불안, 슬픔, 외로움, 분노, 그리고 성욕을 들 수 있다. 반면 행복, 만족감, 희망, 고마움 등의 "좋은" 정서에 대해서는 달리 제거해야 한다고 말하지는 않는다. 치료자는 이에 대해 정서에는 좋은 것 나쁜

것이 따로 존재하지 않는다고 말해줄 수 있다:

> "우리에게 지금의 여러 정서가 존재하는 이유는 이 모든 것이 우리 조상들로부터 물려받은 적응적인 특성이기 때문이에요. 예를 들어 불안은 뭔가 잘못되거나 안 좋은 일이 일어나고 있다는 것을 알아채는 데에 도움이 될 수 있어요. 말하자면 알람 같은 거죠. 슬픔은 우리가 가치 있게 여기는 무언가가 상실되었음을 말해줄 수 있어요. 무슨 일이 있었는지를 알려주는 것이죠. 이러한 정서들 자체는 전혀 좋은 것도 나쁜 것도 아니에요. 우리가 살면서 자연스럽게 경험하는 것들이죠. 우리 두뇌 활동의 일부죠. 당신이 당신의 두뇌활동을 관찰할 수 있어서 당신의 불안이 화학물질에 의해서 세포로부터 세포로 전달되는 것을 보게 된다고 상상해봅시다. 신경세포들이 깜박깜박거리면서 자극이 왔다 갔다 하는 것을 상상해 보세요. 좋거나 나쁜 게 아니고 그냥 두뇌에서 일어나는 거예요."

치료자는 개인이 가지는 생각, 느낌, 정서와는 별개로 이에 대한 반응을 행동으로 실천에 옮기는 것은 도덕적 또는 윤리적인 문제를 내포한다고 말할 수 있다. 실제로 개인이 비윤리적인 행동을 하고자 하는 욕구나 유혹을 느낄 수 있음에도 그렇게 하지 않기로 결정하는 것은 도덕적 또는 윤리적인 선택이다:

> "우리는 우리가 생각과 감각, 또는 정서에 대해서는 선택권이 없지만 우리가 하는 모든 행동은 우리가 선택하는 거예요. 한번 상상해봅시다. 당신은 다른 사람에게 한눈팔지 않고 배우자만 바라보고 살아왔다고 주장하지만 사실 당신들이 살던 곳은 무인도였습니다. 이때 당신의 행동은 배우자에 대한 윤리적인 선택의 발로였다고 말할 수 있나요? 반면, 당신 주변에 아름답고 섹시한 사람들이 있고, 그들이 당신을 유혹하였지만 결국 이를 뿌리칠 수 있었습니다. 이때 당신은 스스로가 윤리적인 선택을 하였다고 말할 수 있나요, 아니면 속으로는 유혹을 느꼈기 때문에 비도덕적이라고 말해야 하나요?"

여덟 번째, 몇몇 내담자들은 느낌이 곧바로 행동으로 될 것이라고 믿는다. 그러한 신념은 강박증에서 종종 보이는 사고-행동 융합의 일종으로 볼 수 있다. 실제로 인간의 사고와 정서는 행동에 우선하기 때문에, 인간이 느끼는 정서와 사고가 그 사람의 행동을 결정한다고 생각하는 것은 자연스러워 보인다(예, "불안감을 느껴서 도망갔어요." 또는 "나는 너무 화가 나서 그에게 소리를 지르고 말았어요."). 그러나 정서와 사고가 모두 다 행동으로 이어지는 것은 아니며, 단순히 내적 사건으로 경험되고 마는 것들도 존재한다. 치료자는 이렇게 물어볼 수 있다. "당신의 행동을 통제하는 것과 정서를 통제하는 것 사이에 뭔가 차이점이 있나요? 어떤 차이점들이 있을까요?" 또는 "당신이 느끼는 것 중에 속으로만 삭이고 행동으로 옮기지는 않았던 일들이 많이 있지 않나요? 예를 들어, 당신은 허기를 느끼면 항상 무언가를 먹나요? 화가 날 때마다 다른 사람을 때리나요? 불안감을 느낄 때면 항상 도망을 치나요?" 사고-행동 융합을 경험하는 내담자들은 정서의 발현이 곧바로 원치 않는 행동으로 이어질 것 같은 두려움에 정서를 완전히 통제해야 한다는 신념을 형성하게 된다. 이에 대해 치료자는 내담자로 하여금 부정적 정서의 발생 및 강도를 기록하면서 당시 행동 또는 상황을 관찰한 뒤 내담자가 취하는 특정행동을 기록하여 목록화해보도록 요청할 수 있다. 실제 상담 회기에서는 이런 식으로 설명될 수 있다.

> "나는 당신이 종종 불안을 느끼면 통제불능 상태에 빠질 것 같다고 생각하는 것을 이해합니다. 또 당신은 비행기를 타면 불안을 느껴서 자리를 박차고 일어나 출구로 뛰쳐나갈까봐 겁이 난다고 하였죠. 그럼 이제 여기서 당신의 마지막 비행 경험을 떠올려봅시다. 당신은 불안을 느꼈다고 했었죠. 하지만 당신은 그때 실제로 자리를 박차고 일어나서 출구로 뛰쳐나갔었나요? 왜 그러지 않았죠?"

행동은 선택적으로 발생하는 외적 사건인 반면 사고와 정서는 내적 사건이다. 위의 예에서는 내담자는 불안하다는 생각 및 느낌을 경험하였지만 자리를 지키고 앉아 있기를 선택하였다. 불안이 발생하는 것과 당시 취한 행동을 하루 종일, 한 주 동안 관찰하다 보면 정서가 행동을 통제하는 것이 아니라 내담자가 행동을 통제한다는 것을 알 수 있다. 정서 자체는 통제할 수 없더라도, 내담자는 스스로가 하는 말과 행동에 대하여 통제를 할 수 있다.

아홉 번째, 스스로의 정서를 통제할 수 없다는 신념을 지닌 많은 내담자들은 폭식, 약물 남용, 반추 및 회피사고 등의 병리적인 대처전략을 사용한다. 자제력을 잃어버리는 느낌은 바로 이러한 병리적 대처전략에 의해 극대화되는데, 이는 이러한 전략이 통제불능적 행동을 대표하기 때문이다. "저는 자제할 수 없다고 느끼면 더욱 더 상황을 안 좋게 몰고 가는 행동을 하게 되요." 치료자는 불안이 생기는 것 자체가 아니라 이에 대한 해석 및 대처전략이 진짜 문제라는 것을 알려줄 수 있다:

> "만약 당신의 정서가 자기 멋대로 오르락내리락 하는 것을 생각하면 어떤가요? 자제력을 잃는 것 같다고 느끼시나요? 만약 당신이 당황하였을 때 사용할 수 있는 유용하고 적응적인 대처전략이 있다면 어떨까요? 분명 문제는 당신의 정서에 있는 게 아니고 당신이 이를 다루는 방식에 있을 것입니다. 만약 당신이 도움이 되지 않는 대처전략을 사용하면 이는 그 자체로 더욱 상황을 악화시키고 당신이 효과적으로 대처하지 못하였다고 느끼게 될 거예요. 당신이 유용하게 사용할 수 있는 대처전략을 몇 가지 찾아볼 수 있을 것 같은데요."

스스로를 통제할 수 없다는 신념은 내담자로 하여금 스스로 느끼는 정서에 대해 대처하지 않고 명상을 통해 마음의 거리를 두고 관조할 것을 장려하는 것으로도 해소될 수 있다. 이러한 접근법은 Wells(2009)의 메타인지적 접근에서 말하는 것과 유사하다. 만약 내담자가 현재 순간에 대해 최대한 집중하면서 의도적으로 잠잠히, 수동적인 자세로, 거리를 두는 것을 실천한다면 앉아서 아무것도 하지 않고 내버려 두는 것은 훌륭한 명상 수련으로 기능할 것이다. 개인은 또한 아무것도 하지 않는 동안 자신의 내면에서 들려오는 음성을 들을 수 있다. "너는 지금 어떻게든 무슨 수를 써야 해. 조절을 하든가 아예 그에 대한 생각을 하지 말든지. 아니면 네가 지금 겪는 상황을 네 편한 대로 해석해." 이후에 치료자는 내담자가 아무것도 하지 않는 것 — 단지 관조하고 순간에 집중하는 것, 또는 그 상태로 시간이 흘러가도록 내버려 두는 것 — 에 어려움을 느꼈는지에 대해 살펴볼 수 있다(Roemer & Orsillo, 2009; Wells, 2009). 목표가 세워지면 이는 곧 목표의 완수를 필요로 하기 때문에, 뭔가 시도해보고자 하는 욕구는 정서를 자극하고 그 상태가 유지되도록 만든다. 또한 내담자는 스스로 완전히 모습을 감추고 자기 없이도 잘만 흘러가는 세상을 지켜보는 상상 — 또는 모든 것들로부터 떨어져 있는 높은 난간 위에서 사람들이 각자의 삶을 영위해 나가는 것을 지켜보는 상상 — 을 연습해볼 수 있다. 사라짐 또는 위로 올라가 지켜보는 것을 통하여서, 내담자는 초연함과 거리감이 가져다 주는 현재의 모든 목적에 대하여 자유로워지는 평화를 느낄 수 있다(Leahy, 2005d). 모든

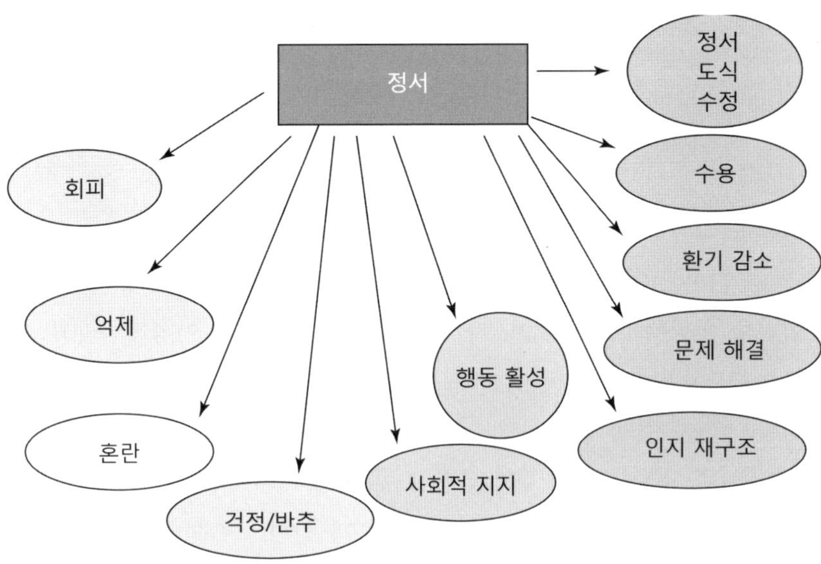

[그림 7.4] 적응적 정서조절전략과 부적응적 정서조절전략의 몇몇 예시.
왼쪽의 덜 짙은 부분은 부적응적 전략, 오른쪽 짙은 부분은 적응적 전략

정서는 저마다의 목적과 이어지기 때문에, 자기자신을 내려놓음으로써 목표를 놓아버리는 것은 — 사라짐을 통하여 — 또한 정서를 놓아버리는 것으로 이어진다.

[그림 7.4]에는 정서조절을 위하여 사용할 수 있는 부적응적 전략들과 적응적 전략들이 정리되어 있다. 부적응적 전략에는 회피, 억제, 걱정/반추, 그리고 약물 남용 및 기타 유형의 행동화(예, 자해) 등이 포함된다. 또한 우리는 이러한 부적응적 대처전략을 대체할 여러 도움이 되는 전략들을 확인하였다(Leahy, Tirch, & Napolitano, 2011). 여기에는 인지적 재구조화, 수용, 정서도식의 수정, 문제 해결, 변증법적 행동치료, 각종 의사소통 기술들, 내려놓음(또한 다른 흥분 감소 기법들), 행동 활성화, 마음챙김 명상, 자비초점치료 기법들, (일정 수준의) 기분전환, 사회적 지지, 정서중심치료 기법들을 포함된다. 치료자는 이러한 적응적 대처방법들의 존재를 아는 것이 정서에 대한 두려움을 감소시킬 수 있다고 말해줄 수 있다:

"만약 당신이 60미터 깊이의 물에 빠졌는데 당신이 수영을 할 수 없다고 생각해봅시다. 어떤 기분이 느껴집니까? 불안하고 두렵습니까? 만약 당신이 물에 빠졌지만 굉장히 수영을 잘 해서 몇 시간쯤은 거뜬히 물위에 떠 있을 수 있다고 하면 어떻습니까? 만약 당신이 상황을 더 낫게 해줄 방법들과 도구를 가지

고 있다면, 통제불능 상태로 빠지는 것에 대한 두려움이 좀 가실 것 같나요?"

죄책감과 수치심

어떤 사람들은 그들의 생각, 감각, 행동, 정서로 인하여 죄책감을 느끼거나 수치심을 느낀다. 여기서 죄책감이란 개인의 실제 모습이 이상적인 자기상에 어긋난다고 여기는 신념을 뜻한다. 예를 들어, 자기 자신을 평화적이고 이성적이라고 생각하는 여인이 분노 또는 복수하고자 하는 욕구를 느끼게 된다면 그녀는 죄책감을 느끼게 될 것이다. 또한 자기 아내를 사랑하는 남편의 경우에도 만약 자신이 다른 여성에 대해 성적 환상을 품게 된다면 죄책감을 느끼게 될 것이다. 특정 정서에 대하여 죄책감을 느끼게 하는 사고의 또 다른 예는 다음과 같다: "슬퍼해서는 안 돼. 그러기에는 감사할 일들이 얼마나 많이 일어났는데." 또는 "분노는 나쁜 감정이야. 화가 난다는 것은 그만큼 내가 끔찍한 사람이라는 소리야." 수치심은 다른 사람이 자신의 정서에 대해 알아차리는 것이 참을 수 없는 일이라는 신념을 동반한다. 수치심은 당황과 모욕감, 그리고 다른 사람에게 자기 자신의 진짜 생각, 감각, 느낌을 숨기고 싶어하는 욕구와 연관된다. 내담자들은 그들이 성적 욕구, 특히 "비전형적인"(이를 어떻게 정의하는지는 개인마다 다르다) 욕구를 느끼는 것을 수치스러워 할 수 있다. 불안을 느끼는 내담자들은 자신이 불안을 느끼는 것에 대해 부끄럽게 생각하고 다른 사람이 자신의 불안을 알아차리고는 나약하다고 생각할까 봐 두려워할 수 있다. 수치심이 자신을 다른 사람으로부터 숨기고 싶은 욕구와 연관된다면 죄책감은 스스로를 비판하고자 하는 경향성과 연관된다. 실제로 사람들은 종종 자신의 정서에 대하여 죄책감과 수치심을 느낀다(죄책감과 수치심의 차이점 및 영향에 대한 더 자세한 설명은 Tangney, Stuewig, & Mashek, 2007을 참고). [그림 7.5]는 정서에 대하여 죄책감을 느끼는 과정을 나타내고 있으며, [그림 7.6]은 수치심에 대하여 나타내고 있다.

내담자가 어떤 정서에 대하여 수치심 또는 죄책감을 느끼는지에 대하여 배우는 것은 매우 유익한 활동이다. 어떤 사람들은 자기가 성적 욕구 또는 분노를 느끼는 것에 대하여 수치심을 느낄 수 있지만 슬픔 또는 불안에 대해서는 수치심을 느끼지 않을 수 있다. 다른 사람들은 이와 반대로 슬픔과 불안에 대해서는 수치심을 느끼지만 성적 욕구나 분노에 대해서는 느끼지 않을 수 있다. 치료자는 이에 대해

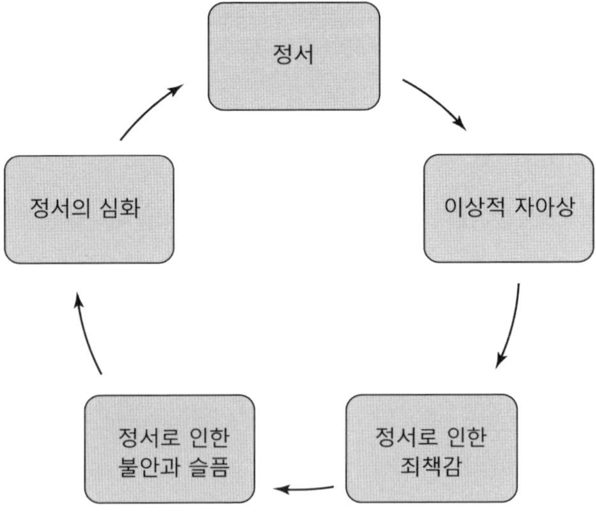

[그림 7.5] 정서에 대해 죄책감을 느끼는 과정

"어째서 어떤 정서는 좋고 어떤 정서는 나쁜가요? 그 정서가 나쁘다는 것을 당신은 어떻게 알 수 있나요?"라고 물어볼 수 있다. 예를 들어, 이전 장에서는 역량 있고 이성적인 모습을 이상적인 자아상으로 꼽은 한 남성이 언급되었다. 그는 자신이 슬프고 불안한 느낌을 받을 때 수치심을 느꼈지만 분노를 느낄 때는 수치심을 느끼지 않았다. 그가 지닌 이상적인 자아상(역량 있고 자제력이 높은)은 그로 하여금 슬픔과 불안을 자신의 약점으로 여기도록 하였다. 왜 자신이 슬프고 불안할 때 수치심

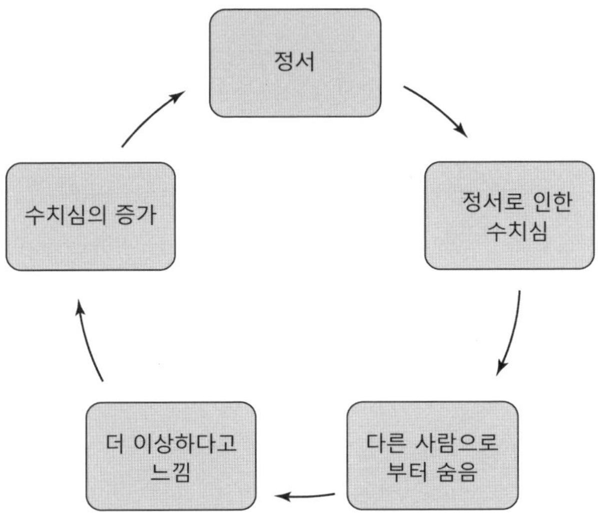

[그림 7.6] 정서에 대해 수치심을 느끼는 과정

을 느끼는지에 대한 물음에서 그는 그러한 모습을 보이면 다른 사람들이 자신을 나약하다고 생각하고 이용해먹으려 들 것이라고 생각했기 때문이라고 답하였다. 그는 그의 부모님을 거들먹거리며, 강압적이고, 비판적이라고 묘사하였으며, 또한 자신이 "약점"을 보이면 이를 가지고 자신을 비판하며 모욕할 것이라고 말하였다. 하지만 그는 분노를 느끼는 것에 대하여는 당연히 일어날 수 있는 일이며 또한 그의 현재 생활형편이 좋지 않은 것 때문에 분노를 느끼는 게 당연하다고 믿고 있었다. 그는 분노가 그의 강한 모습을 드러내어 준다고 생각하며, 또한 약점을 보이게 하는 정서들을 제거할 필요가 있다고 믿는다. 그는 남들이 보는 데서 울음을 참지 못하여 남들이 그를 남자답지 못하다고 비판하는 것에 대한 두려움을 가지고 있다. 그 결과, 그는 그가 느끼는 정서를 오롯이 홀로 감당하였다.

또 다른 남성은 카페나 바에서 여성을 보았을 때 성적 욕구를 느끼면 이는 그 자신이 뭔가 잘못된 것이고 또한 이는 그가 자제력을 잃고 자신의 아내를 배반하게 될 징조라는 신념을 갖고 있다. 그는 자신은 오직 그의 아내에 대하여만 성적 욕구와 환상을 품어야 하며 다른 사람에 대하여 이런 정서를 느낀다면 그것은 남편으로서 좋지 못한 모습이라는 신념을 갖고 있다. 그는 이러한 욕구에 대해 양가적 감정을 갖고 있는데, 이러한 욕구가 그를 다른 여성과 상호작용할 수 있도록 만들어 줄 때도 있지만, 곧 그가 느끼는 정서에 대해서 죄책감을 불러일으키기도 한다. 그가 그의 환상을 두고 볼수록, 환상의 강도는 증가하고 죄책감을 가중시키게 된다. 이전에 논의되었던, 자식을 양육하기 위해 변호사 직업을 포기한 여성의 경우에도, 그녀는 남편의 힘으로 매우 유복한 삶을 살고 있기 때문에 우울함을 느껴서는 안 된다고 여겼으며, 그녀의 우울 증상에 대해서 죄책감을 느꼈다. 그녀의 이상적인 자기상은 이러한 삶에 대해 고마워하고 만족해야 하며 그녀가 느끼는 우울은 그녀 자신의 이기적이고 성숙하지 못한 특성에서 오는 것으로 보았다. 그녀는 또한 이전 직장의 사람이나 직업을 가진 여성들과 대화하는 것을 꺼렸는데 이는 그들이 그녀를 깔본다고 믿었기 때문이다.

치료자는 "당신은 어떤 정서에 죄책감을 느끼나요? 즉, 어떤 정서 때문에 스스로를 다그치나요? 느껴도 죄책감이 들지 않는 정서에는 무엇이 있나요? 당신이 죄책감을 느낄 때, 어떤 생각이 당신 머리에 떠오르나요?" 등의 질문을 통하여 정서로 인한 내담자의 죄책감과 수치심에 대하여 살펴볼 수 있다. 위에서 나타난 바와 같이, 내담자들은 모든 정서가 아닌 일부 정서에 대하여만 자기 비판적 사고를 경험할 수도 있다. 여러 정서에 대한 평가를 분류해보는 것은 내담자로 하여금 모든 정서가 아니라 특별한 정서만이 죄책감을 불러일으킨다는 것을 알아차리는 데에 도움을 준다. "정서가 느껴질 때 머릿속에 드는 생각"의 한 예로는 "이러한 감정을 느껴서는 안 돼", "나는 정말 구제불능이야", "나는 왜 이럴까?", "나는 약해 빠졌어" 등이 있다.

치료자는 수치심에 대하여도 비슷한 질문을 던질 수 있다: "당신이 수치심을 느끼는 특정 감정이 있나요? 즉, 당신의 이러한 감정을 다른 사람들이 알아차릴까 봐 걱정이 되나요? 당신이 수치심을 느끼지 않는 감정은 없나요? 당신은 어째서 특정 감정에 대하여는 수치심을 느끼고 다른 감정에 대하여는 느끼지 않나요? 당신의 머릿속에는 어떤 생각이 떠오르나요?" 앞서 말하였던 것 같이, 내담자들은 일부 정서에 대하여는 수치심을 느끼지만 다른 정서에 대하여는 그렇지 않을 수도 있다. 그들은 다른 사람들이 그들의 성적 환상 또는 욕구를 품거나 분노를 느끼는 것을 알게 될 경우 자신들을 깔볼 것이라고 생각할 수 있다. 다른 이들에게는 이 패턴이 반대가 될 수 있다.

이전 장에서 논의되었듯이, 많은 사람들은 정서적 완벽주의(emotional perfectionism) 또는 "때 묻지 않은 마음"을 가지는 것이 가능하다고 믿는다. 즉 그들은 "선한" 감정 및 "보기 좋고, 이성적이며, 선한" 사고만을 경험하기를 원한다. 인간의 본성은 틀림없이 선하며, 자신들은 그러한 정서적인 이상을 추구하여야 한다는 환상 아래 이들은 분노, 적개심, 질투와 미움 같은 정서를 느낄 때 수치심 또는 죄책감을 경험한다. 정서도식모형은 모든 정서에 대한 일반성(universality)을 받아들이며 인간의 정서 하나하나가 인간을 인간답게 만드는 데 필요한 요소로 보는 관점을 취한다. 여기에는 일부 사람들이 없애버려야 한다고 믿는 "불완전하고" "바람직하지 않은", 또는 "나쁜" 감정 또한 포함된다. 인간의 본성을 완전무결한 상태로 여기기보다, 정서도식 치료자는 인간이 하지 못할 일은 없으며 누구에게나 그러한 환상, 감각, 사고, 정서가 나타날 수 있음을 인식한다. 치료자는 완벽한 정서적 평화 — 또는 자신이 원하는 대로 긍정적 정서를 경험하거나, 각종 유혹, 욕망, 분노, 복수심 등에서부터 자유로워지는 것 — 를 성취할 수 있다고 믿는 사람들을 격려하는 "인도자"의 역할을 취하지 않는다. 그러한 정서를 배제 또는 제거해버리는 대신, 치료자는 이렇게 말할 수 있다:

"모든 정서를 인간이 본디 느낄 수 있는 것으로 오롯이 인정하는 것은 우리로 하여금 우리가 경험하는 사고나 감정에 대해 인식하고 받아들일 수 있게 해주고, 동시에 이러한 정서가 우리에게 '주어진 것'이면서도 정서가 이끄는 대로 행동하지 않고, 가치 있는 행동을 선택할 수 있게 해줍니다. 당신이 질투라는 감정을 느낀다고 해서 그게 당신을 '질투심 많은 사람' 또는 '나쁜 사람'으로 만드는 것은 아니에요. 또한 당신보다 뛰어난 사람들을 모두 없애버리게끔 만들지도 않을 거예요. 그보다는, 당신이 질투라는 느낌을 인정하는 것은 당신이 다른 이들과 똑같이 이러한 정서를 경험할 수 있고, 이에 따라 당신이 원하는 행동을 선택할 수 있다는 것을 인식하게 해 줍니다. 모든 정서는 누구에게나 '주어진 것'이고, 없애버리거나 치워버리든가 할 수 있는 것이 아니에요. 우리에게 감정을 선택적으로 느끼거나 느끼지 않도록 만들 수 있는 능력은 없습니다."

이러한 방식으로 치료자는 정서가 "주어진 것" 또는 "단순히 어쩌다 겪게 되는" 경험으로 바라보도록 제시할 수 있다. 이를 통해 정서는 도덕적 타락, 인간적 약점, 통제의 상실을 나타내는 징후가 아니라 배고픔, 목마름, 고통, 기쁨 및 기타 감각들과 같이 사람이 어쩌다가 경험하는 것으로서 여겨질 수 있다.

이어서 치료자는 다음과 같이 말할 수 있다:

"당신이 만약 당신의 정서를 좋고 나쁜 것으로 규정짓는 것을 멈추고 그저 어쩌다 겪게 되는 경험으로 바라보면 어떨까요? 당신은 스스로에게 '나는 지금 슬픔을 느끼고 있어.' 또는 '나는 지금 질투심을 느끼고 있어.'라고 말할 수도 있을 거예요. 정서를 좋고 나쁜 것으로 규정지었을 때의 좋은 점은 무엇인가요? 나쁜 점은 무엇인가요? 반면에 정서를 당신이 잠시동안 경험하는 것으로 받아들일 때의 좋은 점과 나쁜 점은 무엇이 있을까요?"

일부 내담자들은 그들의 감정을 알아차리고 통제하기 위해서는 정서를 좋고 나쁜 것으로 규정할 필요가 있다고 믿으며 이러한 사고를 경험한다: "만약 내가 느끼는 질투를 받아들이게 되면 나는 경계심을 늦추고 행동을 저지르게 될 거야" 또는 "내가 지금 느끼는 이 슬픔을 받아들이게 되면 나를 놓아버리고 더 우울한 상태로 빠지게 될 거야." 치료자는 내담자들의 이러한 생각에 대해 스스로가 알아차리지 못하는 점들을 설명해 줄 수 있다: "당신은 지금 슬픔을 느끼면서, 슬픔을 느낀다는 이유로 자기 자신을 비판하고 있네요. 그게 당신을 더 슬프게 만들고 있구요. 당신은 안 좋은 감정을 느낀다는 것 자체가 기분이 좋지 않군요." 이에 더하여 치료자는 정서에 대해 규정하지 않고 그러한 정서를 경험한다는 것을 받아들이는 것이 더 나은 인생을 살려는 노력을 하지 않음을 의미하지는 않는다는 것을 제시할 수 있다: "당신은 슬픔을 느끼는 와중에도 더 나은 삶을 살기 위해서 노력할 수 있다는 사실을 받아들일 수 있나요? 당신은 이렇게 말할 수 있어요. '맞아. 나는 슬퍼, 인정할게. 그게 지금 내가 경험하고 있는 것이지. 하지만 나는 이러한 감정을 보상하고 다른 감정을 느낄 수 있도록 해주는 여러 가지 일들을 알고 있지.'" [그림 7.7]은 정서를 "주어진 것"으로 받아들이고 가치 있는 목표들에 초점을 맞추어 가는 과정을 설명해주고 있다.

치료자는 내담자가 특정 정서에 대하여 수치심 또는 죄책감을 느끼는 이유를 밝혀낼 수 있다. 이러한 이유는 비용편익분석, 유리하거나 불리한 증거, 이중잣대 기술, 역할극 등의 인지치료기법들을 통하여 밝혀낼 수 있다. 치료자는 이렇게 질문할 수 있다. "당신이 그 감정을 느끼는 것이 도리에 어긋난다고 느끼는 이유는 무엇입니까? 왜 그 감정을 있는 그대로 느끼면 안되죠?" 이러한 질문에 대해 다른 여성에 대해 성적 욕망을 느끼는 것에 대해 죄책감을 가졌던 남성의 경우 이렇게

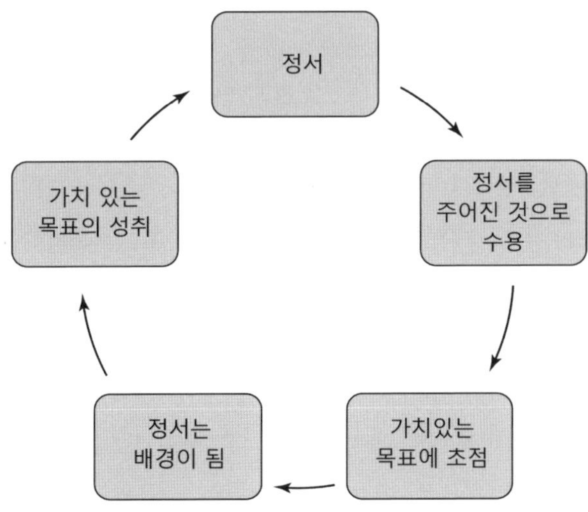

[그림 7.7] 정서를 주어진 것으로 받아들이고 가치 있는 목표에 집중함으로써 목표를 성취하는 과정

답하였다. "좋은 남편이라면 다른 여자를 원하지 말아야 하죠. 만약 그런 일이 생긴다면 그건 무언가 잘못되었다는 뜻이고, 그런 욕망을 주체할 수 없게 될지도 몰라요." 앞에서 언급한 바와 같이 그가 그러한 성적 환상으로 인하여 느낀 죄책감은 그가 그러한 환상에 집중하게끔 만들었고, 이를 통해 그의 불안과 성적 환상은 더 심화되었다. 이는 곧 그러한 욕구를 억압하고자 헛된 노력을 하는 것으로 이어졌다. 변호사를 그만두고 자녀를 양육하던 여성의 경우 좋은 집과 지지적인 남편이 그녀의 욕구를 충족시키는 데에는 충분하다는 신념을 가지고 있었다. 사실 그녀는 자기자신의 욕구나 욕망을 따라서 전문성을 지닌 직업을 가져서는 안 된다는 신념에 사로잡혀 있었다. 이러한 신념은 그녀의 어머니가 가족을 부양하기 위해서 자신의 직업을 포기했던 것과 연결된다. 그녀는 그녀의 어머니가 누리던 것들에서 만족감을 느껴야 한다는 신념을 갖고 있었다. 정작 그녀의 어머니가 그러한 만족감을 느끼지 못하였음에도 말이다.

치료자는 내담자가 자신의 정서를 일반화시키는 데에 도움을 줄 수 있다: "다른 사람도 이런 상황에서는 다 저처럼 느끼나요?" 자신의 느낌 또는 정서에 대해서 수치심을 느끼는 사람들은 종종 자기가 느끼는 바를 다른 사람들에게 내보이지 않으며, 이는 곧 그들이 이러한 정서가 더욱 더 도리에 맞지 않는다고 느끼는 것을 촉진하게 된다. 다른 여성에 대해 성적 환상을 품었던 남성의 사례에서 그는 자신의 욕구를 자신의 결혼생활의 오점으로 여겼다.

치료자: 당신은 아내 이외의 다른 여성에 대해 성적 욕구를 느끼는 것이 당신의 결혼생활을 망치게 할 것이라고 생각하는군요. 당신은 아내에게도 그러한 욕구를 느끼나요?

내담자: 그럼요, 저는 그녀가 굉장히 매력적이라고 생각합니다

치료자: 그러면 다른 여성에게 느끼는 당신의 욕구는 그저 당신이 매우 활력이 넘치고 정서적이고, 이성에 대해서 호감을 느끼기 때문은 아닐까요? 마치 여느 남성들이 이성에 대해서 호감을 느끼는 것처럼 말이지요. 어쩌면 당신이 그녀들을 매력적으로 느끼는 이유는, 정말로 그녀들이 매력적이기 때문일 수 있어요.

내담자: 맞아요, 그럴 수도 있겠네요

치료자: 한번 상상해보세요, 만약 어떤 사람이 "제가 이 세상에서 매력적이라

고 생각하는 사람은 오직 제 아내뿐입니다"라고 말한다면 당신은 어떻게 생각하시겠어요?

내담자: 그 사람이 거짓말을 하고 있다고 생각하겠죠.

한 젊은 여성은 자기 남자친구가 그의 전 여자친구와 식사를 같이 한 것과 관련하여 질투심을 느끼는 것에 대해 죄책감과 수치심을 경험하였다고 보고하였다: "나는 불안정하고 미치광이 같은 여자가 되고 싶지 않아요." 그녀는 자신이 이성적이고 융통성 있어야 하며, 또한 질투의 감정을 느끼지 말아야 한다는 신념을 지니고 있었는데, 그녀에게 질투란 곧 불안정함을 의미하였기 때문이다. 치료자는 그녀의 친구들이라면 남자친구가 전 여자친구와 밥을 같이 먹는다고 했을 때 어떤 기분을 느낄 것 같은지를 물어보았다. 그녀는 친구들에게 실제로 이를 직접 물어보았고, 대부분의 친구들로부터 기분이 좋지 않을 것 같다는 답변을 받았다. 또한 그들 중 두 명은 이 여성과 똑같이 "내가 참고 넘어가야 할 것 같다"는 자기 비판적 사고를 보여주었다. 질투심에 대한 내용은 10장에서 더 상세히 다루어질 것이지만, 질투심과 같은 정서를 일반화하는 것은 이에 대한 수치심 및 죄책감을 완화시키는 데 도움을 준다.

앞에서 언급한 바와 같이, 어떤 사람들은 사고-행동 융합의 일환으로서 정서 또는 감각을 느끼는 것과 행동을 동일시하는 경향을 보인다. 치료자는 이러한 경향을 보이는 내담자들에게 다음과 같이 물어 볼 수 있다. "감정을 경험하는 것(예, 성적 환상)과 그 감정에 따라 행동하는 것(예, 바람 피는 행동)에 차이가 있다는 것을 알아차리셨나요?" 다른 여성을 향한 성적 환상으로 인해 죄책감과 불안감을 경험하였던 남성의 경우 그는 성적 환상이 곧 행동으로 이어져서 그의 결혼생활 및 가정을 파괴할 것 같다는 두려움에 사로잡혀 있었다. 치료자는 내담자가 그러한 성적 환상을 몇 년이나 지속하여 간직하고 있었지만 한번도 행동으로 옮긴 적이 없다는 것에 주목하였다.

치료자: 당신이 이러한 환상을 지니고 있지만 실제로 행동으로 옮기지 않는다는 것에서 무엇을 알 수 있을까요?

내담자: 제가 자제력이 좀 높은 편이죠.

치료자: 좋아요. 좀 더 깊이 생각해봅시다. 당신이 이러한 성적 환상을 실행에

옮겨서 술집에 가서 모르는 사람들과 정기적으로 성관계를 맺는다고 상상해보세요. 이러한 행동의 결과가 어떻게 될 것이라고 생각하시나요?

내담자: 제 결혼생활이 무너지겠죠. 그리고 제가 생각하는 저 자신의 모습과는 괴리가 있을 것 같네요.

치료자: 당신은 유혹과 같은 감정을 절대 가져서는 안 된다고 생각하는 것 같아 보이는데요. 하지만 도덕적 또는 윤리적인 선택을 하기 위해서는 일단 당신이 저항할 필요가 있는 유혹을 느껴야 하지 않을까요? 사실, 당신이 성적 환상을 품을 때마다 당신은 아마 스스로에게 이렇게 말했을 거예요. "맞아, 나도 사람이니까 이런 유혹을 느끼는 건 당연한 일이야. 하지만 나는 뭐가 중요한지 잘 알고 있고 내 욕망에 따라서 행동하지 않을 것을 선택할 수 있어."

내담자는 이후 그가 가진 성적 환상에 대해서 죄책감과 불안감을 덜 느끼게 되었고, 사교활동에도 보다 적극적으로 참여하게 되었다. 또한 아내가 곁에 있을 때에도 죄책감을 더 적게 경험하게 되었다고 보고하였다. 또한 그가 욕망에 따른 행동을 실천하지 않기로 의지적으로 결정하는 것에 있어서 그것이 자신의 결혼생활을 소중하게 여기기 때문이지 스스로에게 또는 아내와의 관계에 문제가 있는 것이 아니라는 것을 잘 인식하게 되었다.

정서 또는 감정과 행동을 구분하는 것은 죄책감을 완화하는 것에 있어서 매우 중요한 과정이다. 남에게 해를 끼치는 것은 행동이며, 정서를 경험하는 것 자체는 문제가 되지 않는다. 치료자는 이렇게 물어볼 수 있다. "어떻게 하면 다른 사람이 당신의 정서에 의해서 해를 입게 될까요?" 치료자는 이를 더 자세하게 다뤄볼 수 있다:

"정서를 당신이 30분간 경험하고 있는 두통이라고 상상해봅시다. 아마도 그건 매우 고통스럽고 불쾌한 경험일 거예요. 당신은 이게 절대 사라지지 않을 것 같다는 생각이 들 수도 있고, 또는 약간 과장을 더해서 뇌종양을 의심해 볼 수도 있을 겁니다. 이때 다른 사람이 당신의 두통이 그들에게 해를 끼치지 않을까 두려워해야 할까요? 정서는 내적 사건이고, 뇌 안에서 일어나는 활동입니다. 당신의 뇌에서 일어나는 화학적이고 전기적인 활동이죠. 남들에게 해를 끼치는 것은 정서 자체가 아니에요. 거기서 비롯된 행동이죠. 만약 행동이 없다면 아무런 해도 없을 거예요."

위 사례와는 반대로, 일부 내담자들에게는 그들의 정서가 그들 자신의 삶이나 대인관계에서 문제가 있음을 반영한다는 것을 알아차리지 못하는 경우도 발생한다. 그들은 그들의 대인관계에서 비롯되는 갈등에서 눈을 돌려 자신이 경험하는 감각이나 증상에 대해서만 초점을 맞추고 있을 수 있다. 이는 자기 자신의 정서 또는 감각에 초점을 맞추는 것이 다른 사람과의 관계를 걱정하는 것보다 덜 위협적이기 때문이다. 한가지 예로 한 기혼 여성은 운전 중 또는 여행 중에 공황 상태를 경험할지 모른다는 두려움을 호소하였다. 그녀가 가진 이상적인 자기상은 자기 주관이 있고, 강하고, 독립적이고, 이성적인 사람이었다. 치료자와의 최초 면접 때 그녀는 자신의 남편이 매우 이해심이 깊고 지지적이며, 그녀의 결혼생활이 거의 완벽하다고 묘사하였다. 처음에 그녀의 치료에는 인지행동접근법이 사용되었다. 구체적으로는 공황이 위협적이지 않은 상황에서 반응하는 오신호와 이에 대한 잘못된 해석으로 인해 발생하게 되는 것임을 설명하였고, 공황이 유발될 수 있는 상황에 서서히 노출시킴으로써 그녀의 증상을 경감시키고자 하였다. 비록 치료가 어느 정도 효과를 보였지만, 그녀는 이후에도 상당한 예기 불안 및 걱정에 시달렸고, 그녀가 원래 가지고 있던 독립성을 유지하기가 어렵다고 호소하였다. 그녀는 "자신이 치료를 필요로 하고 있다는 것" 자체가 당혹스러워 보였다. 이후 추가적 상담을 통하여 그녀의 결혼생활이 그녀가 말했던 것처럼 완벽에 가깝지 않다는 것을 알게 되었다. 그녀의 남편은 종종 집에 늦게 들어왔고, 그녀와 말도 없이 자리를 비우곤 하였다. 그녀는 비록 남편을 신뢰하지는 않았지만, 남편을 강력하게 추궁하는 것을 망설였는데, 그러면 남편이 그녀를 영영 떠나버릴 것이라 생각하였기 때문이다. 상담회기를 통하여 그녀는 그가 말도 없이 자리를 비우는 것으로 인한 자신의 염려에 대해 남편과 직접적으로 이야기하도록 격려 받았다. 이후 그녀는 친구로부터 남편이 다른 여자와 바람을 피우고 있다는 소식을 접하게 되었다. 그녀는 남편의 부정에 대하여 남편과 부딪혀 그녀의 분노를 그에게 맘껏 표출하였다. 그는 그녀에게 용서를 구하였다. 남편과 직접적으로 맞부딪힌 이후 그녀의 공황발작은 사라졌고, 또 더 이상 공황발작에 대해서 걱정하지도 않게 되었다.

또 다른 젊은 남성은 새 반려자와 성관계를 맺을 때 그가 제대로 발기를 유지하지 못할 것 같다는 두려움을 호소하였다. 그는 자신의 "남자답지 못함"에 대하여 걱정하였고, 그의 불안감은 그가 정말 깊이 고민하고 걱정하고 있음을 짐작하게 해주었다. 그의 발기부전은 그의 전 여자친구와의 관계에서부터 비롯되었는데, 그녀는 어떤 때에는 그를 사랑한다는 말을, 어떨 때에는 그를 거부하고 다른 남자에게 가버리게 자신을 놓아달라는 말을 그에게 뱉어내곤 하였다. 치료자가 그에게 전 여자친구로부터 거부를 당하였을 때 어떻게 느꼈는지를 물어 보았을 때, 그는 그녀가 심리적으로 문제가 있었기 때문에 그런 것이라 자신은 화낼 수 없었다고 답하였다. 그는 그녀를 지지해주는 것이 그가 할 수 있는 역할이었다고 이야기하였다. 그런 그에게 치료자는 그의 성기가 그에게 뭔가 말해주고 싶던 것이 아니었을지를 제시하였다: "계속 이렇게 그녀에게 휘둘리는 것은 정서적 건강에 좋지 않아." 치료자는 또 이렇게 물어보았다. "만약 당신의 감정과 정서를 당신이 괴로움을 겪고 있다는 사실을 알게 해주는 경험으로 바라보면 어떨까요? 마치 경고등 또는 신호등의 빨간 불처럼 말이지요." 전 여자친구에 대한 그의 불안과 양가적 정서는 "전방에 위험"이라고 경고하는 신호와도 같다. 하지만 그러나 그 위험에 대해 확인하기보다는 신호 자체에 초점을 맞추어 불안을 느끼게 되었다. 치료자는 이렇게 말할 수 있다. "어쩌면 당신의 성기가 당신보다 똑똑한 걸지도 몰라요. 그 신호는 뭔가 잘못되어가고 있다는 것을 당신에게 알려주었어요. 그렇다면 신호를 따라서 행동하는 게 유익할지도 모르겠네요."

마지막으로, 정서로 인한 죄책감 또는 수치심은 종종 문제에 대한 부적응적 대처전략의 사용을 야기한다. 매우 일반적인 전략 중의 하나는 반추사고이다: "내가 왜 이런 감정을 느끼는 거지? 무슨 일이 일어나고 있는 거야?" 내담자는 반추사고를 통해서 자기가 "가져서는 안 되는" 류의 정서를 갖고 있는 것에 대한 "답"을 얻을 수 있을 것이라고 믿는다. 또 다른 전략은 정서를 일으키는 유발사건을 회피하는 것이 있다. 한 가지 예로, 앞에서 언급한 지금은 엄마가 된 한 여성 변호사의 사례에서 그녀는 자신이 느끼는 우울감에 대한 수치심을 경험하면서 이전 동료와의 접촉을 줄이게 되었고, 결국 그녀 자신의 고립감을 심화시키는 결과를 야기하였다. 이 밖의 다른 전략에는 폭식, 약물남용, 과다수면 등이 존재한다. 이러한 전략 사용의 바탕에 깔려 있는 논리는 해당 정서는 "잘못 되었거나 부끄러운" 것이기 때문에 감정을 이끌어내는 모든 상황을 피해야 한다는 것이다. 또한 정서적 경험 자체에 대해서 무뎌져야 한다는 것이다. 일부 사람들은 스스로가 그들이 경험하는 정서로 말미암아 처벌받아야 한다고 믿기도 한다: "나는 행복할 자격이 없어. 나는 불행해."

수 용

부정적 정서도식을 지닌 많은 내담자들은 그들이 단순히 그러한 정서를 경험한다는 사실 자체를 받아들일 수 없다고 믿는다. 그들은 정서를 수용하는 것을 정서에 대한 경계를 낮춰서 통제력을 상실하고, 정서에게 패배 당하고 압도 당하며, 정서의 심화 및 심각한 장애를 초래하는 것과 동일시한다. 실제로 이들은 정서가 그들을 "공격"할 수 있고, 그들을 때려눕혀서 주도권을 빼앗을 수 있으며, 이에 대한 유일한 대응책은 맞서 싸우는 것이라고 믿는다. 받아들이는 것을 거부하는 것 — 심지어 받아들이기를 두려워하는 것 — 과는 반대로, 정서에 맞서 싸우기를 포기해버리는 것이 오히려 정서를 완화시키는 효과가 있음을 보여주는 여러 가지 증거들이 발견되었다. 싸우기를 포기하는 것은 개인들로 하여금 부정적 정서를 경험하는 와중에도 이에 대해서 좀 더 유연하게 대처하고 여러 일상 활동에 참여할 의욕을 고취시켜준다(Hayes et al., 2006, 2012; Linehan et al., 2007). 가치 있는 목표를 실현하기 위한 행동을 추구하면서 정서를 받아들일 수 있도록 하는 것은 수용전념치료, 행동활성화 치료, 변증법적 행동치료의 주요 목표이다(Hayes et al., 2006, 2012; Linehan et al., 2007; Martell. Dimidjian, & Herman-Dunn, 2010). 정서도식치료 모델은 이러한 접근법들을 차용하여 정서 수용에 대한 부정적 신념들을 수정할 수 있도록 돕는다.

정서도식치료 모델은 개인이 저마다 불쾌한 정서를 수용하는 것의 의미와 결과에 대해서 구체적으로 명확한 신념을 지니고 있음을 제시한다. 인지적, 행동적, 경험적 방법들을 이용하여 이러한 신념을 수정하는 것은 사람들이 수용에 대한 보다 적응적인 신념을 형성할 수 있도록 도움을 주며, 이는 곧 생산적인 활동을 촉진하고 불쾌한 정서를 느끼는 즉시 제거해야 한다는 신념의 신빙성을 감소시켜 준다. 이러한 치료의 목표는, 정서를 통제하려는 것을 잠시 내려 놓음으로써 개인은 보다 더 자제력을 되찾을 수 있다는, 역설적인 원리를 믿게끔 만드는 것이다 만약 개인이 불가능한 목표(모든 것을 통제하고자 하는 것)를 포기한다면 그는 곧 (있는 그대로의) 가능성의 세계에서 살 수 있게 될 것이다.

첫째로, 치료자는 정서를 받아들이는 것이 내담자에게 어떤 의미를 갖는지를

질문할 수 있다: "만약 당신이 스스로가 정서를 받아들일 수 있도록 허락한다면 어떤 일이 일어날 것 같습니까? 그 감정에 충실하게 행동할 것인가요(정서-행동 융합)? 당신이 감정을 받아들이면 감정이 영영 떠나가지 않을까봐 두렵나요?" 몇몇 내담자들은 그들이 정서를 받아들이면, 그 정서가 점점 더 격렬해져서 결국 그들을 압도할 것이라고 믿는다. 한 내담자는 불안에 대한 그의 신념을 이렇게 묘사했다: "만약 제 불안감을 받아들이게 되면, 불안은 점점 심해져서, 결국 공황발작이 일어날 것이라고 생각합니다." 치료자가 다시 물었다: "그러면 어떤 일이 벌어질까요?" 그가 대답하였다: "만약 제가 비행기에 타고 있다면, 자제력을 잃고 일어나서, 소리지르며 비행기 문을 열라고 소란을 피울 것 같네요." 극심한 불안감을 갖고 있는 많은 내담자들은 그들의 정서가 곧장 행동으로 전환("사고-행동 융합")될 것이라고 믿으며, 그래서 그들은 그런 정서가 튀어나오기 전에 이것을 붙잡고 제거해야만 한다고 생각한다. 수용 자극에 대한 노출과 같은 기본 인지행동기법은 확인되지 않은 정서를 수용하거나 허락하는 것이 위험한 단계적 확대를 야기한다는 신념을 가진 내담자들을 설득하는 데 도움을 줄 수 있다(Barlow, 2002). 예를 들면, 비행 중 공황발작이 일어날까봐 두려워하는 내담자는 상담 회기에서 심호흡하는 법을 연습함으로써 정서의 과도한 고양을 참아낼 수 있었다. 회기에서는 이와 비슷한 여러 노출기법들, 예를 들어 정서의 수용을 연습하면서 어지러움을 유발하는 것(의자를 돌리거나, 거울을 응시하는 것을 통해)과 같은 방법들이 사용될 수 있다. 이와 같은 방법은 내담자가 정서의 고양을 가라앉히기 위해서 이를 제거할 수 있는 가능한 모든 것을 해야만 한다는 신념은 부당하다는 것을 확신시킬 수 있다. 이러한 류의 노출 연습의 궁극적 목적은 그러한 감각들이 오고 가는 것에 대해 아무것도 하지 않고 그저 내버려 두는 것이다.

통제에 대한 부분에서 언급하였듯, 내담자는 자기 마음에 거리를 두고 관조하는 것을 연습함으로써, "나는 이 정서에 대해 무언가를 해야 할 필요가 있다."는 신념을 시험해 볼 수도 있다. 이것은 단지 한 발짝 물러나서, 어떤 정서에 대해 아무런 조치를 취하지 않을 것을 목적으로 하는 동시에 그 정서를 단순히 있는 그대로 느끼는 것을 관찰하는 것이다(Wells, 2009). 다시 말해, 정서적 관조는 메타인지적 기법이다. 다른 메타인지적 기법의 예로는 불쾌한 정서 및 사고를 자기가 굳이 받지 않는 광고 전화, 기차가 역을 오고 가는 것, 또는 구름이 하늘 위에 떠가는 것으로 보는 것 등이 있다. 바디스캔 명상, 마음챙김 호흡법, 그리고 주변 환경에 대한 알아차림과 같은 "전통적인" 마음챙김 기법들은 정서와의 관계를 통제하기보다 관찰하고자 하는 행동을 강화시킬 수 있다(Roemer & Orsillo, 2002, 2009). 이후에 정서도식 치료자는 이런 식으로 물어볼 수 있다: "관찰자의 관점을 취하기로 결정했을 때 이 정서가 어떻게 되었나요?"

두 번째로, 몇몇 내담자들은 부정적인 정서가 그들을 변화하도록 동기를 부여하기 때문에 중요하다고 믿는다. "부정적 동기 이론"은 생산적인 활동을 하면 따라오는 자기 보상을 거부하는 일반적인 원인이다. 예를 들면, 회기 사이에 긍정적인 활동에 참여한 한 여성은 이전에는 스스로를 동기 부여하기 위해서 긍정적인 활동에 참여하지 않으면 안 좋은 기분을 느끼도록 하는 것이 중요하다고 믿었다. 그녀의 부정적 동기 이론은 그녀로 하여금 긍정적인 활동 후에 따라오는 기분 좋은 느낌은 바보 같고, 얄팍하며, 부당한 것으로 믿게끔 만들었다: "나는 좋은 일을 해야만 하지만, 그들을 위한 치어리더가 될 필요는 없어." 그녀는 강아지를 키우고 있었고, 이를 꽤나 많이 좋아하였기 때문에 치료자는 이런 질문을 던졌다. "만약 당신이 당신의 강아지가 어떤 것을 하도록 훈련시킨다면, 강아지의 긍정적인 행동에 대하여 보상을 줄 건가요 아니면 무시할 건가요?" 내담자는 말했다. "당신은 내가 이 강아지처럼 되는 것을 원하시는 건가요?" 치료자는 이렇게 답하였다. "네 맞아요, 당신은 스스로를 더 각별히 챙겨야 해요." 치료자는 그녀가 하는 긍정적인 행동들에 대하여 자기 칭찬을 통하여 보상을 주는 것을 실험해보고, 그녀가 이를 따르지 못하였을 때는 "다음에 더 노력해볼 수 있어"라고 스스로에게 말해주기를 제안하였다. 내담자는 그 다음 상담 회기에서 그녀가 평소보다 더 많은 일을 해냈고, 기분도 많이 좋아졌다고 보고하였다. 치료자는 장난스럽게 말했다. "당신은 말을 잘 듣는 강아지 같군요." 유머를 사용하는 것은 종종 내담자가 두려워하는 강렬한 정서에서 독침을 제거하는 것과 같다.

세 번째로, 부정적인 감정을 억지로 억누르려는 시도는 부정적인 사고가 재차 떠오르거나, 억압된 사고에 대한 부정적 신념 및 스트레스가 심화하는 등의 많은 문제들을 야기할 수 있다(Gross, 2002; Gross & John, 1997; Wegner, 1994; Wegner, Schneider, Carter, & White, 1987; Wegner & Zanakos, 1994; Wenzlaff & Wegner, 2000). 정서적 회피는 일반화된 불안장애의 주요 요인인데, 이는 걱정에 대해 인지적인 초점을 맞추는 것은 정서의 고양을 일시적으로나마 억제해 주기 때문이다. 그러나 결국엔 정서는 다시 돌아오게 된다(Borkovec et al., 1993; Borkovec, Ray, &

Stoeber, 1998; Mennin, Heimberg, Turk, & Fresco, 2002, 2005). 게다가, 정서를 일시적인 경험으로서 받아들이기보다 무조건 억압하려는 시도는 폭식 및 물질 남용, 자해 등의 자기 파괴적 행동과 같은 다양한 부적응적인 대처 전략들을 발달시키는 것에 기여한다. 치료자는 이렇게 물어볼 수 있다. "집중력과 에너지를 소모하면서까지 감정을 억제하게 되면 나타나는 부정적 결과에는 무엇이 있을까요? 당신은 감정을 제거하기 위해서 하는 문제 행동에는 어떤 것들이 있나요? 만약 당신이 감정을 굳이 제거하지 않고 그 시간 동안만 그 감정을 받아들일 수 있다면, 어떤 것들이 더 좋게 변할 수 있을까요?"

네 번째로, 몇몇 내담자는 그들은 정서를 받아들일 수 없다고 믿는다. "그 감정은 나쁜 감정이고, 내가 그걸 받아들이면 나는 나쁜 사람이 되어버리는 거예요." 이전에 죄책감과 수치심에 대한 절에서 언급하였듯이, 정서적 완벽주의 또는 "때묻지 않은 마음"에 대한 신념은 스스로 정서(또는 환상)을 받아들이기를 거부하는 행동의 상당부분 원인이 된다. 실제로, 불쾌한 정서나 환상을 자기자신과 동일시하는 것은 개인의 경험이 갖는 복잡성을 무시하도록 만든다. 예를 들면, 한 기혼 여성은 스스로가 다른 남성들에 대한 환상을 가지는 것에 대해 걱정하면서 이러한 환상을 갖는 것 자체가 남편을 두고 바람 피는 것과 마찬가지라고 단정지었다. 그녀는 그러한 환상과 그에 대한 죄책감과 두려움 모두를 가지고 있다고 설명하였다. 그녀가 이러한 환상을 억누르려고 시도했을 때, 그러한 정서들은 더 강렬해지고, 더욱 거슬리는 것처럼 보였다. 치료자는 그러한 환상의 존재를 수용하는 것이 결코 그것을 실행하거나 원하고 있음을 암시하는 것이 아니라고 설명하였다.

> "우리의 정신은 스스로의 마음을 갖고 있어요. 우리의 정신은 매우 활동적이고, 자유롭고, 때로는 혼란스럽고, 때로는 당신이 싫어하는 것을 떠오르게 하지만, 또 때로는 당신이 좋아하는 것을 떠오르게도 합니다. 당신은 당신의 마음을 정리할 수 없습니다. 그저 당신의 마음이 말하는 바를 듣고 나서 무엇을 해야 할지 결정할 수 있을 뿐입니다. 당신은 그러한 환상을 일 년 동안 품고 있었지만, 당신은 그것에 대해 실행하지 않았죠. 아무래도 정서를 수용하는 것과 이를 실제 행동으로 옮기는 것 사이에는 차이가 있는 것 같군요. 만약 당신이 이러한 욕망과 환상을 가지고 있고 이러한 정서가 일어나서 흘러가도록 두는 것이 괜찮고, 결과적으로는 아무 일도 일어나지 않을 것이라는 것을 스스

로에게 순순히 인정한다면 어떨까요?”

이와 비슷한 사례로 어떤 남성 내담자는 더 이상 이를 행동에 옮기지는 않지만, 자신의 주머니에서 열쇠를 찾고 싶은 욕구를 느낀다고 보고하였다. 그는 이러한 찾고 싶은 욕구로부터 완전히 자유로워야 한다고 믿었고, 만약 그가 그 욕구를 제거할 수 없다면, 결국 그가 행동 치료에 와서 강박 행동을 그만 두기 전 오랫동안 겪었던 강박장애의 행동 패턴이 재발할 것이라고 생각하였다. 치료자는 그가 정서적 완벽주의 또는 “때 묻지 않은 마음”에 대한 신념을 가지고 있다고 설명하였다. “당신은 당신이 생각하는 순수하고, 이성적, 그리고 통제 가능한 마음에 속하지 않는 욕구, 생각, 환상 혹은 정서로부터 완전히 자유로워야 한다고 믿고 있군요.” 치료자는 뇌가 인지 사고의 영역 밖에 있는 수만 개의 전기화학적 사건들로 구성되어 있다는 데 주목하였다. 이에 따라서, 치료자는 그 내담자는 때 묻지 않은 마음에 대한 신념을 더 현실적인 “소란스러운 마음”에 대한 신념으로 대체해야 한다고 설명했다:

> “이 사무실 바로 바깥에서 들려오는 뉴욕 도심의 자동차 소음을 들어보세요. 당신은 뉴욕에 몇 년 동안 살고 있어요. 그리고 이 소음을 받아들였죠. 사실, 내가 당신을 알게 된 이후로, 우리 둘 다 이 소음을 들었지만, 당신은 이 소음에 대해서 불평한 적이 없었습니다. 우리는 이것을 이 도시에 사는 것에 대한 값으로 지불하는 것처럼 받아들입니다. 때 묻지 않은 마음을 포기하는 것은 당신의 마음속에 있는 소리나 메시지 중 어떤 것이 가치 있는 소리인지, 그리고 어떤 것이 항상 있었던 배경 소음인지 구분할 수 있게 해줄 것입니다.”

다섯 번째, 정서에 대한 거부감 때문에 정서를 사용하여 스스로에게 필요한 것을 나타내는 내담자의 능력이 손상될 수도 있다. 배고픔과 식욕이 우리가 음식물이 필요하다는 것을 말해주는 것처럼, 정서는 우리의 욕구를 나타낼 수 있다. 심지어 걱정, 슬픔, 두려움, 외로움, 질투, 그리고 시기와 같은 부정적인 정서들도 위험함, 거절, 실수, 공동체의 욕구, 열심히 하고자 하는 우리의 의지, 그리고 잘하고 싶은 욕구에 대해서 스스로에게 말해줄 수 있다. 단순히 정서를 제거하는 것은 우리 삶에서 의미, 강렬함, 열정, 그리고 무엇이 잘못되고 있는지에 대한 정보 등을 스스로에게서 빼앗아버리는 것이다. 예를 들면, 결혼한 지 28년이 되가는 한 여성은 그녀와 남편의 관계에는 애정과 성생활, 그리고 정서적 친밀감이 부족하다고 보고하였다. 우울감과 분노에 가득 찬 그녀는 말했다. "아마도 나는 애정에 매우 굶주린 것 같아요. 그리고 나는 결혼생활에 너무 많은 것을 기대한 것 같아요. 당신은 결혼하고 한참 후가 지났을 때 이런 일들이 있으리라곤 아마 상상도 할 수 없을 거예요." 사실, 처음에 그녀는 인지 치료를 받는 것을 선택했었다. 왜냐하면, 그녀의 정서에 대해 말하는 것을 피할 수 있었고, 어떠한 욕구도 갖지 않는 것을 받아들이는 '이성적' 접근을 발전시킬 수 있기 때문이었다. 치료자는 그녀의 정서가 그녀가 놓치고 있는 무언가를 그리고 그녀가 필요로 했던 것에 대한 가치 있는 정보를 제공해줄 수도 있을 것이라고 제안하였다. 그는 물었다. "당신이 당신을 괴롭히는 어떤 것의 존재를 부정한다면, 어떻게 그 문제를 고칠 수 있을까요?" 이러한 정서들이 정당하고 유익하다는 것을 받아들임으로써, 그녀는 그녀의 결혼생활에서 해결되지 않던 문제를 직면하고 풀어나갈 수 있게 되었다. 그녀가 그녀의 정서를 고통스럽지만 그녀의 결혼생활에서 뭔가 중요한 요소가 빠져 있음을 알려주는 중요한 신호로 받아들였을 때, 그녀는 남편과 이 주제에 대하여 마주하여 이야기할 수 있었고, 결국 모든 면에서 더 친밀한 관계로 나아갈 수 있었다. 이 커플은 부부임에도 불구하고 서로를 피하였고, 평행한 삶을 살았으며, 거의 소통을 하지 않았었다. 결혼생활에 있어서 정서적인 고통을 수용하고 그것을 직접적으로 표현하는 것을 배움으로써, 그들은 정서적인 수준으로 연결될 수 있었다. 수용은 무시하거나 최소화하는 것을 의미하는 것이 아니다. 이것은 정서를 사용하는 것을 의미하는 것이다.

요 약

이 장은 이해할 수 없고, 명확하지 않은 지속시간을 가지며, 죄책감을 유발하거나 수치심을 느끼게도 하고, 받아들일 수 없는 것으로서 정서를 바라보는 신념들의 중요성에 대해 개관하였다. 각각의 정서도식의 차원은 정서적 경험의 두려움, 회피, 반추사고, 자기비판, 다른 문제적 대처 전략과 관련이 있다. 다양한 접근법으로부터 파생된 인지 및 행동 기법들(예, 인지치료, 행동활성화치료, 수용전념치료, 변증법적 행동치료, 자비초점치료, 정서중심치료)을 사용하는 것은 내담자들이 효과적으로 그들의 정서적 경험을 이해하고 정서는 일시적이며 견딜 수 있는 경험이라는 것을 깨닫도록 도와 줄 수 있다. 또한 이를 통해 충족되지 않은 욕구를 인식하는 도구로서 정서를 사용하는 등 좀 더 수용적이고 생산적인 방식으로 정서와 관계할 수 있을 것이다.

제 8 장
양가감정 다루기

나는 증오하고 동시에 사랑한다.
이것이 사실인지 어떻게 아는가?
나의 고통이 내게 그렇다고 말한다.
— Catullus, ca. 60 B.C.E.

양가감정의 정의와 양가감정의 편협함

"양가감정"이란 여러 대안들 중에서 선택을 해야 할 때 경험하는 복합적인 감정이라고 정의된다. 즉, 어떤 선택을 해야 하는 상황에 놓인 한 개인은 서로 다른 방향들에 끌린다고 느낀다. 양가감정은 또한 자신의 특성들과 타인의 특성들에 대해 다양한 감정을 갖는 것을 포함하고, 이것은 선택의 본질에 대한 신념을 반영한다. 그러므로 양가감정을 다루는 것에 어려움을 겪는 사람들은 복합적인 감정을 갖고 있을 경우 자신들은 어떠한 선택도 하지 못하고, 선택을 하기 위해서는 더 많은 정보를 수집해야 하고, 불확실성은 바람직하지 않고 용납할 수 없으며, 양가감정이 사라질 때까지 어떠한 결정을 내리는 것을 미루어야 한다고 생각한다. 사실, 거의 모든 사람들은 지속적으로 양가감정을 경험한다. 그러나 양가감정에 대한 정서도식을 가진 사람들은 복합적인 감정을 다루는 것에 어려움을 겪는다.

선택행동 모델들에서 사람들은 여러 대안들에 대하여 각각의 손실과 이점을 따져보고 비교한다고 제시한다. 선택 이론에서 가정하는 것은 다른 대안을 선택할 때 절충안을 고려한다는 것과, "합리적인 선택"은 비용이 들지 않는 다른 대안은 없다는 것을 인식함으로써 이루어진다는 것이다. 예를 들어, 저녁 식사를 위한 레스토랑을 고를 때 여러 가지 조율할 요인들을 고려해야 한다(가격, 위치, 요리, 음식의 질, 분위기). 우유부단함도 비용을 지불하게 하는데, 이는 다른 대안들을 포기하는 것에 대한 "기회비용"이다. 예를 들어, 만약 나의 모든 돈을 투자에 사용하기보다 매트리스를 사는 것에 사용하기로 선택한다면, 은행 계좌에서 받을 수 있었던 이자 또는 주식에서 얻을 수 있었던 수익이라는 기회비용을 지불하게 된다. 양가감정을 용납하지 못하는 사람들은 주로 우유부단한데 이는 그들이 잠재적으로 손해가 없는 결정을 내려야 한다고 믿기 때문이다. 하지만 그것은 대개 불가능하기 때문에, 이들은 결정을 하는 데 오랜 시간을 지체하고, 결정함으로부터 따르는 행동을 피하고, 다른 사람으로부터의 확신을 구하고, 결정을 보강하거나 무산시키기 위한 추가적인 정보를 찾는다.

게다가 선택은 전반적인 목표 또는 가치들을 고려해서 이루어진다. 위에서 언급한 레스토랑에 관한 예를 살펴보면, 생선과 닭고기 사이에서의 나의 선택은 배고픔을 만족시키기 위한 전반적인 목표(상위목표)를 가지고 이루어진다. 실제로, 나는 닭고기와 생선 사이에서 이 두 가지 모두 나의 배고픔을 만족시킬 수 있기 때문에 무엇이 상대적으로 더 바람직한 선택인지에 대하여 무관심하게 생각할 수 있다. 결정을 하는 사람들은 한 연속선상의 어느 지점에 속한다. 그 연속선상의 한 극단에는 가능한 최상의 결과를 추구하는 사람들("최고를 추구하는 사람"; "maximizers")이 있고, 다른 한 극단에는 그저 적당한/적절한 기준이나 목표를 추구하는 사람들("최소의 필요조건을 추구하는 사람"; "satisficers")이 있다(Simon, 1956). 최고를 추구하는 사람들은 가장 적은 손해와 최고의 이득을 따르지 않는 대안에 대해서는 거부한다. 주로 기회비용은 무시한 채 우유부단한 상태를 지속한다. 예를 들어, 이러한 사람은 레스토랑에서 각각을 비교하는 데 한 시간 동안이나 사용하면서 결국 저녁 먹을 시간을 갖지 못할 수 있다. 최고를 추구하는 사람은 완벽한 결정이 있을 것이라고 추정을 하고, 모든 정보를 모을 수 있으며, 모든 가능성을 고려할 수 있다는 전제를 한다. 최소의 필요조건을 추구하는 사람들("satisficers"라는 단어는 스코틀랜드 단어이며 Simon에 의해 처음 사용되었다)은 시간과 대안들에는 한계가 있으며, 불완전한 세상에서 불완전한 선택을 가지고 앞으로 나아갈 수 있다는 것을 인식한다. 그렇기 때문에 이들은 안정을 위해 최상의 결과를 기꺼이 포기할 수 있다(Simon, 1956, 1957, 1979). 최고를 추구하는 사람들은 그들의 선택에 대하여 후회할 가능성이 더 많은 반면에 최소의 필요조건을 추구하는 사람들은 정의를 봐서도 알겠지만,

그들의 선택에 더 만족한다. 의사결정이론에서의 이러한 차별점은 "제한된 합리성"의 핵심 구성요소 중 하나이다. 즉, 정보와 시간에 대한 제한이 있는 경우에 "합리적인 선택"에도 제한이 있을 것이라는 인식이다(다시 말해, 언제나 그렇다). 우리는 선택을 할 수 있는 무한한 시간이 없으며, 절대 모든 정보를 알 수 없다. 최소의 필요조건을 추구하는 사람들은 불확실성과 시간적인 제약을 갖고도 기꺼이 결정하려고 한다(Kahneman & Tversky, 1984; Kahneman et al., 2006). 최고를 추구하는 사람들이 더 많은 정보들을 과대평가하는 것과 상반되게 "현실세계"에서 의사결정을 하는 사람들은 빠르게 결정하기 위해 주로 경험법칙 또는 "발견적 교수법"에 의존한다. 실제로, 이러한 발견적 교수법이 추가적인 정보(흔히 관련 없는 정보)를 찾는 경우보다 흔히 더 정확하다(Gigerenzer & Selten, 2001).

양가감정으로 어려움을 겪는 사람들은 주로 선택을 할 때 현실적이고 실용적인 고려를 할 수 없는 것처럼 행동한다. 그들의 중점은 실시간으로 현실적인 결정을 내리는 것보다는 중요한 상호 보완점이 없는 완벽한 결정을 내리는 것에 있다. 양가감정을 용납하지 않는 개인은 완벽주의적이고 이분법적인 사고에 이끌린다. 예를 들어, 한 여자와 사귀고 있는 남자가 그 여자의 행동에 대한 어떤 부분들에 대해 마음에 들지 않는다는 것을 알아차렸다고 생각해 보자. 이로 인해 다음과 같은 일련의 자동적인 사고가 발생한다: "그녀에게 내가 별로 좋아하지 않는 무언가가 있다." "그녀의 모든 것에 대해 완전히 행복하지 않다면, 잘 풀리지 않을거야." "다른 사람들은 그들의 이성관계에 완전히 만족해." "만약 그녀와 잘 되지 않으면, 나는 아무와도 함께할 수 없을거야." "나는 결국 혼자가 될거야." 이 남자는 다른 사람들의 삶에 존재한다고 믿는 것들을 자신의 삶에 이상화시키는 동시에 그의 현재 관계에 있는 훌륭한 자질을 무시한다. 또한, 양가감정을 용납하지 않는 많은 사람들은 후회와 반추를 할 위험이 크다. 왜냐하면 결정 후에 사고하는 것은 선택한 것과 "완벽한" 대안을 비교하기 때문이다. 선택한 것을 강화시켜("의견충돌 감소"; "dissonance reduction") 선택 후에 나타나는 양가감정을 해결하는 사람들과는 달리, 반대 감정이 공존하는 사람들은 선택하지 않은 대안에 다시 초점을 맞추거나, 현재 선택한 것보다 더 바람직한 미래에 나타날 수 있는 대안들에 초점을 맞춘다. 따라서 양가감정을 용납하지 않는 사람들은 결정을 미루고, 가능성 있는 다른 대안들에 대해 반추하고, 안심시키는 말 또는 행동을 요구하고, 결정을 해야 하는 상황들을 피하고, 결정한 것들을 후회하고, 선택한 방안의 긍정적인 부분을 무시하고,

선택하지 않은 대안들에 대해서는 반추한다.

양가감정의 편협함은 불확실성의 편협함과 유사하다(Dugas, Buhr, & Ladouceur, 2004; Sookman & Pinard, 2002). 두 가지 경우 모두, 개인은 완벽한 대안을 원하고 완벽한 예측 가능성을 원한다. 두 가지 경우 모두, 개인은 완전성이나 불확실성이 없는 것에 대해 걱정하거나 반추하고자 하며, 이 반복적인 부정적 초점이 결정을 할 수 있도록 결정적인 정보를 제공할 것이라고 믿는다. 두 가지 경우 모두, 개인은 후회 지향적이다. 후회를 예상하고, 결정이 내려진 후에는 후회를 한다. 불완전한 업무를 포기하는 것에 대한 어려움을 설명하는 자이가르닉 효과(Zeigarnik effect)와 비슷하게, 양가감정의 편협함과 불확실성의 편협함은 거의 모든 선택이 수반하는 불완전함 또는 미완성보다는 완전한 종결을 추구한다.

양가감정의 편협함은 다양한 인지 왜곡과도 관련이 있다. 위에서 언급한 바와 같은 이분법적 사고(dichotomous thinking), 낙인찍기(labeling, "이건 용납할 수 없는 대안/아주 나쁜 선택이야"), 장점 깎아내리기(discounting positives, "그래 이런 긍정적인 부분이 있어. 하지만 이런 부정적인 부분들도 있어"), 부정적 필터링(negative filtering, 여러 대안들의 고려대상으로 주로 부정적인 면들에만 집중하는 것), 예언자의 오류(fortunetelling, 이러한 양가감정이 좋지 않은 결과를 가져올 것이라고 예측하는 것), 파국화(catastrophizing, 좋지 않은 결과를 견딜 수 없을 것이라고 예측하는 것), 감정적 추론(emotional reasoning, "내가 양가감정을 갖기 때문에 무조건 나쁜 선택이 될거야"), 당위적 진술("should" statements, "이 선택에 대해서 나는 완벽하게 행복해야 해," "이런 양가감정이 들지 않아야 해") 등이 포함된다.

양가감정의 편협함은 특히 부정적 필터링(negative filtering)과 관련이 있는데, 이는 이미 언급한 바와 같이 고려 중인 대안에서 완벽하지 못한 것들에 초점을 맞추는 확증 편향을 포함한다. 예를 들어, 위에서 언급한 연인관계에 있는 남자는 주로 파트너가 가진 부정적인 특성이나 자신이 경험했던 부정적인 분위기에 집중할 것이다. 그는 이러한 관찰과 경험을 자신의 잘못된 선택에 대한 증거라고 해석하였다. 그가 지루함을 느꼈을 때, 그는 이를 연인관계에 무언가 끔찍하게 잘못된 것이 있다는 증거로 해석하였다: "좋은 관계를 갖고 있는 사람들은 지루함을 느끼지 않는다." 사람들이 일관되게 행복을 경험할 수 있는 이상적인 세상이 있을 것이라는 믿음 또는 어느 사람이 선택한 것이 영원한 행복으로 이어질 것이라는 믿음은 이러한 부정적 필터링에 힘을 실어준다. 이러한 이상화는 이전 장에서 누구든 항상 행복하고 기분이 좋아야 하며, 이는 노력할 가치가 있는 목표라고 설명한 "정서적 완벽주의"라는 더 큰 문제의 한 부분이다.

양가감정의 편협함 변화시키기

정서에 대한 단순한 관점 다루기

자기 자신과 다른 사람들의 다양한 정서를 구별할 수 있는 능력은 인지 발달의 결과이다(Saarni, 1999, 2007). 정신분석학에서 자아 발달은 잠재적으로 상충되는 자기 자신의 자질에 대한 인식이 증가하는 것이라고 특징한다. 핵심 자질을 인식하고 그와 함께 구별된 감정 또는 개인적 자질을 결합시키는 "자아 정체성"이 나타나는 것이다(Loevinger, 1976). 따라서 어린아이들은 이분법적 특징을 나타내는 용어들을 사용하여 다른 사람들 또는 자신을 바라보지만(예, "그는 심술궂다"), 좀 더 구별된 성인은 시간과 상황에 따라서 개인적 특성의 다양성을 인식할 수 있다(예, "그는 가끔 심술궂을 때가 있지만, 다른 때에는 상냥하기도 하다"). 경계선 성격장애를 가진 사람들의 대인지각에 관한 연구들을 살펴보면 그들은 이분법적 진술을 사용하는 경향을 나타낸다(Arntz & Haaf, 2012; Veen & Arntz, 2000). 이분법적 사고의 문제점은 이러한 사고가 상황적 또는 시간적 다양성과 융통성에 대해 인식하지 않은 채, 자신과 다른 사람들에 대하여 안정된 특성 귀인을 유도한다는 것이다. 만약 나 자신을 슬픈 사람이라고 생각한다면, 내 인생은 이러한 믿음을 확인하는 정보에 대한 선택적인 기억, 관심 그리고 강조가 될 것이다. 이는 확증 편향의 한 형태이다. 만약 나 자신이 다양한 정서를 갖고, 다양한 행동을 할 수 있다고 생각한다면, 나 자신은 스스로 융통성이 있다고 생각할 수 있다. 이는 자신에 대한 훨씬 더 적응적인 견해이다. 따라서 정서의 단순한 관점(이전 장에서 논의되고 LESS II로 평가된 정서도식의 14가지 차원 중 하나)에 대해서 다루는 것은 정서도식치료에서 양가감정의 용인을 증가시킬 수 있는 첫 번째 과제 중 하나이다.

자신의 성격이나 정서에 대한 이분법적 사고의 근거 없는 믿음을 떨쳐버리는 것이 수용력을 높이고, 반추하는 것을 줄이며, 융통성을 높이는 핵심 요소이다. 영화 "성질 죽이기"(Anger Management, 2003)에서 소심한 아담 샌들러에게 "당신은 정말로 어떻게 느끼나요?"라고 하며 계속해서 몰아세우는 잭 니콜슨과는 다르게,

정서도식 치료자는 혼합된 감정과 양가감정을 수용할 수 있도록 품어주고 용기를 북돋아 준다. 일부 내담자들은 감정의 정당성에 대해 의문을 제기하거나 "겉으로 드러나지 않는 근본적인 감정"을 "깊이 파고들기"를 통하여 "실제로 내가 어떻게 느끼는지"를 파악해야 한다고 생각한다. 기본적인 감정, 진실한 느낌 또는 기저에 숨겨진 비밀이 있다는 생각은 "대답"을 찾기 위한 일련의 곰곰이 생각하는 과정에만 작용한다. 진정한 "대답"은 복잡함과 모순을 받아들이는 데 있다.

예를 들어, 앞서 묘사된 남자는 여자친구에 대한 그의 "진실된 감정"을 알아내려고 했다.

> 내담자: 그녀가 매력 있다고 생각해요. 나에게 정말 잘해주고 때로는 아주 잘 보살펴줘요. 그러나 가끔 제가 신경 쓰이는 말들을 해요.
>
> 치료자: 당신이 신경 쓰이게 하는 어떤 말들을 하죠?
>
> 내담자: 글쎄요, 그녀는 제가 원하는 만큼 정치에 관심을 갖고 있지 않아요.
>
> 치료자: 그렇군요. 그럼 그녀에게 당신이 좋아하지 않는 부분들이 있네요. 그녀의 모든 것에 대해서 완전히 긍정적이지 않다는 것에 왜 그렇게 신경을 쓰죠?
>
> 내담자: 음, 그녀는 나에게 맞는 사람이 아닐지도 몰라요.

이것은 중요한 결정을 하려고 하지만 양가감정을 받아들이지 못하는 사람들의 전형적인 생각의 흐름이다. 다시 말하면, 이것은 완벽주의와 "순수한 마음"을 반영한다. 이런 경우, 그 사람은 "실존적 완벽주의"를 추구하고 있다: "내가 결정하기 전에 확신이 들어야 하지 않을까?" 이 "정서적 완벽주의"라는 특정한 경우에, 여자친구에 대한 그 남자의 의구심은 부정적인 것에 지나치게 초점을 맞추게 하고, 반추하기, 장점 깎아내리기, 그의 헌신에 대한 망설임을 초래하였으며, 여자친구와 거리를 두게 만들었다. 그의 근본적인 신념들은 다음과 같다. "나는 한 방향으로만 느껴야 한다," "내가 느끼는 것에 대한 확신이 있어야 한다," "만약 복합적인 감정이 있다면 사랑에 빠질 수 없다," "만약 내가 양가감정이 있는 상태라면 헌신할 것이라는 결정을 내릴 수 없다." 이러한 단일한 감정의 이상화는 친밀한 관계를 깊게 할 수 없는 결과를 가져온다.

양가감정의 편협함에 대한 더 깊은 측면은 어떤 사람이 만약 "잘못된 결정"을 내리면 후회에 사로잡혀 있을 것이라는 신념이다. 완벽한 대안을 찾는 것이 이러한 후회를 피하기 위한 시도이다. 수년 전에 관계에 문제를 갖고 있는 사람과 이야기한 것이 기억난다. 나는 그에게 아무런 후회를 하지 않는지 물었다. 그는 합리적으로 말하려고 노력하며 대답했다. "아니에요. 모든 결정은 제가 한 것입니다. 그렇기에 제가 한 결정은 제가 책임집니다." 나는 이 말을 듣고 그가 순진한 것이 아니라면, 다소 비현실적이라고 느꼈다. 만약 후회를 하지 않는다면, 어떻게 사람이 실수로부터 배울 수 있고, 자신의 감정에 솔직해질 수 있는가? 실제로 후회는 우리가 더 나은 결정을 내릴 수 있도록 한다. 그리고 후회가 비현실적일지라도, 후회하는 것은 우리가 그 후회하는 것에 완전히 몰두해야 하는 것을 의미하지 않으며, 평생 그 후회에 "갇혀 있는" 것을 의미하지 않는다. 그저 잠시 "아침에 2번가 버스에 탐으로써 교통체증에 갇히게 된 걸 후회한다"고 인정하고 금방 버스에서 내릴 수 있는 것이다. 마지막으로 Søren Kierkegaard(1843/1992)가 말한 바와 같이 후회는 단순히 어떠한 어려운 결정을 하는 것의 한 부분일 수 있다: "나는 모든 것을 완벽하게 이해한다. 두 가지 상황이 있을 수 있다. 이것을 하거나 저것을 하는 것이다. 나의 솔직한 의견이자 나의 호의적인 충고는 그것을 하거나 하지 말라는 것이다. 무엇을 선택하든 후회할 것이다."

양가감정 용인의 이득과 손실 점검하기

대다수의 정서도식 및 전략들과 마찬가지로, 양가감정의 두려움에 관련된 도식 변화의 주요 요소는 바로 도식 변화에 대한 동기를 검토하는 것이다. 과장 없이 말하자면, 양가감정을 용납하지 못하는 대다수의 개인들은 혼합된 동기를 가지고 있다. 그들은 이러한 편협성에는 손실이 따르며, 이득 역시 존재한다고 인지한다. 치료자는 "양가감정을 용인하지 않는 부분에 있어 손실과 이득이 무엇이 있느냐?"고 물어볼 수 있다. 많은 내담자들은 손실을 쉽게 인식한다. 그 손실이란 삶의 불만족, 반추, 미래에 대한 걱정 및 현재를 즐기지 못하는 상태들을 말한다. 치료자는 이러한 개인들이 양가감정을 제거하기보다 용인하여 더 삶에 적응할 수 있는 결과를 내는 데에 초점을 맞출 수 있도록 도와줄 수 있다. 예를 들면, 양가감정을 용인함으로써 현실을 그대로 수용하고, 자신의 현 상태를 만끽하며, 반추를 줄이고, 후회를 최소화하고, 결정을 내리는 능력을 도출할 수 있다.

치료자는 간단하거나 명확한 감정을 추진하여 얻게 되는 결과물을 언급할 수 있다. “당신이 진정으로 어떻게 느끼는지에 대해 계속 질문할 시 [혹은 혼재하는 감정을 수용하는 데 있어 어려움을 겪을 시], 당신에게 어떠한 영향을 끼칠까요? 혼재하는 감정을 수용하지 않음으로써 얻는 이익과 불이익은 무엇이 있을까요?” 불이익으로는 결정장애, 반추, (혼합된 감정을 유도하는 상황을) 회피, 자기회의, 자기비판(“내 자신에게 내가 인지하지 못하는 문제가 있는 걸까?”), 과도한 확약요구 및 부정적 필터링이 있을 수 있다.

몇몇 사람들은 후회하지 않는 결정을 내리는 것이 바로 혼재하는 감정을 수용하지 않는 것의 이득이라고 주장한다. 다른 사람들은 그들 스스로가 확신하기 위해 몇 가지 확인해야 하는 기본 감정들이 있다고 말한다. 앞서 언급하였듯이, 이러한 “내가 진정으로 어떠한 감정을 느끼는지”에 대한 모색은 불확실성을 용인하지 못하는 이들의 가장 전형적인 특징이다 — “확실히 알 필요가 있어”(Dugas, Freeston, & Ladouceur, 1997; Ladouceur, Gosselin, & Dugas, 2000). 불확실성은 안 좋은 결과(“나는 잘못된 결정을 끝내 내릴 거야” 혹은 “나는 잘못된 방향으로 갈 거야”), 책임감 결여(“내가 느끼는 진실된 감정을 알아야 해”) 혹은 통제부족(“내가 무엇을 느끼는지 모른다면, 다른 일들을 어떻게 통제할 수 있지?”)과 동일시된다. 이러한 신념들은 직접적으로 다루어질 수 있다. 치료자는 이렇게 물어볼 수 있다,

> “당신은 스스로가 서로 다른 어떤 특정 감정들을 가지고 있다고 확신할 수 있습니까? 예를 들어, 당신이 어떤 순간에는 분노를 느끼고, 다른 순간에는 슬픔을 느끼며, 또 다른 순간에는 행복을 느낀다고 확신할 수 있습니까? 당신이 어떠한 감정을 느끼는지 아는 것이 꼭 당신 스스로 혹은 다른 사람에게 항상 같은 감정을 느끼고 있다는 결론으로 항상 도출되지는 않습니다. 과연 ‘나는 혼합된 감정을 가지고 있다고 확신한다’라고 말할 수 있을까요?”

복잡한 어느 것에 있어 확실성이 과연 존재하는지 의구심을 품는 것도 불확실성을 다루는 또 다른 방법이다: “당신의 직업에 있어 복합적인 감정을 느끼고 있나요?” 또는 “좋아하는 영화를 관람하는 중 마음에 들지 않은 부분들이 있었나요?” 혼합된 감정은 복잡성, 정직성, 인식, 경험의 풍부함 및 인간과 사건이 항상 유동적인 불완전한 세상에서 완벽한 대안은 없다고 제안되어 재구성될 수 있다. 실제로 양가감정을 인지하는 것은 인생을 사는 데 있어 어려움, 도전, 실망감들은 불가피하며

오히려 수용해야 한다는 방향으로 정상화시킬 수 있다.

몇몇 내담자들은 여러 가지 감정을 가지고 있는 것은 그들이 "모순적"인 것이라고 믿는다. 예를 들어, "그에게는 내가 별로 좋아하지 않는 점들이 있어. 내가 왜 이러한 모순적인 감정을 가지고 있는지 모르겠어." 여기서의 가정은 모든 감정은 단일해야 한다는 것이다. 즉, 전적으로 긍정적이거나 전적으로 부정적이어야 한다는 것이다. 감정들이 모순된다고 낙인찍는 것은 일차원적인 생각의 필요성에 대한 신념과 '이것 아니면 저것' 또는 '제외시키는 것'에 대한 신념을 유발시킬 수 있다("A와 A가 아닌 것이 공존할 수 없다"). 이러한 이진법적인 신념체계는 논리적으로 자기 모순적이므로 틀리다고 하는 것과 같이 다양한 범위의 감정을 배제하는 것으로 이어질 수 있다. 한 가지 대안은 "모순적"인 것을 "다양한 범위의 감정" 또는 더 나아가서 "감정의 풍부함"으로 대체하는 것이다. 치료자는 다음과 같이 말할 수 있다:

> "꽃밭이 그려진 아름다운 그림을 상상해 보세요. 그림에는 빨간색, 핑크색, 노란색, 보라색, 하얀색이 있고, 초록색 풀과 저 멀리에는 파란 하늘도 있어요. 이 색상들이 모순적인가요? 만약 이 그림이 흑백이었다면 어떨 것 같은가요? 만약 당신이 모든 색상을 볼 수 있고, 각각의 색상들이 뚜렷하고 생기가 넘치고 실제적인 것이라고 알아볼 수 있다면 이것이 당신에게 문제가 되나요? 혹은 당신이 뷔페에서 식사를 하고 있다고 상상해 보세요. 한 접시를 먹었는데 그것이 약간 짜고, 다른 접시는 맵고, 다른 접시는 달다고 생각해 보세요. 음식 맛이 한 가지밖에 없어야 한다고 말씀하시겠어요?"

요제프 2세 황제는 모짜르트의 오페라 중 한 곡에 대해 모짜르트에게 다음과 같은 유명한 말을 했다. "음이 너무 많다." 이에 모짜르트는 다음과 같이 주장하며 대답했다. "정확히 필요한 만큼 있습니다, 황제 폐하." 이 이야기도 사용될 수 있다.

이에 더해서, 치료자는 지각과 인식의 근원으로 복잡성과 풍성함에 대한 부분을 다룰 수 있다: "당신의 지각이 꽤 복잡하고 정교해서 당신은 경험의 다양한 범위와 풍부함에 대해서 인식할 수 있을 거예요. 당신은 여러 가지 감정들에 대해 인식하고 있어요. 그리고 이것은 단순히 어떤 것들을 명확하게 볼 수 있는 당신의 능력을 말하는 것일 수 있어요." 감정을 구별하는 한 가지 방법은 서로 다른 시간에 서로 다른 자극에 대하여 서로 다른 감정적인 반응이 있음을 인식하는 것이다:

"당신이 아주 부정적인 생각을 하고 있을 때 슬픔을 느끼는 것이 가능한가요? 그리고 당신이 보람 있는 일들을 할 때 행복을 느끼는 것이 가능한가요? 만약 당신이 어떤 생각을 하느냐에 따라 당신의 감정이 달라진다면, 이는 단순히 다른 생각들과 경험들이 각각 다른 감정을 이끌어 낸다고 볼 수 있어요."

양가감정의 편협함을 문제가 있는 대처전략에 연결시키기

양가감정에 대한 편협함을 가지고 있는 많은 사람들은 복합적인 감정에 대처하기 위해 문제적인 전략을 수립한다. 하나의 분명한 전략은 우유부단함이다. 이는 주로 균형을 깨뜨릴 수 있는 더 많은 정보를 얻기 위해 기다리는 것을 포함한다. 우유부단하고 양가감정을 가진 개인은 관계를 발전시키지 못하거나 중요한 구매를 하는 결정을 내리지 못할 수 있다. 따라서 더 만족스러운 관계를 즐기거나 다른 대안을 누릴 가능성을 앞세운다. 앞서 언급했듯이, 이를 해결하는 한 가지 방법은 개인이 우유부단함을 지속할 때 선택되지 않은 대안에 대한 기회비용을 지불한다는 것을 지적하는 것이다. 또 다른 문제적인 전략은 반추이다: "나는 이것이 딱 맞는 것이라고 느낄 때까지 이에 대해 계속 생각해야만 해." 다른 양가감정을 가진 사람들은 다른 사람들에게로부터 무엇이 맞는 감정이고 맞는 결정인지 반복적으로 조언을 구하고 확신을 요구함으로써 대처할 수 있다. 어떤 경우에는 양가감정을 가진 사람은 다른 사람을 "시험"해 보면서 그 사람이 정말 신경을 쓰는지 아니면 그 사람이 실제로 바라지 않는 자질을 지니고 있는지에 대해 알아낼 수도 있다. 마지막으로 어떤 사람들은 그들의 양가감정에 대해 죄책감을 느끼고 자기 비판을 한다. 그들은 양가감정을 개인적인 실패로 간주하고, 복잡함과 명백한 모순 가운데서 완전히 확실해야 한다고 믿는다.

양가감정에 대한 현재의 수용 인식하기

많은 경우에, 한 개인은 이미 양가감정을 편하게 수용하는 삶의 많은 부분들은 무시한 채 양가감정의 어느 한 부분에만 집중한다. 예로, 한 여자가 그녀의 파트너에 대한 양가감정에 대해 걱정을 한다. 그녀는 이 양가감정을 "나쁜 신호"라고 여기며 파트너에 대해 "완전히 100%" 느껴야 한다고 생각한다. 이는 양가감정을 바람직하지 않고 수용할 수 없는 정서적인 상태로 보는 것을 나타낸다. 그러나, 치료자가 그녀가 양가감정을 느낄 수 있는 다른 삶의 영역에 대하여 물었을 때, 그녀는 여러 경우를 인정했다:

내담자: 네, 저는 제 친구들에 대해서 여러 가지 혼합된 감정들을 갖고 있어요. 그들에 대해서 제가 좋아하는 부분들이 있고, 좋아하지 않는 부분들도 있어요. 지금 생각해보면, 제 직장에 대해서도 여러 혼합된 감정을 갖고 있네요. 그렇지만 전 그걸 받아들이는 것 같아요. 그리고 제가 사는 도시인 뉴욕에 대해서도 혼합된 감정을 가지고 있어요. 뉴욕은 비싸고 시끄러워요. 때때로 사람들도 무례하죠. 그러나 뉴욕에 대해서 제가 좋아하는 많은 부분들이 있어요. 전체적으로 생각해보면 수용할 수 있어요.

치료자: 만약 양가감정이 본질적으로 그렇게 나쁘다면, 당신은 왜 친구들, 직장 그리고 사는 곳에 대한 양가감정을 받아들이나요?

내담자: 글쎄요, 친구가 필요하고 일도 필요하고 그리고 살 곳도 필요해요. 저는 선택의 여지가 없어요.

치료자: 만약 당신이 누군가와 친밀한 관계를 원한다면, 양가감정은 따라올 수밖에 없는 것일 수 있네요. 양가감정이 들지 않고 누군가를 정말로 알 수 있을까요?

타인의 삶 속의 양가감정 정상화시키기

내담자가 이미 많은 삶의 영역에서 양가감정을 받아들였다는 것을 인식하더라도 내담자는 다른 사람들의 삶에 대하여 이상적인 시각을 가질 수 있다. 그러한 내담자 하나는 그의 파트너에 대한 양가감정을 가지고 있었다:

내담자: 저는 다른 사람들을 이상적으로 보는 것 같네요. 제 생각에 제 누이는 그녀의 남편과 완벽한 사이에요. 그리고 제 친구들은 완벽한 삶을 살고 있죠. 그런데 곰곰이 생각해보면, 제 누이는 어려움 또한 겪고 있고 모든 것이 완벽하지는 않은 것 같아요. 때로는 고군분투해야 하죠.

치료자: 당신의 친구들은 그들의 관계나 직업에 대한 의구심을 표현하기도 하

나요?

내담자: 당연히 하죠. 사실 며칠 전 밤에 제 친구 댄과 이야기하는데 그의 결혼 생활에 어려움을 겪고 있다고 하더군요. 우리는 그것에 대해 대화를 나누었고, 댄은 전체적으로 봤을 때 많은 좋은 점들이 있다는 것을 깨달았어요.

치료자는 다음과 같이 제안할 수 있다:

"관계, 일, 사는 곳 그리고 당신이 하는 것에 대한 절충안을 받아들이는 것은 사람이라는 조건의 보편적인 한 부분일 수 있어요. 그것은 현실 세계에서 우리가 살아갈 수 있도록 해 줄 수도 있죠. 현실에는 불확실성, 좌절감, 실망감 그리고 도전들이 있는데, 이것들은 헌신적인 관계 또는 일에서 얻을 수 있는 보상이나 의미 있는 경험들과 균형을 맞출 수 있어요. 몇 가지 이점을 누리기 위해 몇몇 장단점을 받아들이는 것이 합리적인가를 보는 것이 더 도움이 될 수 있을까요? 이것이 당신이 아는 다른 사람들이 하는 것일까요?"

양가감정의 편협함에서 기인한 인지왜곡 점검하기

앞서 언급한 바와 같이, 불확실성에 대한 편협함은 다양한 인지왜곡으로 특징지어진다. 이들 각각은 일반적인 인지치료기법을 사용하여 해결할 수 있다. 예를 들어, "이건 맞거나 틀려," "모든 것이 긍정적이거나 모든 것이 부정적이야"와 같은 이분법적 사고는 다른 결정에 대한 증거를 고려해봄으로써 점검할 수 있다:

"대안들이 각각 장점과 단점을 가지고 있는 것처럼 흑백 논리가 아닌 다른 결정을 할 수 있는가?"

"만약 당신이 차를 사기 위해 다른 차들을 고려하다가 하나를 정했다면, 그 선택한 차가 다른 차들이 갖고 있는 장점들을 가지고 있지 않을 수 있다는 것을 인식하지 않았는가?"

"아무런 대가가 없는 선택이 어떻게 있을 수 있는가?"

"그 차에 어떠한 손실이 있지 않은가?"

낙인 찍기("이것은 용납할 수 없는 대안이야/나쁜 선택이야")의 경우, 치료자는 "선택"이라는 낙인에 대한 의미를 점검해 볼 수 있다:

"'선택'이라는 것이 매력적인 특성이 있는 또 다른 선택이 있다는 것을 시사하지 않는가?"
"당신은 선택을 할 때, 한 대안이 다른 대안보다 더 좋다고 주장할 수 있도록 대안들의 장단점을 비교하지 않는가?"
"좋은 선택 또는 나쁜 선택이 아닌 장단점이 있는 대안들이 있을 수 있지 않은가? 두 가지 경우 모두 불확실성이 있고, 그 불확실성으로 인해 당신은 일이 어떻게 풀릴지 모르지 않는가?"

장점을 무시하는 것은 선택된 대안에 대한 장점을 무시했을 경우의 이득과 손실을 점검하여 다룰 수 있다:

"당신이 결함에만 집중한다면, 장점에 대한 중요한 정보들을 무시하는 것은 아닌가?"
"장점들은 무엇인가? 이러한 장점들을 인정하는 것에 대한 이로운 점은 무엇인가?"

부정적 필터링 또한 인지치료기법을 통하여 점검할 수 있다:

"당신이 단점에만 집중한다면, 중요한 장점을 무시하고 있는 것은 아닌가?"
"어떠한 단점도 없는 다른 대안은 있는가?"
"장점과 단점을 비교하여 두 가지 모두 고려하는 것은 아닌가? 장단점을 비교하였을 때 상당히 더 나은 절충안이 있지는 않은가?"

치료자는 예언자의 오류(자신이 한 선택이 나쁜 결과를 가져올 것이라고 예상하는 것)를 범하는 내담자들을 비슷한 질문들을 통하여 도울 수 있다:

"우리는 종종 미래에 어떤 특정 감정을 가질 것이라고 예측한다. 하지만 흔히 우리는 틀린다. 당신은 과거에 예측했던 것이 틀렸던 적이 있는가?"

"미래에 당신의 선택에 대하여 긍정적인 감정과 부정적인 감정이 둘 다 든다면 수용할 수 있는가? 아니면 당신은 긍정적인 감정만 수용하겠는가?"

"혹시 자신이 한 선택에 대하여 긍정적으로만 생각하고 부정적인 감정을 느끼지 않는 사람을 아는가?"

어떤 사람들은 "잘못된 선택"이 파국화를 가져올 것이라고 믿는다. 치료자는 다음과 같이 질문할 수 있다:

"이 선택을 할 경우 정확히 어떤 것에 대해 견딜 수 없는가?"

"이것이 끔찍할 것이라는 증거는 무엇인가?"

"부정적인 것을 상쇄할 만한 긍정적인 것들이 있는가?"

"좌절감을 견딜 수 없는가?"

"사실일지는 모르지만 만약 그것이 정말로 끔찍하다면, 당신의 결정을 되돌릴 수 있는가?"

어떤 사람들은 양가감정에 감정적 추론을 통해 접근한다: "내게 양가감정이 들기 때문에 이것은 나쁜 선택일 것이야." 이는 정서적 완벽주의의 또 다른 신호이다("나는 결정할 때 완전히 기분이 좋아야만 해. 그래야만 좋은 일들만 일어날 거야"). 치료자는 다음과 같이 질문할 수 있다:

"양가감정의 본질은 긍정적인 감정과 부정적인 감정 두 가지 모두이지 않은가?"

"선택을 한다는 것이 긍정적이고 부정적인 감정 모두 수반한다는 것을 인식하지 않은 채, 당신의 감정만 앞세워 추론하는 것은 아닌가?"

"당신이 한 선택에 대해서 부정적인 느낌이 들었지만 이후에 그 선택이 어떤 긍정적인 결과를 가져온 경험이 있는가?"

"당신의 감정은 배제한 채 단순히 두 가지 대안의 장단점을 살펴보면, 어떤 대안이든 다른 사람을 납득시킬 수 있는가?"

"선택을 한 후에 당신의 감정이 시간이 지남에 따라 변할 수 있지는 않은가?"

많은 사람들은 다양한 당위적 진술을 지지한다: "나는 그 선택에 대해서 완전히 행복해야 해." "나는 양가감정이 없어야 해." 이러한 신념들은 다음과 같이 점검할 수 있다:

"어떠한 선택을 할 때, 절대 양가감정이 들지 않아야 한다고 믿는 것에 대한 이득과 손실은 무엇인가?"
"이것이 삶에 대한 실제적이고 현실적인 접근이라는 것의 증거는 무엇인가?"
"모든 사람이 가끔씩 양가감정을 느낀다면, 당신은 왜 다른 사람들과 달라야 하는가?"
"만약 양가감정이라는 것이 어떤 선택에 대한 장점과 단점을 알아보는 것이라고 정의된다면, 당신은 장점과 단점을 알지 않고 선택을 해야 하는 것인가?"

마지막으로, 많은 사람들은 나쁜 선택이 그들을 영구적으로 견딜 수 없는 상황에 처하게 만들 것이라고 믿는다. 치료자는 이러한 신념을 다음과 같이 점검해 볼 수 있다:

"당신이 아파트를 샀는데 이사한 후에야 그 아파트에 물이 새고, 불친절한 이웃들이 살고, 비싸게 보수해야 할 부분들이 있는 등 여러 가지 문제가 있다는 사실을 깨달았다고 상상해 보라. 당시에 주어진 정보로 좋지 못한 선택을 했다고 하지만, 그것이 꼭 그 새로운 아파트에 아무런 이로운 점이 없다고 할 수 있는가?"
"좋지 않은 선택에서도 좋은 것들을 찾아낼 수 없는가?"
"미식축구 경기를 상상해 보라. 쿼터백이 한 작전을 시도했는데, 상대 수비팀의 라인맨이 그가 생각한 것보다 그를 향해 더욱 빨리 돌격한다. 이것은 그 경기에 있어서 좋지 못한 판단이었다. 하지만 어쩌면 그 쿼터백은 재빠르게 뒤로 피하면서 터치다운을 위한 패스를 할 수 있다. 때론 나쁜 선택이 좋은 결과를 가져오기도 한다."

특성에 대한 개념 해체하기

양가감정을 가져서는 안 된다고 믿는 것의 바탕에 자리하고 있는 가정은 인식의 대상이 되는 사람이 안정적이고 예상 가능한 특성을 지니고 있다는 것이다. 예를 들어, 다른 사람의 행동이 시간과 상황에 따라 일관되기 때문에 자기도 한가지 감정만 가져야 한다는 신념이 있다고 치자. 하지만 성격에 대한 연구들은 당시 상황과, 평가받는 행동 자체와, 행위자의 인식에 따라서 사람의 행동에 차이가 있음을 제시하고 있다(Epstein & O'Brien, 1985; Fleeson & Noftle, 2009; Funder & Colvin, 1991). 예를 들어, 몇몇 관찰자들에 "호전적"이라는 딱지가 붙은 사람이 실제로는 대다수의 상황에서는 전혀 호전적이지 않을 수 있다. 말로는 호전적일지 몰라도 행동은 그렇지 않을 수 있다. 또한 그들의 모습이 특정 시점에 특정 상황에 의해서만 유발된 것일 수도 있다.

더불어, 다른 사람의 특성에 대한 인식은 행위자-관찰자 편향의 영향을 받을 수 있다. 행위자는 자신의 행동을 특정한 상황 속에서만 일어날 수 있는 것으로 여기지만 관찰자의 경우 그 행동을 행위자의 기질적 특성에 의한 것으로 바라보는 경향이 있다는 것이다(Ross & Nisbett, 1991). 예를 들어, 당신은 내가 어떤 문제에 관하여서 논지를 강하게 주장하는 것을 나의 호전적인 특성 탓인 것으로 여길 수 있지만 나 스스로는 나의 논거가 단순히 내가 주장하는 바를 전달하고자 하기 때문이라고 여길 수 있다. 행위자-관찰자 편향은 인식의 초점 때문에 일어나는 것일 수도 있다(나는 상황에 초점이 맞춰져 있는 반면에 관찰자는 나 자체에 초점이 맞춰져 있을 수 있다). 또한 행위자가 지닌 행동의 다양성에 대하여 행위자와 관찰자 간에 정보의 차이가 있을 수도 있다(나는 나 자신이 평소에는 논쟁적이지 않다는 것을 알고 있다). 행동을 결정하는 사고에 대해서도 정보 접근성의 차이가 있을 수 있다(나는 논쟁할 때 어떤 생각이 떠올랐는지 다 알고 있지만 상대방은 내 행동을 통해서만 나의 생각을 유추할 수 있다).

특성에 대한 신념과 더불어, 행동의 가변성에 있어서도 대응되는 신념의 차이가 존재한다(Dweck, 2000, 2006). Dweck에 따르면, 어떤 이들은 행동 능력이 내재적이고 유전된 특성이라고 보는 신념을 지니고 있다(고정 믿음). 반면 다른 사람들은 능력은 증가하는 것이며 성장의 여지가 있다고 보는 관점을 지닌다(성장 믿음). 이러한 개념의 차이는 행동 변화를 지속할 수 있는 동기와 의향의 차이에도 영향을 미친다. 예를 들어, 능력이 증가할 수 있다는 믿음을 지닌 사람은 좀 더 열심히 노력할 의향이 있으며 학습을 점진적인 성장의 과정으로 바라보는 견해를 지닌다. 이러한 차이는 또한 성격 특성을 바라보는 신념의 차이에도 연관성이 있다. 즉, 어떤 성격적 특성은 변화하거나 성장할 수 있는가? 아니면 고정되고 변화할 수 없는가? 특성의 개념을 고정되고 변화될 수 없는 것으로 바라보는 것은 우울취약성의 특징인 "과일반화적" 사고와 유사한 오류이다(Teasdale, 1999). 마지막으로, 의지력을 고정되거나 제한되는 성질의 것으로 보지 않는 사람들은 자신의 의지력을 발휘하는 것에 있어서 덜 소진되는 것으로 나타났다. 즉, 그들은 좀 더 높은 지속성을 보이는 것으로 나타났다(Job, Dweck, & Walton, 2010).

특성에 대한 신념

특성에 대한 생각을 해체하는 첫 번째 단계는 개인의 신념이 성격특성을 얼마나 안정적이고 확정된 것으로 바라보는 것인지 검토하는 것이다. 치료자는 이렇게 물어볼 수 있다:

> "어떤 사람들은 다른 이들의 성격특성이 고정되었다고 믿습니다. 즉, 상황과 관계 없이 사람들은 안정적 특성을 갖고 있다는 것이죠. 만약 당신이 성격특성을 고정된 것이라고 믿는다면, 당신은 스스로와 다른 사람들을 '호전적인', '친절한', '솔직한', '관대한', '까다로운' 등의 단어로 묘사할 수 있겠죠. 당신은 이렇게 사람을 표현하는 방식이 마음에 드나요? 당신은 스스로를 이런 식으로 묘사하나요? 다른 사람에 대해서는 어떤가요? 몇 가지 예를 들어보시겠어요?"

일부 내담자들은 그들이 종종 그러한 성격특성의 개념을 사용한다는 것을 쉽게 알아차릴 수 있을 것이고 다른 이들은 자신이 그러한 표현을 사용하는지 관찰할 필요가 있을 것이다. 자신의 배우자를 이상화한 한 남성은 그녀를 생각할 때 자신이 종종 '똑똑한, 친절한, 철두철미한, 재미있는, 흥미로운' 등의 표현을 사용한다는 것을 인정하였다. 이어서 그는 이러한 특성이 언제나 그녀를 잘 나타내 준다고 믿어왔다고 말하였다. 하지만 그는 심층적 탐구과정을 통하여 그녀에게도 매우 다양한 모습이 존재하며 그녀가 어떤 상황에 반응하였는지에 따라 다르게 행동하였다는 것을 깨닫게 되었다.

다음으로, 치료자는 이렇게 물어볼 수 있다. "만약 당신이나 다른 사람을 고정되고 변하지 않는 특성으로써 표현한다면 어떤 장점과 단점이 있을까요?" 위에서 언급되었던 남성의 경우 이런 식으로 다른 사람에 대해 라벨을 붙였을 때의 단점에 대하여 묘사하였다. 먼저 그는 그들을 이상화하거나 저평가하게 되었다. 그리고 그는 이상화한 다른 사람들과 자신을 비교하면서 부족함을 느꼈다. 이어서 그는 남의 시선을 의식하게 되었고, 다른 사람들도 그를 이러한 특성으로 평가할 것이라고 생각하였다. 그는 특성을 사용하는 것의 장점에 대해서 곰곰이 생각해 보았지만, 결국 이런 식으로 묘사하였다. 그는 사람들을 현실적으로 볼 수 있을지도 모른다. 사람들이 어떠할지를 예상할 수 있었다. 그는 그가 싫어하는 사람을 피할 수 있었다.

"공격적"이거나 "흥미롭다"는 성격의 특성이 연습과 배움을 통해 개선될 수 있다고 믿는지를 내담자에게 묻기 위해, 치료자는 능력 또는 성격에 대한 실체와 증대하는 신념 사이에서 Dweck의 구분법을 사용할 수 있다. 예를 들어, 개인이 그 또는 그녀 자신이 "흥미로운" 사람이며 이를 스스로의 고정적인 특성으로 여기고 있다면, 그에게는 변화에 대한 동기나 희망이 매우 작을 것이다.

마지막으로 일부 사람들은 그들의 양가감정을 그들의 안정적인 특성으로 여기곤 한다. "나는 항상 양가감정을 느낄 거야." 정서의 일관성 또는 지속성에 대한 이러한 신념은 다음과 같이 점검해 볼 수 있다:

> "만약 당신이 당신의 양가성을 당신이 일관적으로 느끼는 고정된 정서로서 여긴다면, 당신은 결정을 내릴 때마다 주저하겠죠. 하루 동안 이런 양가성이 느껴지지 않던 때는 없었나요? 하루 동안 당신이 경험하였던 다른 정서에는 어떤 것이 있나요? 당신의 양가성에 대해 집중하고 있지 않을 때에는 선택의 순간을 즐길 수 있겠습니까? 양가성이 때때로 올라왔다가 사라지기도 하나요? "

특성 대 가변성

앞에서 언급되었던 바와 같이, 고정된 형태의 부정적 특성에 대한 신념은 부정적 정보에 대한 선택적 여과, 즉 확증편향을 통해서 지지되고 강화된다. 예를 들어, 자신이 재미 없고 따분한 사람이라고 믿는 한 남성은 이러한 신념을 확증하는 정보에 대해서 선택적으로 집중하게 된다. 양가성에 대한 신념을 수정하는 것은 이러한 확증편향을 수정하는 것을 내포한다:

> "만약 당신 또는 다른 사람이 특정한 특성을 지니고 있다면, 그것은 아마 당신

이 그러한 예시가 되는 행동에만 선택적으로 집중하였기 때문일 수도 있습니다. 예를 들어 만약 당신이 스스로를 재미없는 사람이라고 생각한다면, 그것은 당신이 당신의 행동을 재미없는 것이라고 선택적으로 해석하고, 다른 사람들이 당신을 재미없는 사람이라고 생각한다고 그들의 생각을 짐작하였으며, 대화 중에 침묵이 생기는 것을 자신이 재미없는 탓으로 여기고, 자신이 재미있는 사람이어야 한다는 것에 대해서 높은 기준을 갖고 있어서일 수도 있습니다. 혹시 제가 말한 것 중에 당신의 생각과 딱 맞아 떨어지는 게 있나요?"

이 "재미없는" 남성은 자신이 언제나 재미있고 흥미로운 사람이어야 한다고 생각하며, 종종 다른 사람들과 대화할 때 그 자신의 이야기로 그들을 압박하고 대화를 독점하려고 든다고 고백하였다. 만약 대화가 잠시라도 중단되면 그는 이것을 사람들이 그가 재미없다는 것을 꿰뚫어보았다는 증거라고 해석하였다. 치료자는 그에게 이렇게 물어보았다. "어떻게 하면 뭔가 재미있고 흥미로운 말을 하는 것으로 여겨질 수 있을까요? 뭔가 예시가 있을까요?" 내담자는 주저하면서 이렇게 말하였다. "글쎄요, 제가 아는 것은 저도 가끔씩은 뭔가 재미있는 말을 한다는 것이겠죠. 사람들이 흥미로워 했던 것 같아요. 사람들이 웃더라고요. 질문도 하고요." 그러자 치료자가 이렇게 질문을 던졌다. "다른 사람들이 때로는 재미없고 지루하면서도 때로는 재미있어 보이던 때가 있었나요? 혹시 어떤 예가 있을까요?" 그 내담자는 다른 이들의 구체적인 행동 예시를 모아 보도록 요청을 받게 되었는데, 이는 그 자신과 다른 사람의 본질에 대한 그의 인식을 확장시키기 위해서였다.

치료자는 이제 행동이 완전히 내적이고 고정적인 특성인 것이 아니라, 시간과 상황에 따라서 행동이 가변적일 수 있음과 사람마다 특성("지루함")에 대하여 받아들이는 것이 다를 수 있음을 제시할 수 있다:

"당신 또는 다른 누군가가 특정 시점의 특정 상황에서 재미없는 말을 하였다가도 다른 상황에서는 뭔가 재미있는 이야기를 하는 것이 가능할까요?"

"어떤 사람이 재미있게 여기는 것을 어떤 사람은 재미없고 지루하게 여기는 것이 가능할까요?"

"재미있고 재미없는 상태가 따로 존재하는 것이 아니라 사람마다 재미있어 하는 것이 다를 수 있는 것이 가능할까요?"

> "만약 이런 것들이 다 다르다면, 당신이 여러 혼합된 정서를 지니고 있다고 보는 것은 합리적이지 않습니까?"

치료자는 내담자에게 어떤 인식이나 감정이 그로 하여금 문제를 일으키는지 찾아내도록 도움을 줄 수 있다. 내담자는 이렇게 질문 받을 수 있다:

> "당신으로 하여금 문제가 있다고 느끼거나 생각하도록 만드는 특정 상황이 있나요? 그러한 감정이나 생각에 대해서 0부터 100까지 그 강도를 매겨가면서 기록해보고, 혹시 거기에 어떤 패턴이 존재하는지 알아볼 수 있을까요? 이런 감정이나 생각이 바뀔 것이라는 생각이 드나요? 왜 이것들은 계속 바뀔까요? 만약 바뀐다면, 당신이 여러 가지 정서를 지니고 있다고 보는 게 합리적이지 않을까요?"

어떤 사람들은 그들이 "모순된" 감정을 지니고 있다고 믿는다. "어떻게 같은 사람을 좋아도 하고 미워도 할 수 있죠? 내 자신이 모순된 것이 아닌가요?" 여기서 "모순"이라는 의미가 갖는 전제는 감정들이 논리적으로 일관되어야 한다는 것이다 — "A이든지, 또는 A가 아니든지." 치료자는 감정들이 단순히 논리적 명제 "비가 내린다 또는 비가 내리지 않는다"와 같은 것이 아니며, 그때 당시의 초점과 해석, 정서들에 따라서 올라왔다가 사라지는 정서들을 나타낸다고 제시할 수 있다. 저자의 친구인 톰을 예로 들자면, 저자는 그의 친절함과 유머에 대해 긍정적 감정을 가지고 있지만 그가 저녁 식사에 늦을 때에는 그에게 약간 짜증을 느낀다. 이것들은 전혀 모순되지 않으며, 이는 저자가 똑같은 시점에 "톰이 늦었고, 또한 안 늦었다"를 주장하는 것이 아니기 때문이다. 이러한 감정들은 톰의 서로 다른 면모에 대한 반응이다. 더욱이, 저자가 행동 — "톰이 늦었다" — 을 관찰할 때 저자는 그의 행동을 개인적 의도에 비추어 해석할 수는 있겠지만("그는 나를 존중하지 않아"), 왜 그가 늦었을지에 대해서는 알 수 없다(예, 교통 체증이 평소보다 더 많았든가, 그가 직장에서 늦게 빠져나왔든가, 그의 휴대전화 배터리가 다 되어서 미리 연락할 수가 없었든가, 그가 그의 아내와 다툼이 있었든가, 상대방이 누구인지 상관없이 똑같이 시간을 지키는 것을 어려워 할 수 있을 것이다). 톰의 행동은 상황과 시간에 따라서 다를 수 있지만, — 제일 중요한 것은 — 저자는 어떤 원인이 그를 그러한 행동으로 이끌었는지에 대한 정보를 알 수 없다는 것이다.

정보를 풍부하게 하는 수단으로서의 양가감정의 재구성

이 장에서 제시한 많은 부분에서, 개인이 자신, 타인, 또는 상황에 대해 양가감정을 가져서는 안 된다는 신념은 자극에 대한 모든 정보들이 "단일적"이어야 한다는 가정에 기초하고 있다. 즉, 한 방향만을 가리켜야 하거나(예, 긍정적이거나 부정적이거나), 불변적 특징을 확증하거나 부정하는 것(예, 그는 공격적이거나 공격적이지 않거나 하다)에 기초한다. 이 현실에 대한 이분법적 관점은 정보가 이진법적인 방식으로 조직되어 있다고 가정한다. 반면에, 치료자는 어떤 것이나 어떤 사람에 대해 복잡하거나 혼합된 감정을 느꼈는지 아닌지 물어볼 수 있고, 내담자가 사람이나 사물에 대해 더 알게 될수록, 그 복잡성에 대해서 더 잘 이해할 수 있다는 것을 단순하게 제시한다.

> "조금 사소하게 들릴 수 있지만 제가 포인트를 잡아낼 수 있는 또 다른 예를 고려해봅시다. 당신이 처음으로 어느 도시에 도착했다고 상상해봅시다. 첫날 동안, 당신은 근처에 식당이 있다는 사실을 눈치챕니다. 당신은 그곳에 갑니다. 며칠, 몇 주, 몇 달이 지나는 동안, 당신은 다른 식당에서 다른 질과 다른 나라의 음식들을 먹습니다. 당신은 지금 식당에 대해 첫날이나 첫 주보다 훨씬 많은 정보를 가지고 있습니다. 이것이 중요한 변수입니다. 만약 누군가가 당신에게 '그곳 음식이 괜찮습니까?'라고 묻는다면, 당신은 이렇게 답할 것입니다. '그건 당신이 어떤 종류의 음식을 좋아하는지와 어느 식당에 갈지에 달렸죠.' 당신은 지금 정보 풍부성의 중요성에 대해 알아차리고 있습니다. 식당과 사람들이 가진 식성의 범위에 대해서요." 또는 치료자는 다음과 같이 제안할 수 있다. "흑백으로만 그려진 그림과 100가지의 다른 색과 음영으로 칠해진 그림을 상상해봅시다. 어느 것이 정보가 더 풍부합니까?"

그리고 나서 치료자는 이렇게 이어나갈 수 있다. "당신의 양가감정을 단순히 사람과 상황에 대한 풍부함과 복잡함에 대한 지각으로 재구성하는 데 어떤 좋은 점이 있을까요? 만약 사물이 복잡하다면, 당신이 특별히 다른 시간에 다른 감정들을 가지게 되는 것이 왜 놀라운 일일까요? 아마도 당신은 영리하고 더 많은 정보들을 인식하고 있을 겁니다." 또는 치료자는 이렇게 이야기할 수 있다. "당신이 정말 잘 알고 있는 누군가에 대해 생각해봅시다. 당신의 어머니, 아버지, 혹은 형제나 자매가 될 수 있겠죠. 다른 때에 당신은 그들에 대해 넓은 범위의 감정을 가지고 있습니까? 그 감정들은 무엇이죠?" 양가감정이 정보의 복잡성과 풍부함에 대한 반영일 수 있다는 것과 그것이 "더 영리하고 슬기로운" 것임을 깨닫는 것은 획일적 감정을 덜 유발할 수 있으며, 양가감정에 대한 "무엇인가 잘못되었다"는 관점을 고치는 데 도움이 될 수 있다.

양가감정을 도전과 기회로 재구성하기

"어떻게 내가 진짜 느낄 수 있지?"에 대한 탐구는 종종 추가적인 반추와 자기의심에 이르게 한다. "진정한 느낌"에 대한 대안적 탐색은 관계(혹은 상황)가 주는 도전, 특별히 관계가 열어주는 성장과 호기심의 기회들의 측면에서 그것에 대해 생각해 보는 것이다. 예를 들어, 내가 동료인 수잔의 많은 점들을 좋아하지만 내가 좋아하지 않는 어떤 특성들이 있다고 가정해 보자(예, 그녀는 자기주장적일 수 있다. 그녀의 이론적 성향은 나와 같지 않다). 한번은 "나는 그녀가 정말 좋아"라고 생각한다. 그리고 나서 나는 그녀가 내가 덜 좋아하는 특성을 가지고 있음을 깨닫는다. 나의 혼합된 감정을 하나의 감정으로 줄이려고 하기보다, 나는 내가 좋아하지 않는 어떤 특성을 가진 누군가와 협력적으로 일하기로 도전해볼 수 있다. 이 도전은 내가 수용하고 그녀에 대해 호기심을 갖는 관점을 가지도록 요구할 것이고, 나의 관용의 능력을 성장시킬 수 있는 가능성에 대해 고려하게 할 것이다. 또는 나는 내 이론적 편향의 일부를 더 포괄적인 대안적 관점이 되도록 수정할 수 있다. 나는 실제 세상에서 살아가는 연습으로서 내가 혼합된 감정을 가지고 있는 사람들에 대해 수용과 발달시킨 호기심으로 바라볼 수 있다. 나는 왜 다른 사람은 수잔이 어떤 것들을 바라보는 방식으로 보는지에 대한 호기심을 키울 수 있다. 판단적 관점("나는 그녀의 관점을 가질 수 없어")이나 환원주의자적 결정("그래, 나는 그녀를 싫어해")을 활성화시키는 대신, 나는 내가 좋아하고 싫어하는 특성을 구분해낼 수 있고, 그녀에 대한 더 다른 관점을 발전시킬 수 있고, 그녀의 관점에 대해 질문할 수 있고, 그녀의 생각이나 특성 중 어느 것이 나의 목표와 적합한지 결정할 수 있다. 판단을 호기심과 수용으로 바꾸는 것은 더 적응적인 참여에 대한 가능성을 만들어줄 수 있다. 양가감정은 "현실이 어떻게 느껴지는지 알아가는" 것에 대한 반영일 수 있다.

공간 만들기

모순되는 부분을 견디지 못하는 것은 무언가에 대하여 모순되는 관점을 동시에 취하는 것은 불가능하다고 믿는 개인의 신념을 반영한다. "좋아하든가, 아니면 좋아하지 않든가." 이러한 흑백논리적 관점을 대신할 수 있는 것은 개인이 모순을 감내할 수 있는 충분한 "공간"을 지니고 있다고 보는 관점이다. Walt Whitman(1855/1959)가 그의 위대한 작품인 "Song of Myself"에서 서술한 바를 인용하면 다음과 같다. "나는 자신과 모순되는가? 그렇다면 아주 잘됐다. 나는 자신과 모순이다. 나는 크고, 내 안에 아주 많은 내가 들어 있으니." Whitman은 그 자신이 아름다운 사람과 추한 사람, 젊은이와 늙은이, 부자와 거지 모두를 사랑할 수 있다고 서술하였다. "공간 만들기" 기법은 떠오르는 것이나 느껴지는 게 어떤 것이든지 수용할 수 있게끔 해준다. 13세기 페르시아의 시인인 Jalal Al-Dinn Rumi 또한 그의 작품 "The Guest House"[1]에서 이러한 광범위한 경험을 받아들일 수 있는 능력에 대하여 표현하였다:

인간이라는 존재는 여인숙과 같다.
매일 아침 새로운 손님이 도착한다.
기쁨, 절망, 슬픔,
그리고 약간의 순간적인 깨달음 등이
예기치 않은 방문객처럼 찾아온다.
그 모두를 환영하고 맞아들이라!
설령 그들이 슬픔의 군중이어서
그대의 집을 난폭하게 쓸어가 버리고
가구들을 몽땅 내가더라도.
그렇다 해도 각각의 손님을 존중하라.
그들은 어떤 새로운 기쁨을 주기 위해

1 From Rumi(1997). Copyright 1997 by Coleman Barks and Michael Green. Reprinted by permission of Coleman Barks.

그대를 청소하는 것인지도 모르니까.
어두운 생각, 부끄러움, 후회.
그들을 문에서 웃으며 맞으라. 그리고 그들을 집 안으로 초대하라.
누가 들어오든 감사하게 여겨라.
모든 손님은 저 멀리에서 보낸
안내자들이니까.

자신의 배우자에 대해 양가적 감정을 지닌 남자와 다음의 대화 상황을 생각해 보자:

치료자: 그녀에 대해서 복합적인 감정을 느끼고 있는 것으로 보이는군요. 당신은 그녀가 말하는 것 중의 일부는 마음에 들어하지 않고, 그녀의 외모 또한 전적으로 당신의 이상형인 것은 아니군요.

내담자: 맞아요. 이것들이 저를 어렵게 만들죠. 그녀를 좋아하는 것은 사실이니까. 하지만 분명 제가 좋아하지 않는 부분이 있는 것도 사실이에요.

치료자: 만약 당신이 스스로를 여러 수많은 감정들을 담을 수 있는 능력이 있다고 보면 어떨까요? 당신이 좋아하고 좋아하지 않는 것들을 위한 방을 만든다고 생각하고 말이지요. 만약 당신 스스로가 매우 큰 컨테이너이고, 감정들은 각기 다른 종류의 액체라고 생각해보시면 어떻습니까? 감정들은 들어왔다 나갔다를 반복하고, 당신에게는 이 모두를 담을 정도로 충분한 공간이 있어요.

내담자: 이건 저에게 많은 도움을 줄 수 있겠는데요. 그렇게 생각하니 많이 걱정할 것 같지 않아요.

치료자: 아마도 누군가를 받아들이거나 사랑한다는 것은 절대로 꽉 채워지지 않는 거대한 컨테이너와 같은 것일지도 몰라요.

정서를 위한 공간 만들기의 장점은 개인들이 더 이상 현재 느끼는 바를 단일한 정서로 좁혀야 할 필요를 느끼지 않아도 된다는 것이다. Walt Whitman이 그러했던 것처럼, 그들은 여러 가지 요소들로 자기 자신을 채울 수 있다는 것을 인식할 수 있다. 혼합된 감정을 가지고 어려움을 겪기보다는 공간을 만들어서 그것들을 모두 안에 담아 넣을 수도 있다. 많은 내담자들이 이러한 접근법을 통해서 안도감을 느꼈다고 보고하였는데, 이는 그들이 복합적인 감정을 품는 것이 무언가 잘못되었다는 신호로 받아들이는 것이 아니라 선함과 확장성을 드러내는 것이기 때문이다.

양가감정을 받아들이는 것에 대한 저항 극복하기

양가감정을 어려워하는 많은 사람들은 양가감정을 받아들이는 것이 바람직하지 않고, 자기 부정적이고, 틀린 것이며, 덜 만족스러워 하는 것이라고 믿는다. 이러한 몇몇 사람들은 모든 것을 "옳게" 해야 한다고 믿는다. 다른 사람들은 "추가적인 10%"를 얻는 것이 완전히 만족스러운 것이라고 믿는다. 그들은 이상적인 대안에 대한 그들의 감정적인 반응을 과하게 예측할 수 있다. 이러한 장애물과 그것들의 단점을 살펴보자.

첫번째로, 양가감정을 "그 자체로 바람직하지 않은" 것으로 보는 것은 선택한 대안으로 누릴 수 있는 장점들과 끊임없이 이상을 추구하는 것에 대한 손실을 무시할 수 있다. 예를 들어, 어떤 사람이 원하는 것의 90%를 충족시키는 직업을 갖는 것은 여전히 상당한 긍정적인 결과를 제공한다. 게다가 계속해서 다른 대안을 찾는 것은 상당한 손실이 있을 수 있다. 그리고 결국 바람직한 대안들을 없앨 수 있다. 두번째로, 양가감정을 받아들이는 것을 거부하는 것은 개인에게 주어지는 즉각적인 이득을 앗아갈 수 있다. 예를 들어, 완벽한 파트너를 찾고 90%의 대안들을 거부하는 한 사람은 현재의 이성관계에서 오는 즉각적인 이득을 잃을 수 있다.

세번째로, 양가감정을 받아들이는 것이 틀린 것이라고 믿는 신념은 실제로 사실과 반대이다. 누군가는 다음과 같이 말할 수 있다. "나는 여러가지 혼합된 감정을 갖고 있어. 그러나 이것이 최선의 대안일 것이라고 믿어." 누군가는 양가감정을 입증하는 동시에 실시간으로 실제 두 가지 대안 중 하나를 선택할 수 있다. 양가감정을 입증한다는 것은 혼합된 감정을 바람직하지 않거나 용납할 수 없는 감정과 동일시하지 않으면서, 그 혼합된 감정 속에서 사실을 찾는 것을 의미한다. 네번째로, 손실이 없는 절대적으로 완벽한 선택이 있지 않는 이상, 누군가가 덜 만족스러운 것을 선택하는 것은 변하지 않는 사실이다. 그러나 손실이 없는 선택은 존재하지 않는다. 오히려, "당시에 가능한 대안들 중 최고를 선택했어"라고 말할 수 있다. 덜 만족스러운 것을 선택한다는 것은 명확히 해야 한다: "가능한 대안들 중 어떤 대안보다 덜 만족스러운가?"

다섯번째로, 모든 것을 옳게 해야 한다고 믿기 때문에 양가감정을 받아들이지 않아야 한다고 하는 신념은 모든 것을 "옳게" 해야 한다고 고집하는 것에 대한 이득과 손실을 살펴봄으로써 점검할 수 있다. 예를 들어, 계속되는 불만족감, 완전하게 충족될 수 없는 것들을 요구하는 것, 현실에서 실제 결정들을 가지고 살 수 없는 것 등이 손실이 될 수 있다. 세상은 자격에 대해 보상하는 식으로 흘러가지 않기 때문에, 이러한 믿음은 좌절감, 환멸감, 타인과의 갈등 그리고 절충안을 최대한 활용할 수 없는 상황을 초래할 수 있다. 여섯번째, 추가적인 10%를 추구하는 것이 영원한 행복을 가져다 줄 것이라는 믿음은 환상일 수 있다. 예를 들어, 이른바 "쾌락의 쳇바퀴"에 대한 연구에서는 사람들이 그들의 새롭고 더 높은 레벨의 성취에 금방 적응을 하는데, 이는 행복감에 대하여 아주 적거나 안정적인 증가 없이 일어난다고 말한다(Brickman & Campbell, 1971; Mancini, Bonanno, & Clark, 2011). 만약 추가적인 10%가 결국 기본 수준의 행복으로 되돌아가는 것에 적응한다면, 추가적으로 하는 노력이 무슨 소용이 있는가? 만약 누군가 현재의 90%를 즐길 수 있다면, 실현되어도 일시적인 이득만 가져오고 아마도 실현 불가능한 100%에 대한 불확실성을 왜 기다리는가?

여자친구 그리고 그녀와 결혼하는 것에 대해 양가감정을 가지고 있는 남자의 예로 다시 한번 돌아가보자. 그는 여자친구를 사랑하고, 그녀가 좋은 사람이라고 생각하고, 그녀가 훌륭한 아내이자 엄마가 될 것이라고 믿고, 그녀가 그에게 아주 헌신적이라고 믿는다는 것을 보여주었다. 그러나 가끔은 그녀가 말하는 것들에 관심이 없을 때가 있다는 것 또한 보여주었다.

내담자: Sarah가 좋은 아내가 될 것이라고 정말 생각해요. 그녀는 모든 자질을 갖추고 있죠. 그런데 가끔은 제가 그렇게 관심이 없는 것들에 대해서 이야기할 때가 있어요. 그래서 저는 결혼하는 것에 대해서 혼란스러워요. 그녀의 90%는 만족스러운데, 제가 여러 복잡한 생각이 들지 않을 100%를 찾는 것에 대한 의문이 들어요.

치료자: 복합적인 감정을 갖는 어떤 부분이 당신을 신경쓰이게 하나요?

내담자: 음, 확신할 수 있기를 바래요. 의구심이 없기를 바래요.

치료자: 그래요, 당신은 어떠한 의구심이 없어야 한다고 생각하는 것 같군요.

왜 의구심이 없어야 하죠?

내담자: 결혼하기로 마음 먹으면, 의구심이 없어야 해요. 만약 의구심이 있다면, 결국 그것은 무언가가 부족하다는 의미니까요.

치료자: 그러면 무언가가 부족하면 그것은 나쁜 선택이라고 말하는 것인가요?

내담자: 그렇게 생각하는 것 같네요.

치료자: 파트너와 모든 것이 맞다고 하는 사람을 본 적 있나요? "글쎄, 나는 그녀의 대부분이 좋아. 그런데 가끔씩 나를 신경쓰이게 하는 몇가지가 있어"라고 할 수 없는 사람은요?

내담자: 무슨 말인지 알겠어요. 그런데 제가 어떠한 의구심도 갖지 않을 완벽한 파트너를 기다려야 할지 의문이에요.

치료자: 음, 당신은 지금까지 독신이었고 현재 37세예요. 당신이 생각할 때, 이런 완벽한 사람이 존재할까요? 만약 존재한다면, 그녀를 찾는 데 얼마나 걸릴까요?

내담자: Sarah만큼 좋은 사람을 보진 못했어요. 맞아요, 그런 사람은 없죠.

치료자: 그런 사람이 어딘가에 있을 수도 있죠.

내담자: 글쎄요. 아마도 제가 꿈꾸는가 봐요. 그런 사람이 있다고 해도 그 사람을 찾는 데 수년은 걸릴 거예요.

치료자: 수년 동안 찾는 것, 그것이 손실이겠죠. 그러면 현재 Sarah와의 관계를 즐기며 그 방향으로 당신의 삶을 이끌어 갈 수 없겠죠. 이건 도박이예요. 절충안이죠. 당신은 지금 90%를 누리거나 미래에 100%를 누릴 수 있어요. 하지만 그 어딘가에 있는 사람이 당신이 지루해 하는 이야기를 절대 하지 않는다고 가정해야겠죠.

내담자: 그건 제게 불가능해 보여요.

치료자: 그럴지도요. 그런데 그냥 항상 100% 흥미롭다고 상상해 봐요. 이 사람과 얼마나 더 행복할 것 같아요?

내담자: 아마 조금 더 행복하겠죠. 잘 모르겠어요. 별 다른 차이가 없을 수도 있을 것 같아요.

치료자: 우리는 주로 우리가 갖고 있는 것에 적응하기 마련이에요. 만약 당신의 연봉이 10% 인상되었다면, 당신은 한 두달 동안은 행복할 거예요. 그

러나 곧 그것에 익숙해질 거예요. 아마 추가적인 10%를 찾게 되면 같은 현상일 수 있겠네요. 그것을 갖는다고 해도, 그에 대한 이득은 짧은 시간 동안만 지속될 거예요. 그런데 그것을 찾기 위해 포기해야 하는 것들을 생각해야 해요. 게다가 가능성이 얼마나 되는지도 생각해 봐야 하고요. 만약 그런 사람을 찾는다고 해도, 그녀가 당신과 결혼을 하고 싶어할까요? 아주 많은 불확실성이 있어요.

내담자: 그럼 Sarah와 결혼하기로 결정한다고 하면, 그 의미는 제가 안정되는 거네요.

치료자: 그렇게 말할 수 있어요. 그런데 당신은 "나는 내가 얻을 수 있거나 얻어야 하는 것보다 덜 만족스러운 것에 그쳐야 해"라고 생각하나요?

내담자: 네, 저는 더 받을 만한 자격이 있어요.

치료자: 당신이 더 받을 만한 자격이 있든 없든, 세상은 우리가 받아야 한다고 생각하는 것만큼 다 받을 수 있도록 흘러가지 않을 수 있어요. 우리는 단지 주어진 것을 얻는 거예요. 우리가 결정한 것들에 따라서 말이죠. 만약 당신이 이것을 안정된다고 생각하지 않고 "결정한다"라고 생각하는 건 어때요? 그러니까, 당신이 고려하는 대안들 중에 결정한다라고요.

내담자: 그게 좀 더 현실적이네요. 지금 제가 하는 것이 결정하는 것이에요.

치료자: 만약 당신이 결정을 하면, 그게 무엇이든 간에 그 결정한 것에서 최선을 다할 수 있어요. 양가감정을 받아들이는 것의 장점 중 하나는 실제로 당신이 결정을 할 수 있다는 거예요. 무엇을 결정하든 간에 장단점은 있어요. 당신이 복잡한 감정을 가지고 있는 이유 중 하나는 당신이 통찰력을 지니고 있고, 많은 정보를 가지고 있기 때문일 수 있어요. 예를 들어, 당신이 16살 소년이라고 상상해 보고 당신은 여자친구에 대해 완전히 이상화한다고 상상해 보세요. 이것이 당신이 현실적이라서 그런 걸까요? 아니면 미숙해서 그런 것일까요? 현재 당신은 37세이고, 여러 가지 기복을 경험해서 알고 있을 거예요. 아마도 더 통찰력이 있겠죠. 당신이 더 똑똑해졌기 때문에 양가감정이 드는 것은 아닐까요?

내담자: 그렇게 생각해 본 적은 없네요.

요 약

양가감정의 편협함과 이 편협함의 근본적인 정서에 대한 단순한 관점은 불만족, 장점 깎아내리기, 부정적 필터링, 우유부단함 등의 결과를 초래한다. 이러한 사람들은 종종 정서적/실존적 완벽주의와 순수한 마음의 착각에 영향을 받는다. 그들은 불완전한 세계에서 불확실성과 불완전함을 받아들이는 것을 거부한다. 절충안들을 "아예 버리거나" "안주"하며, 완벽하고 손실이 없는 대안을 찾으면서 그들은 후회와 반추에 대한 두려움에 빠지기 쉽다. 양가감정의 불가피함에 대해 다루는 것, 최고를 추구하는 사람이 되는 것을 포기하는 것, 복잡성을 포용하는 것, 모순과 가끔의 실망, 일상의 불완전함을 받아들이는 기회를 잡는 것은 이러한 사람들이 그들 자신이 아닌 현실 세계에서 살도록 마음 먹을 수 있게 한다. 이러한 내담자에게 양가감정을 받아들이고, 그것을 의식하고 정직함으로 받아들이도록 재구성하며, 현재 존재하는 것에 대하여 다룰 수 있도록 격려함으로써, 치료자는 혼합된 감정의 본질을 정상화시키고, 불완전한 것을 수용하고 사랑하도록 배우는 것에 대한 도전을 받아들이는 것에 도움을 줄 수 있다. 완벽함을 사랑하는 것은 쉬울 수 있지만 불완전함을 사랑하는 것은 지혜의 표시이다.

제 9 장

정서와 가치(그리고 미덕)의 연결

> 사람에게서 모든 것을 빼앗을 수 있지만, 단 하나 인간의 마지막 자유—어느 상황 속에서든 자신의 태도를 선택할 수 있는 것, 자신의 길을 선택할 수 있는 것은 빼앗을 수 없다.
>
> – Viktor E. Frankl, 죽음의 수용소에서 –

우리 인간이 정서를 경험하는 이유는 우리에게 "중요한 것이 있기" 때문이다. 우리는 다른 사람들이 우리를 존중하지 않고, 우리에게 굴욕감을 주거나, 우리의 권리를 침해한다고 생각될 때 분노를 느낀다. 존중이나 사려 깊은 대접, 권리는 우리에게 중요한 것들이기 때문이다. 우리는 대접 받아야 한다고 생각한다. 우리는 목표 달성을 통해 스스로 능률적인 사람이 되고자 한다. 그렇기 때문에 중요한 목표를 달성하지 못할 때 우리는 좌절하게 된다. 우리는 우리의 파트너가 나 말고 다른 누군가에게 더 관심을 가진다고 생각될 때 질투를 느낀다—즉 헌신과 친밀함은 중요한 가치인 것이다. 정서도식치료의 핵심적인 목표는 내담자들에게 어떤 가치, 목표, 또는 성격의 특질이나 미덕이 중요한지를 명확하게 하고, 정서들을 그들의 목표에 맞게 연결하는 것을 돕는 것이다. 정서도식치료는 단순하게 정서를 차분하게 하거나 불편한 감정을 없애는 데 목표를 둔 치료가 아니다. 이 치료는 정서를 의미의 커다란 맥락 속에 두고 더 완벽한 삶을 위해 정서가 이끌어가는 어려움들을 받아들일 수 있도록 개인에게 용기를 북돋아주고자 한다. 누군가 서명 후 붙이는 웃음표시와 같이, 그 목표가 꼭 "행복한 삶"일 필요는 없다. 외로움과 슬픔, 분노 그리고 좌절로부터 자유로운 평탄한 삶도 그 목표는 아니다. 삶은 쾌락계산법에 의해 특정 감정에만 무게를 두고 항상 행복한 감정을 추구하는 공리주의적 관점과 같이 단순히 "기분 좋음"을 목표로 하지 않는다. 더 완벽하고, 풍요롭고 더 의미 있는 삶을 달성하기 위해서 모든 것을 느끼기를 기꺼이 받아들이는 삶을 살아내는 것이다. 고통이 그러한 삶의 한 부분이라면, 가치 있는 고통을 위한 삶을 사는 그것이 삶의 목적인 것이다.

심리치료에서 가치의 중요성은 '죽음의 수용소에서'(*Man's Search for Meaning*, 1963)의 빅터 프랭클에 의해서 발전되었다. 오스트리아 심리학자인 프랭클은 아우슈비츠 수용소에서 사형을 당하기 전에 이미 삶을 포기하고 죽어가는 사람들을 목격하였다. 반면, 비록 그 수가 많지는 않았지만 살아남을 확률이 높아보였던 사람들은 그것이 단지 환상에 불과할지라도 언젠가 다시 가족들을 만날 날을 기대하고 수용소에서 풀려난 후에도 삶은 계속 이어질 것이라는 희망을 가지고 있었다. 결국 프랭클은(1959, 1963) 성욕(리비도)에 대한 방어기제와 과거에 초점을 맞춘 정신분석모델을 거부하였다. 그는 개인이 자신의 삶과 행동에 부합하는 의미에 초점을 맞추는 '의미 치료'라고 불리는 새로운 형태의 치료법을 발전시켰다. 의미와 목적의 강조와 유사하면서 발전된 형태를 몇몇 현대 버전의 인지행동치료에서 찾아볼 수 있다. 예를 들면, 수용전념치료와 변증법적 행동치료 모두에 'a life worth living'에서의 가치의 중요성을 강조하고 있다(Hayes, Levin, Plumb-Vilardaga, Villatte, & Pistorello, 2013; Wilson & Murrell, 2004; Wilson & Sandoz, 2008). 이러한 의미와 목적에 대한 강조는 한참 전에 행해졌어야 할 부분이다. 게다가 길버트(2009)의 자비초점치료는 자비와 가치를 바탕으로 사람들이 목적을 찾고, 불안과 우울을 극복하며, 의미 있는 삶을 건설할 수 있도록 도움을 주는 역할에 집중한다.

삶 속에서 의미를 찾는 상징적 문학 작품으로는 톨스토이의 짧은 중편소설인 '이반 일리치의 죽음'이 있다. 이반 일리치는 관습적인 행동 외에 아무런 의미를 갖지 않고 사랑이 없는 결혼생활 속에서 적당히 만족하는 삶을 살았다. 45살 때, 커튼을 달던 중 부상을 입게 되었다. 그 후 많은 의사들에게 검사를 받고, 그는 그의 죽음이 임박했다는 것을 깨달았다. 그가 그의 임종의 자리에 누웠을 때, 그는 그의 삶에 어떠한 가치가 있었는지 돌아보았다. 우리의 길을 인도했던 가치를 확인하는 방법 중 하나는 이반이 좀 더 젊은 시절에 했었어야 하는 질문을 던지는 것이다. "만약 당신이 미래의 죽음을 앞둔 시점에 가 볼 수 있다면, 당신은 무엇을 (그때까지) 경험했어야 하겠습니까?, 당신이 어떤 삶을 살았어야 하겠습니까?" 톨스토이의 중편소설에서부터 2,400년 전에 쓰여진, 헤로도토스의 역사(*Herodotus's History*)에 따르면, 그리스의 7현인 중 한 사람인 솔론(Solon)은 페르시아의 왕 크로이소스에게 누구도 자신이 죽는 순간까지 자신의 삶이 행복한지 혹은 그렇지 못한지 알 수가 없다고 말했다. 이어서 부유한 사람들과 권력 있는 사람이라도 그 끝은 불명예와 굴욕으로 끝날 수 있다고 말하였다. 이는 개인의 삶이 어땠는지에 관한 로버트 버틀러(1963)에 의해 처음으로 개발된 인생복습치료법(life review therapy)의 핵심 요소이다. 이반 일리치의 상상 임종 경험, 솔론의 마지막 시간의 예, 버틀러의 삶의 의미 복습과 같은 개인의 삶에 관한 심사숙고는 수용전념치료에 통합되었다(Hayes, 2004). 의미와 목적을 찾는 것을 명확하게 하는 것은 정서도식치료에서도 핵심 요소이다. 사실, 14가지의 정서도식 차원에 포함되는 가치들은 앞의 장에서 LESS Ⅱ와 함께 다루어졌다.

이 장에서는 개인에게 필수적인 가치들을 명확하게 하는 데 도움이 되는 10가지 기법을 제시한다. 이러한 가치들로부터 어떻게 정서가 따라오는지를 증명하기 위해서이다. 가치는 우리에게 목표와 의미, 어려운 감정에서 끝까지 버틸 수 있는 수단으로서의 능력을 부여하는 데 있어서 핵심 구성요소이다. 또한 무엇이 "행복" — 가치 있는 삶 — 을 구성하는가에 대한 고대로부터 내려온 생각을 형성한 성격학적 미덕에 대해서도 논의한다.

부정적 심상

고대 스토아 철학파는 삶의 목표 중 하나를 이미 가진 것에 만족하거나 행복하게 되는 것이라고 하였다. 그 이유는 우리는 종종 우리가 갖지 못한 것에 너무 초점을 두게 되고(우리가 얻고자 노력하는 목표는 종종 도달할 수 없는 것이다), 이는 우리를 불만족하고 좌절하게 만들기 때문이다. 예를 들면, 한 남성은 직장에서 승진하지 못한 것에 좌절하며, 몇 주 동안 그의 상황의 불공평함에 대해 불평하고 반추했다. 그 상황이 불공평했을 것이라는 인식 대신, 그의 치료자는 그에게 몇 가지 활동에 집중해보라고 제안했다. 그것은 이미 그가 가지고 있는 것들을 만약 가지지 못했다고 상상하도록 초점을 맞추는 것이다.

우리가 가진 것에 대해 감사하지 못하고 알아차리지 못한다는 것을 인지할 때 가치 있는 것이 이미 우리 안에 있다는 것을 종종 깨닫게 된다. 소유에 대한 감각은 진가를 알아보는 능력에 달려 있다. 어떤 여성은 살을 빼고 싶었지만, 대도시에 있는 그녀의 아파트에서 꼼짝도 할 수 없다고 느꼈다. 그녀의 치료자는 도시에서 좀 걷거나 헬스클럽에서 조깅을 하도록 그녀를 독려하였다. 하지만 그녀는 평소 거의 아무것도 하지 않는 이유가 그냥 그게 편하기 때문이라고 털어놓았다. 그는 살 빼는 것이 충분히 중요하다고 생각하지 않은 것이다. 치료자는 그녀에게 시각장애인들을 돕는 단체에 연락하고 시각장애인을 데리고 산책하는 것을 고려해보도록 제안하였다. 몇 주 후 그녀는 엄청난 의미 있는 경험을 찾았다며 다음과 같이 말하였다:

> "나는 시각장애인 숙녀분과 함께 공원을 산책했습니다. 그날은 너무도 아름다운 여름날이었습니다. 우리는 함께 걸었고, 나는 그녀가 상상할 수 있도록 공원의 새와 풍경에 대해서 설명해줬습니다. 또한 나는 그녀를 돕는다는 것이 너무 멋지다는 것을 느꼈습니다. 그녀에게 이 아름다움을 설명해주기 전까지 이런 것들을 유심히 본 적이 없었고, 이 공원이 이렇게 아름다운 곳이라는 것을 깨닫지 못했습니다."

치료자는 그녀에게 상기시켰다. "시각장애인의 눈을 통해서 그곳에 있는 것들을 볼 수 있었군요."

비록 전적으로 상상의 경험이긴 하지만, 다른 내담자에게 비슷한 접근을 시도하였다:

치료자: 자, 이제 한 번 당신이 당연하게 여기는 것들에 대해서 상상해봅시다. 아마 우리는 당신의 신체나 감각을 고려할 수도 있습니다. 당신의 다리로 생각해봅시다. 우리는 당신이 걸을 수 있다는 걸 알고 있습니다. 또한 당신은 정기적으로 조깅을 한다고도 말했습니다. 좋습니다. 이제 눈을 감아봅시다. 긴장을 풀고, 제가 하는 말에 집중해보세요. 당신의 다리가 마비되었고, 다시는 걸을 수 없다고 상상해보세요. 어떤 게 가장 아쉬울 것 같으세요?

내담자: 오 하나님. 정말 끔찍한 상상이네요. 도저히 그것을 상상할 수 없어요. 정말 끔찍해요.

치료자: 맞아요. 걷는 것은 정말로 중요해요. 그래도 상상해 본다면, 어디를 걷

던 게 가장 아쉬울 것 같으세요?

내담자: 그냥 일어서는 것과 다른 방에 들어가는 것마저도 아쉬울 것 같아요.

치료자: 그것은 당신이 매일 하는 것이죠. 또 다른 건 어떤 게 있을까요?

내담자: 또 도시를 거니는거요. 내가 가고 싶은 곳을 어디든 자유롭게 갈 수 있는 게 그리울 것 같아요.

치료자: 당신이 도시를 걸을 때, 이렇게 도시를 걷는 걸 하지 못하게 될 거라고 생각해 본 적이 있나요?

내담자: 전혀 없습니다.

치료자: 맞습니다. 당신은 지금까지 매우 중요한 사실을 깨닫지 못했습니다. 그것은 바로 당신은 무엇이든 할 수 있는 행운아라는 사실입니다.

부정적 심상은 가치를 부여할 수 있는 거의 모든 경험에서 사용될 수 있다. 예를 들어서, 배우자가 영원히 떠나가거나, 아이들이 존재하지 않다거나, 태양이 다시는 뜨지 않는다거나, 또는 청각장애를 갖게 된다는 것 등의 심상을 연습해 볼 수도 있다. 부정적 심상의 목적은 단지 내담자를 불행하게 만드는 것이 아니다(비록 몇몇 내담자들은 그런 염려스러운 반응을 보일 수 있지만). 부정적 심상의 궁극적인 목적은 내담자들이 이미 가지고 있는 것의 가치를 알아보고 만족할 수 있도록 돕는 데 있다.

부정적 심상은 쾌락의 쳇바퀴 같은 일상의 해독제이다. 쾌락의 쳇바퀴 속에서 우리는 어떤 가치있는 것을 얻고 그것에 익숙해져 결국에는 당연시하게 된다. 그런 당연한 것들에 대한 부재를 순간순간 인식하는 것을 연습함으로써 그것의 본래의 경험을 다시 체험하게 된다. 어떤 것을 잃게 되는 것에는 가치가 있긴 있는데, 아이러니하게도 이미 가지고 있던 것을 잃을 때 더한 가치가 있다.

부정적 예시: "운이 없었다면 나도 그렇게 되었을거야."

"어떤 문제"에 대한 정서적 의미를 향상시키는 또 다른 기법은 남의 불행을 지켜보는 것이다. 이것은 우리가 부러워하는 사람들이 어려움을 겪고 있다는 인식에서 즐거움을 찾는, 남의 불행에 대해 느끼는 쾌감은 아니다. 그와 달리, 우리는 다른 사람의 불행을 우리 안에 감사할 수 있는 더 나은 행운을 상기시키기 위해서 사용할 수 있다. 더 나아가, 남들의 불행이 언젠가 우리가 겪을지도 모르는 고통의 전형적인 예가 될 가능성이 크다는 것을 인정하는 데 도움이 될 수 있다.

치료자: 자, 한 번 생각해 봅시다. 당신이 도시를 걸을 때, 보행기에 의지해서 걷는 나이드신 어르신들을 본 적 있나요? 어쩌면 뇌졸중이나 매우 심한 어려움을 겪는 사람들을?

내담자: 그럼요. 그들에 대해 안쓰러움을 느낍니다.

치료자: 그럴 때 당신이 매우 쉽고 편안하게 걷고 심지어 뛸 수 있다는 게 얼마나 큰 행복인지 스스로 생각해봤나요?

내담자: 사실, 그렇게 생각해 본 적이 한 번도 없습니다. 솔직히 말하자면, 장애를 가진 사람들을 보는 게 좋지 않았습니다.

치료자: 그러나 만약 당신이 그들을 통해 자신이 얼마나 운이 좋은지에 대해 인식할 수 있다고 생각한다면? 그렇다면 아마도 당신은 이렇게 말할 것입니다. "지금이라도 내가 얼마나 운이 좋은지 생각난 게 얼마나 행운이지 모르겠군."

내담자: 그래요, 그런 생각이 그들을 보기 싫어하는 것보단 분명히 낫네요.

치료자: 또 스스로에게 말할 거예요, "언젠가 나도 늙겠지, 보행기가 필요할 수도 있겠지, 어쩌면 뇌졸중이 올 수도 있을거야." 그리고 또 말할 거예요, "운이 없었다면 나도 그렇게 되었을거야."

내담자: 그렇게 생각하는 건 슬프지만, 선생님도 알다시피 그건 사실이예요. 우리 아버지는 뇌졸중을 겪으셨고, 걷는 것조차 매우 힘들어했어요. 아버지를 볼 때 너무 안쓰러웠죠.

치료자: 좋아요. 이제 당신은 어려움을 겪는 사람을 보면 당신이 얼마나 운이 좋은지 생각하게 될 겁니다. 이것은 당신이 아버지에게서 느꼈던 것과 같이 그런 어려움을 겪는 사람들에게 연민을 느낄 수 있는 기회가 될 겁니다. 또한, 우리의 행운도 잠시라는 것을 깨달을 겁니다. 우리가 그 행운을 가지고 있는 동안 그것에 감사하는 것은 전적으로 우리의 몫입니다.

치료자는 내담자들에게 뉴스나 그들이 만나거나 보는 사람들 또는 남의 불행에 대해서 알 수 있는 사건들 속에서 예시들을 관찰해보도록 제안해 볼 수 있다. 그러면, 내담자들은 낯선 사람들을 포함한 어려움을 겪는 사람들을 향해 동정하는 생각을 갖는 것을 연결할 수 있게 된다. 그리고 나서, 스스로 생각할 것이다. "운이 없었다면 나도 저렇게 되었을 거야."

긍정적 예시

남들의 어렵고 고통스러운 상태가 우리에게 임시적인 행운을 상기시켜 주는 것처럼, 남들의 행운이나 대단함 또한 우리가 가치 있게 여기는 자질이나 경험에 좋은 예가 될 수 있다는 것을 인식할 수 있다. 11장에서는 다른 사람들의 긍정적인 자질이 어떻게 부러움을 이끌어내는지, 성공한 다른 사람이 실패하는 것을 보고자 하는 욕망에 대해 토론한다. 그러나 긍정적 예시는 다른 사람들의 성공이 우리가 달성하고자 하는 것 또는 모방하고자 하는 롤모델을 생각나게 하는 것으로서의 역할을 할 수 있다고 인식하는 것을 포함한다. 예를 들면, 친밀하고 다정한 남편과 부인 사이의 관계를 관찰하는 것은 싱글로서 자신의 인생은 외롭고 희망이 없다고 느끼는 여성에게서 슬픔과 질투의 감정을 이끌어 낼 수 있다. 그녀의 삶에서 부족한 것에 대해 그녀가 생각하게 된 "계기"는 끝이 난 과거 관계에 대한 후회로 가득 찬 절망 속으로 그녀를 밀어 넣을 수 있다. 반대로, 그녀는 긍정적 예시를 추구해야 할 긍정적 목표로서 사랑하는 정서를 인식하는 데 사용할 수 있다. "사랑하는 감정" 또는 친밀감의 긍정적인 목표는 결혼한 관계나 심지어 친밀한 관계로 제한될 필요는 없다. 이것은 관심, 사랑, 애정, 연민이 존재하는 어느 관계에서든지 구체화될 수 있다. 더구나, 이것은 서로 잘 아는 두 사람 사이일 필요는 없다. 이것은 잘 모르는 사람에게, 동료에게, 가치 있는 원인에 대해, 심지어 동물에게 향할 수도 있다.

치료자: 당신은 후안과 마리아가 손을 잡고 있는 것을 볼 때 슬픔을 느꼈습니다. 무엇이 당신을 슬프게 했나요?

내담자: 내가 사랑을 표현할 수 있는 대상이 없다는 것과 나를 사랑해줄 사람이 아무도 없다는 것을 깨달았습니다.

치료자: 그 말은, 사랑하고 사랑을 받는 것이 당신의 삶 속에서 추구하기 원하

는 가치라는 소리 같군요. 만약 지금 그렇게 할 수 있는 방법이 있다고 생각해 봅시다. 당신은 당신의 여동생, 다니엘라를 진심으로 아낀다고 말했었죠. 그럼 당신이 그녀를 향한 사랑과 애정을 보여주었던 방법을 생각해 볼 수 있나요?

내담자: 물론이죠. 저는 그녀를 만날 때마다, 그녀를 안고 입을 맞추죠. 그녀를 사랑합니다.

치료자: 좋아요, 그녀를 사랑하고 종종 표현하는군요. 그렇다면 당신의 친구들은 어떻습니까? 당신이 친밀하게 느끼거나, 당신을 보살펴주는 사람이 있습니까?

내담자: 그럼요, 8살 때부터 친구였던 제 친구 사비에르가 있습니다. 우리는 오랜 시간 함께했어요. 한동안 그를 보지 못했지만, 만날 때면 항상 친밀하게 느끼죠.

치료자: 그러면 우리 일상에서 보는 낯선 사람에 대해서는 어떤지 궁금하네요. 때때로 저는 낯선 사람을 향해 친절을 베풀 수 있는 기회를 찾는 생각을 합니다. 저는 어려움을 겪는 사람들을 도울 때 뿌듯함을 느껴요. 어느 날 밤 집으로 걸어가던 길에 한 할머니께서 길을 건너시는 데 어려움을 겪는 것을 보았죠. 저는 할머니를 도와드렸고 할머니께서 "고마워요 복 받아요"라고 말씀하셨어요. 그리고 제가 말했죠. "아니에요, 저에게 할머니를 도울 수 있게 해주셔서 감사해요. 저 또한 기분이 좋네요."

내담자: 한 번도 그렇게 생각해 본 적이 없지만, 당신이 옳은 거 같군요.

치료자는 일주일 동안 친절, 애정, 연민, 사랑에 대한 예시를 모아서 이런 내담자들에게 설명해 줄 수 있다. 여기에는 다양한 사람들을 향한 친밀감과 사랑하는 감정의 기억들, 내담자들이 만나고, 직접 상호작용하는 사람들을 향한 애정과 친절, 연민에 대한 현재의 예시들도 포함될 수 있다. 긍정적 예시의 포인트는 개인들이 그들의 일상생활 속에서 찾고 추구하기를 원하는 정서와 가치를 확인할 수 있다는 것이다. 이러한 가치는 특정한 관계(배우자)에 한정될 필요는 없다. 왜냐하면 그들은 매일매일의 삶 속에서 매우 다양한 사람들을 경험할 수 있기 때문이다.

모든 것이 사라진다

우리에게 가치 있는 어떤 것이 사라질 때까지 그것이 무엇인지 배우지 못한다는 것은 불행한 아이러니이다. 한 아들은 아버지께 자신이 아버지를 얼마나 사랑하는지 말하기를 원했지만, 갑자기 아버지께서 돌아가셨고, 더 이상 아버지께 그 말을 할 기회가 없다는 것을 깨달았다. 또 다른 예로서, 한 친구가 떠나버리고 다시는 소식을 듣지 못하게 되자, 남겨진 그 친구는 그가 그녀를 얼마나 그리워하는지 깨달았다. 이 기법—"모든 것이 사라진다"—은 부정적 심상의 변형이다. 이것은 내담자들에게 무엇이 가장 중요한지 우선순위를 정하도록 묻는 데 초점을 맞춘다.

한 남자는 사업상 거래에서 사기를 당한 것에 대해 불평을 했고, 몇 주 동안 그 일을 되새기고 아내에게 불평했으며, 그의 아이들에게 민감하게 반응을 했다고 말했다. 또한 그는 자신이 받았어야 할 돈을 다시는 받지 못할 것이라는 것을 깨달았기 때문에 이전보다 더 많은 술을 마셨다.

내담자: 정말 화가 납니다. 그들이 나를 속였어요.

치료자: 당신은 화낼 권리가 충분히 있어요. 누구도 당신을 비난하지 않을 거예요. 그리고 내가 보기에도 당신이 매우 괴로울 것 같아요. 그러나 오늘 좀 다른 것을 한 번 해봅시다. 자, 분노와 돈을 여기 선반 위에 올려놓고(또는 캔 속에 넣고), 나중에 그것을 끄집어 내릴 수 있습니다. 지금은 모든 것이 사라진다고 상상해보세요. 당신은 육체도, 가족도, 돈도, 그리고 존재 자체가 없습니다. 당신은 쓸모 없는 상태가 됩니다. 이제 당신이 아무것도 아니고, 아무것도 없다는 것을 깨달으면서, 다음을 생각해보기 바랍니다. 나는 신의 역할을 하는데, 당신은 딱 한 가지만 다시 돌려받을 수 있습니다. 다만 당신이 그것이 정말 감사하다는 것을 나에게 납득시킬 때만 그것을 받을 수 있습니다. 그리고 또한 당신은 얼마나 당신이 돌려받을 수 있을지는 모릅니다. 어쩌면 조금일 수도 있고, 아니면 많을 수도 있습니다. 그럼 당신은 무엇을 가장 먼저 돌려받고 싶은가요?

내담자: 저의 두 딸 아이요.

치료자: 둘 중 누구를 원하나요?

내담자: 둘 중 하나를 꼭 선택해야 하나요?

치료자: 아닙니다. 좋은 질문이예요. 제가 선택하죠. 큰 아이를 먼저 선택하죠. 당신은 큰딸 아이에게 무엇을 감사하나요?

내담자: 그녀는 저에게 특별한 아이예요. 심지어 작년에 겪었던 어려움도 내가 그 아이를 얼마나 사랑하는지를 깨닫게 만들어줬습니다. [내담자는 그녀에 대한 자세한 이야기를 하며 눈가에 눈물이 맺혔다. 그리고 나서 둘째 아이에 대해서도 이야기하였다.]

치료자: 좋아요. 그들이 얼마나 감사하고 소중한지에 대해 나를 설득했어요. 당신은 아이들을 다시 돌려받았습니다. 그럼 그 밖에 돌려받고 싶은 다른 것은 무엇이고 그 이유는 무엇인가요?

내담자: 제 아내입니다. 그녀는 내 생에 가장 좋은 친구입니다. [내담자는 계속에서 아내의 좋은 인성에 대해서 설명했다.]

치료자: 좋아요. 그녀도 돌려주죠. 그렇다면 당신의 눈은 어떤가요? 당신의 시력이 사라졌다고 상상해보세요. 딱 15분만 다시 볼 수 있다고 한다면, 무엇을 보고 싶으세요?

내담자: 우리 가족이요. 가족을 보고 싶어요.

치료자: 좋아요. 아이러니하고 흥미로운 것은 지금 당신은 당신이 그렇게 중요하게 생각하는 것들을 모두 가지고 있지만, 모든 집중을 돈에 맞춘 이후로 당신이 이미 가지고 있는 것을 놓치고 있다는 겁니다.

내담자: 저도 알고 있습니다.

치료자: 그것을 저에게 말해주세요. 어떤 면에서 당신이 가장 행운아라고 생각하는지 말해주세요.

내담자: 저는 제 인생에서 제가 가장 사랑하는 사람들과 함께 있습니다.

치료자: 좋습니다. 이번 주 내내 당신은 선택할 수 있는 기회가 있습니다. 돈에 집중하거나 당신의 딸들과 아내가 사랑 받는 느낌이 들도록 하는 데 집중하거나.

이 기법은 내담자들이 가장 중요한 것이 무엇인지를 우선순위화 할 수 있도록 독려한다. 모든 것이 사라진다고 상상하는 것은 마치 판타지 같이 보일 수 있다. 하지만 치료자는 이것이 판타지가 아니라 오히려 궁극적이고 불가피한 현실이라는 것을 제시해 줄 수 있다.

> "모든 것은 사라진다. 모든 것은 영원하지 않다. 우리는 죽을 것이고 우리가 사랑하는 모든 이가 죽을 것이다. 모든 것은 떠나간다. 모든 것이 떠나간다고 상상하는 것은 진정한 궁극적인 현실이다. 그러나 우리가 질문해야 할 것은 이것이다: '이 순간 내가 가지고 있는 것 중 무시하고 감사하지 않는 것이 무엇인가?'"

진실한 눈물

몇 해 전, 어머니께서 갑작스런 예상치 못한 뇌출혈로 돌아가신 직후, 나는 한 친구에게 이 끔찍한 일에 대해서 얘기했었다. 그 친구와 전화로 통화하던 중 나는 울기 시작했다. 그가 나에게 말했다(마치 자기 반성 시간과 같았다). "너 그거 알아, 너랑 얘기하는 중에 내가 어른이 된 후로는 한 번도 울어본 적이 없었다는 걸 깨달았어." 물론 그가 나의 고통을 위로해 주고 있는 건 알지만, 나는 잠시 '도대체 무슨 소릴 하는거야'라고 생각했다. 그 후에 다시 생각했다. '눈물을 흘릴 만한 가치 있는 것을 갖지 못한 것이 얼마나 슬픈 일인가.' 우리는 종종 우리 감정의 목적 중 하나가 우는 것을 피하는 것이라고 생각한다. "나는 기분이 나쁘고 싶지 않아. 나는 울고 싶지 않아." 우리는 종종 울음이 이성을 잃는 신호이거나, 어린애 같고, 성숙하지 못한 행동, 또는 심지어 다른 이들을 불편하게 하는 것으로 생각하거나 이야기를 듣는다.

몇 달 전부터 아내와의 이혼과 갈라설 것을 고민을 하던 한 남자가 마침내 결정을 내리고 떠나왔지만, 지금 감정에 압도당하고 슬픔을 느낀다고 말하며 상담을 시작했다.

치료자: 들어보니 당신은 지금 매우 슬픔을 느끼고 있군요.

내담자: 네, 저는 제가 지금 화를 내면 안 된다는 것을 알아요. 왜냐하면 저는 옳은 결정을 내렸으니까요. 그렇지만, 지금 정말 슬퍼요. 많이 울었어요. 뭐가 잘못된 건지 도저히 모르겠어요.

치료자: 무엇이 당신을 울게 만드나요?

내담자: 딸이 너무 보고 싶어요. 저는 더 이상 딸을 볼 수 없을 거예요. 딸 아이가 너무 보고 싶어요.

치료자: 그럼 당신은 딸을 그리워하지 않는 그런 종류의 사람이 되고 싶은 건가요?

내담자: 아니요. 저는 딸이 너무 보고 싶어요. 저는 딸을 사랑해요.

치료자: 당신의 눈물은 당신이 눈물을 흘릴 만한 가치 있는 것을 가지고 있다는 것을 보여주는 겁니다. 당신의 딸은 당신이 눈물을 흘릴 만큼 당신에게 충분히 중요한 존재예요. 눈물은 당신에게 그녀가 얼마나 의미 있는 존재인지를 이해할 수 있도록 도와줍니다.

내담자: 맞아요. 사실이에요. 저는 딸이 너무 그리워요.

치료자: 우리가 울 때, 우리는 종종 뭔가가 중요하다는 것을 알게 됩니다. 만약 당신이 딸이 보고 싶어서 눈물을 흘린다는 것을 딸아이가 알게 된다면, 딸아이는 사랑 받는다는 것을 느낄 겁니다.

내담자: 제 생각에도 그럴 것 같군요.

치료자: 슬픔을 느끼는 것은 충분히 어려워요. 그런데 슬픔을 느낀다는 자체를 나쁘게 느끼는 것은 더 안 좋은 겁니다. 슬픔을 느끼는 게 좋은 이유가 있습니다. 그 이유는 우리의 사랑, 우리의 관심에 대해서 말해줍니다. 당신의 눈물은 선한 곳에서 나옵니다. 그것은 바로 당신의 마음으로부터 나오는 겁니다.

치료자는 물어볼 수 있다. "때때로, 어떤 것들에 관한 눈물을 흘린다는 것을 상상할 때, 그것이 얼마나 중요한지를 우리는 이해할 수 있습니다. 그래서 저는 궁금해요. 과거에는 무엇이 당신을 울게 만들었나요? 미래에는 어떤 것들이 당신을 울게 만들까요?" 대답은 대부분의 사람들이 주요한 불행(예를 들면, 부모님이나 자식의 죽음, 친밀한 사이의 결별, 실업 등)이라고 하는 것부터 다른 사람들에게는 "가치 있는" 눈물로 보이지 않는 경험들(예를 들면, 파티에 초대받지 못한 것, 투자에서 돈을 잃은 것, 파티에서 어울리지 못하는 감정 등)까지 다양할 수 있다. 그런 다음 치료자는 왜 그런 경험들이 내담자를 울게 만드는지 물어볼 수 있다. 이혼 절차를 진행 중인 한 여성은(위와 같은 종류의 내담자인) 그 질문에 대해 이렇게 대답하였다.

"관계가 깨졌을 때(우리의 결혼생활이 깨졌을 때), 나는 다시는 내가 원했던 그런 친밀한 가정생활을 할 수 없을 것 같다고 느꼈어요." 치료자는 대답하였다. "친밀한 가정생활을 갖는 게 당신에겐 중요하기 때문에 당신은 울었군요. 당신은 누군가와 삶을 나누고 엄마가 되길 바라는 것 같네요. 이것들이 당신이 매우 중요하게 생각하는 가치들인 거죠. 가치 있는 눈물을 흘릴 만큼."

때때로, 치료자는 왜 어떤 사건이 눈물을 흘리게 하는지에 대한 의미에 관해 더 질문해볼 필요가 있을 것이다:

치료자: 당신이 파티에 초대받지 못해서 울었던 것에 대한 기억을 저는 이해합니다. 그럼 당신이 초대받지 못한 것은 당신에게 어떤 의미가 있나요?

내담자: 제 생각엔 그것은 그 사람들이 저를 싫어하고, 다시는 그 자리에 끼지 못할 거 같은 느낌이 들게 만드는 것 같았어요.

치료자: 소속되고 관심 받는 것이 당신에겐 매우 중요하군요. 이런 것들이 당신에게 남들이 당신을 싫어하거나 다시는 소속되지 못할 것 같다는 생각을 촉발시켰고요. 아마도 우리는 이런 가치 — 다른 사람들과 연결된다는 느낌, 또는 당신이 중요하게 신경 쓰는 것과 같은 느낌 — 들에 대해서 연구해야 할 것입니다.

비교적 성공한 싱글인 한 남자가 자신이 헌신했던 여성들과 관계를 맺는 것 같이 보였지만, 때때로 왜 우울하고, 만족하지 못하고, 슬픈지 이해할 수 없다고 불평했다. 그는 전에 관계를 깨는 것에 대한 그의 결정에 관해 치료했던 적이 있었기에 그는 더 나은 어떤 것을 찾을 수 있어야 했다.

내담자: 제 인생은 모든 게 완벽해요. 좋은 직업을 가졌고, 좋은 곳에 살고 있어요. 그런데 뭔가 빠진 거 같아요. 그게 무엇인지 잘 모르겠어요.

치료자: 제가 당신을 꽤 오래 알아왔는데, 지금 당신은 슬퍼 보이는군요. 다음과 같은 질문에 대한 당신의 답이 궁금하네요: "누가 당신을 필요로 하나요?"

내담자: (울면서) 바로 그거에요. 누구도 나를 필요로 하지 않아요. 그거 아세요? 이상하겠지만, 저는 어렸을 때부터 울었던 적이 없어요. 저는 저의 모

든 삶을 계획적으로 살았고, 그래서 모든 의무로부터 완전히 자유로워요. 저는 자유를 가지고 있어요.

치료자: 지금까지 운 적이 없다는 것 또한 흥미롭군요. 아마도 이것은 울 만한 가치 있는 것에 관한 것 같아요. 남들에 의해 필요하다는 것은 우리에게 중요한 것 같아요.

내담자: 저는 저희 부모님의 결혼생활을 덫(함정)으로 봤던 거 같아요. 우리 아버지가 이렇게 말했을 거예요, "결혼하려고 애쓰지 마, 그럴 만한 가치가 없어." 그래서 저는 제가 하는 싶은 걸 하면서 자유로운 것에 집중했어요.

치료자: 마음대로 할 수 있는 자유를 가지고 있다는 것이 의미를 갖는 것과 같은 것은 아니에요. 우리가 남들에게 어떤 의미있는 존재라는 것을 것을 알 때, 우리는 의미를 갖게 되죠.

내담자: 저는 그런 의미가 없어요.

치료자: 당신은 어떻게 하면 다른 사람들이 당신을 필요로 할지에 대해 생각해 봐야 해요. 아마도 누군가 당신을 그리워한다는 것을 아는 게 중요할지도 몰라요.

내담자: 만약 제가 지금 죽는다면, 누구도 큰 영향을 받지 않을거라 생각해요.

치료자: 바로 그게 울 만한 가치가 있는 것일지도 몰라요.

내담자: 맞아요. 바로 이거에요. 이거.

치료자: 바로 그것, 당신에게, 남들에게 중요한 그런 삶! 그런 삶을 사는 게 가치 있는 것일 거예요.

위에선 언급했듯이, 누군가는 눈물을 흘리는 것이 당황스러움을 나타내거나, 이성을 잃거나, 헤어짐의 신호라고 생각한다. 자신의 "생체 시계"가 끝나가고 있다고 걱정을 하는 한 싱글 여성은 체외수정 과정에서 엄청난 좌절감을 느꼈다. 그녀는 교회 부활절 예배에 참석하고 부모들과 함께 있는 아이들을 봤을 때, 감정에 압도되기 시작했다.

내담자: 저는 제 감정을 컨트롤하지 못한다고 생각해요. 저는 주일날 교회에서 아이들을 볼 때 눈물이 나기 시작해요.

치료자: 그곳에서 아이들을 보는 게 당신에게 어떤 의미인가요?

내담자: 그것은 제가 얼마나 아이를 가지고 싶어하는지를 생각나게 해요.

치료자: 그렇군요. 당신은 당신에게 가치 있는 어떤 중요한 것을 그리워한다는 것을 느꼈기 때문에 울었군요.

내담자: 맞아요. 그렇지만 저는 울어서는 안 돼요. 저는 어른이에요.

치료자: 아마도 당신은 어른으로서, 언젠가 어머니가 될 사람으로서, 울었을 거예요. 왜냐하면 당신은 당신이 원하는 것을 느꼈고, 그것이 당신의 아주 깊은 곳을 건드렸기 때문이죠.

내담자: 그렇지만, 그것이 이성을 잃을 정도인가요?

치료자: 그런 식으로 생각할 수 있지만 한편으로 당신의 마음 깊이 와 닿았을 수 있죠.

더 높은 의미의 사다리 오르기

전통적 인지치료는 "수직강하(vertical descent)" 또는 "아래방향 화살표(downward arrow)" 기법을 통해 마음속 더 깊은 곳에 있는 생각의 의미를 끌어내는 시도를 한다. 예를 들면, 외로움과 슬픔을 느끼는 내담자에게 인지 치료자는 다음과 같은 활동을 시도할 것이다.

치료자: 좋아요, 당신은 토요일 밤 당신의 아파트에 혼자 있을 때 외로움을 느끼고 있군요. 당신 안에 있는 그런 생각에 대해서 같이 한 번 생각해봅시다. "나는 슬픕니다. 왜냐하면 나는 ___ 생각을 하기 때문입니다."

내담자: 나는 혼자입니다. 아무도 나를 사랑하지 않습니다. 내편은 아무도 없습니다.

치료자: "그리고 아무도 나를 사랑하지 않고 내편이 아무도 없다면, 나는 ___ 생각합니다."

내담자: 나는 실패자임에 틀림 없습니다.

치료자: "그리고 만약 내가 실패자라면, 그것은 ___을 의미합니다."

내담자: 나는 앞으로도 항상 혼자일 것입니다.

치료자: "그리고 만약 내가 항상 혼자라면, 나는 ___을 생각합니다."

내담자: 나는 언제나 행복하지 않을 것입니다.

수직강하 또는 아래방향 화살표 기법은 부적응적 가정들과 근본적인 핵심 신념 또는 도식들을 밝혀내는 데 유용한 기법이다. 그러나 이것은 내담자들이 가지고 있을 가장 만연한 부정적인 생각들에 초점을 맞춰야 한다. 아래방향 화살표 기법의 반대 방향이 내가 "더 높은 의미의 사다리 오르기"라고 부르는 기법이다. 이 기법은 치료자와 내담자가 현재 상황으로부터 위에 있는 긍정적인 단계를 보는 것이다. 내담자가 각각의 단계 위에 이르게 된다면, 이것이 의미하는 것은 무엇이고, 어떤 일이 일어날까?

예를 들자면, 이전의 장에서 기술했던 남편이 몇 해 전에 죽은 한 여성은 하루 일과가 끝날 무렵 가방에 있는 작은 술병의 술을 마시며 그녀의 사무실을 떠난다. 그녀가 집에 도착할 때면, 그녀는 술에 취해 있었다. 그녀는 집으로 돌아가는 게 너무 슬퍼서 그런다고 말했다.

치료자: 지금 보면, 당신은 집에 도착할 때, 술로 인해 당신의 기분을 좋게 하지 않으면, 오히려 더 슬픔을 느낄 거 같군요. 무엇이 당신을 슬프게 하나요?

내담자: 집에는 아무도 없어요. 저는 혼자예요.

치료자: 그것이 당신에게 슬픈 생각인 거 같군요. 그럼, 만약 집에 누군가 있다면, 그것은 당신에게 어떤 의미일까요?

내담자: 그것은 내가 누군가와 내 삶을 나눌 수 있다는 의미일 거예요.

치료자: "그리고, 누군가와 나의 삶을 나누는 게 좋은 이유는 ____ 입니다."

내담자: 나는 친밀해지는 것을 좋아해요. 나는 누군가를 사랑하는 것을 좋아해요.

치료자: "그리고 누군가를 사랑하는 것을 좋아하는 이유는 ____ 입니다."

내담자: 나는 사랑을 하는 사람입니다.

치료자: 제가 들은 것을 정리하자면, 당신은 당신이 소중하게 여기는 가치인 사랑을 하는 사람이기 때문에 혼자이고 내편이 없다는 게 고통스러운 거군요.

내담자: 네, 정확해요.

치료자: 이런 긍정적인 가치를 갖는 것에서 발견할 수 있는 하나의 결과는 이

순간 우리가 가치있게 생각하는 것을 갖지 못하게 되었을 때 오게 되는 고통이 있다는 것입니다. 그것은 사랑을 하는 사람이 되는 것의 비용입니다. 그러나 당신은 사랑을 하는 사람이 되고 싶지 않나요?

내담자: 맞습니다. 저는 그것을 잃고 싶지 않아요. 그러나 이것은 매우 고통스러워요.

치료자: 하지만 의미를 주는 가치를 잃게 되는 것이 더 고통스러울 겁니다. 아마도 우리는 사랑을 하는 사람이 되는 방법에 대해서 생각해 볼 수 있을 겁니다. 당신의 딸에 대해서 같이 한 번 생각해 봅시다. 딸 아이를 사랑하는 사람이 되는 방법들이 있나요?

그런 다음 치료자는 내담자가 사랑과 관심 그리고 친밀감을 표현할 수 있을 만한 친구관계 및 다른 관계에 대해 탐색하였다. "더 높은 의미의 사다리 오르기" 기법의 중요한 포인트는 내담자의 긍정적인 목표와 가치에 초점을 맞추는 것이다. 이러한 긍정적인 목표와 가치는 현재 내담자의 삶 속에서 그들 스스로 길을 지시하도록 할 수 있다. 가치는 어떠한 특정한 관계에만 국한되지 않는다. 예를 들면, 내담자는 친밀한 관계가 아닐지라도 사랑과 애정을 표현할 수 있다. 이것은 자신들이 이상적으로 원하는 관계를 갖지 못할 수도 있지만, 그들을 유의한 의미의 다른 자원으로 방향을 지시해줄 수 있는 긍정적인 가치를 가질 수 있다는 것을 상기시키는데 도움이 된다.

고통을 받을 만한 가치 있는 삶을 살기

사고로 어린 아이들을 잃은 어머니, 몇 해 동안 암으로 고통받다 죽은 아내의 남편, 전쟁의 피해로 친구를 잃은 한 친구와 같은 사람들은 압도적인 상실이나 정의감에 대한 도전들로 인해 고통을 받을 것이다. 이러한 상실 이후, 살아남은 사람들은 슬픔을 가누지 못하는 상태가 될 것이다. 인생은 고통과 비극, 그리고 정말로 끔찍한 것들로 가득 차 있다. 밝은 면만 보려는 시도는 단지 하찮게만 보이고 그리고 무의미해 보인다. 무관심의 금욕주의적 자세를 취하거나 누구와도 그리고 어느 것과도 너무 가까이 해서는 안 된다고 말하는 것은 무의미하거나 심지어 비인간적으로 느껴진다. 이러한 피할 수 없는 인생의 비극적 상실을 직면할 때, 치료자는 무엇을 말하고 또는 시도할 수 있을까?

나의 한 동료는 40년이 넘도록 함께했던 아내가 길고 되풀이되고 고통스러웠던 암투병 생활을 하다 결국 죽음을 맞이했다고 나에게 알려주었다. "그녀의 삶은 정말 고통스러웠기에 죽음이 그녀에게는 최선이라는 것을 알지만, 그녀가 죽은 후 8개월 동안 나는 그녀의 죽음으로부터 회복할 수가 없었어요. 이것을 그냥 흘려보낼 수가 없어요." 나는 다음과 같이 말했다.

> "비록 이 말이 당신이 제게서 기대했던 대답이 아닐지 몰라도, 저는 당신이 이것을 완전히 극복해 내는 것이 아니라, 당신이 아내의 죽음을 생각할 때마다 항상 슬픔을 경험할 수 있기를 바랍니다. 어쨌든 당신은, 당신의 아이들에겐 어머니며 당신에겐 삶의 중심이었던 아내를 잃었어요. 그리고 그것은 슬픔을 느껴야 하는 경험입니다. 그러나 저는 또한 당신이 슬픔을 담을 수 있을 정도로 충분히 큰 의미와 사랑으로 당신의 삶을 확장시킬 수 있기를 기대합니다. 그 의미는 고통 없는 삶을 사는 것이 아닙니다. 왜냐하면 우리가 누군가를 사랑할 때, 우리는 그 사람의 상실로 인해 고통을 받을 것이기 때문입니다. 만약 누군가를 가진다는 것이 중요하다면, 그 사람을 잃는 것 또한 중요합니다. 그 의미는 고통을 받을 만한 가치 있는 삶을 사는 것입니다."

내가 이 얘기를 해주었을 때, 그는 눈물을 흘렸다. 그리고 나를 안아주었다. 그리고 나는 고통이 의미의 더 큰 맥락에서 그 안에 들어갈 수 있다는 것을 깨달았다. 고통을 받을 만한 삶을 산다는 것은 고통이 허락되고 수용되는 충분한 의미들, 새로운 의미를 갖는 것이다.

12살에 아버지를 여읜 또 다른 한 남성은 그 끔찍한 상실을 회상하며 나에게 말했다: "그들이 아버지께서 돌아가셨다고 말했을 때, 내가 느꼈던 그 끔찍한 심정을 아직도 기억하고 있습니다. 저는 제가 그 심정으로부터 회복될 거라고 생각하지 않아요." 나는 우리는 그 상실로부터 꼭 회복되어야 할 필요는 없다는 가능성에 대해서 그가 생각해봐야 한다고 제안하였다. 왜냐하면 우리는 그 상실을 수용하고, 사용하며, 그 사람이 의미를 두었던 맥락(지금까지도 의미를 둘 수 있는) 속에 그 상실을 넣을 필요가 있기 때문이다. 나는 그에게 물었다. "당신이 그 상실을 겪지 않기 위해서 결코 당신이 아버지를 알지 못했기를 원하나요?" 그는 눈물을 흘리며,

그가 아버지를 사랑했었고, 그래서 왜 그의 상실이 그토록 고통스러웠는지 인정했다. 나는 "때때로, 우리의 고통은 아무리 짧은 시간일지라도, 우리가 가지고 있는 것이 충분히 운이 좋은 것이라는 것을 우리에게 상기시켜 줍니다. 그러나 고통 당하는 것이란 커다란 인생(당신이 만들어 가는 인생, 그 사랑의 기억을 포함하는 인생, 그리고 당신이 그와 함께 있었을 때 행복했고, 그를 잃었을 때 슬펐던 것을 상기시켜주는 인생)의 한 부분입니다."라고 이야기해 주었다.

내담자들에게 그들은 상실로부터 꼭 회복될 필요가 없고 앞으로 나아가야 한다는 것을 이해하도록 돕는 것은 종종 그들에게 엄청난 위로가 된다. 그들은 사랑했던 사람을 잃은 것을 현재의 삶 속에서 수용할 수 있게 된다. 그리고 그들은 상실의 슬픔에 대항하여 균형을 지킬 수 있는 긍정적인 기억을 유지할 수 있다.

감사의 달

우울증의 위험을 줄이고 육체적, 심리적 행복을 향상시키는 데 있어서 감사의 역할에 대한 상당히 많은 경험적 근거들이 있다. 대학생들을 대상으로 한 연구에서, 한 그룹에게는 간단한 감사 일기를 적도록 요청했고, 반면 다른 그룹의 학생들은 단순히 그날 한 일을 적도록 하였다(Emmons & Mishra, 2011). 그 결과 하루하루 단순히 감사에 집중하는 것이 육체적, 심리적 행복에 유의한 긍정적 영향을 가질 뿐만 아니라 중요한 목표에 대한 업무에 있어서도 엄청난 효율과 관련이 있었다.

자신의 판매 업무에서 생산성과 수입에 대해 걱정을 하던 한 내담자는 말했다. "내가 감사에 초점을 맞추면 걱정한다는 것이 불가능하게 느껴진다." 감사란 개인이 겪는 긍정적인 일들이 운이 좋아서이지, 그 사람이 반드시 그런 일들을 경험할 자격을 갖고 있지 않음에 대한 인정이다. 또한 감사란 중요한 어떤 것에 대해, 감사한 누군가에 대해 인식하는 것이며, 꼭 그 일이 그런 식으로 일어났어야 하는 것은 아님에 대한 인식이다. 종교는 감사를 기념하는 의식과 기도를 실현한다. 예를 들면, 신에게 감사를 드리는 아침 기도는 유대교와 기독교 그리고 이슬람교의 한 부분이다. 식전 기도와 종교예식 중의 기도들이 있는데 이 기도의 대부분은 감사를 드리는 데 집중하고 있다. 미국과 캐나다 모두 국가적 명절로 정해진 추수감사절이 있다. 이슬람 이전의 고대 이란에서는 감사 또는 감사를 드리는 것을 표현하는 많은 명절이 있었다. 예를 들면, Noruz(새로운 해에 대한 감사절), Mehregan

(사랑과 정의에 대한 감사절), Tirgan(물에 대한 감사절), Azargan(불에 대한 감사절), 그리고 Sepandgan 또는 Espandgan(여성에 대한 감사절)이다. 기독교에서 성체 성사는 문자 그대로 "추수감사절"을 뜻한다. 우리는 단순한 것(문을 잡아주는 것) 또는 우리가 받은 선물에 대해서 "감사합니다"라고 말하며, 예의 바르게 감사를 표한다. 사실, 간단한 감사를 표현하지 않는 것은 무례함으로 보일 수 있고, 때때로 다른 사람들에게서 불쾌한 반응을 유도할 수도 있다.

감사 활동(gratitude exercises)은 긍정 심리학에서 주요한 관심사이다(Seligman, 2002). 치료자는 이러한 기법을 활용하여 내담자들이 놓칠 수 있는 매일의 긍정적 경험을 확인하는 데 도움을 줄 수 있다.

치료자: 때때로 우리는 여러 가지 것들을 당연하게 받아들입니다. 좋은 음식을 먹는 것을 생각해 보세요. 우리는 이것을 당연하게 받아들이고 우리가 먹고 있는 것에 대해 멈추어 생각하지 않습니다. 우리는 인터넷을 검색하고 친구들과 문자를 주고받으며, 텔레비전을 볼 겁니다. 우리가 좋은 음식을 먹는 것에 대한 감사하는 마음을 갖는 경우는 거의 없습니다. 혹시 지금 잠시 눈을 감고 당신이 괜찮은 식사를 할 수 있음이 운이 좋은 것이고 그에 대해 감사하는지를 생각해볼 수 있으실까요?

내담자: (눈을 감으며 그녀는) 네, 저는 내려놨어요. 좋아요, 저는 지금 그 음식에 대해 생각하고 있어요. 근데 사실 이제 막 다 먹어치웠어요. 그것에 대해 생각하니까 배가 고파지네요.

치료자: 그런데 제가 궁금한 건, 당신이 맛있어 보이는 음식에 대해서 생각할 때, "제가 이 음식을 먹을 수 있어서 감사합니다. 배고프게 지내지 않을 수 있어서 감사합니다"라고 말할 수 있겠는지요?"

내담자: (치료자가 말한 것을 반복한다.)

치료자: 상상해보세요. 당신은 당신의 배우자에 대해서도 생각해 볼 수 있어요. "나는 내가 그와 함께 할 수 있음에 감사해요."

내담자: 네, 알겠어요.

치료자: 자 그럼 당신의 배우자에 대해 생각하면서, 당신이 나를 그라고 상상하고 왜 당신이 감사하는지를 나에게 말해보시겠어요?

내담자: 당신은 나의 이상한 모습들을 잘 견뎌주고, 따뜻하고, 잘 들어주며, 나

의 어머니에게 잘해줘요. 그리고 당신의 웃음에 나는 감사해요.

치료자는 이런 내담자들에게 한 달 동안 하루에 네 번씩 그들의 현재 삶에서 감사할 수 있는 것에 대해서 멈춰서 생각하는 것을 제안할 수 있다. 감사의 감정과 생각을 써보는 것은 단순하면서도 그렇지 않은 경험들이 감사의 중심이 될 수 있다는 인식을 강화할 수 있다. 감사는 과거로까지 확대될 수 있다. 내담자는 매일매일 과거에 감사했던 사람들이나 사건 그리고 환경과 같은 경험들을 회상할 수도 있다. 내담자들은 그들이 감사했던 누군가 혹은 상황에 대한 감사를 간단히 적을 수도 있다(단 몇 문장이라도). 몇몇 경우에 개인은 누군가에게 편지를 보낼 수도 있고, 심지어 방문을 주선할 수도 있다. 다른 경우에, 다른 사람이 죽었거나, 만날 수 없다면, 상상 속에서 감사함을 전하는 것이 도움이 될 수 있다. 이러한 경우 역할극이나 상상의 편지가 사용될 수 있다.

치료자: 만약 당신이 오래 전 돌아가신 할머니에 대한 감사함을 간단히 적는다면 어떤 걸 말하시겠어요?

내담자: "할머니와 함께할 수 있어서 감사했어요. 할머니께서는 항상 따뜻하셨고, 다정하셨어요. 언제나 나를 챙겨주셨고, 뽀뽀해주셨고, 할머니가 요리해주실 때 저는 정말 좋았어요. 할머니 사랑하고 너무 감사해요."

"멋진 인생이야"

어떤 내담자들은 "내 인생은 완전 실패한 인생이야. 이건 결코 충분하지 않아. 내가 중요하게 생각하는 어떤 것도 갖고 있지 않아. 나는 보잘것없는 존재야."라고 생각할 수도 있다. 이러한 일련의 자기부정적 생각들은 내담자로 하여금 더 이상 살 이유가 없고 그들의 삶에는 의미가 전혀 없다는 느낌에 빠져들게 할 수 있다. 자신의 삶을 실패로 보는 것은 종종 자신이 필수적이라고 믿는 목적에 달성하지 못했다는 것을 의미한다. 예를 들면, 결혼, 가정, 부, 명성, 권력, 그 밖에 어떤 것이든 목적이 될 수 있다. 인생은 성취의 과정으로 비춰진다. 이러한 인생에 대한 관점(성과, 획득, 지위)과 대조적으로, 치료자는 내담자들이 일생 동안 겪어 왔던 관계들에게로 그들의 주의를 이끌 수 있다. 예를 들면, 다음과 같은 질문을 던질 수 있다. "당신은 어떻게 지금의 자신이 되었나요? 누가 당신의 인생에 기여했나요? 당신의 인생에 영향을 받은 사람은 누군가요? 다른 사람들에 대해 어떤 의미를 가지고 있나요?

이러한 접근에 대한 패러다임은 1946년도 프랭크 캐프라의 영화 "멋진 인생"에서 찾아볼 수 있다. 지미 스튜어트는 작은 마을의 은행원이면서 자신의 은행이 곧 망할 것이라고 믿었던 조지 베일리의 역을 연기했고, 그의 수호천사인, 클래런스 오드버디역은 헨리 트래버스가 연기하였다. 베일리가 자살을 생각했을 때, 오드버디는 만약 그가 존재하지 않았었다면 이 작은 마을이 어땠었을지 생각해보라고 그에게 조언하였다. 베일리가 다양한 환상적인 장면을 경험하면서, 그는 자신이 많은 사람들에게 감동을 주었고, 그들도 그에게 감동을 주었다는 것을 깨닫게 된다.

지금 나는 치료자들에게 직접적인 질문 하나를 던진다: 위에서 말한 이 기법을 어떻게 당신에게 적용할 것인가? 상상해보자, 만약 당신이 존재하지 않았었다면, 다른 사람들의 삶은 어땠을까? 만약 당신이 도움을 주었던 자살을 생각하던 우울증 내담자가 당신의 도움를 받지 않았었더라면 어떻게 되었을지 상상해보라. 또 만약 당신이 도왔던 공황장애를 앓고 있던 내담자가 당신과 같은 치료자를 만나지 못했더라면, 상상해보자. 당신이 살렸던 결혼생활들에 대해서 생각해보라. 당신이 사람들로 하여금 관계를 되찾을 수 있도록 도왔기 때문에 태어난 아기들 생각해보라. 이러한 모든 사람들이 당신의 존재에 대해 감사하게 생각할 것이다. 또 당신이 도와주었던 당신의 인생 속의 인물들, 친구, 가족, 때로는 낯선 사람들을 생각해볼 수도 있다. 그 수를 셀 수 없을 정도로 많은 사람들을 생각해볼 수 있을 것이다.

삶의 의미를 다른 사람들과의 연결로 확장하기 위해서, 당신은 이 과정을 뒤집어 볼 수 있고, 또 당신의 삶 속 어떤 사람이 당신을 변화시켰는지 물어 볼 수도 있다. 예를 들면, 이러한 연결로 의미를 확장시키는 것은 부모님, 형제자매, 선생님, 의사, 친구들 또는 오늘 계속해서 당신을 변화시키는 다른 사람들 모두를 포함할 수 있다. 당신이 다른 사람의 한 부분이고 다른 사람도 당신의 한 부분이라는 연결에 관한 당신의 인식을 확장시키는 것을 통해 당신의 내담자들이 마치 어떤 것이 잘못되고 있는 것 같더라도, 그들의 삶은 또 다른 사람들에게 속해 있고, 다른 사람들의 삶은 그들에 의해 영향을 받는다는 것을 인식하도록 도와줄 수 있다.

치료자: 당신의 삶을 돌아볼 때, 누가 당신을 변화시켰는지 알 수 있나요? 작은

변화일 수도 있고, 큰 변화일 수도 있어요. 하지만 사람들이 어떻게 우리를 감동시켰고, 어떻게 영향을 미쳤는지, 그리고 우리가 서로서로 어떻게 알게 되었는지는 생각해 볼 수 있어요.

내담자: 맞아요. 제가 어렸을 때, 저희 어머니는 저에게 특별히 중요한 사람이셨어요. 그리고 여전히 중요한 사람이시죠.

치료자: 어머니에 대한 두드러진 어떤 기억이 있나요? 특별한 기억같은거요.

내담자: 기억나는 건, 9살 적에 학교에서 친구들이 절 괴롭혔는데, 어머니는 저는 아무런 문제없고 그 애들이 바보같은 짓을 하는 것일 뿐, 다른 친구들은 다 저를 좋아한다고 말해주셨어요. 어머니께서는 절 다독여주시고 꼭 안아주셨죠. 그때가 아직도 기억이 나네요.

치료자: 다른 어떤 방법으로 어머니께서 변화를 일으키셨나요?

내담자: 어머니는 저와 많이 놀아주셨어요. 아버지는 항상 일 때문에 바쁘셔서 늦게 들어오셨죠. 어머니께서는 저와 함께 놀아주셨고, 크게 웃으셨죠. 때때로 돌아다니시면서 노래를 부르시면서 절 즐겁게 해주셨어요. 가끔은 저도 같이 노래를 불렀죠.

치료자: 다음 한 주나 두 주 동안 당신을 감동시키거나 변화시킨 다른 사람들을 생각해 볼 수 있을까요? 다른 가족 구성원이 될 수도 있고, 선생님, 낯선 사람, 또는 당신이 TV나 영화에서 본 사람이 될 수도 있어요. 책에서 읽은 사람이 될 수도 있구요. 그런 사람들에 대해서 생각해보고, 또 그들이 당신한테 어떤 영향을 미쳤는지도 생각해보면 좋을 거 같네요. 그리고 우리가 사람들과 어떻게 연결되어 있고, 그들이 어떻게 당신에게 영향을 미치는지도 생각해보세요.

내담자: 알겠습니다. 이 짧은 시간 동안 제가 생각하지 못한 그런 사람들이 많이 있을 거 같아요.

치료자는 내담자에게 그날그날 자신에게 영향을 미쳤던 사람(또는 경험)에 대한 짧은 기억을 기록으로 남기는 것을 제안해 볼 수 있다. 이전에도 이야기했지만, 감사에 대해서 짧은 글을 쓰는 것도 매우 유용하다. 예를 들면, "제가 어렸을 때, 같이 놀아주셔서 감사해요.", 또는 "저에게 영감을 주시는 선생님 되어주셔서 감사합니다."라고 할 수 있다. 경험이나 상황에 대한 감사의 경우, "내가 보고 또 경외감으로 나를 채워주는 햇빛에게 감사한다"라고 인정할 수도 있다.

미덕과 공정성: 존경할 만한 사람이 되는 것

가치에 대한 강조는 새삼스럽지 않다. 이는 용기, 진실함, 그리고 자기 통제와 같은 인격의 습관인 '미덕'과 '가치'를 동일시했던 고대 그리스와 로마의 철학자들로(예를 들어, 아리스토텔레스, 플라톤, 에픽테토스, 세네카, 시세로) 거슬러 올라갈 수 있다. 이러한 사고방식은 종종 스토아식 전통으로 구분되지만, 이는 2,000년 동안 서양 철학과 종교 속에서도 지속되어 왔다. 정서도식치료는 어떤 가치들이 중요한지에 대해 중립적 입장을 취하지 않는다. 정서도식치료는 내담자들이 고려하는 도덕적이고 윤리적인 선택에 대해서 알려줄 수 있는 고전적 미덕(아리스토텔레스가 묘사했던)과 연민과 친절 그리고 공정성의 가치(존 롤스(John Rawls)에 의해 기술됨, 1971)의 위치에 있다. 아리스토텔레스(1984, 1995)는 다른 사람을 존경하는 사람의 자질로서 미덕을 보았고, 그래서 그는 스스로 존경할 수 있는 사람이 되는 것을 목적으로 보았다. "당신이 존경하는 사람의 인간적 자질이 무엇일까요?", "어떻게 하면 당신이 존경할 수 있는 사람이 될 수 있을까요?" 이런 간단한 질문에 내담자들이 집중하도록 하는 것이 유용하다는 것을 알아냈다.

아리스토텔레스에 따르면 핵심 미덕은 다음과 같다: 용기와 절제, 자율성, 너그러움, 고상함, 그리고 옳음(적절함), 야망, 좋은 성품, 공손함, 사려 깊음, 재치, 겸손, 그리고 정당한 분노. 아리스토텔레스에 따르면, 미덕의 이상적인 수준은 "탁월함"을 보여주는 균형과 "평균"이다. 따라서 누구나 성격적 특징에서 결함이나 그 자질의 과잉을 가질 수 있다. 예를 들면, 너그러움에 대한 결함은 하찮음이 될 수 있고, 과잉은 상스러움이 될 수 있다.

내담자들의 초점은 그들이 특정 다른 사람들에게서 좋아하지 않는 자질(또는 행동)에 맞추어질 수 있다.

치료자: 당신이 정말 싫어하는 사람에 대해서 말해줄 수 있나요? 저는 종종 우리가 싫어하는 것을 관찰함으로써 우리가 가치를 두는 것에 대해 어떤 것을 배울 수 있다고 생각해요.

내담자: 저는 불량스럽게 보이는 네드라는 남자를 싫어해요. 그는 사람들을 괴

롭히고, 인종차별주의자에다가, 자기보다 약해 보이는 사람들을 웃음거리로 만들어요. 정말 그를 싫어해요!

치료자: 당신이 싫어하는 네드의 특성을 구별할 수 있나요?

내담자: [네드의 부정적인 자질을 묘사한 것을 준다.]

치료자: 당신이 가치를 두는 인간적 자질의 많은 부분에서 네드가 부족한 것 같네요. 그는 너그럽지 못하고, 고상하지도 못하고, 나쁜 기질을 가지고 있고, 시민성도 좋지 않고, 그리고 그는 몹시 분개한 거 같네요. 이렇게 보면 우리는 당신에게 중요한 자질의 반대의 예로서 그를 사용할 수 있어요.

또는 내담자들에게 그들이 가지고 싶어하는 자질에 대해 추상적으로 생각해보도록 물을 수도 있다.

치료자: 당신을 인도해 줄 수 있을 가치를 생각하는 한 가지 방법은 당신이 존경할 수 있는 다른 사람에게 있는 자질에 대해 고려해 보는 것이예요.

내담자: 네.

치료자: 그리고 만약 당신이 다른 누군가의 자기-훈련을 존경한다면, 그 자질을 당신 자신의 가치로 여길 건가요?

내담자: 네, 저는 자기-훈련을 더 가지길 원해요.

치료자: 지금 우리가 생각해 볼 수 있는 자기-훈련에 대한 인격적 자질의 한 가지 방법을 연습이 필요한 것이라고 가정해 봅시다. 예를 들면, 당신이 자기-훈련을 더 할수록 자질은 더 강하게 될 것입니다. 이것은 당신을 강하게 만드는 운동과도 같습니다. 당신의 인생의 어느 부분이 강한 자기-훈련으로 이익을 얻을 수 있을까요?

내담자: 저의 식탐이요. 가끔 이성을 잃어보일 때가 있어요. 그리고 물론, 운동도 그런 거 같아요. 저는 계속 운동하지 않을 이유만 생각해냅니다. 나는 너무 피곤하고, 나는 하기 싫어, 이건 너무 힘들어.

치료자: 이런 자기-훈련의 연습은 더 좋은 몸을 갖는 데 중요할 수 있어요. 업무에 있어서 자기-훈련은 어떨까요?

내담자: 맞아요. 저는 엄청 질질 끌어요. 시간을 엄청 낭비하죠.

치료자: 당신이 목표하는 인격적 자질의 목록을 생각할 수 있는지, 그리고 다음 주 동안 당신이 그것들을 계속해서 추구할 수 있는지를 함께 봅시다.

[그림 9.1]은 "자신이 존경할 수 있는 사람"이 되기 위한 내담자의 노력에 있어서 상담사와 내담자에게 가이드 라인을 제공해줄 수 있는 샘플 형식이다.

도덕적 딜레마에 직면한 내담자들은 가치와 미덕에 관한 작업에서 특히 도움을 받을 수 있다. 예를 들면, 부정에 대한 환상(a fantasy of infidelity)을 실행하는 것을 고려하고 있는 내담자는 진실성과 자기-통제의 미덕 측면에서 그리고 주요한 관계의 기저를 이루는 공정성과 상호주의라는 암묵적 사회계약 측면에서의 선택을 검사해 볼 수 있다. 그 선택의 토대가 되는 긴장감은 이러한 미덕과 가치에 대한 헌신을 분명히 하는 데 도움이 되며 아마도 내담자의 정체성과 관계의 문제점과 강점을 분명하게 할 것이다. 그렇기 때문에 정서도식치료에서는, 가치는 임의적이거나 중립적이지 않지만, 미덕의 빛과 공정성과 정당성의 암묵적 사회의 계약에 의해서 검사를 받는다. 게다가, 공정성의 개념은 Nussbaum(2005)에 의해 "최약자"(예를 들면, 어린 아이들, 장애를 가진 사람들)에 대한 동정심과 보호가 정당성을 결정하는 효과적인 방법에 집중하기보단 친절, 동정심, 그리고 보편적 고통에 더 많이 집중하는 사회적 계약의 개념으로 넓혀지는 것이 필요하다고 인식하는 것으로 확장되었다. 미덕과 정의, 동정심 그리고 다른 도덕적 관념의 암시를 검사하는 것은 이 장(9장)의 범위를 넘어서는 것이지만, 정서가 종종 그들의 평가에 내포된 평가적이고 심지어 도덕적인 요소를 가지고 있다는 것을 강조하는 것은 가치가 있다. 내담자로 하여금 가치와 미덕이 정서적 비용을 가질 수 있다는 것을 깨닫도록 돕는 것은 내담자들의 삶 속에서 발생하는 어려움들을 용인 — 또는 그 결과로서 성장 — 하도록 도울 수도 있다.

요 약

정서도식모델은 "가치-중립적"이 아니다. 정서 처리와 정서의 조절 및 적응은 삶의 의미를 정립하는 것의 모든 부분이다. 만약 사람들이 실행하는 것 또한 의미 있는 인생의 한 부분이라고 믿는다면, 그들은 엄청난 어려움을 참아 낼 수 있고, 상당한 고통을 견디며, 극복할 수 없는 장애물처럼 보이는 것에 대처할 수 있다. 예를 들

지시: 일주일 동안 이러한 개인적 자질에 대한 예를 추적해 볼 수 있습니다. 이러한 자질을 나타내는 행동이나 생각의 예를 열거하십시오. 예를 들어, 친구에게 지지적인 사람이라면 연민 란에 기재하십시오. 당신이 일을 계속하고 끝내면 자기훈련 란에 기재하십시오. 개발하고 싶은 개인적인 특성이 있습니까? 그렇다면 첫 번째 열의 아래에 있는 공란에 나열하고 일주일 동안 추적해 보십시오.

	월요일	화요일	수요일	목요일	금요일	토요일	일요일
자기훈련							
용기							
절제							
개방성							
너그러움							
고결함							
올바른 야망							
온화함							
정중함							
성실함							
재치							
겸손							
공정한 분노							
연민							

[그림 9.1] 미덕과 가치에 대한 기록

면, 여자들에게 있어서 아이를 낳는 것은 극심하게 괴로운 육체적 고통이지만, 이 또한 인생에서 가장 의미로운 경험의 하나일 수 있다. 목적 있는 삶을 찾는 것이 치료의 핵심이라고 제안하는 수용전념치료와 유사하게, 정서도식치료도 인생의 목표와 함께 성격적 강점, 미덕, 윤리적 원칙들도 명확하게 규명되어야 한다고 제안한다. 어쩌면 이 자체로서 가치를 내포하는 고려 사항을 포기하고자 하는 내담자가 있을 수 있다. 하지만 여기에 나오는 발전된 모델은 치료자들이 이러한 고려 사항들을 이용할 수 있도록 한다. 게다가, 삶의 의미에 대한 설명은 행동과 새로운 관계에 대한 새로운 가능성을 열어 준다. 상실은 그들이 보는 것만큼 완전하지 않다. 예를 들면, 오랜 투병생활 끝에 남편을 먼저 보낸 한 여성은 이 상실이 새로운 친구관계, 새로운 공동체 활동, 새로운 의미와 같은 필요한 가능성들을 새롭게 만들어주었다는 것을 깨달았다. 더구나, 남편의 상실은 처음 생각했던 것만큼 완전한 것이 아니었다: "당신이 추억은 영원하다는 것을 깨닫는 한, 당신은 절대 누군가를 완전히 잃지 않을 것이다."

제4부

사회정서와 관계

제10장 • 질 투

제11장 • 시 기

제12장 • 연인관계에서 정서도식

제13장 • 정서도식과 치료적 관계

제14장 • 결 론

제10장
질　투

오. 나의 주인이시여, 질투를 주의하십시오.
질투는 사람의 마음을 조롱하고 먹어치우는 녹색 눈의 괴물입니다.
아내가 바람난 것이 자신의 잘못이 아니라 자신의 운명으로 받아들인 남편은 행복하게 살 수 있습니다.

– 윌리엄 셰익스피어, 오델로 3막 3장

질투는 다른 사람(혹은 그들 자신)을 죽이는 정서이다. 심하지 않은 형태로라도 질투는 심리적 혹은 신체적 학대를 하거나, 스토킹을 하거나, 애인에게 계속적으로 심문하거나, 애인의 의도를 시험하거나, 지속적으로 걱정하고 반추하는 것이다. 질투는 자신으로부터 관심이나 애정을 받고 있는 타인이 자신과의 관계를 위협한다고 믿을 때 생기는 정서이다. 질투는 분노, 불안, 슬픔, 무력한 느낌으로 특징지어진다. 자기 아내가 매력적인 다른 남자와 대화를 나누는 것을 보고 질투를 느끼는 남편은 자신과 아내의 관계가 위협받고 자신의 명예가 모욕된다고 믿어 복수할지도 모른다. 그는 경쟁자를 폄하하거나, 모욕적으로 자기 아내를 괴롭히거나, 자신이 더 매력적인 사람이라고 하며 아내를 안심시킬지도 모른다. 사람들은 질투로 인해 다른 사람을 죽이거나 그들 스스로를 죽이기도 한다.

위에서 언급한 것과 같이 남녀 모두에게 있어 질투는 상대방에 대한 공격성의 증가(O'Leary, Smith Slep, & O'Leary, 2007) 및 학대(Dutton, van Ginkel, & Landolt, 1996)와 관련이 있다. 실제로 질투는 결혼관계에서 남자가 여자를 살해하는 주된 이유 중 하나이다(Daly & Wilson, 1988). 질투에 대한 성별간 차이의 연구는 다양한 결과를 보인다. 어떤 연구에서는 남성이 질투가 더 많다고 하고(Daly & Wilson,

1988; Mathes & Severa, 1981), 어떤 연구에서는 여성이 질투가 더 많다고 하며(Buunk, 1981; Kar & O'Leary, 2013), 또 다른 연구에서는 차이가 없다고 한다(Hansen, 1982; McIntosh, 1989). 병적인 질투는 알코올 남용과 함께 급격히 증가한다(Dutton et al., 1996).

White는 질투가 인지적 평가, 행동, 관계의 발달에서 작동되는 정서로 이해될 수 있다고 하였다. 이 모델에 따르면 관계를 처음 맺기 시작할 때는 서로에 대한 투자가 적기 때문에 질투가 최소화될 수 있을 것이다(White, 1980, 1981; White & Mullen, 1989). 안정되고 오래 지속되는 관계에서는 불확실함이 적기 때문에 질투가 역시 적을 수 있다. 이 모델은 관계에 대한 극심한 투자 정도(매우 낮음, 중간, 매우 높음)와 질투 사이의 비선형적 관계를 예측한다. Knobloch, Solomon과 Cruz(2001)는 "관계 불확실성"을 절충하기 위해 이 모델을 확장했다: 그들은 헌신의 증가, 관계의 불확실성, 애착문제를 모델 속으로 통합하여 애착불안과 관계의 불확실성이 상호작용하여 질투를 결정한다고 제안했다.

질투는 낮은 자존감(Guerrero & Afifi, 1999), 높은 의존(Ellis, 1996), 세로토닌의 효과(Marazziti et al., 2003)와 연관되어 있다. 질투에 대한 인지-행동 접근은 질투를 증가시키는 가정과 역기능적인 해석을 수정하는 데 초점을 맞추고 있다(Bishay, Tarrier, Dolan, Beckett, & Harwood, 1996; Dolan & Bishay, 1996; Ellis, 1996). 하지만 이 접근들은 기존의 치료나 역기능적 사고에 대해 도전하는 것에만 제한되어 있으며, 최근 인지-행동치료의 발전된 내용을 포함하고 있지 않다. 이에 대해 질투의 통합적 인지-행동 모델만이 예외적으로 존재한다. 이 모델은 전통적인 Beck의 인지이론, 메타인지 모델, 수용, 마음 챙김, 정서도식의 용어로서 질투를 보는 통합적 인지-행동 모델이다(Leahy & Tirch, 2008).

심리학자들은 질투를 비이성적, 부정적, 파괴적인 정서로 본다. 또한 질투를 낮은 자존감과 문제가 있는 애착의 결과로 본다. 비록 질투가 문제 있는 자존감의 결과일지 모르지만, 나는 질투에 대해 좀 더 포괄적인 모델에 찬성한다. 또한, 이 모델에서는 질투를 한 정서로서 헌신의 긍정적인 가치를 반영하고 보호적 부양투자의 적응적 가치와 연관되어 있다고 말한다.

비슷하게도 시기는 제일 적게 받아들여지는 정서 중의 하나라고 묘사된다. 우리가 시기할 때, 우리는 다른 사람이 우리보다 더 가치 있는 자질을 가지고 있다고 믿는다: 우리는 이상화된 다른 이들과 우리 자신을 비교함으로써, 스스로를 열등하고, 실패자라고 생각하며, 다른 사람의 성공이 우리 스스로에 대해 나쁘게 생각하도록 만든다는 "사실"에 분개한다. 또한, 그것을 되도록 피하기 위해서 다른 사람을 하찮게 여기고 싶은 충동을 느낀다. 비록 시기가 다른 "폄하된" 정서라 할지라도 이 정서는 사람들을 부끄러워 하게 하거나 죄의식을 느끼게 하는 정서 중 하나이다. 11장에서 시기는 대처에 대한 문제적 전략이라기보다 긍정적인 행동으로 이어질 수 있는 정서이고, 보편적인 정서라는 것을 논의하겠다.

비록 "질투"와 "시기"가 서로 바꿔서 사용할 수 있지만, 두 정서에는 중요한 차이가 있다. 옥스포드 영어사전에 의하면 질투란, 개인이 자신을 위해 획득하거나 보유하고 싶고 열망하는 좋은 것들이 타인에게 넘겨졌거나 넘겨지게 될 것이라는 믿음, 의심, 또는 두려움으로 인해 느끼는 불편한 상태를 말한다. 그 예로는 사랑, 성공, 신, 일반적인 의심스러움이라고 할 수 있다. 그러므로 남자는 자기 아내가 매력적으로 보는 다른 남자를 질투할지도 모르고, 여자는 자신의 성공을 약화시키려는 상사를 질투할지도 모른다. 질투는 위협, 불신, 의심, 누군가의 관심이 다른 사람에 의해 빼앗겨버릴지도 모른다는 믿음에 초점을 맞춘다. "질투"라는 단어는 이성 관계를 설명하기 위해 많이 사용되는데, 그 이유는 질투를 위협된 애착에 초점을 두고 설명하기 때문이다. 반대로 "시기"는 다른 사람의 우월성이나 이점에 의한 지위의 손상에 대한 위협을 말한다. 옥스퍼드 영어사전에서는 시기를 굴욕의 정서이며, 타인이 가진 우월한 장점에 대한 생각으로부터 야기되는 악한 결심이라고 정의한다. 또한 타인에 대한 악한 생각을 포함한다. 그러므로 시기는 자신이 평균에 못 미친다는 사회적 비교에 대한 인식의 결과다; 타인의 성공은 다른 사람보다 자신이 열등하다는 것의 전형적인 예가 된다; 또한, 부정적인 감정을 품고 다른 사람을 깎아내리려고 할지도 모른다. 시기를 경험하는 개인은 사회나 계급 안에서 자신의 지위에 주목하고 있으며, 다른 사람의 성공이 그들 자신의 지위를 떨어뜨릴 수 있다고 믿는다. 비록 많은 사람이 우울한 시기(다른 사람과 스스로를 비교하며 스스로를 패배자라고 느낌)와 적대적인 시기(타인이 나를 조종할 것이라고 생각함) 모두를 느끼지만 우리는 우울한 시기와 적대적인 시기를 구별할 수 있다.

질투는 시기를 수반할 수도 있다. 왜냐하면 자신에게 결여되어 있다고 인식되는 우월성이나 이득을 질투의 대상이 소유하고 있을 수 있기 때문이다. 예를 들어, 어떤 남자는 잘 생기고 성공한 사람을 질투할지도 모른다. 자신이 이러한 자질이 부족하다는 것을 믿으며, 다른 사람은 자신의 열등감을 보여주는 예가 되기 때문이다. 이렇게 지각된 열등감은 어쩌면 다른 사람으로부터 야기된 위협(낭만적이거나 혹은 다른 어떤 것)과 연결될 수 있다. 또한 질투와 시기는 범위가 다르게 나타난다. 질투는 즉각적인 위협에서 더 강렬한 감정으로 경험되는 반면에 시기는 긴급함이 덜한 상황에서 덜 강렬하게 경험된다.

이 장은 질투에 대한 통합적인 정서도식모델을 제공한다. 이 장과 11장에서는 질투와 시기를 진화적인 적응으로 연결시킨다. 시기가 지배적 서열의 중요한 요소라면 질투는 양육투자전략의 현상이다.

질투의 정서도식 수정

질투의 일반화

이 책에서 강조하는 것은, 정서도식치료가 어려운 정서를 일반화하는 것을 돕는다는 것이다. 몇몇 개인은 질투의 정서가 심리학적인 장애의 징표라고 믿고, 질투의 정서를 느끼지 않으려고 한다. 예를 들어, 한 젊은 여성이 자신의 남자친구가 전 여자친구와 식사를 해서 질투를 느꼈다고 할 때, 그녀는 "나에게 무슨 일이 일어난 거지? 너무 질투가 나서 욕을 했어. 남자친구는 그 만남이 아무 의미가 없었던 것이고 둘은 그냥 친구 사이라고 하는데 나는 그 여자가 내 남자친구를 지켜봤다는 것을 알고 있어. 나는 그 여자를 믿을 수 없어. 왜 내 남자친구는 그 여자를 만나야 하는 거지?"라고 할 수 있다. 그녀는 자신의 정서에 대해 "나는 다른 사람들이 말하는 정신 나간 여자친구가 되고 싶지 않아. 알잖아. 질투심을 느끼는 사람은 불안한 감정에 처해 있는 것이라는 걸"이라고 하며 무시하려고 했다. 그녀는 오직 불안정하고, 자존감이 낮은 여자들만이 질투를 하며; 질투를 할 근거가 없으며; 그녀는 세련되어야 하며 언제나 포용적이어야 한다고 믿었다.

치료자: 당신이 질투를 느끼는 것이 무언가 잘못되었다고 생각하는 것처럼 들리네요. 또한 당신의 질투가 말이 안 되는 것이라고 생각하는 것처럼 들려요.

내담자: 네, 그렇게 생각해요. 이게 잘못된 건가요? 근데 아직도 저는 제 남자친구가 다른 여자와 밥 먹는 것을 이해할 수가 없어요.

치료자: 당신의 친구들 중 얼마나 많은 이들이 그들의 남자친구가 전 여자친구와 밥 먹는 것에 대해 질투를 느낄지 궁금하군요.

내담자: 네. 제 친구 제인은 "그 남자 미친 거 아니야? 그 여자랑은 이미 끝났어. 난 엄청 화낼 거야."라고 말했어요.

치료자: 그래서 당신의 친구들도 똑같이 질투를 느낀다는 거죠? 그러니까 당신의 감정은 많은 사람들이 가지는 감정이라고 할 수 있나요?

내담자: 네 아마도요. 그런데 제가 느끼는 감정을 느끼지 말아야 하나요? 제가 어떻게 하면 좋을까요?

치료자: 아니요. 당신이 느끼는 감정을 느껴도 됩니다. 그것 또한 당신의 감정이예요. 또한 많은 사람이 가지고 있는 감정이기도 하죠. 그래도 우리 함께 질투의 의미에 대해 알아볼 수 있어요. 질투를 바라볼 다른 방법이 있는지 살펴보고, 당신이 질투를 느낄 때 당신이 문제를 일으키지 않을 무언가를 할 수 있는지 살펴보죠.

그러므로 이 내담자는 다른 사람도 같은 상황에서 질투를 느낄 수 있다는 것을 이해하게 되었다. 또한 그녀에게 질투가 독특한 정서가 아니라는 것을 인식하게 했다. 사실상 질투는 다양한 조건 아래에 있는 보편적인 정서일지도 모른다. 진화심리학자 David Buss는 자신이 대학생 때 "만약 내 여자친구가 다른 사람과 성관계를 맺고 싶다면, 그건 그녀의 결정이다. 그녀만이 자신의 몸을 조절할 수 있는 유일한 존재이다. 그녀에게 그것을 하지 말라고 할 권리가 과연 나에게 있다고 할 수 있나?"라고 생각했다고 한다. 그는 여자친구가 생겼을 때 이러한 자신의 감정이 변했다는 것을 깨달았다(Buss, 2000; Buss, Larsen, Westen, & Semmelroth, 1992; Buss & Schmitt, 1993). 질투의 진화적 모델은 "양육투자이론"에 근거를 두고 있다. 그것은, 만약 다른 사람에게 높은 유전 투자가 있다면 그 사람은 더 헌신한다는 것이다(자원을 나누고, 어린 사람을 돌보는 것 등등)(Trivers, 1971, 1972). 예를 들자면, 우리는 낯선 아이를 돌보는 것보다 생물학적 아이를 돌보는 것에 더 헌신한다. 우리는 공유된 유전자의 전달에 투자한다. 질투는 유전적 투자를 보호하기 위해 발달된 전략이다. 만약 한 남자의 애인이 많은 사람과 성관계를 한다면, 남자의 관점에서 그녀 아이의 생물학적인 아버지가 누구인지 불확실하다. 만약 남자가 성적으로 문란하다면 여자는 그가 그녀의 자손에 대한 자원이나 보호를 제공할 것을 의심할지도 모른다. 각 사람은 상대방에 대한 헌신을 유지하는 양육투자를 가져야 한다. 제3자의 존재는 잠재적인 위협이며, 바람 피운 애인은 처벌받을지도 모른다.

따라서 치료에서 질투는 질투가 없었고, 애인과의 관계에서 성적인 문란함을 묵인했던 초기 인류의 유전자가 후세대로 이어질 가능성이 적었으며, 그들이 다른 경쟁자의 유전자를 돌보느라 자원을 "낭비"할 가능성이 높아졌음을 묘사함으로써 일반화된다. 질투는 양육 투자와 유전자의 자연적 경쟁의 한 부분이다. 실제로 어떤 증거들은 질투가 불안정한 관계와 관련이 없다고 하며, 어떤 사례에서는 질투심 있는 애인과는 더 많은 헌신으로 소통할 수 있다고 한다(Sheets, Fredendall, & Claypool, 1997). 그러므로 개인은 애인의 헌신을 확신하기 위해 질투를 이끌어 낼지도 모른다. 마지막으로, 자신의 질투에 대한 행동적 반응은 그 자체로서 질투라기보다 어떤 결과를 예측하는 것일 수도 있다. 결론적으로 질투를 느끼더라도 애인을 비난하거나 애정을 떼지 않을 수도 있다. 어쩌면 그 행동들이 문제가 있는 것이고 질투의 정서가 문제가 있는 것이 아닐 수 있다.

질투는 낭만적 관계에서뿐만 아니라 우정, 직업관계, 동료관계에서도 볼 수 있다. 즉 어떤 사람은 한 친구가 다른 사람과 더 많은 시간을 보내는 데에서 질투를 느낄 수 있고, 누군가가 다른 동료로부터 더 많은 관심을 얻는 것에 대해 질투를 느낄 수도 있다. 이 경우 질투는 친구나 동료와의 관계가 위협되었다는 믿음을 반영한다. 만약 그 사람이 다른 사람과 있는 것에 더 흥미를 느꼈다는 것이라면, 이것은 자신과의 관계에서 그 사람이 얻었던 즐거움이 감소되었다는 것을 의미한다. 한 사례에서 대학생은 자신의 친구가 자신보다 다른 친구와 더 많은 시간을 보내서 질투했다고 보고했다. 그 이후로 자신은 아무와도 시간을 보내지 않게 되어 두려움을 느꼈다고 한다. 양육투자모델과는 다르지만 이러한 질투는 누군가의 자원과 보상이 다른 사람에 의해 손실될 것이라고 믿을 때 활성화될지도 모른다. 연애, 우정, 동료관계로부터 일어나는 어떤 질투이든지 정서도식접근은 질투의 모든 영역에 적용시킬 수 있다.

질투를 일반화하는 하나의 방법은 일반적인 문화, 음악, 문학, 신화에서 그 예를 찾는 것이다. 예를 들어, 내담자는 인기 있는 노래의 가사, 텔레비전이나 영화 대본, 타블로이드 신문 표제에서 질투의 예를 수집할 수 있다. 질투의 고전적 예로 셰익스피어의 오셀로나 그리스 신들과 여신의 질투(제우스의 연애대상인 이오에 대한 헤라의 질투)가 포함된다. 유대교와 그리스도교 역사에서 신은 사람들이 다른 신을 숭배할 수도 있다는 생각을 혐오하기 때문에 신도 질투를 할 수 있다고 말한다. "만약 신도 질투를 할 수 있다면 왜 당신은 할 수 없겠는가?"라는 질문을 할 수도 있겠다.

질투의 타당화

자신의 질투가 전적으로 역기능, 비이성적 사고 때문이라는 내담자의 생각에 접근하는 것보다 치료자는 먼저 내담자의 정서와 지각을 검증해야 할 것이다. 예를 들어, 치료자는 질투하는 여성에게 이렇게 말할 수 있다. "나는 당신의 남자친구가 전 여자친구를 만나는 것에 대해 당신이 왜 불편해 하고 질투하는지 알아요. 이것은 당신의 남자친구가 당신이 아닌 다른 누군가에게 관심이 있다는 징후일 수 있다는 거죠. 당신에게는 헌신과 일부일처제가 중요한 것을 알아요. 이렇게 한번 봅시다. 당신이 그 감정을 느낀다는 것은 아주 괜찮은 것이라고 말이에요." 혹은 "많은 사람들은 이 상황에서 불편을 느낄 수 있습니다." 또한 치료자들은 내담자에게 자신들의 감정이 중요하다는 것을 타당화하도록 격려할 수 있다: "질투에 대한 자신의 감정을 비판하는 것보다 자신의 감정이 중요하다는 것을 이해하는 것이 중요할지도 모릅니다." 질투를 타당화하는 것과 질투에 대한 반추, 걱정, 비판, 행동의 경향을 정당화하는 것은 동등하지 않다.

정서도식 영역과 질투

이전 장들에서 설명한 정서도식의 많은 관점은 질투와 관련되어 있을 수 있다. 방금 언급한 것과 같이, 정서를 타당화하는 것은 중요하다. 왜냐하면 개인은 질투가 계속 지속될 것이고, 통제불능의 상태인 것이며, 완전히 제거될 필요가 있는 것이고, 이치에 맞지 않는 것이며, 자신에게만 독특한 것이고, 수용될 수 없다고 믿을지도 모르기 때문이다. 몇몇 개인은 질투에 대해 죄의식을 느끼거나 수치스럽게 생각하기도 한다.

두려움과 비슷한 질투는 "내가 두렵다면, 위험하다는 것이다."라는 신념에 의해 악화될지도 모른다. 질투하는 개인은 정서의 강도를 위협의 실재에 대한 증거로서 사용한다. 이러한 종류의 정서적 추론은 질투를 영구화시키고, 정서와 질투에 대한 생각이 함께 심화됨에 따라 강도를 더한다. 하지만 개인은 현실을 평가하기 위해 그들의 정서를 사용하고 이에 따라 그들은 불편한 정서를 참을 수 없다는 확신을 가질지도 모른다. 이것은 질투가 통제 불가능한 상태로 확대되거나 "나쁜 신호"라는 믿음을 포함할 수 있다. 또한 상대방에 대한 양가감정이나 스스로에 대한 양가감정을 견딜 수 없다는 믿음을 포함할 수 있다. 이러한 정서도식관점은 아래와 같이 정리할 수 있다.

- 지속기간: "질투가 강해지거나 약해지고, 때로는 스스로 질투가 사라지는 것이 가능하겠는가? 만약 당신이 다른 일을 한다면, 당신의 질투가 떠나가겠는가? 만약 질투가 일시적이라면 덜 화가 나겠는가?" 예를 들어, 일을 하거나 다른 주제에 대해 친구와 이야기할 때, 또는 애인과 보람 있는 활동에 열중할 때, 당신은 질투를 덜 인지한다는 것을 발견할지도 모른다.
- 통제: "당신은 질투가 통제 불능이라고 생각할지도 모른다. 많은 사람들은 질투가 그들의 애인을 추궁하거나 안심을 요구하는 등의 행동을 하지 않는 한 심화될 것이라 믿는다." 그러면 치료자는 이렇게 질문할 수 있다. "질투를 느끼는 것과 문제 있는 방식으로 행동하는 것에는 차이가 있는가?" 예를 들어, "당신이 질투를 느끼지만 안심을 구하지 않고, 반대심문을 하지 않거나 또는 애인을 벌하지 않는다는 것이 가능한가? 감정이 행동과는 다르지 않은가? 당신은 감정에 따라 행동하는가, 아니면 당신은 더 적응적인 다른 방법으로 행동할 수 있는가?"라고 물어볼 수 있다.
- 합의: "질투가 보편적인 감정이고 진화적 적응과 관련되어 있다면 당신만이 질투의 감정을 가지고 있는 것은 아닌 것 같지 않는가?" 위에서 지적한 바와 같이, 질투가 보편적인 정서임을 아는 것은 그것을 입증하고 일반화하는 데 도움을 주며, 사람의 정서는 이해될 수 없는 것이라는 느낌을 감소시키는 데 도움을 준다.
- 수용: "질투를 없애기 위해서 노력하거나 스스로를 비판하기보다는 자신이 종종 질투를 느낀다는 것을 수용한다면, 이에 대한 이점이 있는가? 스스로에게 '그래, 나는 가끔 질투를 느끼고 있어. 때때로 질투가 느껴지기도 하지만 없어지기도 하지.'라고 한다면?" 재차 말하지만, 수용은 정서가 즐겁거나 바람직하다고 말하는 것과는 다르다. 수용은 정서가 "지금 이 순간에만" 여기에 있으며 미래에는 없어질 수도 있다는 것을 의미한다.

핵심 신념, 가정, 도식과정

몇몇 사례에서 질투는 자기 자신 및 다른 사람에 대한 핵심 신념과 관련되어 있다. 자신에 대한 문제적 핵심 신념은, 자신은 사랑받을 만하지 않고, 결함이 있으며, 불안하고 혹은 특별한 처치를 받아야 한다는 사고를 포함한다. 다른 사람에 대한 문제적 믿음은 다른 사람들은 신뢰할 수 없거나, 거부하거나, 포기하거나, 조종하거나, 열등하다는 사고를 포함할 수 있다. 예를 들어, 자신이 성적으로 매력이 없다는 핵심 신념을 가진 사람은 질투를 더 잘 느낄지도 모른다(Dolan & Bishay, 1996). 혹은 "남자를 믿을 수 없어", 또는 "여성은 교묘해"라는 핵심 신념을 가질지도 모른다. 또한 그들은 관계에 대한 일련의 가정이나 규칙을 세울지도 모른다: "내 애인은 다른 사람에게 매력을 느껴서는 안 돼", "나는 내 애인이 생각하고 느끼는 것을 다 알아야 해", "우리 사이가 완벽하지 않다면, 애인은 나를 떠날지도 몰라", "이 관계 없이는 결코 살아갈 수 없어".

이러한 믿음의 결과로, 개인의 사고(그 결과로서의 정서)는 선택적인 도식화 과정을 통해 유발된다. 따라서 질투하는 개인은 중립적인 정보를 개인의 관계에 대한 위협으로 잘못 해석하고 인지적 편견에 빠질 수 있다. 예를 들어, 독심술(그녀는 그에게 관심이 있다), 자기화(그는 더 이상 나에 대한 매력을 느끼지 못하고 나에게 흥미가 없기 때문에 신문을 읽는다), 점술(그녀는 나를 떠날 것이다), 지나친 일반화(그는 항상 그런다)가 있다. 자신에 대한 선택적인 부정적 사고는 불안정을 심화시킬 수 있다: "나는 지루하다", "나는 나이가 들고 있고 매력이 떨어지고 있어", "나는 짐덩어리야".

전통적인 인지치료기법 기술은 대안적인 자동적 사고와 가정, 핵심 신념으로 사용될 수 있다(Leahy, 2003a). 이 기술에는 사고의 내용 확인, 왜곡의 분류, 이득과 비용의 검토, 증거의 평가, 사고에 반하는 역할연기, 친구에게 어떤 조언을 해줄지에 대한 질문, 더 균형잡히고 이성적인 응답의 개발 등이 포함되어 있다(Leahy, 2003a; Leahy, Beck, & Beck, 2005; Young et al., 2003). 예를 들어, 독심술과 자기화와 관련해서는 제3자가 애인에게 말할 때 애인이 그 사람에게 관심이 있는지, 그들의 관계에 보상적 측면이 있다는 것에 대한 증거가 있는지, 내담자가 일전에 버림받는 것 또는 바람피우는 것에 대해 관여한 적이 있는지 여부(만약 한 적이 있다면, 내담자는 몇 번이나 틀렸는지), 애인이 관계에 대해 헌신하지 않는다는 증거가 있는지 여부를 내담자에게 물음으로써 점검할 수 있다.

사례개념화의 개발

다른 인지적 치료의 모델과 유사하게, 정서도식모델은 치료자와 내담자가 협력할 수 있는 사례개념화로부터 시작한다(Beck, 2011; Kuyken, Padesky, & Dudley, 2009; Needleman, 1999; Person, 1993). [그림 10.1]은 그러한 사례개념화에 대한 일반적인 견본을 제공한다. 요약하자면, 진화는 보편적이며 특정 상황에서의 적응적인 보호 전략으로서 질투가 등장했다고 제안한다. 이러한 진화적 모델은 질투의 경험을 "병으로 다루지 않게 하는 것"에 목적이 있으며, 그에 따라 질투의 정서를 지닐 "권리"에 대한 비준을 제공하는 데 그 목적이 있다. 초기와 후기 관계의 중요 이슈는 확인될 수 있으며(예를 들어, 부모로부터의 협박 혹은 실제 분리, 성인관계에서의 부정/배신), 게다가 문화적 가치가 성적인 것, 성 역할, 그리고 낭만적 이상화

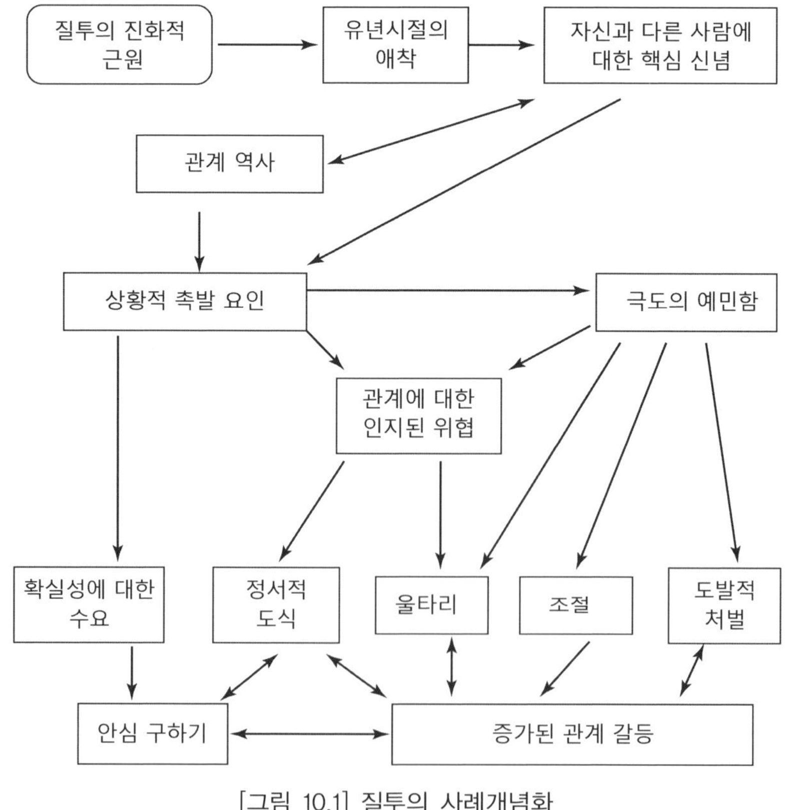

[그림 10.1] 질투의 사례개념화

와 연관되어 있는 것을 확인할 수 있다. 자신에 대한 핵심 신념은 자신이 기본적으로 불쾌하고, 못났으며, 결함이 있고, 조종당하는 것에 취약하다는 사고를 포함할 수 있다. 또한 관계에 대한 핵심 신념은 검토될 수 있다. 예를 들면, "여자(남자)는 절대 남자(여자)와 친구가 될 수 없다" 또는 "신체적 매력만이 유일한 가치"라는 것이다. 상황적 촉발요인은 중립적인 것(파티에 참석하는 것)에서부터 실재적이지 않은 것(파트너가 직장에 있을 때의 불안), 촉발적인 것(애인이 전 애인과 저녁식사를 하는 것)에 이르기까지 다양하다. 이러한 모든 요소는 인지적, 정서적, 행동적, 대인관계 전략으로 하여금 관계에 대한 잠재적 위협을 직면하도록 할 수 있다. 예를 들어 추궁하기, 안심을 구하는 것, 이메일이나 문자 확인하기, "경쟁" 비난하기, 비협조하기, 불평하기, 떠나겠다고 협박하기, 육체적 위협 등 여러 도움이 되지 않는 행동들이 있다. 치료자는 과민하게 받아들이는 것, 정확성을 찾으려고 하는 시도, 안심을 구하는 것, 정서적 대처전략과 믿음, 위험회피, 통제, 애인을 처벌하거나 인지된 경쟁을 평가절하하기 위한 시도들을 살펴볼 것이다. 예를 들어, 애인을 비난함으로써 얻고자 하는 것은 무엇인가? 잠재적 비용은 무엇인가?

질투의 사례개념화는 애인이 자신에게 흥미를 잃었다고 염려하는 한 여성에게 사용되었다. 치료자는 질투의 진화적 적응성을 부양 투자의 보호로 설명했고, 그에 따라 질투와 자기보호의 보편적 전략을 연결시켰다. 자기에 대한 핵심 신념은 "나는 재미없어", "나는 많은 관계를 가지지 않아"라는 생각이고, 애인에 대한 핵심 신념은 "그는 승리자야", "그는 거의 완벽해"라는 생각이다. 여성의 가족력은 어머니와 아버지가 관계에 헌신했다는 것을 드러냈지만, 어머니는 자신의 외모가 시드는 것에 대해 줄곧 걱정하며, 종종 내담자를 포함한 다른 사람으로부터 안심을 구했다. 그 가족에 대한 근본적인 가정은 (내담자가 지닌) "여자는 남자를 붙잡기 위해 모든 것을 해야 한다"와 "여자는 남자 없이는 아무것도 아니다"이다. 그녀의 문제가 되는 대처방식은 남자친구를 나무라는 것, 다른 여성을 비난하는 것, 토라지는 것이다.

사례개념화가 가지는 가치는 그것이 다양한 정서도식 영역에 접근하고 개입을 위해 영역을 목표로 한다는 것이다. 예를 들어, 사례개념화는 질투를 "말이 되게" 하며, 질투의 일반화를 돕고 개인이 혼자가 아니라는 것을 깨닫게 한다. 또한 사례개념화는 질투를 특정한 촉발요인 및 자동적 사고와 연결하고, 자신과 타인의 취약한 도식을 확인할 수 있게 하며, 질투하는 정서와 질투하는 (보상적인) 행동을 구별할 수 있게 한다. 질투를 동요된 걱정의 형태로 정의하고, 질투하는 태도가 위협당하는 것으로 보이는 관계에서 어떻게 내담자의 관심을 약화시킬 수 있는지 설명한다. 지금부터 이 사례개념화의 구체적인 요소와 개입방법이 어떻게 각각의 문제에 접근하는지를 알아보자.

질투를 가치에 연결하기

질투를 인식하는 방법은 개인이 헌신을 가치있게 여긴다는 것과 일부일처제이다: "만약 관계를 가치있게 여기지 않는다면, 질투의 감정을 느끼지 않을 수도 있다."

치료자: 가끔 질투는 우리가 소유하고 있는 일부일처제의 가치, 헌신, 정직, 친밀함 등의 긍정적 가치와 연관되죠. 당신은 이러한 가치를 가지고 있나요?

내담자: 네, 당연하죠.

치료자: 질투를 보는 한 가지 방법은 당신에게 상관이 있는 일들이라는 거예요. 당신은 관계에 있어서 피상적인 사람이 아니에요. 당신은 그것을 진지하게 받아들이죠.

내담자: 물론 그래요.

치료자: 만약 애인이 당신에게 "네가 알다시피 나는 모든 사람이 원하는 것을 할 수 있는 자유가 있다고 생각해. 네가 만약 다른 사람과 데이트하고 싶고 성관계를 가진다면 나는 괜찮을까?"라고 말했다면 당신은 어떻게 생각하시겠어요?

내담자: 그가 다른 사람과 성관계를 하고 싶어하는 것 같다고 생각할 거예요. 그를 못 믿을 거예요.

치료자: 그럼 어떤 의미에서는, 당신은 애인이 질투하기를 바라는 거라고 할 수 있죠? 왜냐하면 질투가 헌신의 표시이며, 질투한다는 것은 그 사람이 신경을 쓴다는 것을 의미하니까요.

내담자: 네. 만약 그가 질투하지 않는다면 나는 그를 믿을 수 없다고 생각할 거예요. 또 나는 그가 나를 중요하게 여기지 않는다고 생각할 거예요.

치료자: 그럼 모든 감정과 마찬가지로, 어쩌면 질투도 긍정적인 측면과 부정적인 측면이 있을 거예요. 나는 질투가 타당할 뿐만 아니라, 헌신과 신뢰의 수용력일 수 있다고 이해하는 것이 중요하다고 생각해요.

내담자: 그렇다고 하시니 제 자신에 대해 좀 더 괜찮게 느껴지네요.

질투를 문제 대처에 연결하기

치료자는 내담자가 질투를 느끼는 것과 문제가 되는 방식으로 행동하는 것을 구별할 수 있도록 도와준다: "질투에 따라 행동하지 않고 질투의 정서만 느끼는 것이 가능한가? 만약 당신이 그 정서에 의해 행동하지 않도록 행동을 하는 것과 정서를 분리시킨다면 어떠한가?" 질투하는 개인들은 그들이 행동을 취해야 하고, 통제를 얻어야 하며, "실제로 무슨 일이 일어나고 있는지"를 알아내야 한다고 믿는다. 결과적으로, 그들은 문제가 있는 대인관계 대처전략을 작동시키고, 이는 종종 더욱 큰 불안으로 이어진다(Borkovec, Newman, & Castonguay, 2003; Erickson & Newman, 2007). 앞서 언급한 바와 같이, 이러한 것들에는 안심 추구, 경쟁자 비하하기, 애인 공격하기, 애인 통제하기, 애인을 감시 아래 두기, 애인 의견 따르기, 떠나겠다고 위협하기, 불신으로 구속하기 또는 핵심 신념의 오용을 포함할 수 있다.

치료자: 전 당신이 질투하는 것을 이해해요. 하지만 질투를 느낄 때 어떻게 행동하는지도 궁금하네요.

내담자: 가끔씩 애인을 시험해보거나 다른 사람에 대해 어떻게 느끼는지 지켜봐요. 이렇게 물을지도 모르죠: "넌 저 여자가 매력적인 것 같아?" 혹은 안심을 구하죠: "아직도 내가 예뻐?"

치료자: 그럼 당신은 그에게 당신이 여전히 매력있고, 다른 여자는 그만큼 매력적이지 않다는 증거를 찾고 있군요. 당신이 질투에 대응하기 위해 하는 다른 일들이 있나요?

내담자: 음, 약간 위선적인 것처럼 보일 수 있을 거예요. 하지만 전 가끔 다른 남자들과 어울려요. 예를 들어, 직장에서 저에게 관심있는 듯한 남자가 있었는데 저는 그를 부추겼어요. 제가 애인을 질투하면서 동시에 다른 사람에게 추파를 던지는 것이 공평하지 않다는 걸 알지만, 전 그렇게 했어요.

치료자: 연애가 잘 풀리지 않는다면, 그에 대한 대비책을 세울 수 있도록 스스로를 보호하려고 하는 것이라고 할 수 있을까요? 혹은 당신이 매력 있다고 안심을 구하려는 건가요?

내담자: 둘 다 조금씩 있네요.

치료자: 다른 일들도 있나요?

내담자: 네, 가끔 전 뾰로통해 있어요. 말 안하는 것처럼 행동하는 거죠. 하지만 그가 "무슨 문제 있어?"라고 묻는다면 전 "없어"라고 할 거예요.

치료자: 걱정하게 만들고, 어쩌면 죄의식을 느끼게 하는 등 그를 벌하는 동시에 그를 시험하는 것 같네요: "그가 나에게 관심 있다면 내가 어떻게 느끼는지 물어볼 거야."

내담자: 네, 그게 제가 하는 거예요.

치료자는 이 대처전략이 어떻게 작용하는지 내담자와 함께 점검할 수 있다. 이는 관계를 강화하는가? 그는 그가 구하는 확인과 지지를 얻는가? 아이러니하게도 질투를 느끼는 것은 종종 관계에 대한 불안의 결과이고 문제가 있는 대처는 실제로 관계를 위협한다. 질투심 있는 애인이 뾰로통하거나, 응징하고, 시험하며, 질책한다면 상대방은 관계가 너무 소모적이라고 결론지을지도 모른다. 질투심 있는 행동은 관계가 진짜 위험에 처해 있다는 자기충족적인 예언이 될 수도 있다.

질투를 화나고, 동요된 걱정으로 특징화하기

질투를 걱정 혹은 심사숙고의 한 형태로 특징화할 수 있다. 즉, 개인은 위협 지향적이고, 반복적인 생각에 빠지며, 그/그녀의 위협탐지 및 대처 전략이 놀라고 손해 입는 것을 예방할 수 있을 것이라고 믿는다. 그들은 이러한 사고들은 처리되어야 하고 응답받아야 한다고 느낀다(Leahy, 2005d; Leahy &Tirch, 2008). 걱정을 하는 사람과 유사하게, 질투하는 개인은 애인의 진짜 관심사에 대한 불확실성은 참을 수 없다고 믿으며, 결과적으로 단서를 찾고 안심을 구하거나, 애인을 "시험"하여 불확실성을 제거하려고 한다. 이것은 좀처럼 만족스러운 결과로 이어지지 않고, 그에 따라 확실성에 대한 수요를 증대시킨다(Dugas, Gosselin, & Ladouceur, 2001). 모든 걱정과 비슷하게, 질투는 확실성의 추구를 포함한다. 개인은 불확실성과 통제할 수 없는 나쁜 결과를 동일시한다. 내담자는 불확실성 메시지로 자기홍수법을 연습할 수 있다(예, "애인이 나를 배신할지 여부에 대해 나는 절대로 확실히 알 수 없어")(Dugas et al., 2004; Leahy, 2005d). 질투의 과정에 익숙해짐으로써(혹은 싫증이 남으로써), 내담자는 생각의 발생이 극도의 예민함과 심문 또는 응징을 필요로 하지 않는다는 것을 깨닫게 될지도 모른다.

걱정 및 반추와 질투는 고조된 인지적 자의식이라는 점에서 비슷한데, 질투는 보호적이라는 믿음, 질투사고는 잠재적으로 통제 불능이고 억제가 요구된다는 관점, 부정적 결과는 이러한 사고에서 기인한다. 이러한 믿음은 초인지적 믿음과 걱정, 반추, 분노를 위한 전략과 비슷하다(Papageorgiou, 2006; Papageorgiou & Wells, 2001b; Simpson & Papageorgiou, 2003).

걱정과 반추의 다른 형태에 대해 치료자는 다양한 인지적·태도적 기술로 접근할 수 있다(Leahy, 2005a, 2009a; Leahy, Holland, & McGinn, 2012). 이것은 질투적 염려 및 반추에 대한 이득 및 비용을 검토하고, 걱정에 관여할 특정한 시간을 확보하며("걱정시간"), 질투가 생산적인 행동으로 이어질 것인지 아닌지를 확인하고, 자동적 사고의 합리성과 순리성을 평가하는 것을 포함한다. 예를 들어, 한 여성은 자신의 질투가 자신을 화나고 불안하게 만든다는 것과 빈번한 논쟁으로 이어지게 한다는 것을 알아차린다. 하지만 그녀는 질투에도 이점은 있다고 믿는다. 놀라지 않게 되고, 애인이 방황하지 않게 할 수 있으며, 다른 이성을 찾음으로써 투자 위험을 줄일 수 있다. 치료자는 내담자가 질투로 정말로 성과를 거두는지, 혹은 어려움을 심화시키는 것인지 평가하도록 도울 수 있다. 몇몇 내담자들이 유용하다고 느끼는 차이는 질투가 생산적인 행동으로 이어질 수 있는지 여부를 검토하는 것이다. "오늘 더 나은 관계 혹은 더 안전한 관계로 이끌 수 있는 행동이 있나요?" 만약 내담자가 관계의 안정성에 대해 걱정을 한다면 "오늘 해야 할 목록"이 몇몇 긍정적이고 생산적인 행동을 제시할 수 있을 것이다. 예를 들어, 애인에게 더 보상을 주는 것이나 혹은 자기 스스로를 돌보는 것(친구 만나기, 자원봉사하기, 다른 긍정적 활동하기)은 압박을 덜어줄 것이다. 하지만 그 상황에 특별히 맞는 생산적인 행동이 없는 사례가 많기 때문에 내담자는 질투가 비생산적이라는 것을 고려해야 할 수도 있다: "이것에 대해 걱정하는 것은 생산적인 행동으로 이어질 수 없다." 이 사례에서 치료자는 3가지 수용의 요소가 있다고 제안할 수 있다 — 실존적 불확실성 수용, 일부 통제부족의 수용, 정서 수용.

실존적 불확실성을 수용하는 것은 종종 질투심이 많은 개인에게 있어서는 패배와 동일시된다. 치료자는 내담자에게 불확실성을 수용하는 것의 이득과 비용이 무엇인지 물어볼 수 있다. 예를 들어, 이익은 줄어든 염려와 질투, 현재의 순간을 즐기는 능력, 줄어든 논쟁, 줄어든 자기회의를 포함할 수 있다. 하지만 어떤 사람들은 만약 그들이 불확실성을 받아들이면, 예견할 수 있었던 끔찍한 일이 발생할 것이라고 믿는다. 치료자는 아무것도 보장될 수 없으며, 나쁜 일은 일어날 수도 있다는 것을 알려줄 수 있다. 하지만 또한 어떻게 염려와 질투가 확실성으로 이어질 수 있는지 물어볼 수 있다. 게다가 치료자는 내담자가 이미 불확실함을 받아들인 일상의 많은 측면들을 알려줄 수 있다(예, 사람들 만나기, 음식 먹기, 새로운 업무 보기, 여행하기). 유사하게도 치료자는 통제를 덜 하는 것의 이득과 비용을 살펴볼 수 있고, 내담자가 이미 통제를 덜 하는 현재의 행동과 상황을 살펴볼 수 있다. 마지막으로, 치료자는 내담자가 정서를 없애는 것보다 정서를 받아들이는 것을 제안할 수 있다. 결국 수용은 불안과 좌절의 감각을 줄이도록 도와준다.

치료자: 당신은 질투를 느낄 때 속상한 것처럼 보이고, 질투에 따라 행동하거나 혹은 질투를 없애고 싶어하네요. 만약 당신이 당분간 지금 이 순간 질투의 감정을 받아들이기로 결정한다면 어떤가요? 예를 들어, 당신은 "나는 지금 질투를 느끼고 있어요"라고 말할 수 있어요.

내담자: 그렇지만 질투는 저를 괴롭혀요.

치료자: 맞아요, 하지만 만약 당신이 그 순간의 질투를 받아들인다면 질투는 당신을 덜 괴롭힐 수도 있어요.

내담자: 제가 그것을 어떻게 해야 하죠?

치료자: 음, 당신이 약간 소화불량이 있다고 상상해 보세요. 그렇지만 당신은 소화불량이 당신을 죽이지는 않는다는 것을 알 거예요. 그러면 당신은 "문제가 해결될 때까지 불편한가보다"라고 하겠죠.

내담자: 해볼 수 있을 것 같지만 어려워 보여요.

치료자: 감정을 받아들이는 것은 감정에 따라 행동하는 것을 의미하지 않아요. 사실, 질투라는 감정을 받아들인다면 — "나는 지금 질투의 감정을 느낀다"거나 당신 자신에게 "난 질투에 따라 행동할 필요가 없어"라고 말할 수도 있죠.

내담자: 어려울 수 있겠네요. 저는 질투할 때 단지 무언가를 말하고 싶어요.

치료자: 네, 저도 알아요. 그렇다면 당신 애인에게 말하는 것이 당신에게 도움이 될 수 있을지 고민해봐야 해요. 당신이 적대적인 말을 한다면 어떤 최악의 일이 발생할 수 있을까요?

내담자: 사실, 상황을 더 괜찮게 만들 거예요.

치료자: 당신은 질투의 감정을 느끼는 것과 행동을 하는 것을 구별할 수 있어요. 행동하는 것보다 한발짝 뒤로 물러서서 관찰하며 기다려보세요. 아마 흥미로울 거예요.

몇몇 질투심 있는 사람은 애인을 통제하고 부정적인 일을 막기 위해 무언가를 말하거나 해야 한다고 믿는다. 그 이유는 "내 애인이 결과를 알아야 한다"이다. 그러나 더 자세히 평가해보면, 그런 내담자는 이미 애인이 이러한 잠재적 결과들을 알고 있다고 생각한다. 그리고 더 많은 통제(처벌하거나 구슬림으로)는 관계를 더 위험하게 만들지도 모른다는 것도 알고 있다. 어떤 사람은 의사소통의 방식이나 그것이 미칠 수 있는 영향을 고려하지 않고 일종의 표현하고자 하는 충동인 그들의 감정(나는 내가 무엇을 느끼는지 그/그녀에게 말해야 한다)을 표현해야 한다고 믿을 수도 있다. 이와 같은 질투의 표현은 종종 애인에 대한 비난이나 공격을 포함한다; 그들이 "나는 질투를 느낀다"고 말해야만 하는 것은 아니다. 그러므로 이러한 표현은 역습이나 취소로 이어져 관계를 위태롭게 하며, 질투를 부가적으로 느끼게 할 수 있다. 물론, 이 중 어느 것도 내담자로 하여금 합의된 적절한 행동이나 경계에 대한 정당한 주장을 막으려는 것은 아니다. 만약 애인이 실제로 신뢰를 저버리는 일을 저지른다면 질투는 정당한 행동이 될 수 있고, 그들의 권리를 보호할 행동을 취할 필요가 있다.

질투적 사고와 정서를 완화시킴

대다수의 격렬한 정서와 마찬가지로 질투는 현실에 대한 사고, 감정, 믿음이 혼재되어 나타난다. 예를 들면, 위에서 지적한 바와 같이 질투심 있는 사람은 감정적, 발견적 추론을 사용할 수 있다: "나는 질투를 느낀다. 그러므로 무슨 일이 벌어지고 있는 것이 틀림없다." 이런 형태의 추론은 질투하는 감정과 행동을 유지하거나 증가시키는 데 지대한 영향을 끼칠 수 있다. 정서도식치료는 질투를 유발하는 것으로 여겨지는 사고와 정서를 풀고 완화시키기 위해 메타인식(사고과정에 대해 고찰하는 능력)과 수용 접근법을 이용한다(Hayes, Strosahl, & Wilson, 2003; Wells, 2009). 또한, 질투는 많은 측면에서 걱정 및 반추와 비슷하다. 질투심 있는 사람은 종종 질투하는 감각이 예상치 못한 최악의 상황에 놀라지 않도록 대비하게 해주고, 사태가 벌어지기 전에 이를 방지할 수 있게 한다고 믿는다(Wells & Carter, 2001; Wells & Papageorgiou, 1998). 이러한 사람들은 인지적 자의식이 높고, 질투하는 사고와 기억이 마음에 있는지 계속해서 훑어본다. 걱정을 많이 하는 사람들과 같이 그들은 딜레마에 빠진다 — 질투가 그들을 보호해준다고 믿지만, 또한 질투가 통제 불가능한 것이라고도 믿는다. 결과적으로 그들은 질투를 통제하기 위해 억누르거나, 안심추구를 시도하거나, 질투를 야기시키는 상황을 회피하려고 한다(Wells, 2004).

치료자는 내담자의 사고가 현실과 같은 것이 아님을 알려줄 수 있고, 침투적 사고(예, 내 애인은 다른 사람에게 관심이 있다)는 일어나고 있는 일이 진실이라는 신호로 다루어질 필요가 없다고 알려줄 수 있다. 또한 메타인지 치료의 도움을 주는 기술들은 질투와 관련된 정서 및 사고에 사용될 수 있다(Wells, 2009). 예를 들면, 마음을 분리하는 기술(mindful detachment techniques)은 내담자를 물러서게 하는 것과 정서(또는 사고)를 관찰하게 하고, 일이 그냥 발생하게 두며, 일이 지나가는 것을 관찰하도록 도와준다. 이것은 질투를 받지 않은 광고전화로 여기고, 질투의 사고와 정서를 기차역을 지나치는 선로 위의 자동차로 보거나(그러나 그가 탑승하지 않는), 하늘에 구름이 떠다니는 것과 같이 보는 것을 포함한다. 여기서 알아야 할 점은, 정서나 사고를 가질 수는 있지만, 그것은 그저 별개의 일시적인 것으로 인식하고, 인식 이외에 무언가를 "해야" 할 필요가 없다는 것이다. 질투하는 사람들은 무언가 즉시 해야 한다고 믿기 때문에 이러한 생각은 질투하는 사고, 정서, 행동을 완화하기 위한 중요한 부분이다. 또한 질투에 대한 초연한 마음가짐은 질투하는 사고와 정서에 얽매일 필요가 없다는 것을 나타내고, 사람이 질투를 제거해야 할 필요도 없음을 반영한다(Papageorgiou, 2006; Papageorgiou & Wells, 2001b; Simpson & Papageorgiou, 2003). 질투하는 사고와 정서는 인생의 다른 의미와 목표에 초점을 맞춘 사고 및 행동과도 공존할 수 있다. 그들은 얽혀 있는 것보다 평행하게 파악될 수 있다.

또한 질투를 완화시키는 것은 질투와 자기 자신을 어떻게 정의할지를 구별하는 것을 포함할 수 있다. 예를 들면, "나는 질투심이 있다" 혹은 "나는 질투하는 사람이다"와 같은 문장은 한 사람의 정체성이 한 사람의 정서와 융합하는 것이다. 한 사람의 정서를 스스로부터 구별하는 것은 정서를 사건으로 생각함으로써 촉진될 수 있다: "질투하는 감정이 있다" 혹은 "나는 질투하는 생각을 느꼈다." 한 사람이 질투하는 정서에서 그 정체성을 구분하는 것의 장점은 질투가 다른 사람에게 향할 수 있는 많은 정서들 중 하나이며, 이 정서로부터 멀어져 다른 정서를 가질 수 있는 자유가 있음을 깨닫는 것이다.

치료자: 당신이 스스로를 "질투하는 사람이야"라고 말했을 때, 자신을 보는 방법이 매우 일반적이고 종합적인 것처럼 들리네요. 저는 당신이 스스로가 다양한 때에 넓은 범위의 감정, 사고, 태도를 겪는 것으로 자신을 인식하고, 이러한 생각과 감정, 태도들이 계속해서 변화한다는 것을 기억한다면 어떨지 궁금해요. 예를 들어, "나는 질투가 나"라기보다 "지금 질투하는 감정이 있네"라고 말할 수 있어요.

내담자: 제가 제대로 이해했는지 잘 모르겠어요

치료자: 당신은 질투하는 사람인가요, 아니면 때때로 질투를 느끼는 복잡한 사람인가요?

내담자: 전 복잡한 사람이라 생각해요. 전 많은 것을 느끼거든요.

치료자: 그래요, 그렇다면 당신의 감정을 단일한 것으로 축소시킬 수 없군요. 당신에게는 많은 감정이 있죠. 당신이 각기 다른 때에 행복, 호기심, 지루함, 흥분, 슬픔, 감사의 감정을 느낀다고 말하는 것이 공평한가요?

내담자: 네, 저는 많은 감정을 가지고 있어요.

치료자: 그렇다면 당신이 질투의 감정을 느꼈다고 상상한 후 말해보세요. "(지목하면서) 저기에 질투하는 감정이 있네", 질투는 "저기 있어", 질투는 "내가 아니야." 저기를 지목하며 말해보세요. "저기에는 질투하는 감정이 있네."

내담자: (지목하며) "저기에는 질투하는 감정이 있네." 이렇게 말하는 것이 이상하네요.

치료자: 네, 나를 벗어나서 저기 있는 것이예요. 이것은 제가 아니에요. 저는 하나의 감정이 아니죠. 저는 많은 감정을 가지고 있어요. 그럼 반대로 해보죠: 자신을 가리키면서 크게 말해보세요. "나는 질투하는 사람이야."

내담자: "(자신을 가리키며) 나는 질투하는 사람이야."

치료자: 느낌이 어떤가요?

내담자: 매우 안 좋게 느껴지네요. 마치 스스로를 비판하는 것 같아요.

치료자: "저기"를 지목하는 것과 자신을 지목하는 것 중 어느 것이 더 낫나요?

내담자: 저기를 지목하는 거요.

치료자: 당신은 당신의 감정보다 더 큰 존재에요.

이것과 다른 완화 기술은 내담자를 정서로부터 분리하는 것을 도울 수 있다. 정서는 내담자가 얽매일 필요가 없는 단일한 사건이라는 것을 관찰하는 즉각적인 경험을 통해, 내담자는 그것을 그들의 정체성에서 분리하여 별개의 사건으로서 볼 수 있다. 관찰 또는 감정을 "지목"하는 역할을 경험함으로써 내담자는 질투에 대해 메타인지적 태도를 취할 수 있다. 즉 질투로부터 벗어나거나 질투를 능가한다. 이 것은 문제적 태도로부터 질투의 경험을 분리하는 데 있어서 중요한 요소일 것이다. 감정은 태도로 이어지지 않아도 된다. 내담자에게 선택권이 있는 것이다.

잠재적 상실에 대한 잠재적 손실

질투는 종종 관계의 상실이 엄청난 충격으로 다가올 수 있다는 개인 내적인 불안한 평가이다. 예를 들면, 개인은 관계를 상실하는 것이 영원한 고통으로 이어진다고 믿는다. 이는 영향 예측의 예이다. 또는 어떤 사람은 "만약 내가 배신당한다면 나는 누군가를 다시는 믿을 수 없어"라고 믿을지도 모른다. 상실에 대해 두려움이 동반되는 자동적 사고와 가정을 끄집어내는 것은 질투를 거리를 두고 보는 데에 있어 중요한 부분이다. 내담자는 두려움의 대상이 되는 상실의 의미를 검토할 수 있다. "만약 이 관계가 끝난다면 나는 창피해질 거야", "나는 아무도 믿을 수 없어", "관계가 끝나는 건 내가 사랑받을 수 없음을 보여주는 거야", "난 내 자신을 돌볼 수 없어." 이러한 각각의 믿음은 전통적 인지치료 기술을 거쳐 평가될 수 있다. 예를 들면, 생각에 찬성하거나 반대하는 증거 찾기, 친구에게 조언하기, 사고에 맞선 역할극하기, 연속 기술 등이 해당한다. 특정한 관계의 본질에 대한 믿음은 관계 이전에 삶이 어떻게 의미를 가졌는가, 관계와 독립된 의미 있는 삶을 위해 가능한 대안들은 무엇인가 등을 검토하면서 확인될 수 있다.

다음은 잠재적 배신에 관한 생각을 지지하고 반대하는 증거를 검토하는 것에 대한 사례이다:

치료자: 무슨 일이든 일어날 수 있고, 어떤 일이든 절대 확신할 수 없어요. 하지만 만약 브라이언이 당신을 배신했다면 이것은 당신에게 어떤 의미일까요?

내담자: 그것은 저에게 굴욕감을 줘요. 저는 패배자라고 느낄 거예요.

치료자: 어려운 생각처럼 들리네요. 그가 정직하지 않은 것이 당신을 어떻게 패배자로 만드나요? 그가 거짓말하고 속였다면 당신은 왜 스스로에 대해 나쁜 감정을 느껴야 하죠?

내담자: 음, 저는 그러한 방법으로 생각해본 적이 없는 것 같아요. 모르겠어요. 전 관계를 잃었을 거예요.

치료자: 그건 그렇죠. 관계는 끝났죠. 하지만 당신은 패배자인가요? 그가 거짓말하고 속였다고 당신이 실패했나요? 그가 실패했다고 생각하는 것이 불가능한가요?

내담자: 그게 맞는 것 같네요.

관계의 잠재적 손실을 보는 또 다른 방법은 관계를 가지지 않는 것의 이득과 비용을 검토하는 것이다. 이것은 관계를 경시하는 것을 의미하는 것이 아니라 관계가 끝난 후에 그 결과로서 발생할 수 있는 정상참작요인에 접근하기 위한 것이다. 예를 들면, 치료자는 이렇게 물을 수 있다:

"만약 관계가 끝난다면 새로운 기회가 있을까요? 만약 있다면 무엇이 있을까요?"
"그 관계 외에는 어떤 것도 가치가 없을 정도로 그 관계는 완벽에 가깝나요?"
"이 관계 이전에는 어떤 것이 보람되고 의미 있는 경험이었나요?"
"다른 관계가 끝이 났을 때는 어떻게 대처했나요?"
"무엇이 미래에 보람과 의미의 새로운 원천이 될 수 있을까요?
"애인에게 배신당했지만 더 보람 있는 삶을 살고 있는 사람을 아시나요?"

잠재적 손실에 대처하는 것은 문제 해결과 정서 예측의 혼합이다. 문제 해결은 관계가 종결된 후에 유용할지도 모르는 새로운 태도가 가능하게 할지 모른다. 예를 들어, 네트워크 형성, 교우관계 지속하기, 더 적극적으로 변하기, 새로운 일을 시작하기, 또는 심지어 이사가기 등이 포함될 수 있다. 또한 치료자는 내담자에게 일어날지도 모르는 문제에 대해 극단적인 정서를 과도하게 예측하는 경향이 있는지 물어볼 수 있다: "당신은 만약 관계가 끝난다면 영원히 비참해질 것이라고 예측하고 있는 것 같아요. 하지만 저는 당신의 부정적인 정서가 영원할 것이라 예측하는 이런 경향이 다른 때에도 나타나는지 궁금하네요." 상실의 영향을 예측하는 것은 무력감, 절망, 상실의 위협을 배가시키고, 질투의 강도에 기여한다.

강압적인 통제는 감소시키고 적응적 관계 기술은 증가시키기

이 장의 초반에 언급한 바와 같이, 질투에는 종종 배우자나 애인의 파괴적인 태도가 동반된다. 예를 들면, 질투심 있는 사람은 벌하기, 추궁하기, 염탐하기, 스토킹하기, 경쟁자 평가절하하기, 자해한다고 위협하기 등을 통해 애인을 강압적으로 통제할지도 모른다. 하지만 강압적이고 지속적인 추궁을 통해 애인을 붙잡을 수 있다는 생각은 결국 애인을 떠나게 할지도 모른다. 또한, 경쟁자를 무시하기 위한 시도는, 질투하는 사람은 통제 불능이고 그 사람이 주위에 있는 것은 불쾌하다는 인식을 줄 수 있다. 아이러니한 것은, 질투하는 애인은 관계를 잃는 것에 두려움을 느끼지만 결국 질투하는 태도의 결과로 관계가 실제로 끝나게 될지 모른다는 것이다. 몇몇 질투하는 애인은 상대방이 배신했다는 증거가 충분하지 않음에도 불구하고 그들의 관계를 그만할지도 모른다. 왜냐하면 그들은 더 이상 자신의 질투심을 참을 수 없기 때문이다.

질투하는 대부분의 사람들은 정서-행동 융합의 패러다임을 따른다. "저는 질투를 느껴요, 그래서 행동으로 옮겨야만 하죠." 이 융합은 질투하는 정서에 대한 충동적인 반응으로 이어질 수 있다. 그리고 아래 사례에서와 같이, 적응행동에서 유연성을 배제할 수도 있다:

치료자: 당신이 질투의 감정을 가질 때 당신에게는 선택권이 없다고 믿는 듯했어요. 마치 당신의 감정과 행동이 동일해진 것처럼 말이죠: "저는 질투

를 느껴요. 그래서 추궁하고, 비난하며, 공격하죠." 감정은 꼭 행동으로 이어져야만 하나요? 아니면 다르게 행동할 선택권이 있나요?

내담자: 저는 다른 행동을 선택하는 것에 대해 생각해본 적이 없어요. 그건 저를 그저 압도해요.

치료자: 네, 저도 당신이 그렇게 느끼는 것처럼 보여요. 당신이 이 감정에 따라 행동해야만 하는 것 같죠. 하지만 감정을 가지고 있지만 행동을 하지 않는 것이 가능한가요? 예를 들면, 당신이 누군가에게 화가 났지만 그들을 비판하지 않기로 하거나 행동하지 않기로 한 적이 있나요?

내담자: 네 많이 있어요. 심지어 남편과의 관계에서도요.

치료자: 알게 되어서 좋네요. 감정으로부터 한걸음 물러나서 몇 분 동안 생각해본 뒤에 행동하지 않도록 선택한다면 어떤 이점이 있을까요?

내담자: 싸움이 덜 일어날 것 같아요.

그리고 나서 치료자는 내담자에게 질투의 정서와 종종 정서에 동반되는 행동 경향을 어떻게 다룰지에 대해 지도할 수 있다. 예를 들면, 행동으로부터 질투하는 정서를 끊어내는 것은 내담자에게 특정한 행동(예, 비난하기)을 하기 전에 깊이 생각하고, 행동의 이득과 비용, 그 행동을 대신할 방법(예, 부드러운 질문, 숙련된 주장, 혹은 주의 돌리기), 사건에 대한 다른 해석을 할 수 있는지 물어봄으로써 달성될 수 있다. 정서(질투)가 반드시 행동(비난)으로 이어지는 것이 아님을 설명함으로써 내담자는 통제의 정서도식("내 감정은 통제불능이다")에 접근할 수 있다. 치료자는 내담자에게 강압적인 통제를 하지 않는다면 어떤 일이 발생할 수 있는지에 대해 물어볼 수 있다. 예를 들면, 질투하는 애인이 상대방을 비난하거나 추궁하지 않는다는 것이 애인의 바람을 가속화시키는가? 실제로는 무슨 일이 일어날까? 이러한 개인의 강압적인 통제는 "안전 행동"의 기능을 제공하는 것일지도 모른다: 관계를 지키는 것을 관계에 대해 애인이 가지고 있는 본질적인 헌신이라고 해석하지 않고 자신의 강압적인 통제의 결과로 해석한다.

정서-행동 융합을 완화하는 것은 내담자 스스로 통제할 수 있다는 것을 경험하도록 돕는다. 만약 내담자가 기꺼이 강압적인 통제를 버리는 것을 고려한다면, 관계에서 더 긍정적이고 보상적인 대인관계 태도에 대해 소개할 수 있다. 질투가 중요한 요소가 된 관계에서, 문제적 질투 행동에 상당한 초점이 맞추어져 있을 수 있다. 또는 (몇몇 사례에서) 질투의 목적이 더 이상의 다툼을 피하기 위해 더 비밀스러워졌으며, 그에 따라 더 많은 질투심이 유발된다는 사실에 초점이 맞추어져 있을 수 있다.

치료자: 애인을 강압하고 학대하며 위협하는 것으로 좋은 관계를 유지하는 것은 불가능할 수 있습니다. 그러나 그것들은 어쩌면 관계의 핵심처럼 보이는 감정과 행동의 일부에요. 관계를 바라보는 한 가지 방법은 관계가 스스로의 가치에 의해 스스로 올라갔다 내려갔다 할 수 있다는 것이예요 — 누군가가 꼭 간섭했기 때문이 아니라는 거죠. 만약 관계가 두 사람 모두에게 효과가 있고, 두 사람 모두 관계에 헌신했다면, 왜 누군가가 떠나고 싶어 하겠어요? 만약 누군가가 떠나고 싶다면, 그건 옳은 관계가 아니었을지도 몰라요. 그러면 우리가 조금 더 관계를 이어갈 수 있게 하려면 어떻게 할 수 있을까요?

내담자: 하지만 제가 그를 신뢰하지 못할 때도 있어요.

치료자: 가끔 당신이 그런 감정을 가질 수 있어요. 하지만 당신이 애인을 강압한다고 해서 애인에 대한 신뢰를 가지지는 못할 거예요. 문제는, 무엇이 당신들에게 더 좋을 것인가 하는 것입니다.

내담자: 제 생각에는 우리가 덜 싸운다면 좋을 것 같아요.

치료자는 내담자의 파괴적 행동(예, 억누르기, 경멸, 비협조, 비판하기, 꼬리표 붙이기, 독심술)을 줄이고, 긍정적인 행동(예, 보상, 능동적 듣기, 함께하는 활동, 질투가 해롭다는 것을 확인시키기)을 증가시키도록 도와 줄 수 있다. 도움이 되지 않는 행동을 하지 않기로 했을 때 이를 모니터링하는 것은 진실된 통제성을 느끼도록 촉진할 수 있다. 또한, "규칙 지키기"를 위해 애인을 강압해야 한다는 생각을 검토하게 해준다. 이렇듯 정서와 관련하여 관계를 향상시키는 데 초점을 두는 것은 "반대 행동"을 수반할 수 있다. 즉 내담자가 바라는 것의 반대로 행동하는 것이다. 예를 들면, 질투하는 사람은 애인을 비판하는 것보다 칭찬할 수 있고, 애정을 보여주거나 그들과 보상적인 활동에 참여할 수 있다. 치료자는 관계에서 개인의 안전감이 증가하는지, 그리고 이것이 어떻게 질투하는 정서의 강도에 영향을 주는지 보기 위해 몇 주 동안, 반대 행동을 "실험"하도록 제안할 수 있다.

자기관리 증진시키기

많은 사례에서 질투하는 사람의 정체성은 관계 속에 깊이 감춰져 있다. 또한 관계의 상실에 대한 위협이 지나치다. 질투는 분노 및 고군분투하는 의존도 하에서 개인의 정서를 애인의 행동과 생각에 귀속한다: "난 그녀가 없으면 무엇을 해야 할지 모르겠어." 혹은 "내가 누구인지는 이 관계로 요약돼 있어."

치료자: 당신의 감정은 애인이 무엇을 말하고, 행하며, 느끼고, 혹은 행할지에 거의 완전히 묶여 있어요. 마치 관계에서 당신의 정체성을 잃어버려서 관계를 잃어버릴 수 있다는 것은 곧 당신이 누구인지를 잃어버리는 것과 같다고 믿고 있는 것과도 같아요.

내담자: 네. 저는 스스로가 없는 것처럼 느껴져요.

치료자: 그것은 당신의 질투하는 감정을 더 어렵게 만들지도 몰라요. 우리가 관찰하고 싶은 것은 관계에 의존하고 있지 않은 다른 긍정적인 감정을 돌보는 방법입니다. 당신은 이런 식으로 생각할지도 모르죠: "감정은 다양한 경험으로부터 올 수 있습니다. 내가 가지고 싶은 감정을 주는 경험은 무엇이 있을까요?"

내담자: 음, 저는 그 동안 친구들을 많이 만나질 못했는데 앞으로 더 만날 수도 있을 것 같아요. 그리고 당신이 알다시피, 전 사실 제 일을 좋아해요. 그래서 일하는 과정에서 좋은 감정을 많이 느끼죠.

치료자: 그것이 시작일 수 있어요. 저는 당신이 좋아하는 감정의 다른 원천을 생각하길 바라요. 다른 행동, 경험, 기회, 아마 당신이 지금 하고 있는 것, 과거에 했거나 꿈을 꾸고 있는 것이 될 수 있죠. 좋은 관계를 가지는 것은 좋은 것이예요. 하지만 당신이 자신의 것이라고 말할 수 있는 좋은 삶을 가지는 것도 중요하죠.

이 사례에서와 같이, 치료자는 내담자가 다른 사람과의 관계에서부터 독립적이고 개인적인 목표와 가치에 초점을 두도록 할 수 있다. 치료자는 지지적인 친구관계, 독립적인 활동과 흥미, 공동체 활동 참여, 가치있게 여기는 일을 내담자가 더 하도록 격려하면 된다. 이것은 지나친 의존감과 관계에 몰두하는 것을 완화시킬 수 있다. 다른 사람 혹은 관계의 "필수성"에 대한 믿음은 분노, 지나친 의존감, 질투를 키운다. "만약 내가 관계를 잃는다면 난 모든 것을 잃을 거야"는 종종 지나친 질투의 기저를 이룬다. 보상의 원천, 대인관계에서의 지지, 의미 있는 목표를 다양화함으로써 개인은 긍정적인 정서와 타인에 대한 절대적 필요의 연결을 끊을 수 있고, 이에 따라 관계를 잃은 것에 대한 두려움을 감소시킬 수 있다.

요 약

질투는 사람들이 다른 사람들이나, 그들 스스로를 죽이는 정서이다. 그러나 한편으로 질투는 진화된 정서이며, 누군가의 부양 투자를 보호하는 진화적 가치와, 그에 따른 유전자의 생존에 근거한다. 사람들은 질투나 질투행동을 끌어낼지도 모르는 상황에서 각자 다르게 행동할 수 있지만 질투는 광범위하게, 심지어는 보편적으로 나타난다. 정서도식모델은 질투적 사고, 정서, 태도를 구별하면서 질투를 일반화하고자 하며, 내담자가 자기 자신과 (만약 가능하다면) 관계에 도움이 되는 태도를 선택할 수 있도록 돕는다. 더 넓은 인지행동모델의 관점에서 질투를 개념화하는 것은 개인으로 하여금 질투를 향해 타고난 성향; 큰 취약점을 부여할 수 있는 초기애착과 사회화 경험; 사고-행동-현실 융합의 인식; 질투의 정서로 인해 결정되지 않고, 오히려 자신의 이익을 위해 행동을 선택할 가능성을 이해하도록 도울 수 있다. 잠재적 손실을 없애는 것과 자기관리를 위한 계획을 개발하는 것은 헌신이 의심되는 애인에 대한 그들의 불안한 의존을 감소시킬 수 있다. 다음 장에서는 파괴적인 행동을 이끌 수 있는 또 다른 정서인 시기에 대해 설명하겠다.

제11장
시 기

혐오란 능동적으로 어떤 대상을 싫어하는 것이고 시기란 수동적으로 어떤 대상을 싫어하는 것이다; 혐오와 시기는 단 한 걸음만 떨어져 있다.

– 요한 볼프강 폰 괴테

회사에서 근무하던 한 남자가 최근 승진에서 제외되었다. 그는 자신의 성과가 온전히 인정되지 않은 것에 대해 분노를 느꼈고, 동시에 자신이 무엇을 잘 못했는지 궁금했다. 그가 승진한 동료와 마주쳤을 때 그는 슬픔, 패배감, 절망, 분노를 느꼈다. 그에게 있어서 동료의 성공은 자신의 "실패"를 보여주었고, "공개적으로 굴욕감을 당했음"을 그에게 상기시켰다. 그는 그의 동료가 꽤 능력이 있다는 것을 알고 있고, 그를 개인적으로 좋아함에도 불구하고 자신이 동료에 대해 분노를 느끼고 있음을 알게 되었다. 이를 깨닫는 것은 그로 하여금 부끄러움과 죄책감을 느끼게 했을 뿐이고, 주변에 그 동료가 있으면 스스로 슬프고 불안한 감정을 느껴 그 동료를 피하기 시작했다. 그는 직장에서 계속해서 다른 이들에 대해 불편함을 느끼면서 회사 내 다른 동료들과의 소통도 줄어들게 되었고, 동시에 그는 그의 "패배"를 곱씹었다. 그의 아내는 그에게 자신과 3명의 자녀에게 관심을 더 가져달라고 불평했고, 그는 가족과 함께 있으면서도 자신이 직장에서 실패자라는 생각을 계속하고 있다는 것을 발견하게 되었다.

이 장에서는, 시기에 대한 정서도식접근을 설명하고 종종 오해받는 이 정서의 부정적 효과를 뒤집게 도울 수 있는 전략을 설명한다. "질투"와 "시기"는 상호 교환적으로 사용될 수 있지만, 두 정서 사이에는 분명한 차이가 있음을 10장 초반부에서 설명했다. 여기서 설명하는 시기의 모델은(이전 장에서 설명한 질투의 모델처럼) 시기가 적응적인 것으로 파악될 수 있는 진화이론의 요소를 통합하는 통합 인지-행동 모델이다. 이 모델은 지배계급의 역할을 포함한다. 그 역할은 자원의 희소성에 대한 인식, 인정받는 것에 대한 과도한 초점, 문제 있는 지위의 추구와 인지된 지위로부터의 과도한 자아존중감, 자신을 높은 지위의 사람과 비교하는 것에 대해 과도하게 집중하는 것, 자기 자신을 획득과 경험의 대결에 대한 결과의 산물로서 바라보는 것, 삶을 어떤 사다리 혹은 경주에 비유하는 것, 다른 사람을 평가 절하하고 싶은 욕망이 있을 수 있다. 간략히 말해, 시기는 상태 불안에 근거한 분노와 불안을 숙고한 결과라고 할 수 있다.

시기의 본질

10장의 앞부분에서와 앞서 말한 바와 같이, 우리는 다른 사람들의 성공이 우리의 패배 또는 열등한 상태를 보여준다고 생각할 때, 우리는 그들에게 시기를 느끼는 경향이 있다. 시기는 "우울한 시기"(우리가 자신을 더 잘나 보이는 사람과 비교할 때 느끼는 슬픔과 패배감) 혹은 "적대적 시기"(자신보다 더 나은 것처럼 보이는 사람이 몰락하기를 바람)의 형태로 나타날 수 있다. 우리는 보통 우리가 원하는 수준의 성과를 이루는 데 있어서 우리와 비슷한 자질을 가진 사람에 대해, 그리고 우리가 부러워하는 성과가 스스로에게 높은 가치를 지닌 것일 때 질투를 한다. 예를 들면, 한 대학 교수는 최근에 책을 출판한 동료를 부러워할지도 모른다. 왜냐하면 그녀는 자신을 그 동료와 비슷하다고 보고 있으며, 전문적인 발전에 가치를 두기 때문이다. 그녀는 동료의 성공이 그녀의 발표 성과가 부족함을 반영한다고 생각할지도 모른다. 그녀는 그 동료의 작업물이 최초의 것이 아니거나 경험적인 엄밀성이 없다고 지적하며, 자신의 귀인편향과 이론을 동원해 그 동료의 성공을 평가절하하거나 무시할지도 모른다. 그녀는 어쩌면 그녀의 동료가 가치가 없다고 주장하거나 전문성의 모습을 손상시키는 개인적 문제가 있다고 주장할지도 모른다. 그녀는 인정받을 만한 가치가 있는 자신의 성취에 대해 인정을 받지 못했다고 생각할 수도 있다. 또 머지않아 그녀는 모두에게 무엇이 진짜 뛰어난 학자의 모습인지 보여줄 수 있을 것이라고 생각할 수도 있다.

일반적으로 우리는 사회적으로 비교할 수 있는 영역 밖의 성취를 이룬 사람들을 질투하지 않는다. 예를 들면, 나는 메이저리그 야구에서 MVP상을 받은 사람이 어느 사람이든 그를 질투하지 않는다. 그 이유는 내가 프로야구선수가 아니기 때문이고 만약 내가 프로야구선수라고 할지라도 메이저리그에서는 절대 될 수 없을 것이기 때문이다. 이런 것은 내가 비교할 수 있는 영역 밖의 일이다. 하지만 나는 새로운 심리학적 아이디어로 인해 긍정적 관심을 받는 동료에게는 질투를 느낄지도 모른다. 왜냐하면 그는 내가 종사하고 있는 분야에서 업적을 이루었기 때문에 비교할 수 있기 때문이다. 우리는 일반적으로 자신이 할 수 있을 것 같은 것을 시기한다.

시기의 한 측면은 샤덴프로이데(Schadenfreude, 남의 불행에서 얻는 행복) 혹은 우리가 부러워하는 사람들의 몰락으로부터 오는 즐거움이라고 할 수 있다. 예를 들면, 다른 동료를 부러워하는 한 교수는 동료의 연구 결과가 되풀이되지 않고 새로운 변수에 의해 더 쉽게 설명될 수 있음을 보여주는 최근 연구에 의해 부인되었음을 듣고 기뻐할 것이다. 시기와 샤덴프로이데에 관한 연구는 시기와 관련된 적대적 정서가 연관될 때(Brigham, Kelso, Jackson, & Smith, 1997; Smith et al., 1996), 샤덴프로이데가 나타날 가능성이 높음을 보여준다. 즉 샤덴프로이데는 시기의 대상이 자신과 비슷하다고 보여질 때 나타날 가능성이 더 높다(van Dijk, Ouwerkerk, Goslinga, Nieweg, & Gallucci, 2006). 또한 시기는 선택적 관심으로 이어질 수도 있다. 예를 들어, 우리는 시기의 대상이 되는 사람의 행동에 더 많은 관심을 쏟는다(Hill, DelPriore, & Vaughan, 2011). 이것은 성공적인 개인을 관찰하는 것을 통해 자신의 기술을 향상시키는 데 사용될 수 있는 정보를 얻을 수 있다는 장점을 지닐 수도 있다. 하지만, 목표 대상에 대한 보다 많은 기억은 단어구성검사(anagram test)의 성과 감소와 연관되고, 결국 시기는 업무를 더 못하게 하는 결과를 가져올 수 있다. 또한 "더 성공적인" 사람의 성과를 기억해 내는 것은 자기 자신의 자신감을 감소시키고 성과를 방해할지도 모른다. 이것은 우울한 시기의 모델과 관련 있다.

"상냥한 시기"(개인이 자신의 지위를 향상시키기를 바라는 것)와 "악의적인 시기"(우수한 타인을 잡아 내리는 것을 목표로 함) 또한 구분되어 왔다(Salovey & Rodin, 1991; Smith & Kim, 2007). 상냥한 시기(존경)는 성과를 증가시킬 수 있는 데 반해(개인으로 하여금 바라는 태도를 향해 더 열심히 할 것을 고무함), 악의적인 시기(자기보다 능력있는 사람을 향한 분노와 적대적 감정)는 성과의 감소로 이어질 수 있다(van de Ven, Zeelenberg, & Pieters, 2011). van de Ven과 그의 동료들(2011)에 따르면 악의적인 시기는 개인이 부러워하는 대상이 되는 인물이 이룬 것보다 더 높은 목표를 달성할 수 없다고 인식할 때 더 흔하게 나타남을 발견했다.

게다가 남성과 여성 모두 더 큰 부를 가진 대상을 부러워하는 것으로 밝혀졌지만 여성만이 육체적으로 매력 있는 대상에 대해 더 큰 시기를 느낀다고 보고되었다(Hill et al., 2011). 방금 언급한 바와 같이, 시기는 지위계급에서 더 높이 올라가기 위해 더 열심히 노력하게끔 동기를 부여할 수 있음에도 불구하고(van de Ven, Zeelenberg, & Pieters, 2009), 그것은 우울, 불안, 분함, 분노와 더 자주 연관된다.

또한 시기는 긍정적인 결과가 마땅한지 아닌지 여부에 대한 인식에 영향을 받는다. 또 다른 연구에서 상냥한 시기는 타인이 얻은 긍정적 결과가 마땅하고 통제 가능하다고 보는 관점과 연관되어 있다. 반면에 악의적인 시기는 긍정적인 결과가 과분하다고 느낄 때 더 자주 나타난다(van de Ven, Zeelenberg, & Pieters, 2012). 게다가 시기는 상향비교가 정서적, 행동적 자기통제의 결함과 연관될 때 불쾌하게 경험되고, 자기 발전을 위한 행동에 대한 동기부여에 상향비교를 사용하는 능력을 저해한다(Crusius & Mussweiler, 2012).

Hill, Buss와 그들의 동료들(2006)은 시기가 진화적인 틀 안에 있다고 보았다. 그들은 이를 "위치적인 편견"(사람의 절대적 지위보다 계급 내에서의 상대적 지위에 가치를 두는 것)의 결과로 본다. 예를 들면, 개인의 작은 보상이 다른 사람의 것보다 높거나 동등하다고 할 때, 다른 사람보다 낮지만 더 높은 보상에 비해 더 만족할 것이다. 공정성이나 분배적 정의의 개념은 결과의 절대적인 수준에 비해 우위를 점하는 것처럼 보인다. 시기의 진화적 이점이라고 알려진 것은 개인으로 하여금 비교우위와 순위를 부여한 행동을 알아차려 동기부여를 하고, 또 개인이 그러한 행동을 취하기 위해 더 적극적으로 고무되게 하는 것이다(Buss, 1989; Gilbert, 1990, 2000b). 혹은 대체적으로, 사용된 분배 전략을 수정하는 것이다. 정서도식이론은 시기를 일반화하고, 이 정서를 이해하기 위해 시기의 진화 모델을 논한다.

시기는 어린 아이들에게서도 발견될 수 있다. 경쟁적 결과에 대한 반응 연구에서 Steinbeis와 Singer(2013)는 7~13세 사이에 있는 아이들은 다른 아이가 패배할 때 이기는 것을 더 좋아했으며, 다른 아이가 승리했을 때 지는 것을 더 기분 나빠했다. 동등한 결과에 대한 선호는 나이가 들수록 증가했고, 나이가 증가함에도 불구하고 감소하는 경우도 있었다. 결국, 시기는 물질만능적인 가치를 지지하는 젊은이들 사이에서 더 흔한 반면에, 감사는 낮은 수준의 우울, 시기와 관련되어 있었다(Froh, Emmons, Card, Bono, & Wilson, 2011). Fiske(2010)는 "시기의 증가"가 분노, 부끄러움, 수치심, 낮은 자존감, 불공평의 느낌과 관련 있고, 종종 멸시와 관련된 "경멸"은 자기 자신에게 더 집중하고 이해하는 능력 또는 더 낮은 지위의 사람에 대한 동정심을 갖는 능력을 저하시킨다고 주장하였다. 이러한 "힘에 대한 인식"은 종종 지위 개념, 타집단에 대한 고정관념, 다른 사람에 대한 정신적 개념의 비활성화를 뒷받침하는 사회적 비교 과정의 일부이다. Fiske가 적절히 언급하기를, "능력은 부패한다"고 하였다. 우리가 다른 사람에 비해 더 많은 힘을 얻을 때 그것은 경멸과 멸시를 활성화시키고 궁극적으로 타인을 비인간화하게 될지도 모른다.

이제 통합된 정서도식모델에서 시기에 대해 어떻게 접근할 수 있는지 검토해 보자. 앞서 언급한 바와 같이, 사례개념화 모델에 대한 이 큰 사례는 진화적 이론의 요소를 사용한다. 또한 이는 상냥한 시기의 "가치", 사회적 비교에 대한 지나친 강조, 도전적인 정서적 경험의 기저를 이루는 정서도식에 중점을 둔다.

시기의 정서도식 수정

현실적인 목표는 시기를 제거하는 것이 아니다. 왜냐하면 시기는 보편적이며, 거의 모든 사회집단에서 나타나는 정서이기 때문이다. 그보다는, 연구를 통해 시기가 개인에게 미치는 영향을 바꾸려는 것이 목표이다(예를 들면, 시기에 대한 죄책감과 수치심 감소시키기, 시기에 대한 혼란 줄이기, 시기의 대상이 되는 사람을 피하는 경향 극복하기, 불평과 평가절하를 줄이거나 제거하기, 불평과 같은 시기의 기저를 이루는 비도덕적인 비교에 대해 생각하는 경향 줄이기 등과 같은 것이다).

시기를 일반화하기

대부분의 사람들이 시기라는 정서를 겪지만, 그들은 대개 이 정서를 넘어서는 상당한 수치감과 죄책감도 느끼고 있다. 시기는 종종 남에게 알리기 꺼려지는, 폄하당하는 정서이다. 실제로, 사람들은 성공적인 사람을 부러워하며 비판하는 것을 시기라고 인정하고 싶지 않아한다. 아이러니하게도, 이 보편적인 정서는 대개 "난 시기를 느끼고 있어"로 공유되지 않으며, 그보다는 "그들은 저걸 받을 만한 가치가 없다"로 재구성된다. 하지만, 시기를 느끼는 개인은 자신이 혼자라고 느끼고 자신이 가지고 있는 시기에 대해 부끄러움을 느낄지도 모른다. 내가 워크샵에 갔을 때, 시기에 관한 주제를 이야기하며 참가자들에게 시기를 느낀 적이 있는지 손을 들어보라고 했다. 워크샵에 참여한 거의 모든 사람이 손을 들었다. 어쩌면 치료자들은 다른 사람들보다 시기의 정서를 더 적극적으로 인지하고자 하는 경향이 있을지도 모른다. 그러나 이러한 거의 만장일치에 가까운 반응은 시기가 보편적 정서라는 것을 보여준다.

누군가는 진화적 관점에서 이렇게 질문할 수도 있다. "시기가 어떤 점에서 좋은가?" 시기의 감정을 관찰하는 한 가지 방법은 한 집단에서 생활하는 동물들의 삶에 존재하는 지배적인 계층의 역할을 분석하는 것이다. 더 높은 계급에 있는 것의 이점이 무엇인가? 인간 사이의 지배계층의 초기모델은 Price(1967)에 의해서 발전되었고, 그는 지배행위의 증가가 지배계층의 불안정성 경쟁에 대한 강조의 증가, 불충분한 자원, 과잉수용과 함께 발생한다고 보았다. 집단거주를 하는 동물 중에서 더 높은 사회적 계급에 있는 수컷은 상대적으로 높은 비율로 암컷과 교배하고, 암컷에게 더 접근할 수 있으며, 먹이와 좋은 집을 우선 선택할 수 있고, 생존가능성이 높다. 그러므로 지배계층에 있는 사람들은 높은 지위로 올라갈 유인을 가지며, 자신보다 더 높은 지위를 가진 사람들의 능력을 "평가"할 것이다.

Stevens, Price(1996)와 Sloman, Price, Gilbert, Gardner(1994)는 사회계급에 기초한 우울의 모델을 발전시켰다. 그들은 사회계급의 손실이 우울행동으로 이어진다고 제안하였다(회피, 복종, 성적 흥미 상실, 감소된 공격성, 수동성). 그리고 이는 높은 계급에 있는 사람과의 경쟁의 위험을 줄이면서 그에 따라 낮은 계급을 "보호한다". 아마, 더 우월한 인물과의 경쟁에서 이미 실패를 경험한 개인은 상대방을 공격하기보다 자신을 다른 사람에게 종속시킴으로써 "지혜로워"지려 할 것이다. 선행 연구는 우울의 사회계급 모델을 지지하고(Gilbery & Allen, 1998; Johnson, Leedom, & Muhtadie, 2012), 집단에서 지위를 상실하는 것은 몇몇 개인들을 우울하게 한다는 의견을 제시했다. 종속적 지위를 경험하는 쥐들 사이에서 스트레스는 체중 감소 및 조기 사망과 관련있을 뿐만 아니라, 공격성, 성행위, 섭식, 전체적인 행동의 감소와도 관련되어 있었다(Blanchard & Blanchard, 1990). 또 다른 종인 버빗원숭이는 지배계층에서 위치가 변함에 따라 세로토닌 수준이 달라졌다(McGuire, Raleigh, & Johnson, 1983). 또한 프로작(Prozac) 사용에 따라 증가하는 세로토닌 수준은 버빗원숭이의 계급의 위치가 상승하도록 하였다(Raleigh, McGuire, Brammer, Pollack, & Yuwiler, 1991). 이와 유사하게도, Tse와 Bond(2002)에 따르면 선택적

세로토닌 재흡수 억제제로 치료받은 사람은 집단에 속한 다른 사람들에게 더 지배적인 눈 맞춤을 하고, 더 친화적인 행동을 하며, 일반적으로 덜 항복하는 것으로 인식된다는 것을 밝혔다.

그러므로 사회계급이론은 인지된 지위의 상실이 우울에 더 영향을 미칠 수 있다고 제시한다. 이러한 지위의 상실에 대처하는 한 가지 방법은 그들이 높은 계급을 받을 만하지 않다고 주장하고, "게임은 조작된 것이다"라고 인지된 타인의 높은 지위를 비합법화하는 것이다. 즉, 시기, 특히 분노하고 분개하는 시기는 높은 지위에 있는 개인의 정당성을 심리적으로 약화시킴으로써 우울한 종속관계에 대한 방어를 시도하는 것일지도 모른다. 반면에, 많은 사람들은 우울한 시기를 경험하는데, 아마 이는 그들이 경험하는 사회적 지위가 손상되었을 때 오는 결과일 것이다. 몇몇 사람들은 그들이 시기하는 개인의 지위의 정당성에 대한 평가에 따라 우울한 시기와 분노하는 시기 모두를 겪게 된다. 만약 자원과 유전적 이점을 고려하여 누군가의 지위를 향상시키기 위해 지배계층에 도전하는 동기로 작용한다면 시기는 적응적인 것일지도 모른다. 반면에 그에 따른 우울증이 시기하는 개인에 의한, 이길 수 없는 도전을 감소시킨다면, 시기는 사회계급이론의 관점에서도 적응적일지도 모른다. 이 진화적인 사회계급의 개념화는 정서도식모델의 중요한 구성요소이고, 이에 대한 논의는 치료자들과 내담자들이 이 과정의 더 넓은 맥락에서 시기를 개념화시킬 수 있도록 도운다.

특히 관련성이 있는 것은 내담자가 느끼는 시기하는 정서에 대한 촉발요인이다. 예를 들어, 앞서 이야기한 교수가 자신의 동료의 성공을 듣고 더 시기하거나 자신의 업적이 형편없을 때, 그녀의 생각은 동료가 얼마나 잘하고 있는지로 옮겨가는가? 시기의 촉발요인은 종종 자신을 대가로 사회적 비교로 이어지면서 불안, 슬픔, 분노를 초래한다. 많은 사례에서 다른 사람을 평가절하하며 자기와 타인을 비교하는 것이 상대적으로 덜 부당하다고 느껴지도록 하는 유혹이 존재한다. [그림 11.1]은 그 순환을 보여준다.

치료자들은 내담자들이 시기에 대한 부적응적인 대처전략을 파악하는 것을 도울 수 있다. 이것은 다른 사람에게 자신이 겪고 있는 부당함에 대해 불평하는 것을 포함한다(이 불평이 자신의 지위를 방해하는 경우). 시기하는 대상을 방해하려고 시도하고, 그 대상에 대해 깊이 생각하거나, 부러운 대상이나 다른 사람으로부터 자신을 감추기도 하고, 과음을 하거나 폭식을 하며, 그 외 다른 자기 파괴적인 행동

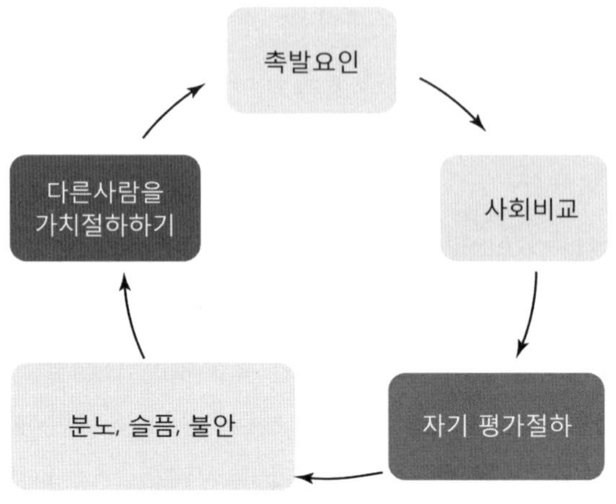

[그림 11.1] 시기하는 정서의 순환

들을 한다. 어떤 사람들은 시기를 느끼는 것에 대해 자신을 비판하는 것은 그 시기심을 제거하는 데 효과적이라고 믿는다. 당연히 이는 그들에게 우울감을 증가시키고 더 시기하도록 만들 뿐이다. 정서도식모델은 치료자와 내담자가 시기의 정서를 (그 순간에) 수용할 것을 제안하고, 이 정서들을 정상화시키며, 이러한 정서를 가지는 것이 어려울 수 있다는 것을 타당화시킬 것을 제안한다. 물론, 수용은 변화를 배제하지 못하며, 우리는 이를 확인할 것이다. 이제 시기를 더 효과적으로 처리하는 것과 관련된 구체적인 중재로 옮겨 가보자.

시기 타당화하기

정서도식치료에서 시기와 관련하여 다뤄야 하는 필수적인 부분은 시기가 동반하는 고통과 혼란의 정서를 타당화하는 것이다. 치료자들은 이렇게 말하면서 치료를 시작할 수 있다:

> "당신은 자신을 불편하게 만드는 시기의 몇 가지 감정들과 싸우는 것처럼 보이네요. 우리 모두가 때때로 시기를 느끼므로, 그것은 우리 모두가 아는 감정들 중 하나예요. 하지만 우리들 중 많은 사람은 이 감정에 대해 불편해 해요. 시기에 수반되는 다른 감정들이 있나요?"

그리고 나서 치료자는 내담자와 함께 슬픔, 불안, 분노, 혼동, 분개, 절망감과 같은 다른 정서의 본질을 분석할 수 있다. 이때 치료자는 시기에 대해 비심판적인 입장을 전달하는 것이 중요한데 이는 많은 사람들이 그들의 정서에 대해 당황과 수치를 느끼기 때문이다. 치료자는 시기가 슬픔, 분노, 불안, 수치심을 활성화시킬지도 모른다는 것을 타당화할 수 있다. 그리고 이 정서들은 종종 "시기의 정상적인 경험"임을 타당화할 수 있다. 특히, 타인의 성공이 자신을 수치스럽게 한다는 기분을 동반하는 죄책감은 대부분의 사람들이 시기를 느끼나, "우리는 이런 감정을 느끼지 말아야 한다고 배운다"는 것을 지적함으로써 곧바로 이해될 수 있다. 우리는 그러므로 그들을 "시기"라고 인정하기 꺼리게 되면서 대신에 그들의 성공이 가치 있는지에 대해 초점을 맞춘다. "나는 시기를 느껴"라고 인정하는 것은 내담자의 관심을 재설정하여 내담자가 다른 사람의 성공에 대한 반응을 재고할 수 있도록 한다. 그것은 스스로를 위한 선택을 점검하도록 내담자를 격려한다. 만약 시기가 건설적으로 사용되려면 그것을 공개하고 점검해야 한다.

시기하는 정서를 인지하고 이를 행동으로부터 분리하기

타인의 성공을 시기하고, 공정하게 성공을 이룬 상대를 방해하고 싶어한다는 느낌이 상대에게 전달되기 때문에 시기는 사람들에게 받아들이기 힘든 정서이다. 이것은 종종 "진 것을 인정하지 못하는 사람"이 느끼는 "패자의 아픔" 정서로 여겨진다. 앞서 나타낸 바와 같이, 시기를 타당화하고 일반화하는 과정을 통해 그 정서가 드문 것이 아니라는 것과, 그 정서가 다른 이들로부터 그들을 괴리시키지 않는다는 것을 수용할 수 있게 해준다. 하지만 사회적 상호작용 속에서 시기를 표현하는 것은 어려울지도 모른다. 왜냐하면 개인이 더 사회적으로 소외되고 비판으로 이어지는 타인의 판단(예, 너는 그녀를 시기하는 것처럼 들린다)을 직면해야 할지도 모르기 때문이다. 하지만 만약 시기가 보편적인 정서라면, 그리고 그것이 지배계급과 경쟁의 역학에 기초한다면, 시기가 무엇인지 인지하는 것은 이에 대처하는 데에 있어 중요한 부분이라 할 수 있다. "나는 시기를 느끼기 때문에 나쁜 사람이야"라고 믿는 개인은 시기가 인간 본성의 한 부분이라는 것을 깨달을 필요가 있다. 아마도 올바른 상황에서 그 정서는 개인에게 더 큰 기술을 얻게 하고 어쩌면 시기하는 대상을 적으로 만드는 것이 아니라 롤 모델로 사용할 수 있게 할지도 모른다. 더욱이,

개인이 그 정서를 수용한다면 시기 그 자체는 문제를 야기하는 정서가 아니다. 하지만 그렇다고 이러한 수용이 회피, 비판, 타인을 방해하기와 같은 문제행동으로부터 시기의 정서를 분리한다는 것을 의미하는 것은 아니다.

시기를 느끼는 개인이 비록 부정적인 정서에 과도하게 집중하게 될지라도 시기는 다양한 부정적, 긍정적인 정서와 함께 전달된다. 그러므로 시기는 분노, 슬픔, 불안, 후회, 무력함, 절망감을 포함할 수 있고, 이 정서들은 불평, 사고, 염려, 재확인 추구, 자기비판, 회피, 자살적 사고로 이어질 수 있다. 하지만 시기에 중점을 두는 개인은 또한 호기심, 공감, 도전, 흥미, 감사 혹은 동의와 같은 긍정적인 정서가 나타나는지 스스로 점검할 수도 있다. 시기하는 개인들은 종종 그들이 시기하는 사람에게 복잡한 정서를 품을 것이다. 특히 그 시기의 대상이 친구라면 더 그럴 것이다. 그들은 슬픔, 분개, 쓰라린 정서를 느낄지 모르지만, 그들은 여전히 그 대상에 대해 좋아하는 점이 있다는 것을 발견할 것이다. 이 복잡한 정서들은 죄책감, 사고, 회피로 이어질 수도 있다("나에게 무슨 문제가 있는 것이지?"라고 생각하게 된다).

시기심을 시기하는 행동으로부터 분리하는 것은 개인이 시기심에 어떻게 대처해야 하는지 돕는 중요한 단계이다. 시기가 아닌 중요한 가치와 적응적 전략에 기반하여 행동하는 것은 시기와 시기를 다시 느끼게 될 걱정을 동반하는 압도된 정서가 줄어들 수 있도록 돕는다. 시기심이 긍정적인 목표를 향해 효과적인 행동을 취하는 것과 더불어 수용, 일반화, 감내될 수 있음을 인식하는 것은 시기심에 대한 불안을 줄일 수 있다. "나는 시기심을 느끼고 있지만 내게 도움이 되는 행동을 선택할 수 있어."라고 깨닫는 것은 시기에 의해 강제되는 감각으로부터의 분리와 유연성의 자유로운 경험이 될 수 있다. 결국 내담자는 "내가 시기심을 느끼는 것은 시기하는 사람처럼 행동해야 함을 의미하지 않는다. 왜냐하면 내게는 선택 권한이 있기 때문이다."라고 말할 수 있게 된다.

핵심신념, 가정, 도식적 처리과정 점검하기

시기는 종종 자기, 타인, 경쟁의 본성에 관한 핵심신념과 연결되어 있다. 시기하는 사람은 "나는 사랑스럽지 않고, 무능하며, 중요하거나 실질적인 사람이 아니야"라는 핵심신념과 "나는 인정을 받고, 지배계급의 단계에 올라가며, 타인을 실패하게 해서 이 부적절함을 보상해야 한다"는 핵심신념을 지지할지도 모른다. 시기하는 사람들은 자동적 사고의 많은 부분이 왜곡되어 있을 수 있다: 자기화("그가 나를 앞섰고 이것은 내게 나쁘다"), 독심술("사람들은 그녀가 승진을 하였기 때문에 내가 열등하다고 생각한다"), 꼬리표 달기("그는 승리자고 난 패배자야"), 예언하기("그녀는 계속해서 발전할 것이고, 나는 결국 뒤처질 거야"), 이분법적 사고("넌 승리하거나 실패해"), 과도한 일반화("되는 일이 없어"), 파국화("다른 사람을 앞서지 못하는 것은 끔찍해"). 질투가 자기 자신과 경쟁적인 세계의 본질에 대한 도식을 동반하기 때문에(예, "아무도 원치 않는"), 시기의 방식은 어느 곳에 집중할 것인지에 대한 도식적 과정을 좌우한다. 예를 들면, 적대적 시기는 자신이 뒤처졌다는 정보나 다른 사람이 잘한 일에 관한 정보에 더 집중하고 기억하는 것에 초점을 둔다. 이것은 선택적으로 보상과 존재하는 의미에 대한 많은 다른 정보를 무시하고, 그 대신에 시기하는 사고방식을 통해 그것의 가치를 낮추게 한다.

적대적 시기와 우울한 시기는 모두 논리를 가지고 있다. 즉, 이러한 시기는 다른 사람의 성공과 자신을 연관지어 부정적으로 영향을 미친다. 예를 들어, 우울한 시기의 논리에 대한 아래의 예시를 고려해보자.

"그는 나보다 더 인기 있어요."
"만약 그가 인기 있다면, 난 인기가 없는 것이예요."
"난 하찮은 존재예요."

아래의 우울한 시기와 적대적인 시기 두 가지를 모두 고려하고, 이들에 대한 응답을 고려하라.

우울한 시기: "난 패배자임에 틀림없어. 난 절대로 인정받지 못할 거야. 난 미래가 없어."
반응: 중단, 심사숙고, 자기비판

적대적인 시기: "그는 가짜야. 사람들은 그가 사실은 가짜라는 것을 몰라. 그는 인기 있을 자격이 없어."
반응: 빈정댐, 방해행위, 수동-공격적 행동, 뽀로통함, 회피

기본 가정은 — 또는 시기에 대한 "규정집" — 다음과 같은 신념들을 포함한다.

"넌 네가 하는 모든 것을 평가해야 한다."
"너 자신을 다른 사람과 비교하는 것이 중요하다."
"누군가 나보다 더 잘났다면 난 열등한 것이다."
"만약 내가 열등하다면 난 가치가 없다."
"난 불공평한 것을 참을 수 없다."
"만약 내가 나보다 더 성공적인 사람을 평가절하한다면, 내 자신에 대해서 좀 더 좋게 느낄 수 있다."
"세상은 공평해야 하고, 나는 내가 하는 모든 좋은 일에 대한 보상을 받아야 한다."
"몇몇 사람들은 다른 사람보다 더 가치가 있다."
"승리자와 패배자가 있다."
"패배하는 것은 끔찍하다. 만약 네가 패배했다면, 아무도 당신을 사랑하거나 존중하지 않을 것이다."

이 각각의 신념들은, 표준 인지치료 기술을 사용함으로써 점검될 수 있다. 예를 들면, "세상은 공평해야 하고, 나는 내가 하는 모든 좋은 일에 대한 보상을 받아야 한다"는 가정은 세상에 대한 환상에 기반을 둔 흔한 신념이다. 개인에 대한 이러한 신념의 비용과 편익은 지속적으로 평등하거나 이상적으로 효율적인 조직 시스템이 존재한다는 증거가 그러하듯이, 점검될 수 있다("이것이 정말 당신에게 도움이 되는가, 혹은 이것이 당신을 더 분개하게 만드는가?). 도움이 될 수 있는 대체적 신념은 다음과 같다. "삶에서 혹은 내가 하는 어느 게임에서든지 수많은 불공평한 일이 발생한다. 하지만 불공평하다는 것이 내가 게임을 할 수 없다는 것일까?" 치료의 목표는 불공평함이 어디에나 존재하는 세상에서 내담자가 효과적으로 기능하도록 돕는 것이다.

비교와 판단의 필요성 평가하기

시기와 힘들게 씨름하는 대부분의 사람들은 그들이 스스로를 특히 "더 나은" 일을 하는 사람과 비교해야만 한다고 생각한다. 그리고 그들 자신과 다른 사람에 대해 판단하게 된다. 이처럼 판단에 중점을 두는 것은 상태 불안으로 이어지고, 그들이 그들 위에 있는 사람보다 조금 "미달"되었을 때 이것은 그들에게 패배감을 느끼게 하고 좌절감을 주거나 반대로 그들 자신보다 밑에 있는 사람을 업신여기고 밑에 있는 사람들이 자신을 넘어설까봐 두려워하게 만든다. 사회비교이론은 사람들이 그들 자신에게 동기를 부여하고 어떤 행동을 통해 보상을 얻을 수 있는지 배우며, 사회규범에 대해 배우고, 자존감을 형성하기 위해 자신을 타인과 비교한다고 본다. 하지만 사회비교는 자기 가치를 감소시키는 것으로 이끌 수도 있다(Ahrens & Alloy, 1997; Festinger, 1957; Suls & Wheeler, 2000; Wood, 1989). 일반적으로 사람들은 그들 자신에게 동기를 부여하기 위해 상향비교에 관여할 것이고, 자존감을 형성하기 위해 하향비교를 할 것이다(McFarland & Miller, 1994). 그러면 치료자는 "당신 자신을 타인과 비교해서 당신은 무엇을 얻기를 기대하나요?"라고 물을 수 있다. 예를 들어 한 내담자는 그가 직장에서 그의 팀 사람들과 자신을 비교해서 일을 열심히 할 수 있는 동기가 생겼으며 "스스로를 풀어지지 않게 한다"라고 생각하게 되었다. 거기에서 그는 어떤 행동이 보상받는지를 관찰하는 것이 가치있다고 느낄 수도 있다. 하지만 그의 비교에 대한 과도한 집중과 부정적 개인 평가는 그를 더 우울하게 하고, 반추하게 하며, 회피하도록 하여 결국 팀 사람들과 상호작용하기를 꺼리게 만들었다. 치료자는 그가 팀원들과 더 효과적으로 일하고, 일을 끝마치며, 그가 가치 부여한 것을 더 명확히 하기 위해 "상향 관리"에 집중하는 것을 제안했다. 그는 생산적인 업무와 부정적 비교 사이에서 선택해야 했다.

유사하게, 내담자는 타인을 평가절하함으로써 기분이 좋아진다는 아이디어를 검토할 수 있게 되었다:

> "당신의 기분이 더 좋아진다는 증거는 무엇인가요? 혹은 당신이 스스로 시기심을 느낄 때, 분노, 불안, 심지어 우울을 느끼나요? 당신은 부정적인 목표보다 긍정적인 목표에 중점을 둠으로써 기분이 더 나아질 수 있나요? 당신이 지금 하는 것 중에 보상을 받을 수 있는 건설적인 것은 무엇인가요?"

사회비교의 중요성은 다음과 같이 평가될 수 있다:

> "스스로를 타인과 비교하는 것의 불이익은 무엇인가요? 당신은 무엇을 얻기를 바라나요? 만약 스스로를 비교하는 것보다 긍정적인 목표와 가치에 집중하는 것을 선택한다면, 당신이 할 수 있는 것이 무엇인가요? 그 선택이 어떻게 도움이 되나요? 사회비교보다 긍정적인 목표에 집중한다면 불리한 것이 있나요?"

치료자는 내담자의 판단을 평가하는 데 관여하는 것보다 관찰하기와 깨닫기에 집중하도록 도울 수 있다. 예를 들어 내담자는 "사라는 나보다 앞서가요" 혹은 "나는 실패할 거예요"라고 말하기보다 "상사가 사라를 칭찬했다는 것을 알게 되었어요"라고 말할 수 있다. 또는 내담자는 이러한 관찰을 확장하여 "나를 포함한 많은 사람들은 일을 잘해요"라는 사실에 주목할 수 있다. 심지어 "사라의 업무는 나보다 더 월등해요"와 같은 평가는 "사라는 보고를 했고, 나는 클라이언트를 만났어요"에 의해 없어지고 대체될 수 있다. 치료자는 그들이 만드는 모든 평가형 판단을 관찰하기 위해서 내담자에게 질문할 수 있는데, 내담자는 평가하기보다, 행동 관찰을 기록할 수 있다: "클라이언트와 대화했음", "톰에게 그의 주말에 대해 질문했음", "회의에 참석했음". 생산적 활동에 재초점을 맞추면서 관찰하고 행동을 설명하며 특정한 상황을 기록하는 것과 평가하지 않는 말을 통해 내담자로 하여금 동기부여되기 위해 사회비교나 판단이 필요하다는 생각을 시험해볼 수 있게 할 수 있다.

사례개념화 발달시키기

[그림 11.2]는 치료자가 내담자를 치료적 모델로 사회화하도록 돕고, 변화의 목표를 확인하도록 돕는 사례개념도를 보여준다. 사례개념화는 우월한 계급, 선택적 적합성, 지배적 상태의 장점에 대한 진화적 모델에서 시작된다. 또한, 진화적 모델은 지배의 등장과 자원의 희소성을 가정한다. 생각해봐야 할 문제는 부족을 가정한 모델을 추구하는 것이 현재 상태에 긍정적인 영향을 주는가이다. 개인은 현재 지배하는 것에 대한 장점을 어떻게 가정하는가?

또한, 치료자와 내담자는 가족의 기원에서 지위(그리고 정의된 방법)의 강조를 확인할 수 있다. 예를 들어, 내담자의 부모는 운동, 신체적 아름다움, 지적 성취, 공격성, 또는 인기/사회적 지위를 강조했는가? 내담자가 아동 또는 사춘기일 때 또래집단의 지위 차원은 어떠했는가? 내담자는 유년시절 동안 또래 또는 형제자매보

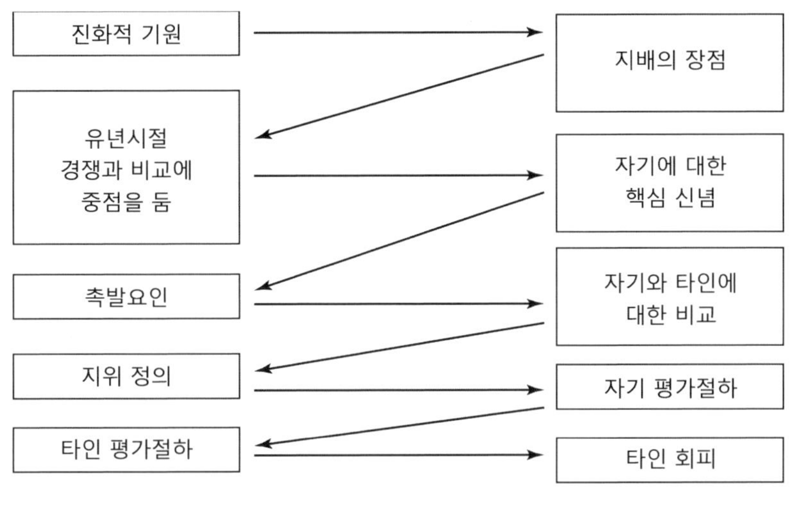

[그림 11.2] 시기의 사례개념화

다 낮은 지위를 유지했는가? 만약 그러하다면 어떻게 그 상태를 보상하려고 시도했는가? 예를 들어, 내담자가 그 상태를 회피하려고 했거나, 개선을 위해 열심히 노력했거나, 다른 연합을 형성하였거나, 또는 반항하였는가? 내담자는 안정감을 위해 누구에게 의지하려 했는가? 내담자는 자기와 타인에 대한 어떤 핵심 신념을 개발했는가? 예를 들어, 내담자는 열등함, 결함, 소외, 매력, 이상함, 무기력, 또는 특별함을 통해 자신을 바라보는 법을 배웠는가? 그리고 타인을 다른 판단, 거부, 비판적, 교묘함, 경쟁, 굴욕감, 양육, 또는 수용으로 보았는가?

내담자의 지위와 타인의 시기에 대한 불안의 촉발요인은 무엇인가? 그 또는 그녀가 다른 사람의 성공에 대해 들을 때 그는 시기를 느끼거나 위협을 느끼는가? 내담자는 자신의 진보가 좌절될 때 시기를 느끼고 다른 사람과 비교하는가? 이러한 다른 사람들은 누구인가? 내담자는 하향비교하는가 아니면 주로 상향비교를 하는가? 자기가치는 지위의 관점에서 정의되는가? (예를 들면, 나는 뒤떨어지고 있다, 나는 패배자야, 나는 실패하고 있다.) 내담자는 사회적 세계를 주로 계층 구조 또는 올라야 하는 사다리로 보고 있는 있는가? 의미 있는 삶의 다른 측면이 희생될 정도로 더 높은 지위를 갖는 것에 관심이 있는가? 예를 들어, 성공에 대한 걱정이 가정생활, 친구와의 관계, 수면의 상실, 건강, 스트레스에 영향을 미치는가? 내담자에게 그 순간 누군가의 높은 지위는 반드시 자신을 낮게 평가해야 한다는 뜻이라고 믿는가? 내담자는 지위와 독립적인 자아개념이나 자기 가치의 다른 측면을 설명할 수 있는가? 내담자는 다른 개인의 성공에 어떻게 반응하는가? — 회피, 비판, 비꼼, 안심의 추구, 자기비판 등으로 반응하는가? "더 성공적인" 사람들이 홀대하는 다른 이들에게 재확인을 추구하면서 더 높은 지위를 달성한 사람을 평가절하하였는가?

이러한 사례개념화는 회사에서 높은 지위를 얻은 동료가 주위에 있을 때, 불안하고 분노하며 낙심하는 내담자에게 사용되었다. 치료자는 우월과 지위는 대부분 집단의 한 부분이고, 진화는 지배적인 지위를 선택하였으며, 진화의 압력은 진화적으로 관련있는 환경에서 심각한 부족이 기준이 되었다고 설명하였다. 그러나 이러한 심각한 조건은 더 이상 존재하지 않는다. 그래서 지위에 관한 이러한 경향은 오늘날 상대적으로 적게 관련되어 있다고 여겨진다. 내담자는 그의 어머니가 어떻게 지위와 성취를 강조했는지 설명했고, 종종 그의 놀이활동과 우정에 대해 어떻게 결정을 내려주는지 설명했다. 그는 그를 외부자로 취급하는 아이들에 의해 하찮은 존재가 된 것처럼 느꼈는데 이러한 정서는 어머니의 승인을 더 구하는 행동으로 이어졌다. 사회적 지위는 그가 끊임없이 추구하는 학업 성취도에 의해 정의되었으나, 그는 여전히 다른 사람들이 자신을 지겹고 재미없어 하며 "우리의 일부가 아니야"라고 생각한다고 느꼈다. 그는 자신의 소속감의 결여가 그의 기본적 결함인 "개성의 결여"라고 보았고, 그것은 그를 더 회피적이며 사회적 불안을 느끼는 존재로 만들었다. 그는 끊임없이 사람들과의 관계를 원하지 않고, 거절했으며, "꼭대기에 도달"할 수 없다는 생각에 사로잡혔기에 계속해서 대인관계의 형성을 망설였고, 이는 그가 사회적으로 일을 시작했을 때 직장에 완전히 소속되지 못하게 했다. 그는 꼭 정상에 도달하는 것만이 안전할 것이라고 믿었다. 그의 시기를 촉발하는 요인은 타인의 성공 또는 동료가 프로젝트에 포함되어 있다는 것을 듣는 것이었다. 그는 그들의 성공이나 성취를 통해 그의 하찮은 상태가 드러난다고 해석했다. 그의 시기는 우울한 시기이었고, 무력감, 후회, 자기비판, 슬픔으로 특징지어졌다. 그는 그의 "참되 가치"를 인지하지 못하는 "시스템의 불공정함"에 대해 더 큰 분노를 표현했다. 이것은 지나친 우울 사고로 이어졌다. "왜 나야?" "내가 포함되지 않았다는 것을 믿을 수 없어. 여기서 나의 미래가 있을까? 나는 계속해서 하찮은 존재가 될 것이고, 절대 성공할 수 없을 거야." 이러한 사례는 이 장에서 설명된 많은 기법들을 적용하기에 매우 가치있는 것이다.

시기를 가치에 연결

시기는 자신이 가치를 두는 것에 있어 뒤떨어지는 것을 의미한다. 예를 들어 누군가 더 좋은 테니스 선수가 되는 것을 가치 있게 생각하지 않는다면 어떤 사람이 더 나은 선수라는 것을 듣는 것에 시기를 느끼지 않을 것이다. 그러나 만약 재정적인 성공을 "가치 있는 기준"으로 보거나 "성공이나 실패"의 척도로 본다면, 그 사람은 재정적으로 성공한 사람들을 쉽게 부러워할 것이다. 또한 자기평가도 가치와 관련되어 있다. 예를 들면 다른 무엇보다 인기 있는 것에 가치를 둔 개인은 자신이 하찮은 존재라는 정서를 느낄 때 쉽게 무너질 수 있다. 치료자는 타인의 지각된 성공에 의해 위협되는 가치가 어떤 것이 있는지 물어볼 수 있다. 내담자가 특정한 가치에 지나치게 중점을 두는가? — 예를 들면 인기, 재정적 성공, 인식, 혹은 신체적 매력과 같은 것. 내담자는 어떤 다른 가치를 지니는가? 내담자의 가치체계는 무엇인가?

치료자: 마치 이 직함이 당신의 인간으로서의 가치를 정의하기라도 하는 것처럼, 당신은 회사에서의 직함에 중점을 두는 것처럼 보여요.

내담자: 네, 저도 알아요. 하지만 이것은 저에게 중요해요.

치료자: 목표를 가지고 의식하는 것은 좋아요. 하지만 저는 당신이 어떤 다른 가치를 지니고 있는지 궁금해요. 예를 들면 당신의 가치체계에서 가족의 안녕은 어디쯤 위치하고 있으며, 당신은 아내와 아이들과의 관계를 어떻게 생각하나요?

내담자: 그들은 더 중요해요. 하지만 전 업무로 바빴고 출세하지 못한 것에 대해 우울해 있었어요.

치료자: 당신의 육체적, 정신적 건강은 당신의 가치체계 어디쯤에 있나요?

내담자: 저는 많은 어려움을 겪었죠. 전 운동하지 않았고 과식했죠. 아내는 제가 너무 과음한다고 생각했어요. 어쩌면 전 그랬을 거예요.

치료자: 당신의 가치체계에서 좋은 친구가 되는 것에 대해 어떻게 생각하나요?

내담자: 전 친구들과 연락이 끊겼어요.

치료자는 내담자가 초점을 맞추는 가치가 무엇이든 잘 하는 것이 중요하다고 생각하고 있다고 단언할 수도 있다. 하지만 수행이나 지위에 대한 강조가 다른 가치들을 몰아내지 않았는지도 확인할 수 있다.

> "만약 당신이 지금 걱정하는 가치 이외에 다른 가치에 중점을 두려고 시도했다면 어떠했을까요? 만약 당신이 가족과 더 좋은 관계를 가졌다면, 그리고 그것을 가치있게 여겼다면, 혹은 친구와 당신이 연락을 주고받았다면, 그리고 그것을 당신이 가치 있게 여겼다면 아마 당신에게 무언가를 의미하는 다른 가치들을 성취할 수 있었을 거예요. 만약 당신이 모든 것을 제외한 채 하나에만 중점을 둔다면, 당신은 관점을 잃어버릴지도 몰라요."

게다가 직장에서 내담자의 성공에 대한 가치는 "성실성" 혹은 "업무의 성취"로 재구성될 수 있으며 이것은 지위로부터 분리될 수 있다. "단순히 지위로서 스스로를 측정하는 것보다 당신이 매일 하는 업무에서(성취한 것) 자부심을 가지는 것이 가능한가?" 예를 들어, 진술한 바와 같이 사례개념화를 한 내담자는 지위에 대한 염려에서 업무를 완성하고 도전할 기회를 찾는 것으로 초점을 바꿀 수 있었다. 유사하게, 지위로서 외모에 과도하게 집중하는 것은 "타인에게 보상을 주는 것"으로 재구성될 수 있다.

성공과 실패 해체하기

시기하는 사람은 성공과 실패를 이분적으로 전부이거나 혹은 아무것도 아니라고 해석할 확률이 높다: "나는 성공자이거나 실패자이다." 성공은 개인이 소유하는 특성 자질로서 보여질 수 있다. 아마도 이것은 수정할 수 없는 것 중에 하나일 것이다. 그에 반해, 치료자는 다양한 시간과 다양한 과업에 관해 성공과 업무 수행에는 여러 가지 범위가 있다는 것을 제안할 수 있다. 치료자는 다양한 시기의 다양한 행동에 대한 몇 개의 관점에 따라 성공을 평가하기 위해 연속적 기술을 사용할 수 있다.

치료자: 당신은 성공과 실패를 전부 혹은 아무것도 아닌 상태라고 보는 것 같아요. 또한 당신은 스스로에게 "성공" 혹은 "실패"의 꼬리표를 붙이고요.

전 그것이 옳은 건지 궁금하네요. 당신이 의사에게 진찰 받으러 간다고 상상해봐요. 그러면 그녀는 "당신의 검사 결과는 좋았고 매우 건강한 것처럼 보여요. 하지만 우리는 당신이 인간으로서 실패자라는 것을 검사에서 발견했어요"라는 것이 맞는 말인가요?

내담자: (웃으면서) 아니요, 터무니없는 것처럼 들리네요.

치료자: 하지만 당신은 가끔 스스로에 대해 저렇게 말해요. 만약 우리가 당신에게 10가지 다른 임무나 행동의 종류에 대해 0부터 100까지 점수를 매긴다면 어떤가요? 예를 들어 고객과 일했을 때 당신은 얼마나 성공했나요?

내담자: 네, 저는 아주 잘했어요. 몇몇 고객은 절 좋아해요.

치료자: 네, 만약 우리가 당신과 일했던 마지막 5명 고객과 어떻게 했는지 본다면, 그들은 당신에게 어떤 점수를 줄까요?

내담자: 80점에서 90점 사이인 것 같아요. 전 꽤 잘했다고 생각해요. 완벽하지는 않지만요.

치료자: 그리고 전 당신이 1명의 고객과 관계를 할 때 많은 행동들이 연관되어 있다는 것을 알 수 있어요. 아마도 당신은 매일 각각의 행동 등급에 따라 스스로를 평가할 수 있을 거예요. 당신의 성과가 날마다, 고객에 따라, 행동에 따라, 업무에 따라 다르다고 할 수 있나요?

내담자: 네, 몇몇 고객들과 일하는 것은 더 쉽고, 프로젝트 중 몇몇은 매우 복잡해요.

치료자: 만약 당신의 성과가 매우 달라진다면, 모두에게 "성공" 또는 "실패"의 전반적인 꼬리표를 달 수 있을 것이라고 생각되나요?

내담자: 아니요, 너무 멀리 간 것 같아요. 그것은 제가 무엇을 하는가에 달려 있어요.

치료자: 만약 당신이 "성공"이라는 꼬리표를 붙인 이 사람의 성과에 대해 점검했다면 당신은 많은 가변성을 찾을 수 있을까요?

내담자: 네, 그가 그리 잘하지 못하는 것들도 몇 가지 있죠. 사실, 제가 더 잘하는 몇 가지가 있어요. 하지만 다시 말하지만 때에 따라 다르죠.

치료자: 어쩌면 우리는 당신이 방금 말한 것에 주목할 필요가 있어요. "때에 따라서요."

연속적으로 보여지는 다양한 성공의 정도와 같이, 과제를 실패했다는 정서적 반응은 좌절감과 자신이 결함이 있다고 생각하는 것 이외에 다른 정서를 유발할 수 있다. 치료자는 업무에서의 결과가 호기심과 도전, 배울 기회를 이끌어 내는 학습 경험으로서 보여질 수 있다고 제안할 수 있다.

시기를 우울하거나 혹은 분노하는 사고인지 점검하기

시기가 순간적인 정서인 경우는 드물다. 시기하는 개인은 곰곰이 생각하고, "불공평"의 감각을 계속 생각하며, 그들 자신의 분함에 집중하는 경향이 있고, 그들 자신의 "성공의 결핍"을 누군가의 성공에 의한 부정적인 영향으로 사고하는 경향이 있다. 예를 들어, 승진에서 제외된 남성은(초반부에 언급됨) 그의 동료를 시기하는 생각을 하며 주말의 일부 시간을 보낼 수도 있다. 게다가, 그러한 사고의 본성은 우울과 분노이다. "패배감"과 "굴욕"에 중점을 두고, 그는 자신이 얼마나 뒤떨어졌으며, 어떻게 함정에 빠졌는지, 어떻게 실패하게 되었는지 깊이 생각할 수 있다. 다시 말해 이런 사고는 분노의 정서를 활성화시킨다 — 심지어 보복의 욕망까지도. 시기하는 사람은 부정적인 생각의 반복에 갇혀 타인으로부터 고립되며 자신의 삶이 보상받을 수 있는 측면으로부터 분리될지도 모른다.

염려 혹은 반추의 어떠한 형태와도 마찬가지로, 통합적-인지적 행동 접근은 도움이 된다. 이것은 다음의 단계를 포함한다. (1) 문제적 대처의 자기-지각을 증가시키기 위해 사고의 예를 확인하고 추적하기, (2) 사고의 비용과 이익을 평가하기, (3) 사고가 생산적인지 질문하기(예, 사고가 가치 있는 목표에 접근을 하는가?), (4) 만약 비생산적이라면 내담자의 통제를 넘어 "수용"될 수 있는 불공평, 불완전, 혹은 불평등이 있는지 질문하기, (5) 사고의 시간을 따로 설정하기(내담자가 어느 시간에 인지적-행동적 기술을 사용할 수 있는지), (6) 어떤 생각이 타인의 성공의 결과로 촉발되는가에 대해 질문하기, (7) 이러한 사고에 어떻게 도전할 수 있는가에 대해 질문하기가 있다.

예를 들어, 몇몇 개인들은 타인의 성공이 그들 스스로의 실패를 의미하며, 이 성공한 이들(그리고 보편적인 다른 이들)이 그들을 덜 생각한다고 믿는다. 특히 타인이 성공할 만한 자격이 없다고 보여질 때, 그들은 스스로 행복할 수 없다고 믿는다. 이러한 사고는 비용편익의 관점과 이를 뒷받침하는 증거로 점검될 수 있고 대안적 해석이 제공될 수 있다. 예를 들면 "다른 사람이 성공했다면 난 실패했다"라는 생각을 시험해볼 수 있는 것이다.

> "당신이 하는 모든 것이 아무런 가치가 없다는 의미인가요? 당신과 연관된 긍정적 행동들은 무엇이 있을까요? 당신은 모든 것 혹은 아무것도 아닌 것으로 성공과 실패를 바라보고 있나요? 만약 당신이 '성공하는' 다른 사람의 행동들을 봤다면, 그런 행동들을 매일 따라할 것인가요?

"다른 사람들은 내 실패에 대해 생각한다"라는 사고 또한 검증될 수 있다.

> "당신은 마음을 읽을 수 있나요? 당신은 어떻게 사람들이 지금 무슨 생각을 하는지 알 수 있죠? 당신은 항상 다른 사람과 그들이 무엇을 하고 있는지에 대해 생각하나요? 모든 사람의 지위에 대해 생각하고 있지 않다면 당신은 무엇에 대해 생각하고 있나요? 당신은 타인이 성취하는 것을 자기 것으로 만드나요? 타인의 성공은 당신과 무관할 수 있나요?"

"만약 타인이 나보다 더 잘한다면 나는 행복하지 않을 거야"에 대한 사고도 검증될 수 있다.

> "만약 어떤 사람이 낫다면 그것은 다른 누구도 전혀 기쁠 수 없다는 것을 의미하나요? 당신은 승진하지 못했지만 즐거운 행동에 참여하는 다른 사람을 아나요? — 누가 행복한가요? 당신을 불행하게 만드는 것은 타인의 성공인가요? 혹은 당신이 개인화하고, 마음을 읽으며, 스스로를 판단하고 생각하는 경향인가요? 당신의 쾌락과 지배에 대해 일주일에 한 시간씩 생각한다면, 당신이 경험하는 쾌락과 지배가 있다는 것을 알게 될 거예요."

우울한 반추를 대체하는 방법은 현재 순간에 대한 마음 챙김을 인식하는 것이다. 예를 들어, 내담자는 과거의 상처 혹은 불평등에 대한 현재의 정서를 반추하는 것보다 호흡을 연습하거나 현재 환경에 대한 마음 관찰을 할 수 있다. 게다가, 이전 장에서 언급한 것처럼, "분리된 마음 챙김"의 메타인지 기술 — 심사숙고적 사고를 가지고 있지 않은 전화 통화 혹은 누군가 타지 않기로 선택하는 기차라고 생각하고 관찰하기 — 은 침투적 사고와 얽혀진 것으로부터 개인을 분리하도록 돕는다(Wells, 2009). 또한 개인은 현재의 순간 동안 다른 생산적 활동이나 즐거운 행동에 중점을 둘 수 있다. 예를 들어 개인은 다른 사람의 성공에 중점을 두는 것보다 운동하기, 아이들과 놀기, 책 읽기, 산책하기 등과 같은 즐거운 활동으로 에너지를 소비할 수 있다. 또는 성공이나 지위의 주제와 연관되지 않은 다른 프로젝트에 공을 들일 수도 있다. 시기에 대한 침투적 사고의 발생은 그 생각에 대한 지속적인 집중을 필요로 하지 않는다.

시기를 존경과 경쟁으로 변화시키기

이 장 초반에 언급한 바에 따르면, "상냥한 우울"은 자신을 더 낫게 만드는 동기로 사용될 수 있다. 즉, 그것은 시기에 대해 심사숙고하는 것 대신 개인이 정서를 인식하고, 일반화하며, 타당화하고 구조적으로 사용하는 것이다. 예를 들어, 누군가가 승진하는 것을 관찰하는 사람은 그 순간에 시기하는 정서를 인식할지도 모른다. 여기서 논하는 바에 의하면 정서는 일시적이기 때문에 강조점은 "현재 순간에" 있다. 그 정서는 다른 경험이나 다른 정서가 발생할 때 줄어들게 된다. 다음 단계는 시기를 다른 사람의 기술이나 성공에 대한 존경의 일부로 재구성할 수 있다. "저는 그들이 얼마나 생산적일 수 있고, 가치 있는 관계를 형성하는지 칭찬할 수 있어요." 칭찬은 개인적인 경쟁력을 개발하고 효과적인 롤 모델을 설정하는 데에 중요한 요소이다. 누군가는 자신이 존경하는 사람을 찾을 수 있다. "칭찬"은 "시기"보다 더 긍정적인 통합이다. 즉, 그것은 타인의 기술이 자신에게 가치있을 수 있음을 인식하고, "시기"에 수반되는 부정적 영향 없이 그들을 관찰(칭찬)할 수 있도록 한다. 세 번째 단계는 경쟁의 도구로 사용될 수 있다는 것이다. 예를 들어, 한 사람은 자신에게 질문할 수 있다. "나는 어떻게 저 기술들을 성취하는 전략을 짜서 나의 위치를 향상시킬 수 있을까?" 이것은 시기의 생산적 사용일 것이다.

예를 들어, 누군가의 승진에 대해 계속 반추하는 개인의 사례를 살펴볼 수 있다. 그는 초점을 바꿔서 다른 사람이 드러낸 기술을 알아낼 수 있다. 이러한 것은 그에게 목표 행동이 되었고, 그를 시기하는 대상과 상호작용을 피하는 사람에서 시기하는 대상을 관찰하고 그로부터 배우기 원하는 사람으로 변화시켰다.

관점에 지위 더하기

시기는 종종 특정한 계층제 내에서 지위를 과대평가하는 경향의 결과이다. 지위계층은 거의 항상 "지역적"이다. 그 의미는 일반적으로 작은 준거집단 내에 있는 사람들만이 자신들의 체계가 무엇인지 안다는 것이다(De Botton, 2004). 하지만 시기를 경험하는 사람들은 그들의 특정한 지위가 모두에게 알려져 그 체계가 인간으로서의 궁극적 가치를 반영한다고 믿는다. 승진에서 제외된 남성은 이러한 견해를 밝혔다. "만약 누군가 나보다 먼저 승진이 된다면, 그것은 내가 실패자라는 것을 의미한다 — 나는 아무것도 아니고 그렇다면 '계속 하는 것은 아무 의미가 없다'고 생각한다." 그는 "직장에서 일할 때 모두들 내가 승진에서 제외되었다고 생각했다 — 나는 패배자다"라고 계속 말한다. 지위는 보통 전부 혹은 아무것도 아닌 용어로 보여진다 — "당신이 가지고 있거나 가지고 있지 않은 것"으로. 또한 이것은 사람들이 항상 생각하고 있는 것처럼 보여진다.

이것에 접근하는 것은 "지위"가 의미하거나 의미하지 않는 것을 점검하는 것이다. 예를 들어, 사무실 문화 내에서의 지위는 사람이 소유하는 사무실의 종류, 사람이 받는 보상, 혹은 그 또는 그녀에게 할당된 책임을 의미할지 모른다. 하지만 "높은 지위"를 가지고 있지 않더라도 개인은 여전히 유능한 작업을 할 수 있고, 여전히 타인과 상호작용을 할 수 있으며, 여전히 보상을 받을 수 있다. 그리고 여전히 사무실 밖의 삶도 가질 수 있다. 치료자는 이렇게 물을 수 있다:

> "사람들이 항상 당신의 지위에 대해 생각하는 것이 일리가 있다고 생각하나요? 그들은 어떤 다른 것을 생각하고 있을까요? (질투를 유발한 특정한 사건) 전에, 당신이 지위 외에 생각한 것들이 있나요? 지위가 상황을 넘어 일반화될 수 있나요? 예를 들어 만약 당신이 동료 그룹 내에서 높은 지위를 가지고 있다면, 당신이 인생의 모든 상호작용에서 높은 지위를 가지고 있는 건가요? 당신이 친구나 가족과 어울릴 때, 이 상호작용에서 즐겁고, 지위를 포함하지 않는 측면이 있다고 생각하나요?"

또한 치료자는 이렇게 물을 수 있다. "지위가 존재하지 않을 경우, 당신은 직장에서 효과적으로 일하기, 친구 사귀기, 친밀함 가지기, 재미 추구하기를 할 수 있나요?" 타인의 인지된 지위를 시기하는 내담자는 즐거움과 숙련을 경험할 때, 모든 것이 혹은 어느 것이든 지위와 관련되어 있는지 점검할지도 모른다. 예를 들어, 치료자는 "당신이 아이들과 놀고, 친구들과 이야기하며, TV를 보고 운동경기를 즐기며, 맛있는 음식을 먹고 혹은 아내와 성관계를 가질 때 지위 때문에 기쁨을 얻나요, 아니면 다른 것 때문에 기쁨을 얻나요?"라고 물을 수 있다.

시기를 경험하는 많은 사람들은 삶을 경주("나는 뒤떨어져")라고 바라보거나 올라야 하는 사다리로("그녀는 나보다 위에 있어") 바라본다. 이처럼 삶을 "성공"과 "경쟁"에 비유하는 것은 개인에게 실재하는 경주나 단계가 있다는 신념, "출세하기"가 필요하다는 신념을 준다. 이는 경주의 앞자리나 단계의 제일 앞자리에 있지 않는 사람은 비참한 사람이 된다는 것을 암시하고 있다. 치료자는 내담자가 이러한 비유를 확인하고, 이러한 관점에서 자기(self)와 삶을 보는 것의 비용과 편익을 점검할 수 있다.

> "만약 우리가 거리로 나간다면, 그 경주가 시작된 것인가요? 다른 경주에는 다른 사람들이 있나요? 만약 누군가 가만히 서 있다면, 그들은 뒤떨어지는 건가요? 모두의 삶을 그런 방식으로 볼 수 있나요? 이러한 은유가 삶에서 중요한 부분을 무시하는 경향이 있고, 모든 것이 이루어지고 있지 않은 것에 스트레스를 받게 하며, 타인의 의견에 대한 과도한 걱정을 하고, 자기비난을 하게 하지는 않나요? 만약 다양한 보상적인 행동이 있고, 의미 있는 다양한 종류의 경험이 있다는 것으로 이러한 은유를 바꿀 수 있다면 어떨까요? 예를 들어, 목표를 달성하기 위해 팀을 이루어 함께 일하는 것으로 바꿔보면 어떨까요?"

지위에서 경험으로 초점 변화시키기

Erich Fromm은 *To Have or to Be*[소유냐 존재냐](1976)에서 존재의 두 가지 방식을 비교한다. 한 가지 방식은 성취, 통제, 습득, 지배에 중점을 두고("가지는" 방식), 다른 것은 경험과 상호작용("존재하는" 방식)에 중점을 둔다. 가지는 방식은 경쟁 및 지배체계와 승리, 패배를 통해 한 사람의 의미를 정의하는 것에 중점을 둔다. 이는 불만, 지위의 상실에 대한 염려, 시기에 기여한다. 이러한 방식에 과도하게 집중하는 개인들을 의미 있는 경험에 중점을 두고 현재의 순간을 유지하면서 상호작용하며, 감사하고, 간단하고 보편적인, 의미 있는 경험들을 가지면서 존재하는 방식으로 변화되도록(적어도 부분적으로) 격려할 수 있다. 예를 들어, 치료자는 자신의 존재를 다른 형태로 고려할 만큼 지배계층에서 지위에 대해 과도하게 염려하는 내담자에게 다음과 같이 제안했다.

치료자: 삶에 접근하는 두 가지 방식이 있어요. 한 가지는 성취와 성공에 중점을 두고, 나머지 하나는 경험과 상호작용에 중점을 두는 거죠. 예를 들어, 만약 당신이 경험하는 것에 중점을 둔다면 당신은 음악 감상, 아내와의 추억 회상, 아이들과 놀기, 수영하기, 숲 속을 산책하기 등을 할 수 있어요. 저는 당신의 삶에서 이러한 것들을 경험하고 있는지 궁금하네요.

내담자: 제 생각에는 그다지 그렇지 않은 것 같아요. 저는 업무와 화나는 감정에 집중하거든요.

치료자: 그렇군요. 이것은 고려해봐야 할 문제인 것 같아요. 예를 들어, 만약 아이들과 노는 것에 집중한다면? 당신은 그 경험에 대해 어떤 느낌이 드나요?

내담자: 제 생각에는 저는 많은 시간을 주로 업무에 쓰고 있어요. 전 딸아이와 노는 것을 좋아해요. 아이는 6살이고, 축구공을 차고 바보처럼 행동하는 것을 즐거워해요. 그리고 웃는 걸 좋아하죠. 내 딸은 웃음이 많아요.

치료자: 그래서 당신은 그 순간을 회상하고 있군요. 어떤 감정이 드나요?

내담자: 좋아요. 하지만 약간 죄책감이 들어요. 왜냐하면 전 딸아이와 많은 시간을 보내지 않거든요. 다른 아이들도 마찬가지고요.

치료자: 음, 그러한 시간을 더 가져야 할지도 몰라요. 그렇게 생각하지 않나요? 당신이 딸의 관점으로 세상을 볼 수 있다면 — 현재의 순간에 존재하기, 업무를 벗어나서 놀기, 처음 보는 것을 상상하기 — 이것들은 당신에게 어떤가요?

내담자: 처음으로 보는 것이요? 그게 무슨 뜻이죠?

치료자: 음, 당신은 음악을 좋아하죠. 당신이 처음으로 즉 이전에 들어본 적 없는 가장 좋아하는 음악의 한 부분을 듣고 있다고 상상해 보세요. 당신은 감탄을 느낄지도 몰라요. 집중해서 듣게 되겠죠. 경외감이 들겠죠.

내담자: 전 예전에 그렇게 느꼈었죠.

지위에서 자기개념 구별하기

시기와 지위에 사로잡히는 것은 종종 특별한 순위나 지위를 자신의 자기 개념과 동일시하는 것을 의미한다. 예를 들어, "난 상무이사이다", "난 교장이다", "난 감독이다"는 모두 자신을 이름 또는 지위와 동일시하는 느낌을 전달한다. "나는 승진이 되지 않았기 때문에 아무것도 아니야"라고 믿는 내담자는 그의 자기개념을 새로운 순위와 동일시한다. 치료자는 이러한 신념을 다음과 같이 점검하도록 할 수 있다.

> "만약 당신이 승진이 되지 않았기 때문에 아무것도 아니라면, 그것은 만약 당신이 승진이 되었더라도, 승진되기 전에는 아무것도 아니었다는 것을 의미하나요. 이것은 일리가 있나요? 그들은 '아무것도 아닌 것'을 승진시켰나요? 승진된 사람은 '아무것도' 아닌가요?"

치료자는 내담자에게 지난 2년간 그가 경험한 모든 다양한 역할과 경험들을 묘사하게 함으로써 자신에 대한 이러한 이분법적 시각에 대해 더 물을 수 있다.

치료자: 전 당신의 삶에서 자신의 역할들을 어떻게 설명할 수 있는지 궁금해요. 예를 들어, 당신은 남편, 아버지, 형제, 친구, 지역사회의 구성원, 당신의 첫째 아이의 팀 코치, 배우는 사람, 운동을 즐기는 사람, 책을 읽는 사람, 운동하는 사람, 영적인 삶을 가지고 있는 사람이지 않나요?

내담자: 많은 역할들이 있네요. 어디서부터 시작해야 할지 모르겠어요.

치료자: 가족에서부터 시작해보죠. 그들과 함께하는 일들이 무엇인가요?

내담자: 전 아들과 축구를 해요. 주말에는 자전거를 타죠. 잘 모르겠어요. 영화를 같이 보던지, 함께 걷고, 웃어요. 전 아이들의 숙제를 도와줘요.

치료자: 그렇다면 당신이 가진 모든 역할로 우리의 토론을 확장한다면, 당신이 가지고 있는 모든 경험은 지위와 연관되나요?

내담자: 그렇진 않죠. 이것은 인간으로서 존재하는 것의 한 부분에 더 가까워요.

치료자: 자신이 승진되지 않았기 때문에 "아무것도 아니다"라고 생각될 때 이것을 명심해 보세요.

인간을 보편화하기

시기는 사람을 높고 낮은 지위로 나누고, 종종 낮은 지위에 있는 사람들을 격하시켜 덜 가치있는 존재로 인식되도록 하는 신념에 의존한다. 시기하는 마음은 사람들을 이렇게 나누어 보게 한다. 몇몇은 덜 가치 있어 보이고, 다른 사람들은 더 자격이 있어 보인다. 사람을 지위를 통해 나누는 것과 다르게, 시기하는 사람을 통해 인간의 보편적 본성에 대한 가능성을 고려할 수 있게 한다. 계층에 도전하는 것은 인간의 공통점 찾기를 포함한다:

> "당신보다 돈이 없고, 성공하지 못했으며, 지위가 낮은 사람을 알고 있나요? 그 사람들에 대해 생각해봅시다. 그들은 부모님이 있나요? 그들이 어렸을 때 무엇을 했다고 생각하나요? 그들은 어떻게 친구들을 사귀었죠? 그들이 축하할 기념일이 있나요? 그들이 아이들과 이야기할 때, 그들은 무엇에 대해 얘기하나요? 그들은 무엇에 대해 웃고 우나요? 당신과 그들의 공통점이 무엇인가요?"

치료자는 내담자가 걱정하고 있는 특정 계층 구조에서 낮은 지위를 가진 사람들을 존중하고 사랑할 수 있는 방법을 찾도록 도울 수 있다. 예를 들어 고등교육을 받은 한 개인은 대학에서의 지위를 염려하고 있었는데 그는 자신이 어린 시절에 사랑했던 사람들을 되돌아봤다. "나는 브루클린이 살기 좋은 곳이 되기 전부터 브루클린에서 자랐어요. 우리는 불우했어요. 우리 부모님은 나치에서 벗어난 이주민이었어요. 나는 우리 아버지보다 더 많은 시간을 함께 보낸 할아버지를 기억해요. 음, 나는 그들을 사랑했어요." 다른 교육적인 수준, 소득 수준, 인종, 문화로부터 온 사람들과 연결되는 정서는 개인에게 "지위"를 제자리에 두도록 도울 수 있다.

보편적인 인류애의 생각을 확장하면, 치료자는 내담자가 매일 낮은 지위의 사람들에게 친절과 보상으로 대하도록 제안할 수 있다. 지위가 사람들을 나누고 소외감을 느끼게 할 수 있으므로, 낯선 이에게 친절을 베푼 후, 동정이 사람을 통합시키는 동안 내담자는 그의 안에서, 그리고 다른 이들의 안에서 정서들을 경험할 수 있다. 예를 들어, 잃은 지위에 대해 염려하는 한 내담자는 집을 잃은 사람들에게 돈을 주고, 그들의 눈을 바라보며, 그들이 잘될 수 있도록 격려하라고 지도받았다. 그녀는 그것이 그녀에게 있어서 정서적인 경험이라는 것을 발견하고, 그녀가 사람들보다 더 낫다는 것을 인식할 수 있도록 도와준다는 것을 발견한다. 게다가 그녀가 어떤 것을 다른 사람에게 줄 때 훨씬 더 행복하다는 것을 깨닫게 했다. 정서도식모델은 특정한 정서가 다른 정서를 "이길 수 있다"는 것을 제안한다. 이 사례에서 자신이 가진 것에 대한 친절과 감사는 지위에 대한 시기를 이길 수 있는 것이다.

감탄과 감사 실행하기

방금 언급한 것처럼 어떤 사람이 이미 가지고 있는 공감과 감사를 통해 지위에 대한 시기(자신이 가지고 있는 부족함이나 한번도 가져보지 않은 것들에 대한 시기)를 상쇄할 수 있다. 이러한 긍정적 정서는 한 사람의 생각을 넓힐 수 있고, 인지적 기능과 안녕의 감정을 향상시킬 수 있다(Fredrickson, 2004). "감탄"은 자신이 가진 것을 행운으로 아는 의식적 인식과 감사이다. "감사"는 자신이 경험한 행운에 대한 직접적인 감사를 수반한다. 내담자는 그 혹은 그녀가 현재 감사하는 삶의 측면으로 안내될 수 있다(업무, 친구, 아이들, 애인, 육체적 안녕 등에 대한). 게다가 내담자는 그들(부모님과 어린 시절 선생님과 친구들)이 내담자의 과거에 기여한 것에 대해 감사를 느낄 수 있다. 내담자는 그들이 사망한다고 할지라도, 매일 그들에게 감사한 점을 쓸 수 있다. 다시 말해서, 시기는 잃어버린 것이나 한번도 가진 적 없는 어떤 것에 중점을 두는 반면에, 감사는 자신이 지닌 행운으로 주의를 돌린다. 감사와 시기의 정서를 동시에 충족시키는 것은 어렵다. 치료자는 9장에서 설명한 것처럼 가치에 대한 감사 개입을 사용할 수 있다. 감사는 사회적 비교로부터 멀어지게 할 수 있고 자신이 끝나지 않는 경주에서 뒤떨어져 있다고 느끼는 것으로부터 멀어지게 할 수 있다. 이것은 이러한 비교와 경쟁을 자신이 가지고 있고, 경험하고, 살아내었던 것을 인식하는 것으로 대체한다.

반대행동 연습하기

변증법적 행동치료에서 개인의 현재 정서와 반대되는 행동하기 기술(Linehan, 1993,

2015; Linehan et al., 2007)은 시기에 대한 반응양식을 조정하는 강력한 개입방법이다. 예를 들어, 시기를 느낄 때 자기나 타인을 폄하하는 식으로 반응하지 않고, 시기하는 대상을 "사랑을 담은 친절"로 대하는 것이다. 이는 불교도들의 메타 바바나(Metta Bhavana) 행하기의 한 형태로서, 자기, 친구, 낯선 사람, 적, 모든 지각 있는 존재들에 대해 사랑을 담은 친절의 정서를 보이는 것이다. 시기를 느낄 때 시기를 느끼게 하는 사람이 잘 되기를 기원하는 것은 도저히 할 수 없는 일처럼 보일 수도 있다. 어쩌면 그 사람은 그런 기원이 불필요할 만큼 잘 살고 있을 수도 있다. 그러나 분노와 날선 시기에서 공감과 연민, 친절로 초점을 옮기는 것은 개인의 고통스러운 정서를 놓아버릴 수 있게 해주며, 보다 큰 심리학적, 신체적 안녕을 경험하게 한다(Ameli, 2014; Fredrickson, 1998, 2013; Fredrickson, Cohn, Coffey, Pek, & Finkel, 2008; Hawkley & Cacioppo, 2010).

치료자: 저는 당신이 분노와 슬픔, 노여움의 감정에 휩싸여 있는 것처럼 보입니다. 끊임없이 그런 감정들과 지내는 건 틀림없이 힘든 일일 것이라고 생각합니다. 우리는 이 감정들에 파묻히지 않게 도와주는 유용한 기술 중 하나가 자기와 타인을 향한 사랑을 담은 친절에 집중하는 것임을 알게 되었죠. 우리가 연민과 친절함을 느끼면서, 그와 동시에 슬퍼하고 화내기란 어렵습니다. 원하신다면 자신을 향한 사랑을 담은 친절을 실천해 보는 걸로 시작해봅시다. 눈을 감고 이렇게 말하고 있는 자신을 상상해 보세요. "내가 행복하기를 바랍니다. 내가 잘 되기를 바랍니다. 내가 안심할 수 있기를 바랍니다. 내가 평화롭고 편안하기를 바랍니다."

내담자: "내가 행복하기를 바랍니다. 내가 잘 되기를 바랍니다. 내가 안심할 수 있기를 바랍니다. 내가 평화롭고 편안하기를 바랍니다."

치료자: 이제 그 생각에 머물러 보고, 감정을 알아차려 봅시다. 어디에서 이런 감정을 느끼는지도 알아차려 봅시다.

내담자: 차분하고 평화로워요.

치료자: 네, 이제는 당신이 아끼는 친구와 가족을 떠올려 봅시다. 그리고 천천히 반복해 보세요. "당신이 행복하기를 바랍니다. 당신이 잘 되기를 바랍니다. 당신이 안심할 수 있기를 바랍니다. 당신이 평화롭고 편안하기를 바랍니다."

내담자: 네. 저는 제 남편을 생각하고 있어요. "당신이 행복하기를 바랍니다. 당신이 잘 되기를 바랍니다. 당신이 안심할 수 있기를 바랍니다. 당신이 평화롭고 편안하기를 바랍니다."

치료자: 자, 이제 당신이 시기를 느끼는 그 사람에게도 이 방법을 써 봅시다. 그 사람의 얼굴을 떠올려 보고, 그 다음엔 천천히 반복하면서 그 사람에게 친절의 감정을 향하게 해봅시다. "당신이 행복하기를 바랍니다. 당신이 잘 되기를 바랍니다. 당신이 안심할 수 있기를 바랍니다. 당신이 평화롭고 편안하기를 바랍니다."

내담자: 후, 이건 어렵겠는데요. 알겠어요. "당신이 행복하기를 바랍니다. 당신이 잘 되기를 바랍니다. 당신이 안심할 수 있기를 바랍니다. 당신이 평화롭고 편안하기를 바랍니다." 됐어요.

치료자: 이제 그 사람에 대한 사랑을 담은 친절함의 감정에 머물러 봅시다. 숨이 빠져나가는 것을 알아차리면서 그 사람에 대한 친절함도 내뿜어 보는 것입니다. 그 사람에게로 흐르는 친절함을 느껴보세요.

내담자: 네, 노력하고 있어요.

치료자: 네, 좋습니다. 이제 사랑을 담은 친절을 느낄 때, 그 감정을 자기 자신에게로 다시 되돌리면서 말해보세요. "내가 행복하기를 바랍니다. 내가 잘 되기를 바랍니다. 내가 안심할 수 있기를 바랍니다. 내가 평화롭고 편안하기를 바랍니다."

내담자: 네, 느껴져요.

시기를 없애는 과정에서 생기는 저항 다루기

어떤 내담자들은 시기와 관련된 생각, 정서, 행동을 없앨 수 없고 그러면 안 된다고 믿기도 한다. 앞서 언급하였듯이, 어떤 사람들은 시기가 무언가를 더 열심히 하게 하는 원동력이 된다고 믿는다. 또 다른 사람들은 시기를 통해 뛰어난 능력을 가질 수 있을 뿐 아니라 시기에서 기인한 불만족이 경쟁심을 더 불타오르게 한다고 믿는다. 시기란 그저 정서의 한 종류이며 정서를 바꾸는 것이 불가능하다고 믿는 사람도 있다. 또 어떤 이들은 시기를 포기하는 것이란 "어려움 앞에서 너무 빨리 도망쳐버리는 것"이라고 믿기도 하는데, 이들은 자신이 다른 사람만 못하다는 사실에 불편함을 느껴야만 하며, 시기해야 하는 실제적 이유가 있다고 믿는다. 혹은 시기를 변화시키는 것은 불평등을 받아들여야 한다는 의미이며, 자신이 불평등하게 대우받아도 된다고 허락한다는 의미이기 때문에 시기를 놓기를 원하지 않는 이들도 있다. 마지막으로, 시기를 통해서 자격이 없고, 자신이 받았어야 할 정당한 위계적 지위를 박탈한 사람을 본래 자리로 되돌려 놓을 수 있는 동력을 얻는다고 믿는 사람들도 있다.

우리는 이미 시기가 우리를 북돋아 준다는 주장을 점검해 보았다. 당연히 시기의 정서가 원동력이 되는 경우도 있겠지만, 그러한 주장은 시기 없이는 우리가 동력을 얻을 수 없다고 가정한다. 유능함으로 인한 자긍심 때문에, 일 자체에서 흥미를 느끼기 때문에, 성과 달성으로 인해 보상금을 받았기 때문에 매우 열심히 일하는 사람을 상상해보자. 이 중에 시기를 느끼는 사람은 아무도 없다. 만약 시기만이 우리를 고무시키는 유일한 수단이라면, 성과는 좋을지라도 그 과정에서는 비참하고 불안함을 느낄 수도 있다. 그리고 당연히, 어떤 사람이 열심히 했지만 다른 사람이 더 뛰어났다면, 주로 시기의 정서를 동력으로 삼는 것은 굴욕감과 패배감으로 귀결될 것이다.

"내가 느끼는 감정이 시기이므로, 난 시기해야 한다."는 주장은 정서란 바뀔 수 없음을 뜻하는 것일 수 있다. 그런 경우에 치료자는 "과거에 경험했던 부정적인 감정들 중에, 지금은 변화한 감정이 있습니까? 동일선상에서, 긍정적인 감정들 중에서 변화한 감정이 있습니까? 시기를 덜 느끼게 됐을 때의 장점은 무엇이라고 생각하나요?"라고 물어볼 수 있다. 흔히 경험하는 어려움에서 도망쳐 나오는 것과 관련하여, 시기를 느끼는 것은 우울과 분노로 빠지게 하는 덫과 같은 것일 수 있다. 치료자는 "어려움에 빠져 있는 것은 어떤 이점이 있습니까? 어려움에 빠져 있는 것 말고 다른 생산적이고, 다양한 범위의 의미와 보상을 경험하고, 어려움에 자신을 묶어두는 사고에서 벗어날 수 있다고 상상해 볼 수 있나요?"

다른 사람의 악의적인 방해 행위를 앙갚음하고자 하는 열망은 시기의 문제로 씨름하는 사람들에게 매우 강력한 정서일 수 있다. 이 장의 처음에 서술하였듯, 타인의 실패에서 기쁨을 느끼는 것(샤덴프로이데)은 보편적인 현상이다. 그러나 다른 사람의 불행에 대해서 계속해서 생각하는 것은 삶을 살아가는 과정에서 얻을 수 있는 가장 적절한 보상이라고 할 수는 없을 것이다. 경쟁자를 "적"으로 느끼는 것처럼 부정적인 목표에 초점을 맞추는 것은 일 자체가 주는 기쁨을 앗아갈지도 모른다. 앙갚음하려는 목적을 포기한다고 해서 세상이 공정하다거나 억울한 사람이 더 나은 대접을 받지 않아도 된다고 말하는 것이 아니다. 오히려 그렇게 함으로써 타인과 경쟁하는 데서 벗어나, 보다 생산적인 목표로 나아간다는 의미이다. 예를 들어, 일을 끝마치거나 타인이 실패하는 것을 상상하는 것보다 자신의 가족과 더욱 긍정적인 상호작용을 하는 데 초점을 두는 것은 불안을 덜 유발한다. "다음 중 어떤 명절 편지를 받고 싶습니까? '가족과 함께 멋진 시간 보내시길 바랍니다.' 혹은 '명절 내내 다른 사람이 실패하는 상황을 상상하면서 보내시길 바랍니다.'"라며 재치 있게 제안하는 것도 도움이 될 것이다.

요 약

시기는 상냥하거나 악의적일 수 있고, 우울하거나 적대적일 수 있다. 많은 사람들은 시기를 한다. 하지만 그들의 정서가 시기라는 것을 인정하기에는 수치심을 느낀다. 그들은 타인의 성공에 대한 불평등에 중점을 두거나 실패와 무기력, 혹은(많은 사례에서) 거절의 감각에 대해 생각하거나 그들이 동요된 침묵을 품는 정서에 대해 언급하는 것조차 거부한다. 생각하기, 비꼼, 회피, 무기력, 복수하기 위한 욕망들과 관련된 시기는 친구, 가족, 동료를 소외되게 만드는 자기패배적인 행동으로 이어지고, 직업 환경에서 시기하는 개인의 위치를 위험하게 할 수도 있다. 통합된 정서인지 모델은 내담자가 시기의 감각을 이해할 수 있도록 돕고 사회적 비교와 시기의 경험을 보편화할 수 있게 한다. 또한 시기의 생산적 경험과 비생산적 경험을 구별할 수 있게 해준다. 치료자들은 내담자들이 이 침투적이고 어려운 생각과 경험에 대처하는 것을 돕기 위해 인지, 메타인지, 수용전념치료, 변증법적 행동치료모델과 함께 정서도식모델을 사용할 수 있다.

제12장
연인관계에서 정서도식

4장에서 묘사된 결혼한 남성은 치료를 받으러 와서 이렇게 말했다. "아내는 제가 분노 문제가 있다고 생각해요", "당신이 알다시피, 만약 그녀가 제가 무슨 말을 하는지에 대해 관심을 기울인다면 우리는 이러한 문제가 없을 거예요. 그러니까 제 말은, 제가 몇 번이나 그녀에게 무엇인가를 해달라고 말해야 할까요? 전 그녀에게 소리치면 안 된다는 것을 알아요. 하지만 그 방법만이 그녀의 관심을 얻을 수 있는 것처럼 보여요." 그녀가 그에게 말할 때 그는 어떻게 반응했을까? "저는 그녀가 핵심을 알기 바라요. 저는 일이 완수되길 원하는 남자예요. 당신이 저에게 문제를 알려준다면, 제가 해결책을 찾아볼게요." 그는 의사소통과 그의 정서에 대한 이해에서의 몇 가지 문제를 설명하였는데, 이러한 문제들은 그의 화를 부추기고, 아내로부터 단절되었음을 느끼게 되었으며, 아내로부터 굴욕감과 통제당하는 기분을 느끼게 되었다는 것이다.

정서도식모델은 연인 관계에서 상호간의 정서에 대한 주의와 존중이 필요하다고 말한다. 위의 남성은 아내의 정서 혹은 정서의 의사소통에 대해 많은 측면에서 문제 있는 믿음을 가지고 있다: 지속시간("그녀의 정서는 계속 이어질 것이다"), 통제("그녀는 갑자기 화를 내기 시작하고 자신의 감정을 제어할 수 없다. 그녀는 스스로를 더 통제해야 한다"), 이해의 부족("그녀를 도저히 이해할 수 없다. 그녀는 행복해야 할 터이다"), 의견일치의 부족("그녀의 정서는 다른 사람의 정서와는 다르다"), 합리성("그녀는 합리적, 이성적, 객관적이어야 한다"), 비난("그녀가 문제이다 — 그녀는 그렇게 까다롭게 굴지 말아야 한다 —"), 수용의 부족("나는 그녀의 침울함을 견딜 수 없다"), 확인의 부족("나는 이러한 불평을 듣고 싶지 않다. 나는 그런 불평을 이해할 수 없다"), 표현("그녀는 계속 말하고만 싶어한다; 나는 문제가 해결되길 원한다").

친밀한 관계에서 이러한 신념과 상호작용 양식들은 양측 모두의 우울 위험을 증가시킨다. 우리는 연구에서 동거했거나 결혼한 300명의 성인 내담자들로부터 정보를 수집하기 위해 관계 정서도식척도(RESS; 4장, [그림 4.2] 참조) 14항목을 사용했다. 이는 내담자의 정서적 어려움에 대한 애인의 반응을 내담자가 어떻게 보는가를 측정한다. 총점은 약 36%의 부부적응척도(Dyadic Adjustment Scale: DAS)의 변화를 설명했고, 이는 우울 혹은 개인의 정서도식보다 본 연구를 위해 사용된 관계 정서도식척도가 관계 만족도를 더 잘 예측한다는 것을 보여준다.

이 장에서, 나는 타인의 암묵적 정서 이론이 연인관계에서 어떻게 정서적 고통, 경멸, 무시하는 반응, 의사방해 혹은 과잉통제와 같이 도움이 안 되는 반응으로 이어질 수 있는가를 설명할 것이다. 또한 타인의 정서에 대한 이론을 평가하기 위한 전략, 타인의 정서에 대한 신념을 수정하기 위한 전략, 정서적 상호작용을 위한 적응적 전략을 검토할 것이다. 더욱이, "유용한" 전략을 사용하는 것에 대한 저항을 조사할 것이다. 예를 들어, 공정성과 순차적으로 순서를 갖는 것에 대한 믿음; 확인은 불평을 단지 영구화시킬 뿐이라는 짐작; 문제를 공유하는 것보다 문제를 고쳐야 한다는 믿음; 타인의 정서에 대해 듣는 것을 참을 수 없다는 믿음이 있을 수 있다. 수용, 마음 챙김, 동정하는 마음 기술의 가치에 대해 검토할 뿐만 아니라 과도한 일반화, 합리성을 위한 과도한 요구, 결함에 대한 이름붙이기, 문제를 해결하고 논쟁에 이기려는 과잉 의존과 같이 애인의 정서에 대한 정서도식 신념을 검토할 것이다.

정서도식과 관련된 역기능 양식

위의 결혼한 남성의 예시는 개인이 정서에 대한 다양한 부정적 신념을 지지할 수 있다는 것을 보여준다. 이러한 신념은 관계에 대한 불만족과 연관되어 있는데, 이는 행동에서 어떻게 나타났는가? 어떻게 정서에 대한 신념이 경멸, 빈정댐, 의사방해, 비난, 철회, 확인, 거절, 상호 문제 해결 혹은 정서를 공유하는 격려의 거절로 이어지는가? 문제 해결, 합리성, 사실을 중요시하는 사람들은 종종 정서가 집중을 방해하는 것, 시간낭비, 이기적인 방종이라고 여긴다. 결과적으로, 애인의 정서에 대해 부정적인 신념을 가진 사람은 공감하는 데 실패할 뿐만 아니라 종종 애인의 정서 표현을 대놓고 비난하거나 제한할 것이다. 아이러니하게도, 이러한 개인은 자신의 정서만이 중요한 쟁점이라 여기고, 따라서 다른 사람의 정서를 자신의 정서적 욕구 충족의 기회를 빼앗는 것으로 여길지도 모른다. 사실상, 이 특정한 개인의 사례는 이러한 문제를 보여준다. 좀 더 살펴보면, 남성의 주된 불만은 그의 아내가 그를 인정하지 않았고("우리 아버지가 나를 인정하지 않은 것처럼"), 그녀가 본인이 아닌 그녀의 욕구에 지나치게 집중했다고 믿어버렸다. 인정에 대한 이러한 비대칭적인 믿음은 사실 연인 관계에서 드물지 않다.

치료자와 내담자는 아내의 정서와 대화 양식에 관하여 특정한 문제적 정서도식에 대해 검토했고, 어떻게 이러한 특정 신념이 타인의 부정적인 신념으로 이어지는지, 아내의 정서적인 대화를 통제하거나 억압하려는 행동으로 이어지는지 평가했다. 예를 들어, 아내의 좌절과 불만이 지속된다는 그의 믿음은 ("그녀의 감정은 항상 그대로일 거예요") 그를 "나는 그녀의 지속적인 불평을 견딜 수 없다. 이것은 영원히 계속될 것이다. 만약 내가 지금 아무것도 하지 않는다면, 이것은 끝나지 않을 것이다"라고 믿게 만든다. 그는 아내의 불만을 일시적이고 상황적인 발생으로 보기보단 고정된 특성이라 여기고, "불평자"라고 이름을 붙임으로써 그녀가 가족과 문제해결을 위해서 했던 주요한 기여를 깎아 내렸다. 게다가, 그녀의 정서의 지속성에 대한 그의 신념은 그녀를 "변화"시키는 것에 대해 무력함을 느끼게 하고, 미래에 대해 가망 없음("나는 이것을 평생 들어야 할 것이다")을 느끼게 한다. 무력함에 대한 이러한 정서는 그의 분노 혹은 "불평하기를 끝내기" 위해 그녀에게 권력을 행사하려는 시도로 이어졌다. 그녀가 자신의 정서를 통제하지 못하고 그녀가 스스로 불평을 억제해야 한다는 그의 믿음은 ("그녀는 갑자기 화를 내며 자신의 감정을 통제할 수 없다. 그녀는 자기 자신을 더 통제해야 한다") 그가 그녀를 통제하거나 그녀에게 스스로 자신을 제어하게 해야 한다고 믿게 한다. 다시 말해서, 그의 반복되는 믿음은 그가 "무언가를 해야 한다" 그렇지 않으면 불평은 증가하거나 그를 압도할 수 있다는 것이다. 그는 그녀의 문제를 해결해야 했고, 그녀의 기분을 즉시 좋게 해야 한다고 믿었기 때문에, 그는 그녀가 문제를 앞에 두고 그의 "선의의" 해결을 거절한다고 생각했을 때 극도로 분노하게 되었다. 그는 경청하는 것과 입증하는 것은 그녀의 불평을 더 강화할 수 있다고 믿었고, 통제가 즉시 이루어질 필요가 있다고 믿었다. 그들의 주장은 대부분 통제, 억압, 문제해결을 시도하는 데서 비롯되었다.

내담자는 그의 아내의 정서를 이해할 수 없다고 믿었기 때문에("그녀의 주장은 말이 되지 않아", "그녀는 행복해야만 해"), 그는 그녀에게 생색내는 듯한 태도, 경멸, 빈정댐, 가르치려 하는 잔소리로 반응했다. 이것은 결국 그녀를 화나게 하고 그의 반응에 대한 그녀의 불평으로 이어지게 했다. 게다가 만약 그가 그녀의 불만이 이치에 맞고, 타당한 것이라고 인정하여 그녀의 비난을 받아들이게 된다면, 그는 참을 수 없고 굴욕적일 것이라고 생각했다. 사실, 그는 아이들, 가사, 문제해결에 대한 그녀의 불만이 그 자신과 "그가 그녀에게 제공하는 삶"에 대한 은근한 비판이자 그가 "좋은 뜻으로 하는 충고"에 대한 직접적 거절이라고 믿었다. 또한 그는 그녀의 정서는 타인의 정서와는 다르며(의견일치의 부족), 이것은 그가 그녀를 인정하지 않고, 묵살하며, 그녀의 정서를 무시할 수 있도록 이끌었다. "다른 아내들은 이러한 상황에서 분명 감사할 거야. 그리고 그녀는 지금 무언가를 원할 상황이 아니야." 그녀의 정서를 그녀의 개인적인 단점과 불합리의 표시로 하찮게 여김으로써, 그는 그가 그녀의 요구를 절대로 듣지 않을 것이라는 그녀의 신념에 기여했고, 이는 그녀를 더 불평하는 것과 물러서는 것을 번갈아 하도록 만들었다. 게다가, 합리성의 힘에 대한 그의 믿음("그녀는 합리적, 이성적, 객관적이어야 한다")은 그로 하여금 그녀의 정서에 대해 경청하거나 입증하거나 수락하는 것은 그녀를 "과도하게 정서적"으로 강화시키거나 "비효과적인" 대처 양식이라고 믿게 했고, 그녀가 합리적인 그의 규율을 준수해야 한다고 주장하게 했다. 그는 합리성과 문제해결이 의사소통하는 정당한 방법이라 생각했고, 그 외의 것은 즉시 묵살될 필요가 있다고 보았다.

지속기간, 통제, 합리성에 대한 그의 믿음의 결과로 그는 그녀의 정서를 무관심과 확인에 대한 멸시("나는 이런 불평을 듣고 싶지 않아. 그것들은 나에게 아무런 이해가 되지 않아"), 정서의 표현("그녀는 계속 얘기하길 원한다. 나는 문제를 해결되기를 바란다")에 대한 멸시로 보았다. 가까운 관계에서 부정적인 정서의 관점을 가진 많은 사람들과 유사하게, 그는 그녀에게 정서를 표현하는 것을 격려하고 허락한다면 불평이 끊이지 않고, 통제력을 상실하며 문제해결을 실패하게 하는 것으로 이끄는 것밖에 되지 않는다고 믿었으며, 그것은 또한 아이들에게 나쁜 예시를 제공하게 된다고 믿었다. 사실, 그는 그녀가 직접적으로 틀렸음을 입증하는 것은(예, "당신은 이치에 맞지 않아") 그녀가 상황을 좀 더 현실적으로 보게 하고 그녀의 불평을 끝내는 것으로 이끌 수 있다고 생각했다. 마지막으로, 그녀의 정서에 대한 이와 같은 모든 믿음은 "논리적으로" 그가 불평과 정서를 수용할 수 없다는 것으로 결론내리게 만들었다. 그것을 받아들이려면 그녀에게 옳았다고 말하는 것과 같고, 이것은, 그에게 그녀의 정서에 대한 잘못을 인정하는 결과로 이어지게 하고, 끊임없는 불평과 극적인 정서의 패턴으로 이끈다고 믿었다. 그는 표면적으로 그의 믿음이 논리와 일관성의 요소를 가지고 있다고 생각했다. 하지만 그것은 서로에 대한 불신에 기여하고 있었으며, 상호 불협화음과 그들이 평행한 우주에서 살고 있으며 그들은 절대로 연결될 수 없다는 믿음에 기여하고 있었다. 그녀의 정서를 통제하거나 억압하려는 시도가 실패했을 때, 그녀의 정서를 묵살하고 거부하는 전략을 "2배"로 확충했고, 그것은 앞으로의 갈등을 증가시키고, 그녀는 "통제불능"이라는 그의 믿음을 더 확고해지게 하였다.

각각의 정서도식 관점은 사례의 경우, 인지치료 기술을 사용함으로써 접근할 수 있다는 것을 나타낸다. 예를 들어, 내담자는 애인의 정서가 통제 불가하고 무한히 지속되며, 이해할 수 없고, 다른 사람의 정서와 명백히 다르거나 수치스럽다는 것을 믿는 것에 대한 비용과 편익을 검토할 수 있다. 보통 지속되고 있는 믿음은 무력감과 절망으로 이어질 수 있고, 이해 불가능함에 대한 믿음은 혼란과 애인을 묵살하는 것으로 이어질 수 있다. 타인과의 의견일치 부족에 대한 믿음은 애인의 정서 표현을 병으로 여기는 것으로 이어진다. 애인의 정서에 대한 이러한 믿음에는 어떤 이점이 있는가? 몇몇 사례에서, 만약 상대방을 판단하는 애인이 상대방의 정서는 오래 지속되고, 통제할 수 없으며, 이해할 수 없다고 믿게 된다면, 이것은 판단자가 판단을 그만두고 결국 판단에 관여하지 않게 만든다. 그 결과 (그 혹은 그녀의 관점에서) 논쟁을 피하게 만드는 것이다. 혹은 반대로, 이런 믿음은 판단자에게 애인을 억압하고 제거하며, 설득을 시도하거나 애인을 방해하는 것으로 이끌어서 애인의 정서는 변화될 수 있고 "문제"는 해결될 수 있다고 이끌어갈 수도 있다. 치료자는 이러한 믿음이 유용한 것인지에 대한 증거를 알아 보기 위해 상대방을 무시하는 애인에게 물어볼 수 있을 것이다. 그들은 애인에게 "그런 방식으로 느끼는 것을 멈춰"라고 하면서 목표를 성취한다. 게다가 평가하는 내담자가 애인의 정서가 지속되고(그들은 변화하는가? 당신의 애인은 어떤 다른 정서를 느끼는가?), 통제할 수 없는지("당신의 애인은 삶의 모든 것을 통제하는가? 당신의 애인은 임무를 수행하는가? 당신의 애인은 정신이 이상한가? 다른 사람은 당신의 애인을 어떻게 보는가?)에 대하여 찬성하고 반대하는 증거를 검토할 수 있다. 애인의 정서가 다른 모든 사람의 정서와 다르다는 믿음은 이러한 증거를 통해 검토될 수 있다(슬픔, 분노, 불안,

혼란을 느끼는 사람이 있는가? 당신의 애인은 이런 정서를 느낀 적이 있는가? 당신은 이런 주제에 대해서 토론할 때 무슨 정서를 느끼는가?). 애인에 대해 감정적이기보다는 이성적이어야 한다는 생각은 비용-편익 관점과 증거를 통해 비슷하게 검토될 수 있다. 판단하는 애인은 항상 이성적인가?

개인은 관계가 항상 원활하게 작동하고, 결함이 없으며, 대화가 충분하고 명확해야 한다고 믿을지도 모른다. 또한 애인은 오래 지속되는 문제나 "짐이 되어서는" 안 된다고 생각할 수 있다. 정서에 대한 완벽주의적 믿음은 정서적 표현, 동의하지 않는 의견, "비이성적" 내용은 판단되고 거절되어야 한다는 결과를 나타낸다. 즉, 애인은 언어적으로 묵살되어야 한다는 것이다. 우리는 아래 사례에서 "비정상적인 것을 정상화"하는 것의 유용성을 발견할 수 있다.

치료자: 당신은 남편이 "짐"을 지고 있다고 불평하고 종종 매우 감정적이어서 남편의 정서를 변화시키려고 노력하죠. 그의 정서에 대한 무엇이 당신을 괴롭히나요?

내담자: 음, 그는 비이성적이고 때때로 생각 없이 말을 해요. 저는 잘 모르겠지만, 그가 짐을 많이 지고 있는 것 같아요.

치료자: 우리 모두가 그렇지 않나요? 저는 때때로 사람들이 짐을 지지 않은 누군가를 찾고 있다고 말하는 것을 들어요. 저는 우리 모두가 짐을 가지고 있는 것이라고 생각하고, 우리가 찾아야 할 것은 우리의 짐을 함께 들어줄 사람이예요.

내담자: (웃으면서) 네, 저에게도 문제가 있다고 생각해요 그렇죠?

치료자: 우리 모두에게 문제가 있다고 할 수 있죠. 당신은 이런 견해에 대해 어떻게 생각하나요? 몇 년 전에 "나는 괜찮고, 너도 괜찮다"라고 하는 매우 유명한 책이 있었어요. 저도 잘 모르겠지만 아마 거기에 넘어가기에는 제가 괜찮다고 하지 못하는 사람들을 너무 많이 봤나 봐요. 전 이것을 다르게 보고 싶어요. "나는 괜찮지 않고, 너도 괜찮지 않지만 그래도 괜찮다."

내담자: (웃으면서) 우리의 결혼처럼 들리는군요.

치료자: 예, 하지만 당신은 괜찮지 않으면 안 된다고 생각하죠. 때때로 우리는 우리 모두가 조금 이상하다는 것을 인정하기에 시간이 걸리는 것 같아요. 다른 말로, 우리는 "비정상적인 것을 정상화"할 수 있고, 그럼으로써 우리

는 무엇이 진짜인지 받아들일 수 있어요. 누가 단점과 나쁜 점들로만 가득 한 살아있고, 진짜이며, 실제인 자신의 모습으로 있을 때 "괜찮다"라고 생각하겠어요? 그리고 자신의 모습이 수용과 이해로 포용되길 원하겠어요?

내담자: 이해가 더 잘 되는 것 같아요.

치료자: 그래서 아무도 우리의 기대에 완전히 부응할 수 없고, 우리도 누군가의 기대에 완전히 부응할 수 없다는 것은 우리에게 수용, 용서, 관점을 더 할 공간을 만들어요. 어쩌면 당신이 운반해야 할 짐이 요구와 분노로 가득 찬 5개의 가방이 아니라 작은 휴대용 가방일지도 모르겠네요.

우리는 관계에서의 정서적 도식을 넓은 범위의 자동적 사고 범주와 근본적인 가정이나 조건을 나타내는 규칙을 반영하는 것으로 볼 수 있다. 예를 들어, 4장에서 나타난 한 남성은 미래를 점치기("그녀의 정서는 계속될 거야"), 표시하기("그녀는 불평가야"), 자기화("그녀는 내가 얼마나 힘들게 일하는 지 인정하지 않아"), 파국화("그녀가 불평하는 것은 참을 수 없어"), 과도하게 일반화하기("그녀는 계속 불평만 해"), 긍정 깎아 내리기("그녀는 많은 것을 한다고 할 수 있지만, 나는 그 불평을 들어야 해"), 전부이거나 아무것도 아닌 것으로 생각하기("그녀는 모든 것에 대해 불평을 한다. 그녀는 항상 불평을 한다"), 해야 함("그녀는 불평을 많이 해서는 안 돼")에 참여한다. 이러한 자동적 사고는 정서와 불평에 대해 그의 근본적인 가정을 이렇게 부채질했다: "만약 그녀가 무엇에 대해 불평한다면 그녀는 우리가 가지고 있는 것과 내가 하는 것에 대해 감사하지 않는 것이다", "나는 그녀의 불평을 멈출 필요가 있다", "가족을 지원하는 남편이 있는 아내들은 불평을 해서는 안 된다", "만약 그녀가 나에 대해서 불평을 한다면 나는 스스로를 방어해야 한다", "아내는 항상 이성적이고 효율적이어야 한다."

이 개인에 의해 지지되는 특정한 정서철학은 정서를 중요한 필요와 연결하는 방법으로서 포함시키는 데 실패했다. 사실, 그는 정서적 표현이 문제 해결을 방해한다고 생각하여 특권적 위치에서 도구적이고 작업-중심으로 기능을 두었다. "만약 우리가 문제를 해결하지 않는다면, 시간을 낭비하는 것이다." 개인은 대화의 목적에 대해 다양하게 바라볼 수 있다. 상대방은(항상은 아니지만 종종 여성) 경험과 정서는 공유되어야 한다고 믿을 때, 몇몇 사람들(항상은 아니지만 종종 남자)은 문제 해결이 목적이 되어야 한다고 믿는다(Tannen, 1986, 1990. 1993). 이 대화와 기능의 차이는 가족 내에서 두 개의 역할을 구별하는 한 학자에 의해 처음으로 밝혀졌다. 이 두 가지 역할은 “도구적인” 역할과 “표현하는” 역할이다. 전자는 과업 달성에 초점을 두었고, 후자는 정서적 표현과 연결에 초점을 두었다(Parsons, 1951, 1967; Parsons & Bales, 1955). 비록 이런 구별이 특정한 문화에 치우친 구별이라 하더라도, 개인은 대개 이러한 두 개의 양식 중 하나에 적응하면서 대화에 참여한다. 이러한 맥락에서, 한 사람이 도구성(문제, 임무, 사실, 논리 해결하기)을 강조하고 다른 사람이 표현성(상호작용, 정서, 경험)에 중점을 둔다면, 이것은 오해와 갈등으로 이어질 것이다. 당연하게도, 두 기능은 모두 중요하고, 하나에서 다른 하나로 전환할 수 있는 능력은 적응을 위한 핵심 요소로 요구된다.

게다가 편안한 대화는 종종 대화를 주고받는 것과 일화, 문제를 해결하는 것과 관련 없는 조언을 교환하는 것을 포함하고, 혹은 “서로를 돌보는 행동”(“나는 당신에게 경청할 것이고, 당신은 나에게 경청할 것이다. 그리고 우리는 서로가 연결 되어 있다는 것을 느낄 것이다”)으로 보여질 수 있는 사실을 수집하는 것을 내포한다. 정보, 문제 해결하기, 핵심 얻기에 과하게 치중하는 것은 참을성 없는 청취자에게 정서적 표현, 일화 공유하기, 경험 보고하기, 타인의 “중요하지 않은” 담론을 무시하는 것처럼 느끼게 한다. 두 사람이 가질 수 있는 의사소통 목적의 차이가 있을 수 있는데, 하나는 사실을 나누는 것이 될 수 있고, 다른 하나는 경험과 정서를 나누는 것일 수 있다. 편안한 대화내용에 대한 연구에 따르면 과한 양의 대화내용은 유용한 사실과 관련이 없다(Dunbar, 1998).

사실, 이런 격식을 갖추지 않은 의사소통은 연인 간의 애착에 있어서 중요한 측면이다. 정서도식모델을 통해 생애에 걸친 여러 애착 모델을 도출해 낼 수 있는데, 이 모델들은 상호 보호, 보상, 출산, 집단 소속, 사회화, 양육 분담, 공동 양육과 같은 목적을 위해 친밀한 관계를 유지하는 진화적 적응성을 강조한다(Bowlby, 1973, 1980). 애착 체계는 차분하고, 편안하게 하며, 불안의 효과를 진정시키는 뇌속 옥시토신을 활성화시킨다(Olff et al., 2013). 들쥐에서부터 인간에 이르는 다양한 종을 대상으로 한 옥시토신 수준 연구는, 이 호르몬이 애착 행동, 결합, 수유, 신체 접촉, 다른 관계 맺기나 양육 행동과 연관이 있음을 보여준다(Love, 2014).

정서도식치료는 친밀한 관계(특별히 연인관계)에서 신체 접촉의 역할을 중요하게 본다. Tiffany Field와 동료들의 연구는 신체 접촉이 조산아의 발달에 광범위하게 긍정적 영향을 미치며, 성인에게는 통증을 줄이고, 주의력을 높이며, 우울증을 감소시키고, 면역 기능을 향상시켜줌을 보여준다. 신체 접촉의 영향에 관한 초기 연구에서, Field는 인큐베이터 안에 고립된 조산아들은 어머니와 간호사들로부터 촉각 자극을 별로 받지 못함을 관찰하였다고 보고했다. 애착과 신체 접촉의 본질을 밝히려는 초기 연구자들의 관찰을 통해서, Field와 그의 동료들은 어머니나 간호사가 인큐베이터의 구멍을 통해서 조산아에게 마사지를 해주는 방식으로 매일 실시하는 "신체 접촉 치료"를 소개하였다. 신체 접촉 치료를 받은 조산아들은 체중이 47% 더 증가했으며, 병원에서 6일 빨리 퇴원하였다(Field et al., 1985; Scafidi et al., 1990). 1년이 지난 후, 이 아이들은 계속해서 높은 체중의 증가를 보였으며, 행동과 인지 능력 검사에서 더 나은 점수를 보였다. 신체 접촉 치료는 관절염이 있는 사람이나 수술을 받는 사람들의 통증을 줄여주는 것으로 드러났다. 마사지 치료는 남성 에이즈 내담자들의 불안 수준을 낮춰 주었으며, 스트레스 호르몬과 면역 기능에 긍정적인 영향을 주었다(Ironson et al., 1996). 유방암이 있는 여성도 5주에 걸친 마사지 치료를 통해 도파민 수준, 자연살상세포, 림프구의 향상을 보였다(Hernandez-Rief, Field, Ironson, et al., 2005). 뇌성마비를 가진 아동들(32개월)을 대상으로 한 마사지 치료에서도 긍정적 결과가 나타났다. 결과에서 아동들은 경직의 감소와 운동 기능의 개선을 나타내었다(Hernandez-Rief, Field, Largie, et al., 2005).

게다가, 신체 접촉은 의사소통의 중요한 요소이다. 사실, 우리는 다른 사람이 우리와 어떤 신체 접촉을 하는지만으로도 그 사람이 전하려는 정서를 알아챌 수 있다. 우리는 신체 접촉을 통해서 다른 사람이 표현하려는 정서가 분노인지, 공포인지, 혐오인지, 사랑인지, 감사인지, 동정인지 알 수 있다. 또한 어떤 사람이 다른 사람과 신체접촉을 하는 것을 볼 때, 우리는 이를 통해 그 사람이 전하고자 하는 정서가 무엇인지 알 수 있다(Hertenstein, Keltner, App, Bulleit, & Jaskolka, 2006, p. 531). "동정심은 어루만지는 것과 쓰다듬어 주는 것과 관련이 있고, 분노는 때리고 쥐어짜는 것과 관련이 있으며, 혐오는 밀어내는 행동과 관련이 있고, 감사는 손을 흔드는 것과 관련이 있으며, 공포심은 떠는 것과, 사랑은 어루만지는 것과 관련이 있다."

그러므로 정서도식 치료자는 친밀한 관계에 있는 연인들 간에 신체 접촉, 키스하기, 어루만지기, 안아주기 행동에 대해서 평가할 뿐만 아니라 각 사람이 그에 대해 어떻게 반응하고, 이런 행동을 주도적으로 하려고 하는 의지가 있는지에 대해서도 알아본다(Dunbar, 2012). 사회적 의사소통과 관계에 대한 평가를 할 때, 치료자는 내담자가 어린 시절에 신체 접촉과 안긴 경험이 많이 있는지를 탐색하여 신체 접촉 경험에 대해 알아볼 필요가 있다. 내담자는 누군가 자신에게 신체접촉을 하거나 자신이 주도하여 다른 사람과 신체 접촉을 하는 것을 어떻게 느끼고 있는가? 신체 접촉은 많은 사람들에게 강력한 정서적인 영향을 주는 핵심적인 경험의 요소이므로, 치료 과정에서 이 부분에 대해 논의해야 한다. 이는 정서도식모델과 아동 및 성인의 애착 체계의 연관성과 직접적으로 관련된 것이다.

대인관계 정서도식과 부적응적인 대처 수정하기

여기까지 설명된 정서 통제와 정서에 대한 근본적인 도식 및 가정은 결혼한 "논리적"인 남성과 같은 개인의 부적응적인 대처를 지지할 것이다. 아이러니하게도 가까운 관계에서 정서에 대한 부정적인 신념을 보여주는 것은 자기 충족적 예언이 될 수 있다. 그러므로 애인의 정서에 대한 부정적인 신념을 가진 개인은 경멸, 빈정댐, 무시하는 행동, 무시하기, 의사방해, 애인의 정서를 억압하려는 시도, 타인의 정서에 대한 과도하게 이성적인 논쟁, 원하지 않는 문제해결을 할 가능성이 크다. 이러한 전략은 관계에서 "문제"가 될 수 있고 다른 애인의 정서표현을 측정하거나, 연장하거나, 도움을 거절하거나, 역습하기 혹은 중단하는 것으로 이어질 수 있다.

애인의 정서에 대해 반응하기

각각의 관계는 자신에 대한 어려운 점, 오해, 정서적 양식에서의 가능한 차이, 문제적 대처와 행동, 정서에 대한 상충되는 신념 체계를 가진다. 한 사람은 정서를 시간 낭비로 볼 수 있고, 다른 사람은 정서에 대해 이야기하는 것이 필요하다고 볼 수 있다. 한 사람이 친밀함, 정서 공유, 애정에 중점을 두는 동안 다른 사람은 합리성, 사실과 논리에 상당한 중점을 둘지도 모른다. 이러한 차이를 이해하는 것과 대화의 공통된 목적을 찾고 연관 짓는 것에 초점을 두는 것은 친밀한 관계를 위한 정서적 도식 접근의 주요한 요인이다.

가치 중심의 관계

치료의 계획을 개발하는 데 있어서 첫 번째로 고려해야 할 사항 중 하나는 애인이 헌신하는 가치와 목표를 결정하는 것이다. 많은 사례에서, 개인은 부정적이고 자동적인 사고, 부적응의 가정, 그들 자신의 개인적 도식(불충분함, 사랑스럽지 않음, 특별한 지위, 혹은 방치)을 유발시키는 상황에 대해 반응한다. 치료자는 그들 모두를 도와 그들의 관계가 어떻게 기능하기를 원하는지를 명확히 할 수 있는 일련의 질문을 각자에게 제기할 수 있다. "당신은 이런 관계에서 어떻게 애인이 느끼고 생각하길 바라나요? 당신의 애인이 존중 받고 보살핌 받는다고 느낌으로써 그 혹은 그녀가 우선시되고, 애인의 헌신에 감사하여 그 혹은 그녀가 안정감을 느끼며, 당신을 신뢰할 수 있다고 하는 것이 중요하나요?" 당연하게도, 다른 가치들은 치료자나 애인에 의해 제안될 수 있지만 정서, 존중, 공감, 감사, 다른 긍정적 자질의 관점에서 가치와 목표를 확인하는 것은 연인이 그들의 과거 행동을 방어하거나 입장을 취하기보다는 관계를 향상시키는 것에 더 직접적인 영향을 줄 수 있다.

마음을 통한 자각

관찰하는 것, 떨어져 있는 것, 의식하고 있는 것, 판단하지 않는 것, 애인의 정서, 사고, 행동에 대해 통제하지 않는 것은 각 개인이 즉각적인 "촉발"이나 상황에서 떨어져 있도록 하고, 현재 무슨 일이 일어나고 있는 것인지 알게 한다. 따라서 각 사람은 경청하고 수용하기 및 적응적 대안의 정도를 고려하면서 애인의 경험에 대한 정보를 사용할 수 있는 기회를 제공받는다. 예를 들어, "자동적"으로 애인에게 응답하기보다, 애인에게 주목하는 것과 완전히 현재에 집중하면서 동시에 조금 떨어져 있는 것을 연습하는 것은 가치 있는 목표에 알맞은 반응을 고려하면서 개인이 애인의 표현과 행동에 "장악"되지 않도록 한다.

자기의 정서에 대한 촉발요인을 확인하기

정서조절 기술은 어떤 상황적 촉발요인이 어떤 사람의 정서를 떠올리게 하는지 알려주고, 자기 자신에 대해 "문제가 있는" 것으로 경험되는 정서를 확인할 수 있게 한다. 예를 들어, 만약 한 여성이 그녀의 분노가 자신에게 있어 가장 문제시되는 정서라 믿는다면, 이러한 분노를 끌어내는 상황을 확인하는 것은 그녀가 일어날지도 모르는 문제를 예상하는 전략을 발전시킬 수 있도록 돕는다. 예를 들어, 분노는 애인이 그녀의 직업을 무시할 때 유발되는가? 그가 자신의 욕구에 과하게 사로잡히고, 육아를 분담하려 하지 않거나 그녀의 행동을 통제하려고 할 때 유발되는가?

어떤 것이 그들의 문제적 정서를 유발하는지를 미리 알고 있는 것은 어떻게 오해로 연결되며, 정서에 대한 문제적 반응이 문제를 항구화시키는지에 대한 대처전략을 발전시키는 데에 도움을 줄 수 있는가?

타인의 정서에 대한 촉발요인 확인하기

자기에 대해 "문제 있는" 정서를 유발하는 상황을 확인하는 것과 유사하게, 개인은 무엇이 타인에게 있어서 그러한 정서를 유발시키는지 확인할 수 있다. 예를 들어, 만약 결혼 생활에서 질투가 문제가 된다면 질투의 대상이 되는 사람은(예, 아내) 그녀가 출장을 갈 때, 남편에게서 질투를 이끌어낸다는 것을 알아낼 수 있다. 연인은 이러한 정서가 발생할 것이라고 기대할 수 있고, 남편은 다양한 자동적 사고(예, 의사방해, 파국화, 독심술, 자기화)와 문제 행동을 취할 것이다(예, 심문하기, 재확인하기, 철회하기). 아내는 남편의 질투에 대해 전형적인 반응을 확인할 수 있다 — 예를 들어, 방어하기, 꼬리표 붙이기("너는 신경증에 걸렸어"), 역습하기, 사과하기. 그리고 이러한 전략이 작동하는지 평가할 수 있다. 그들이 작동하지 않을 확률이 높은 사건에서, 연인은 효과가 있을 전략을 개발하고 그들의 계획을 시행할 수 있다(이러한 예는 10장 질투에서 볼 수 있음).

다른 정서양식 이해하기

앞서 설명한 바와 같이, 개인은 다른 정서적 양식을 가지고 있다. 어떤 사람은 "사무적인" 토의, 제한된 애정, 그리고 더 독립적인 것을 선호하는 데에 반하여 어떤 사람은 정서, 애정, 친밀함에 대해 의논하는 것을 좋아한다. 한 파트너의 정서양식이 자신의 것과 다를 때, 선호하는 양식의 다름이 문제, 하찮음, 거절, 조작의 조짐이라는 믿음과 함께, 한 파트너가 다른 파트너의 정서양식을 개인화하는 것은 드문 일이 아니다. 예를 들어, 한 파트너가 정서를 표현할 때 더 많은 시간이 필요하다거나, 정서를 나타내기를 어려워한다면, 듣는 사람은 더 인내해야 할 수 있다. 듣는 사람이 "핵심에 접근하라"라고 말하는 경우, 말하는 사람을 더 불안하게 할 수도 있다. 예를 들어, 한 파트너는 정서에 대해 논의할 때 더 간결하거나 실용적인 것을 좋아하는 반면에 다른 파트너는 표현을 확장하는 것을 좋아하는지 알아볼 수 있다. 각 사람은 양식을 개인화하고 판단하는 것보다 수용, 수정하는 것으로 절충할 수 있다. 이에 대해서는 뒷장에서 더 설명할 것이다.

시간과 공간을 제공하기

정서는 자기 자신에게 접근하고, 표현하며, 입증하는 데 많은 시간이 걸린다. 제안한 바와 같이, 화자와 청자는 종종 필요한 시간에 대해 다른 가정을 가지고 있고, 한 사람이 다른 사람에게 정서에 대해 상의할 때 급히 서두르려 한다. 몇몇 청자는 화자가 가능한 빨리 "핵심에 접근하기"를 바라고, "시간을 낭비"하는 것을 원치 않으며, "본질적인" 것에 관한 대화에서 극단적인 효율성에 대한 신념을 반영한다. 화자에게 "정신 좀 차려", "새로운 주제로 옮겨"라고 강요하면서 어떤 사람은 정서를 누군가가 "극복해야" 할 경험이라고 본다. 이에 대한 다른 견해는 관계에서 정서에 대한 충분한 시간과 "공간"을 허용하는 것이다. 예를 들어, 한 사람은 자신의 질투가 스스로 사그라들 때까지 질투를 경험할 수 있다. 이는 정서가 지속시간이 짧고, 상황적이며, 통제되거나 지속기간 내에 구속될 필요가 없다는 생각을 반영한 것이다.

게다가, 파트너는 큰 맥락에서 자신의 삶에 정서가 포함되어 있다고 생각할 수 있다. 예를 들어, 아버지를 잃은 것에 대해 대화를 나누는 한 여성은 그녀의 정서에 대해 집요하게 집착하는 것처럼 보이고, 상대방은 그녀에게 그것을 묵살하며 비판을 더하여 "넘어가라"고 충고할지도 모른다. 그녀에게 그냥 넘어가라고 하는 것보다 치료자는 이렇게 말할 수 있다.

> "지금 이 순간, 이곳이 당신이 있는 곳이에요. 그리고 당신의 삶은 다른 많은 의미들과 관계로 채워져 있어요. 이 중에 아마 당신은 이 슬픔을 담을 수 있는 충분한 공간과 의미를 찾을 수 있을 거예요. 당신이 아버지를 잃었다는 것을 떠올릴 때, 항상 슬플 거예요. 하지만 삶은 그것을 충분히 포함하고 저장할 수 있을 만큼 크다는 것을 생각해봐요."

슬픔을 포함하는 슬픔보다 더 큰 삶에 대한 생각은 물이 담겨있는 그릇에 비유될 수 있다. "당신의 삶을 새로운 강에서부터 오는 새로운 물에 열려 있는 바다라고 상상해보세요. 즉, 강은 슬픔이고 바다는 슬픔을 담는 거죠. 슬픔에 저항하기보다는 그것을 받아들이고, 당신 삶의 다른 모든 것과 그것이 섞이게 두는 것에 대해 생각해볼 수 있을 거예요." 경험을 확장하는 능력을 인식하고, 순간의 경험에 대해 개방하는 것은 파트너가 고군분투하는 것을 멈추고 자신이 느끼는 정서를 받아들이게 할 수 있다.

연민에 초점 맞추기

Gilbert(2009)는 사람이 타인에게 "동정하는 마음"을 더 활성화시킬 수 있다고 제안했다(그리고 자기를 향해). 이런 정신상태는 타인이 잘되길 바라거나 타인이 느끼는 정서가 완화되길 바라는 관심에서 비판단적인, 수용적인, 자애심으로 특징지을 수 있다. 동정심은 옥시토신 체계를 활성화시킬 수 있고 애착 체계의 다른 진정 효과를 가져올 수 있다. 누군가가 비판당한다면, 당연하게도 비판을 하는 사람에게 자애심을 활성화시키기는 어렵다. 치료자는 개인에게 그 혹은 그녀의 삶을 사랑하고 위로하는 어떤 사람에 대한 기억을 떠올리게 함으로써 연민하는 마음 접근(연민 어린 심상의 얼굴, 머리, 몸, 목소리, 눈 세부사항에 대해 집중함)을 보여줄 수 있다. 그리고 이 동정심이 스스로에 의해 느껴지도록 상상하도록 할 수 있다. 동정받는 경험을 기억하면서(완화되거나 침착해지는 정서들), 상대방에게 분노하고 있는 사람은 상대방에게 이런 동정을 소망하는 것을 상상할 수 있다. 이에 따라 개인은 기능의 체계를 반대로 활성화시킴으로써 분노를 역행하는 행동을 할 수 있다. 이는 파트너에 대한 친절하고 연민하는 메모를 작성함으로써 더 확장될 수 있고, 그 메모를 통해 개인은 파트너가 기분이 나아지고 마음의 평안을 달성하기를 바랄 수 있다. 비록 몇몇 개인들은 결국 서로를 포기하게 될 것이라거나 서로에게 대해 "거짓"이 되거나, 그들 자신을 더 연약하게 만들 것이라는 두려움 때문에, 자비로운 생각과 정서에 관여하기를 주저할지라도, 동정의 활성화는 그들을 편협과 판단으로부터 변화하게 할 수 있다.

연인관계보다 부모-아동의 예시에서 동정하는 마음의 힘이 더 잘 드러난다. 40대 남자는 그의 어머니에 대해 상당한 분노를 느꼈는데, 그 이유는 그녀가 그를 조종해왔던 역사와 그녀의 자기중심적인 사고 때문이다. 치료자는 어머니의 젊은 시절에 대해 물었고, 그녀가 자라오면서, 그녀가 어떻게 발전된 교육을 받을 기회를 거부당했는지, 그 기회가 어떻게 남동생에게 넘어가게 되었는지에 대해 문제가 있었던 내력을 알게 되었다. 내담자는 치료자에게 어머니가 12살이었을 때 그의 할머니가 자살하셨고, 그 후에 어머니는 할머니를 대신하여 가족을 돌보았으며, 교육에 대한 어머니 자신의 기회를 제한하게 되었다고 말했다. 그가 어머니에 대해 이야기하면서, 그가 어려움을 겪고 있었음에도 불구하고, 그의 어머니 또한 슬픈 과거를 가지고 있었으며, 자신이 어머니에게 안타까운 마음을 지니고 있음을 깨닫게 되었다. 이 치료에서 치료자는 어머니의 역할을 하며, 그녀의 문제에 대한 그의 인식을 기반으로 내담자로 하여금 어머니에 대한 새로운 동정어린 사고와 감정을 표현하게 했다; 그리고 그는 마침내 그녀를 용서했다. 그들에게는 여전히 지속적이고 간헐적인 어려움이 있을지라도, 연휴기간 동안 그는 부모님을 보러 갔고 그들의 관계는 이전보다 더 나아졌다. 동정하는 마음 초점을 사용하여 그는 문제를 덜 개인화시키고, 어머니에 대해 판단하기보다 어머니를 돌보는 정서를 활성화할 수 있었다.

유연한 반응 설정

많은 사람들은 그들의 파트너에 대한 정서에 "장악된다". 그리고 그 정서는 지속적으로 실패의 원인이 된 반응의 패턴을 반복시킨다. 치료자는 누구나 타인의 정서에 대해 다양한 반응을 보일 수 있으며, 반복되는 하나의 응답으로 제한되는 것이 아니라고 제안할 수 있다. 이 논의는 다음과 같이 시작할 수 있다. "당신의 파트너가 슬퍼하고 그 슬픔에 대해 불평할 때, 당신은 대체로 어떻게 반응하나요?" 초기 반응은 악의가 없을 수 있다("나는 경청하려고 노력하고 있어"). 하지만 이것이 반복되면, 다음에는 문제 있는 반응을 할지도 모른다("나는 그가 계속 반복적인 이야기를 하고 있다고 말한다"). 내담자는 종종 그들이 자기 자신의 침투적 사고에 대해 어떻게 반응할 수 있는지에 대한 선택권을 가지고 있다는 데에 놀라고, 그들이 파트너의 정서에 대해 어떻게 반응하는지에 대한 많은 대안을 선택할 수 있다는 것에 또 한번 놀란다. 이 예시에서 치료자는 다음과 같이 말할 수 있다.

> "당신이 나에게 말한 것에서, 당신은 당신의 파트너에게 그의 슬픔에 대한 불평을 멈추라고 말하는 반응을 하는 습관이 있는 것처럼 보여요. 하지만 저는 당신에게 다양한 다른 반응을 할 수 있는 가능성이 있는지 궁금해요. 만약 당신이 더 유연하게 행동한다면 그의 정서에 대해 어떻게 반응할 수 있을까요? 예를 들어, 당신이 응답하는 데 사용할 수 있는 다양한 기술(개인적으로 말하지 않기, 관점에 넣기, 타당화하기, 문제를 해결하기 위한 방향 함께 찾기, 감정 수용하기, 타인의 긍정적인 자질에 재초점 맞추기, 혹은 연민하기)들을 가지고 있나요? 제가 이것들 중에 하나가 당신에게 꼭 필요하다고 말하는 것은 아니에요. 하지만 이것이 당신이 할 수 있는 다양한 반응을 선택하는 데에 도움을 줄 수

있지 않을까요?"

그들은 때때로 그들의 파트너의 행동이 자신의 부정적인 반응을 자동적으로 이끌어 낸다고 믿기 때문에, 그들에게 어떻게 반응할 것인지에 대해 선택할 수 있다고 하는 것은 종종 많은 사람들에게 새로운 경험일 수 있다. 유연해지는 것은 더 효과적으로 변할 수 있는 가능성을 열어준다.

정서도식의 특정한 영역 수정하기

연인관계에서 정서도식치료는 이전 장에서 언급된, 심리교육, 인지적 평가, 역할극, 행동적 실험을 넘어서서 각각의 문제 있는 정서도식 관점에서 다뤄질 수 있다. 특별히, 치료자들은 이러한 관점들에 대해 독특한 신념이나 신념에 반대되는 증거를 통해 비용과 이익에 대해 각각의 파트너에게 질문함으로써 표준인지 치료 질문을 사용할 수 있다. 결혼한 남성의 사례에서 사용된 예는 4장과 이 장 초반부에 기술되었다.

지속기간: "그녀의 정서는 계속 유지될 것이다."

치료자: 전 당신이 아내의 정서가 계속될 것이라고 믿는다는 것을 이해해요. 당신이 그렇게 생각할 때 어떻게 느끼나요?

내담자: 제가 생각하기에 이것에 대해 저는 많은 감정을 느껴요. 주로 이것은 성가셔하는 감정인 듯해요. 하지만 저는 슬프기도 하고 분노하기도 해요. 그녀는 이런 식으로 느낄 필요가 없어요.

치료자: 당신이 그녀가 어떻게 느끼는지에 대해 많은 주의를 기울이는 것처럼 들리네요. 그리고 그것은 당신에게 정말로 많은 영향을 주는 것 같아요.

내담자: 네, 전 그녀를 신경써요. 하지만 이러한 것들을 매일 들어주는 것은 힘들어요.

치료자: 그래서 당신은 듣는 것에 대해 화가 나는군요. 그리고 그녀의 정서가 계속될 것이라 믿는군요. 그녀가 불평하기 시작할 때, 당신은 그녀에게 뭐라고 하나요?

내담자: 저는 그녀에게 그녀가 또 다시 불평을 한다고 말하죠. 하지만 그녀는 바로 다시 불평하기 시작하고 제가 그녀의 이야기를 듣지 않는 것에 대해 또 다시 불평해요.

치료자: 그렇다면 제가 생각하기에 그녀에게 그녀가 불평한다고 이야기하는 것은 효과가 없을 것 같네요. 그녀의 정서가 계속되며, 그것이 끝이 없으리라는 당신의 생각에 대해 생각해봅시다. 그 믿음이 가진 장점과 단점에 대해 알아봅시다. 그녀의 정서가 계속 유지된다는 믿음의 단점은 무엇인가요?

내담자: 그것은 저를 화나고 분노하게 만들어요. 또한 제가 할 수 있는 것이 없고 아무것도 변화되지 않을 것처럼 느껴져요.

치료자: 그래서 무력감과 절망을 더하겠죠. 그녀의 정서가 계속된다는 믿음의 장점은 있을까요?

내담자: 아마도 없는 거 같아요. 잘 모르겠어요. 어쩌면 그녀를 변화시킬 수도 있겠죠.

치료자: 좋아요. 그녀의 정서가 영원히 계속될 것이라고 한 번 생각해보죠. 그녀의 정서가 나타났다 사라졌다 하고, 그녀가 다양한 감정을 지닌다는 증거가 있나요?

내담자: 당신이 핵심을 짚은 것 같네요. 그녀는 많은 정서를 가지고 있고, 많은 경우 그녀는 긍정적이고 재미있어요.

통제: "그녀는 갑자기 화를 내기 시작하고, 자신의 감정을 통제할 수가 없어요. 그녀는 자기 자신을 더 통제해야 해요."

치료자: 당신은 아내가 정서를 스스로 제어할 수 없다고 믿는 것처럼 들리네요. 만약 그녀의 정서가 더 통제할 수 없게 된다면 무슨 일이 일어날 것이라고 생각하시나요?

내담자: 저는 그녀가 더욱더 감정적이 되고, 그것을 감당할 수 없게 될까봐 두려워요.

치료자: 만약 당신이 그녀의 정서를 감당할 수 없게 된다면 어떻게 될 것 같나요?

내담자: 모르겠어요. 그것에 대해 깊이 생각해 보지 않았어요.

치료자: 네, 그렇다면 당신은 그녀가 스스로를 통제할 수 없다고 생각할 때, 당신은 무엇을 하나요?

내담자: 저는 그녀에게 일을 처리하는 방법을 바꾸게 하려고 노력하죠. 저는 이치에 맞는 말을 하려 해요. 전 문제를 해결하고 싶고, 그녀는 불평하고 싶어하죠.

치료자: 그렇다면 당신이 문제를 해결하고 그녀를 바꾸려고 한다면, 그 다음엔 무슨 일이 일어나죠?

내담자: 그녀는 더욱 더 화가 나고, 저에게 제가 듣고 있지 않고 있다고 말해요.

치료자: 만약 당신이 그녀를 통제하거나 변화하게 하려 하지 않고, 잠시 시간을 갖고 그녀의 이야기를 듣고 확인하려 한다면 어떨까요?

내담자: 그게 그녀가 원하는 바예요. 하지만 그것은 그녀를 더 불평하게 하지 않을까요?

치료자: 모르겠네요. 혹시 이것을 시도해봤나요?

내담자: 아니요.

치료자: 그녀가 스스로를 통제할 수 없다고 생각될 때 그녀를 통제하려 하는 것은 효과가 없었죠. 하지만 그녀를 있는 그대로 인정해주고 그녀가 그녀의 감정을 그대로 가지고 있게 두고 표현하게 하는 것은 지금까지 당신이 해보지 않은 방법이죠. 당신이 이렇게 하지 않았던 것은 아마도 당신이 생각하기에 그것이 상황을 더 악화시킬지도 모른다고 생각했기 때문이에요.

내담자: 맞아요, 전 그냥 듣는 건 시도해보지 않았어요.

이해성의 부족: "그녀는 도대체 이치에 맞지 않아. 그녀는 마땅히 행복해야 할 터인데."

치료자: 당신은 아내의 정서가 이해가 되지 않는다고 생각하는 것 같네요. 그것이 어떤 식으로 이해되지 않는 거죠?

내담자: 음, 그녀는 사소한 것에 대해 화를 내기도 해요. 그녀가 해야 하는 많은 양의 집안일 같은 사소한 일이요. 그리고 전 그녀가 왜 불평을 해야만

하는지에 대해 이해할 수 없어요. 저는 “그냥 끝내버려”라고 생각하죠.

치료자: 음, 왜 집안일이 그녀를 화나게 만드는지 이해할 수 없다는 것처럼 들리네요. 그리고 당신은 그녀가 불평을 왜 해야 하는지 이해되지 않는다는 거죠? 만약 제가 그녀에게 왜 이 일을 당신에게 말하려고 하는지 묻는다면, 그녀는 뭐라고 할까요?

내담자: (주저하면서) 그녀가 왜 그렇게 느끼는지 제가 이해하길 원한다고 말할 거 같아요.

치료자: 결국 그녀의 목적은 이해받는 것이네요. 하지만 당신은 아내와 이야기할 때, 단순히 이해받는 것은 대화하는 것의 충분히 좋은 이유가 되지 못한다고 생각하는 것처럼 들려요.

내담자: 저도 이것이 약간 이상하게 들린다는 것을 알아요.

치료자: 연인들이 무언가에 대해 대화를 나누는 이유는 많아요. 대화의 목적이 그저 이해받는 것만으로도 괜찮으며, 서로의 경험을 공유하고, 서로에 대해 알아갈 수 있다는 것을 받아들이는 게 어때요?

내담자: 아마도 제가 그런 방법으로 생각했다면, 덜 화가 났겠네요.

치료자: 당신도 그저 이해받기만을 바랄 때가 있나요?

내담자: 네, 많아요.

치료자: 우리가 이야기할 때 이해받는 것처럼 느끼나요?

내담자: 네.

치료자: 그렇다면 이해받는 기분은 어떤가요?

내담자: 좋아요.

의견 일치의 부족: “그녀의 감정은 다른 사람들의 감정과는 다르다.”

파트너의 정서가 그 혹은 그녀만이 가진 특이한 정서라고 믿는 것은 그들이 그것에 대해 이름표를 붙이고, 개인화하며, 비난하고, 묵살하며, 무효화하기 때문이다. “다른 사람은 어떻게 느끼는가”에 대한 이러한 믿음은 보통 친밀한 관계는 어떠해야 한다는 이상적인 관점에 기반하고 있으며, 이러한 관점에서 상대방에 대해 하찮게 여기도록 한다.

치료자: 당신 아내의 감정은 다소 특이하고, 이 상황에 있는 다른 사람들과 다르다고 말하고 있는 것처럼 들리네요. 전 그녀의 어떤 감정이 다른 사람에게는 없고 그녀에게만 특별히 있는 것처럼 보이는지 궁금해요.

내담자: 음, 그녀가 어떤 것에 대해 느끼는 불만 같은 것이예요. 제 말은, 그녀가 사소한 것에 대해 너무 불만스러운 것처럼 보여요.

치료자: 네, 전 그녀가 때로는 불만스러워 하거나 불만족한다는 것을 알 수 있어요. 하지만 전 그런 감정들이 인간 본성의 한 부분으로 볼 수는 없는지 궁금해요. 제 말은, 당신이 그녀에 대해 이야기할 때도 그런 감정을 느낀다고 할 수도 있다는 거죠.

내담자: 제 생각에도 당신이 맞는 것 같아요. 전 불만족스러워요. 하지만 그녀는 매우 작은 것들에 대해 불만스러워 했죠.

치료자: 그 작고 하찮은 것들이 때로 우리 모두를 성가시게 한다는 것을 알고 있나요? 우리는 그것을 "일상적 혼란"이라고 부르죠. 소음, 교통 정체, 엘리베이터 기다리기 등.

내담자: 그건 맞아요. 전 엘리베이터를 기다리는 동안에도 불만스러움을 느꼈어요.

치료자: 만약 당신이 우리 모두에 대한 큰 그림 중 한 부분으로 아내의 불만을 바라본다면 어떨까요? 우리 중 모두는 약간의 불만, 비이성적 논리, 때로는 신경증적인 부분이 약간 있지 않나요?

내담자: 이제 덜 불만스러워질 것 같아요.

합리성: "그녀는 합리적이고, 이성적이며, 사실적이어야 한다."

파트너가 항상 합리적이어야 한다는 믿음은 감정의 역할이나, 심지어는 대화의 중요한 역할과도 일치하지 않는다. 위에서 지적한 바와 같이, 대화는 종종 서로를 돌보기, 일화 공유하기, 경험과 감정에 대해 이야기하기를 포함한다.

치료자: 당신의 아내가 비합리적이고 비이성적인 것에 대해 말할 때 당신은 화가 났다고 내게 말했죠. 왜 그것이 당신을 괴롭히는 거죠?

내담자: 전 이것이 인지치료라고 생각하고, 당신이 합리적이어야 한다고 생각해요. 그녀는 제가 이해할 수 없는 것들을 말해요.

치료자: 네, 저도 알아요. 저 또한 말이 안 되고 비이성적인 이야기를 제 아내에게 하죠. 우리 모두 그렇지 않나요?

내담자: 네, 당신이 맞아요. 저도 그래요. 하지만 그녀는 합리적이어야 하지 않나요?

치료자: 그건 잘 모르겠어요. 많은 대화는 경험의 보고와 단순한 연결이에요. 아마도 그건 그냥 그 순간에 당신으로 존재하는 비합리적인 것이에요. 하지만 만약 그녀가 비이성적인 것을 말한다면 그것은 당신에게 무슨 의미를 지니나요?

내담자: 제가 가진 처음 생각은 그 대화에는 의미가 없다는 거예요.

치료자: 아마도 누군가가 감정적이고 비합리적인 것에 대해 이야기할 때, 할 수 있는 최고의 반응은 경청하는 것이예요. 그리고 그것에 대한 당신의 관심을 보여주세요.

비난: "그녀가 문제다. 그녀는 그렇게 까다로우면 안 된다."

"문제는 내 파트너 자체이다"라는 믿음은 연인 불화의 중요한 예측변수이다. 또한 이러한 믿음은 결국 부정적인 것, 무기력한 감정, 무시하는 태도를 더하기만 한다.

치료자: 전 당신이 그녀를 가끔 비난한다는 것을 알겠어요. "비이성적이야", "너무 감정적이야"라고 말하면서요. 이건 당신을 화나게 만들죠. 그녀를 비난함으로써 얻는 이점을 생각할 수 있나요?

내담자: 아니요. 하지만 그녀에겐 문제가 있어요.

치료자: 전 우리 모두가 때때로 타인에게 문제가 된다고 생각해요. 하지만 그건 당신의 요구가 무엇인지, 목표가 무엇인지에 달렸죠. 만약 당신이 합리성과 규정준수를 원한다면 그녀는 문제가 있는 것일 거예요. 하지만 당신이 그녀가 다양한 범위의 사고, 감정, 행동을 가진 인간이라고 생각한다면 어떨까요? 그래서 당신이 그녀가 때때로 당신의 모든 기대에 부응하지 않을 것을 수용할 수 있다면 어떨까요?

내담자: 화가 덜 날 것 같아요. 하지만 그녀가 말하는 것은 저를 정말 성가시게 해요.

치료자: 네 가끔은 그런 일도 있겠죠. 어쩌면 우리는 무엇이 그녀가 이러한 것들을 말하게 하는지 알아내어 그녀가 다른 것들을 말하게 하도록 할 필요가 있겠죠. 하지만 그녀를 비난하는 것이 과연 이를 더 좋게 만드는 것일까요?

내담자: 아니요.

수용의 부족: "난 그녀의 우울을 참을 수 없어."

몇몇 사람들은 파트너의 정서를 수용하는 것이 파트너로 하여금 제멋대로 행동하도록 만들고, 더 많은 정서적인 문제로 이어가게 하며, 혹은 "나는 괜찮아 라고 말하는 것"으로 보여질 수 있다고 믿는다. 하지만 수용은 그들은 변화시키기 위해 판단하거나 시험하지 않고 그 혹은 그녀가 가지는 정서를 다른 사람이 가질 수 있다고 이해하는 것의 첫 단계가 될 수 있다. "제가 당신이 슬프다는 것을 수용한다는 것은 당신의 슬픔을 이해하고 듣는다는 거죠. 저는 당신을 바꾸려고 시도하지 않고 제 마음에 그대로 기록해요." 수용은 순간적이거나 지속되는 타인의 정서에 의해 경험될 수 있다.

치료자: 아내의 감정을 간단하게 보여주는 비이성적이고 감정적인 말을 당신이 수용하는 것은 당신에게 어떤 의미를 가질 수 있는지 궁금해요.

내담자: 전 힘든 시간을 보냈어요. 전 그녀가 기분이 더 나아지면 좋겠다고 생각해요.

치료자: 그런 방식으로 생각하기를 지지하는 것은 아내에 대한 당신의 사랑에서부터 오죠. 당신은 낯선 이에 대해서는 그렇게 생각해 보지 않았을 거예요. 그래서 그 순간에 당신이 그녀의 감정을 수용하기 어려운 이유는 당신이 그녀에게 마음을 쓰고 있기 때문이죠. 하지만 그녀를 보살피는 다른 방법은 그녀가 어디에 있든지 그것을 받아들이는 것이고, 그녀가 그 순간에 가지고 있는 감정을 수용하는 것에 있습니다. 그리고 그 안에서 당신과 아내가 둘 다 무엇을 배우고 공유할 수 있는지 찾을 수 있죠.

내담자: 제가 두려워하는 것은 만약 제가 그녀의 감정을 수용한다면, 그녀는 변하지 않을 것이라는 거예요.

치료자: 서로에 대한 관심을 가지고 있는 두 사람 사이의 변화의 첫걸음은 먼저 그 순간의 두 사람을 수용하고, 그 다음에 상대방이 무엇을 필요로 하고 원하는지 보는 것이 있을 수 있어요. 그녀의 좌절감을 수용하는 것은 당신 둘이 그 순간에 그녀가 무엇을 원하는지에 대해 이야기하도록 이끌어갈 수도 있어요. 아마도 그녀가 그 순간 당신에게서 필요로 하는 것은 간단하게 그녀를 수용하고, 듣고, 관심을 보여주는 것일 거예요.

내담자: 아마 그녀도 당신의 말에 동의할 거라 생각해요.

치료자: 당신은 항상 고객에게 원하는 것을 제공해야 한다는 것을 알고 있잖아요.

내담자: (웃는다)

인정의 부족: "난 이러한 불평들을 듣고 싶지 않아. 그것들은 나에게 이해가 가지 않아."

우리의 RESS 연구에서, 애인의 정서를 타당화하는 것(마음을 쓰고, 경청하기를 원하는 것)은 관계 만족에 중요한 예측변수라고 하였다. 하지만, 정서도식의 다른 관점은 인정을 방해할 수 있다. 예를 들어, 파트너의 정서는 앞뒤가 맞지 않고, 그들은 다른 사람과 다르며, 혹은 그들은 통제할 수 없고 그것이 오래갈 것이라는 믿음은 인정하기 싫어하는 마음에 기여할 수 있다. 이 장 후반에서는, 파트너를 인정하지 못하게 하는 구체적인 원인에 대해 논의하겠다. 치료자는 결혼한 "합리적인" 남성에 대한 사례에서 어떻게 내담자의 저항을 검증하는지 살펴보자.

치료자: 혹시 당신의 아내는 당신에게 공감을 받고 싶어하는지 궁금해요. — 그녀의 감정에 대해 공감하기, 당신이 그녀를 존중하는 것 같은 느낌, 그녀의 감정에 대해 관심을 가지는 방법, 좋은 청자로 그곳에 있어주기.

내담자: 네, 하지만 그것은 그녀가 불평을 더하게 하는 게 아닌가요?

치료자: 전 당신의 논리를 이해할 수 있어요. "만약 제가 그녀의 불평을 듣고 있고, 그녀를 걱정한다는 것을 보여준다면 그녀의 불평이 더 심화될 거예요." 하지만 그녀는 당신이 그녀의 감정을 보살피지 않거나 듣지 않는 것에 대한 불평하는 것은 아닌가요?

내담자: 네, 그래요. 그것이 저를 혼란스럽게 하는 것이죠, 하지만 그녀의 부정적인 성향에 숙이고 싶진 않아요.

치료자: 누군가 불평하는 것에 대한 재미있는 사실 중 하나는 "듣기를 원한다"는 거예요. 만약 누군가 불평할 때 당신이 그것을 인정하지 않는다고 생각한다면 그들은 당신이 들을 때까지 불평할 거예요. 예를 들어, 당신이 듣지 않는다고 생각하기 때문에 때때로 아이들이 발버둥을 치는 것처럼요.

내담자: 흥미롭네요. 그녀가 제 말을 듣지 않는다고 생각할 때 저는 그녀에게 소리를 지르는 것 같아요.

치료자: 이렇게 생각해보죠. 만약에 그녀가 당신을 인정하고 이렇게 "나는 내가 불평이 많다는 것을 알고 그래서 듣기 어렵다는 것도 알아. 그렇지만 당신이 좋은 청자가 되기 위해 노력하는 데 굉장히 감사하고 있어"라고 말한다면 어떨까요?

내담자: 더 좋게 느껴지네요.

치료자: 아마도 당신들은 서로에 의해 인정받을 필요가 있어요.

표현: "그녀는 계속해서 말하고 싶어하고 전 문제를 해결하고 싶어요."

간단히 정서를 표현하는 것이 반드시 생산적인 것은 아니다. 강렬하고 비난하는 정서의 표현은 더 큰 갈등으로 이어질 수 있기 때문이다. 지금부터는 친밀한 관계에서의 정서 표현에 대한 더 효과적인 표현의 지침을 제공하겠다. 하지만 애인의 정서 표현을 계속해서 억압하려고 시도하는 것은 억압자가 파트너의 정서에 대해 관심을 가지지 않고, 단순히 파트너가 하찮은 기분이 들게 한다는 인식에 기여할 것이다.

치료자: 당신의 아내가 그녀의 감정에 대해 얘기하려고 할 때, 당신은 불만스러워하거나 화난 것처럼 보여요. 그녀의 감정에 대해 얘기하려고 할 때 당신이 가지는 첫 번째 생각은 무엇인가요?

내담자: 그녀는 영원히 말할 거라는 거예요.

치료자: 그런 일이 발생한다면 어려울 것 같네요. 그녀가 이야기를 시작하려고

할 때 당신은 그녀에게 뭐라고 하나요?

내담자: 전 짜증이 났어요. 전 말하죠 "또? 불평을 좀 그만하면 안 돼? 당신은 대부분의 사람보다 더 불평이 많아."

치료자: 그리고는 무슨 일이 발생하죠?

내담자: 그녀는 제게 화를 내요. 때때로 계속 얘기하기도 하고요 그러면 전 더 짜증이 나죠.

치료자: 만약 당신이 여분의 시간을 빼놓고 그녀의 감정에 대해 공유할 여유가 있다면 — "듣는 시간"과 같이 — 그리고는 "무언가가 당신 마음에 걸리는 것처럼 들려. 당신이 어떻게 느끼는지 내게 말해봐. 나는 당신에게 무슨 일이 계속 일어나는지 이해할 수 있어"라고 말할 수 있겠죠.

내담자: 그녀가 좋아할 것 같네요. 하지만 그래도 그녀가 계속 불평할지도 모르겠어요.

치료자: 네, 문제가 있을지도 모르죠. 전 알 수 있어요. 만약 두 사람이 얘기를 하거나 듣기 위해 어떤 지침이 있으면 어떨까요? 이런 지침이 있다고 가정해봅시다. 그녀는 10분간 방해 받지 않고 얘기를 할 수 있고, 당신은 듣기만 하면 되고, 필요하다면 당신은 그녀의 말을 이해하기 위해서 그녀가 말한 것을 표현을 바꾸어 말할 수도 있어요. 그렇게 해서 그녀가 당신이 듣고 있다는 것을 느끼게 할 수 있어요. 10분으로 시작할까요?

내담자: 네. 하지만 그녀는 절 비난해요.

치료자: 그건 듣기 어려울 거예요. 그리고 그것은 말하는 것에 대한 또 하나의 지침이 될 수 있어요. 그녀는 당신이 하길 바라는 것에 대해 말할 수 있어요. 예를 들어, — 당신이 딸아이를 돌보는 것을 도와줘야 한다는 — 하지만 그녀는 당신을 이기적이라고 말할 수는 없어요.

내담자: 시도해볼 수 있을 것 같아요.

승리자-패배자 각본과 정서도식

연인들은 종종 누가 이기고 질 것인지에 주력하는 무의미한 논쟁을 한다. 파트너는 고발과 방어의 형태로 누가 잘했고, 잘못했는지 설정하려고 하는, 누가 더 무고한 피해자이고 큰 순교자인지의 역할을 정하는 형태로 대화한다. 이러한 상호작용은 타인의 감정에 대한 부정적인 관점에 근거한다("당신은 실망할 권리가 없다[불만스러워 하는, 화난, 슬픈 등]"); 인정의 거부("만약 내가 그녀를 인정한다면, 그녀가 옳다는 것을 인정하는 것이다" 혹은 "만약 내가 그를 인정한다면, 그의 불평은 계속될 것이다"); 타인의 감정은 시간낭비라는 관점("누가 이것을 들어야만 하는가? 만약 그 혹은 그녀가 매우 화가 나지 않았다면, 우리는 아무런 문제가 없었을 것이다"); 관계는 "반드시" 한 사람은 약하고 다른 사람은 강하다는 것을 내포하는 권력투쟁이라는 관점; 이해하기와 관심 두기를 배제한다는 합리성이나 사실에 대한 의존; 상호작용의 목표를 "진실해지기"로 보는 관점. 근본적인 관점이 무엇이든지 간에, 대화와 상호작용의 본성은 진실 구하기, 권력, 통제, 논쟁 이기기에 중점을 두고 적대적이게 된다.

예를 들어, 남편과 아내는 남편이 아내에게 오후 3시에 공원입구에서 만날 것이라고 말했지만 남편이 3시 30분에 나타난 것에 대해 토론했다. 그들은 10분 동안 아내가 "진짜로 뭐라고 말했는지"에 대해 논쟁했다. "당신은 내게 3시 30분에 오라고 했어. 난 그 시간에 정확히 도착했어." 그들의 대화는 과거 "사실에 대한" 실수의 증거를 되살리고, "사실들"과 다른 사람의 입장에 비논리적인 특성을 끄집어내 누가 옳고 누가 틀렸는지에 대한 것이었다. 사실에 대한 적대적인 다툼으로 그들의 관계를 구조화하는 것은 다른 사람이 의견을 표현할 수 있는 권리를 거절하기, 인정을 거절하기, 다른 사람도 같은 감정을 가질 수 있을 것이라는 것에 대해 거부하기, 다른 긍정적 정서의 다양한 범위에 대한 인식, 다른 사람을 비난하기, 정서의 배제에 대한 합리성의 지난친 강조와 같은 부정적 정서도식과 관련되어 있다. 그들의 합리성에 대한 주된 전형적인 부적응적 추정은 아래와 같이 적대적인 다툼을 포함한다.

"사실이 무엇인지 밝히는 것은 절대적으로 중요한 것이다."
"감정은 사실, 논리, 일이 완수되는 것으로부터 우리를 방해한다."
"만약 내가 파트너의 설명에 동의한다면, 그것은 내가 틀렸다는 것을 의미한다."
"만약 내가 틀렸다면 나는 모든 것에 대해 비판 받고, 비난 받을 것이다."
"내가 옳다는 것을 증명하기 위해 이러한 논쟁에서 이기는 것이 중요하다."

만약 남편과 아내가 승리자-패배자 각본에 갇혀있는 것 같다면, 정서, 친밀, 상호간 존중, 동정심, 비판단적 이해에 다시 초점을 맞추는 것은 어려울 것이다. 정서적 도식 치료자는 일련의 질문과 기술을 통해 이러한 교착상태에 대해 접근할 수 있다.

승리자-패배자의 각본에 대한 비용과 이익

적대적인 대화의 양식을 정의하고 나서, 치료자는 관계를 이기고 지는 관점으로 볼 때 내담자의 비용과 이익을 점검하는 것을 도와줄 수 있다. 예를 들어, 4장에 나타난 결혼한 남성은 "사실을 수립하기"와 "논리"의 관점에서 관계를 보는 것의 이점이 문제가 해결되는 것이라고 생각했다. (그는 "논리"가 자신의 위치를 나타냈다고 믿었다.) 그들은 정서보다 현실에 더 의지할 수 있다; 그들의 가족에서 더 적은 혼란이 있을 것이다. 그리고 아내의 정서보다 사실과 논리에 중점을 둘 도덕적 책무가 있다. 또한 그는 이기고 지는 것에 중점을 두는 비용이 다음과 같다고 설명했다: 잦은 논쟁이 있었음; 두 파트너 모두 분개함; 그들이 결코 벗어날 수 없을 것처럼 보이지 않는 과거 잘못들에 중점을 둠; 그들은 덜 정서적이고 성적으로 덜 친밀하며 그들 모두 분노를 느낌, 슬픔, 낙담함, 그들 모두 달걀껍질 위를 걷는 것처럼 느낌; 내담자는 사실에 대해 따지는 것의 장점과 단점을 살펴봄으로써 그가 사실에 대해 더 많은 강조를 하는 것이 결국 더 많은 갈등으로 이어진다는 것을 알게 했다. 그것은 문제를 해결하는 것이 아니었다.

"승리"라는 것이 무엇인지 설정하기

많은 갈등에서와 같이, "승리"가 무엇인지 설정하는 것이 첫 번째로 중요하고, 그에 따라 파트너는 목표를 이루었는지 아니었는지를 평가할 수 있다. 군사적 충돌에서 승리를 정의하지 못한다는 것은 "임무변경" 혹은 새로운 목적이나 목표에 대한 끊임없는 적대감의 확장이라고 할 수 있다. 목표가 무엇인지 모르는 것은 커플 중 한 명은 이기고 다른 한 명은 도발과 자극의 끊임없는 굴레에 서 있게 하여 끝없는 갈등을 발생시킨다. 공원에서 만난 시간에 대해 다른 의견을 가졌던 남편과 아내의 사례에서, 치료자는 남편에게 아래와 같은 질문들을 꺼낼 수 있다.

치료자: 음, 당신에게 이러한 논쟁들을 이길 방법이 있다고 생각하는 것처럼

보이네요. 당신은 "논쟁 이기기"가 어떤 의미인지 생각해 본적이 있나 궁금해요. 당신의 아내가 말하고 하는 것에 대해 어떻게 보나요?

내담자: (웃으면서) 상상하기 어렵네요. 아마 그녀는 그냥 제 의견에 동의할 수도 있겠죠. 하지만 그 일이 일어나진 않을 것 같아요.

치료자: 네, 만약 그녀가 시간을 잘못 알았고 당신의 의견에 동의했다고 생각해봅시다. 그녀는 3시라고 하지 않았고 3시 30분이라 했다면 그 후에는 무슨 일이 발생할까요?

내담자: 그럼 논쟁을 그만둘 것 같아요,

치료자: 그 다음에는 무슨 일이 발생할까요?

내담자: 아마 그녀는 저를 화나게 하고 물러나겠죠.

치료자와 내담자는 지배하고, 통제하며, 파트너를 억압하기를 시도하는 것이 상대방이 원하는 관계를 설립할 수 있는 실용적인 전략인지 아닌지를 검토할 수 있다. "감정을 통제"하려고 하는 많은 시도와 해결(이기기)하는 것은 영속되는 갈등과 분개의 문제가 될지도 모른다. 사실 승리자나 패배자가 있는 것이 아닐 수 있다. 혹은, 더 정확하게 말해서, 두 파트너가 이러한 게임을 한다면 둘 다 패배자가 될지도 모른다. 이기고 지는 것은 이해하기, 보살피기, 수용하기, 더 가까워지기, 중간 단계에서 만나기로 대체될 수 있다.

의견충돌에 대한 의미 설립하기

몇 명의 개인들은 모든 의견충돌을 바로잡아야 할 필요가 있는 부정적인 것이라고 여긴다. 다시 말해, 그것은 즉각적인 해결이 필요한 문제라는 것이다. 의견충돌은 존중의 부족으로, 속임수로, 권력을 얻으려는 시도로, 다른 파트너의 징후를 신뢰하지 못함으로 해석된다. 왜냐하면 그 혹은 그녀가 "진실"에 의존하지 못하고, 짜증을 내며, 극적인 방법으로 관계를 풀기 시작하기 때문이다.

치료자: 아내가 당신에게 동의하지 않는 것이 당신을 정말로 괴롭히는 것처럼 보이네요. 그녀가 당신과 같은 방법으로 생각하지 않는다는 것은 당신에게 무엇을 의미하나요?

내담자: 그것은 그녀가 저를 무시하고 저를 아이처럼 다룬다는 것을 의미해요.

치료자: 그렇군요. 그것이 당신을 불쾌하게 하겠군요. 그녀가 잘난 체하는 것이 사실이라고 상상해봅시다. 만약 그녀가 당신에게 잘난 체 한다면 무슨 일이 발생할 건가요?

내담자: 그 일이 발생했다면 전 제 자신을 존중할 수 없을 거예요. 전 존중받아야 해요.

치료자: 그녀가 자신의 생각이 옳은 것이라고 여긴다면 그것은 그녀가 당신을 존중하지 않는다는 것을 의미하고, 그것이 당신을 스스로 존중할 수 없게 만든다는 거죠? 하지만 아내가 순간적으로 당신의 사실이나 의견을 존중하지 않는다고 해서 당신은 왜 스스로에 대한 존중을 잃어버려야 하죠?

내담자: 전 이 부분에 대해 생각해 본 적이 없어요. 전 그녀의 인정을 필요로 하고 있다고 생각해요.

치료자: 만약 당신이 그녀의 인정에 대해 신경을 덜 쓴다면, 당신의 생각이 옳지 않다고 하더라도 어쩌면 당신은 화를 덜 내고, 그녀가 자신의 의견을 그대로 가질 수 있도록 둘 수 있겠네요?

내담자: 그럴 것 같네요. 만약 그렇다면 전 내버려 둘 수 있어요.

"행복 = 합리성"을 긍정 혹은 부정하는 증거

합리성과 논리에 기반을 두는 것은 더 나은 관계로 이어질 수 있게 한다. 하지만 합리성과 논리에 과하게 중점을 두는 것은 타인의 정서적인 욕구를 무시하고 심지어는 업신여기는 것이 될 수 있다.

치료자: 만약 당신이 진실을 설정할 수 있거나 토론이 합리적이고 논리적이며 사실에 근거하게 할 수 있다면, 이 상황이 더 나아질 것이라 생각하는 것 같아요. 전 이것에 대한 증거가 있는지 궁금해요.

내담자: 음, 만약 우리가 논쟁하지 않는다면, 우리는 서로에 대해 화가 나지 않았겠죠.

치료자: 네. 만약 아내가 당신의 의견에 동의하고 두 사람의 생각이 사실에 근거한다면, 논쟁이 없었겠죠. 하지만 두 사람이 항상 같은 방향으로 보는

것을 기대하는 것은 합리적이라고 할 수 있을까요? 당신은 친구나 동료 사이에서 의견충돌이 있지 않나요?

내담자: 당연하죠. 하지만 그것이 저를 많이 괴롭게 하지는 않아요.

치료자: 대상이 친구나 동료였기 때문에 당신은 아마 그것을 덜 개인적으로 받아들였을 거예요. 하지만 당신은 관계를 만족시키는 것이 논리라고 생각하나요? 아니면 친밀함, 온화함, 보살핌이라고 생각하나요?

내담자: 알아요, 알아요. 하지만 사실도 중요한 걸요.

치료자: 당신은 누군가 이렇게 말하는 것을 상상할 수 있나요? "아내와 나는 좋은 관계를 유지하고, 우리는 멋진 성관계를 하고 있어. 이것은 우리가 둘 다 사실에 동의하기 때문이야."

내담자: (웃으면서) 아니요. 그건 이상하네요.

치료자: 당신은 어떤 일이 일어나고 있을 때, 둘 다 서로에게 가까운 존재이고 서로에게 따뜻함을 느끼고 있나요?

내담자: 제가 생각하기에 우리는 서로에게 감사하고, 서로에게 온기와 신뢰를 느끼고 있어요.

치료자: 합리성과 사실에 중점을 두나요? 아니면, 보살핌과 연민에 중점을 두나요?

내담자: 보살핌과 연민이요.

경청하고 문제를 존중하기 vs 문제를 해결하기

승리자-패배자 각본은 종종 문제해결, 일이 완수되는 것, "핵심"에 도달하는 것에 과하게 중점을 둔다. "논리적인" 남편은 종종 아내에게 "네가 원하는 것을 알려 달라"고 말했다. 다른 말로, 그는 "핵심"에 도달하여 문제가 무엇인지 찾아내어 그가 해결책을 제시할 수 있기를 바란다는 것이다. 이것은 그녀에게 그가 들을 시간이 없는 것처럼 느끼게 만든다. 즉, 그녀의 정서를 존중할 시간이 없고 그녀의 생각을 정리하는 속도를 존중할 시간이 없는 것으로 보이게 만든다.

치료자: 전 당신이 "원하는 것을 알려 달라"고 말했다는 것을 알게 되었어요. 당신이 업무 토론 중에 "최종대안"을 빨리 얻으려고 하는 것과 같이 들려

요. 당신이 아내에게 그 말을 했을 때, 아내는 어떻게 느끼나요?

내담자: 아마 그녀는 제가 그녀의 감정이 어떤지 듣기 싫어한다고 느낄 거예요. 아마도 그녀는 제가 그녀를 통제하고 있다고 생각할 거예요. 그녀는 제가 그녀를 너무 통제하고 있다고 말하더라고요.

치료자: 네, 알겠어요. 전 그녀의 감정이 어떠한지 궁금해요. 당신은 그녀가 상처받았다고, 슬프다고, 화났다고, 좌절한다고 생각하나요?

내담자: 네, 아마 그런 것 같아요. 알아요. 그렇지만 전 핵심을 알고 싶고 무슨 일을 해야 하는지 알아내고 싶어요. 그녀는 자신의 감정을 악화시키는 부정적인 것들에 대해서만 생각을 하죠.

치료자: 그래서 당신은 그녀가 더 나아지길 바라고, 핵심을 건드리는 것이 그녀가 더 나아지게 할 것이라고 생각했죠. 실제로 그렇게 되었나요?

내담자: 아니요. 그것은 그녀를 더 기분 나쁘게 했어요.

치료자: 당신이 이것을 일련의 단계로 본다면 어떨까요? 첫 번째 단계는 시간을 두고 경청하며 그녀의 감정을 수용하는 것이 될 수 있겠죠. 잠시 동안 좋은 청자가 되는 거예요. 즉, 당신이 그녀의 말을 모두 경청한 후에, 그녀의 감정을 수용하면서 그녀에게 "당신이 왜 화가 났는지 이해가 돼"라고 말하는 거예요. 그리고 그녀에게 문제를 해결하기 위해 도울 수 있는 것이 있는지 물어볼 수 있어요. 어쩌면 그녀는 문제가 해결되기를 바랄 수도 있고, 그냥 당신이 들어주기를 바랄 수도 있어요. 당신은 그녀가 스스로 표현하도록 내버려 두거나 혹은 그 순간에 그녀가 당신에게 무엇을 원하고 있는지 찾아내야 할지도 모르죠.

내담자: 그냥 듣기만 하는 것은 너무 불만스러워요.

치료자: 네, 당신에게 어려울 수 있어요. 하지만 당신은 이미 과거에 어려운 것들을 해냈어요. 특히 당신의 업무에서요. 그리고 이렇게 볼 수 있죠. 그녀가 당신에게 원하는 것이 문제를 듣는 것뿐이라고 한다면 듣지 않고 문제를 해결하는 것은 어려울지도 몰라요.

내담자: 그것이 핵심이군요. 네, 그녀는 때때로 무엇인가 문제를 꺼내고, 그녀가 느끼는 바에 대해 이야기하길 바라요.

치료자: 당신이 문제 해결의 관점에서 이 문제를 재구성한다면 어떨까요? 아

마, 그 순간 그녀의 관점에서 그녀가 해결되길 바라는 문제는 당신이 경청하지 않는다는 것일 거예요. 만약 당신이 들어준다면 당신은 그녀의 문제를 해결한 것이예요.

두 개(혹은 그 이상) 사실 수용하기

사람들은 승리자-패배자 각본에 갇혀 있고, "사실"에 중점을 두며 단일한 사실이 밝혀질(사실상, 겹쳐질) 필요가 있다고 믿는다. 하지만 대인관계 체계는 많은 관점들, 다른 욕구, 다른 과거 역사들, 다른 성격들을 포함한다. 한 파트너는 통제하는 어머니에 대한 과거의 역사로 인해 아마도 그녀에 대한 요구사항에 민감하게 반응할지도 모른다. 파트너는 그녀가 요구사항을 지배하거나 강요한다고 설명할지도 모른다. 다른 파트너는 애정을 그의 "공간"에 대한 침범이라고 볼지도 모르고, 그녀가 신체적으로 가까이 가려고 할 때 그의 파트너는 퇴짜를 맞을지도 모른다. 파티에서 무엇이 일어났는지에 대한 토론에서, 한 사람은 상대방의 비언어적 표현에 중점을 두고 그 사람이 진짜인지 "가짜"인지 판단할 수도 있고, 반대로 어떤 사람은 상대방이 그 혹은 그녀에게 동의를 하는지 안 하는지를 통해 그 사람이 그 주변에 두기 좋은 사람인지 결정할 수도 있다. 정서도식 접근은 두 개(혹은 그 이상)의 사실이 있다는 것과, 두 파트너들이 무엇을 어떻게 다르게 보는지에 대한 이해, 그들에게 무엇이 중요한지를 이해하는 것이 절대적인 사실을 찾아내는 것보다 더 중요하다고 생각하며 이를 변증법적 행동치료와 공유한다.

치료자: 당신은 가끔 무언가를 볼 때 한 가지 방법만이 있다고 생각하는 것 같아요. 한 가지의 진실이 있다는 것, 즉 당신들 두 명은 그것에 동의할 필요가 있다는 거죠. 하지만 저는 그녀가 느끼는 진실과 당신이 느끼는 진실이 다를 수도 있다고 생각해요.

내담자: 전 이해가 안 되네요. 진실은 진실이죠.

치료자: 네, 그건 우리가 학교에서 배우는 거죠. 하지만 그것을 보는 다른 방법은 각각의 사람들이 세상을 각기 다른 방식으로 본다는 거예요. 우리는 자신만의 역사, 취약성, 욕구, 선호가 있어요. 우리는 지금 어떤 한 가지에만 중점을 두고 있는 것일지도 몰라요. 즉 그 당시에 그것이 우리에게 진실로 보인다는 거죠.

내담자: 하지만 만약 당신이 그런 관점을 취한다면, 진실은 없다고 말하는 것이 아닌가요?

치료자: 진실은 지금 이 순간에 우리가 중요하다고 생각하는 관점으로 이해돼요. 예를 들어, 만약 당신이 지금 이 방을 둘러본다면, 무엇이 처음으로 눈에 들어오나요?

내담자: 벽에 있는 파란색 페인트와 당신의 컴퓨터 스크린이 보이네요.

치료자: 네, 그건 당연히 사실이죠. 하지만 당신과 제가 느낄 수 있는 수천 가지 다른 많은 것들이 있어요. 책, 종이, 벽에 걸려 있는 졸업장, 램프, 창문, 불빛, 회색빛의 그림자가 있어요. 만약 당신의 아내가 다른 것에 집중하지 않고 지금 이 순간에 그녀에게 중요해 보이는 한 가지에 집중한다는 것을 당신이 받아들이면 어떨까요?

내담자: 그렇게 된다면, 우리가 어떻게 하나의 합의에 도달할 수 있을까요?

치료자: 어쩌면 당신은 한 사실에 합의할 필요가 없을 수도 있어요. 당신은 다른 경험, 관점, 그 순간의 욕구를 가지고 있다는 것에 동의하면 돼요. 예를 들어, 두 사람이 영화를 볼 때, 두 사람은 모든 것에 대해 같은 의견을 가지고 동의를 하나요?

내담자: 아니요. 우리는 어떤 것에는 동의하지만, 그녀는 제가 주목하지 않는 것에 집중할 수도 있어요.

치료자: 삶에서도 마찬가지에요. 많은 관점들, 경험, 사실들에서도요. 당신에게 진실하다고 느껴지는 것이 그녀에게는 진실하다고 느껴지는 것이 아닐 수도 있어요.

서로의 차이가 파괴적이지 않다는 것을 이해하기

두 명의 성인이 서로 다른 역사, 가치, 정보, 관점, 생각, 말하기의 방식을 가진다는 사실을 받아들이지 못하고 오히려 완벽한 승낙, 의견 일치, 소울메이트이어야 한다는 생각을 가지는 것은 친밀한 관계에서 나타나는 비현실적인 모델의 예이다. 이전에 논의한 "최종적으로 확인"하는 착각과 유사하게, 파트너는 점점 더 갈등을 겪을 수 있다. 왜냐하면 설득과 위협으로 자신의 의견에 동의하게 하려 하지만 그들 사이에 여전히 차이가 존재하며, 차이가 존재하는 것을 수용할 수 없기 때문이다. 예를 들어, 보수적인 신념을 가진 한 남성은 자신보다 더 진보적인 신념을 가진 아내에게 너그럽지 못하다. 그는 종종 그녀에게 그녀의 생각은 "비현실적"이라고 하면서 경멸스러운 언어로 그녀를 책망했다.

치료자: 당신의 아내가 당신에게 후보자에 대한 정치적인 신념에 대해 말할 때, 그것이 당신을 화나게 하는 것 같아요. 왜 그런가요?

내담자: 그녀가 비현실적일 때 저는 참을 수가 없어요. 제 말은, 얼마나 많이 그녀와 이것에 대해 이야기해야 하는 거죠?

치료자: 네, 당신이 그녀를 설득할 수 없다는 것에 대해 좌절감을 느끼는 것처럼 보이네요. 하지만 전 차이가 존재하는 것이 왜 문제가 되는 것인지 궁금해요. 그것이 왜 그렇게 당신을 괴롭히죠?

내담자: 저도 약간 이상하게 들릴 수 있다고 생각하는데요, 하지만 다르다는 것은 우리가 다른 사람이라고 생각되게 해요 — 완전하게 다른 두 사람이요.

치료자: 음, 당신들은 다른 두 사람이예요. 하지만 당신은 당신들이 가진 이러한 정치적 관점의 차이를 두 사람의 공통점이 아예 없다는 신호로 보나요?

내담자: 네, 저도 알아요. 전부이거나 아무것도 없는 것처럼 생각하고 있죠.

치료자: 네, 당신에게 공통점이 없다는 것은 무슨 의미인가요?

내담자: 우리가 서로 함께하지 않는다는 것을 의미해요.

치료자: 공통점이 아무것도 없고, 상대방과 완전히 다르며, 서로에게 속하지 않는다는 것은 정말 파괴적인 것이예요. 이것이 왜 당신을 괴롭히는지를 알 수 있겠네요. 하지만 당신은 정말로 두 사람의 공통점이 없다고 믿나요?

내담자: 아니요. 우리는 공통점이 많아요. 우리의 가치는 거의 모든 부분에서 매우 비슷하고, 우리는 두 딸들을 너무 사랑하고요, 우리는 많은 것들을 함께 좋아해요.

치료자: 이러한 다름이 당신의 아버지께서 항상 자신의 방식만을 고집하며 그 어떤 다른 의견도 묵살했다는 것과 당신이 아버지보다 나은 사람이 아니라고 어떻게 느끼게 하는지 궁금해요. 비슷한 점이 있나요?

내담자: 그것과 같은 주제라고 느껴져요. 그리고 제 아내는 당신이 알다시피

그와는 완전히 달라요.

바꾸어 말하기, 확인하기, 더 질문하기

승리를 강조하는 것과 지배를 확고히 하는 것은 파트너가 말하는 것에 대한 비웃음, 묵살 혹은 공격으로 이어질 수 있다. 이것은 갈등을 확대하고 양쪽 모두에게 서로 공격하게 하는 결과를 낳을 수 있다. 반대로, 적극적으로 듣기, 공감하기, 인정하기, 파트너에게 더 많은 질문하기는 존중하는 태도로 상대방의 관점과 정서를 듣고 있음을 상대방에게 전달해준다. 이러한 방식의 의사소통은 연인들의 전형적인 원고-피고 역할에서 벗어나도록 돕는다. 앞서 언급했듯이 승리에 중점을 두는 사람은 적극적으로 듣지 않으려고 할지 모른다. 그들은 파트너가 그들을 압도할 것, 굴욕감을 줄 것, 계속된다는 것, 그들에게 말할 기회를 주지 않을 것이라는 것, 상대방이 결국 승리할 것이라는 것을 두려워 할 수 있다. 승리하는 것에서 이해하는 것으로 전략을 변경한다는 것은 일시적으로 두려움을 불러일으킬 수 있다. 서로가 관계에 있어 각자가 진실을 독점해야 한다고 믿는 상황에서, 경쟁을 허용하는 경청을 하는 것은 승리전략을 위협할 수 있다. 하지만 이해 전략으로 바꾸는 것은 이러한 적대적인 양상을 뒤집을 수도 있다. 정치적인 다툼을 하는 다음의 연인 사례에서, 치료자는 아래와 같은 접근해 보았다.

치료자: 어느 정도까지, 당신은 이 논쟁에서 이기기 위한 목적으로 당신이 옳았다는 것을 파트너에게 보여주고 싶었을 거예요. 당신의 논리, 사실, 경험을 통해 그녀가 틀렸으며 당신이 옳다는 것을 알려주고 싶었을 거예요. 그래서 여기서의 목표는 상대방을 물리치며 이기는 것이었죠. 하지만 이것은 갈등을 더 일으킬 뿐이에요. 우리 한 번 다르게 생각해봐요. 가능하다면, “승리하기”를 “파트너에 대해 이해하기”로 재정립하는 것은 어떤가요? 제가 지금 당신에게 공책을 줄게요. 당신은 그녀가 무슨 말을 하는지 주의 깊게 들어야 하고, 당신의 목표(당신의 임무)는 가능한 정확하게 그녀의 입장과 감정에 대해 적는 거예요. 당신이 성공하는 유일한 방법은 그녀로 하여금 당신이 그녀의 말을 이해했다고 믿게 하는 것이에요. 이대로 한다면 당신은 성공한 것이에요. 그녀가 말하는 것에 동의할 필요는 없고, 당신은 그저 이해하기만 하면 돼요.

내담자: 네, 노력해볼게요. 제가 이해해야겠어요.

치료자: 맞아요.

[아내는 서로가 의견을 달리하는 정치적 쟁점에 대해 자신의 관점을 설명한다.]

내담자: 그래서 그가 가난한 사람들을 위해 더 일할 것이기 때문에 당신은 그가 훌륭한 시장이 될 것이라고 생각하는 것이예요? 하지만 세금은 어떠하죠? 그것이 상황을 더 악화시키진 않을까요?

치료자: 네, 당신은 가난한 사람들을 위해 일하겠다는 시장의 목표에 대한 그녀의 말을 바꾸어 말하고 있네요. 당신은 거기에 당신의 의견을 개입하고 있어요. 당신의 숙제는 당신의 의견을 잠시 동안 멈추고, 그녀가 어떻게 생각하고 느끼는지 정확하게 이해하려고만 노력하는 거예요. 자신에 대해 반응하고 반영하는 것이 아니라, 그녀에 대해 반응하고 반영하는 거예요.

내담자: 저는 말할 기회가 없는 건가요?

치료자: 아니요, 나중에 말할 수 있어요. 하지만 지금은 당신이 그녀에게 무엇을 들었는지 말해주는 거예요. 첫 번째 단계는 당신이 할 수 있는 한 최고의 청자가 되는 것이에요.

동의하기 연습

대립양상은 다른 사람이 틀렸다는 것을 강조하기 때문에 이는 무엇을 들었는지에 대해 선택적으로 여과하게 하고, 양쪽이 서로 동의할 수 있는 가능성이 있는 부분까지 모두 무시하게 할 수 있다. 동의하기 연습 기술을 사용하는 것은 — 그리고 부동의를 표하는 것을 일시적으로 자제하는 것은 — 각 개인이 승리하기 역할을 포기하고, 수용하기, 협력하기, 이해하기, 반영하기의 역할을 가지게 한다. 파트너가 차례대로 동의하기 연습을 할 때, 이것은 두 사람 모두가 서로 이해 받았다고 느끼게 하고, 적대적인 역학을 피하게 하며, 차이에 대한 인정을 더 경험할 수 있게 한다. 다음의 사례에서 8개월이 된 아이가 있는 아내는 종종 남편이 집에 돌아왔을 때 남편이 자기 자신 및 아이들과 소통하지 않는 것에 대해 말다툼을 하였다.

치료자: 당신들은 아기를 가진 이후로 몇 가지 어려움이 있었다는 것 같네요. 그리고 그것이 당신들에게 스트레스가 된다는 것을 알 수 있어요. 각자

가 이 상황을 어떻게 보고 있는지 저에게 간단하게 알려주었으면 좋겠어요. 그냥 집중하고 각자가 동의할 수 있는 몇 가지 쟁점만 설명하면 돼요.

남편: (아내에게) 내가 집에 와서 당신이나 레이첼과 소통하지 않는다는 것이 정말로 당신을 괴롭게 한다는 것을 알아. 일부는 사실이라고 생각해. 그러나 난 하루를 마치면 거의 녹초가 되고, 큰 관심을 둘 힘이 더 이상 없어.

치료자: 음, 당신은 그녀에게 동의하는 점을 먼저 이야기하고, 그리고 나서 스스로를 방어하고 있군요. 당신이 스스로를 방어할 때 논쟁이 다시 시작되는 것은 아닌지 걱정되네요. 그냥 그 순간에 동의하는 역할을 유지하도록 노력해보세요.

남편: (아내에게) 내가 일에 정신이 팔려있을 땐 당신 말이 맞아. 그리고 그때 난 당신과 레이첼에게 온전히 집중하지 못하고 있어. 그리고 그것은 당신을 실망시킨다는 것에 동의해.

아내: 맞아. 당신은 가끔 다른 세상에 있어.

남편: 맞아. 내가 가끔 그러지.

치료자: 자, 수잔(아내), 전 당신이 마브에게 그의 경험에 대해 이야기하도록 하는지, 남편에게 동의하는 부분을 찾을 수 있는지 궁금해요.

남편: (아내에게) 난 하루 종일 일하고, 계속 전화를 받아. 내겐 까다로운 상사가 있어. 당신이 알다시피 난 직업을 잃을까봐 항상 걱정하고 있고, 만약 그렇게 되면 내가 어떻게 당신과 레이첼을 지원할 수 있을까? 난 당신이 레이첼을 돌보기 위해 일을 잠깐 쉬고 있다는 것을 알고, 그것에 대해 감사하고 있어. 하지만 난 직업을 잃을까봐 불안하고, 이것이 때때로 나를 집중하기 어렵게 만들어.

아내: (남편에게) 난 당신의 직업은 부담이 많고, 오랜 시간 일한다는 것에 동의해. 또한 당신이 오랫동안 직업을 잃는 것에 대해 걱정했지. 하지만 당신은 일을 굉장히 잘하고 있어......

치료자: (중간에 끼어들어) 좋은 말로 바꾸어 말하고, 동의하는 것을 시작했어요. 하지만 당신은 다시 조언하기 시작하네요. 그것은 그의 마음을 변화시키려고 하는 것처럼 보여요. 지금은 그저 동의하는 것만을 볼 거예요. 목

표는 그의 마음을 변화시키는 것이 아니라 이해하는 것이죠.

아내: (남편에게) 당신은 직장에서 집으로 스트레스를 가져온다고 말하지. 그리고 그것은 당신이 나와 레이첼과 함께 있을 때 태도를 바꾸기 어렵게 하지.

남편: 응, 내가 당신과 레이첼을 사랑하지 않는 것이 아니야. 단지 불안한 것뿐이야.

치료자: 두 분께서는 방금의 경우를 어떻게 느끼셨나요?

아내: 더 좋은 것 같아요.

남편: 전 단순히 걱정을 많이 한 것 같아요.

정서 공유를 구조화하기

많은 연인들은 서로의 정서를 존중하는 것이 중요하다는 것에는 동의하지만 논리, 말의 양식, 의사소통의 구조에 따른 문제를 경험할 수 있다. 효과적인 의사소통은 말한 것을 구조화시키는 것이다. 어떻게, 언제, 왜 말해졌는지, 어떤 것이 응답으로 예상되는지에 대해서 말이다. 우리 연구에 따르면 비난하기, 무효화하기, 묵살하는 것으로 행동하기, 잘난체하기와 같은 적대적인 방식은 갈등적 관계와 기능장애로 이어지게 할 수 있고, 갈등 혹은 철회를 영구화할 수도 있다. 연인들로 하여금 더 효과적인 의사소통이 가능하도록 지도하기 위해 치료자는 [그림 12.1]처럼 "듣게 되는 10가지 비밀"을 활용할 수 있다.

파트너가 정서를 공유할 수 있도록 허용하는 것에 대한 저항: 듣지 않는 이유

대부분의 인지-행동적 기술처럼 생각, 행동, 의사소통이 어떻게 변화하는지 제안하는 것은 몇 달 또는 몇 년 동안 고군분투하는 개인들에게 실제 치료상황에서 더 쉽게 적용할 수 있는 것처럼 보일 수 있다. 우리는 구조화된 의사소통 — 승리자와 패배자 역학 — 에 대한 양식 중 하나를 검토했고, 이것이 어떻게 변화할 수 있을지에 대해 논의했다. 하지만 기술들의 개선을 위해서, 왜 개인들이 그 기술에 대해 저항할 것인지에 대한 다양한 이유를 살펴봐야 한다. 불이행 혹은 저항은 근본적으로 개인들이 가지는 신념체계에 기반을 두고 있다. 그리고 그들은 그 신념체계

1. **적절한 시기를 선택하라**: 때때로 당신은 자신의 사고와 감정을 떠올리는 순간 누군가가 이를 들어주어야 한다고 생각한다. 하지만 당신의 파트너는 그 순간 다른 것에 사로잡혀 있을지도 모른다. — 게임 관람, 저녁 만들기, 잠자리에 들기, 다른 것 작업하기 — 혹은 지금 적절한 기분이 아닐 수도 있다. 예를 들어, "큰-과정 토론"은 잠자리에 들기 전이나 애인이 직장에서 돌아온 순간에는 별로 도움이 되지 않는다. 만약 당신이 이야기를 한다면 — 그리고 그들이 듣지 않는다면 — 질문해라, "이야기하기에 더 좋은 시간이 있나요?" 그리고, 만약 당신이 청자라면, 정직하게 승부를 보아라; 당신의 파트너에게 합리적인 대안을 주어라. 소리를 지르거나 의사를 방해하지 말아라.

2. **줄여라**: 대체로, 당신은 말을 그냥 시작하고 거기에 집중한다. 이 때 당신의 파트너는 흥미를 잃거나 잠이 들 수도 있다. 그러면 아무것도 얻을 수 없다. 아마 당신은 말할 것을 수정해야 할지도 모른다. 당신은 상대적으로 명백하고 짧은 문장으로 할 말을 제한하라. 말하기를 중지하고 피드백을 요청해라. 그리고 파트너를 기다려라. 자신의 주장을 내세우거나 발언하지 마라. 주고받는 토론을 해라. 무엇이 중요한 것인지 생각해보고 그것에 초점을 맞춰라. 길이를 줄이는 한 가지 방법은 주제에 대해 사용할 적당한 시간이 있을지도 모르는 상대방의 생각에 동의하는 것이다. 예를 들어, "우리 이 주제에 대해 10분간 이야기할 수 있을까요?"라고 물어볼 수 있다. 이것은 당신을 중요한 것에 집중하게 하고 청자에게 타당한 시간적 틀을 제공하게 해준다.

3. **중지하고, 피드백을 요청해라**: 때때로 화자로서 당신은 중지하지 않고 계속 말하며, 아마도 모든 것이 전해지도록 당신의 주제를 지속할 필요가 있다고 생각할 것이다. — 혹은 당신의 파트너가 대화에 불쑥 끼어들거나 토론에 참여한다면 당신은 다시 말할 기회를 얻지 못할 것이라는 두려움을 느낀다. 다시금, 천천히 속도를 줄이거나, 수정하거나, 멈추고 피드백을 요청해라. 두 가지 방법으로 대화해라. 만약 당신의 파트너가 당신이 무슨 말을 하는지 듣지 않는다고 느낀다면, 물어보라, "내가 말한 것을 바꿔서 다시 말해줄 수 있나요?" 혹은 만약 당신의 파트너가 당신이 다르게 생각하도록 돕기를 원한다면, 당신은 이렇게 말할 수 있다. "내가 제대로 보고 있는 것인지 궁금해" 혹은 문제를 해결하고 싶다면, 이렇게 말할 수도 있다. "내가 할 수 있는 일인지 궁금해"

4. **최악의 상황을 상상하지 마라**: 당신은 어쩌면 상대방이 주의 깊게 듣게 할 수 있는 유일한 방법이 모든 것을 끔찍하게 들리게 말하는 것이라고 생각할지 모른다. 때때로 그것은 정당한 생각이지만 만약 당신이 너무 많은 것을 끔찍하게 만든다면, 신뢰를 잃을 수도 있다. 전체적인 관점을 유지하고, 사실을 지키며, 일이 커지는 것에 주의하라. 목소리를 차분하게 하고, 흥분하지 마라. 속도를 늦추고, 평정을 되찾아라. 당신의 이야기는 더 부드러운 톤으로 명확하게 들리게 될 것이다. 만약 당신이 물러서거나 충분히 숙고한다면, 당신이 얘기하는 것들 중 일부는 단순한 불쾌, 불편, 아니면 간단한 견해의 차이일 수 있다. 하지만 "끔찍한" 것은 약간 지나치다. 충분히 숙고하고, 당신이 생각하거나 느끼는 만큼 그것이 끔찍한 것인지 선택하라.

5. **공격하지 마라**: 만약 당신의 토론이 일련의 공격과 비판이라면 청자는 좋은 관객이 되지 않을 수도 있다. 당신의 파트너에게 네이밍("바보" "멍청이" "다 큰 갓난아기") 혹은 지나치게 일반화하기("당신은 항상 그런 식이다")는 상대방이 더 이상 귀를 기울이지 않게 할 수도 있다. 이는 당신이 이야기의 논지를 이해시키거나 자신을 주장할 수 없는 것을 의미하지 않는다. 이는 적대적이지 않은 방법으로 대화할 필요가 있다는 것을 의미한다. 긍정적인 것을 인정하는 동안("난 당신이 쇼핑을 도와주는 것에 감사한다") 변화를 위한 제안하기("만약 당신이 조금 더 깨끗하게 한다면 좋을 것 같아")는 완전히 공격하기("당신은 내가 아는 사람들 중 가장 이기적이야")보다 관심을 가지게 하거나 서로 협력하게 할 수 있다.

6. **당신이 문제를 해결해 주길 원하는 것인지 아니면 감정을 공유하길 원하는지 파트너에게 알려주기**: 때때로 당신은 스스로의 감정을 배출하고 싶어 하거나 파트너로부터 동정 어린 경청을 원할지 모른다. 좋다. 하지만 당신의 파트너는 당신이 어디로 향하는지 알 필요가 있다. 예를 들어, 당신은 의견을 분리하는 것을 원할 수도 있다. 몇 분 동안 분출해내고, 공유한 후 당신은 주제를 버리거나 혹은 문제를 해결하기를 계속할 수 있다. 많은 사람들은 그저 들어주고 위로받기를 원한다.

7. **경청은 동의하는 것이 아니다**: 때때로 우리는 청자가 우리가 말한 것이나 화나는 모든 일에 동의해야 한다는 신념을 가지고 있다. 그것이 그 혹은 그녀가 진짜로 듣고 있다는 것을 상대방에게 보여줄 유일한 방법이라 생각할 수도 있다. 하지만 그것은 잘못되었다. 경청은 듣기, 반영하기, 이해하기, 정보 처리하기를 포함한다. 나는 당신의 사고와 감정을 당신의 관점에 동의하지 않은 채 들을 수 있다. 당신과 나는 다른 사람이다. 내가 당신에게 동의하지 않는다는 것이 당신을 위하지 않는다는 것을 의미하지는 않는다. 당신의 말을 듣고 있다는 것을 의미한다. 하지만 때때로 화자는 청자가 100% 동의하지 않는 것에 대해 공격할 수도 있다. 그것은 비현실적이고 불공평해 보인다. 우리는 스스로를 특별하게 만드는 차이를 수용할 필요가 있다. 사실, 차이는 성장의 기회가 될 수 있다. 당신이 당신을 이해하고 감정을 신경써 주는 누군가와 말할 때 — 하지만 당신의 사건에 대한 해석에 동의하지는 않음 — 그것에 대해 생각할 한 가지 이상의 방법이 있다는 사실에 대해 마음을 열 수 있다.

8. **충고를 존중하기**: 만약 당신이 파트너에게 지지하거나 충고를 구한다면, 당신은 피드백과 몇몇의 충고들을 얻을지도 모른다. 지금 당신은 어쩌면 불행해지고 냉소와 경멸을 받을지도 모른다. 하지만 당신의 파트너가 당신을 지지하기 위해 노력한다고 가정해보자. 하지만 그것은 정확히 당신이 원하는 것은 아니다. 충고가 도움이 되지 않을지도 모른다. 그것은 비이성적일지도 모른다. 하지만 누군가가 당신의 이야기를 들어주기를 원한다면, 충고자를 기꺼이 존중해야 한다. 충고를 받아들이거나 좋아할 필요는 없다. 만약 당신이 청중을 공략한다면, 다음 번에는 청중이 없을 것이다. 충고 또는 피드백을 정보라고 생각하라. 받아들이든지 그냥 남겨두어라, 하지만 그것으로 다른 사람의 뒤통수를 치지 않도록 조심하라.

9. **만약 당신이 문제를 이야기하고 싶다면, 해결책도 말하라**: 앞서 언급한 것과 같이 당

신은 분출하거나, 감정을 공유하고 싶을 수도 있고, 사고를 탐구하고 싶을 수도 있다. 하지만 만약 당신이 잠재적인 문제를 이야기하고 싶다면 잠재적인 해결책을 제시하는 것이 어느 정도 타당하다고 생각한다. 일부 시간에 우리들 중 몇몇은 문제 해결로 건너뛰고 싶어한다. 하지만 그것은 상대방에게 매우 미숙한 것일 수 있다. 만약 당신이 화자라면 이것을 선택사항으로 고려할 수 있다. 만약 당신이 문제를 이야기하고 싶다면 해결책을 말하라. 당신의 해결책이 무언가를 지시하는 것일 필요는 없다. 잠정적이거나 합리적이거나 몇몇의 가능성 중 하나일 뿐이다. 사실 당신이 문제를 해결되어야 하는 것으로 보기 시작한다면, 당신은 아마 권한을 가진 것처럼 느끼기 시작할 것이다. 하지만 그것은 당신의 선택이다. 지금, 나중에, 혹은 결코 그러지 않는 것 중에 말이다.

10. 믿을 만한 사람으로 인정해주기: 당신이 화자로서 할 수 있는 가장 좋은 것들 중 하나는 당신을 지지해주는 사람을 지지하는 것이다. 당신은 "낙담시키는 사람"이 되고 싶지 않을 것이다. 청자의 관점에서 생각해보라. 그 혹은 그녀는 당신을 괴롭히는 무언가에 대해 계속 듣고 있다. 이는 청자가 재미있어 하는 것이 아니다. 하지만 그 혹은 그녀는 묵묵히 당신의 이야기를 듣고 있다. 왜 시간을 소비하는 청자에게 감사하지 않는가? 당신을 들어주고 지지함으로써 당신을 충분히 보살피는 그 혹은 그녀에게 감사하라.

[그림 12.1] 주의를 기울일 수 있는 10가지 비결. ©Leahy(2010)

가 더 큰 손실로부터 그들을 보호해줄 수 있다고 믿는다. 내담자로 하여금 그들이 이 기술들을 사용하지 않기로 결정한 모든 이유를 분석하게 하는 것은 불응에 대한 이유를 명확히 밝히는 데 종종 도움이 될 수 있다.

"이는 힘의 투쟁이다"

위에서 강조한 바와 같이, 많은 연인들은 승리와 패배에 대한 힘의 투쟁에 갇혀있다. 만약 한 파트너가 정서들을 쏟아낸다면, 그는 무대를 장악하고, 토론을 지배하면서, 그들의 정서를 더 중요한 주제로 만들어 "승리"하게 된다. 한 남성은 잘 들어주는 것이 권력 투쟁 게임에서 "여성스러운 것"이라고 생각해서 잘 듣지 않는다("난 병신이 되지 않을 거야"). "당신은 내가 도어매트가 되길 바라나요?"(아래의 "성별을 반영한 생각하기" 볼 것). 그가 권력과 통제를 행사해야 한다는 믿음의 결과로써 그는 하찮게 여기기, 비웃음, 비판을 사용했다("당신은 모든 것에 대해 감정적이고 논리적이지 않아"). 친밀한 관계를 힘의 투쟁으로 바라보는 것의 장단점을 점검하는 것은 때때로 핵심신념이나 도식을 드러나게 한다. "병신"이 될까봐 무서워하는 한 남성은 지배적이고 굴욕감을 주는 아버지와의 경험을 나타냈다.

> "그는 우리에게 그냥 닥치라고 했고, 우리가 아무것도 모른다고 했어요. 이것에 우리가 동의하지 않으면 우리를 때렸어요. 저는 너무 무서웠어요. 그리고 저는 그가 어머니를 밀어낼 때까지 참았어요. 저는 16살이었고, 그보다 더 컸죠. 저는 그를 붙잡았고 그를 벽으로 밀쳤어요."

이 개인의 정서에 대한 힘의 투쟁은 폭력적인 아버지와의 힘의 투쟁을 반복하는 것이었다.

파트너 혹은 파트너의 관점에 대한 경멸

몇몇 사람들은 파트너의 "불평"을 멈추기 위해 처벌의 형태로 상대방을 경멸하거나 비난해야 한다고 믿는다. 예를 들어, 한 남성은 파트너가 인지한 "불평"에 대해 반응할 때 "이것은 어쩔 수 없이 일어나야 하는 것이었어", "내게 맥주를 줘" 혹은 다른 문제를 일으키는, 자기-패배적 말로써 응답한다. 그는 자신의 사고를 "농담"으로 보여줬고, 그는 그녀가 얼마나 우스꽝스러운지 스스로 보도록 하곤 했다. 치료자는 그에게 그녀가 무엇을 느끼고 있었을지, 그가 얕잡아볼 때 그녀가 무엇을 생각했을지 물었다. "그녀는 제가 얼간이라고 생각해요. 사실을 말하자면, 전 제가 얼간이라는 걸 알아요. 하지만 전 그녀가 감정적으로 굴 때 무엇을 말하고 생각해야 하는지 모르겠어요." 또한 그는 그녀의 불평이 자신을 비난하는 것으로 보인다고 했다. 그리고 어느 정도는 그가 옳다. 하지만 만약 그녀가 옳다는 것을 그가 인정하면 그는 스스로를 우스꽝스럽게 여기고 자신을 비난하게 될 것이며, 그녀가 이를 공격하는 데 이용할까봐 두려워할 것이다. 치료자는 냉소와 자아-비판 대신, 그녀에게 사과하고 그의 행동을 바꾸라고 제안했다. 그는 마지못해 아내에게 사과하는 것과 아내에게 자신의 경멸과 냉소를 고치기 위해 노력할 것이라고 말하는 것을 시도해보겠다고 동의했다.

성별을 반영한 생각하기

어떤 남자들은, 아까 언급한 "병신"이 되는 것을 두려워한다고 묘사된 남자처럼 여자를 인정하거나 정서적 언어를 사용하여 여자를 지지하는 것이 남자답지 못하다고 생각한곤 한다. 그들에게 있어 남자의 역할은 강해지는 것이고, 여자보다 더 높아지는 것, 지배하려는 것이라고 믿는다. 그들의 관점에서 인정하고 정서적 환기를 허용하는 것은 남성을 여성스럽게 만든다는 것이다. "진짜 남자"로서의 위엄을 잃는 것이라고까지 생각한다. 치료자는 성별을 반영한 생각의 결과를 검토하도록 내담자를 도울 수 있다. 그것은 과연 그를 더 행복하게 만드는 것일까? 그는 스스로를 "진짜 남자"처럼 느끼는가? 그는 그가 동경하는 남성상이 되고 있는가? 그의 어머니나 딸에게 이렇게 행동하는 남성을 봤다면 그는 이를 좋아할 것인가? "성별을 반영한 생각"을 "보편적인 생각"으로 대체하는 것은 도움이 될 수 있다.

예를 들어, 어떤 이혼한 남성은 여성을 대상화된 성적 용어로 나타낸다. "착하고 늙은 남자"는 같은 이해관계를 가진 사람들끼리 하는 농담으로 남성 치료자에게 이를 언급할 수 있다. 그는 비난하거나 지배하려는 행동을 여성에게 나타내고, 실제로 그렇게 하고 있었다. 치료자는 그의 남자다움과 성적인 생각이 사랑하는 여자와 정서적으로 친밀해지는 능력에 어떻게 영향을 주고 있는지, 그것이 그의 현재 파트너에게 어떻게 느끼게 하는지에 대해 물었다. 이러한 이슈에 대해 우리는 논할 때, 우리는 그가 이전의 결혼에서 아내가 바람을 피워 황폐한 나날을 보냈음을 알게 되었다(그들이 부부치료를 하는 동안 이것을 발견함). 굴욕감을 느낀 그는 나이가 들어 여성에게 덜 매력적일 것이라는 두려움을 느끼면서, 그의 현재 파트너(그보다 어린 사람)가 그를 떠날까봐 두려워했다. 그 결과 "자신감 있는 늠름한 남성"의 역할을 하면서 그의 자아를 강화시키려고 노력했다. 치료자는 그가 다른 역할을 시도해 보기를 제안했다. 즉 진짜 인간이 되는 것 혹은 파트너를 사랑과 존중으로 대하는 좋은 사람이 되는 것(연민으로 사람을 돌보는), 그녀를 마지막으로 생각하고, 인간의 존엄성을 가진 사람으로 대하는 것 등을 말이다. 치료자는 내담자가 자신이 대접받기를 원하는 방식으로 그의 파트너를 대접하기를 격려했다. "좋은 사람 치료"는 내담자에게 매력적이었다. 왜냐하면 그는 스스로를 인간의 존엄성에 가치를 둔 사람으로 보았고, 허세 있는 행동보다 더 좋은 행동으로 사랑받기를 원하게 했다. 그는 "남자다움이 있는 사람이 되는 것"에서 "좋은 사람이 되는 것"으로 목표를 바꿨다. 즉, 연민의 마음으로 사람을 돌보고, 스스로 자랑스러워하는 누군가가 되는 방향으로 말이다.

정서조절장애

몇몇 사람들에게 있어 분노를 삭이거나 철회하라는 파트너의 요구는 그들을 매우 화나게 하고 자극시킬 수 있다. 사실, 이것은 연구에 의해 입증되었는데, 갈등 중에 맥박 수는 상승하였고, 이 분노의 상승은 여성보다 남성에게 더 흔하였다(Gottman & Krokoff, 1989). 그들 자신의 격화된 감정의 결과 — 그들이 통제할 수 없는 — 그들은 파트너의 의사소통을 억압하려 하거나 방을 떠나려고 했다. 정서에 압도된 개인은 정서적 논의에 갇혔다고 느끼며, 이것이 절대 끝나지 않으리라 느끼는 한편, 다른 파트너는 통제받는다고 느끼고, 하찮은 존재라고 느끼며, 버림받았다고 느낀다. 이러한 사례에서, 치료자는 해결되어야 할 주된 이슈로 정서조절장애를 꼽을 수 있고, 압도된 개인에게 자신의 정서를 처리하는 많은 기술을 제안할 수 있다. 그리고 이러한 정서를 일으키는 상황을 예측하는 것을 포함할 수 있다. 자동적 사고를 정의하기(예, 그들은 영원히 계속될 것이다); 감정분리를 연습하기; 판단하거나 통제하기보다는 관찰하기; 적극적으로 경청하기와 확인하기 연습; 감정에 대해 허용된 시간과 공간에서 실험하기; 이기거나 설득하기 보다는 이해하거나 반영하는 역할 맡기; 의견 충돌을 대처하는 방식으로 의견대치문제 해결을 시도하기 등이다. 압도된 정서를 느낀다는 것은 그들이 무기력하고 갇혀 있다고 말하는 또 다른 표현이기 때문에, 다양한 범위의 기술을 제공하는 것은 압도되지 않다고 느끼게끔 돕는다. 정서조절에 대한 다른 기술에는 집중을 방해하는 것, 몇 분 동안 방을 떠나 있는 것("중간 휴식"), 합리적인 재구조화, 자기-위로, 반대행동, 순간 개선시키기, 수용, 다른 보람 있는 행동이나 가치 추구하기가 있을 수 있다.

"난 징징거리고 싶지 않아"

몇몇 치료자들조차 정서를 표현할 때 적극적인 경청과 타인을 인정해주는 것이 계속되는 불평이나 "징징거림"을 강화할 수 있다고 생각한다. 이러한 정서모델은 압도된 정서 표현으로 인한 불평을 피할 수 없는 폭우 속에서 수문을 개방한 것으로 비유한다. 결론적으로, 개인은 비난하기, 통제를 가하거나 의사방해를 통해 불평을 즉시 멈추게 하려고 한다. 치료자는 내담자에게 아기가 안정될 때까지 계속 우는 것처럼, 파트너도 그가 듣게 되거나 인정될 때까지 계속 불평할 것임을 알려줄 수 있다. 당연하게도 많은 사람들은 효과의 법칙을 믿지만(예, 강화되는 행동은 빈도가 증가한다는 원칙), 정서 표현은 다른 애착행동과 같이 체계가 완성될 때까지 지속될 것이다. 이는 역할극에 참여함으로써 시험할 수 있는데, 치료자는 적극적으로 더 많은 질문을 하는 역할을 담당하고 내담자는 "불평하는 사람"의 역할을 수행하면서 진행된다. 전형적으로, "불평하는 사람"이 더 이상 불평할 것이 없게 되면, 청자가 이해한 것을 인정하게 된다. 이것은 이해하기에 도달할 때까지 불평하기가 계속된다는 모델이 사실이라는 것을 보여준다. "당신이 나를 이해한다고 생각될 때 난 불평을 그만둘 거야." 또 다른 방법으로, 치료자는 "틀렸다는 것을 입증하는 자"의 역할을 맡을 수 있다. 그래서 치료자는 내담자가 말하는 모든 것에 대해 논쟁하고 반박하며, 내담자에게 불평하도록 할 수 있다. 이같은 반대의 역할극은 불평이 무효화의 측면에서 증가한다는 것을 설명할 수 있다. 이를 통해 징징거림에 대한 두려움으로 인한 내담자의 무효화 전략이 자기-패배전략임을 보여줄 수 있다. 치료자는 불평이 확인과 이해를 찾는 여행이라고 표현할 수 있다. 즉, 한 번 목표에 도달하면 끝나는 것이다.

"문제는 해결되어야 한다"

정서의 의사소통을 방해하는 흔한 믿음은 문제를 해결하는 것만이 타당하고 유일한 전략이라는 것이다. 이 신념은 간결한 태도로 사실을 공유하기, 목표를 확인하기, 문제해결하기로서 의사소통 모델로 이어진다. 정서를 쏟아내고 공유하는 개인은 이것이 무의미하고, 파트너는 문제해결을 하려 하지 않는다고 믿는다. 따라서 그는 자기 멋대로 하게 되고, 모든 사람의 시간과 에너지를 낭비하게 된다. 하지만, 만약 화자의 목표가 이해받거나 보살핌 받는 것이라면, 과도하고 신속하게 문제해결에 집중하는 것은 화자로 하여금 그의 파트너가 화자의 자신의 정서에 대해서는 신경쓰지 않고, 오히려 가르치려고만 하는 것이라고 믿게 만든다. 아이러니하게도, "문제해결자"는 이렇게 말할 것이다. "난 파트너의 감정에 신경 쓰고 있어. 그것이 내가 문제해결을 시작하려는 중요한 이유야." 치료자는 두 가지 목표 — 경청하는 것과 문제해결하기 — 모두가 가치 있다고 제안할 수 있다. 하지만 화자는 그 순간에 무엇을 결정할 것인지에 대한 특권을 가지고 있다. 만약 청자가 문제해결로 너무 빨리 건너뛰려는 것을 화자가 느낀다면, 화자는 이렇게 말할 수 있다. "나는 내가 경험하는 것을 당신과 공유하고 싶을 뿐이고, 문제해결을 지금 원하는지는 확신할 수 없어." 두 파트너는 문제해결이 지금, 미래, 혹은 전혀 이루어지지 않을 수도 있다는 것을 인정하게 되고, 화자가 이 시기들 중 하나를 결정할 수 있다는 것을 인식하게 된다. 이 사례에서, 문제는 파트너가 말하는 것을 듣는 것이라고 바꾸어 말할 수 있다. 그래서 해결책은 파트너를 이해하는 것이다.

요 약

정서도식은 관계에서 나타나는 갈등의 핵심 요소이다. 파트너는 자신의 이야기를 듣게 하기 위해 그들 자신의 정서를 심화시키거나 심사숙고하고, 원하지 않는 문제해결, 비난하기, 의사방해, 취소, 경멸하기로써 타인의 정서를 통제하려고 한다. 근본적으로 이러한 의사소통의 역기능적 패턴의 기저에 있는 것은 지속기간, 정상상태, 통제, 파트너의 정서 확인에 관한 문제적 도식이다. 또한 듣기, 격려 표현하기 혹은 확인하기만이 이러한 정서의 풀림을 영속화한다는 신념이다. 정서도식모델은 친밀한 관계의 정서에 대한 이러한 믿음이 어떻게 다루어질 수 있는지, 그리고 특정한 행동적 및 인지적 기술이 어떻게 관계의 조화를 향상시킬 수 있는지를 다룬다.

제13장
정서도식과 치료적 관계

치료란 가치를 추구하는 것이라고 정의할 수 있을 것이다.
– 에이브러햄 매슬로우

인지-행동 치료를 처음 배우기 시작했을 때, 그 접근의 설득력있는 설명과 합리적 근거에 매혹되었었다. 나의 성격은 목표를 달성하고, 문제를 해결하며, 합리적으로 생각하고, 문제 속에 있는 것에 집중하는 것이다. 나는 논쟁에서 이기기에 특별히 숙련되어 있었다고 생각했고, 활력도 있었으며, 지적인 반대의견들과 좋은 토론을 할 수 있도록 해주는 농담도 즐겨 했다. 나의 삶 속에서도 전통적인 인지-행동 기술들을 사용하여, 반추를 바꾸고, 지연된 것을 극복하며, 나의 걱정을 표현하고, 외로움을 다루며, 진로문제도 해결해왔다. 그것이 나에게 이렇게 효과적이었다면 다른 사람들에게도 효과가 있지 않을까?

하지만 나의 내담자들은 내가 너무 융통성이 없고, 자기중심적이며, 합리적이라고 생각했다. 그리고 그들에게 나는 너무 많은 것을 빚졌다. 그들은 내가 진짜 누구인지 다시 찾도록 도와주었다. 그리고 나는 누구였는가? 사실 나는 대학생 때 극작가와 시를 쓰는 사람이 되고 싶었다. 나는 비극의 지혜를 느꼈고, 니체, 키에르케고르, 사르트르의 통찰력에 감명받았다. 내가 나의 이전 시간들과 교육을 뒤돌아보면, 그때에는 항상 이러한 변증법이 이루어지고 있었다. 나는 정서와 실존에 감명받았지만 엄격한 영국의 분석철학에 입문하였으며, 합리적 방법으로 의미의 문제를 파악해보고자 하였다. 나는 치료적 관계 역시 이러한 변증법을 반영한다고 생각한다. 다르게 말해서, 우리 치료자들은 우리가 쉽게 이용할 수 있는 영향력 있는 인지-행동 치료를 사용해야 하지만, 동시에 내담자의 강렬하고, 깊으며, 풍부한 정서적 경험을 바탕으로 한 치료적 관계도 열어야 한다. 두 가지 접근 모두 가치가 있으며, 한 치료만으로는 깊고 의미 있는 치료를 할 수 없다. 우리는 플라톤의 마차 비유를 다시 떠올릴 수 있다. 우리는 우리를 끌고 가려는 야생마의 고삐를 잘 잡고 있어야 하지만 동시에 그 말이 우리를 어디로 이끌기 원하는지 주의해서 봐야 할 필요가 있다. 우리의 정서는 우리가 무엇에 귀기울여야 하는지에 대해 가르쳐준다. 또한 우리의 정서는 우리가 언제 그것을 따라야 하는지도 알려준다.

변증법적 접근에 대해 또 다르게 생각해 볼 수도 있다. 내담자는 치료에서 두 가지를 원한다. 항상 동시에 모두 원하는 것은 아니다. 어떤 내담자는 치료에 와서 "다시 제자리로 돌아가기"를 원할 수 있고, 어떤 내담자는 치료에 와서 "떨어져 나가기"를 원할 수도 있다. 두 가지 경우에서 우리는 그것을 잡아내는 것이 치료자로서의 역할이고, 그들이 안전하게 느끼도록 도와주며, 그들이 돌봄을 받았다고 느끼도록 도와주어야 한다. 만약 내담자가 분리되기를 원한다면, 우리는 특별히 조심스럽고 돌봄 가득한 손으로 떨어져 나갈 수 있도록 도와주어야 한다.

치료자들은 치료에서 정서에 대한 다른 신념을 가지고 있을 수 있다. 나는 이 책을 읽고 있는 치료자인 당신에게 이렇게 물을 수 있다. [그림 13.1]에 있는 질문을 고려하고, 당신이 어떻게 치료에 접근하려고 하는지 고려하라고 물을 수 있다. 솔직히 말해보아라. 당신이 느껴야 한다고 생각하는 방식으로 대답하지 말아라. 당신이 솔직할 수 있는 만큼 솔직해져라. 어떠한 패턴을 인지했는가? 당신은 종종 내담자들이 "비합리적"이라서 그들을 비판하는 정서를 느끼는가? 그들이 정서에 대해 말할 때 당신은 치료에서 시간을 낭비하고 있다고 느끼는가? 그들의 고통을 인격적으로 대하기보다 그들의 "병리현상을 진단하기"에 너무 집중을 하고 있는가? 당신은 그들이 생각하고 느끼는 방식을 바꾸어야 한다고 생각하는가? — 그것이 빠르면 빠를수록 좋은가? 내담자가 울면 당신은 어떻게 느끼는가? 그것이 당신에게 불편함을 느끼도록 하는가? 당신은 당신이 불편함을 느끼지 말아야 한다고 생각하는가? 당신은 그들이 가능하면 빨리 기분이 좋아지길 원하는가? 그들의 아픔을 참기 어려운가? 당신은 그들의 기분을 좋게 하려고 하는가? 당신은 한번도 스스로 다음과 같이 생각해본 적이 없는가? "그들은 그렇게 느껴서는 안돼."

그렇다면 지금부터 당신의 내담자 중 몇 명이 [그림 13.2]에 답한다고 상상해 보자. 당신의 내담자들은 당신이 그들의 정서에 어떻게 반응한다고 생각하는가? 그들은 당신이 그들에게 정서를 표현할 시간과 공간을 준다고 생각하는가? 그들은

설명: 아래의 척도를 사용하여 각각의 정서도식의 측면에서 치료자로서 스스로를 평가하시오.

1 = 아주 사실이 아니다 2 = 어느 정도 사실이 아니다 3 = 조금 사실이 아니다
4 = 조금 사실이다 5 = 어느 정도 사실이다 6 = 아주 사실이다

1. 이해도	나는 내담자들이 자신의 정서를 이해하도록 돕는다.	____
2. 확인	나는 내담자들이 자신의 정서에 대해 말할 때 그들이 이해받았고 돌봄받았다고 느끼도록 돕는다.	____
3. 죄책감/수치	나는 내담자들이 자신이 느낀 것에 대해 죄책감을 느끼고 부끄러움을 느끼도록 만든다.	____
4. 정서에 대한 간단한 관점	나는 내담자에게 뒤섞인 정서를 가지는 것이 괜찮은 것이라고 이해하도록 돕는다.	____
5. 가치	나는 내담자의 정서와 중요한 가치를 연관시키도록 돕는다.	____
6. 통제	나는 자주 내담자의 정서가 통제 불능이라고 생각한다.	____
7. 무감각	나는 자주 내담자가 자신의 정서에 대해 말할 때 무감각하고 무관심하다고 느낀다.	____
8. 합리성	나는 내담자가 자주 비합리적이라고 생각한다.	____
9. 지속기간	나는 내담자의 부정적 정서가 끊임없이 계속될 것이라고 생각한다.	____
10. 동의	나는 내담자에게 다른 사람도 동일한 정서를 가진다는 것을 이해시키도록 돕는다.	____
11. 인정	나는 내담자의 고통스러운 정서를 받아들이고 참으며, 그들을 강제로 바꾸려고 하지 않는다.	____
12. 반추	나는 자주 내담자가 자신이 하는 것에 대해 왜 그렇게 느끼는지 계속 생각하고, 거기에 빠져 있는 것 같다.	____
13. 표현	나는 내담자가 자신의 정서를 표현하고 자신이 느끼는 것에 대해 말하도록 격려한다.	____
14. 비난	나는 내담자가 속상해 하는 정서에 대해 비판적이다.	____

[그림 13.1] 치료자 정서도식 척도

설명: 아래의 척도를 사용하여, 당신이 보는 그 혹은 그녀가 당신의 정서에 반응하는 것을 토대로 당신의 치료자를 평가하시오.

1 = 아주 사실이 아니다 2 = 어느 정도 사실이 아니다 3 = 조금 사실이 아니다
4 = 조금 사실이다 5 = 어느 정도 사실이다 6 = 아주 사실이다

1. 이해도	치료자는 나의 정서를 이해하도록 돕는다.	____
2. 확인	치료자는 내가 정서에 대해서 말할 때, 내가 이해받았고 돌봄 받았다고 느끼도록 돕는다.	____
3. 죄책감/수치	치료자는 나를 비판하고, 내가 느끼는 것에 대해 죄책감과 부끄러움을 느끼도록 만든다.	____
4. 정서에 대한 간단한 관점	치료자는 내가 뒤섞인 정서를 가지는 것이 괜찮은 것이라고 이해하도록 돕는다.	____
5. 가치	치료자는 나의 정서와 중요한 가치를 연관시키도록 돕는다.	____
6. 통제	치료자는 나의 정서가 통제 불능이라고 생각한다.	____
7. 무감각	치료자는 내가 정서에 대해 말할 때 무감각하고 무관심한 것처럼 보인다.	____
8. 합리성	치료자는 내가 자주 비합리적이라고 생각한다.	____
9. 지속기간	치료자는 나의 고통스러운 정서가 끊임없이 계속될 것이라고 생각한다.	____
10. 동의	치료자는 많은 사람들이 내가 느끼는 것처럼 느낀다는 것을 깨닫도록 도와준다.	____
11. 인정	치료자는 나의 고통스러운 정서를 받아들이고 참으며, 나를 강제로 바꾸려고 하지 않는다.	____
12. 반추	치료자는 내가 왜 그렇게 생각하는지에 대해 계속 생각하며 거기에 빠져 있는 것 같다.	____
13. 표현	치료자는 내가 정서를 표현하고 느끼는 것에 대해 말하도록 격려한다.	____
14. 비난	치료자는 속상해 하는 정서에 대해 나를 탓한다.	____

[그림 13.2] 나의 정서를 치료자가 어떻게 보고 있는지에 대한 내담자의 생각

당신이 그들이 생각하고 느끼는 것에 "반박할" 준비가 되어 있다고 생각하는가? 그들은 당신을 통해 꼬리표가 붙고, 비난 받으며, 그들의 가장 "수치스러운" 생각과 정서를 드러내기가 무섭다고 생각하는가? 그들의 정서가 완전히 제정신이 아니고 혼란스럽다고 할지라도 당신은 그들이 합리적이고 효율적이기를 바란다고 그들이 느끼는가? 당신이 그들에게 "합리적으로 생각해", "그냥 넘어가자", "극복해봐", "너무 정서적으로 바라보지 마", "기분좋게 생각해"라고 느끼기를 바란다고 그들이 생각하는가? 당신은 그들이 당신에게 그들의 정서에 어떻게 반응한다고 느끼길 바라는지 스스로 생각해봐라. 무엇이 빠졌다고 할 수 있나?

내담자의 부정적 정서도식이 어떻게 치료에 영향을 줄 수 있는지

내담자가 당신을 처음 보러 올 때 어떠할 것인지 상상하여 보라. 여기에 한 여성이 있는데 그 여성은 자신의 부모로부터 자신의 정서에 대해 비웃음거리로 여겨지고, 남편이 그녀를 "미쳤다"고 이름표 붙였으며, 몇 년 동안 변함없는 우울증을 가지고 있는 여성이다. 그녀는 자신의 정서에 대해 부끄러움을 느끼고, 다시 비난받을까봐 두려워하고 있으며, 자신이 절대로 "괜찮아"지지 않을 것을 걱정하고 있고, 누구도 자신을 진심으로 이해할 수 없으며 도와줄 수도 없다고 생각한다. 그녀가 당신과 이야기하러 왔다고 생각해 보아라. 당신은 그녀에게 완전히 낯선 사람, "권위" 있는 사람, 그녀에게 부모나 배우자를 떠올리게 하는 사람, 그녀를 도와줄 수 있다고 생각하는 실낱 같은 희망을 주는 사람일 수 있다. 그녀의 정서에 대한 당신의 어떤 반응을 그녀가 두려워할까? 그녀는 당신을 알지 못한다. 하지만 이제 그녀는 그녀의 비밀과 자신의 취약성을 당신과 공유하려고 한다. 그녀가 어떻게 당신을 믿을 수 있을까?

이 여성은 자신의 정서가 말이 안 된다고 믿고 있을지도 모른다. 다른 사람들은 그녀와 같은 정서를 가지지 않는다고; 그녀의 고통스러운 정서는 통제 불가능하며 계속될 것이라고; 그녀는 반드시 자신의 정서를 점검해야 한다고; 그녀는 결국 지나치게 감정적이고, 통제불능이며, 이기적이고, 어린애 같으며, 비합리적이고, 어쩌면 혐오스러울 수도 있다며 비난 받을 것이라고 생각할지도 모른다. 그녀의 불완전한 느낌을 뒷받침하고, 그녀를 괴롭히는 악마와 함께 그녀를 외롭게 혼자 두는 이러한 믿음들을 지닌채, 그녀가 당신 — 치료자, 낯선 사람 — 을 어떻게 믿게 될 수 있을까? 그녀가 어떻게 자신을 당신의 손 — 낯선 사람의 손 — 에 맡길 수 있을까?

치료와 치료자에 대한 내담자의 부정적 정서도식의 효과에 대해 아래의 예를 고려해볼 수 있다:

- 감정을 공유하는 것에 대한 부끄러움
- 스스로에게 "나의 감정을 느끼는 것"을 허락하는 것에 대한 두려움
- 우는 것에 대한 두려움과 부끄러움
- 새로운 행동을 하려고 할 때 일어나는 고통스러운 정서에 대한 두려움
- 정서에 대한 결함이 있다고 느낌
- "좋은" vs. "나쁜" 감정이 있다는 생각
- 자신과 정서를 동일시하기(예, "내가 분노를 느낀다면, 나는 혐오스러운 사람이야")
- 치료자가 자신의 정서를 "통제" 혹은 "진정"하기를 원하기
- "진정됨"을 그들 자신이 불쌍하고 약하다는 신호로 바라보기

이러한 부정적 정서도식이 치료를 어렵게 할 수 있다. 정서에 대한 두려움은 내담자에게 두려운 자극에 대한 노출에 참여하는 것을 어렵게 한다. 또한 만약 어떤 것이 불쾌할 것이라고 예상되는 활동이라면, 내담자가 행동을 취하는 것을 어렵게 할 수 있다. 이러한 내담자는 어려운 주제를 피할지도 모르고, 고통스러운 기억에 접근하는 것을 꺼리며, 이러한 정서가 올라오는 것을 억제하고, 그들이 울기 시작하기 전에 그것을 멈추며, 만약 이것이 지나치게 위협적으로 느껴진다면, 결국은 치료를 종료시킬 것이다.

그리고 내담자들은 치료자와 내담자들의 정서에 대해 치료자가 어떻게 관련되어 있는지에 대한 믿음이 있다. 예를 들어, 내담자는 치료자가 이러한 정서에 비판적으로 반응하고, 무시할 것이라고 믿을 수 있으며, 혹은 반대로, 그들은 치료자가 내담자를 이해하기 위해 모든 정서, 모든 생각, 모든 기억을 들어야 한다고 믿을 수 있다. 내담자는 자신이 스스로 정서를 조절할 수 없다고 믿으며, 그들의 치료자만이 이러한 정서들을 진정시킬 수 있는 유일한 사람이라고 믿는다. 혹은 어떤 경우에 내담자는 다른 사람으로부터 동정과 위로를 구하는 것은 약함의 표시이고 이

것은 어떠한 경우에서도 피해야 한다고 생각할지도 모른다.

문제 있는 치료자의 방식이 치료에 어떻게 영향을 줄 수 있는지

위에서 언급했다시피, 치료자들은 치료에서의 정서에 대해 자신들만의 부정적 도식을 가지고 있을 수 있다. 어떤 사람은 치료가 증상이나 보여지는 행동에 기계적으로 적용되는 기술의 한 세트라고 볼 수 있다. 이러한 "기술적 치료"는 관찰자에게 로봇처럼, 피상적이고, 과도하게 기술-중심으로 나타날 수 있고, 이것은 인지-행동 치료에 새로이 접근하는 학생들에게 있어서 활동의 중지를 야기할 수 있다. 기술, 안건, 원형에 대한 과도한 걱정은 내담자들에게 치료자가 내담자의 경험을 "받아"주지 않거나 내담자를 개인적으로 돌보지 않고, 내담자가 어려움을 겪고 있는 정서에 대해 별로 듣고 싶어하지 않는 기술자라고 생각하게 한다.

치료의 문제적 접근 몇몇에 대해 살펴보자.

- 정서를 끌어내지 않는다.
- 합리성과 문제해결을 과도하게 강조한다.
- 내담자를 "비합리적"이라고 명명한다.
- 정서적 표현을 위한 시간을 허락하지 않는다.
- 경험의 기저에 있는 다양한 정서를 탐색하지 않는다.
- 치료의 목적은 괜찮아지는 것이라고 제안한다.
- 고통스러운 정서는 문제적이라고 암시한다.
- 모든 문제에는 해결책이 있다고 제안한다.

어떤 치료자들은 정서를 끌어내기를 주저하고, 안건을 설정하기, 문제 해결하기, 합리적인 논쟁하기, 목표 달성하기에 초점을 맞추기를 더 선호한다. 정서를 이끌어내는 것은 "감정이 어때?"라고 묻는 것에 한정되지 않는다. 오히려, 내담자가 설명하는 감정을 동반하는 신체적 감각; 감정과 연결된 기억; 더 많은 정서를 유발시키는 장면을 포함할 수 있다. 또한 내담자의 얼굴과 몸을 통한 비언어적 표현; 목소리의 억양; 말하기의 망설임; 정서가 막힌 것처럼 보이는 순간; 주제와 불일치하는 정서가 나타날 때를 포함할 수 있다. 정서를 이끌어내는 것은 내담자가 치료하러 온 진짜 이유이다. 비합리적 생각이나 심지어 행동적 결함이 있다고 치료하러 오는 사람은 아무도 없다. 사람들이 치료를 받으러 오는 이유는 그들이 정서에 어려움이 있다는 것이기 때문에 그것에 대해 파악하는 것이 가장 먼저 해야 할 업무이다.

합리성과 문제해결에 과도하게 집중하는 치료자는 경험적으로 입증된 치료를 하고 있다고 믿으며, 어쩌면 그들은 원형을 따라가는 것을 자랑스러워 할지도 모른다. 하지만 인지 치료를 개발한 Aron T. Beck에게 배운 것을 기억할 필요가 있다. 내담자가 보살핌을 받았고, 존중 받았으며, 격려 받았다고 느끼게 하는 것 그리고 결국 내담자가 정서에 접근하도록 돕는 것은 모두 인지치료의 한 부분이다. Beck이 치료를 하는 비디오에서, 그의 온화하고, 동정심 있고, 조용하고, 배려하는 태도가 두드러진다. 그의 기술은 아주 매끄러워서 종종 관찰자에게 발견되지 않는다. 그는 온화하게 내담자를 이끌고, 내담자의 감정의 목소리를 듣는다. Beck은 훌륭한 인지 치료자일 뿐만 아니라; 그는 사람들이 말하는 "진짜 치료자"이다. 진짜 치료자는 정서를 이끌어내고, 돌보며, 감정을 위한 시간을 준다. 나는 "진짜 치료자"가 모든 캠프와 모든 치료의 접근법에 존재한다고 생각한다.

내담자를 "비합리적"이라고 명명해 버리는 것은 내담자를 비판하는 것이다. 내가 기억하기론, 몇 년 전에, 꽤 미숙한 치료자가 나에게 상담을 요청했다. 그는 자기-비판적 내담자에 대해 이야기했다. 나는 그에게 내담자의 역할을 맡는 역할극을 하자고 했다. 그 교육생은 나의 자기-비판적 생각에 대한 강도 높고, 논쟁적인 공격을 개시했다. 한 기술이 끝나면 다른 기술로 나를 맹공격했다. 그래서 냐가 그에게 물어봤다. "당신이 이것들을 말할 때 내담자가 어떻게 느낄 것이라고 생각하나요?" 그가 대답했다. "잘 모르겠어요. 생각해본 적이 없어요." 내가 대답했다. "저는 이렇게 생각할 것 같아요. 만약 제가 내담자라면, 당신이 나를 바보라고 생각하는 것 같고, 슬프고 화난다고 느낄 것 같아요. 제가 기대할 수 있는 것은 추가적인 비판뿐이라고 생각할 거예요. 그리고 제 문제가 자기-비판이라는 것을요." 우리는 항상 내담자의 편에서 어떻게 느끼고, 들릴지 생각해보아야 한다.

다른 문제적 양식은 정서를 표현하고 경험할 시간을 허락하지 않는 것이다. 예를 들어, 세션에 시간간격을 두는 것은 내담자에게 침묵할 수 있도록 허용하는 것일 수 있다. 이 시간은 내담자가 반영하고, 정서와 생각에 접근해보며, 이 순간에 느낀 것을 드러내는 것이 좋은지 반영해보는 시간이 될 수 있다. 하지만 치료자는 자주 침묵에 불편함을 느낀다. 특히 그들이 무언가가 매 시간 일어나야 한다고 생각한다면 더더욱 침묵은 치료자의 불만과 불안의 감정을 촉발할 수 있다: “아무것도 일어나지 않고 있어. 나는 이것을 진전시켜야 해.” 사실은, 인지-행동 치료자는 특히 침묵에 대한 짜증에 취약할 수 있다. 이러한 방식의 강조점은 기술과 개입에 있기 때문이다. 어쩌면 침묵은 “당신은 내가 내 자신이 되도록 허용할 수 있는지 봅시다” 혹은 “당신이 뛰어들어와서 무엇이 일어나고 있는지 찾을 수 있는지 봅시다”라는 방식으로 내담자의 “시험”이 될 수 있다. 치료자는 그들이 자주 “침묵을 통해 말한다는 것”을 의식하고 있어야 한다. 즉, 그들이 침묵에 대해 매우 불편함을 느끼고 있으며, 그들이 “공백 채우기”를 해야 한다고 느끼기 때문이다. 당연하게도, 침묵에서 얻을 수 있는 바는 적기 때문에 침묵이 계속되도록 허용하는 것은 지혜롭지 않다. 어느 정도 시간(몇 분)이 흐른 후, 치료자는 물어볼 수 있다. ”저는 당신이 조용해졌다는 것을 알아차렸는데, 당신이 조용히 있었던 동안 무엇을 느꼈는지 궁금해요.” 치료자는 모순적 관찰도 고려해야 할 수 있다. “저는 침묵을 통해 당신이 저를 믿고 있다는 것을 알았어요 — 당신이 그냥 여기에 앉아 있고, 조용히 생각하는 것이 괜찮다는 것을 이해하는 것처럼요.” 혹은 치료자는 이렇게 물을 수도 있다. “침묵도 관계의 일종이에요 — 각 사람에게 반영하는 감정의 사적인 순간을 허락하는 것. 당신이 침묵하고 있을 때 내가 어떻게 행동하거나 말할 것이라고 생각했는지 궁금해요.”

침묵은 내담자의 “만약에 내가 무엇을 말한다면, 당신을 위태롭게 할지도 몰라. 아니면 당신은 이해하지 못할지도 몰라”라는 생각을 반영하는 행동이 될 수도 있다. 치료자는 이렇게 말할 수 있다. “때때로 우리는 침묵을 지키는데, 그 이유는 우리가 말할 때, 상대방이 우리에게 귀를 기울이고 있는지 혹은 우리를 이해하는지 확실하지 않기 때문입니다. 저는 당신이 이러한 감정을 과거에 느껴본 적이 있는지 궁금하네요.” 침묵은 간단하게 말하기의 가장 효율적인 방법일 수 있다. “아무도 나에게 귀를 기울이지 않아.” 침묵은 치료자와 내담자 모두에게 말하는 것일 수도 있다.

다른 문제적 방식은 경험의 기저에 있는 다양한 정서를 탐색하지 않는 것이다. 내담자의 자동적 사고에 바로 개입하는 치료자는 묘사된 첫 정서의 기저에 있는 다른 정서를 간과할 수 있다. 예를 들어, 한 남자는 동료들이 회의에서 자신에게 경청하지 않는다고 불평했다. 그리고 그들이 그가 유용하다고 생각하지 않는 아이디어를 제시한다고 불평했다. 표면적으로, 그의 정서는 분노이고 그는 동료들에게 비판적으로 대하면서 자신의 분노를 표출했다. 하지만, 더 나아간 연구에서 그의 중요한 정서는 불안이었다고 나타났다: "나는 나의 일을 제대로 못해서 내가 해고될까봐 무서웠어요. 만약 내가 그들의 말을 듣는다면, 우리는 생산적이지 못할 것이고, 결국 그들은 저를 탓하겠죠." 다양한 범위의 정서를 탐색하는 것은 그 질문에 대해 시간을 주면서, 동시에 내담자가 다양한 감정을 가질 수 있다는 것을 제안한다. 한 정서가 다른 정서로 가는 문을 여는 것일 수 있다. 하지만 내담자는 문을 닫아 두려고 힘쓸지도 모른다.

비록 치료가 궁극적으로는 고통을 덜어주는 것을 도와야 하지만, 만약 치료자가 치료의 목적이 "기분이 괜찮아지는 것"이라는 아이디어를 전달한다면, 치료가 말만 잘하고 피상적이게 보일 위험이 있다. 비록 "기분이 좋아지는 것"이 즐거운 것일지라도(심지어 내담자가 확실하게 주장한 목적이라고 할지라도), 부정적 정서에 대한 두려움은 상실과 딜레마를 직면하기 어렵게 만든다. 예를 들어, 자신의 남편과 이혼하는 과정을 겪고 있는 나의 내담자 중 한 사람이 이렇게 말했다. "저는 왜 제가 이렇게 감정적인지 이해할 수 없어요." 그녀의 이전 치료자는 주로 행동적 활성화에 초점을 맞추었고, 그녀가 잃어버린 결혼관계의 가치를 무시하였다. 이것은 그녀가 기분이 좋지 않을 때 무엇이 문제인지 모르게 만들었다. 정말로, 그녀는 그녀의 경험에 대해 이야기할 동안 자기-무효화를 하였고, 친절한 미소와 눈물을 오갔다. 나는 그녀에게 지금 기분이 나빠도 된다고 말했고, 그 이유는 이 일이 그녀에게 중요한 일이고, 그녀가 가족을 가치 있게 여기며, 어려운 시간을 보내고 있기 때문이다:

> "때때로 우리는 그냥 일이 진짜로 잘 되지 않아서 기분이 좋지 않아요. 지금은, 당신에게, 비록 당신이 당신의 딸을 사랑하고, 많은 친구들이 있고, 당신의 부모님이 당신을 엄청나게 지지하고 있지만, 당신은 가족과 결혼을 중요하게 생각하기 때문에 지금 힘든 시간을 보내고 있어요. 그래서 나는 당신이 반대편으로 나와서 스스로를 다시 찾을 때까지 당신이 많은 감정들, 어쩌면 불쾌할 수 있는 감정들을 가질 수 있다고 생각해요."

의미와 애정으로부터 "나쁜 감정"이 생길 수 있다는 이러한 타당화는 그녀에게 굉장히 도움이 되었다. 그녀가 스스로를 행복해야 하고 즐거워해야 하는 존재로 바라보았기 때문이다. 나는 또 말했다. “감정이 나쁘다는 것에 기분 나빠하지 마세요. 어쨌든, 당신은 인간이니까요.”

다른 접근은, 어떤 치료자는 고통스러운 감정을 문제가 있다고 바라본다는 것이다. 예를 들어, “문제”는 내담자의 분노, 불안, 무서움, 슬픔, 무기력, 불신, 다른 정서가 된다. 이것은 어떤 내담자들이 이렇게 말하는 것을 확인시켜준다. “저는 이런 감정을 가지고 있는 동안 더 이상 제대로 된 삶을 살 수 없어요.” 이와는 반대로, 정서도식 접근은 내담자가 이런 정서를 가지고 있다고 할지라도 거의 모든 중요한 것들을 할 수 있다고 제안한다. 예를 들어, 그들은 그들이 불안하다고 할지라도, 공적인 연설에 참여할 수 있고; 그들이 화가 난다고 할지라도, 자신의 파트너에게 친절하게 대할 수 있고; 그들이 다른 사람을 완전히 믿지 못한다고 할지라도, 다른 사람과 함께 일할 수 있다. 정말로, 그들은 기분이 좋은 것처럼 행동 할 수 있다 — George Kelly(1955)가 60년 전에 추천한 것처럼. Kelly는 (예를 들어) 내담자가 그들의 “생각”의 부당함을 증명하는 정보를 자신 있게 수집할 수 있는 것처럼 행동할 수 있는 “고정된 역할” 치료기술을 설명했다. 예를 들어, 만약 내가 좋은 강연을 하지 못한다고 믿지만, 나는 자신감 있는 강연자의 역할에 적응하고 — “한 것처럼 행동하기” — 강연을 해 대중들이 나를 비웃는지 찾아낼 수 있다. 이것은 “반대행동”을 추천한 변증법적 행동치료와 비슷하다(Linehan, 1993, 2015). 반대행동은 정서에 의해 결정된 행동에서 가치 있는 목표를 달성하기 위해 결정된 행동으로 바꾸게 한다. 결국은, 정서도식모델에서, 정서는 진짜 문제가 아니다; 진짜 문제는 부적응적 대처로부터 나오는 결과인 회피, 도피, 자해, 약물 남용과 같은 기능의 장애이다.

마지막으로, 불행히도 치료자는 내담자에게 모든 문제에는 해결책이 있다고 제안할 수도 있다. 또한 치료의 목적은 문제의 답을 찾는 것이라고 할 수도 있다. 내가 기억하기로, 몇 년 전에, 굉장히 숙련된 인지-행동 치료자는 이런 언변 좋은 제안을 했었다: “만약 문제에 답이 없다면, 그것은 진짜 문제가 아닌 것이다.” 이런 언변 좋고, 무시하는 듯한 견해는 인지-행동 치료가 피상적이고 삶의 진짜 비극을 무시하는 치료라는 오명을 준다. 예를 들어, 자녀가 죽은 어떤 사람에게 이렇게 말한다고 상상해보자. “만약 문제에 답이 없다면, 그것은 진짜 문제가 아닌 것이다.” 당연하게도, 아이가 죽은 것은 진짜 문제이다. 하지만 이는 해결할 수 있는 문제가 아니다. 사실은, 이러한 해결할 수 없는 무능이 문제를 더 진짜 문제로 만든다. 때때로 우리는 문제를 해결하는 것이 아니라, 진짜 문제를 가지고 살아가는 방법을 배워야 한다. 때때로 우리의 내담자는 어려움, 불공평함, 정서의 기복, 외로움, 거절과 실수의 역사가 현실이라는 것을 깨달을 필요가 있고, 그들이 이것을 받아들이고, 참으며, (운이 좋다면) 그것으로부터 배워야 한다는 것을 깨달아야 한다. 하지만 이것은 해결될 문제가 아니다. 이 문제들은 참을성과 용기를 필요로 하는 문제이다.

어떻게 치료자의 건설적인 행동이 치료를 향상시킬 수 있는지

치료자는 성장과 변화에 동시에 접근하면서, 치료에서 정서의 중요성에 집중할 수 있다. 아래의 예는 치료에서 정서를 다룰 때 유용하고 건설적인 접근이다. 내담자와 치료자 모두에게 내담자가 치료에 온 이유가 그들의 정서와 더불어 사는 것이 어렵기 때문이라는 것을 상기시킨다.

- 정서가 치료의 열쇠라는 것을 나타낸다.
- 내담자의 정서에 대한 존중이 무엇보다 중요하다는 것을 지적한다.
- 더 넓은 범위의 다양한 정서에 대해 질문한다.
- 인지-행동 치료가 무효화하는 것처럼 보일 수 있다는 것을 이해한다.
- 고통스러운 정서와 높은 가치를 연결짓는다.
- 정서를 보편화한다.
- 때때로 삶이 "끔찍하게 느껴질" 수 있다는 것을 이해한다.
- 정서는 "이것이 영원할 것처럼 느껴질" 수 있지만, 시간이 지나면 또한 지나간다는 것을 인정한다.
- 사람이 명백히 모순되는 정서를 가질 수 있고, 많은 감정을 위한 "공간"이 있다는 것을 확인한다.
- 다른 정서도 타당한 목표가 될 수 있다는 것을 제안한다.
- 앞서 말한 설명이 어쩌면 지금 당장은 도움이 되지 않을 수 있다는 것을 이해한다.

내담자의 첫 세션은 "치료의 목표는 당신의 정서에 대해 당신을 돕는 것이다"라는 것을 내담자에게 전하며, 정서와 생각 모두에 집중할 수 있는 이상적인 시간이다. 목표를 이루기 위해, 가치에 맞게 살기 위해, 정서와 함께 사는 것이 어떤 것인지; 넓은 범위의 정서의 가능성을 어떻게 발달시키는지; 일상생활에 정서를 어떻게 포함시키는지; 어떻게 회피와 같은 문제적 전략을 포기하는지를 배우는 것 모두 치료의 중요한 측면이다 — 하지만 더 중요한 것은 완전한 삶의 중요한 측면을 배우도록 하는 것이다. 치료자는 내담자에게 이렇게 전달할 수 있다: "저는 이것이 당신에게 어떻게 느끼는 지와 이것이 어떤 의미인지에 특별한 관심이 있어요. 그리고 저는 우리가 함께 일하는 동안, 당신이 감정에 대해 저에게 말해줄 수 있기를 바라요. 가장 중요한 것은 당신이 어떻게 느끼고, 어떻게 당신이 당신의 인생을 풍성하고, 더 의미 있고 더 보상적으로 만들 수 있는지가 중요해요."

불행하게도, 어떤 내담자는 그들이 생각하기에 정서는 논의되지 말아야 한다고 생각하기 때문에 인지-행동 치료를 선택한 것일지도 모른다. 어떤 사람은 이런 방식의 치료를 정서로부터의 도피라고 본다. 예를 들어, 한 남성이 이렇게 말했다. "CBT는 당신의 생각과 당신의 행동에 초점을 맞추는 것이라고 생각했어요. 왜 우리가 제 감정에 대해 말하는 거죠? 왜 저의 엄마와 아빠가 제 감정에 어떻게 반응했는지 대해서 말하는 거죠? 저는 감정에 대해서 말하고 싶지 않아요." 이 내담자는 자신의 감정에 대해서 말하고 접근해야 하는 내담자였다. 그는 치료자를 믿을 수 있다는 것을 배워야 했다; 감정을 가지는 것이 굴욕과 보상작용의 상실로 이어지지 않는다는 것; 감정을 겪는 것과 감정을 지니고 사는 것이 그에게 더 친밀한 관계를 형성하도록 도와주고, "괜찮게 느껴지는" 결정을 내리게 하고, 그가 가치 있게 여기는 것을 알려준다. 이 내담자는 우는 법을 배워야 했다 — 그리고 배웠다.

이렇게 정서를 존중하는 것은 내담자가 "마음을 열 수" 있는 안정된 환경을 만드는 것이기 때문에 첫 번째 세션에서 정서를 위한 공간을 만드는 것은 중요하다. 치료자는 논의된, 말한 것의 기저가 되는, 비언어적으로 보여지는 정서의 영악한 인식에 집중할 수 있다. 예를 들어, 치료자는 이렇게 강조할 수 있다. "그것이 당신을 힘들게 했겠네요. 당신을 슬프게 했겠네요." 동시에 내담자가 보여주는 정서의 비언어적 표현을 반영할 수 있다: "당신의 눈에서 슬픔을 볼 수 있어요. 당신이 이것을 말할 때 목소리에서 슬픔을 들을 수 있어요. 당신의 슬픔은 완전히 이곳에 있어요. 저와 당신과 함께."

그녀의 첫 번째 세션에서, 그녀는 두 달 전에 아버지가 돌아가셨고, 남자친구와 헤어졌으며, 직업을 잃었다는 것을 알려주었다. 그녀가 자신의 이야기를 할 때, 그녀는 울었고, 눈물 때문에 말이 안 나와서 그녀의 목소리는 간신히 들렸다. 그녀가 말했다. "무엇이 잘못되었죠? 저는 때때로 아무 이유 없이 울어요. 저는 왜 제가 스스로를 통제할 수 없는지 모르겠어요." 그녀는 자신의 남자친구가 차갑고, 과하게 합리적이며, 궁극적으로 자신을 멸시했다고 설명했다. 세션의 마지막에서, 아래의 변화가 나타났다:

치료자: 당신은 당신이 우는 것에 대해 무언가 끔찍하게 잘못된 것으로 생각하는 것처럼 보여요. 하지만 당신에게 울어야 할 일이 있을 수도 있죠. 당신은 당신의 관계, 아버지, 직업을 잃었어요. 이것은 당신에게 중요하죠. 당신은 피상적인 사람이 아니기 때문에 화가 났어요. 당신은 당신의 남자친구가 냉담하고, 연락이 되지 않는다고 묘사했으며, 당신이 이러한 면에 대해 스스로를 비판하는 것처럼 말했어요. 하지만 오늘 당신의 모든 것은 진짜에요. 당신의 감정은 모든 곳에서 오죠. 당신의 떨리는 목소리, 당신의 눈물, 당신의 감정을 보여주는 눈, 당신이 손을 움직이는 것. 당신은 지금 이곳에 완전히 존재해요, 완전히 살아 있죠.

내담자: 좋아요. 그것은 이례적으로 저에게 민감하게 느껴져요. 그래도 감사해요.

치료자: 만약 당신이 스스로에게 그렇게 감정의 현실에 대해 말한다고 상상해봐요.

내담자: 네. 하지만 이렇게 느낄 때 저는 무엇을 할 수 있죠?

치료자: 당신은 말할 수 있어요. "이 순간에 나는 진짜이고 살아 있기 때문에 이렇게 느낀다."

치료자는 정서의 범위에 대해서 물을 수 있다: "당신은 [부정적 사건이 생긴] 이후에 슬픔을 느꼈는데, 이것은 이해가 되는 사건입니다. 그리고 저는 당신이 다른 감정도 느꼈는지 궁금해요." Greenberg와 그의 동료들이 정서-초점 치료에서 제안했듯이, 내담자는 넓은 범위의 정서를 경험할 수 있고, 처음 묘사된 정서는 내담자에게 가장 중요한 것이 아닐 수도 있다(Greenberg, 2002). 예를 들어, 내담자는 슬픔을 첫 정서로 표현할 수 있지만, 더 많은 대화에서 더 문제되는 불안과 절망

같은 다른 정서가 드러날 수 있다. 만약 그렇다면, 치료자는 물어볼 수 있다. "만약 당신이 미래에 더 행복할 수 있다고 자신할 수 있다면, 지금 겪는 슬픔에 대해서 어떻게 생각할 것인가요?" 많은 경우에서, 현재의 슬픔은 미래가 덜 암울하다고 믿는다면, 더 참을 만할 수 있다.

나는 인지-행동 치료가 때때로 무효화를 하는 것처럼 보일 수 있다고 내담자에게 말하는 것이 상당히 도움이 된다는 것을 발견하였다. 내가 최선을 다해서 각 내담자를 인정하도록 하더라도, 이러한 한계에 대한 이해와 그 진지함은 관계에 대한 신뢰를 구축하는 것의 긴 여정이 될 수 있다. 아이러니하게도, 우리는 팔에 바로 주사를 찌르는 의사보다 주사가 아플 것이라고 말해주는 의사를 더 신뢰할 수 있다. 합리적 도전과 행동적 권고의 이해는 무효화하는 것처럼 보일 수 있고, 이것을 제안하는 것은 때때로 딜레마일 수도 있다("나는 당신의 감정을 돕고 싶고, 의미 있는 삶은 만들도록 돕고 싶지만 때때로 나는 당신의 감정에 대해 이야기하는 것을 멀리하도록 하는 말을 할 것이다.") 또한, 미래의 무효화 가능성을 위한 장을 마련하는 동시에 "우리는 이것이 일어났을 때 이것에 대해 말하고 함께 이를 해결할 수 있다"라고 하는 것은 내담자에게 일어날지도 모르는 파멸을 준비하는 것을 도울 수 있다.

게다가, 정서와 높은 가치를 연결시키는 것은 도움이 될 수 있다. 이것은 치료의 목적이 정서를 없애는 것이라거나 내담자를 치료하여 정서를 사라지게 한다는 관점과 상당히 다르다. 예를 들어, 젊은 엄마는 자신의 아이가 유치원에 가는 것에 대해 얼마나 걱정하고 있는 지에 대해서 묘사했다: "내가 걱정하지 않아야 한다는 것을 알아요. 하지만 걱정돼요." 치료자가 대답했다. "걱정이 골칫거리라고 할지라도, 자신의 자녀에 대해서 걱정하는 것은 엄마가 되는 것의 한 부분일 수 있어요. 어쩌면 당신의 걱정을 없애는 것이 목적이 아니라, 그것을 당신의 삶의 관점으로 받아들이는 것이 목적일 수 있어요." 이별의 외로움으로 어려움을 겪는 내담자에게 이렇게 말할 수 있다. "외로움은 당신이 친밀함 및 사랑에 신경 쓰고 있다는 것을 의미하죠. 왜냐하면 당신은 사랑하는 사람이니까요." 다른 사람과 연결되길 원하는 욕구는 가끔 그것이 불가능할 때 고통스럽게 느껴질 수 있어요. 이것은 정서가 우리의 귀를 기울여야 하는 무언가를 말해주는 것일 수 있다는 생각과 비슷해요. 도움이 되는 접근은 정서를 보편화시키는 것이에요: "많은 사람들이 외로울 때 이렇게 느껴요." 내담자에게 다른 사람도 비슷한 상황에서 이렇게 느낀다는 것을 알게 해주는 정서의 정상화는 내담자가 덜 외롭고 덜 병리적이 되도록 돕는다.

치료자는 내담자에게 가끔 삶이 "끔찍하다고 느낄" 수도 있다고 제안할 수 있다. 즉각적으로 인지-행동 기술의 "균형있게 바라보기"를 통해 삶의 부정적 사건의 영향을 줄이기 위한 시도를 하는 것보다, 치료자는 삶은 자주 끔찍하게 여겨지는 경험을 수반한다는 것을 알려줄 수 있다. 내담자가 경험하는 정서의 강도에 대한 초기의 접근은 치료자가 후에 말할 것에 대한 신뢰를 건설하는 데 도움을 준다. "끔찍한" 것이 있다는 것을 반박하는 다른 치료자들과 달리, 정서도식 치료자는 치료 초기에 내담자의 경험에 대한 끔찍함을 반영하고 강조하는 데 가담할 수 있다. "삶은 가끔 끔찍하다고 느껴져"라는 말은 고통 받는 많은 사람들에게 보편적 진리이다. 그리고 이것을 인정하는 것은 내담자가 자신의 말이 경청되고, 존중 받으며, 보살핌 받고 있다고 느끼도록 도와준다. 이것은 내담자의 정서가 어쩌면 "영원할 것처럼 느껴지지만 시간에 따라 지나갈 것이라는 관찰로 이어질 수 있다. 치료자는 이 순간에 대한 존중을 전달할 수 있다: "지금이 끔찍하다고 느낄 수 있는 순간이에요, 그리고 우리는 이 순간도 반드시 존중해야 하죠. 여기가 지금 당신이 있는 곳이에요. 우리는 이것이 당신에게 어떻게 느껴지는지 함께 귀를 기울이고 들을 수 있어요. 비록 이런 감정은 지나가겠지만, 지금 당신이 이 순간에 있다는 것에는 의문의 여지가 없죠." 현재 순간에 대한 이러한 관찰과 감상은 비판단적 수용과 비슷하다. 내담자는 정서가 그 혹은 그녀에게 무엇을 말하는지, 무엇을 느끼는지 — 모든 순간과 같이 이 순간도 지나갈 것이라는 가능성을 인지하면서 — 를 숙고할 수 있다. 그 정서는 지금 이 순간에 존재하는 것이다.

정서도식치료의 목표는 정서를 없애는 것이 아니다; 내담자에게 가능한 접근 범위를 확장하는 데에 있다. 치료자는 명백하게 모순되는 정서를 가질 수도 있다는 것과 정서를 위한 "많은 공간"이 있다는 것을 입증할 수 있다. 예를 들어, 토요일 밤에 외로움을 느끼는 한 남성은 그에게 다른 정서가 있는지 — 이 밤에뿐만 아니라 앞으로의 주와 월 동안 — 탐색할 수 있다. 치료자는 이렇게 말할 수 있다:

> "우리는 종종 이 순간에 가지는 정서가 우리가 가질 수 있는 유일한 정서라고 생각해요. 왜냐하면 우리가 고통스러운 감정에 과하게 집중하기 때문이죠. 하지만 저는 당신이 지금 아니면 다음 주나 다음 달에 가질 수 있는 아주 많은 감정이 있을 것 같아요. 음악가가 가질 수 있는 모든 악보나 화가가 가질 수

있는 모든 색처럼 정서를 생각해봐요. 당신이 알고 있는 모든 정서에 대해 생각해봐요. 어떤 것이 있을까요?"

정서의 풍부함과 복잡성에 대한 인식을 확장하면서, 치료자는 그러한 정서를 경험할 수 있는 가능성을 확장할 수 있다. 예를 들어, 치료자는 일할 때 생긴 일 때문에 화가 난 남성에게 다른 정서도 합당한 목표가 될 수 있다고 제안했다:

"지금 당신이 화가 난 것은 당신의 상사가 당신을 불공평하게 대했기 때문이죠. 그리고 분노는 이런 일이 있을 때 자주 가지는 감정이고요. 불공평에 대해 인간이 분노를 느끼는 것은 당연해요. 몇 분 동안 분노를 잠깐 미루어 두고 당신 삶의 다른 정서, 어쩌면 일이나 당신의 상사나 지금 이 일과 관련 없는 다른 정서를 생각해본다면 어떨까요? 지금 당신에게 일어난 일은 분명히 중요해요. 하지만 우리는 또 중요한 다른 것이 있는지 탐색할 수 있어요. 예를 들어, '감탄'을 정서라고 선택해보죠 — 삶의 특정한 것들이 당신에게 중요하고 당신이 이것들을 가치 있게 여긴다는 인식이에요. 이 순간에 눈을 감고, 당신이 감탄하는 무언가 혹은 누군가에 집중하도록 노력해봐요. 그리고 그것에 어떤 가치를 두는지 저에게 말해봐요."

내담자는 다정하고 친절한 그의 부모님; 그의 여동생과 그녀의 남편; 그의 애인; 그가 받은 교육과 배울 수 있는 능력; 그의 직업에 관한 많은 것(심지어 그의 상사도 포함함); 그가 살고 있는 도시에 감탄한다고 반응했다. 치료자는 이렇게 덧붙였다.

"우리는 때때로 그 순간에 중요한 정서나 경험에 집중하고 거기에 갇혀 있죠 — 마치 우리가 거기에 완전히 장악된 것처럼 — 그리고 우리는 다른 많은 정서 및 경험과 다른 가능성에 대한 관점을 잃어버립니다. 마치 위대한 박물관에 가서 당신이 싫어하는 한 작품 앞에만 하루 종일 서 있는 것 같아요. 당신은 이렇게 생각할 수 있어요. '여기서 더 경험할 것이 뭐가 있어? 다른 곳으로 방향을 돌릴 수 있는 게 뭐가 있어?' 각 경험은 다른 정서에 대한 기회이고 각 정서는 새로운 기회를 열어요."

치료의 초기에서 — 그리고 자주, 어려운 경험이 일어나는 미래의 세션 동안 — 나는 우리가 하는 것의 한계를 되풀이하는 것이 도움이 된다는 것을 발견했다. 예를 들어, 심지어 앞서 말한 확인하기, 존중, 희망, 융통성, 가능성을 북돋기에 대해 설명한 다음에도, 나는 내가 말하는 것이 지금 당장 도움이 되지 않을 수도 있다는 것을 인정하는 것이 좋다는 것을 알았다. 비록 치료가 "약속"을 제공하지만, 이 약속이 성취되는 데 시간이 좀 걸린다는 것을 반영하는 것이 좋다. 정서적으로 어려움을 겪고 있는 내담자에게 안일하게 "당신의 행동과 생각을 바꾸는 것이 당신이 느끼는 방법을 바꿀 것입니다"라고 말하는 것이 장기적으로 볼 땐 맞는 말일지도 모른다. 하지만 단기적으로 보면 완전히 실패할 가능성이 있다. 내담자가 행동과 생각을 바꾸는 제안을 듣는 것처럼 내담자는 그것이 함축된 약속에 대해서도 듣는다. 아이러니하게도, 당면한 정서가 한동안 변하지 않는다고 말하는 것이 정서가 지속되거나(치료자가 시간이 좀 걸린다고 제안했기 때문에) 정서가 변하거나(내담자가 원하는 것이기 때문에), 둘 다에게 모두 도움이 된다.

이 부분에서 설명된 건설적인 치료자의 행동은 치료자가 살피고, 확인하며, 정서를 허용하고, 정서가 "안정"되도록 하며, 이해하고, 통제하지 않는다는 것을 전하는 것이다. 치료자는 "고통"의 한 관점 — 이것은 타당하고, 결점이 아니며, 중요한 가치를 반영하고, 통제되어야 할 필요가 없으며, 내담자를 해치지 않을 것이고, 인간의 한 부분이라는 — 도 공유하고 있다. 정서에 대해 치료자가 말하는 태도는 정서도식 측면과 많은 관련이 있다. 예를 들어, 표현은 격려되고, 확인은 관계에서 지속되는 부분이다. 내담자는 책임을 묻거나 수치심을 당하지 않고; 치료자는 내담자에게 "당신의 감정을 조절해라", 혹은 "스스로를 관리해라"라고 말하지 않는다. 정서는 존중된다. 정서는 인간 본성과 높은 가치를 연결한다. 정서는 욕구에 대한 풍성한 정보의 원천으로 여겨진다. 치료자는 정서를 확장하고, 그들의 정서를 가능성으로 보며, 정서적 융통성을 격려하고, 충돌하는 정서를 경험과 가능성의 풍성함으로 재구성한다. 세션에서 정서가 평가 세션 동안 약화되기 때문에 치료자는 정서가 지속되고 위험한 것이 아니라는 증거를 직접적으로 경험할 수 있다. 현재 드러나는 정서에 치료자가 접근하는 태도는 정서에 대한 내담자의 부정적 신념에 대한 계속되는 경험적 시험이다.

정서도식치료에서 전이의 본성

인지-행동 치료자는 치료적 관계를 변화의 과정에서 중요한 요소라고 지속적으로 인식한다(Gilbert, 1992, 2007; Gillbert & Irons, 2005; Greenberg, 2001; Katzow & Safran, 2007; Leahy, 2001, 2005b, 2007b, 2009b; Safran, 1998; Safran & Muran, 2000; Strauss et al., 2006). 비록 인지-행동 치료자가 내담자의 성향을 "전이"라고는 거의 표현하지 않지만, 우리는 치료에서 활성화되는 도식, 추정, 대응 전략을 특히 가족의 기원과 같은, 다른 관계로부터 선행경험을 대표하는 것으로 개념화할 수 있다. 우리는 "전이" 혹은 "역전이"를 이전 관계에 대한 자극과 반응의 일반화를 대표하는 정서도식 관점으로 생각해볼 수 있다; 이 관점은 Dollard와 Miller(1950)로부터 처음 발전되었다. 사실, Dollard와 Miller는 치료적 관계를 자극과 반응의 일반화 — 학습이론과 비슷한 개념 — 로 보려고 시도했다. 정신분석이론의 전이에 대한 개념과 비슷하게(Menninger & Holzman, 1973), 정서도식치료 관계의 전략, 도식, 각본은 자기에 대한 개인적 도식(부적당한, 특이한, 무력한)을 반영할 수 있다; 이러한 도식은 다른 사람들에 대한 대인관계 도식(우월한, 판단하는, 양육하는); 정신 내적의 과정(억압, 부정, 전위); 대인관계 전략(자극하는, 의사를 방해하는, 달라붙는); 지금의 치료적 관계가 어떻게 경험되는지에 영향을 미치는 과거와 현재의 관계(Leahy, 2001, 2007b, 2009b)이다. 전이의 개념이 정신분석이론으로만 제한될 이유가 없다. 하지만 정서도식치료는 정신분석 모델과 다르게 현재 생각, 정서, 관계와 행동에 적극적으로 개입하는 내담자의 역할에 대해 기대를 갖고 있다. 이러한 기대와 치료과정의 결과로, 거절 또는 저항이 구체적인 형태를 취한다(Leahy, 2001, 2003b). 정서도식치료가 (다른 인지-행동 치료와 비슷하게) 안건을 따르고, 지금 이 순간에 존재하고 있으며, 합리적 평가를 안내하고, 행동의 활성화를 격려하며, 자조에 관여하므로, 내담자들은 그들 자신의 정서와 다른 사람이 어떻게 반응하는지에 대한 그들의 신념과 함께 결함, 사랑받을 만하지 않음, 무력감에 대한 개인적 도식을 치료경험으로 가져올 많은 기회를 기대할 수 있다.

특별한 성격장애를 가진 내담자는 전이 관계에서 다르게 기능한다(Leahy, 2005b). 예를 들어, 버림당함과 고립된 무력감에 대해 두려워하는 의존적인 내담자일 경우 치료자로부터 상당히 많은 안심을 구할지도 모른다. 치료자에게 의존하여 그들을 안심시키고 위로해달라고 할지도 모른다. 반대로, 잠재적 모욕과 자신의 정서에 부여된 정서로 치료를 바라보는 자기애적 내담자일 경우 치료자의 "힘"을 시험하기 위해 치료자를 평가절하하고 자극할지도 모른다. 치료의 이러한 역할 규칙은 Gilbert(1989, 2000a, 2005, 2007)가 설명한 사회적 관계 시스템을 반영한다. 또한 Safran과 그의 동료(Muran & Safran, 1993, 1998; Safran, 1998; Safran & Greenberg, 1988, 1989, 1991)가 정교화한 대인관계 도식과 Baldwin과 Dandeneau (2005)가 규명한 관계적 도식에서도 역할 규칙을 찾을 수 있다. 이러한 도식들은 상호 배제적이지 않으며 다른 치료자들은 각자의 방식으로 이를 끌어올 수 있다. 예를 들어, 어떤 치료자는 내담자의 적대감이나 의존성을 다른 치료자가 하지 않는 방식으로 자극할 수 있다. 다른 치료자는 그렇지 않지만, 어떤 치료자는 특정한 내담자와 일하기 어려워할지도 모른다. 이러한 치료적 관계는 치료자와 내담자 사이의 공동-건설이다; 두 집단은 모두 자신의 개인적, 정서적 도식 성향을 치료에 가져오게 된다.

역전이의 정서도식모델

비록 우리 치료자들은 다양한 범위의 사람들과 효과적으로 일할 수 있을 거라는 이상적인 믿음을 가지고 싶을지라도 임상경험은 우리가 각자 특정한 내담자들에 대해 느끼는 각각의 어려움을 보여준다. 치료자로서 우리는 어떤 개인적인, 대인관계적인 도식을 가지고 있다는 점에서 내담자와 비슷하다. 나는 내담자의 개인적 도식을 〈표 13.1〉에 열거하였다.

우리는 스스로에게 물어볼 수 있다. "무슨 문제가 나를 가장 걱정스럽게 하는가? 어떤 내담자가 나에게 가장 어려운가? 내가 과도하게 편하게 느끼는 내담자가 있는가? 그들을 괴롭히는 것을 내담자에게 말하는 것에 대해서 나는 어떻게 느끼는가?" 예를 들어, 어떤 치료자들은 관계의 본성에 대해 더 관심을 가지고 있고, 어떤 사람은 정서의 표현에, 또 어떤 사람은 내담자가 더 적극적이게 되도록 격려하는 것에 관심이 있다. 반면에 어떤 치료자들은 자기애적 내담자에게 겁을 내고, 어떤 사람은 자신을 내세우지 않는 내담자를 선호하고, 반면 어떤 사람들은 강한 정서 표현에 어려움을 느낀다. 우리는 내담자와 "우리의 버튼을 누르기"를 하는지, 어떤 자동적 사고와 개인적 도식이 활성화되는지(예, "내담자가 나를 실망시켰다면, 그것은 내가 불완전한 치료자였기 때문이다")에 주목할 수 있다.

〈표 13.1〉 치료장면에서의 내담자의 개인적 도식

도 식	예 시
무능한 (회피)	어려운 주제와 정서를 회피. 모호하게 표현. 치료자가 그 혹은 그녀를 거절할 것이라는 신호를 구함. 치료자가 그 혹은 그녀가 숙제를 충분히 잘하지 않은 것에 대해 비난할 것이라고 믿음. 행동노출 숙제하기를 꺼려함.
무력한 (의존)	안심을 구함. 해결해야 할 문제의 목록이 없음. "정서"에 대해서 자주 불평함. 세션 중간에 자주 전화. 세션을 연장하고 싶어함. 그 혹은 그녀가 자신이 숙제를 할 수 있을 것이라고 생각하지 않거나 숙제의 효과가 있을 것이라고 믿지 않음. 치료자가 휴가를 가지면 화를 냄.
통제에 취약한 (수동적 공격성)	세션에 빠지거나 늦음. 인지적 "도전"을 통제하는 것이라고 봄. 불만족을 직접적으로 표현하기를 꺼려함. 특별히 치료자와 치료에 관련된 목표, 정서, 생각이 모호함. 숙제를 하거나 돈을 내는 것을 "잊음".
책임감 (강박성)	정서를 "엉망"이고 "비합리적"이라고 느낌. 비합리적이고 체계적이지 않은 것에 대해 스스로를 비판함. 즉각적인 결과를 보고 싶어하고 치료에 회의적인 태도를 표현. 숙제를 완벽하게 하거나 혹은 하지 않는 것으로 여김.
우수한 (자기도취증)	세션에 빠지거나 늦음. 세션에 대한 대가를 지불하는 것을 "잊음". 치료와 치료자를 평가 절하함. 특별한 방식을 기대함. 문제에 대해 말하는 것에 대해 굴욕감을 느낌. 문제가 다른 사람에게 있기 때문에 치료가 효과적이지 않을 것이라고 믿음.
화려한 (연극하는)	정서 표현에 초점을 맞추고, 울다가 웃다가 화를 내며 빠르게 정서가 변화함. 외관, 정서, 문제를 통해 치료자에게 강한 인상을 주려고 시도함. 합리적 접근을 거부하고 확인을 요구함.

주: Leahy(2001)에서 인용.

내가 치료자들에게 어떤 내담자와 일하기가 가장 어려워하는지 물었을 때, 보편적으로 자기애적 문제를 가지고 있는 내담자라고 했다. 치료자의 전형적인 반응은 아래와 같다: "그들은 자기중심적이고 이기적이예요," "그들은 나를 평가 절하해요," "그들은 자격이 있는 것처럼 행동해요," "그들은 사람들을 불공평하게 대해요." 당연히 그들은 그렇다; 이것이 자기도취증의 특징으로 정의된다. 이러한 내담자에 대한 치료자의 부정적 반응은 여러 가지 방법으로 보여진다. 첫째, 치료자의 반응이 어쩌면 자기도취증의 "평범한" 반응일 수도 있다 — 그리고 간단하게 어떻게 이러한 개인이 다른 사람에게 비슷한 정서를 이끌어 내는지에 대한 정보일 수 있다. 둘째로, 치료자는 물을 수 있다: "이런 사람과의 정상적인 사회적 교류에서 나는 어떻게 반응할까?" 답은 치료자가 그들을 피하거나 어떤 경우에는, 그들을 비판할 수도 있다는 것이다. 이것은 다른 사람이 어떻게 반응하는지 유용한 정보를 주는 것이 될 수도 있다. 셋째, 이러한 역전이 반응은 치료자들이 내담자를 비판하는 것으로부터 그들 스스로 거리를 두도록 동기를 부여할 수 있다. 어쩌면 동정심을 보이거나 심지어 호기심을 보이는 것도 어려울 수 있다. 이는 사람은 믿을 수 없고, 치료자는 숙련되지 않았으며, 치료자는 "처벌받아야 한다"라는 내담자의 견해를 확인시키는 것이 될 수 있다. 넷째, 내담자의 자기도취증과 치료자를 평가절하하는 경향은 치료자의 도식과 부족함에 대한 조건적 추정("나는 아마 숙련되지 않았어"), 갈등에 대한 두려움("사람들이 나에게 화를 내는 것은 끔찍해"), 인정의 필요("나는 나의 내담자가 나를 좋아했으면 좋겠어"), 혹은 평등에 대한 강조("나의 내담자는 늘 공정하고 윤리적이어야 해")를 활성화할 수도 있다.

치료자의 이러한 부정적 반응의 결과로 치료자는 — 치료자의 성격에 대한 평가와 특질의 강조(이기적임과 같은) — 내담자의 정서에 초점을 맞추는 것에 어려움을 느낄 수 있다. 예를 들어, 많은 자기애적 내담자는 불안, 공허, 분노, 무력감, 슬픔을 경험할 수 있다. 하지만 이러한 정서를 다른 이들에게 유발함으로써 이러한 내적 경험에 대한 초점을 피하려고 할 수 있다. 결과적으로, 만약 자기애적 내담자가 치료자의 분노를 유발한다면, 치료자는 불안, 경멸, 내담자가 경험하고 있는 패배에 대한 정서에 덜 집중할 수 있다는 것이다. 더 나아가, 만약 내담자가 치료자를 공격하거나 경멸하는 행동을 취했을 때, 치료자는 동정과 확인을 사용하는 데에 특히 어려움이 있을 것이다. 하지만 그것은 어쩌면 최고의 전략일 수도 있다. 예를 들어, 이혼한 자기애적 남성은 어떻게 그의 여자친구가 그에게 존중받는 느낌을 주지 않았고, 어떻게 그녀가 "이기적"으로 보이는지 설명했다. 그리고 치료자가 자신의 의견을 표했을 때, 그는 "닥치고 들어"라고 반응했다. 일상생활에서, 그러한 코멘트는 거절이나 역습을 유발할 수 있다. 하지만, 치료자는 "나는 당신이 나에 대해 화가 난 것을 볼 수 있어요. 하지만 그녀가 감탄을 보여주지 않았을 때 어떤 느낌이 들었는지 저에게 말해보세요." 이것은 그녀로부터 비판 받고 경멸 받은 그의 정서에 대한 토론으로 이어졌고, 동시에 자신이 늙어간다는 것과 매력이 없어진다는 것에 대한 그의 두려움과 돌보아 줄 사람이 없이 아픈 노인으로 생을 마감할지도 모른다는 토론으로 이어졌다. 결국 그에게 내재된 엄청난 취약성은 그의 허세, 겸손, 공격으로 가려져 있었다. 다음 세션에서, 치료자는 내담자가 어떻게 관계를 힘과 평가의 면으로 조직했는지에 대해 초점을 맞추었다: 그는 모든 힘을 가지려고 노력했고, 그는 다른 사람을 평가함으로써 그의 자아를 북돋았다. 치료자는 이러한 권력행사 전략을 통해 그가 관계에서 "한 점 내주기"를 당하는 것을 피할 수 있다고 생각했다고 설명했다. 내담자는 발견했다. "나의 어머니는 한 번도 내가 충분히 잘했다고 느끼게 한 적이 없었어요." 이것을 보상하는 그의 전략은 다른 사람들에게 그들이 불충분하다고 느끼게 하는 것이었다(예, 치료자를 질타하는 것).

관계에 대한 문제는 일이 잘 되고 있는 것처럼 보일 때라도 일어날 수 있다. 특별히 내담자에 대한 "편안함"을 느끼는 것은 물질 오용, 재정적 책임의 부족 혹은 자멸적인 패턴과 같은 문제적 행동을 확인하고 다루는 것을 어렵게 할 수 있다. 치료자는 스스로에게 물어볼 수 있다. "만약 내가 이러한 내담자를 너무 싫어한다면, 내가 무엇에 주목하고 말해야 하는 것일까?" 그리고 "만약 내가 덜 '적절한' 주제를 가져온다면, 나는 무엇이 일어날 것이라고 두려워할까?"라고 물어볼 수 있다. 사실, 내담자에 대한 치료자의 긍정적 관심 — 만약 내담자가 그것을 진짜라고 인식한다면 — 은 종종 문제를 드러나게 하는데 이는 의미 있는 촉진 요인이 될 수 있다.

어떤 치료자는 내담자가 화를 내거나, 슬퍼지거나, 치료를 떠날지도 모른다고 두려워하여 내담자가 말하는 "불안감을 주는" 정보를 직면하기를 꺼려한다. 치료를 종료하는 것에 대한 두려움은 치료자의 버림 당함, 명성의 상실이나 내담자에 의해 조종당함에 대한 도식을 활성화한다. 관계에 대한 이러한 인식은 치료자가 가진 역전이 도식에 반영된다. 이것은 부담이 큰 기준, 버림당함에 대한 두려움, 승인에 대한 요구, 스스로를 구조자나 희생자로 보는 것을 포함한다(〈표 13.2〉 참조). 예를 들어, 치료자는 불편한 소재를 가져오는 것을 꺼려할 수 있다. 그 이유는 내담자가 화가 나서 치료를 떠날 것이라고 두려워하기 때문이다. 이것은 "다른 내담자도 그만둘 거야", "나의 명성은 엉망이 될 것이야" 그리고 "나는 패배자가 될 것이야"라는 생각을 유발할 수 있다.

더군다나, 위에서 말한 것처럼, 치료자는 다른 정서철학을 가진다. 그들은 어려운 정서는 치료적 관계를 깊게 하는 기회를 제공하거나 혹은 그런 정서는 삭제되거나 피해야 한다고 믿을 수 있다. 전에 묘사한, 정서철학에 대한 Gottman의 모델은 치료적 관계 안에서 공유된 정서를 확인하기 위한 가치 있는 분류를 제공한다(see Gottman et al., 1996; Katz et al., 1996); 이러한 분류는 무시하는, 중요한, 압도된, 촉진하는 양식을 포함한다. 그 중 특별한 관심은 "정서-코칭" 양식이다. 이것은 이런 정서를 탐구하고 구별하도록 내담자를 격려하면서, 모든 정서에 대한 치료

〈표 13.2〉 치료적 관계에서 치료자의 도식

도 식	추 정
요구하는 기준	"나는 나의 모든 내담자를 낫게 해야 한다. 나는 항상 최고의 기준을 맞춰야 한다. 나의 내담자는 항상 일을 완벽하게 해야 한다. 우리는 시간을 절대 낭비해서는 안 된다."
특별한, 우월한 사람	"나는 성공할 자격이 있다. 나의 내담자는 내가 그들을 위해 하는 모든 것에 감사해야 한다. 나는 치료를 할 때 지루하다고 느껴서는 안 된다. 내담자는 나에게 창피를 주려고 한다."
거절 민감성	"갈등은 속상하게 하는 것이다. 나는 내담자를 신경 쓰게 하는 주제를 불러일으켜서는 안 된다."
버림당함	"만약 치료가 내담자의 신경을 거스른다면, 그들은 떠날지도 모른다. 내담자가 치료를 그만두는 것은 속상한 일이다. 내담자가 한 명도 남지 않을지도 모른다."
자주성	"나는 내담자에 의해 조종당한다고 느낀다. 나의 움직임, 감정 혹은 내가 말하는 것에는 한계가 있다. 나는 내가 원하는 것을 말하거나 할 수 있어야 한다. 가끔 나는 관계에서 스스로를 잃어버릴까 걱정된다."
통제	"나는 나의 주변 환경과 내 주변에 있는 사람들을 통제해야 한다."
판단적	"어떤 사람들은 기본적으로 나쁜 사람이다. 그들이 잘못했다면, 그들은 처벌받아야 한다."
학대	"나는 자주 약올림을 당한다고 느낀다. 내담자는 나를 괴롭히려고 한다. 나는 이용당하거나 상처받는 것에서 스스로를 보호해야 한다. 나는 대체로 사람을 믿지 못한다."
인정에 대한 필요	"나는 내담자가 나를 좋아하기를 원한다. 만약 내담자가 나를 좋아하지 않는다면, 그것은 내가 무엇을 잘못하고 있다는 뜻이다."
다른 사람을 좋아할 필요	"내가 내담자를 좋아하는 것은 중요하다. 내가 내담자를 좋아하지 않는 다는 것은 나를 신경 쓰게 한다. 우리는 잘 지내야 한다 — 거의 친구처럼"
절식	"나는 내담자에게 생각과 감정을 주지 않기를 원한다. 나는 그들이 원하는 것을 주고 싶지 않다. 세션 동안 나는 정서적으로 물러난 것처럼 느낀다."
무력감	"나는 내가 무엇을 해야 할지 모른다고 느낀다. 나는 실수 할까봐 두렵다. 나는 내가 진짜 숙련되었는지 의문이다. 가끔 나는 포기하고 싶다."
목표 억제	"내담자는 나의 목적을 성취하는 것을 막는다. 나는 시간을 낭비하는 것처럼 느낀다. 나는 세션에서 내담자의 간섭 없이 나의 목적을 성취할 수 있어야 한다."
자기희생	"나는 내담자의 요구를 충족시켜야만 한다. 나는 내담자의 기분이 좋아지게 만들어야 한다. 내담자의 요구는 자주 나의 요구보다 우선시된다. 나는 가끔 내담자의 요구를 맞추기 위해 거의 모든 것을 할 수 있다고 믿는다."
정서적 억제	"나는 이런 내담자와 있을 때 좌절감을 느끼는데 그 이유는 내가 진짜로 느끼는 것을 표현하지 못하기 때문이다. 나는 나의 감정을 억제하기가 어렵다는 것을 발견한다. 나는 스스로가 될 수 없다."

주: Leahy(2001)에서 인용. Rober L. Leahy에게 판권이 있음. 허가 받고 사용됨.

자의 진실되고 비판단적인 관심을 반영한다. 또한, 자기진정이 촉진될 수 있는 방법을 고려한다. 이 양식은 Rogers(1955)와 Greenberg(2002, 2007)의 동정심 및 지지하는 양식과 Gilbert(2005, 2007)가 동정심을 치료적 관계를 도울 수 있는 복잡한 능력으로 보는 관점과 비슷하다. 고통스러운 정서를 마음을 괴롭히거나 제멋대로인 것이라고 보는 어떤 치료자들은 경멸하는 태도로 의사소통하거나("우리는 안건으로 돌아갈 필요가 있어"), 징징거리는 내담자에 대한 Ellis(1994)의 비꼬는 코멘트를 반영하는 치명적인 접근을 취할 수 있다. 어떤 경우 내담자는 그들의 정서와 "함께 있기"를, 그들과 친밀해지기를 필요로 하고 그들을 견디는 법을 배운다. 하지만, 정서와 "함께 있는 것"을 불편해 하는 치료자는 아마 내담자에게 그들의 생각에 대해서 지속적으로 물어보거나 침범할 수 있고 무심코 정서를 회피할 수 있다. 정신분석적 접근에서, 그 아이디어는 내담자에게 그들의 정서는 "포함"될 수 있고, 그것이 치료자와 치료에 위협적이지 않는 것을 느끼게 한다. 이런 방식으로, 내담자는 그들의 정서가 이해가능하고, 허용되며, 괜찮고, 의미 있는 — 하지만 바뀔 수도 있는 — 것이라는 것을 배운다.

치료자의 정서적 철학 — 그리고 적용되는 전략 — 은 내담자 자신의 정서 도식에 중요한 영향을 준다(Leahy, 2005a, 2007a, 2009a). 예를 들어, 무시하는 접근을 선택한 치료자는("안건으로 돌아가자") "당신의 정서는 나에게 흥미롭지가 않다" "정서는 시간 낭비이다" 그리고 "당신은 스스로 제멋대로 하고 있다"라는 매정한 메시지를 전달한다. 치료자가 무시하거나 비판하는 태도의 결과로서, 내담자는 이렇게 결론지을 수 있다. "나의 감정은 이해되지 않아", "아무도 그것을 돌보지 않아", "나는 이런 감정을 가진 것에 대해 부끄러움 혹은 수치를 느껴야 해", "나의 정서에 집중하는 것은 나를 돕지 못해". 내담자가 의제를 설정하는 치료자를 충실하게 따라간다면, 정서는 내담자가 치료에서 찾고 있는 근본적인 이유 — 즉, 정서에 대해 도움을 받는 것 — 를 충족시킬 수 없다.

결정적으로, 대인관계 양식은 치료자마다 다르다 — 어떤 사람은 거리를 두거나 과하게 붙어있고, 경직된 경계 설정에 연관되고, 존중하거나, 혹은 지배적이며, 위로하거나 혹은 안심시킨다. 정서를 시간 낭비로 보는 치료자는 어느 정도 거리를 두고(냉담하고 거들먹거리는), 공손하며(지성적으로), 가차없는 경계 설정("그것은 우리의 안건이 아니다" 혹은 "우리는 오늘 그것을 다룰 시간이 없다")을 하거나 혹은 지배적이다("이것은 인지-행동 치료이다. 그리고 우리는 오직 당신의 생각과 일을 끝내는 것에 집중하려고 한다."). 고통스러운 정서를 참을 수 없다고 보는 다른 치료자들은 내담자를 그들의 정서에서 빨리 구하려고 하고("오, 당신은 괜찮아질 거예요. 걱정하지 말아요. 잘 풀릴 거예요."), 직접적으로 내담자에게 그만 울도록 하며("울지 마세요. 일은 괜찮아질 거예요."), 혹은 빨리 위로하려고 한다("곧 괜찮아질 거예요."). 이러한 좋은 뜻에서 하는 상호작용의 내재적 메시지는 "당신의 고통스러운 정서는 되도록 빨리 제거되어야 한다"는 것이다. 결국, 이런 정서적 경험을 나누는 것보다, 그것을 차별화하고, 탐색하며, 명확히 하려고 한다(정서 코칭이나 정서-집중 치료처럼). 이런 치료자는 치료적 관계에서 고통스러운 정서는 자리가 없고, 내담자에게 자신의 정서에 대해서 스스로 다루기는 너무 취약하다고 구조하고 지지함으로써 의사소통을 한다. 고통스러운 정서로부터 누군가를 구하는 것은 경험적 회피가 바람직한 대응 전략이라는 신념을 굳힌다.

내담자-치료자 도식의 부조화

어떤 치료자들은 특별한 생각이나(예, "그녀는 내가 그녀를 이해하지 못한다고 생각해") 특별한 정서(예, "그녀는 상처받았고, 두려워하고 화가 나 있어") 대신에 진단적 표시(예, "그녀가 경계선 성격장애이기 때문에 그렇게 말하는 거야")를 언급하여 행동을 "설명"하려고 한다. 특별한 정서(예, 분노)를 부정적 관점으로 보는 치료자는 이러한 정서를 환경적 요인이나 이 순간에 대한 내담자의 특별한 해석이라고 보지 않고 고정된 성격특질이라고 보는 경향이 있다. 예를 들어, "그녀는 경계선 성격장애이기 때문에 화가 난 것이야" 라는 것은 사실 아무것도 설명하지 않고, 도움이 되지 않으며, 궁극적으로 그를 무시하는 것이다. 그들은 우리와 다른 범주, 사례, 진단이 된다. 내담자가 이렇게 말하는 것을 상상할 수 있겠는가? "나는 진짜로 이해받고 보살핌을 받았다고 느낀다. 왜냐하면 치료자가 나를 '경계선 장애'라고 명명했기 때문이고, 내 행동이 전형적인 경계선 장애이기 때문이다." 내담자를 명명하고 진단하는 것은 치료자가 정신병리학적 정보를 사용할 수 있도록 도울 수 있지만, 보편적으로 접근하는 것보다 개별적으로 접근하는 것에 초점을 맞추는 것이 더 도움이 된다(Meehl, 1954/1996). 정서 도식 접근은 진단의 가치를 알아본다. 하지만 유일무이한 사례 개념화와 내담자의 유일무이한 정서 및 생각에 초점을 맞추어 각각의 내담자를 유일무이한 개인으로 대한다.

게다가, 우리가 (치료자와 인간으로서) 우리 자신의 행동이 다른 사람의 행동을 어떻게 유도하는지 이해하는 것은 어렵다. 이것은 부분적으로 우리의 행동은 우리의 경험의 "장을 완전히 에워싼" 것이기 때문이다. 또한 우리가 다른 사람의 행동을 지금 이 순간의 시간에 관찰하고 있기 때문이다(Heider, 1958; Jones & Davis, 1965). 시간과 상황을 넘어 다른 사람의 행동의 다양성에 접근하는 경우가 거의 없고, 우리는 다른 사람과 상호교류하는 우리 자신을 균형되게 바라보는 데 어려움이 있다. 특질 개념이 한 번 활성화되면, 이것은 확증 편향으로 이어진다. 그것은, 우리가 선택적으로 특질 개념과 일관성 있는 정보에 더 집중하고 기억하는 경향이 있다는 것이다. 치료적 관계는 교류적이고 반복적이다. 이것은 치료자와 내담자의 자기 충족적 예언을 향한 편견과 더불어 많은 시간에 걸친 일련의 교류를 통해 특징지어진다(Leahy, 2007b). 결과적으로, 내담자와 치료자는 모두 "큰 그림"을 보는 데 어려움이 있다; 다른 사람의 행동은 변하지 않는 특질의 탓으로 볼 수 있다; 다른 사람의 행동은 개인화될 수 있다; 각 그룹에게 있어서 그 혹은 그녀의 기대와 반대되는 정보를 얻기란 어렵다; 그리고 각자의 역할은 더 심한 확증 편향과 자기-충족적 예언이 일어나게 한다.

내담자 - 치료자의 부조화의 종류

내담자의 자기, 타인, 정서에 대한 도식이 치료자의 도식 및 핵심 신념과 갈등할 때 무슨 일이 일어날까? 이것을 상상해보자: 한 남성은 회피적 성격을 가지고 있다; 그의 목표는 사람들이 그를 알지 못하게 해서 그가 거절당하지 않게 하는 것이다; 그는 신중하고 거절당하거나 실패하고 싶지 않기 때문이다. 결과적으로, 그는 자조적 과제를 수행하는 것을 꺼려했다. 그는 안건을 거의 가지고 있지 않았다(그의 정서로 직접적인 접근을 하지도 않았고 — 그가 회피적 정서를 가졌기 때문에 — 그는 치료에서 "입장 취하기"를 하고 싶지 않았기 때문이다). 그의 회피적 성격과 반대로, 치료자는 부담이 큰 기준을 가진 경우를 고려할 수 있다; 그녀는 내담자가 그녀의 안건과 치료 계획에 순응하기를 기대한다. 이러한 상호작용에서, 치료자는 "모호한 불평", "미루는 습관"이나 명확한 목표의 결여를 잘 참지 못한다. 회피적 성격의 내담자는 그가 정서를 표현할 수 없고, 그 정서들은 확인되지 않을 것이며, 그의 정서는 다른 사람들의 것과 다르고, 그가 수치와 죄책감을 느낄 수 있다고 믿을 수 있다. 이러한 부정적 신념과 더불어, 부담이 큰 기준을 가진 치료자는 정서는 시간낭비이고, 내담자가 솔직하게 생각과 정서를 나누는 것을 꺼리는 것은 "치료의 성공"에 대한 방해이며, 이러한 내담자는 치료자가 목표를 방해하는 것이라고 믿는다.

한 쌍의 두 집단은 그들의 신념을 확증하기 위한 정보를 수집한다. 예를 들어, 내담자는 치료자가 믿을 만한지 찾으려고 노력할 수 있다; 따라서 내담자는 망설이고, 계속 모호하게 행동하며, 치료자가 어떻게 반응하는지 보려고 기다린다. 치료자의 행동은 치료자가 가진 성향이나 특질("그녀는 비판적임"), 자신에 대한 결함("나는 실패자이다")에서 나온다(내담자는 상황적 게임 같은 가치를 알아보지 못한다: "내가 망설일 때, 어떤 사람들은 캐묻거나 나로부터 물러난다.") 비슷하게도, 부담이 큰 기준을 가진 치료자는 내담자가 "순응하지 않는"다면 철저한 조사, 통제, 비판과 강력한 권고를 활성화시킬 것이다. 치료자는 자신의 행동을 내담자의 "불순응", 이러한 통제와 부담이 큰 행동이 만드는 자기-충족적 예언 — 치료자가 요구할 때, 내담자는 물러난다 — 의 결과로 본다. 이것은 내담자의 불순응에 대한 도식적 인식을 확증한다.

또한 다른 종류의 도식적 부조화가 일어날 수도 있다. 치료자가 무심코 회피적 혹은 보상적 전략을 사용함으로써 내담자가 가진 부정적 믿음을 확증하는 것이다. 예를 들어, 의존적 내담자(버림 당함에 대한 두려움과 개인적 무력감에 대한 신념을 가진)와 똑같이 의존적이고 내담자로부터 버림 당함에 대해 두려워하는 치료자는 자기-충족적 예언에 갇혀 있다. 내담자의 "상실"을 두려워하는 의존적인 치료자는 회피적 전략을 사용할 수 있다. 그녀는 어려운 주제를 가져오지 않고, 내담자의 의존적 행동에 대해 이야기하기를 피하며, 내담자에게 한계를 설정하지 않고, 표출 기술의 사용을 피하려 한다. 결과적으로, 내담자는 이러한 망설임과 회피를 이러한 신념에 대한 확증이라고 해석한다: "나의 정서는 다른 사람에게 압도적일 것이 분명해. 새로운 것을 하는 것은 위험하고 무서울 거야. 내 치료자는 내가 스스로 아무것도 할 수 없다고 생각할 거야. 나는 독립적 행동을 기피해야만 해." 혹은 치료자는 지속적으로 내담자를 안심시키고, 세션을 연장하거나 부재에 대해 사과하면서 내담자의 의존성을 보상하려고 노력할지도 모른다. 내담자는 이러한 행동을 해석하여 자신의 신념을 확증할 수 있다: "나는 다른 사람에게 의지해서 나의 문제를 해결할 필요가 있고, 나는 무능한 것이 분명해, 나는 스스로 좋아질 수 없어. 내가 좋아지는 유일한 방법은 나를 보살펴주고 나를 보호할 누군가를 찾는 것뿐이야."

혹은 의존적 내담자와 부담이 큰 기준을 가진 치료자로부터 발생한 도식적 부조화를 고려할 수 있다. 의존적 내담자는 안심을 구한다. 그는 해결할 안건이 없고, "감정"에 대해 자주 불평하며, 세션 중간에 자주 전화하고, 세션을 미루기를 바라며, 그가 숙제를 할 수 없다고 생각하거나 숙제가 효과가 없을 것이라고 믿고, 치료자가 휴가를 가진 것에 대해 화를 낸다. 부담이 큰 기준을 가진 치료자는 이렇게 믿을 수 있다, "나는 나의 모든 내담자를 치료해야 해; 나는 높은 기준을 항상 맞춰야 해; 나의 내담자는 꼭 훌륭해야 해; 그리고 나는 절대 시간낭비를 하면 안 돼." 치료자는 이 내담자의 진전의 결여를 "개인적" 저항으로 보고 더 부담이 큰 안건을 부과하며, 과제의 준수를 강조하고, 진전의 결여에 대해 비판적이 되어야 하며, 내담자를 "의존적"이라고 명명해야 한다고 생각한다. 결국 내담자는 이렇게 결론 내린다. "나는 나의 치료자를 믿을 수 없어. 내가 개선되지 않는다면 버림받을 것이야. 나의 정서는 나의 치료자에게 중요하지 않아. 나는 치료에서 실패자야. 나는 어떤 문제도 해결할 수 없어." 또는, 치료자가 내담자에 대한 흥미를 잃어버림으로써 내담자의 정서와 의존성을 회피하고, 내담자의 확인에 대한 요구와 정서표현의 필

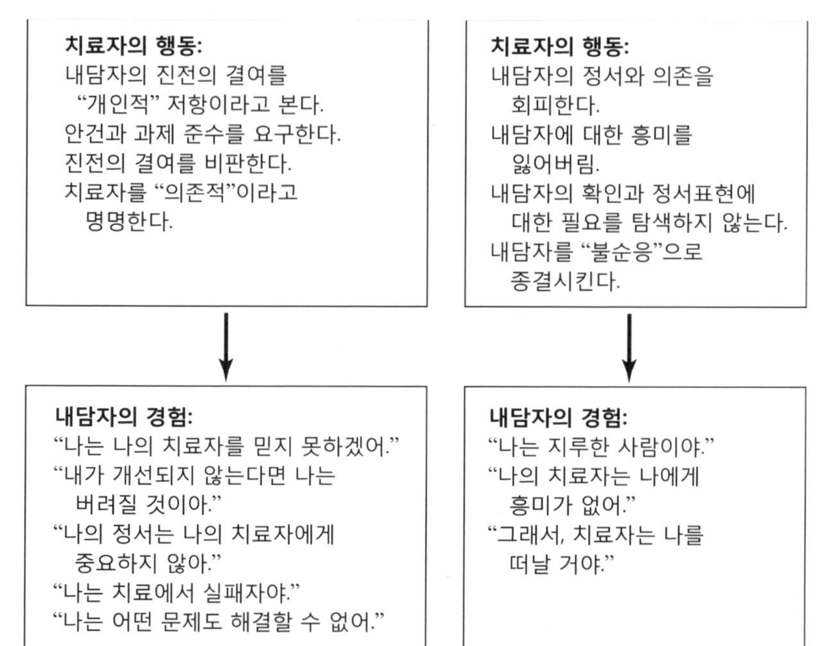

[그림 13.3] 의존적 내담자와 부담이 큰 기준을 가진 치료자 사이의 도식적 부조화의 두 가지 버전

요를 탐색하지 않고, 내담자를 "불순응"이라고 끝내면서("당신은 치료에 준비되지 않았어요.") 내담자가 "나는 지루한 사람이야. 나의 치료자는 나에게 흥미가 없어. 그래서 치료자는 나를 떠날 것이야"라고 결론짓도록 만든다. 이러한 내담자-치료자 부조화의 두 가지 버전은 [그림 13.3]에 묘사되어 있다.

역전이 사용하기

치료자는 내적 역학이 투사되는 중립적 대상이 아니다. 오히려, 치료자는 내담자의 대인관계 세계에서 역동적인 한 부분이다. 방금 제시된 예시에서, 부담이 큰 기준을 가진 치료자는 내담자에 대한 자신의 저항을 알아차릴 수 있다 — 내담자에게 자신의 안건을 강요하는 것, 그를 변화하도록 강제하거나 내담자를 무관심으로 철수시키는 경향에서(Leahy, 2001, 2009b). 실제로, 치료자가 이렇게 행동하고 느낀다면, 내담자는 다른 "부담이 큰" 사람들에게서 이런 반응을 이끌 수 있다. 세 가지 질문을 던질 수 있다. (1) 다른 부담이 큰 기준을 가진 사람들과 교류할 때, 내담자는 어떻게 반응하는가? (2) 내담자의 삶에서 관계 맺는 사람들의 전형적 성격 특성은 무엇인가? (3) 관계와 역기능적 전략에 대한 내담자의 발전 역사는 무엇인가?

다른 예시를 고려해보자. 나의 내담자는 다년간 관계 문제를 가진 결혼한 여성이었고, 그녀는 자신의 이야기를 들어주지 않는다는 감정과, 정서적이나 육체적으로 그녀의 남편과 접촉한다고 느끼지 않으며, 죄책감을 느끼고 있었다. 그녀는 치료가 "요구하는" 과제에 대해 그녀 자신의 무력감과 불충분함을 서술하는 것이라고 반응했다. 그리고 그녀의 문제는 통제적이고 자기애적인 남편에게 있다고 불평했다. 이러한 맥락에서, 나는 내가 부담이 큰 기준을 요구하고 있다는 것을 알았다. 이것은 나로 하여금 엄격한 안건을 설정하도록 하고, 그녀의 자동적 사고를 "도전"하고, 대안을 제안하며, 몇몇의 문제 해결 전략을 펼치도록 하였다. 불행히도, 이것이 지배하고, 무시하는, 그리고 그녀의 삶에서 그녀가 다른 사람들 — 그녀의 부모에서부터 남편까지 — 과 가졌던 공허한 정서 경험을 상기시켰다. 결국 나는 다른 사람과의 친밀한 관계를 미루는 내담자의 패턴을 탐색하기 위해 내담자에게 숙제를 부과하기를 포기했다. 사실, 타인에 대한 그녀의 존중 — 그녀가 자신의 요구에 대해서 알지 못한다고 보고 자신이 요구를 가질 권리가 없다고 하는 것에 기초하여 — 이 다른 사람이 대신 책임지게 하거나 지배적 위치를 차지하게 만든다. 비록 그녀가 “자신이 원하는 바를 아는” 강하고 결정적인 남자가 그녀를 만족시키고, 보살피기를 원했다고 할지라도, 이것은 그녀가 관계에서 자신이 두 번째라는 그녀의 관점을 강화한다. 나와의 치료에서 그녀가 자신의 관계를 미루는 것처럼, 그녀는 가족과의 친밀한 관계에서 똑같이 미룬다.

내담자는 나를 만나기 전에, 논쟁적이고 “합리적인” 치료자를 만났었다. 그 치료자는 그녀를 가르치려고 했다. 그녀의 이전 치료자는 합리적인 논쟁에 과도하게 집중했었고, 인지 왜곡과 “해야 하는 것”이라는 비합리적 사고에 엄청난 시간을 썼다. 이 내담자는 이러한 이전 치료가 그녀의 개성을 인정하지는 않으면서 그녀에게 어떻게 느껴야 하고 어떻게 행동해야 한다고 말했던 그녀의 아버지와 어머니에 대해 상기시킨다고 하였다. 그녀는 이전의 치료자가 무시하고, 비판적이며, 잘난 체하는 — 그녀의 남편에 대해 불평하는 것과 같은 — 치료자라고 느꼈다. 변화에 대해 강조하면서, 우리는 정서도식에 초점을 맞췄다. 나는 “우리 모두가 당신의 정서 — 이것은 당신이 가장 중요하다고 느끼는 것 — 를 이해하고 존중하는 것이 우리의 관계에서 가장 중요한 것이라고” 보여주었다. 그녀가 자신의 정서에 집중하고 그것에 대해 말하기를 시도하면서, 그녀는 그녀의 정서에 이름을 붙이는 것이 어렵다는 것을 깨달았고, 그녀는 자주 갑자기 “아무 이유 없이”(그녀가 말하는 것처럼) 울기 시작했다. 그녀는 자신의 정서를 아무리 이해하려고 해도 이해되지 않는다고; 아무도 그녀의 정서를 이해할 수 없다고; 그녀는 괜찮은 직업을 가지고 있고 그녀를 사랑하는 남편이 있기 때문에, 그녀는 분노를 느낄 권리가 없다고 믿었다. 그녀는 정서들이 통제 불가능한 것을 방지하기 위해 이런 정서에 대한 확실한 통제력을 가지고 있어야 한다고 믿었다. 그녀의 어머니와 아버지는 그녀의 정서가 제멋대로이고, 조종하는, 부당한 것이라는 신념을 가지고 있었다. 사실, 아버지 곁에서 살았던 그녀의 삶 대부분은 그녀가 아버지의 장황한 정서적 비난을 “내쫓는” 것에 집중되어 있었다. 그들의 삶에 — 혹은 그녀의 남편의 삶에 — 그녀의 정서를 위한 공간은 없었다.

우리는 그녀의 아픔과 고통을 그녀의 필요와 가치에 대한 창문이라고 보기로 결정했다. 그리고 이것은 그녀의 고통스러운 정서는 경청되어야 하고 존중되어야 할 필요가 있다는 신호로 정했다. 그녀의 새로운 정서도식은 이것을 포함한다: “내 정서의 넓은 범위를 인식하는 것은 중요하다,” “나의 정서는 사랑, 친밀함, 관능에 대한 인간의 필요로부터 온다,” “나는 확인, 따듯함, 인정에 대한 인간적 필요를 가진다," "나는 이것을 새로운 관계에서 찾는다." 비록 그녀가 "인지 치료"("합리성"에 대해 강조하는)로 왔지만, 그녀는 그녀가 정서와 필요에 대해 권리를 가진다는 것, 그리고 가능한 곳에서 관계를 발전시키는 것에 집중하는 것은 추구할 가치가 있다는 것을 인정했다.

이 내담자가 경험한 다른 치료적 양식을 검토해보자. 부담이 크고 반정서적 교훈적 치료자로 인한 "강제적", "지적" 양식은 그녀가 징징대고 있다는 믿음을 반영했다. 또한 이것은 그녀가 너무나도 많은 "해야 할 것"이 있고, 잘 참지를 못한다는 믿음을 반영했다. 사실, 이것은 그 치료자가 그녀에게 사용한 바로 그 단어들이었다. 그의 메시지는 "잊어버리고 앞으로 나아가라" 그리고 "이것은 크게 문제될 것이 아니다"이다. 치료자는 그녀에게 정서의 수준을 낮추고, 정서와 접촉하지 않고, 정서를 비판하는 것으로 비추어졌다. 이것은 그녀의 정서가 이해되지 않고, 그녀는 제멋대로이며 "나는 너무 많은 것을 필요로 하는 것이야"이라는 그녀의 믿음을 확증시켰다. 반대로, 나와 함께 한 정서도식 접근에서, 그녀는 그녀의 다양한 정서를 구별하고 인식할 수 있었다; 정서를 표현하고 확인을 얻는 경험을 하게 했다; 정서가 그녀의 충족되지 못한 중요한 필요와 어떻게 연결되어 있는지를 탐색하게 했다; 비록 그녀가 다른 사람을 인정해주고 지지하는 것을 잘한다고 할지라도, 그녀는 돌보고 동정심 있는 마음을 스스로에게 향하게 할 필요가 있다는 것을 인식했다. 교훈적인 치료자의 과도한 합리적 접근과 정서도식 치료자의 접근의 차이는 [그림 13.4]에서 보여진다.

도식적 부조화에 대해 반응하기

치료자는 여러 생산적인 단계를 통해 내담자와 도식적 부조화에 대해서 이야기할 수 있다. 첫 세 단계는 위에 묘사하였고, 나는 지금 독자들에게 이것을 좀 더 간단히 설명하고자 한다.

첫 번째로, 위에 언급한 것처럼, 당신 스스로의 취약점에 대해서 인식하는 것이 좋다. 당신은 치료에서 특별한 정서에 대한 부정적 믿음이 있는가 — 예를 들어, 이런 정서를 표현하고 확인하는 것에 대해서 보편적으로 당신을 불편하게 만드는 어떤 정서(분노와 극도의 슬픔과 같은)가 있는가? 당신의 접근이 부담이 큰 기준을 요구하고, 버림당함에 대한 두려움, 무력감에 대해 걱정하고, 혹은 다른 개인적 도

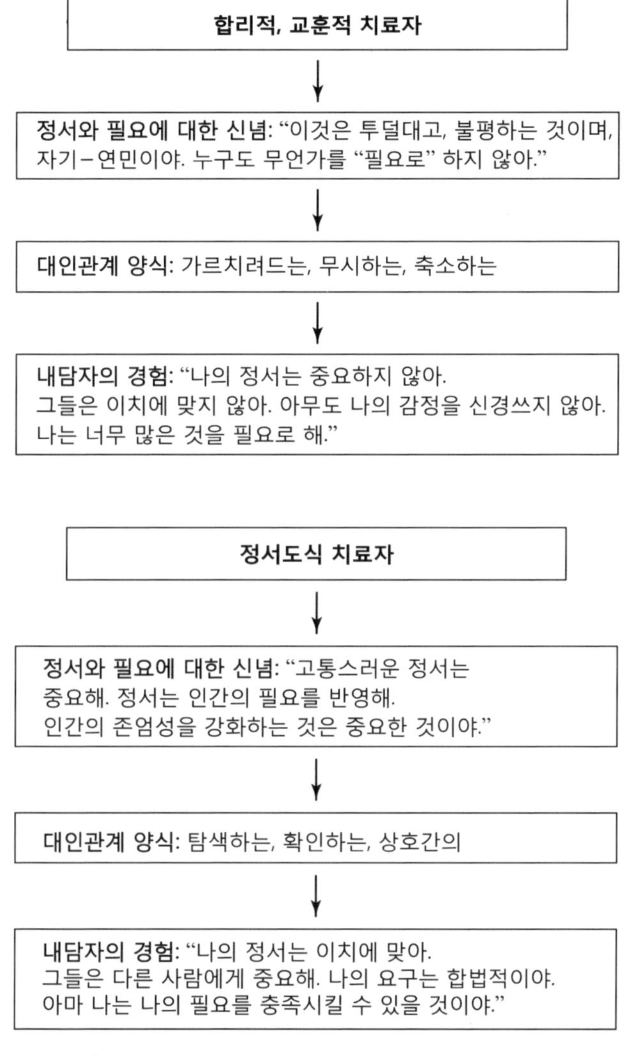

[그림 13.4] 과하게 합리적인 치료자와 정서도식 치료자의 비교

식으로 특징지어 지는가? 우리 모두는 각자 취약점을 가진다; 문제가 되는 것은 당신이 당신의 취약점이 무엇인지 인지하지 못하는 것이다.

둘째로, 어떤 종류의 내담자나 문제가 당신을 불편하게 하는가? 어떤 자동적 생각과 추측이 당신을 촉발시키는가? 당신은 어떻게 인지치료로 이런 신념을 다루는가? 어떤 회피적 혹은 보상적 전략을 어떤 내담자에게 사용하는가? 셋째로, 특정 내담자의 개인적, 정서적 도식을 고려해 볼 때, 치료자로서 당신의 행동이 어떻게 우연히 내담자의 부정적 신념을 확증하도록 이끄는가? 이러한 신념을 확증한다면,

내담자가 보이는 결과가 어떠한가? 내담자의 삶에서 다른 사람들이 이러한 신념을 어떻게 확증했었는가?

당신이 택할 수 있는 네 번째 단계는 이것이다: 내담자의 정서적 도식을 보상하거나 회피하는 것 대신, 내담자가 가지는 정서적 조절에 대한 특정한 신념에 초점을 맞추는 것이다. 이것은 특히 중요하고 할 수 있다. 왜냐하면 자신의 정서에 대해 부정적 신념을 가진 내담자들은 이미 과하게 이성적이고, 요구가 많으며, 통제적인(전에 제시한 많은 예시처럼) 치료자를 만났었기 때문이다. 이러한 접근은 그들의 부정적 정서도식을 강화할 수 있다. 정서도식 접근은 이것을 바꿀 수 있다.

정서도식 치료자로서, 당신은 이러한 질문을 하면서 직접적으로 정서에 대해 회피적인 내담자의 신념을 다룰 수 있다:

"어떤 주제나 감정에 대해 당신이 말하기 어려운 것들이 있나요? 그것은 어떤 것인가요?"
"이것에 대해 말한다면 당신은 무엇이 일어날 것이라고 두려워 하나요?"
"당신은 모호해 보여요. 당신이 생각하거나 느끼는 것에 대해 분명하게 하지 않는 것이 장점이 있나요?"
"당신의 정서에 대해 규정하고 명명하는 것은 당신에게 어려운가요?"

예를 들어, 회피적 내담자는 화가 나고 성적인 정서는 말하기 어렵다고 언급할지도 모른다. 그 이유는 그들이 비판 받고 심하게 창피당할 것을 두려워하기 때문이다. 이것을 다루는 것은 어떤 사례에서, 내담자의 어린 시절과 청소년기에 성적인 감정과 분노의 감정에 대해 가족 내에서 어떻게 이야기되지 않았는지에 대한 논의로 이어졌다. 그리고 그 가정에는 식사를 따로 하고 애정을 거의 드러내지 않는 방식의 경직된 형식이 존재했다. 성적 감정은 비밀스럽고 수치스러운 것이 되었다 — 그리고, 이것은 내담자 자신의 경험에서, 비밀스러운 폰 섹스로 이어졌다. 내담자는 아직도 그의 성적 "집착"에 대해 "다른 남성보다 못하다"라고 보여지는 것과 심하게 창피당하는 것에 대해 두려워했다. 그는 이러한 정서에 대해 통제를 잃어버려서, 물론 이것이 일어난 적이 없지만, 그의 판타지가 쉽게 성적 행동을 취하도록 이끌어 갈 것에 대해 두려워했다. 그의 판타지를 확실히 통제해야 한다는 그의 신념은 그것을 강화시키기만 하는 생각과 이미지에 대해 걱정하도록 이끌었다.

그는 이것에 대해 이야기하는 것은 이것을 더 현실로 만드는 것일 뿐이라고 두려워했다. 그가 어린 시절 가졌던 정서적 메시지는 성적, 공격적 생각, 이미지, 감정이 심화되고 모든 것을 파괴하지 않도록 그것들을 통제해야 해야 한다고 전했다. 치료자는 그의 공상을 그가 살아있고, 괜찮다는 암시로 재구성하고, 그가 요염한 여성에 대한 성적 이미지를 즐기고, 그가 이런 공상을 통해 그의 아내와의 성적 관계를 풍요롭게 할 수 있도록 제안했다. 이런 공상에 대해 스스로 주의를 다른 곳으로 돌리려는 노력 대신, 치료자는 그가 "에너지와 풍요로움으로써 그것을 받아들임" 그리고 "'나는 이 순간 살아있다'라고 주목"하도록 제안했다. 그는 그의 두려움이 상당히 줄어들었고, 죄책감이 덜해졌으며 아내에 대한 성적인 욕구가 증가했다고 말했다.

회피적 성격으로 특징지어지는 다른 내담자는 그의 생각과 정서에 대한 토론에서 모호한 태도를 보여주는 것을 통해 그가 그것을 소유하지 않을 수 있었다고 하였다: "만약 내가 모호하면, 당신과 나는 내가 생각하고 느끼는 것에 대해 진짜로 모를 것이예요. 그리고 우리가 모른다면, 내가 그것을 책임지지 않아도 된다는 의미죠." "그는 분명하게" 되는 것이 자신의 내면의 삶에 대한 어떤 책임감을 요구하고, 그것이 위협적으로 변할 수도 있다는 것에 대해 두려움을 느꼈다. 실제로, 그는 자주 "멍하게" 있고, 현재에 대해 잘 의식하지 않으며, 그는 일탈과 심지어는 영웅주의의 "풍성한 공상의 삶"을 가지고 있음이 관찰되었다. 또한 그는 그의 정서를 명명하는 것은 어려우며, 그의 가족에서 정서는 거의 논해지지 않았다는 것을 기억해냈다: "우리 가족에서 중요한 것은 예의 있는 것과 옳은 행동을 하는 것이었다. 사실, 나는 어릴 때 아주 운동을 잘하는 운동선수였지만 내가 열심히 함으로서 다른 아이들이 잘하지 못한다는 것을 알게 하고 싶지 않아서 그렇게 열심히 하지 않았던 것으로 기억한다." 그의 가족에서, 남을 뛰어넘은 것을 자랑하지 않고 자신의 능력으로 다른 사람을 위협하지 않는 것은 가치 있다고 여겨졌다. 분노가 인지하기 어렵고 스스로 참기 어려운 정서라는 것은 그에게 놀랍지 않았다. 치료자는 사람들이 가장 많이 오해할 수 있는 생각은 모든 순간에 완벽하게 잘해야 한다고 생각하는 것이라고 말했다. "잘하고 싶고, 순수하며, 좋은 것을 원하는 이러한 생각은 인간의 본성이라고 할 수 있습니다. 하지만 이것 외에 우리 각자와 모두에게 많은 감정, 충동, 생각, 욕구, 억울함의 감정이 있습니다. 인간 본성의 한 부분으로서 그것을 소유하는 것은 굉장한 안정감을 줍니다." 치료자는 제안했다, "아마 당신은 자신에 대해 지나치게 선한 것 같아요."

또한 많은 회피적 내담자는 치료자가 숙제를 제대로 하지 않은 것에 대해 그들을 비판할 것이라고 믿으며, 그에 대한 결과로 내담자는 행동의 노출 과제를 하는 것을 꺼리게 된다. 그러한 내담자에게 치료자는 이렇게 물을 수 있다:

"당신이 숙제를 했는데 그것이 완벽하지 않는다면 내가 어떤 생각을 하는 것을 두려워하나요?"

"당신이 다른 사람에게 평가받은 것과 같이 치료에서 평가받을까봐 두려운가요?"

"노출하는 것이나 과제를 하는 것이 당신을 불편하게 만들까봐 두려운가요?"

"당신이 불편하다면 무슨 일이 일어날까요?"

이런 내담자는 치료자가 다른 사람과(예, 그들의 부모) 같으며, 그들을 비판하고, 굴욕감을 주며, 잘하는 다른 사람과 비판적으로 비교할 것이라고 종종 생각한다. 그렇다면 치료자는 잘하지 못한 것에 대해 비판 받은 역사와 그것이 내담자를 어떻게 느끼게 했는지 물을 수 있다. 내담자는 아이일 때 모든 과목에서 A를 받지 못했다는 것에 계속해서 비판당하며 학문적 훌륭함을 위한 그의 어머니의 끊임없는 요구에 대해서 설명했다. 이것이 그로 하여금 어머니에 대해 분개하도록 이끌었지만, 그는 여전히 그녀의 관심과 인정이 필요했다. 그는 현재의 직업에서, 그에 대한 존중의 결여, 그의 성취에 대한 폄하, 혹은 조직에서 하찮은 존재로 만드는 것을 반영하는 것으로 종종 타인의 행동을 내재화했다. 더 나아간 탐색에서, 그는 타인의 행동이 사실 그를 겨냥한 것이 아니었고, 기업 문화에서 비롯되었다는 것을 알게 되었다. 그가 경험했던 "하찮은 존재로 만들기"에 대한 생각은 주로 그가 스스로 물러나는 것과, 반추하는 것, 그가 상상했던 거절에 대한 삐죽거림에서 비롯된 것이었다.

치료자는 또한 모든 불편을 피하는 바람직함(혹은 필요성)에 대한 내담자의 신념에 대해 직접적으로 질문할 수 있다. 예를 들어, 행동의 활성화 과제와 노출 과제는 자주 불편을 야기시킨다. 그리고 대부분의 불편은 불편에 대한 예측에서 생긴 것이다. 이런 내담자를 불순응적 혹은 치료에 준비가 되지 않았다고 명명하는 것보다, 치료자는 불편이 무엇으로 이어질지 내담자의 예측에 대해 질문할 수 있다. 그리고 나서 이런 예측은 이전의 장에서 설명한 것처럼 시험될 수 있다. 예를 들어, "내가 나를 보여준다면, 나의 모든 것이 부서질 것이다"라는 예측은 신념에 대한 비용과 편익을 통해 검토되고, 장점과 단점에 대한 증거에 의해 검토된다. 불편을 유발하는 세션 안에서의 노출은 이런 신념의 부당성을 증명할 수 있다. 게다가, 치료자는 내담자가 "편함"에 대한 생각을 "효과성"으로 다시 초점을 맞추도록 격려할 수 있고, 그래서 단기적 불편은 장기적 자기-효능을 위한 작은 대가일 수 있다는 것을 깨닫게 한다. 회피와 의존에 대한 다른 가능한 질문들은 다음을 포함한다:

"당신이 안심을 얻지 못한다는 것은 어떤 의미인가요?"

"일이 괜찮아진다는 것을 확실히 알아야 할 필요가 있나요? 만약 그것이 확실하지 않다면 어떤가요? 불확실성은 나쁠 것이라는 것을 의미하나요?"

"안건을 가지지 않는 것의 장점이 무엇인가요?"

"안건이 없다는 것은 당신의 삶에 대한 계획과 목표가 결여된 것과 비슷한가요?"

"당신을 위해 타인이 안건을 설정하도록 할 수 있나요?"

"당신의 감정을 스스로 다루지 못한다고 믿나요?"

"행복하지 않은 감정이 있을 때 당신은 보통 무엇을 하나요? 당신은 타인에게 그것을 보살피도록 하나요?"

"당신의 감정은 당신의 이치에 맞나요? 다른 사람도 이런 감정을 가지나요? 당신의 이런 고통스러운 감정은 스스로 사라지나요?"

"만약 당신이 나와 연락할 수 없을 때, 당신은 당신의 생각과 감정을 다스리는 몇몇의 기술을 사용할 수 있나요?"

"당신이 마음의 준비를 하기 전에 세션이 끝난다는 것은 당신에게 어떤 의미인가요? 당신은 버림받았다고 느끼나요? 화가 난다고 느끼나요? 이것이 당신에게 내가 당신을 돌보지 않는 것이라고 생각하게 만드나요?"

"만약 내가 세션을 더 연장한다면, 그것은 내가 당신에 대해 신경쓴다는 것을 의미하나요?"

"과제의 어떤 부분을 당신이 하지 못한다고 생각하나요?"

"당신이 스스로를 위해 어떤 것을 하기 시작했을 때, 당신이 할 수 있을까에 대해 확신이 서지 않기 때문에 포기하나요?"

"무엇을 제대로 하지 못했을 때 최악의 결과는 무엇인가요?"

"내가 떠난다면, 어떤 생각과 감정이 유발될까요? 당신은 버려졌다고 느끼나요? 당신은 내가 당신을 돌보지 않는다고 생각하나요?"
"당신은 당신이 무력하고, 자신의 감정을 돌볼 수 없다고 생각하나요?"
"당신이 사용할 수 있는 자조 계획은 어떤 것이 있나요?"

이러한 질문들은 생각과 정서를 공유하고, 불편을 참아내며, 정서의 억압과 제거보다 효과성과 개인적 성장에 초점을 맞추는 문을 열게 한다. 치료에서 단순히 일련의 규칙을 부과하는 혹은 형식적 치료에 사로잡힌 치료자(안건을 부과하고, 내담자를 불순응이라고 명명하고, 공감하기보다 과하게 진단하고 혹은 내담자로 하여금 이성적이고 행복해지도록 시도하는)는 내담자로 하여금 중도 포기하게 하고, 덜 진전하게 만들며, 심지어 치료에 대해 분개하게 만든다는 것을 알아야 한다. 반대로, 내담자의 어려움에 대해 질문하고 확인하는 접근을 개발하는 것은 협동적 상황을 강화시킬 수 있다.

요 약

치료적 관계는 어쩌면 치료적 모델과 같이 중요하다고 할 수 있다. 치료에는 효과적인 접근과 효과적이지 않은 접근이 있고, 생산적 혹은 비생산적인 치료적 관계가 있다. 이 장에서, 나는 내담자와 치료자가 치료적 관계로 가져올 수 있는 몇몇의 개인적 도식과 대인관계 도식을 검토했다. "저항" 혹은 "불순응" 은 내담자의 좌절감에 대한 내성, 정서적 강도, 정서의 지속성과 위험에 대한 신념, 그리고 치료자를 신뢰할 수 있는 능력에 대해 더 배울 수 있는 기회로 보여질 수 있다. 그들 안에서 무슨 일이 벌어지는지(예, 왜 내가 이것에 대해 많이 신경 쓰이는 거지?) 스스로 지속적으로 질문하는 치료자는 특정한 내담자를 다루는데 있어 그들이 가진 장애물을 스스로 더 잘 극복할 것이다. 나는 독자들에게 이렇게 조언한다: 치료자로서 자신의 취약점을 알고, 그것을 고치려고 하는 것 — 특히 당신의 반응이 다른 사람의 반응을 반영한다는 것을 인식하는 것 — 은 당신 스스로의 개인적 도식과 정서적 도식의 한계를 초월하여 치료에서 내담자들이 자신의 경험을 풍부하게 하는 것을 도울 수 있다.

제14장
결　론

정서도식모델은 다른 인지-행동 모델과 비슷하게 정서가 상황적 요인, 보상의 결여, 회피적 요인, 인지 편향 혹은 생리학적 과정으로부터 야기될 수 있다는 것을 제시했다. 다르게 말하면, 정서가 활성화되는 것은 먼저 다양한 인지적·행동적 모델에서 제안했던 요인들 때문일 수 있다. 하지만, 정서가 한번 유발되면, 개인은 정서에 대한 이론과 정서조절의 전략을 활성화한다. 이러한 판단과 전략은 "정서도식"을 구성한다. 특정한 판단에 따라, 개인은 문제적 전략(예, 걱정, 반추, 탓하기, 회피, 폭식) 혹은 적응적 전략(예, 재평가, 문제해결, 행동 활성화, 동의)을 사용한다. 정서에 대한 이론들은 이러한 조절 전략에 대한 해석을 제공한다. 정서도식치료에서 정서는 그 자체로 인지의 대상이고, 해석될 수 있으며, 평가될 수 있다. 그리고 정서가 한번 야기되어 따라오는 전략은 정신병리학에 있어 중요한 함의를 제공한다.

정서도식모델은 정서가 부분적으로는 점진적 중요성을 가지는 위협에 대한 모듈식 반응으로서, 부분적으로는 생리학적 반응으로서, 그리고 부분적으로는 인지 편향으로서 야기된다는 사실을 상정하고 있다. 비록 정서의 사례개념화를 발전시킬 때 각각의 주요 인지-행동적 모델의 중요성을 인정하고 있지만, 정서도식모델은 정서의 평가가 특히 정서적 경험의 유지, 확대, 그리고 재발생에 대한 두려움의 측면에서 중요성이 있다고 설명했다. 경험적 회피는 이런 문제적 평가의 결과로 보여진다. 염려와 반추에 대한 메타인지 전략이 정서조절에 있어서 문제적 접근으로 보여질 수 있다. 또한, 수동성과 고립은 부분적으로 행동의 활성화가 인내할 수 없는 정서적 경험으로 이어질 것이라는 믿음의 결과로 받아들여진다. 이런 각각의 사례에서, 정서도식모델은 다른 모델들에 비해 앞선다고 할 수 있으며 치료자가 성취할 수 있는 것들을 확장 — 내담자의 정서에 대한 이론과 관계의 조절 전략을 바꾸는 것 — 할 수 있게 돕는다.

1장에서 나타난 것과 같이, 정서와 합리성은 번갈아가며 서양 철학 및 사회의 역사가 진행되는 동안 특권적 위치를 정했다. 정서의 신념에 대한 문화적 차이 — 그리고 정서의 조절 — 는 정서적 경험에 대한 사회적 구성도 증명했다. 또한 질투와 같은 어떤 특정한 정서는 인간 사회의 요구에 따라 중요도가 올라가기도 하고 내려가기도 했다. 이전의 역사에서, 질투는 높은 가치를 가졌는데 그 이유는 질투가 명예와 연결되어 있었기 때문이다. 정서도식모델은 합리성과 정서에 특권을 부여하지 않고, 그와 관련된 맥락과 사람이 쟁취하고자 하는 목적에 따라 둘 다 필요한 것이라고 본다. 게다가, 모든 정서는 인간의 경험에 대한 타당성을 지니며 거기에는 "높은" 마음이나 "낮은" 마음이라는 구분이 없다. 정서는 인간됨의 한 부분일 뿐이다.

정서도식모델은 치료의 목적을 내담자의 슬픔, 분노, 불안 혹은 두려움을 없애는 것으로 보지 않는다. 오히려 이러한 정서를 존재의 완전한 복잡성으로 통합하여 보려고 한다. Martha Nussbaum(2001)가 그녀의 어머니의 죽음 이후에, 슬픔을 느끼지 않는 것이 — 비통함의 깊이를 경험하지 않는 것이 — 어머니에 대한 그녀의 사랑을 단언하는 것과 모순된다는 것을 유창하게 설명했다. 사랑이 있는 곳이 비통함이 있는 곳이다. 사람이 고통스러운 이유는 그것이 사람에게 중요하기 때문이다. 여기에서 지지되는 목표는 고통스러워 할 만한 가치가 있는 삶을 살라는 것이다. "기분이 좋다"라는 것보다, 의미 있는 삶 — 슬픔, 기쁨, 혼란, 의심, 시기, 질투, 용기와 경외심을 느끼는 사람 — 의 맥락 속에서 모든 것을 느낄 수 있다는 가능성을 찾도록 하는 것이 목표가 될 수 있다. 비록 누군가는 어떤 보상적인 경험이 있을 가능성이 여전히 있다고 한다면 아무것도 진짜 "끔찍"할 수 없다고 주장할 수 있지만, 우리는 "끔찍함(awful)"의 본원적 의미를 "경외심으로 채워지기(fill with awe)"라는 것으로 다시 생각할 수 있다. 이것은 Herman Melville[1]이 Nathaniel Hawthorne[2]에게 "끔찍한" 이야기를 써주었을 때 의미했던 것이다: 그 이야기의 제목은 Moby Dick(모비딕)이고, 그 이야기는 거대한 하얀 고래의 모양을 한 상징적 리바이어던

1 허먼 멜빌(Herman Melville): 미국 소설가 겸 시인. 대표작 〈백경〉은 강렬한 성격의 인물이 머리가 흰 거대한 고래에 도전하는 내용의 소설로 모선인 범선이 아닌 노젓는 작은 보트로 고래를 쫓는 용감한 선원들의 생활을 그림.

2 너대니얼 호손(Nathaniel Hawthorne): 미국의 소설가. 대표작 〈주홍글씨〉는 19세기 대표적 미국소설이 됨.

(Leviathan)의 이야기이다. Melville의 소설은 분노, 용기, 사랑, 복수의 모든 정서를 포함한다. — 그리고 인류를 도전적이고 자연으로부터 정복당하는 것으로 묘사한다. 이 책은 경외(awe)에 대한 책이다.

정서도식모델은 내담자가 하기 싫어하는 것을 하는 능력의 중요성을 강조한다. 그것을 통해 그들은 그들이 진짜로 성취하고자 하는 것을 성취할 수 있다. 정서 — 그리고 불편을 참을 수 있는 능력 — 는 수단-목적 관계의 맥락으로 자리 잡는다: 우리가 성취해야 할 목표는 인내하고, 탄성을 포용하는 것을 배우는 것이며, 가치 있는 목표와 불편이 연결되어 있을 때 그것에 자부심을 느끼는 능력을 배우는 것이다. 그에 따라서, 치료자는 건설적인 불편을 강조한다: 인내하는 것에서 자부심을 가지고 불편을 참아내기; 모든 시간을 행복하고 쉬운 삶으로 만들기보다 장애물을 극복하는 것에 대한 가치; 그리고 비록 삶은 어쩌면 투쟁이겠지만 이것은 싸울 가치가 있다는 것을 인식하기. 내담자의 기대를 낮추어 모든 것이 "성취"가 될 수 있게 하는 기준이나 내담자를 의기소침하게 하기만 하는 불가능한 기준을 만드는 것보다, 정서도식모델은 삶의 모든 영역에서 성공적 결함을 강조할 것이다. 불완전하게 앞으로 나아가고, 장애물을 받아들이며, 여행의 모든 부분과 모든 도전에서 누구도 완벽하게 옳을 수 없다는 것을 인정한다. 완벽주의는 불확실성과 모순의 참을 수 없음, "깨끗한 마음", "깨끗한 정서" 와 " 실존적 완벽주의"(개인이 구하는 생각, 감정과 존재의 잡을 수 없는 어떤 이상에서)를 포함하면서 정서에 대한 엄청난 혼란을 전제한다. 반대로, 정서도식모델은 내담자가 삶의 모든 경험은 일시적이고, 때로는 소음과 반박으로 가득 차 있으며, 사람은 여행하고 살아가는, 변화하는 풍경의 한 부분이라는 것을 인식하도록 돕는다. 완벽한 성취 혹은 완벽한 행복을 구하는 내담자는 지루함, 불만, 분노, 질투, 그리고 시기와 같은 불쾌한 정서들이 모두 그저 풍경의 한 부분이라는 것을 인식할 필요가 있을 것이다. 이러한 "비정상적인 것을 정상화시키기"는 종종 그들이 삶과 협상했던 것보다 삶은 더 복잡하다는 것을 인정하게 되는 개인에게 엄청난 안도감을 준다. 이것은 어쩌면 더 복잡할 수도 있고, 심지어 때때로 실망스러울 수도 있지만 이것은 어쩌면 그럴 만한 가치가 있다.

고통스러운 정서를 두려워하는 개인은 이렇게 말할 수 있다. "나는 다시 사랑에 빠지고 싶지 않아요. 내가 상처받을지도 모르기 때문이예요." 그 결과는 사랑이 없는 삶, 헌신 없는 삶, 의미를 빼앗긴 삶일 것이다. 하지만 진짜 질문은 "아픔을 경험하는 것이 가치가 있는 것 일까?"가 되어야 한다. 대단한 헌신은 대단한 아픔을 수반한다; 삶에서 실망하고, 환멸을 느끼며, 궁극적인 죽음 없이 삶에서 벗어나는 방법은 없다. 정서도식모델은 내담자로 하여금 불쾌한 정서가 끝을 위한 수단이거나(노출치료에서와 같이) 혹은 고립, 소극성과 같은 길고, 지속적이며, 따분한 경험이 될 수 있다는 것을 깨닫도록 도와준다. 치료자는 내담자가 정서적, 실존적 완벽주의를 포기하도록 돕고, "깨끗한 마음"에 대해 도전하며, 삶은 사람들이 끝까지 강행하고 지나쳐야 하는 많은 소음을 가지고 있다는 것을 깨닫도록 도와준다. 내담자에게 자신이 무엇을 가치 있게 여기고 이러한 가치가 그들의 관계, 일, 정체성에 어떻게 영향을 주는지 분명하게 하는 것을 도와주면서, 치료자는 그들이 어느 것에 가치를 두고 일해야 하는지에 대한 결정을 하도록 도와줄 수 있다. 내담자가 목적을 분명하게 하는 것을 도와주는 것으로서, 치료자는 무엇이 내담자가 추구할 만한 가치가 있는지를 결정하는 것을 도울 수 있다. "나는 어려운 일을 해내는 사람이다." 목표는 삶을 쉽게 만들고 항상 기쁜 경험만 하도록 하는 것이 아니다. 목표는 삶을 풍부하게 하고 이겨낼 만한 가치가 있도록 만드는 것이다.

정서도식치료는 정서를 좋거나 나쁘다고 보지 않으며, 단순히 사람이 겪을 수 있는 경험이라고 본다. 이러한 정서는 오랜 시간 동안의 적응(질투의 사례에서처럼)과 연결되어 있고 내담자가 중요하게 생각하는 가치와 연결되어 있다. 분노, 분개, 질투, 시기, 복수에 대한 요구, 경멸, 무력감과 같은 내담자가 원하지 않는 정서를 인정하도록 허용하는 것은 이러한 정서를 "밝은 곳으로" 가져오도록 돕는다. 그 다음에 그 정서는 그 순간에 타당화되고, 합리적인 반응으로써 탐구될 수 있다 — 플라톤이 설명했던 "영혼의 흔들림"과 같이 탐구될 수 있다. 하지만 이것은 정서와 중요한 가치가 연결되어 있는지, 정서가 일시적인지, 정서가 내담자의 선택을 좌우할 수 있는지를 통해 내담자가 이러한 정서들이 인간적이고 보편적이라는 것을 인정하게 하는 시작점이 될 수 있다. 궁극적인 질문은 항상 "내가 이렇게 느끼므로, 내 가치가 무엇인지 주어진다면, 나에게 최선의 선택은 무엇일까?"이다. 선에 대한 전통적인 관점은 개인이 결정하는 것을 도와줄 수 있다. 특히, 부정적 정서의 덫에서 달아나고 자기-통제, 친절, 용서 혹은 현재 순간의 정서에 대한 신중함을 선택하도록 돕는다. 사실, 이러한 선택은 경험되는 정서를 바꿀 수 있고, 다시 한번 정서는 한번 왔다 갈 수 있지만 개인의 가치는 계속 유지된다는 것을 입증한다.

정서도식치료는 카타르시스나 표현의 모델이 아니다. 정서도식치료는 만약 표현하기가 확인 및 목적의식이 있는 행동과 연결되지 않다면, 정서를 환기하는 것이 충분하지 않을 수 있다는 것을 제시한다. 게다가, 탓하고, 반추하며, 영향을 악화시키는 것으로 표시되는 숙련되지 않은 환기는 가치 있는 지지를 멀어지게 할 수 있다. 정서도식모델은 확인이 넓은 범위의 정서도식을 다룰 수 있다는 것을 인지한다. 또한 이것은 내담자를 일반화시키고 정서가 이해되도록 하며, 정서를 경험하고, 진정되도록 관찰하며, 정서를 가지는 것이 통제를 잃어버리는 것으로 이끌어가지 않는다는 것을 깨닫게 한다. 따라서 확인은 다수의 인지적 암시를 지니고, 더 적응적 신념과 정서의 경험에 대한 반응을 발전시키는 중요한 과정이 된다.

정서는 종종 친밀한 관계에서 핵심 요인이라고 할 수 있다. 상대방에 대한 정서의 중요성을 인식하지 못하고 사는 삶은 평행적인 관계가 되고, 절대 서로 진실된 접촉을 할 수 없다. 애인의 정서에 대해 생각하는 것을 목표로 하는 것은("나는 애인이 어떻게 느끼기를 원하는가?") 개인이 사실을 위해, 권력을 위해, 무엇보다 경청되기 원하는 것으로부터 싸우는 성과 없는 싸움에서 벗어나도록 한다. 이것은 애인과의 "정신화"의 공동 연습으로 서로를 연결할 수 있다. 각각 상대방의 마음(생각과 느낌)을 이해하는 것은 중요하며, 다른 애인의 반응에 따라 영향을 받을 수 있다. 어떤 사례에서, 심지어 간단한 대화의 본질조차 이러한 이해의 결여를 반영한다: 어떤 사람은 대화가 정보의 교환이라고 생각하지만 대부분의 대화는 돌아가면서 들어주는 것이다. "마치 사실이 정보의 풍경인 것처럼 가리키는 것"에서 "왔다 갔다 공을 패스하는 것"으로 대화의 비유를 바꾸는 "옳은" 사실을 추구하는 것에 대한 끝이 없는 싸움을 변화시키는 것을 도울 수 있다. 어쩌면 무엇이 사실인지는 덜 중요하고, 더 중요한 것은 애인이 차례로 말할 순서를 가지는 것이다. 우리는 "사실"은 공고히 되어야 한다는 신념으로 인해, 한 애인이 다른 애인을 인정하는 것에 상당히 많은 저항을 가진다는 것을 알 수 있다. 관계는 "사실"을 찾는 것이고, 저항하는 애인은 사실에 대한 독점을 가진 것이며, 이를 타당하게 해주는 것은 단지 끝없는 불평으로만 이어지게 한다. 이를 대체할 수 있는 방법은 의사소통을 연결에 대한 시도로 보는 것이다. 그리고 연결이 될 때까지(그리고 안정되었다고 느낄 때까지) 불평은 끊이지 않을 것이다(그리고 악화될 것이다). 따라서 정서도식모델은 의사소통과 정서를 계속 진행 중인, 가끔은 높은 비용을 지불하고 완성을 추구하는 상호적 행동체계의 한 부분으로 본다.

유사하게도, 내담자와 치료자는 정서의 의미와 조절에 대한 투쟁에서 스스로 가치 있게 여기는 것을 찾아낼 수 있다. 치료자도 관계와 정서에 대한 자신만의 도식을 가지고 치료에 참여한다. 만약 치료자들이 정서적 경험을 시간 낭비라고 보고 내담자의 역할을 안건에 대한 요구 준수로 본다면, 내담자는 이런 반응을 멸시하는, 거들먹거리는, 비판적인 것으로 해석할 수 있고, 더 나아가 정서에 대한 그들의 부정적 신념을 확인하고 다른 사람이 이를 어떻게 보는지를 확인하게 한다. 심지어 선한 의도로, 경험된, 잘 훈련된 치료자도 확인을 원하고, "불편한" 폭로를 격려하거나 내담자를 괴롭히는 주제를 다루는 것에 영향을 줄 수 있는 정서에 대한 특정한 신념을 가질 수 있다. "체계적 부조화"의 개념은 치료자로 하여금 내담자와 치료자 모두가 가질 수 있는 정서적이고 개인적인 도식을 평가하도록 허락하고, 치료자가 미리 결정된 편향에 의해 "휩쓸리는 것"을 예방한다. 실제로, 부조화 경험은 다음과 같이 질문할 수 있는 특별한 기회가 된다. "이것이 전에 언제 일어났나요?" 이전에 일어났던 모든 것과 현재의 경험에 집중하는 것 사이의 균형을 치료에서 아직도 찾을 수 있다는 것에 대한 중요성을 인식하면서, 이러한 모델은 인지-행동 치료자에게 "전이"와 "역전이"의 쟁점을 새로운 방식으로 다룰 수 있게 한다. 게다가, 내담자의 정서 — 특히 내담자의 분노나 극심한 불안 — 에 자주 사로잡힌다고 느끼는 치료자는 치료자와 내담자 사이에 존재할 수 있는 경계가 효과적인 치료의 진전을 위해 필요하나, 공감과 동정을 배제하지 않는다는 것을 인식할 수 있다. 비판받을 때 사람은 공감 및 동정하는 것을 어려워 할 수 있다. 하지만 그것은 어쩌면 내담자의 분노가 처음으로 직면되고 받아들여진 것일 수 있다. 다른 사람에게 정서가 존재한다는 것을 아는 것은 어쩌면 내담자가 "전염"을 피하도록 도울 수 있다. 멀리 떨어진 채, 사려 깊은 인정을 주는 것은 내담자가 질문, 확인, 승인을 향해서 다음 걸음을 나아갈 수 있도록 도와줄 수 있다.

확실히 나의 독자들은, 정서도식모델이 넓은 범위에서 인지-행동 모델에 지고 있는 빚을 깨달을 것이다. 당신은 Beck의 인지 치료, 메타인지 치료, 정서-중심 치료, 수용전념치료, 변증법적 행동치료와 행동 활성화 치료의 영향을 찾을 수 있다. 당신은 내담자에게 접근할 때 이러한 모델 중 어느 것이든 선택하여 선택된 모델들과 정서도식모델을 통합하는 것을 고려할 수 있다. 혹은 당신은 정서도식모델을 통해 내담자에게 접근하면서 어떤 것 혹은 모든 다른 접근을 사용할 수 있다. 이 모델은 다른 사람에 의해 이미 성취된 것을 대체하는 것이 아니다. 이것은 정보를 전달하고, 넓히며, 권한을 강화하고 풍부하게 하는 것을 추구한다.

참고문헌

Abramson, L. Y., Metalsky, G. I., & Alloy, L. B. (1989). Hopelessness depression: A theory-based subtype of depression. *Psychological Review, 96*, 358-372.

Ahrens, A. H., & Alloy, L. B. (1997). Social comparison processes in depression. In B. Buunk & R. Gibbons (Eds.), *Health, coping, and well-being: Perspectives from social comparison theory* (pp. 389-410). Mahwah, NJ: Erlbaum.

Ainsworth, M. S., Blehar, M. C., Waters, E., & Wall, S. (1978). *Patterns of attachment: A psychological study of the Strange Situation*. Hillsdale, NJ: Erlbaum.

Aldao, A., & Nolen-Hoeksema, S. (2010). Specificity of cognitive emotion regulation strategies: A transdiagnostic examination. *Behaviour Research and Therapy, 48*(10), 974-983.

Aldao, A., & Nolen-Hoeksema, S. (2012a). The influence of context on the implementation of adaptive emotion regulation strategies. *Behaviour Research and Therapy, 50*, 493-501.

Aldao, A., & Nolen-Hoeksema, S. (2012b). When are adaptive strategies most predictive of psychopathology? *Journal of Abnormal Psychology, 121*(1), 276-281.

Alloy, L. B., Abramson, L. Y., Metalsky, G. I., & Hartledge, S. (1988). The hopelessness theory of depression. *British Journal of Clinical Psychology, 27*, 5-12.

Ameli, R. (2014). *25 lessons in mindfulness: Now time for healthy living*. Washington, DC: American Psychological Association.

Arend, R. A., Gove, F. L., & Sroufe, L. A. (1979). Continuity of individual adaptation from infancy to kindergarten: A predictive study of ego-resiliency and curiosity in preschoolers. *Child Development, 50*, 950-959.

Ariès, P. (1962). *Centuries of childhood: A social history of family life*. New York: Random House.

Aristotle. (1984). *The rhetoric and poetics of Aristotle*. New York: Random House.

Aristotle. (1995). *Aristotle: Selections* (T. Irwin & G. Fine, Eds.). Indianapolis, IN: Hackett.

Arntz, A., & Haaf, J. (2012). Social cognition in borderline personality disorder: Evidence for dichotomous thinking but no evidence for less complex attributions. *Behaviour Research and Therapy, 50*(11), 707-718.

Austin, J. L. (1975). *How to do things with words* (2nd ed.). Cambridge, MA: Harvard University Press.

Ayer, A. J. (1946). *Language, truth, and logic* (2nd ed.). London: Gollancz.

Baldwin, M. W., & Dandeneau, S. D. (2005). Understanding and modifying the relational schemas underlying insecurity. In M. W. Baldwin (Ed.), *Interpersonal cognition* (pp. 33-61). New York: Guilford Press.

Bar-Anan, Y., Wilson, T. D., & Gilbert, D. T. (2009). The feeling of uncertainty intensifies affective reactions. *Emotion, 9*(1), 123-127.

Bargh, J. A., & Morsella, E. (2008). The unconscious mind. *Perspectives on Psychological Science, 3*(1), 73-79.

Barlow, D. H. (2002). *Anxiety and its disorders: The nature and treatment of anxiety and panic* (2nd ed.). New York: Guilford Press.

Bateman, A., & Fonagy, P. (2004). *Psychotherapy for borderline personality disorder: Mentalization-based treatment*. Oxford, UK: Oxford University Press.

Bateman, A., & Fonagy, P. (2006). *Mentalization-based treatment for borderline personality disorder: A practical guide*. Oxford, U: Oxford University Press.

Beck, A. T., Emery, G., & Greenberg, R. L. (1985). *Anxiety disorders and phobias: A cognitive perspective*. New York: Basic Books.

Beck, A. T., Freeman, A., & Davis, D. D. (2004). *Cognitive therapy of personality disorders* (2nd ed.). New York: Guilford Press.

Beck, A. T., Rush, A. J., Shaw, B. F., & Emery, G. (1979). *Cognitive therapy of depression*. New York: Guilford Press.

Beck, A. T., & Steer, R. A. (1993). *Beck Anxiety Inventory manual*. San Antonio, TX: Psychological Corporation.

Beck, A. T., Steer, R. A., & Brown, G. K. (1996). *Manual for the Beck Depression Inventory-II*. San Antonio, TX: Psychological Corporation.

Beck, J. S. (2011). *Cognitive therapy: Basics and beyond* (2nd ed.). New York: Guilford Press.

Becker, G. S. (1976). *The economic approach to human behavior*. Chicago: University of Chicago Press.

Becker, G. S. (1991). *A treatise on the family*. Cambridge, MA: Harvard University Press.

Bishay, N. R., Tarrier, N., Dolan, M., Beckett, R., & Harwood, S. (1996). Morbid jealousy: A cognitive outlook. *Journal of Cognitive Psychotherapy, 10*, 9-22.

Blackledge, J. T., & Hayes, S. C. (2001). Emotion regulation in acceptance and commitment therapy. *Journal of Clinical Psychology, 57*(2), 243-255.

Blanchard, D. C., & Blanchard, R. J. (1990). Behavioral correlates of chronic dominance-subordination relationships of male rats in a seminatural situation. *Neuroscience and Biobehavioral Reviews, 14*, 455-462.

Boehm, C. (2001). *Hierarchy in the forest: The evolution of egalitarian behavior.* Cambridge, MA: Harvard University Press.

Bonanno, G. A., & Burton, C. L. (2013). Regulatory flexibility: An individual differences perspective on coping and emotion regulation. *Perspectives on Psychological Science, 8*(6), 591-612.

Bonanno, G. A., & Gupta, S. (2009). Resilience after disaster. In Y. Neria, S. Galea, & F. Norris (Eds.), *Mental health consequences of disasters* (pp. 145-160). New York: Cambridge University Press.

Bond, F. W., Hayes, S. C., Baer, R. A., Carpenter, K. C., Guenole, N., Orcutt, H. K., et al. (2011). Preliminary psychometric properties of the Acceptance and Action Questionnaire-II: A revised measure of psychological flexibility and acceptance. *Behavior Therapy, 42*, 676-688.

Borkovec, T. D. (1994). The nature, functions, and origins of worry. In G. C. L. Davey & F. Tallis (Eds.), *Worrying: Perspectives on theory, assessment, and treatment* (pp. 5-33). Chichester, UK: Wiley.

Borkovec, T. D., Alcaine, O. M., & Behar, E. (2004). Avoidance theory of worry and generalized anxiety disorder. In R. G. Heimberg, C. L. Turk, & D. S. Mennin (Eds.), *Generalized anxiety disorder: Advances in research and practice* (pp. 77-108). New York: Guilford Press.

Borkovec, T. D., Lyonfields, J. D., Wiser, S. L., & Deihl, L. (1993). The role of worrisome thinking in the suppression of cardiovascular response to phobic imagery. *Behaviour Research and Therapy, 31*, 321-324.

Borkovec, T. D., Newman, M. G., & Castonguay, L. G. (2003). Cognitive-behavioral therapy for generalized anxiety disorder with integrations from interpersonal and experiential therapies. *CNS Spectrums, 8*(5), 382-389.

Borkovec, T. D., Ray, W. J., & Stoeber, J. (1998). Worry: A cognitive phenomenon intimately linked to affective, physiological, and interpersonal behavioral processes. *Cognitive Therapy and Research, 22*, 561-576.

Bowlby, J. (1969). *Attachment and loss: Vol. 1. Attachment.* London: Hogarth Press.

Bowlby, J. (1973). *Attachment and loss: Vol. 2. Separation.* London: Hogarth Press.

Bowlby, J. (1980). *Attachment and loss: Vol. 3. Sadness and depression.* London: Hogarth Press.

Brickman, P., & Campbell, D. T. (1971). Hedonic relativism and planning the good society. In M. H. Apley (Ed.), *Adaptation-level theory: A symposium* (pp.

287-302). New York: Academic Press.

Brigham, N. L., Kelso, K. A., Jackson, M. A., & Smith, R. H. (1997). The roles of invidious comparisons and deservingness in sympathy and *Schadenfreude*. *Basic and Applied Social Psychology, 19*, 363-380.

Brown, L. (Ed.). (2009). *Aristotle: The Nicomachean ethics* (D. Ross, Trans.). New York: Oxford University Press.

Buss, D. M. (1989). Conflict between the sexes: Strategic interference and the evocation of anger and upset. *Journal of Personality and Social Psychology, 56*, 735-747.

Buss, D. M. (2000). *Dangerous passion: Why jealousy is as necessary as love and sex*. New York: Free Press.

Buss, D. M., Larsen, R., Westen, D., & Semmelroth, J. (1992). Sex differences in jealousy: Evolution, physiology, and psychology. *Psychological Science, 3*, 251-255.

Buss, D. M., & Schmitt, D. P. (1993). Sexual strategies theory: An evolutionary perspective on human mating. *Psychological Review, 100*(2), 204-232.

Butler, R. (1963). The life review: An interpretation of reminiscence in the aged. *Psychiatry, 26*, 65-76.

Buunk, B. (1981). Jealousy in sexually open marriages. *Alternative Lifestyles, 4*, 357-372.

Carnap, R. (1967). *The logical structure of the world*. Berkeley: University of California Press.

Cassidy, J. (1995). Attachment and generalized anxiety disorder. In D. Cicchetti & S. L. Toth (Eds.), *Rochester Symposium on Developmental Psychopathology: Vol. 6. Emotion, cognition, and representation* (pp. 343-370). Rochester, NY: University of Rochester Press.

Castella, K. D., Goldin, P., Jazaieri, H., Ziv, M., Dweck, C. S., & Gross, J. J. (2013). Beliefs about emotion: Links to emotion regulation, well-being, and psychological distress. *Basic and Applied Social Psychology, 35*(6), 497-505.

Chesterfield, P. D. S. (2008). *Lord Chesterfield's letters*. Oxford, UK: Oxford University Press. (Original work published 1776)

Chiu, C.-Y., Hong, Y.-Y., & Dweck, C. S. (1997). Lay dispositionism and implicit theories of personality. *Journal of Personality and Social Psychology, 73*(1), 19-30.

Clark, D. A., & Beck, A. T. (2010). *Cognitive therapy of anxiety disorders: Science and practice*. New York: Guilford Press.

Clark, D. M. (1996). Panic disorder: From theory to therapy. In P. M. Salkovskis

(Ed.), *Frontiers of cognitive therapy* (pp. 318-344). New York: Guilford Press.

Clark, D. M. (1999). Anxiety disorders: Why they persist and how to treat them. *Behaviour Research and Therapy, 37*, S5-S27.

Clark, D. M., Salkovskis, P. M., & Chalkley, A. (1985). Respiratory control as a treatment for panic attacks. *Journal of Behavior Therapy and Experimental Psychiatry, 16*(1), 23-30.

Clark, D. M., Salkovskis, P. M., Hackmann, A., Wells, A., Ludgate, J., & Gelder, M. (1999). Brief cognitive therapy for panic disorder: A randomized controlled trial. *Journal of Consulting and Clinical Psychology, 67*(4), 583-589.

Cosmides, L., & Tooby, J. (2002). Unraveling the enigma of human intelligence: Evolutionary psychology and the multimodular mind. In R. J. Sternberg & J. C. Kaufman (Eds.), *The evolution of intelligence* (pp. 145-198). Mahwah, NJ: Erlbaum.

Crusius, J., & Mussweiler, T. (2012). When people want what others have: The impulsive side of envious desire. *Emotion, 12*(1), 142-153.

Daly, M., & Wilson, M. (1988). *Homicide*. New York: Aldine de Gruyter.

Darwin, C. (1965). *The expression of the emotions in man and animals*. Chicago: University of Chicago Press. (Original work published 1872)

Davidson, R. J., & McEwen, B. S. (2012). Social influences on neuroplasticity: Stress and interventions to promote well-being. *Nature Neuroscience, 15*(5), 689-695.

De Botton, A. (2004). *Status anxiety*. New York: Vintage.

de Unamuno, M. (1954). *Tragic sense of life* (J. E. Crawford Fitch, Trans.). Mineola, NY: Dover. (Original work published 1921)

De Wolff, M. S., & van IJzendoorn, M. H. (1997). Sensitivity and attachment: A meta-analysis on parental antecedents of infant attachment. *Child Development, 68*(4), 571-591.

Deutsch, H. (1944-1945). *The psychology of women: A psychoanalytic in terpretation* (Vols. 1-2). New York: Grune & Stratton.

Dolan, M., & Bishay, N. (1996). The effectiveness of cognitive therapy in the treatment of non-psychotic morbid jealousy. *British Journal of Psychiatry, 168*(5), 588-593.

Dollard, J., & Miller, N. E. (1950). *Personality and psychotherapy: An analysis interms of learning, thinking, and culture*. New York: McGraw-Hill.

Donnellan, M. B., Burt, S. A., Levendosky, A. A., & Klump, K. L. (2008). Genes, personality, and attachment in adults: A multivariate behavioral genetic analysis. *Personality and Social Psychology Bulletin, 34*(1), 3-16.

Dugas, M. J., Buhr, K., & Ladouceur, R. (2004). The role of intolerance of uncertainty in the etiology and maintenance of generalized anxiety disorder. In R. G. Heimberg, C. L. Turk, & D. S. Mennin (Eds.), *Generalized anxiety disorder: Advances in research and practice* (pp. 143-163). New York: Guilford Press.

Dugas, M. J., Freeston, M. H., & Ladouceur, R. (1997). Intolerance of uncertainty and problem orientation in worry. *Cognitive Therapy and Research, 21*(6), 593-606.

Dugas, M. J., Gosselin, P., & Ladouceur, R. (2001). Intolerance of uncertainty and worry: Investigating specificity in a nonclinical sample. *Cognitive Therapy and Research, 25*, 13-22.

Dunbar, R. I. M. (1998). *Grooming, gossip, and the evolution of language*. Cambridge, MA: Harvard University Press.

Dunbar, R. I. M. (2012). *The science of love and betrayal*. London: Faber & Faber.

Dunsmore, J. C., & Halberstadt, A. G. (1997). How does family emotional expressiveness affect children's schemas? In K. C. Barrett (Ed.), *New directions for child development: No. 77. The communication of emotion: Current research from diverse perspectives* (pp. 45-68). San Francisco: Jossey-Bass.

Dutton, D. G., van Ginkel, C., & Landolt, M. A. (1996). Jealousy, intimate abusiveness, and intrusiveness. *Journal of Family Violence, 11*(4), 411-423.

Dweck, C. S. (2000). *Self-theories: Their role in motivation, personality and development*. Philadelphia: Psychology Press.

Dweck, C. S. (2006). *Mindset: The new psychology of success*. New York: Random House.

Eibl-Eibesfeldt, I. (1972). *Love and hate: The natural history of behavior patterns*. New York: Holt.

Eisenberg, N., Cumberland, A., & Spinrad, T. L. (1998). Parental socialization of emotion. *Psychological Inquiry, 9*(4), 241-273.

Eisenberg, N., & Fabes, R. A. (1994). Mothers' reactions to children's negative emotions: Relations to children's temperament and anger behavior. *Merrill-Palmer Quarterly, 40*(1), 138-156.

Eisenberg, N., & Spinrad, T. L. (2004). Emotion-related regulation: Sharpening the definition. *Child Development, 75*(2), 334-339.

Elias, N. (2000). *The civilizing process: Sociogenetic and psychogenetic investigations* (rev. ed.). Oxford: Blackwell. (Original work published 1939)

Elicker, J., Englund, M., & Sroufe, L. A. (1992). Predicting peer competence and peer relationships in childhood from early parent-child relationships. In R.

Parke & G. Ladd (Eds.), *Family-peer relationships: Modes of linkage* (pp. 77-106). Hillsdale, NJ: Erlbaum.

Ellis, A. (1994). *Reason and emotion in psychotherapy* (2nd ed.). Secaucus, NJ: Carol.

Ellis, A. (1996). The treatment of morbid jealousy: A rational emotive behavior therapy approach. *Journal of Cognitive Psychotherapy, 10*(1), 23-33.

Ellis, A., & Harper, R. A. (1975). *A new guide to rational living*. Englewood Cliffs, NJ: Prentice-Hall.

Emmons, R. A., & Mishra, A. (2011). Why gratitude enhances well-being: What we know, what we need to know. In K. Sheldon, T. B. Kashdan, & M. F. Steger (Eds.), *Designing positive psychology: Taking stock and moving forward* (pp. 248-262). New York: Oxford University Press.

Englund, M. M., Kuo, S. I., Puig, J., & Collins, W. A. (2012). Early roots of adult competence: The significance of close relationships from infancy to early adulthood. *International Journal of Behavioral Development, 35*, 490-496.

Epstein, S., & O'Brien, E. J. (1985). The person-situation debate in historical and current perspective. *Psychological Bulletin, 98*(3), 513-537.

Erickson, T. M., & Newman, M. G. (2007). Interpersonal and emotional processes in generalized anxiety disorder analogues during social interaction tasks. *Behavior Therapy, 38*(4), 364-377.

Ermer, E., Guerin, S. A., Cosmides, L., Tooby, J., & Miller, M. B. (2006). Theory of mind broad and narrow: Reasoning about social exchange engages ToM areas, precautionary reasoning does not. *Social Neuroscience, 1*(3-4), 196-219.

Euripides. (1920). *The Bacchae of Euripides*. New York: Longmans, Green.

Feeney, B. C., & Thrush, R. L. (2010). Relationship influences on exploration in adulthood: The characteristics and function of a secure base. *Journal of Personality and Social Psychology, 98*(1), 57-76.

Festinger, L. (1957). *A theory of cognitive dissonance*. Palo Alto, CA: Stanford University Press.

Field, T., Sandberg, D., Garcia, R., Vega-Lahr, N., Goldstein, S., & Guy, L. (1985). Pregnancy problems, postpartum depression, and early motherinfant interactions. *Developmental Psychology, 21*(6), 1152-1156.

Finucane, M., Alhakami, A., Slovic, P., & Johnson, S. (2000). The affect heuristic in judgments of risks and benefits. *Journal of Behavioral Decision Making, 13*, 1-13.

Fiske, S. T. (2010). Envy up, scorn down: How comparison divides us. *American Psychologist, 65*(8), 698-706.

Fleeson, W., & Noftle, E. E. (2009). The end of the person-situation debate: An emerging synthesis in the answer to the consistency question. *Social and Personality Psychology Compass, 2*(4), 1667-1684.

Foa, E. B., & Kozak, M. J. (1986). Emotional processing of fear: Exposure to corrective information. *Psychological Bulletin, 99*, 20-35.

Fonagy, P. (1989). On tolerating mental states: Theory of mind in borderline patients. *Bulletin of the Anna Freud Centre, 12*, 91-115.

Fonagy, P. (2002). *Affect regulation, mentalization, and the development of the self.* New York: Other Press.

Fonagy, P., & Target, M. (2006). The mentalization-focused approach to self pathology. *Journal of Personality Disorders, 20*(6), 544-576.

Forgas, J. P. (1995). Mood and judgment: The affect infusion model (AIM). *Psychological Bulletin, 117*(1), 39-66.

Fraley, R. C., Waller, N. G., & Brennan, K. A. (2000). An item-response theory analysis of self-report measures of adult attachment. *Journal of Personality and Social Psychology, 78*, 350-365.

Frankl, V. E. (1959). The spiritual dimension in existential analysis and logotherapy. *Journal of Individual Psychology, 15*, 157-165.

Frankl, V. E. (1963). *Man's search for meaning: An introduction to logotherapy.* Boston: Beacon Press.

Franklin, B. (1914). *Poor Richard's almanac.* Waterloo, IA: U.S.C. Publishing. (Original work published 1759)

Frederick, S., Loewenstein, G., & O'Donoghue, T. (2002). Time discounting and time preference: A critical review. *Journal of Economic Literature, 40*, 351-401.

Fredrickson, B. L. (1998). What good are positive emotions? *Review of General Psychology, 2*, 300-319.

Fredrickson, B. L. (2004). Gratitude (like other positive emotions) broadens and builds. In R. A. Emmons & M. E. McCullough (Eds.), *The psychology of gratitude* (pp. 145-166). New York: Oxford University Press.

Fredrickson, B. L. (2013). Positive emotions broaden and build. In P. G. Devine & E. A. Plant (Eds.), *Advances in experimental social psychology* (Vol. 47, pp. 1-53). Burlington, MA: Academic Press.

Fredrickson, B. L., Cohn, M. A., Coffey, K. A., Pek, J., & Finkel, S. M. (2008). Open hearts build lives: Positive emotions, induced through loving-kindness meditation, build consequential personal resources. *Journal of Personality and Social Psychology, 95*, 1045-1062.

Froh, J. J., Emmons, R. A., Card, N. A., Bono, G., & Wilson, J. A. (2011). Gratitude and the reduced costs of materialism in adolescents. *Journal of Happiness Studies, 12*(2), 289-302.

Fromm, E. (1976). *To have or to be?* New York: Harper & Row.

Funder, D. C., & Colvin, C. R. (1991). Explorations in behavioral consistency: Properties of persons, situations, and behaviors. *Journal of Personality and Social Psychology, 60*, 773-794.

Gay, P. (2013). *The Enlightenment: The science of freedom* (Vol. 2. Enlightenment: An interpretation). New York: Norton.

Gigerenzer, G., & Selten, R. (2001). *Bounded rationality: The adaptive toolbox*. Cambridge, MA: MIT Press.

Gilbert, D. T., Driver-Linn, E., & Wilson, T. D. (2002). The trouble with Vronsky: Impact bias in the forecasting of future affective states. In L. F. Barrett & P. Salovey (Eds.), *The wisdom in feeling: Psychological processes in emotional intelligence* (pp. 114-143). New York: Guilford Press.

Gilbert, D. T., Pinel, E. C., Wilson, T. D., Blumberg, S. J., & Wheatley, T. P. (1998). Immune neglect: A source of durability bias in affective forecasting. *Journal of Personality and Social Psychology, 75*(3), 617-638.

Gilbert, P. (1989). *Human nature and suffering*. Hove, UK: Erlbaum.

Gilbert, P. (1990). Changes: Rank, status and mood. In S. Fischer & C. L. Cooper (Eds.), *On the move: The psychology of change and transition* (pp. 33-52). New York: Wiley.

Gilbert, P. (1992). *Counselling for depression*. London: Sage.

Gilbert, P. (1992). *Depression: The evolution of powerlessness*. Hove, UK: Erlbaum.

Gilbert, P. (2000a). Social mentalities: Internal "social" conflict and the role of inner warmth and compassion in cognitive therapy. In P. Gilbert & K. G. Kent (Eds.), *Genes on the couch: Explorations in evolutionary psychotherapy* (pp. 118-150). Hove, UK: Brunner-Routledge.

Gilbert, P. (2000b). Varieties of submissive behavior as forms of social defense: Their evolution and role in depression. In L. Sloman & P. Gilbert (Eds.), *Subordination and defeat: An evolutionary approach to mood disorders and their therapy* (pp. 3-46). Mahwah, NJ: Erlbaum.

Gilbert, P. (2003). Evolution, social roles and the differences in shame and guilt. *Social Research, 70*, 401-426.

Gilbert, P. (Ed.). (2005). *Compassion: Conceptualisations, research and use in psychotherapy*. Hove, UK: Routledge.

Gilbert, P. (2007). Evolved minds and compassion in the therapeutic relationship. In P. Gilbert & R. L. Leahy (Eds.), *The therapeutic relationship in the cognitive behavioural psychotherapies* (pp. 106-142). Hove, UK: Routledge.

Gilbert, P. (2009). *The compassionate mind*. London: Constable.

Gilbert, P., & Allen, S. (1998). The role of defeat and entrapment (arrested flight) in depression: An exploration of an evolutionary view. *Psychological Medicine, 28*, 585-598.

Gilbert, P., & Irons, C. (2005). Focused therapies and compassionate mind training for shame and self-attacking. In P. Gilbert (Ed.), *Compassion: Conceptualisations, research and use in psychotherapy* (pp. 263-326). Hove, UK: Routledge.

Gottman, J. M., Katz, L. F., & Hooven, C. (1996). Parental meta-emotion philosophy and the emotional life of families: Theoretical models and preliminary data. *Journal of Family Psychology, 10*(3), 243-268.

Gottman, J. M., Katz, L. F., & Hooven, C. (1997). *Meta-emotion: How families communicate emotionally*. Mahwah, NJ: Erlbaum.

Gottman, J. M., & Krokoff, L. J. (1989). Marital interaction and satisfaction: A longitudinal view. *Journal of Consulting and Clinical Psychology, 57*(1), 47-52.

Greenberg, L. S. (2001). *Toward an integrated affective, behavioral, cognitive psychotherapy for the new millennium*. Paper presented at the meeting of the Society for the Exploration of Psychotherapy Integration, Washington, DC.

Greenberg, L. S. (2002). *Emotion-focused therapy: Coaching clients to work through their feelings*. Washington, DC: American Psychological Association. Greenberg,

L. S. (2007). Emotion in the therapeutic relationship in emotion-focused therapy. In P. L. Gilbert & R. L. Leahy (Eds.), *The therapeutic relationship in the cognitive behavioural psychotherapies* (pp. 43-62). Hove, UK: Routledge.

Greenberg, L. S., & Paivio, S. C. (1997). *Working with emotions in psychotherapy*. New York: Guilford Press.

Greenberg, L. S., & Safran, J. D. (1987). *Emotion in psychotherapy: Affect, cognition, and the process of change*. New York: Guilford Press.

Greenberg, L. S., & Safran, J. D. (1989). Emotion in psychotherapy. *American Psychologist, 44*(1), 19-29.

Greenberg, L. S., & Safran, J. D. (1990). Emotional-change processes in psychotherapy. In R. Plutchik & H. Kellerman (Eds.), *Emotion: Theory, research, and experience: Vol. 5. Emotion, psychopathology, and psychotherapy* (pp. 59-85). San Diego, CA: Academic Press.

Greenberg, L. S., & Watson, J. C. (2005). *Emotion-focused therapy for depression*. Washington, DC: American Psychological Association.

Gross, J. J. (1998). Antecedent- and response-focused emotion regulation: Divergent consequences for experience, expression, and physiology. *Journal of Personality and Social Psychology, 74*(1), 224-237.

Gross, J. J. (2002). Emotion regulation: Affective, cognitive, and social consequences. *Psychophysiology, 39*(3), 281-291.

Gross, J. J., & John, O. P. (1997). Revealing feelings: Facets of emotional expressivity in self-reports, peer ratings, and behavior. *Journal of Personality and Social Psychology, 72*(2), 435-448.

Gross, J. J., & John, O. P. (2003). Individual differences in two emotion regulation processes: Implications for affect, relationships, and well-being. *Journal of Personality and Social Psychology, 85*, 348-362.

Grossman, M., Chaloupka, F. J., & Sirtalan, I. (1998). An empirical analysis of alcohol addiction: Results from the Monitoring the Future panels. *Economic Inquiry, 36*(1), 39-48.

Guerrero, L. K., & Afifi, W. A. (1999). Toward a goal-oriented approach for understanding communicative responses to jealousy. *Western Journal of Communication, 63*(2), 216-249.

Hackmann, A. (2005). Compassionate imagery in the treatment of early memories in Axis I anxiety disorders. In P. Gilbert (Ed.), *Compassion: Conceptualisations, research and use in psychotherapy* (pp. 352-368). Hove, UK: Routledge.

Halberstadt, A. G., Dunsmore, J. C., Bryant, A., Jr., Parker, A. E., Beale, K. S., & Thompson, J. A. (2013). Development and validation of the Parents' Beliefs About Children's Emotions questionnaire. *Psychological Assessment, 25*(4), 1195-1210.

Hanish, L. D., Eisenberg, N., Fabes, R. A., Spinrad, T. L., Ryan, P., & Schmidt, S. (2004). The expression and regulation of negative emotions: Risk factors for young children's peer victimization. *Development and Psychopathology, 16*(2), 335-353.

Hansen, G. L. (1982). Reactions to hypothetical, jealousy producing events. *Family Relations, 31*, 513-518.

Hassin, R. R., Uleman, J. S., & Bargh, J. A. (2005). *The new unconscious*. New York: Oxford University Press.

Hawkley, L. C., & Cacioppo, J. T. (2010). Loneliness matters: A theoretical and empirical review of consequences and mechanisms. *Annals of Behavioral Medicine, 40*(2), 218-227.

Hayes, S. C. (2002). Acceptance, mindfulness, and science. *Clinical Psychology: Science and Practice, 9*(1), 101-106.

Hayes, S. C. (2004). Acceptance and commitment therapy, relational frame theory, and the third wave of behavioral and cognitive therapies. *Behavior Therapy, 35*, 639-665.

Hayes, S. C., Jacobson, N. S., & Follette, V. M. (Eds.). (1994). *Acceptance and change: Content and context in psychotherapy*. Reno, NV: Context Press.

Hayes, S. C., Levin, M., Plumb-Vilardaga, J., Villatte, J., & Pistorello, J. (2013). Acceptance and commitment therapy and contextual behavioral science: Examining the progress of a distinctive model of behavioral and cognitive therapy. *Behavior Therapy, 44*(2), 180-198.

Hayes, S. C., Luoma, J. B., Bond, F. W., Masuda, A., & Lillis, J. (2006). Acceptance and commitment therapy: Model, processes and outcomes. *Behaviour Research and Therapy, 44*(1), 1-25.

Hayes, S. C., Strosahl, K. D., & Wilson, K. G. (2003). *Acceptance and commitment therapy: An experiential approach to behavior change*. New York: Guilford Press.

Hayes, S. C., Strosahl, K. D., & Wilson, K. G. (2012). *Acceptance and commitment therapy: The process and practice of mindful change* (2nd ed.). New York: Guilford Press.

Hayes, S. C., Strosahl, K. D., Wilson, K. G., Bissett, R. T., Pistorello, J., Toarmino, D., et al. (2004). Measuring experiential avoidance: A preliminary test of a working model. *Psychological Record, 54*, 553-578.

Hayes, S. C., Wilson, K. G., Gifford, E. V., Follette, V. M., & Strosahl, K. (1996). Experiential avoidance and behavioral disorders: A functional approach to diagnosis and treatment. *Journal of Consulting and Clinical Psychology, 64*, 1152-1168.

Hazan, C., & Shaver, P. (1987). Romantic love conceptualized as an attachment process. *Journal of Personality and Social Psychology, 52*(3), 511-524.

Heidegger, M. (1962). *Being and time*. New York: Harper & Row.

Heider, F. (1958). *The psychology of interpersonal relations*. New York: Wiley.

Heimberg, R. G., Turk, C. L., & Mennin, D. S. (Eds.). (2004). *Generalized anxiety disorder: Advances in research and practice*. New York: Guilford Press.

Hernandez-Reif, M., Field, T., Ironson, G., Beutler, J., Vera, Y., Hurley, J., et al. (2005). Natural killer cells and lymphocytes increase in women with breast cancer following massage therapy. *International Journal of Neuroscience, 115*(4), 495-510.

Hernandez-Reif, M., Field, T., Largie, S., Diego, M., Manigat, N., Seoanes, J., et al. (2005). Cerebral palsy symptoms in children decreased following massage therapy. *Early Child Development and Care, 175*(5), 445-456.

Hertenstein, M. J., Keltner, D., App, B., Bulleit, B. A., & Jaskolka, A. R. (2006). Touch communicates distinct emotions. *Emotion, 6*(3), 528-533.

Hill, S. E., & Buss, D. M. (2006). Envy and positional bias in the evolutionary psychology of management. *Managerial and Decision Economics, 27*, 131-143.

Hill, S. E., & Buss, D. M. (2008). The evolutionary psychology of envy. In R. H. Smith (Ed.), *Envy: Theory and research* (pp. 60-70). New York: Oxford University Press.

Hill, S. E., DelPriore, D. J., & Vaughan, P. W. (2011). The cognitive consequences of envy: Attention, memory, and self-regulatory depletion. *Journal of Personality and Social Psychology, 101*(4), 653-666.

Hofmann, S. G., Alpers, G. W., & Pauli, P. (2009). Phenomenology of panic and phobic disorders. In M. M. Antony & M. Stein (Eds.), *Oxford handbook of anxiety and related disorders* (pp. 34-46). New York: Oxford University Press.

Ingram, R. E., Atchley, R. A., & Segal, Z. V. (2011). *Vulnerability to depression: From cognitive neuroscience to prevention and treatment*. New York: Guilford Press.

Inwood, B. (Ed.). (2003). *The Cambridge companion to the Stoics*. Cambridge, UK: Cambridge University Press.

Ironson, G., Field, T., Scafidi, F., Hashimoto, M., Kumar, M., Kumar, A., et al. (1996). Massage therapy is associated with enhancement of the immune system's cytotoxic capacity. *International Journal of Neuroscience, 84*(1-4), 205-217.

Job, V., Dweck, C. S., & Walton, G. M. (2010). Ego depletion—is it all in your head?: Implicit theories about willpower affect self-regulation. *Psychological Science, 21*(11), 1686-1693.

Johnson, S. L., Leedom, L. J., & Muhtadie, L. (2012). The dominance behavioral system and psychopathology: Evidence from self-report, observational, and biological studies. *Psychological Bulletin, 138*(4), 692-743.

Joiner, T. E., Jr., Brown, J. S., & Kistner, J. (Eds.). (2006). *The interpersonal, cognitive, and social nature of depression*. Mahwah, NJ: Erlbaum.

Joiner, T. E., Jr., Van Orden, K. A., Witte, T. K., & Rudd, M. D. (2009). *The interpersonal theory of suicide: Guidance for working with suicidal clients*. Washington, DC: American Psychological Association.

Jones, E., & Davis, K. E. (1965). From acts to dispositions: The attribution process in person perception. In L. Berkowitz (Ed.), *Advances in experimental social psychology* (Vol. 2, pp. 219-266). New York: Academic Press.

Kahneman, D., Krueger, A. B., Schkade, D., Schwarz, N., & Stone, A. A. (2006).

Would you be happier if you were richer?: A focusing illusion. *Science, 312*, 1908-1910.

Kahneman, D., & Tversky, A. (1984). Choices, values, and frames. *American Psychologist, 39*(4), 341-350.

Kar, H. L., & O'Leary, K. D. (2013). Patterns of psychological aggression, dominance, and jealousy within marriage. *Journal of Family Violence, 28*, 109-119.

Katz, L. F., Gottman, J. M., & Hooven, C. (1996). Meta-emotion philosophy and family functioning: Reply to Cowan (1996) and Eisenberg (1996). *Journal of Family Psychology, 10*(3), 284-291.

Katzow, A. W., & Safran, J. D. (2007). Recognizing and resolving ruptures in the therapeutic alliance. In P. Gilbert & R. L. Leahy (Eds.), *The therapeutic relationship in the cognitive-behavioural psychotherapies* (pp. 90-105). Hove, UK: Routledge.

Kelley, H. H. (1973). The processes of causal attribution. *American Psychologist, 28*(2), 107-128.

Kelly, G. A. (1955). *The psychology of personal constructs*. New York: Norton.

Kermer, D. A., Driver-Linn, E., Wilson, T. D., & Gilbert, D. T. (2006). Loss aversion is an affective forecasting error. *Psychological Science, 17*(8), 649-653.

Kerns, K. A. (1994). A longitudinal examination of links between mother-child attachment and children's friendships in early childhood. *Journal of Social and Personal Relationships, 11*, 379-381.

Kessen, W. (1965). *The child*. New York: Wiley.

Kierkegaard, S. (1941). *The sickness unto death*. Princeton, NJ: Princeton University Press.

Kierkegaard, S. (1992). *Either/or: A fragment of life* (A. Hannay, Trans.). New York: Penguin. (Original work published 1843)

Klerman, G., Weissman, M. M., Rounsaville, B. J., & Chevron, E. (1984). *Interpersonal psychotherapy of depression*. New York: Basic Books.

Knobloch, L. K., Solomon, D. H., & Cruz, M. G. (2001). The role of relationship development and attachment in the experience of romantic jealousy. *Personal Relationships, 8*, 205-224.

Kohut, H. (1977). *The restoration of the self*. New York: International Universities Press.

Kohut, H. (2009). *The analysis of the self: A systematic approach to the psychoanalytic treatment of narcissistic personality disorders*. Chicago: University of Chicago Press. (Original work published 1971)

Kuyken, W., Padesky, C. A., & Dudley, R. (2009). *Collaborative case conceptu-*

alization: Working effectively with clients in cognitive-behavioral therapy. New York: Guilford Press.

Labott, S. M., & Teleha, M. K. (1996). Weeping propensity and the effects of laboratory expression or inhibition. *Motivation and Emotion, 20*, 273-284.

Ladouceur, R., Gosselin, P., & Dugas, M. J. (2000). Experimental manipulation of intolerance of uncertainty: A study of a theoretical model of worry. *Behaviour Research and Therapy, 38*(9), 933-941.

Lasch, C. (1977). *Haven in a heartless world*. New York: Basic Books.

Lazarus, R. S. (1999). *Stress and emotion: A new synthesis*. New York: Springer.

Lazarus, R. S., & Folkman, S. (1984). *Stress, appraisal, and coping*. New York: Springer.

Leahy, R. L. (2001). *Overcoming resistance in cognitive therapy*. New York: Guilford Press.

Leahy, R. L. (2002). A model of emotional schemas. *Cognitive and Behavioral Practice, 9*(3), 177-190.

Leahy, R. L. (2003a). Cognitive therapy techniques: A practitioner's guide. New York: Guilford Press.

Leahy, R. L. (2003b). Emotional schemas and resistance. In R. L. Leahy (Ed.), *Roadblocks in cognitive-behavioral therapy: Transforming challenges into opportunities for change* (pp. 91-115). New York: Guilford Press.

Leahy, R. L. (2005a, November). *Integrating the meta-cognitive and meta-emotional models of worry*. Paper presented at the Association for the Advancement of Cognitive and Behavioral Therapy, Washington, DC.

Leahy, R. L. (2005b, September). *Overcoming resistance in cognitive therapy*. Paper presented at the meeting of the European Association for Behavioral and Cognitive Therapy, Thessaloniki, Greece.

Leahy, R. L. (2005c). A social cognitive model of validation. In P. Gilbert (Ed.), *Compassion: Conceptualisations, research and use in psychotherapy* (pp. 195-217). Hove, UK: Routledge.

Leahy, R. L. (2005d). *The worry cure: Seven steps to stop worry from stopping you*. New York: Harmony/Random House.

Leahy, R. L. (2007a). Emotional schemas and resistance to change in anxiety disorders. *Cognitive and Behavioral Practice, 14*(1), 36-45.

Leahy, R. L. (2007b). Schematic mismatch in the therapeutic relationship: A social-cognitive model. In P. Gilbert & R. L. Leahy (Eds.), *The therapeutic relationship in the cognitive behavioural psychotherapies* (pp. 229-254). Hove, UK: Routledge.

Leahy, R. L. (2009a). *Anxiety free: Unravel your fears before they unravel you*. Carlsbad, CA: Hay House.

Leahy, R. L. (2009b). Resistance: An emotional schema therapy (EST) approach. In G. Simos (Ed.), *Cognitive behaviour therapy: A guide for the practising clinician* (Vol. 2, pp. 187-204). Hove, UK: Routledge.

Leahy, R. L. (2010b). *Beat the blues before they beat you: How to overcome depression*. Carlsbad, CA: Hay House.

Leahy, R. L. (2010a, October). *Keynote: Emotional schemas and cognitive therapy*. Paper presented at the meeting of the European Association for Behavioral and Cognitive Therapies, Milan, Italy.

Leahy, R. L. (2010b). *Relationship Emotional Schema Scale (RESS)*. Unpublished manuscript, American Institute for Cognitive Therapy, New York.

Leahy, R. L. (2011a, June). *Keynote: Emotional intelligence and cognitive therapy: A bridge over troubled waters*. Paper presented at the International Congress of Cognitive Psychotherapy, Istanbul, Turkey.

Leahy, R. L. (2011b). *Keynote: Emotional schemas and implicit theory of emotion: Overcoming fear of feeling*. Paper presented at the International Conference of Metacognitive Therapy, Manchester, UK.

Leahy, R. L. (2012a). *Emotional schemas as predictors of relationship dissatisfaction*. Unpublished manuscript, American Institute for Cognitive Therapy, New York.

Leahy, R. L. (2012b). *Leahy Emotional Schema Scale II (LESS II)*. Unpublished manuscript, American Institute for Cognitive Therapy, New York.

Leahy, R. L. (2013). *Keeping your head after losing your job: How to cope with unemployment*. London: Piatkus.

Leahy, R. L. (in press). Emotional schema therapy. In J. Livesley, G. Dimmagio, & J. Clarkin (Eds.), *Integrated treatment for personality disorders*. New York: Guilford Press.

Leahy, R. L., Beck, A. T., & Beck, J. S. (2005). Cognitive therapy of personality disorders. In S. Strack (Ed.), *Handbook of personology and psychopathology: Essays in honor of Theodore Millon* (pp. 442-461). New York: Wiley.

Leahy, R. L., Holland, S. J. F., & McGinn, L. K. (2012). *Treatment plans and interventions for depression and anxiety disorders* (2nd ed.). New York: Guilford Press.

Leahy, R. L., & Tirch, D. (2008). Cognitive behavioral therapy for jealousy. *International Journal of Cognitive Therapy, 1*, 18-32.

Leahy, R. L., Tirch, D. D., & Melwani, P. S. (2012). Processes underlying depression: Risk aversion, emotional schemas, and psychological flexibility. *International Journal of Cognitive Therapy, 5*(4), 362-379.

Leahy, R. L., Tirch, D., & Napolitano, L. A. (2011). *Emotion regulation in psychotherapy: A practitioner's guide*. New York: Guilford Press.

LeDoux, J. (2007). The amygdala. *Current Biology, 17*(20), R868-R874.

Linehan, M. M. (1993). *Cognitive-behavioral treatment of borderline personality disorder*. New York: Guilford Press.

Linehan, M. M. (2015). *DBT® skills training manual* (2nd ed.). New York: Guilford Press.

Linehan, M. M., Bohus, M., & Lynch, T. R. (2007). Dialectical behavior therapy for pervasive emotion dysregulation: Theoretical and practical underpinnings. In J. J. Gross (Ed.), *Handbook of emotion regulation* (pp. 581-605). New York: Guilford Press.

Loevinger, J. (1976). *Ego development*. San Francisco: Jossey-Bass.

Love, T. M. (2014). Oxytocin, motivation and the role of dopamine. *Pharmacology, Biochemistry and Behavior, 119*, 49-60.

Lundh, L.-G., Johnsson, A., Sundqvist, K., & Olsson, H. (2002). Alexithymia, memory of emotion, emotional awareness, and perfectionism. *Emotion, 2*(4), 361-379.

Mancini, A. D., Bonanno, G. A., & Clark, A. E. (2011). Stepping off the hedonic treadmill: Individual differences in response to major life events. *Journal of Individual Differences, 32*(3), 144-152.

Marazziti, D., Rucci, P., Nasso, E. D., Masala, I., Baroni, S., Rossi, A., et al. (2003). Jealousy and subthreshold psychopathology: A serotonergic link. *Neuropsychobiology, 47*, 12-16.

Marcus Aurelius. (2002). *Meditations*. New York: Modern Library.

Martell, C. R., Dimidjian, S., & Herman-Dunn, R. (2010). *Behavioral activation for depression: A clinician's guide*. New York: Guilford Press.

Mathes, E. W., & Severa, N. (1981). Jealousy, romantic love, and liking: Theoretical considerations and preliminary scale development. *Psychological Reports, 49*(1), 23-31.

Mayer, J. D., & Salovey, P. (1997). What is emotional intelligence? In P. Salovey & D. J. Sluyter (Eds.), *Emotional development and emotional intelligence: Educational implications* (pp. 3-34). New York: Basic Books.

McClure, S. M., Ericson, K. M., Laibson, D. I., Loewenstein, G., & Cohen, J. D. (2007). Time discounting for primary rewards. *Journal of Neuroscience, 27*(21), 5796-5804.

McFarland, C., & Miller, D. T. (1994). The framing of relative performance feedback: Seeing the glass as half empty or half full. *Journal of Personality and Social Psychology, 66*, 1061-1073.

McGillicuddy-De Lisi, A. V., & Sigel, I. E. (1995). Parental beliefs. In M. H. Bornstein (Ed.), *Handbook of parenting: Vol. 3. Status and social conditions of parenting* (pp. 333-358). Mahwah, NJ: Erlbaum.

McGregor, I. S., & Bowen, M. T. (2012). Breaking the loop: Oxytocin as a potential treatment for drug addiction. *Hormones and Behavior, 61*(3), 331-339.

McGuire, M. T., Raleigh, M. J., & Johnson, C. (1983). Social dominance in adult male vervet monkeys: Behavior-biochemical relationships. *Social Science Information, 22*(2), 311-328.

McIntosh, E. G. (1989). An investigation of romantic jealousy among black undergraduates. *Social Behavior and Personality, 17*(2), 135-141.

Meehl, P. E. (1996). *Clinical versus statistical prediction: A theoretical analysis and a review of the evidence*. Northvale, NJ: Jason Aronson. (Original work published 1954)

Mennin, D. S., Heimberg, R. G., Turk, C. L., & Fresco, D. M. (2002). Applying an emotion regulation framework to integrative approaches to generalized anxiety disorder. *Clinical Psychology: Science and Practice, 9*(1), 85-90.

Mennin, D. S., Heimberg, R. G., Turk, C. L., & Fresco, D. M. (2005). Preliminary evidence for an emotion dysregulation model of generalized anxiety disorder. *Behaviour Research and Therapy, 43*(10), 1281-1310.

Menninger, K. A., & Holzman, P. S. (1973). *Theory of psychoanalytic technique* (2nd ed.). New York: Basic Books.

Michalik, N. M., Eisenberg, N., Spinrad, T. L., Ladd, B., Thompson, M., & Valiente, C. (2007). Longitudinal relations among parental emotional expressivity and sympathy and prosocial behavior in adolescence. *Social Development, 16*(2), 286-309.

Mikulincer, M., Gillath, O., Halevy, V., Avihou, N., Avidan, S., & Eshkoli, N. (2001). Attachment theory and reactions to others' needs: Evidence that activation of the sense of attachment security promotes empathic responses. *Journal of Personality and Social Psychology, 81*(6), 1205-1224.

Millon, T., Millon, C., Davis, R., & Grossman, S. (1994). *Millon Clinical Multiaxial Inventory-III (MCMI-III)*. Minneapolis, MN: Pearson Education.

Morrison, J. (2014). *The first interview* (4th ed.). New York: Guilford Press.

Muran, J. C., & Safran, J. D. (1993). Emotional and interpersonal considerations in cognitive therapy. In K. T. Kuehlwein & H. Rosen (Eds.), *Cognitive therapies in action: Evolving innovative practice* (pp. 185-212). San Francisco: Jossey-Bass.

Muran, J. C., & Safran, J. D. (1998). Negotiating the therapeutic alliance in brief psychotherapy: An introduction. In J. D. Safran & J. C. Muran (Eds.), *The therapeutic alliance in brief psychotherapy* (pp. 3-14). Washington, DC: American Psychological Association.

Needleman, L. D. (1999). *Cognitive case conceptualization: A guidebook for practitioners*. Mahwah, NJ: Erlbaum.

Neff, K. D. (2009). Self-compassion. In M. R. Leary & R. H. Hoyle (Eds.), *Handbook of individual differences in social behavior* (pp. 561-573). New York: Guilford Press.

Neff, K. D. (2012). The science of self-compassion. In C. Germer & R. D. Siegel (Eds.), *Wisdom and compassion in psychotherapy* (pp. 79-92). New York: Guilford Press.

Nesse, R. M. (1994). An evolutionary perspective on substance abuse. *Ethology and Sociobiology, 15*, 339-348.

Nesse, R. M., & Ellsworth, P. C. (2009). Evolution, emotions, and emotional disorders. *American Psychologist, 64*(2), 129-139.

Nietzsche, F. (1956). *The birth of tragedy* and *The genealogy of morals*. Garden City, NY: Doubleday.

Nolen-Hoeksema, S. (1991). Responses to depression and their effects on the duration of depressive episodes. *Journal of Abnormal Psychology, 100*(4), 569-582.

Nolen-Hoeksema, S. (2000). The role of rumination in depressive disorders and mixed anxiety/depressive symptoms. *Journal of Abnormal Psychology, 109*, 504-511.

Nussbaum, M. C. (2001). *Upheavals of thought: The intelligence of emotions*. Cambridge, UK: Cambridge University Press.

Nussbaum, M. C. (2005). *Frontiers of justice: Disability, nationality, species membership*. Cambridge, MA: Belknap Press.

O'Donoghue, T., & Rabin, M. (1999). Doing it now or later. *American Economic Review, 89*(1), 103-124.

O'Leary, K. D., Smith Slep, A. M., & O'Leary, S. G. (2007). Multivariate models of men's and women's partner aggression. *Journal of Consulting and Clinical Psychology, 75*, 752-764.

Olff, M., Frijling, J. L., Kubzansky, L. D., Bradley, B., Ellenbogen, M. A., Cardoso, C., et al. (2013). The role of oxytocin in social bonding, stress regulation and mental health: An update on the moderating effects of context and interindividual differences. *Psychoneuroendocrinology, 38*, 1883-1894.

Paivio, S. C., & McCulloch, C. R. (2004). Alexithymia as a mediator between childhood trauma and self-injurious behaviors. *Child Abuse and Neglect, 28*(3), 339-354.

Panzarella, C., Alloy, L. B., & Whitehouse, W. G. (2006). Expanded hopelessness theory of depression: On the mechanisms by which social support protects against depression. *Cognitive Therapy and Research, 30*(3), 307- 333.

Papageorgiou, C. (2006). Worry and its psychological disorders: Theory, assessment, and treatment. In G. C. L. Davey & A. Wells (Eds.), *Worry and rumination: Styles of persistent negative thinking in anxiety and depression* (pp. 21-40). Hoboken, NJ: Wiley.

Papageorgiou, C., & Wells, A. (2001a). Metacognitive beliefs about rumination in major depression. *Cognitive and Behavioral Practice, 8*, 160-163.

Papageorgiou, C., & Wells, A. (2001b). Positive beliefs about depressive rumination: Development and preliminary validation of a self-report scale. *Behavior Therapy, 32*(1), 13-26.

Papageorgiou, C., & Wells, A. (2004). *Depressive rumination: Nature, theory, and treatment*. Chichester, UK: Wiley.

Papageorgiou, C., & Wells, A. (2009). A prospective test of the clinical metacognitive model of rumination and depression. *International Journal of Cognitive Therapy, 2*, 123-131.

Parker, G., Roussos, J., Hadzi-Pavlovic, D., Mitchell, P., Wilhelm, K., & Austin, M.-P. (1997). The development of a refined measure of dysfunctional parenting and assessment of its relevance in patients with affective disorders. *Psychological Medicine, 27*, 1193-1203.

Parsons, T. (1951). *The social system*. New York: Free Press.

Parsons, T. (1967). *Sociological theory and modern society*. New York: Free Press.

Parsons, T., & Bales, R. F. (1955). *Family, socialization and interaction process*. Glencoe, IL: Free Press.

Pennebaker, J. W., & Chung, C. K. (2011). Expressive writing: Connections to mental and physical health. In H. S. Friedman (Ed.), *The Oxford handbook of health psychology* (pp. 417-437). New York: Oxford University Press.

Persons, J. B. (1993). Case conceptualization in cognitive-behavior therapy. In K. T. Kuehlwein & H. Rosen (Eds.), *Cognitive therapies in action: Evolving innovative practice* (pp. 33-53). San Francisco: Jossey-Bass.

Pinker, S. (2002). *The blank slate: The modern denial of human nature*. New

York: Viking.

Pirie, D. (1994). *The Romantic period.* New York: Viking Penguin.

Plato. (1991). *The republic of Plato* (A. D. Bloom, Trans.). New York: Basic Books.

Price, J. (1967). The dominance hierarchy and the evolution of mental illness. *Lancet, 290*, 243-246.

Purdon, C., & Clark, D. A. (1994). Obsessive intrusive thoughts in nonclinical subjects: II. Cognitive appraisal, emotional response and thought control strategies. *Behaviour Research and Therapy, 32*, 403-410.

Purdon, C., Rowa, K., & Antony, M. M. (2005). Thought suppression and its effects on thought frequency, appraisal and mood state in individuals with obsessive-compulsive disorder. *Behaviour Research and Therapy, 43*(1), 93-108.

Rachman, S. J. (1997). A cognitive theory of obsessions. *Behaviour Research and Therapy, 35*, 793-802.

Raes, F., Pommier, E., Neff, K. D., & Van Gucht, D. (2011). Construction and factorial validation of a short form of the Self-Compassion Scale. *Clinical Psychology and Psychotherapy, 18*, 250-255.

Raleigh, M. J., McGuire, M. T., Brammer, G. L., Pollack, D. B., & Yuwiler, A. (1991). Serotonergic mechanisms promote dominance acquisition in adult male vervet monkeys. *Brain Research, 559*(2), 181-190.

Rapee, R. M., & Heimberg, R. G. (1997). A cognitive-behavioral model of anxiety in social phobia. *Behaviour Research and Therapy, 35*(8), 741-756.

Rawls, J. (1971). *A theory of justice.* Cambridge, MA: Belknap Press.

Read, D., & Read, N. L. (2004). Time discounting over the lifespan. *Organizational Behavior and Human Decision Processes, 94*(1), 22-32.

Ridley, C. R., Mollen, D., & Kelly, S. M. (2011a). Beyond microskills: Toward a model of counseling competence. *The Counseling Psychologist, 39*(6), 825-864.

Ridley, C. R., Mollen, D., & Kelly, S. M. (2011b). Counseling competence: Application and implications of a model. *The Counseling Psychologist, 39*(6), 865-886.

Riskind, J. H. (1997). Looming vulnerability to threat: A cognitive paradigm for anxiety. *Behaviour Research and Therapy, 35*(8), 685-702.

Riskind, J. H., & Kleiman, E. M. (2012). Looming cognitive style, emotion schemas, and fears of loss of emotional control: Two studies. *International Journal of Cognitive Therapy, 5*(4), 392-405.

Riskind, J. H., Tzur, D., Williams, N. L., Mann, B., & Shahar, G. (2007). Short-term predictive effects of the looming cognitive style on anxiety disorder symptoms under restrictive methodological conditions. *Behaviour Research and Therapy, 45*(8), 1765-1777.

Roemer, E., & Orsillo, S. M. (2002). Expanding our conceptualization of and treatment for generalized anxiety disorder: Integrating mindfulness/acceptance-based approaches with existing cognitive-behavioral models. *Clinical Psychology: Science and Practice, 9*(1), 54-68.

Roemer, L., & Orsillo, S. M. (2009). *Mindfulness- and acceptance-based behavioral therapies in practice*. New York: Guilford Press.

Rogers, C. R. (1951). *Client-centered therapy: Its current practice, implications, and theory*. Boston: Houghton Mifflin.

Rogers, C. R., & American Psychological Association. (1985). *Client-centered therapy* [Sound recording]. Washington, DC: American Psychological Association.

Ross, L., & Nisbett, R. E. (1991). *The person and the situation: Perspectives of social psychology*. New York: McGraw-Hill.

Rotenberg, K. J., & Eisenberg, N. (1997). Developmental differences in the understanding of and reaction to others' inhibition of emotional expression. *Developmental Psychology, 33*(3), 526-537.

Rumi, J. A.-D. (1997). *The illuminated Rumi* (C. Barks, Trans.). New York: Random House.

Ryle, G. (1949). *The concept of mind*. London: Hutchinson.

Saarni, C. (1999). *The development of emotional competence*. New York: Guilford Press.

Saarni, C. (2007). The development of emotional competence: Pathways for helping children to become emotionally intelligent. In R. Bar-On & M. J. Elias (Eds.), *Educating people to be emotionally intelligent* (pp. 15-35). Westport, CT: Praeger.

Safran, J. D. (1998). *Widening the scope of cognitive therapy: The therapeutic relationship, emotion and the process of change*. Northvale, NJ: Jason Aronson.

Safran, J. D., & Greenberg, L. S. (1988). Feeling, thinking, and acting: A cognitive framework for psychotherapy integration. *Journal of Cognitive Psychotherapy, 2*(2), 109-131.

Safran, J. D., & Greenberg, L. S. (Eds.). (1989). The treatment of anxiety and depression: The process of affective change. In P. C. Kendall & D. Watson (Eds.), *Anxiety and depression: Distinctive and overlapping features* (pp. 455-489). San Diego, CA: Academic Press.

Safran, J. D., & Greenberg, L. S. (Eds.). (1991). *Emotion, psychotherapy, and change*. New York: Guilford Press.

Safran, J. D., & Muran, J. C. (2000). Resolving therapeutic alliance ruptures: Diversity and integration. *Journal of Clinical Psychology, 56*(2), 233-243.

Sale, E., Sambrano, S., Springer, J. F., & Turner, C. W. (2003). Risk, protection, and substance use in adolescents: A multi-site model. *Journal of Drug Education, 33*(1), 91-105.

Salkovskis, P. M. (1989). Cognitive-behavioural factors and the persistence of intrusive thoughts in obsessional problems. *Behaviour Research and Therapy, 27*(6), 677-682.

Salkovskis, P. M., & Campbell, P. (1994). Thought suppression induces intrusion in naturally occurring negative intrusive thoughts. *Behaviour Research and Therapy, 32*(1), 1-8.

Salkovskis, P. M., Clark, D. M., & Gelder, M. G. (1996). Cognition-behaviour links in the persistence of panic. *Behaviour Research and Therapy, 34*, 453-458.

Salkovskis, P. M., & Kirk, J. (1997). Obsessive-compulsive disorder. In D. M. Clark & C. G. Fairburn (Eds.), *Science and practice of cognitive behaviour therapy* (pp. 179-208). New York: Oxford University Press.

Sallquist, J. V., Eisenberg, N., Spinrad, T. L., Reiser, M., Hofer, C., Zhou, Q., et al. (2009). Positive and negative emotionality: Trajectories across six years and relations with social competence. *Emotion, 9*(1), 15-28.

Salovey, P., & Rodin, J. (1991). Provoking jealousy and envy: Domain relevance and self-esteem threat. *Journal of Social and Clinical Psychology, 10*(4), 395-413.

Sartre, J.-P. (1956). *Being and nothingness* (H. Barnes, Trans.). New York: Gallimard.

Scafidi, F., Field, T., Schanberg, S., Bauer, C., Tucci, K., Roberts, J., et al. (1990). Massage stimulates growth in preterm infants: A replication. *Infant Behavior and Development, 13*, 167-188.

Segal, Z. V., Williams, J. M. G., & Teasdale, J. D. (2002). *Mindfulness-based cognitive therapy for depression: A new approach to preventing relapse*. New York: Guilford Press.

Seligman, M. E. (2002). *Authentic happiness: Using the new positive psychology to realize your potential for lasting fulfillment*. New York: Free Press.

Sennett, R. (1996). *The fall of public man*. New York: Norton.

Sheets, V. L., Fredendall, L. L., & Claypool, H. M. (1997). Jealousy evocation, partner reassurance, and relationship stability: An exploration of the potential benefits of jealousy. *Evolution and Human Behavior, 18*(6), 387-402.

Simon, H. A. (1956). Rational choice and the structure of the environment. *Psy-*

chological Review, 63(2), 129-138.

Simon, H. A. (1979). Rational decision making in business organizations. *American Economic Review, 69*, 493-513.

Simpson, C., & Papageorgiou, C. (2003). Metacognitive beliefs about rumination in anger. *Cognitive and Behavioral Practice, 10*(1), 91-94.

Sloman, L., Price, J., Gilbert, P., & Gardner, R. (1994). Adaptive function of depression: Psychotherapeutic implications. *American Journal of Psychotherapy, 48*, 401-414.

Slovic, P. (2000). Trust, emotion, sex, politics, and science: Surveying the risk-assessment battlefield. In P. Slovic (Ed.), *The perception of risk* (pp. 277-313). Sterling, VA: Earthscan.

Slovic, P., Finucane, M., Peters, E., & MacGregor, D. (2004). Risk as analysis and risk as feelings: Some thoughts about affect, reason, risk, and rationality. *Risk Analysis, 24*(2), 311-322.

Smith, R. H., & Kim, S. H. (2007). Comprehending envy. *Psychological Bulletin, 133*(1), 46-64.

Smith, R. H., Turner, T. J., Garonzik, R., Leach, C. W., Urch-Druskat, V., & Weston, C. M. (1996). Envy and *Schadenfreude*. *Personality and Social Psychology Bulletin, 22*, 158-168.

Smucker, M. R., & Dancu, C. V. (1999). *Cognitive-behavioral treatment for adult survivors of childhood trauma: Imagery rescripting and reprocessing*. Northvale, NJ: Jason Aronson.

Sookman, D., & Pinard, G. (2002). Overestimation of threat and intolerance of uncertainty in obsessive compulsive disorder. In R. O. Frost & G. Steketee (Eds.), *Cognitive approaches to obsessions and compulsions: Theory, assessment, and treatment* (pp. 63-89). Amsterdam: Pergamon/Elsevier.

Sorabji, R. (2000). *Emotion and peace of mind: From Stoic agitation to Christian temptation*. Oxford, UK: Oxford University Press.

Spanier, G. B. (1976). Measuring dyadic adjustment: New scales for assessing the quality of marriage and similar dyads. *Journal of Marriage and the Family, 38*, 15-28.

Spock, B. (1957). *Baby and child care* (2nd ed.). New York: Pocket Books.

Sroufe, L., & Waters, E. (1977). Heart rate as a convergent measure in clinical and developmental research. *Merrill-Palmer Quarterly, 23*(1), 3-27.

Stearns, P. N. (1994). *American cool: Constructing a twentieth-century emotional style*. New York: New York University Press.

Steinbeis, N., & Singer, T. (2013). The effects of social comparison on social emotions and behavior during childhood: The ontogeny of envy and *Schadenfreude* predicts developmental changes in equity-related decisions. *Journal of Experimental Child Psychology, 115*(1), 198-209.

Stevens, A., & Price, J. (1996). *Evolutionary psychiatry: A new beginning*. London: Routledge.

Strauss, J. L., Hayes, A. M., Johnson, S. L., Newman, C. F., Brown, G. K., Barber, J. P., et al. (2006). Early alliance, alliance ruptures, and symptom change in a nonrandomized trial of cognitive therapy for avoidant and obsessive-compulsive personality disorders. *Journal of Consulting and Clinical Psychology, 74*(2), 337-345.

Suls, J., & Wheeler, L. (2000). A selective history of classic and neo-social comparison theory. In J. Suls & L. Wheeler (Eds.), *Handbook of social comparison* (pp. 3-19). New York: Kluwer Academic/Plenum Press.

Tangney, J. P., Stuewig, J., & Mashek, D. J. (2007). Moral emotions and moral behavior. *Annual Review of Psychology, 58*, 345-372.

Tannen, D. (1986). *That's not what I meant!: How conversational style makes or breaks your relations with others*. New York: Morrow.

Tannen, D. (1990). *You just don't understand: Women and men in conversation*. New York: Morrow.

Tannen, D. (1993). *Gender and conversational interaction*. New York: Oxford University Press.

Taylor, G. J., Bagby, R. M., & Parker, J. D. (1991). The alexithymia construct: A potential paradigm for psychosomatic medicine. *Psychosomatics, 32*, 153-164.

Teasdale, J. D. (1999). Multi-level theories of cognition-emotion relations. In T. Dalgleish & M. J. Power (Eds.), *Handbook of cognition and emotion* (pp. 665-681). Chichester, UK: Wiley.

Thaler, R. H., & Shefrin, H. M. (1981). An economic theory of self-control. *Journal of Political Economy, 89*(2), 392-406.

Tirch, D. D., Leahy, R. L., Silberstein, L. R., & Melwani, P. S. (2012). Emotional schemas, psychological flexibility, and anxiety: The role of flexible response patterns to anxious arousal. *International Journal of Cognitive Therapy, 5*(4), 380-391.

Tolstoy, L. (1981). *The death of Ivan Ilyich*. New York: Bantam. (Original work published 1886)

Tooby, J., & Cosmides, L. (1992). The psychological foundations of culture. In J. H. Barkow & L. Cosmides (Eds.), *The adapted mind: Evolutionary psychology and the generation of culture* (pp. 19-136). New York: Oxford University Press.

Trivers, R. L. (1971). The evolution of reciprocal altruism. *Quarterly Review of Biology, 46*, 35-57.

Trivers, R. L. (1972). Parental investment and sexual selection. In B. Campbell (Ed.), *Sexual selection and the descent of man, 1871-1971* (pp. 136-179). Chicago: Aldine.

Troy, M., & Sroufe, L. (1987). Victimization among preschoolers: Role of attachment relationship history. *Journal of the American Academy of Child and Adolescent Psychiatry, 26*(2), 166-172.

Tse, W. S., & Bond, A. J. (2002). Serotonergic intervention affects both social dominance and affiliative behaviour. *Psychopharmacology, 161*, 324-330.

Tybur, J. M., Lieberman, D., Kurzban, R., & DeScioli, P. (2013). Disgust: Evolved function and structure. *Psychological Review, 120*(1), 65-84.

Urban, J., Carlson, E., Egeland, B., & Sroufe, L. (1991). Patterns of individual adaptation across childhood. *Development and Psychopathology, 3*(4), 445-460.

van de Ven, N., Zeelenberg, M., & Pieters, R. (2009). Leveling up and down: The experiences of benign and malicious envy. *Emotion, 9*, 419-429.

van de Ven, N., Zeelenberg, M., & Pieters, R. (2011). Why envy outperforms admiration. *Personality and Social Psychology Bulletin, 37*(6), 784-795.

van de Ven, N., Zeelenberg, M., & Pieters, R. (2012). Appraisal patterns of envy and related emotions. *Motivation and Emotion, 36*(2), 195-204.

van Dijk, W. W., Ouwerkerk, J. W., Goslinga, S., Nieweg, M., & Gallucci, M. (2006). When people fall from grace: Reconsidering the role of envy in *Schadenfreude*. *Emotion, 6*(1), 156-160.

Veen, G., & Arntz, A. (2000). Multidimensional dichotomous thinking characterizes borderline personality disorder. *Cognitive Therapy and Research, 24*(1), 23-45.

Watson, D., Clark, L. A., & Tellegen, A. (1988). Development and validation of brief measures of positive and negative affect: The PANAS scales. *Journal of Personality and Social Psychology, 54*(6), 1063-1070.

Watson, J. B. (1919). *Psychology from the standpoint of a behaviorist*. Philadelphia: Lippincott.

Weber, M. (1930). *The Protestant ethic and the spirit of capitalism*. London: Unwin Hyman.

Wegner, D. M. (1994). Ironic processes of mental control. *Psychological Review, 101*, 34-52.

Wegner, D. M., Schneider, D. J., Carter, S., & White, T. (1987). Paradoxical effects of thought suppression. *Journal of Personality and Social Psychology, 53*, 5-13.

Wegner, D. M., & Zanakos, S. (1994). Chronic thought suppression. *Journal of Personality, 62*, 615-640.

Weinberger, D. A. (1995). The construct validity of the repressive coping style. In J. L. Singer (Ed.), *Repression and dissociation: Implications for personality theory, psychopathology, and health* (pp. 337-386). Chicago: University of Chicago Press.

Weiner, B. (1974). *Achievement motivation and attribution theory*. Morristown, NJ: General Learning Press.

Weiner, B. (1986). *An attributional theory of motivation and emotion*. New York: Springer-Verlag.

Wells, A. (1995). An issue of intrusions [Editorial]. *Behavioural and Cognitive Psychotherapy, 23*(3), 202.

Wells, A. (2000). *Emotional disorders and metacognition: Innovative cognitive therapy*. New York: Wiley.

Wells, A. (2004). A cognitive model of GAD: Metacognitions and pathological worry. In R. G. Heimberg, C. L. Turk, & D. S. Mennin (Eds.), *Generalized anxiety disorder: Advances in research and practice* (pp. 164-186). New York: Guilford Press.

Wells, A. (2005a). Detached mindfulness in cognitive therapy: A metacognitive analysis and ten techniques. *Journal of Rational-Emotive and Cognitive-Behavior Therapy, 23*, 337-355.

Wells, A. (2005b). The metacognitive model of GAD: Assessment of meta-worry and relationship with DSM-IV generalized anxiety disorder. *Cognitive Therapy and Research, 29*, 107-121.

Wells, A. (2005c). Worry, intrusive thoughts, and generalized anxiety disorder: The metacognitive theory and treatment. In D. A. Clark (Ed.), *Intrusive thoughts in clinical disorders: Theory, research, and treatment* (pp. 119-144). New York: Guilford Press.

Wells, A. (2009). *Metacognitive therapy for anxiety and depression*. New York: Guilford Press.

Wells, A., & Carter, K. (2001). Further tests of a cognitive model of generalized anxiety disorder: Metacognitions and worry in GAD, panic disorder, social phobia, depression, and nonpatients. *Behavior Therapy, 32*(1), 85-102.

Wells, A., & Cartwright-Hatton, S. (2004). A short form of the Meta-Cognitions Questionnaire: Properties of the MCQ-30. *Behaviour Research and Therapy, 42*, 385-396.

Wells, A., & Papageorgiou, C. (1998). Relationships between worry, obsessive-compulsive symptoms and meta-cognitive beliefs. *Behaviour Research and Therapy, 36*, 899-913.

Wells, A., & Papageorgiou, C. (2001). Social phobic interoception: Effects of bodily information on anxiety, beliefs and self-processing. *Behaviour Research and Therapy, 39*, 1-11.

Wells, A., & Papageorgiou, C. (2004). Metacognitive therapy for depressive rumination. In C. Papageorgiou & A. Wells (Eds.), *Depressive rumination: Nature, theory, and treatment* (pp. 259-273). Chichester, UK: Wiley.

Wenzlaff, R. M., & Wegner, D. M. (2000). Thought suppression. *Annual Review of Psychology, 51*, 59-91.

White, G. L. (1980). Inducing jealousy: A power perspective. *Personality and Social Psychology Bulletin, 6*, 222-227.

White, G. L. (1981). A model of romantic jealousy. *Motivation and Emotion, 5*, 295-310.

White, G. L., & Mullen, P. E. (1989). *Jealousy: Theory, research, and clinical strategies*. New York: Guilford Press.

Whitman, W. (1959). Song of myself. In J. E. Miller, Jr. (Ed.), *Complete poetry and selected prose by Walt Whitman* (pp. 25-68). Boston: Houghton Mifflin.

Wilson, K. A., & Chambless, D. L. (1999). Inflated perceptions of responsibility and obsessive-compulsive symptoms. *Behaviour Research and Therapy, 37*(4), 325-335.

Wilson, K. G., & Murrell, A. R. (2004). Values work in acceptance and commitment therapy: Setting a course for behavioral treatment. In S. C. Hayes, V. M. Follette, & M. M. Linehan (Eds.), *Mindfulness and acceptance: Expanding the cognitive-behavioral tradition* (pp. 120-151). New York: Guilford Press.

Wilson, K. G., & Sandoz, E. K. (2008). Mindfulness, values, and the therapeutic relationship in acceptance and commitment therapy. In S. F. Hick & T. Bein (Eds.), *Mindfulness and the therapeutic relationship* (pp. 89-106). New York: Guilford Press.

Wilson, T. D., & Gilbert, D. T. (2003). Affective forecasting. In M. P. Zanna (Ed.), *Advances in experimental social psychology* (Vol. 35, pp. 345-411). San Diego, CA: Academic Press.

Wilson, T. D., & Gilbert, D. T. (2005). Affective forecasting: Knowing what to want. *Current Directions in Psychological Science, 14*(3), 131-134.

Wilson, T. D., Gilbert, D. T., & Centerbar, D. B. (2003). Making sense: The causes of emotional evanescence. In I. Brocas & J. D. Carrillo (Eds.), *The psychology of economic decisions: Vol. 1. Rationality and well being* (pp. 209-233). New

York: Oxford University Press.

Wilson, T. D., Wheatley, T., Meyers, J. M., Gilbert, D. T., & Axsom, D. (2000). Focalism: A source of durability bias in affective forecasting. *Journal of Personality and Social Psychology, 78*(5), 821-836.

Wittgenstein, L. (2001). *Tractatus logico-philosophicus.* New York: Routledge. (Original work published 1922)

Wood, J. V. (1989). Theory and research concerning social comparisons of personal attributes. *Psychological Bulletin, 106*(2), 231-248.

Young, J. E., Klosko, J., & Weishaar, M. (2003). Schema therapy: A practitioner's guide. New York: Guilford Press.

Zajonc, R. B. (1980). Feeling and thinking: Preferences need no inferences. *American Psychologist, 35*(2), 151-175.

Zauberman, G. (2003). The intertemporal dynamics of consumer lock-in. *Journal of Consumer Research, 30*(3), 405-419.

찾아보기

ㄱ

가치 59, 99

건설적 불편함 41

공간 만들기 238

ㄴ

내담자-치료자 도식의 부조화 404

ㄷ

대인관계 정서적 도식 342

도식중심치료 23

ㅁ

메타인지모델 23

메타정서 신념 179

무감각 61, 100

무효화 151

문제적 전략 417

ㅂ

반추 61, 101

Beck 치료법 25

변증법적 행동치료법 25

변증법적 행동치료 21

부정적 심상 247

비난 61, 101

ㅅ

사례개념화 102

사회적 구성 48

사회적-인지적 모델 6

사회화 20

성공적 불완전함 41

수용 60, 100

수용전념치료 21, 24

스트레스-평가 모델 45

승리자 357

시기 타당화하기 308

시기를 일반화하기 305

ㅇ

양가감정 20, 216

양가감정의 재구성 236

어림법적(heuristics) 접근 16

역량강화모델 41

역전이 397

이해가능성 57, 99

인지 왜곡 219

인지모델 22

인지행동모델 21

ㅈ

자기 타당화 172

자비초점치료 기술 170

잠재적 상실에 대한 잠재적 손실 294

적응적 전략 417

전이 397

정서도식모델 5

정서도식이론 5

정서도식치료 5

정서에 대한 단편적 시각 59, 99

정서예측 16

정서와 합리성 418

정서적 완벽주의 201

정서조절전략 125
정서중심치료 21, 24
정서통제전략 77
정서학 12
죄책감/수치심 58, 98
지속 57
지속기간 98
지연 할인 18
질투의 일반화 278
질투의 타당화 281

ㅊ

초기 면접 83
치료의 목적 418
치료적 관계 379

ㅌ

타당화 20, 60, 98
통제 57, 98
특성에 대한 신념 232

ㅍ

표현 60, 99

ㅎ

합리성 58
합리화 100
합의 58, 100
행동 활성화 모델 25

[역자 소개]

신성만

한동대학교 상담심리사회복지학부 상담심리전공 교수로 재직 중이다. 미국 보스턴 대학교에서 재활상담학 박사학위를 받고, 하버드 의과대학 정신과 병원에서 연구원을 역임했다. 한국상담학회, 한국심리학회, 한국기독교상담심리학회, 한국가족상담협회 등에서 심리치료 전문가로 활동하고 있으며 한국중독심리학회 학회장을 역임하고 있다. (공)역서 및 저서로 「동기강화상담 3판(시그마프레스, 2015)」, 「행동중독(박학사, 2015)」, 「이상심리학(박학사, 2016)」, 「실존적 인간 중심 치료(유원북스, 2017)」, 「정신재활(양성원, 2018)」, 「중독상담학개론(학지사, 2018)」 등 다수가 있다. 중독상담, 정신재활, 동기와 정서, 실존치료에 관심을 두고 연구하고 있다.

조성봉

한동대학교 상담심리사회복지학부 상담심리전공 조교수로 재직 중이다. 미국 플로리다 주립대학교에서 결혼/가족치료 전공으로 박사학위를 취득하였고, 뉴욕에서 풀타임 가족치료사로 일하기도 하였다. 귀국 후 학생들과 지역사회를 대상으로 지속적으로 상담/수퍼비전 및 교육을 제공하고 있다. 결혼/부부관계 및 부모교육에 많은 관심과 임상경험을 가지고 있으며 근거기반상담모델의 교육과 실천에도 관심을 갖고 있다. 한국상담학회, 한국가족상담협회, 한국가족치료학회 등에 소속되어 상담자/수퍼바이저/연구자로 일하고 있다.

라영안

한동대학교 상담심리사회복지학부 상담심리전공 조교수로 재직 중이다. 서울대학교 교육학과에서 교육상담 전공으로 석사, 펜실베니아 주립대학교에서 상담자교육 전공으로 박사학위를 취득하였다. 현재 아동·청소년 상담, 학교 상담, 다문화 상담 등의 영역에 관심을 가지고 연구하고 있다.

[저자 소개]

Robert L. Leahy

로버트 리히 박사는 미국 뉴욕 인지치료연구소 소장이며 위일 코넬 의대(Weill Cornell Medical College) 정신건강의학과 교수이다. 그의 연구는 감정 조절에 있어서 개인의 차이에 초점을 맞추고 있다. 리히 박사는 국제 인지치료학회지의 부편집장이자 행동인지치료학회, 국제인지심리치료학회, 인지치료학회의 학회장을 역임했다. 그는 인지치료학회에서 수여하는 2014년 아론 벡 상의 수상자이다. 리히 박사는 가장 최근에 공동저자로 식욕 이상 항진증과 폭식장애에 대한 치료계획과 개입, 우울증과 불안장애에 대한 치료계획과 개입(2판), 그리고 심리치료에 대한 감정조절을 포함한 많은 책들을 출판했다.